Die semantische Wende

Klaus Krippendorff

Die semantische Wende

Eine neue Grundlage für Design

Herausgegeben von Ralf Michel

Die Reihe *Schriften zur Gestaltung* wird herausgegeben von Ralf Michel

Titel der Originalausgabe: *the semantic turn. a new foundation for design*
CRC Press, © 2006 by Taylor & Francis Group, LLC, New York, New York
All Rights Reserved. Authorized translation from English language edition published
by CRC Press, part of Taylor & Francis Group LLC

Übersetzung: Nikolaus G. Schneider
Lektorat: Karoline Mueller-Stahl
Projektkoordination Verlag: Robert Steiger
Gestaltung: marca, Carlos Venancio und Fabián Goya
Layout: Werner Handschin, Birkhäuser
Gestaltungskonzept Umschlag: Formal, Christian Riis Ruggaber
Schrift: Garamond 3, Univers
Papier: 90 gm² Munken Print white

Bibliografische Information der Deutschen Nationalbibliothek
Die Deutsche Nationalbibliothek verzeichnet diese Publikation in der Deutschen
Nationalbibliografie; detaillierte bibliografische Daten sind im Internet über http://
dnb.d-nb.de abrufbar.

© 2013 Birkhäuser Verlag GmbH, Basel
Postfach 44, 4009 Basel, Schweiz
Ein Unternehmen von De Gruyter

Gedruckt auf säurefreiem Papier, hergestellt aus chlorfrei gebleichtem Zellstoff. TCF ∞

Printed in Germany

ISBN 978-3-0346-0102-3

9 8 7 6 5 4 3 2 1   www.birkhauser.ch

Widmung

Für

Horst Rittel
dafür dass er ein engagierter und inspirierender Lehrer und ein enthusiastischer Erforscher komplexer Designfragen war, der jede neue Entdeckung mit seinem verschmitzten Lächeln kommentierte, doch vor allem dafür, dass er mir meine eigenen Ideen anvertraute.

John Rheinfrank
dafür dass er mich immer wieder an wirklich relevante Designprojekte herangeführt hat, in denen er stets mit Ideen spielte, um Klarheit rang und es den Mitgliedern seines Teams ermöglichte, Dinge in Taten umzusetzen.

Reinhart Butter
dafür dass er Produktsemantik schon lange betrieb, bevor sie diesen Namen trug, dass er mir beibrachte, was er mit seinen Studenten herausgefunden hatte, und dafür, dass er die Wirksamkeit der semantischen Wende nie angezweifelt hat. Ohne die längjährige Zusammenarbeit mit ihm, seine Ermutigung und die praktischen Projekte, zu denen er mich einlud, wäre dieses Buch vermutlich nicht zustande gekommen.

Marge Thorell
dafür dass sie der Begeisterung, aber auch den Herausforderungen, die mit dem Schreiben dieses Buchs verbunden waren, Gehör geschenkt und unsere gemeinsame Zeit seiner Entstehung auf großzügige Weise zur Verfügung gestellt hat.

«Die Philosophen haben die Welt nur verschieden interpretiert, es kommt aber darauf an, sie zu verändern.» *Karl Marx, 1845* [1]

«Laß uns menschlich sein.» *Ludwig Wittgenstein, 1937* [2]

«…Vokabulare, alle Vokabulare, selbst diejenigen, die die Worte enthalten, die wir am ernstesten nehmen, die für unsere Selbstbeschreibungen am wesentlichsten sind, sind menschliche Schöpfungen, Werkzeuge für die Herstellung solcher Artefakte wie Gedichte, utopische Gesellschaften, naturwissenschaftliche Theorien und zukünftige Generationen. […] Die Art, wie wir sprechen, zu verändern […] [bedeutet] zu verändern, was wir machen wollen und wofür wir uns halten.» *Richard Rorty, 1989* [3]

1 «Thesen über Feuerbach», in: Deutsche Ideologie, Marx, Karl und Friedrich Engels, Werke, Bd. 3, Dietz Verlag, Berlin 1956–1990, S. 535.

2 Wittgenstein, Ludwig, Vermischte Bemerkungen. Eine Auswahl aus dem Nachlaß, hrsg. von Georg Henrik von Wright, Suhrkamp, Frankfurt am Main 1977.

3 Rorty, Richard, Kontingenz, Ironie und Solidarität, Suhrkamp, Frankfurt am Main 1989. Darin vor allem das erste Kapitel, «Die Kontingenz der Sprache», S. 21–51.

Inhaltsverzeichnis

Vorwort oder: Design und Haltung

Bereits in den 1990er Jahren hatte der Form Verlag die deutsche Übersetzung einer früheren Version von *The Semantic Turn* in Aussicht gestellt. Die Verleger scheiterten zwar an der Umsetzung, hatten jedoch erkannt, wie bahnbrechend das Konzept der semantischen Wende für das Design ist. Dies insbesondere im Kontext eines in der öffentlichen Wahrnehmung banalisierten Designbegriffs und der gleichzeitig einhergehenden Steigerung der komplexen Herausforderungen, mit denen Designer sich in der Umsetzung ihrer Entwürfe konfrontiert sahen. Gui Bonsiepe hatte diesen Widerspruch aus Schein und Sein einmal treffend formuliert, indem er von der zunehmenden «Boutiquisierung des Designs» sprach und damit die banale marketingorientierte Fokussierung auf den Formbegriff meinte, der jede nachhaltige Perspektive mangelt. In Zeiten florierenden hedonistischen Eigensinns entsprach das massenhafte Design von Möbeln und Accessoires, von Moden und Erscheinungsbildern dieser fraglosen Unterwürfigkeit der Gestalter unter das Diktum des Marketings. Vergessen wurden dabei ganz offenbar jene Potenziale, die den Entwurfsdisziplinen von jeher innewohnen, die aber viel zu selten präzise argumentierende Theorien oder Konzepte hervorbringen. Die formale Gestaltung der Artefakte ist lediglich jener sichtbare Teil dessen, was Designer an Neuem zu leisten imstande sind.

Beide, Gui Bonsiepe wie auch Klaus Krippendorff, haben ihre Wurzeln in einer ausserordentlich engagierten, kritischen und sehr vitalen Geschichte, die mit dem Ende jener grössten europäischen Katastrophe ihren Anfang nahm – und die sich, gegründet von der Geschwister-Scholl-Stiftung, gleichsam den Opfern und den Überlebenden des Nationalsozialismus verpflichtet fühlte. Beide haben an der hochschule für gestaltung in Ulm studiert, Gui Bonsiepe bei Tomás Maldonado, Klaus Krippendorff bei Horst Rittel. Dort wurde dem Projekt der Moderne in den 1950er Jahren neuer Wind eingehaucht, und es ist bis heute erstaunlich, welchen Einfluss die Absolventinnen und Absolventen dieser Hochschule weltweit entfaltet haben. Design als eine wissenschaftliche Disziplin zu begreifen, Konzepte zu entwickeln und den gestalterischen Entwurf methodisch zu durchdringen, mithin den Anspruch zu erheben – wie dies auch etablierte Wissenschaften tun – die Welt oder zumindest das Zusammenleben der Menschen positiv zu verändern, dies waren einige der Ziele dieser Ausbildung. Und so scheint es auch folgerichtig, dass wegweisende Theorien des Designs ihren Ursprung in der Ulmer Hochschule finden.

Dazu gehört auch die semantische Wende, deren Wurzeln sind bis in die Diplomarbeit von Klaus Krippendorff zurückzuverfolgen. Dort hatte er den grundlegenden Gedanken, dass es beim Design zunehmend weniger um konkrete Formgebung, denn vielmehr um Bedeutung gehe, bereits angelegt. Und die Tatsache, dass er das 1x1 der Gestaltung selbst beherrscht, macht diesen Gedanken umso inspirierender – sei nachzutragen, dass er dazu noch ein weltweit angesehener Kybernetiker und Kommunikationswissenschaftler ist. Folgerichtig entsteht mit der semantischen Wende ein Konzept, welches ausgehend vom Design in beachtlichem Masse Aktualität für andere Disziplinen, wie jener des Engineerings oder des Managements, entfaltet. Im Zentrum der semantischen Wende steht der Einbezug all jener (Stakeholder), die von Gestaltung in jedweder Form betroffen sind. Dieser grundlegenden Fundierung des Begriffs folgt ein methodisches System, mit dem Designer tatsächlich arbeiten und argumentieren können – wenn sie es denn möchten. Und klar: Es geht auch um eine Antwort auf die Überbewertung des Marketings einerseits und des technologischen Funktionalismus andererseits und darum, für Designer Handlungsoptionen in einer Welt zu eröffnen, in der die wichtigen Entscheidungen für Produkte, Dienstleistungen und Kommunikationen jenseits der Umsetzung formaler Kriterien getroffen werden. Ein beeindruckendes Maß kritischer Selbsterkenntnis des Designers Klaus Krippendorff mag dem zugrunde gelegt sein – eine Art der Konsequenz von Zweifeln am Bestehenden.

Die Reihe *Schriften zur Gestaltung* habe ich konzipiert, um grundlegende Positionen auch in deutscher Sprache verfügbar zu machen – und ich wünschte mir, dass aus dem deutschen Sprachraum ähnlich wesentliche Positionen in die angelsächsisch dominierte Kultur des Design- und Innovationsdiskurses getragen würden. Der Bedeutung von Klaus Krippendorffs Werk über die Designdisziplin hinaus Rechnung tragend, war es mir ein grosses Anliegen, nach Tomás Maldonados Schriften und Gui Bonsiepes gesammelten Werken *Die semantische Wende* herauszugeben – das Buch wurde ebenfalls ins Japanische und Chinesische übersetzt. Dass es im Verlauf der Jahre nun veröffentlicht ist, habe ich vor allem der Zusammenarbeit mit folgenden Menschen zu verdanken: Ruedi Widmer, mit dem ich im Vorfeld der Konzeption der Reihe über deren Sinn und Ausrichtung diskutierte, Bernhard E. Bürdek, der mich vor Jahren auf die Bedeutung des Werkes aufmerksam machte und der sich in seiner eigenen Arbeit im Rahmen der Produktsemantik auf Krippendorff bezieht, Karoline Mueller-Stahl, ohne deren beständiges und charmant insistierendes Lektorat das Buch nicht vorliegen würde und schließlich Klaus Krippendorff, der als wacher und kritischer Autor die von Nikolaus G. Schneider erarbeitete Übersetzung massgeblich bearbeitet und aktualisiert hat.

Ralf Michel

Vorwort zur amerikanischen Originalausgabe

Als Thomas S. Kuhn die Denkfigur wissenschaftlicher Paradigmenwechsel in die öffentliche Debatte einbrachte, beschrieb er die periodische Neuordnung anerkannter Ideen, Rollen und Verfahren wissenschaftlicher Untersuchungen.[1] Viele seiner Äußerungen treffen auch auf das Design zu. Nachdem professionelle Designer Sullivans Prinzip des «Form follows Function»[2] von 1896 angenommen hatten, kann man jedoch einige Veränderungen im gestalterischen Denken wahrnehmen – das Zelebrieren von massenproduzierbaren Formen am Bauhaus der 1920er Jahre; die Omnipräsenz des *Streamlining* in den 1930er Jahren, wodurch Design gleichbedeutend wurde mit Marketing; der Einfluss des *Operations Research* in den späten 1940er Jahren; die Praxis des Minimalismus an der Hochschule für Gestaltung (HfG) Ulm in den 1950er und 1960er Jahren; die Vorherrschaft des Systemansatzes in den 1970er oder die Beschäftigung mit dem *Concurrent Engineering* in den 1980er und 1990er Jahren. Diese Fortschritte sind blass im Vergleich zu dem Paradigmenwechsel, den wir jetzt beobachten.

Von Außenstehenden oftmals kaum zu verstehen sind die Konflikte und der Schmerz, den Theoretiker und Praktiker während eines solchen Paradigmenwechsels durchleben. Reinhart Butter, Klaus Krippendorff und ich waren 1960/61 an der HfG Ulm, als das damals herrschende Paradigma in Frage gestellt wurde und zu bröckeln begann. Die HfG Ulm war ihrer Zeit stets weit voraus. Dort waren die Anhänger von «Form follows Function» und des Minimalismus einerseits und die Verfechter von Gestaltpsychologie, *Operations Research*, Systemtheorie und der Soziologie der Technologie andererseits in die laufenden und bitteren Auseinandersetzungen verwickelt, die später Stoff für zahllose Debatten in der Designgemeinschaft lieferten. Obwohl die Auflösung des vorherrschenden Paradigmas damals unabwendbar schien, war ein Nachfolger noch nicht in Sicht.

Bedeutende Ideen und Erfindungen haben immer eine Reifezeit. Um Wurzeln zu schlagen, braucht ein Paradigmenwechsel eine neue Generation von Verfechtern, ein fruchtbares kulturelles Klima aber auch signifikante technologische Fortschritte. Es überrascht deshalb nicht, dass der Begriff «Produktsemantik» erst 1984 aufkam.[3]

Einige dachten, dass semantische Überlegungen den Designdiskurs lediglich ergänzen würden. Sie wurden jedoch zum Schlüssel für die Gestaltung von Mensch-Maschine-Interfaces und stellen zurzeit die Haupttriebfeder der Informationstechnologie dar. Produktsemantik, so wie ich sie in der Lehre an der Ohio State University (OSU) erlebt habe, war nur der erste Schritt zur lang erwarteten neuen Synthese.

The Semantic Turn bietet einen Überblick zur Geschichte der semantischen Interessen im Design, stellt deren philosophische Ursprünge dar und legt einige überzeugende Designmethoden vor, die gerade das ernst nehmen, was Klaus Krippendorff als axiomatisch für menschenbezogenes Design hält, nämlich *dass Menschen nicht auf die physikalischen Eigenschaften von Dingen reagieren,* zum Beispiel auf deren Form, Struktur oder Funktion, *sondern auf deren individuelle oder kulturelle Bedeutungen.* Diese Prämisse bricht radikal mit funktionalistischen Traditionen im Design. Ein neues Paradigma wird dann anerkannt, wenn es eine offensichtliche Wahrheit beinhaltet und zugleich vorangegangene Wahrheiten überflüssig macht. Ich kann der Prämisse dieses Buchs und ihren weitreichenden Konsequenzen nur uneingeschränkt zustimmen.

The Semantic Turn wagt es, eine ganz neue Wissenschaft für die Gestaltung zu umreißen, eine Wissenschaft, die den Designern eine solide Basis zur Erklärung und Bestätigung ihrer Aussagen bietet – ähnlich wie bei den harten Disziplinen – aber ohne die Unzulänglichkeiten des Ansatzes von Herbert Simon aus dem Jahre 1969.[4] Ich bin insbesondere über die Einbeziehung von systematischen Designmethoden erfreut, da ihre Wurzeln in meinen eigenen Beiträgen liegen. Klaus Krippendorff gelingt diese Synthese als anerkannter Designer und als hervorragender Wissenschaftler im Bereich menschlicher Kommunikation und Sprache. Reinhart Butter fügt bildliche Beispiele aus seinen Pioniererkundungen an der OSU hinzu.

The Semantic Turn bietet einen unentbehrlichen Leitfaden in die Zukunft des Designs – sowohl für Studenten wie auch für Lehrer, Praktiker und auch für alle Nutzer von Design. Meine Hochachtung für die Arbeit und die Ideen, die in diesem bemerkenswerten «Re-Design» von Design stecken.

Bruce Archer, London, 15. Mai 2005

1 Kuhn, Thomas S., Die Struktur wissenschaftlicher Revolutionen, zweite, rev. Auflage, Suhrkamp, Frankfurt am Main 1976 (amerikanische Originalausgabe: The Structure of Scientific Revolutions, Chicago University Press, Chicago 1962).

2 Sullivan, Louis Henry, The Tall Office Building Artistically Considered, in: Lippincott's Magazine, März 1896, abrufbar unter: http:// wwwnjit/Library/archlib/pubdomain/Sullivan-1896-tall-bldg.html.

3 Krippendorff, Klaus und Reinhart Butter (Hrsg.), Product Semantics, Sonderausgabe Innovations 3, 2, 1984.

4 Simon, Herbert A., The Sciences of the Artificial, MIT Press, Cambridge/MA und London 1968.

Vorwort zur deutschen Ausgabe

Im Februar 1998 fand in München ein Symposium zum Thema *Semantics in Design – Die Sprachlichkeit in der Gestaltung* statt, das von BMW Design und der Siemens Design & Messe GmbH gesponsert wurde. Auf Initiative von Reinhart Butter wurde ein kleiner Kreis von Experten eingeladen, wie beispielsweise Eduard Bannwart†, Jochen Gros, Wolfgang Jonas, Martin Krampen, Klaus Krippendorff, Siegfried J. Schmidt, David Small, Carlo-Michael Sommer, Erik Spiekermann sowie ausgewählte Gäste, wie beispielsweise Susan Vihma (UIAH Helsinki). Dort wurde zwei Tage lang um und über die Semantik – heute würden wir sagen *meaning* (Bedeutung) im Design referiert und diskutiert. Man war sich durchaus einig, dass es sich dabei um die zentrale Fragestellung von Designtheorie und Designpraxis handelt.

In meinem einleitenden Vortrag an dem Symposium «Über Herkunft und Zukunft der Produktsprache»[1] hatte ich im Kontext der *product language* und *product semantics* darauf hingewiesen, dass der Rekurs auf die Sprache, und somit auf die Ebene der Kommunikation auf drei unterschiedlichen Erkenntnisebenen für das Design bedeutsam seien:

Wahrnehmungsangebote schaffen und bereit stellen

Bedeutungshorizonte eröffnen

Sinnproduktion ermöglichen

Damit hatte ich an frühere Überlegungen von Klaus Krippendorff angeschlossen, die 1989 an der HfG Offenbach veröffentlicht wurden: «Design muss Sinn machen», denn dort schrieb er: «Ich möchte hier die These vertreten und fundieren, dass Design heute weniger denn je mit Formgebung, Entwurf oder Produktplanung zu tun hat und identifiziert werden sollte, sondern mit Sinngeben, Verständlichmachen oder Kommunikation. Diese These entspringt einer neuen Denkweise und legt Designern neue Verantwortung auf.»

---

[1] Symposium «Die Sprachlichkeit in der Gestaltung», Literaturhaus München (veranstaltet von BMW Design / Siemens Design & Messe GmbH), 18.–20.2.1998.

So gesehen war die Veranstaltung in München – die bedauerlicherweise nie in gedruckter Form dokumentiert wurde – ein bedeutsamer Wendepunkt im designtheoretischen Diskurs, zumindest für den deutschen Sprachraum.

Am Rande der Veranstaltung in München erwähnten Reinhart Butter und Klaus Krippendorff eher beiläufig ihre Arbeiten an einem Buch, das unter dem Titel *Die semantische Wende* erscheinen sollte. Allein der Titel beeindruckte mich: denn nach der linguistischen Wende deutete sich nunmehr die semantische an. Präziser konnte man eigentlich gar nicht benennen, was uns seit den 1970er Jahren umtrieb. Die Frage nämlich, ob an den Gegenständen (den Produkten) nicht mehr zu entdecken wäre, als deren praktische Funktionen. Sind die Dinge nur dazu da um zu funktionieren, oder ist deren Bedeutung nicht genau so wichtig oder gar wichtiger? Erst im Jahre 2006 erschien die englische Erstausgabe (*The semantic turn*), die auf eine breite und außergewöhnlich positive Resonanz stieß. Nunmehr liegt also eines der bedeutendsten Werke zur Designtheorie, Designforschung und Designpraxis in einer deutschen Übersetzung vor.

Krippendorffs Kernaussage aus dem Jahre 1969: «Design gibt den Dingen ihren Sinn» gilt damals wie heute gleichermaßen. Zunächst sei jedoch daran erinnert, wo die Ursprünge seiner Überlegungen herstammen. An der Hochschule für Gestaltung Ulm wurde in den 1950/60er Jahren intensiv darüber nachgedacht, welche wissenschaftlichen Disziplinen wohl geeignet wären, in die Lehrpläne für die Studierenden aufgenommen zu werden. Eine wichtige Rolle spielten dabei die so genannten exakten Wissenschaften, dazu gehörten mathematische Techniken, Physik, Wissenschaftstheorie, Ökonomie u.a.m.

Damals wurde bereits begonnen, informationswissenschaftliche Ansätze auf die Gestaltung zu beziehen. Der von der Technischen Hochschule (heute Universität) Stuttgart kommende Max Bense[2] spielte dabei eine besondere Rolle, denn er war es, der die Semiotik als zentrale Kategorie für das Design thematisierte. Hinzu kamen die Informationstheorie, insbesondere durch Abraham Moles[3] vermittelt, die ein stringentes Gerüst darstellte, um Gestaltung (natur-) wissenschaftlich zu begründen. Die von Max Bense entwickelte «exakte Ästhetik» stand unter dem Motto «Gestaltung ist die Erzeugung von Ordnung».[4] Aber auch die verschiedenen Beiträge von Tomás Maldonado[5] zur Semiotik seien erwähnt, ganz besonders natürlich seine «Terminologie der Semiotik»[6], die quasi wegbereitend für die weiteren Diskurse in diesem Bereich wurde.

In seinen Ausführungen über die hfg ulm (Kapitel 9) verweist Krippendorff in diesem Buch sehr ausführlich auf diese Quellen, nicht zuletzt auch auf seine eigene Diplomarbeit[7], dessen Titel eigentlich sehr treffend den geistigen Hintergrund der damaligen Zeit abbildet. Und so ist es aus heutiger Sicht sehr verständlich, wenn er

2   Siehe dazu: Bürdek, Bernhard E., Design. Geschichte, Theorie und Praxis der Produktgestaltung, Birkhäuser, Basel, Boston, Berlin 2005 (3. erw. Auflage), S. 235.
3   Ebenda, S. 275.
4   Ebenda, S. 300.
5   Maldonado, Tomás, *Digitale Welt und Gestaltung.* Ausgewählte Schriften herausgegeben und übersetzt von Gui Bonsiepe, Basel, Boston, Berlin: Birkhäuser, 2007.
6   Maldonado, Tomás, *Terminologie der Semiotik*, Ulm 1961 (hfg ulm).
7   Krippendorff, Klaus, *Über den Zeichen- und Symbolcharakter von Gegenständen: Versuch zu einer Zeichentheorie für die Programmierung von Produktformen in soziale Kommunikationsstrukturen*, Ulm 1961 (Diplomarbeit an der hfg ulm).

konstatiert: «Bedeutung stand in Ulm eindeutig nicht sehr hoch im Kurs.» Der Fokus der Produktgestaltung hfg ulm lag unbestritten im Bereich der Methodologie,[8] die Semiotik war meiner Erinnerung nach eher eine erkenntnistheoretische Nebenbeschäftigung, was auch von Gui Bonsiepe jüngst bestätigt wurde «Während sich die hfg ulm auf die Materialität der Objekte konzentrierte, ließ sie die symbolisch-kommunikative Dimension der Gegenstände beiseite, oder zumindest wies sie ihr nicht eine derart zentrale Rolle zu, wie es später geschah».[9]

Dies ist eigentlich verständlich, denn das Design in Deutschland war bis Ende der 1970er Jahre weitgehend von technisch-funktionalen Diskursen bestimmt. Die beginnende Postmoderne in den 1980er Jahren, im Design dargestellt durch das *Forum Design Linz* im Sommer 1980 oder die Präsentation der ersten Memphis Kollektion am Rande der Mailänder Möbelmesse 1981, veränderte die Produkt- und Diskurslandschaft radikal. Den sich vollziehenden Paradigmenwechsel im Design – der sich ja in der Architektur schon in den 1960er Jahren abzeichnete – habe ich in der Rückschau einmal als «*From function to meaning*»[10] beschrieben. Damit wird einerseits die Gegenwart und Zukunft von Gestaltung beschrieben, andererseits aber auch dessen Herkunft thematisiert, die sich auf eine über zweitausend Jahre lange Geschichte funktionaler Gestaltung begründet, wenn man die Anfänge bei Marcus Vitruvius Pollio verortet, wie es beispielsweise von Andreas Dorschel so anschaulich dargestellt wurde.[11]

In den 1980er Jahren begann die eigentliche semantische Wende, deren geistiger Vater und langjähriger Mentor Klaus Krippendorff ist. Er hatte Ingenieurswissenschaften in Hannover und Produktgestaltung an der hfg ulm studiert. Nach seinem dort erworbenen Diplom siedelte er in die USA über, studierte in an der University of Illinois, Urbana-Champaign Kommunikationswissenschaften und promovierte in Communication Sciences im Jahre 1967. Seit 1966 ist er Professor an der Annenberg School for Communication an der University of Pensylvania. Zusammen mit Reinhart Butter, der ebenfalls an der hfg ulm studierte und seit den 1970er Jahren an der Ohio State University in Colombus lehrt, war er für zahlreiche Publikationen, Konferenzen, workshops etc. verantwortlich, die den Begriff der *product semantics* nicht nur in den USA, sondern weltweit bekannt machten.

Nachdrücklich möchte ich auf einen Aspekt hinwiesen, der für das Design von besonderer Bedeutung ist. Sowohl Klaus Krippendorff als auch Reinhart Butter haben Produktgestaltung studiert und verfügen über (zwar unterschiedlich lange) aber gleichwohl fundierte Kenntnisse der Designpraxis. Spätestens mit Beginn der Postmoderne wurden Statements zum Design und seiner Theorie von immer mehr Autoren und Autorinnen abgegeben, die aus verschiedenen Disziplinen stammten: «Dies hat bewirkt, dass Theoretikerinnen und Theoretiker, Forscherinnen und Forscher aus ande-

---

8 Siehe dazu: Bürdek, Bernhard E., «Zur Methodologie an der HfG Ulm und deren Folgen», in: ulmer museum, hfg archiv (Hrsg.), *Ulmer modelle – modelle nach ulm. hochschule für gestaltung ulm 1953–1968*, Hatje Cantz Ostfildern-Ruit 2003.

9 Bonsiepe, Gui, *Entwurfskultur und Gesellschaft. Gestaltung zwischen Zentrum und Peripherie*, Birkhäuser, Basel, Boston, Berlin 2009, S. 183.

10 Bürdek, Bernhard E., «‹From function to meaning›. In the long run everything is design», in: Bloch-Jahrbuch 2008, Ernst Bloch und das Bauhaus. Gestern und heute, herausgegeben von Francesca Vidal im Auftrag der Ernst-Bloch-Gesellschaft, Talheimer Verlag, Mössingen-Talheim 2008.

11 Dorschel, Andreas, *Gestaltung – Zur Ästhetik des Brauchbaren*, C. Winter Universitätsverlag, Heidelberg 2003.

ren wissenschaftlichen Bereichen sich verstärkt in die Diskussionen um Design einmischen und diese gelegentlich bereichern. Diese Debattenbeiträge kommen vor allem aus der Soziologie und Psychologie, aus den Kultur- und Kunstwissenschaften oder sogar aus den Natur- und Ingenieurswissenschaften.» Das Design benötigt eine Theoriebildung aus dem Kern seiner Disziplin, so wie das bei jeder wissenschaftlichen Disziplin üblich und richtig ist. – Eine Position, die übrigens auch Alain Findeli unterstützt. Es muss ja nicht heißen, dass wir auf fachfremde oder fachferne theoretische Anregungen verzichten müssen, vielmehr muss es dem Design als wissenschaftlicher Disziplin, an der Schärfung des Begriffes auch durch eine eigenständige Theoriebildung gelegen sein. Nur so gelangt die Disziplin zur Anerkennung im allgemeinwissenschaftlichen Kontext.

Ganz anders stellte sich indes die Situation an der traditionsreichen Cranbrook Academy in Bloomfield Hills in der Nähe von Detroit/USA dar.[12] Hier lehrten von 1971/72–1995 Michael und Katherine McCoy, die als bedeutende Promotoren eines «metaphorischen und interpretativen Designs» galten, sich der «*product semantics*»-Bewegung anschlossen, und diese in ihre Designausbildung integrierten. Das theoretische Konzept stand in erstaunlicher Nähe zu den Überlegungen von Klaus Krippendorff. Michael McCoy erinnerte einmal insbesondere an jene Entwicklungen, die in der Tradition der *linguistic philosophy* stehen und sich auf den Strukturalismus und den Poststrukturalismus beziehen lassen. Er betonte, dass man in Cranbrook insbesondere an dem Aspekt arbeite: «that there is a meaning in product form».[13] Und auf die Frage an Michael McCoy, was für ihn denn gutes Design sei, antwortete dieser: «My idea of a good design is one that is appropriate to its use and its context.»[14] Cranbrook hat sich insbesondere auf dem Gebiet der «metaphorischen Gestaltung» profiliert, die dort entwickelten Produktbeispiele gehören heute – also rund 25 Jahre nach ihrem Entstehen – noch immer zu den Meilensteinen der semantischen Wende.

Krippendorff erweitert allerdings den Begriff des Kontexts, der ja bekanntermaßen eine zentrale Rolle in der Designtheorie und Designmethodologie des 20. Jahrhunderts spielt. Spätestens seit Christopher Alexander in seiner legendären Studie «Notes on the Synthesis of Form»[15] die Wechselwirkung von Form und Kontext als die zentrale Frage des Entwerfens beschrieben hat. Kontexte sind eben nicht auf die Fragen der Funktion der Gegenstände bezogen, sondern vielmehr auf soziale, psychologische, ökonomische, ökologische Rahmenbedingungen, die das Design zunehmend beeinflussen. Damit werden den primär funktionalen Produktlösungen sekundäre Eigenschaften zugewiesen, und die Eindimensionalität vermeintlicher Wahrheiten formaler Gestaltung offenbart.

Mit dem Konzept von *meaning* (Bedeutung) begibt man sich auf das Terrain der Kulturwissenschaften, die eben nicht nur eine – ausschließliche und eindeutige – Lösung zulassen, sondern verschiedene. In einem Bericht über die oben erwähnte Ver-

12 Aldersey-William, Hugh. Lorraine Wild, Daralice Boles, Katherine & Michael McCoy, Roy Slade, Niels Diffrient, *The New Cranbrook Design Discourse*, Bloomfield Hils/Michigan 1990.

13 Mitchell, C. Thomas, *New Thinking in Design. Conversations on Theory and Practice*, Wiley, New York, Albany, Bonn etc. 1996, S. 2–3.

14 Ebenda, S. 11.

15 Alexander, Christopher, *Notes on the Synthesis of Form*, Harvard University Press, Cambridge/Mass. 1964.

anstaltung in München 1998 hieß es folgerichtig: «Er [Siegfried J. Schmidt] gab zu Bedenken, das bis heute geltende semiotische Sprachmodell sei seiner Auffassung nach überholt, da es den soziokulturellen und zeitlichen Kontext des Nutzers nicht berücksichtige. Ein Text, ein Produkt ‹hat› keine Bedeutung, sondern Nutzer schreiben ihm Bedeutung zu.» Bedeutungen sind nicht statisch, sondern sie verändern sich im Verlauf der Zeit. Krippendorff schreibt dazu, dass sämtliche Artefakte (Produkte) zu unterschiedlichen Zeiten und für unterschiedliche Benutzer eben auch unterschiedliche Bedeutungen besitzen, oder anders formuliert, «Produkte sind gefrorene Momente innerhalb eines Produktionsprozesses.»

Dies stellt wahrlich eine paradigmatische Wende für die Designtheorie, -forschung und -praxis dar, deren Auswirkungen immer bedeutsamer werden. An dieser Stelle wird die fundamentale Bedeutung der *semantischen Wende* offenkundig, denn in ihr finden sich mannigfaltige Antworten bezüglich der aufgeworfenen Fragen. Krippendorff sieht in der Postmoderne – jenseits deren unmittelbaren materiellen Auswirkungen wie beispielsweise in der Architektur oder den Entwürfen der Memphis Gruppe – vielmehr die Hinwendung zur Linguistik: Es geht um Sprache, um Dialoge und Diskurse – auch in der Produktgestaltung. *Die semantische Wende* überwindet die Sprachlosigkeit im Design, das sich bis Ende der 1970er Jahre weitestgehend auf das Funktionieren der Gegenstände konzentrierte – denn jetzt geht es um die Unterscheidbarkeit von Formen, Materialien, Funktionen und Problemen in ihrem Zusammenspiel und ihrer Wirkung.

Krippendorff entwickelt auch das umfassende Konzept des *human centered design* (auf den Menschen bezogene Gestaltung) für neue Formen von Interfaces, Services oder Multiuser-Systemen bis hin zu den Problemen ökologischen Designs. So gesehen vermittelt es innovative Ansätze für das aktuelle *design thinking* und trägt sehr zu Recht den Untertitel «Eine neue Grundlage für Design».

An dieser Stelle erscheint es mir wichtig zu sein, auf die Kategorien hinzuweisen, die im Zusammenhang von Designforschung von Christopher Frayling[16] entwickelt wurden, er unterscheidet drei Arten von Forschung:
– Forschung über Kunst und Design
– Forschung für Kunst und Design
– Forschung durch Kunst und Design.
– Krippendorff knüpft in Anlehnung an Nigel Cross an diese Unterscheidung folgendermaßen an:
– Wissenschaft über Design
– Designwissenschaft
– Wissenschaft für Design

Man versteht demnach unter ersterem all jene Disziplinen, die das Design zum Gegenstand haben: wie beispielsweise die Kunstgeschichte, die Kulturwissenschaften und neuerdings auch die Technikgeschichte. Dort wird also von anderen Disziplinen aus auf das Design geschaut und versucht, Erkenntnisse über dessen Aktivitäten, Prozesse, Wirkungen etc. zu gewinnen.

16 Frayling, Christopher, «Research in Art and Design», in: *Royal College of Art Research Paper*, No. 1, 1993/94.

Designwissenschaft konzentriert sich weitgehend auf den Designprozess selbst, ein Thema, das insbesondere an der hfg ulm – gemeint ist die Designmethodologie – bis zu deren Ende im Jahr 1968 sehr stark thematisiert wurde. Wer aber wie Uta Brandes[17] die Produktsemantik zu diesem Bereich zählt, irrt. Denn die Konsequenz der semantischen Wende als bedeutsamer theoretischer Entwicklung geschieht aus der Mitte der Designpraxis und führt zu einem neuen Selbstverständnis der Disziplin – die Semantik ist erkenntnistheoretisches Hand(lungs)werkzeug von Designern. Dem kann sich nur verschließen, wer nie selbst gestaltet hat.

Wissenschaft für Design (Fraylings Forschung durch Kunst und Design) meint also jenen «*disziplinären Kern*», der die Disziplin selber definiert. Krippendorff schreibt, dass man eine solche Forschung vom Design selbst heraus betreiben muss um die «*design community*» mit verlässlichen Konzepten, Methoden und Wissen ausstatten müsse, also letztlich einen eigenen, disziplinären Diskurs zu entwickeln habe. Und genau dies ist im Kern das große Verdienst dieses Buches, indem es maßgeblich diesen Diskurs befördert und dafür auch eine geeignete Sprache und Terminologie zur Verfügung stellt.

Die semantische Wende ist somit ein unverzichtbarer Beitrag für die Entwicklung des Designs insgesamt. Nigel Cross hatte anlässlich der 5th Asian Design Conference in Seoul/Korea im Jahr 2001 eine sehr treffende Analyse der Designentwicklung[18] vorgetragen. Es seien wohl 40-jährige Zyklen, in denen sich in der Rückschau paradigmatische Veränderungen feststellen ließen:

– in den 1920er Jahren wurde damit begonnen, wissenschaftliche Erkenntnisse in die Designausbildung zu integrieren (Bauhaus);
– in den 1960er Jahren war die Blütezeit der Designmethodologie (England, HfG Ulm, USA), die auch die designwissenschaftliche Epoche bezeichnet wurde;
– seit etwa 2000 konzentrierte man sich darauf, Design als eine eigenständige Disziplin zu profilieren.

In seiner Rezension würdigt Nigel Cross[19] genau diesen Aspekt, nämlich dass die semantische Wende einen bedeutsamen Beitrag zur Disziplinierung von Design darstellt: «I would interpret this as in line with a now fairly widely accepted view of design as a discipline, meaning design studied on its own terms, within its own rigorous culture, based on a reflective practice of designing.»

Die *semantics in design* ist dafür unbestritten der unbestrittene Kern. Krippendorffs Verweis auf die Semiotik (und seine Kritik daran) sowie die Sprach- und Kommunikationswissenschaften erscheinen mir unter den sich immer mehr beschleunigenden globalen Prozessen von besonderer Bedeutung. Schon Mitte der 1990 Jahre hatten Scott Lash und John Urry darauf hingewiesen, «that the majority of people in the advanced countries produce ‹semiotic› rather than industrial goods.»[20]

Überhaupt, so scheint es mir, hat man in der Ökonomie die Relevanz von *meaning* deutlicher erkannt als im Design selbst: «It´s our hope that 20 years from now, we will

---

17 Brandes, Uta, «Forschung», in: Erlhoff, Michael und Tim Marshall (Hg.), Wörterbuch Design. Begriffliche Perspektiven des Design, Birkhäuser, Basel, Boston, Berlin 2008.
18 Bürdek, Bernhard E., Design. a.a.O., S. 279–280.
19 Nigel Cross: «The Semantic Turn» (Book review), in: Design Studies, Nr. 1, Januar 2007, Jg. 28, S. 107.
20 Lash, Scott, John Urry, Economies of Signs and Space, SAGE Publications, London 1994.

look back on the end of the 20th century and the beginning of 21st as the starting point of a new kind of innovation in business, one that focuses its processes company-wide on the goal of providing its customers meaningful experiences.»

Und so war es auch nur eine Frage der Zeit, bis das Konzept der *product semantics* in Asien angekommen ist, denn dies ist ja – wie wir von Roland Barthes[21] gelernt haben – «Das Reich der Zeichen» überhaupt. 2009 erschien *Die semantische Wende* in einer japanischen Übersetzung, und auf dem 5th International Workshop on Design & Semantics of Form & Movement (DeSForM 2009) in Taipei wurde zum Thema «User-generated product semantics: how people create the meaning of objects in the state beyond saturation» referiert, wobei explizit ausgeführt wurde: «design's purpose is having people make meaning of things.»[22]

Somit wird deutlich, dass die Semantik im Design und das damit entwickelte Konzept von *meaning* heute zentraler Gegenstandsbereich von Designtheorie, -forschung und -praxis ist. Ich persönlich empfinde dies als ungemein erfreulich und beruhigend. Dank also an Klaus Krippendorff für dieses Buch, mit dem mich ein gutes Stück gemeinsamen Weges verbindet.

Bernhard E. Bürdek

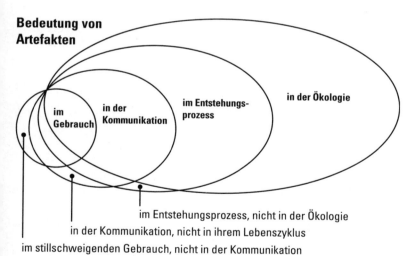

Bedeutung von Artefakten

im Gebrauch

in der Kommunikation

im Entstehungsprozess

in der Ökologie

im Entstehungsprozess, nicht in der Ökologie

in der Kommunikation, nicht in ihrem Lebenszyklus

im stillschweigenden Gebrauch, nicht in der Kommunikation

0.1 Die Beziehungen zwischen vier Theorien der Bedeutungen von Artefakten.

21 Barthes, Roland, *Das Reich der Zeichen*, Suhrkamp, Frankfurt am Main 1981 (orig. 1970).
22 Ebenda, S. 57.

1. Entstehung und Kontext

Die semantische Wende ist im Kontext der Produktsemantik sichtbar geworden, sie hat aber eine längere eigene Geschichte, die zu Beginn dieses Buchs kurz dargestellt werden soll.

1.1 Eine kurze Geschichte der Produktsemantik

Der Begriff «Produktsemantik» wurde erstmals in der Zeitschrift der Industrial Designers Society of America (IDSA) *Innovation* (Krippendorff und Butter 1984) verwendet und erläutert. Reinhart Butter und ich definierten ihn als eine Untersuchung der symbolischen Eigenschaften von Gegenständen und als ein Mittel, diese im Wesentlichen kulturellen Eigenschaften gestalterisch in den Griff zu bekommen. Da dieser doppelte Zweck im Widerspruch zur Erkenntnislehre der Semiotik stand, griffen wir auf das ursprünglich griechische Wort für das Studium von Bedeutungen – Semantik (griech. sēmantikós) – zurück und fügten das Wort «Produkt» als Ausdruck unseres primären Anliegens hinzu. Das Sonderheft zur Produktsemantik versammelte Beiträge verschiedener Designer und Designforscher. Sie diskutierten industrielle Produkte nicht bezüglich ihrer exemplarischen ästhetischen Qualitäten, sondern im Hinblick auf das, was diese Produkte ihren Benutzern in kommunikativer Hinsicht, als Bedeutungsträger, zu sagen vermochten. Die Autoren dieses Sonderhefts verstanden die Produktsemantik als einen neuen Ansatz für das Design, einen Neuanfang, der *dem* Grundanliegen von Designern Rechnung trug.

Die Idee der Semantik von Gegenständen reicht zurück bis zu zwei Aufsätzen aus den frühen 1960er Jahren (Krippendorff 1961a, 1961b) und zu meiner gleichzeitig an der Ulmer Hochschule für Gestaltung (1953–1968) verfassten Diplomarbeit (Krippendorff 1961c). Die Idee dieser Diplomarbeit überwinterte bis in die frühen 1980er Jahre, als Reinhart Butter, mit dem ich diesbezüglich in Verbindung geblieben war, vorschlug, gemeinsam das Sonderheft von *Innovation* herauszugeben.

Unmittelbar nach der Veröffentlichung des Sonderheftes der *Innovation*, noch im Jahr 1984, lud die IDSA interessierte Industriedesigner zu einem von Reinhart Butter, Uri

Friedländer, Michael McCoy, John Rheinfrank und mir abgehaltenen Sommerworkshop an die Cranbrook Academy of Art ein. Der Workshop war nicht nur für dessen Teilnehmer ein Erfolg, sondern zog auch die Aufmerksamkeit von Robert Blaich, dem Direktor für Corporate Design von Philips in Eindhoven (Niederlande) auf sich, wo der Workshop mit einer geringfügig veränderten Leitungsgruppe wiederholt wurde. Philips-Designer aus der ganzen Welt nahmen daran teil. Die Wiederholung dieses Workshops inspirierte nicht nur zu mehreren Produktideen des Philips Corporate Design – eine davon sollte das später populäre Roller Radio werden – sondern wichtiger noch, von diesem Engagement ging ein neuer Schwung, eine neue konzeptionelle Orientierung, eine neue methodologische Grundlage sowie eine neue Corporate Identity aus.[1]

Die Ideen riefen weltweites Echo hervor. Bereits 1987 lud das Industrial Design Centre im Indian Institute for Technology (IIT) in Bombay Design-Fachleute und -Dozenten zu einer großen Konferenz über Produktsemantik ein, die den Namen «Arthaya», ein altes Hindiwort für «Bedeutung», trug. Die Designer aus dem an Sprachen und Kulturen reichen Indien mit seinen bildmächtigen Mythologien begrüßten die semantische Wende ausdrücklich, versprach sie doch, Konzepte, Methoden und Kriterien bereitzustellen, die nicht nur den Interessen der Industrie dienen, sondern auch vielfältige soziokulturelle Traditionen respektieren und einheimische Entwicklungsformen unterstützen sollte. Der im industrialisierten Westen vorherrschende Universalismus wertete kulturelle Vielfalt traditionell als Zeichen von Unterentwicklung und beschränkter Rationalität ab. Die neue Akzeptanz unterschiedlicher kultureller Bedeutungen industrieller Artefakte rückte Design in den Mittelpunkt industrieller Entwicklungsprojekte.

1989 gaben Reinhart Butter und ich ein Doppelheft von *Design Issues* heraus, das seither eine Standardreferenz in der Literatur zur Produktsemantik geworden ist.[2] Darin definieren wir Produktsemantik folgendermaßen:

— *Erstens als systematische Untersuchung der Frage, wie und unter welchen Umständen Gegenstände Bedeutungen erwerben und deren Benutzer dementsprechend mit ihnen umgehen.*
— *Zweitens als Vokabular, Denkfiguren und Methoden, mit deren Hilfe sich Produkte gestalten lassen, im Bewusstsein von den Bedeutungen, die ihre Benutzer entweder für sie bereithalten oder im Umgang mit ihnen leicht erwerben können.*

Definitionen betonen das Wesentliche. Mit unserer Definition wollten wir theorielastige Bedeutungskonzepte vermeiden und versuchten stattdessen, Bedeutungen in den Zusammenhang mit der tatsächlichen Verwendungsweise von Artefakten, also in die Wechselwirkung von Bedeutung und Handlung, zu stellen. Schon bald merkten wir, dass unser Konzept von Bedeutung sich nicht auf die Benutzer von Artefakten begrenzen ließ, sondern auch auf Designer zutreffen musste, selbst wenn sie für diese in

---

1   Der maßgebliche Bericht über den Workshop sowie seine konzeptionellen und managementtechnischen Folgen dürfte derjenige von Blaich (1989) sein.
2   Die wichtigsten Artikel daraus wurden erneut in Margolin und Buchanan (1995) publiziert.

einer eigenen Wechselbeziehung von Bedeutung und Handlung stehen. Und schließlich sollte die Produktsemantik kein rein wissenschaftlich-deskriptives Unterfangen sein, sondern nützliche Begrifflichkeiten für Designer, also ein Vokabular, zur Verfügung stellen, das es ihnen erlaubt, auf konstruktive Weise in Prozesse der Bedeutungserwerbung einzugreifen. Glücklicherweise erschien das Doppelheft von *Design Issues* genau rechtzeitig zum ersten europäischen Workshop zur Produktsemantik, der von der University of Industrial Arts in Helsinki, heute University of Art and Design Helsinki, organisiert wurde. Hier schlossen sich Hans-Jürgen Lannoch und Robert Blaich der ursprünglichen Gruppe an. Die neuen Ideen (Väkevä 1990; Vihma 1990a, 1990b) zogen in Helsinki weitere Workshops sowie Konferenzen mit zunehmend internationaler Beteiligung und Veröffentlichungen nach sich (Vihma 1992; Tahkokallio und Vihma 1995). Seither gehört diese Universität in Helsinki zu den führenden Institutionen auf dem Gebiet der Produktsemantik.

Außerdem fanden Workshops in Kolumbien, Mexiko, Deutschland, der Schweiz, Taiwan, Japan, Korea und den Vereinigten Staaten statt. Die Produktsemantik hat den Weg in die Lehrpläne mehrerer Designschulen gefunden, insbesondere an der Ohio State University in Columbus, Ohio, der Cranbrook Academy of Art in Cranbrook, Michigan, und der University of the Arts in Philadelphia, Pennsylvania. In Seminaren an der University of the Arts entstand ein Arbeitsbuch (Krippendorff 1993b), mit dem derzeit auch an verschiedenen anderen Ausbildungsstätten gearbeitet wird.

1996 förderte die National Science Foundation (NSF) der Vereinigten Staaten eine größere Konferenz zu der Frage, wie Designer dazu beitragen können, Informationstechnologien einer breiteren Bevölkerung zugänglich zu machen. Die NSF bemühte sich um eine nationale Agenda oder zumindest um Empfehlungen für eine nationale Rolle des Designs im Informationszeitalter. Der Konsensusbericht *Design in the Age of Information* (Krippendorff 1997) behandelte die wachsenden technologischen Möglichkeiten, neue Designprinzipien, sowie die Aufgaben einer zeitgemäßen Ausbildung von Designern, und er empfahl mehrere große Forschungsprojekte. Die Designprinzipien für die neuen Informationstechnologien bezogen sich fast ausschließlich auf semantische Aspekte: Benutzerverständnis, Bedeutungen und Interfaces. Letztere wurden als Mittel erkannt, mit den komplizierten Geräten der Informationsgesellschaft umzugehen, vielfältigen Benutzern gerecht zu werden, sie zu unterstützen und Konflikte kreativ auszunutzen. Die Bildungsempfehlungen konzentrierten sich auf human-centered Designlehrpläne. Die Forschungsagenda hatte die wesentlichen Wissenslücken beschrieben, die sich mithilfe von Forschungsgeldern schließen ließen. Die Semantik wurde als Schlüssel verstanden, die Möglichkeiten der sich rasant entwickelnden Informationstechnologien der Bevölkerung in größerem Ausmaß zugänglich zu machen.

Im Sommer desselben Jahres, 1996, lud das Cooper-Hewitt National Design Museum in New York eine kleine Gruppe von Designhistorikern, Psychologen, Kommunikationswissenschaftlern, Architekten, Kunstredakteuren und Museumskuratoren zu einer interdisziplinären Konferenz und einem Workshop über «Die Bedeutung der Dinge» ein. Dieses in den Vereinigten Staaten führende Designmuseum sah in der Bedeutung einen die Designdisziplinen zusammenführenden Begriff. Die Teilnehmer suchten in so unterschiedlichen kulturellen Artefakten wie öffentlichen Plätzen, Industrieprodukten, Museumsausstellungen, Holocaustmahnmalen, Computerinterfaces und Folklore nach Gemeinsamkeiten.

Im Februar 1998 sponserten Siemens und BMW ein spezielles Symposium in München, das unter dem Motto «Semantics in Design – Die Sprachlichkeit in der Gestaltung» stand. Es führte zwölf Designer und Experten aus Gebieten wie Kommunikation, Konsumforschung, Innovationsforschung und Neue-Medien-Technologien zusammen, die über ihren jeweiligen Ansatz, wie Artefakten Bedeutung zuwächst, sprachen. Auch dieser Workshop begriff Bedeutung als zentrales Anliegen für das Design, räumte aber auch ein, dass es verschiedene Begrifflichkeiten gibt, auf deren konzeptionelle Unterschiede ich in Kapitel 8 ausführlich eingehen werde.

Seither sind Emotionen ein zunehmend wichtiger Aspekt der Semantik geworden. Die bereits erwähnte Konferenz 1994 in Helsinki befasste sich mit dem Thema «Vergnügen oder Verantwortung». 2001 trafen in Singapur auf der «International Conference on Affective Human Factors Design» (Helander et al. 2001) Forscher zusammen, die sich mit Humanfaktoren befassten. In meinem Beitrag «Intrinsic Motivation and Human-Centered Design» (Krippendorff 2004b) versuchte ich die Frage zu klären, wie und welche Emotionen beim Gebrauch von Artefakten geweckt werden, die logischerweise der Frage folgt, was Artefakte bedeuten können. Mehrere Beiträge beschäftigten sich mit der Semantik der Artefakte, darunter auch ein japanischer Ansatz, der als «Kensai-Engineering» bezeichnet wird. Die Konferenz fand 2003 erneut statt, 2004 verfasste Donald Norman dann ein erfolgreiches Buch mit dem Titel *Emotional Design*.

Neben den gerade beschriebenen Ansätzen gab es parallel weitere Entwicklungen. Eine davon ist der Versuch, an der Hochschule für Gestaltung in Offenbach eine sogenannte «Theorie der Produktsprache» zu entwickeln. Es entstanden mehrere, bedauerlicherweise nicht zugängliche Monografien, darunter eine von Richard Fischer (1984) über «Anzeichenfunktionen» und eine andere von Jochen Gros (1987) über «Symbolfunktionen». Dagmar Steffen (2000) hat eine umfassende Darstellung dieser Theorie herausgegeben. In Abschnitt 8.7 werde ich auf diesen Ansatz eingehen. Außerdem ist bei Siemens ein gesetzlich geschützter Leitfaden für das Corporate Design entstanden, der auf der metaphorischen Unterscheidung zwischen Form und Inhalt von Produkten beruht (Käo und Lengert 1984).

Auch das Marketing ist auf die Semantik aufmerksam geworden und entdeckte die Idee, dass Bedeutungen industriellen Produkten einen «Mehrwert» verleihen können (Karmasin 1993, 1994). Es gibt mindestens sechs Dissertationen, die sich mit dem Thema Semantik im Design auseinandersetzen.[3] Zwei weitere, bis vor kurzem unbekannte Arbeiten zur semantischen Wende sind die Publikationen von Theodor Ellinger (1966) und C. Joshua Abend (1973). Ersterer entwickelte die kaum beachtete Idee, dass Produkte alle notwendigen Informationen vermitteln sollen, um ihren Weg zu den Konsumenten zu finden. Letzterer schlug verschiedene Maßnahmen vor, die Erscheinungsformen von Produkten quantitativ zu vergleichen. Erwähnenswert sind auch die

---

3 Im Fachbereich Design von Väkevä (1987) und Vihma (1990), im Marketing von Reinmöller (1995), in der Architektur von Yagou (1999), in den Ingenieurswissenschaften von Yammiyavar (2000), in Anthropologie und Design von Diaz-Kommonen (2002).

in den 1960er Jahren, vor allem in Italien, unternommenen Anstrengungen, Bedeutungsfragen in der Architektur zu thematisieren (Bunt und Jencks 1980). Auch Martin Krampens (1979) Arbeit über Bedeutungen im städtischen Umfeld soll in diesem Zusammenhang erwähnt werden. Donald A. Norman (1988, 1998) behandelte die Themen zwar mit psychologischer Begrifflichkeit, verfolgte aber ähnliche Ziele. Eine Designpublikation aus wirtschaftlicher Perspektive (Gerdum 1999) rückte Bedeutung und Produktsemantik in den Mittelpunkt ihrer Erklärungen der kulturellen Dynamik der Artefakte. Offenkundig wurzelt die semantische Wende in fruchtbarem Grund und hat verschiedene Triebe hervorgebracht.

Einige dieser Entwicklungen können auf Impulse zurückgeführt werden, die in den 1960er Jahren an der Ulmer Hochschule für Gestaltung entwickelt wurden, auf diese werde ich in Kapitel 9 ausführlicher eingehen. Sicherlich ist es kein Zufall, dass Butter, Fischer, Lannoch, Krampen und ich unsere jeweilige Laufbahn dort begonnen haben ebenso wie Sudhakar Badkarni, der wesentlich an der Arthaya-Konferenz beteiligt war, oder Shutaro Mukai (1991), der an der Musachino-Universität in Japan eine Fachrichtung «Wissenschaft des Designs» einführte und semiotische Ideen auf visuelle Phänomene anwendet.[4]

1.2 Die Trajektorie der Artefaktualität

Wie bereits im Vorwort erwähnt, entstanden im Zuge der industriellen Revolution durch die Massenproduktion von materiellen und informativen Artefakten neue Kategorien des Designs. In der Annahme, die technologische Entwicklung werde die Lebensqualität für jedermann verbessern, und entschlossen, mit der Ästhetik zur materiellen Kultur beizutragen, arbeiteten Designer, ohne über ihre Rolle im Gesamtzusammenhang der Expansion westlicher industrieller Ideale sowie der Verdrängung anderer nicht-westlicher kultureller Traditionen nachzudenken. Fast entstand dabei eine Kluft zwischen den formulierten Intentionen der Designer und dem, was sie tatsächlich bewirkten. Dem Bauhaus etwa, dem es ausdrücklich um eine Humanisierung der Massenkultur ging, gelang es nur in sehr wenigen Fällen, seine Entwürfe in Massenprodukte zu verwandeln. Beflügelt von einer Faszination für geometrische Formen und nicht-repräsentative (abstrakte und experimentelle) Kunstgegenstände, belieferte es stattdessen Museen mit seinen einzigartigen Entwürfen. Die Ulmer Hochschule für Gestaltung, die als Bauhaus-Nachfolger interpretiert wurde, machte sich die Massenproduktion, selbst in ihrer Architekturabteilung, uneingeschränkt zu Eigen. Es gelang ihr, die Industriekultur nach dem Zweiten Weltkrieg nachhaltig zu prägen. Doch sie bemerkte nicht, dass ihr Erfolg wesentlich auf dem Bedürfnis der neuen Kulturelten der Nachkriegszeit beruhte, die sich mithilfe neuer Arten von Konsumprodukten von der Kriegsgeneration unterscheiden wollten. Nachdem diese Anforderungen befriedigt waren, schwand die Unterstützung für die Hochschule und sie wurde geschlossen. (Womit jedoch nicht gesagt sein soll, dass dies der einzige Grund für ihr Ende war.) Trotz dieser höchst unterschiedlichen Bemühungen, dem Design einen Platz zu

---

4   Shutaro Mukai, Akiyo Kobayashi et al. (Hg.), *The Idea and Formation of Design. 35 Years of Science of Design,* Tokio 2003.

verschaffen, folgten sie alle einem Funktionalismus, der in Louis Sullivans Diktum aus dem Jahr 1896

Form Follows Function

zum Ausdruck kam. Diese zu einem Designprinzip erhobene Formel geht mit der Überzeugung einher, die Form haptischer Produkte ergebe sich natürlicherweise aus einem klaren Verständnis der Funktion, die sie erfüllen soll. Der Funktionalismus hinterfragt weder, ob diese Funktionen von Benutzern verstanden werden, noch, wo sie herrühren, und nicht einmal die Legitimität derjenigen, die die Designer damit beauftragen, sie zu realisieren. Funktionalismus ist ein Ausdruck blinder Akzeptanz jener Rolle, die den Designern von der Gesellschaft und insbesondere von ihren industriellen Auftraggebern zugewiesen wird. Das Sullivan'sche Diktum spiegelt aber auch eine hierarchische Gesellschaft, in der Spezifikationen an der Spitze formuliert und nach unten weitergereicht oder für selbstverständlich genommen werden, als stammten sie von einer unsichtbaren Autorität. In einer schneidenden Kritik beschrieb Jan Michl (1995) den Begriff «Funktion» als einen Freibrief, als metaphysisches Konzept, auf das sich Architekten und Designer nach Gutdünken berufen können, um praktisch alles zu rechtfertigen und ihre Entwürfe wie natürliche Objekte zu erklären (siehe auch Krippendorff und Butter 1993), vorausgesetzt sie bewegten sich innerhalb fest etablierter konzeptioneller Strukturen. Das Diktum erfreut sich nach wie vor großer Beliebtheit und wird häufig zitiert. Eine Google-Suche zu «form follows function» am 6. Juni 2012 erbrachte 940.000 Treffer. Die semantische Wende stellt diese blinde Unterwerfung der Designer unter eine feste funktionalistische soziale Ordnung in Frage. Die Form von Gesellschaft, in der wir heute leben, entspricht dem nicht mehr.

Man kann mit Fug und Recht sagen, dass die heutige Welt komplexer, immaterieller, öffentlicher und offener ist als die Welt, der dieses Diktum entstammt. Design hat sich inzwischen über die Grenzen dessen, was mit dieser Aussage zu bewältigen war, hinaus entwickelt, und Designer sehen sich mit völlig neuen Herausforderungen konfrontiert. Abbildung 1.1 zeigt eine Trajektorie solcher Designprobleme. Sie beginnt mit dem Design materieller Produkte, auf die in einer progressiven Abfolge fünf Hauptarten von Artefakten folgen, wobei jeder Schritt durch eine neue Qualität der Designer bestimmt wird. Diese Trajektorie soll keine irreversiblen Schritte darstellen, sondern Phasen, in denen

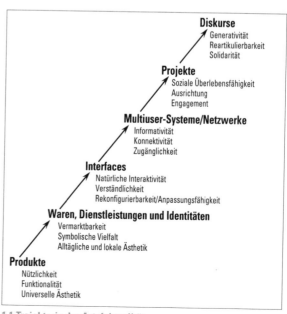

1.1 Trajektorie der Artefaktualität.

sich Designüberlegungen zu wesentlichen neuen Arten von Artefakten ausweiten, die auf den vorhergehenden Arten aufbauen. Sie fügen neue Versionen und Designkriterien hinzu und zeigen eine im Werden begriffene Geschichte von Designaufgaben.

1.2.1 Produkte

Laut Wörterbuch werden Produkte von Produzenten produziert. Ein Produkt steht am Ende einer Herstellungskette. Das Entwerfen von Produkten bedeutet, sich den Kriterien der Hersteller zu unterwerfen, etwa dem Kriterium, dass die Produkte zu einem *Preis* hergestellt werden, der unter dem der Konkurrenz liegt, sowie, in logischer Erweiterung dieses Profitmotivs, dass sie für ihre Benutzer einen *Nutzen* haben. Diese Produzent-Produkt-Profit-Logik dominierte technologische Entscheidungen während des Industriezeitalters (Simon 1969/2001, S. 25–49), ein Zeitalter knapper Rohstoffe und hierarchischer Sozialstrukturen, das von einem unerschütterlichen Glauben an den technologischen Fortschritt sowie von häufigen Kriegen und wachsender Armut für große Teile der Bevölkerung geprägt war.

Doch Designer, als Formgeber abgestempelt, waren nicht gezwungen sich auf ästhetische Erwägungen zu beschränken, und gute Designer taten dies auch nicht, sondern sie verfolgten andere kulturelle Ziele ohne die Produktvorgaben der Produzenten zu umgehen. Da Letztere das finanzielle Risiko eines potenziellen Scheiterns trugen, waren deren Kriterien aber die entscheidenden. Indem die Designkriterien am Endprodukt definiert wurden, konnten sich die Produzenten der Verantwortung für Missbrauch und falsche Anwendungen ihrer Produkte entziehen. Um nicht vorgesehene und inkompetente Verwendungsweisen zu vermeiden, boten Hersteller Kurse für die Benutzung der damals als kompliziert und gefährlich angesehenen Produkte an, zum Beispiel für Schreibmaschinen, Waschmaschinen und elektrische Geräte. Es war auch nicht ungewöhnlich, dass die Hersteller solcher Produkte Experten für deren Benutzung und Reparatur ausbildeten und zertifizierten. Alle diese Maßnahmen zeigen, dass die Produzenten jener Zeit den richtigen Gebrauch ihrer Produkte bestimmen wollten und das auch konnten, und wenn Designer von funktionalen Produkten sprachen, dann hatten sie die Intentionen der Produzenten zu ihren Designkriterien gemacht.

Mit ihrer Affinität zur Kunst machten Produktdesigner es sich zur Aufgabe, hässlich konstruierte Mechanik mit angenehmen Formen zu verkleiden. «Formgeber» war denn auch der Begriff, der zumindest bis in die 1970er Jahre im deutschen Sprachbereich für das englische «Designer» verwendet wurde. Ein Großteil des Designdiskurses betraf Formen, gute Formen, attraktive Formen, die von einer im stetigen Wandel begriffenen Ästhetik beherrscht wurden. Genau deshalb, weil Designer die Formen massenhaft hergestellter Produkte rechtfertigen mussten, also Formen, die die Masse von Benutzern schön fand, musste die propagierte Ästhetik der Industrieprodukte eine universale Ästhetik sein, eine, die als kulturfrei galt, also für alle gültig war. Der Erfolg dieser Ästhetik führte den industrialisierten Westen nicht nur dazu, seine eigene kulturelle Vergangenheit zu verleugnen, sondern andere, vor allem nicht-industrialisierte Kulturen als primitiv und der industriellen Entwicklung bedürftig zu bezeichnen. So kam es, dass die Idee des Produktdesigns, die gute Form, im Industriezeitalter ihren Subtext verbarg, nämlich die Expansion der Märkte, die Propagierung westlicher technologischer Ideale in «unterentwickelten Ländern» und die Weigerung, die Verantwortung für unbeabsichtigte Benutzungsweisen zu übernehmen. Die Akzeptanz dieser Ästhetik galt als Ausweis der Moderne.

1.2.2 Waren, Dienstleistungen und Identitäten

Seit den 1940er Jahren rückten Waren, Dienstleistungen und Identitäten in den Mittelpunkt der Aufmerksamkeit von Designern. «Styling» war die Antwort von Designern, die sich um diese neuen Arten von Artefakten kümmerten. Waren werden gehandelt, und – nicht nur an Benutzer oder Konsumenten – verkauft, ihr Handelswert ist wichtiger als ihr Gebrauchswert. Verglichen mit ihrer Rolle auf dem Markt sind deren Funktionen sekundär und dienen bestenfalls als Verkaufsargumente. Dienstleistungen müssen so gestaltet sein, dass sie wiederholbar, wiedererkennbar und vertrauenswürdig sind, denn nur dann entwickeln Kunden Loyalität gegenüber dem Dienstleister und kommen wieder. Identitäten, ob sie in Logos, Markennamen oder Unternehmensauftritten kodiert sind, sollen verschiedene Arten von Bindung schaffen. Daher sind Waren, Dienstleistungen und Identitäten nur in einem metaphorischen Sinn Produkte. Sobald Artefakte zu Waren werden, werden Benutzer zu Geschäftsleuten, Käufern oder Konsumenten. Indem Praktiken Dienstleistungen werden, werden sie entpersonifiziert und institutionalisiert, etwa durch das Tragen von Uniformen wie dem weißen Kittel von Ärzten oder der Arbeitskleidung von Automechanikern. Uniformen zeigen die Natur der von ihrem Träger erbrachten Dienstleistung an und die Möglichkeit, sie professionell in Anspruch zu nehmen. Die Verbindung von Logos und Produkten oder Dienstleistungen erzeugt Marken und damit Kundenbindung. Die Eigenschaften von Waren, Dienstleistungen und Identitäten sind nicht mit Händen greifbar.

Beim Gestalten solcher Artefakte haben Designer mit ihrer *Vermarktbarkeit* zu tun, also ihrer Fähigkeit, die Aufmerksamkeit ökonomisch attraktiver Kundenkreise zu wecken, und mittels verschiedener symbolischer, sprachlicher oder visueller Qualitäten, die ins Auge gefassten Zielgruppen zu ermutigen, diese zu erwerben, ein Geschäft oder eine Agentur aufzusuchen, eine Dienstleistung längerfristig in Anspruch zu nehmen, eine Marke schätzen zu lernen oder sich einem Verkäufer, einer Firma oder Organisation verbunden zu fühlen. Das Design von Waren, Dienstleistungen und Identitäten fördert letztlich die Entwicklung einer kommerziellen und korporativen Kultur. Da diese Arten von Artefakten auf grundlegende Weise mit den Wahrnehmungen verschiedener Menschen zu tun haben – Menschen, die unterschiedlichen Gruppen angehören, verschiedene Gewohnheiten haben und unterschiedliche Ziele im Leben verfolgen –, kann das Design von Waren, Dienstleistungen und Identitäten sich nicht mehr auf eine universale Ästhetik verlassen. Vielmehr muss es eine Vielfalt kaum formalisierter, gruppenspezifisch geprägter, *alltäglicher und lokaler Ästhetiken* berücksichtigen. Es ist eine bekannte Erkenntnis der Marktforschung, dass es keine universalen ästhetischen Prinzipien gibt, sondern nur sich verändernde Verteilungen von Vorlieben und Abneigungen sowie deren jeweilige Ursachen. Hieraus folgt, dass die hier anwendbaren Designkriterien sich nicht von den obengenannten Kriterien für die Gestaltung von Produkten ableiten lassen. Nicht dass Marktvorteile, Markenerkennung und die Bereitschaft, Dienstleistungen wiederholt in Anspruch zu nehmen, vor den 1940er Jahren unbekannt waren – selbst vorindustrielle Handwerker stützten sich auf ihren Ruf und signierten ihre Produkte –, doch dies war nicht ihr eigentliches Anliegen. Artefakte können in einer Phase ihres Lebens Produkte sein und in einer anderen zu Verkaufsartikeln und Konsumwaren werden. Für Designer sind das verschiedene Artefakte.

1.2.3 Interfaces

Miniaturisierung, Digitalisierung und Elektronik haben die zeitgenössische Technologie wesentlich komplizierter gemacht. Für manche sind Computer, Waffen und Atomkraftwerke Produkte, für andere sind sie Waren, Investitionen oder eine Frage des Besitzerstolzes. Doch für die meisten Benutzer dieser Artefakte ist deren innere Funktionsweise unverständlich. Der Umstand, dass sie von Nicht-Spezialisten benutzt oder bedient werden können, führte zu einer neuen Art von Artefakten, die *zwischen* komplexen technologischen Gegenständen und ihren Benutzern vermittelt: die Interfaces zwischen Mensch und Maschine. Im Deutschen betont das Wort «Schnittstelle» eine Trennung von Mensch und Maschine. Im Englischen hat «Interface» zwei Bedeutungen. Die eine, meiner Ansicht nach unzureichende, bezieht sich auf das, was auf einem Computerbildschirm grafisch zu sehen ist. Die andere bezieht sich auf die Interaktivität, die Mensch und Maschine auf dynamische Weise miteinander verbindet. Am Vertrautesten sind uns Interfaces mit Computern. Tatsächlich haben die Interfaces zwischen Mensch und Computer den weitverbreiteten Gebrauch von Computern überhaupt erst ermöglicht und damit die Informationsgesellschaft ermöglicht. Doch Interfaces finden sich überall, in Kontrollräumen von Atomkraftwerken, in Autocockpits, im Umgang mit Touchscreens von Mobile Devices, ja selbst die Handhabung gewöhnlicher Werkzeuge kann kaum von ihrem Gebrauch getrennt werden. Interfaces setzen die Benutzer von Gebrauchsgegenständen in die Lage, mit ihnen etwas zu erreichen, ohne deren Technologie gänzlich zu verstehen. Mit der Gestaltung von Interfaces verlagerte sich die Aufmerksamkeit der Designer von der internen Funktionsweise und dem institutionalisierten Erscheinungsbild technischer Gegenstände auf das, was zwischen Benutzern und jenen Gegenständen vorgehen muss, um sie bedienen zu können, auf jenen Zwischenbereich also, in dem sich Interfaces dynamisch entwickeln können.

Die drei wichtigsten Merkmale von Interfaces sind Interaktivität, Dynamik und Autonomie. *Interaktivität* bezieht sich hier auf die Handlungs-Reaktions-Sequenzen, Eingabe-und-Ausführungs-Zyklen oder das Fragen und Antworten, das den menschlichen Gebrauch von Maschinen kennzeichnet. *Dynamik* impliziert Zeit und bezieht sich auf die Evolution des menschlichen Umgangs mit den Artefakten, ein interaktiver Lernprozess, der sich während des Gebrauchs entwickelt, in dem man so gut wie nie zum jeweiligen Ausgangspunkt zurückkehrt. *Autonomie* bezeichnet die Geschlossenheit eines Systems, hier die interaktive Kopplung von Mensch und Maschine, ohne dass äußere Einflüsse dabei eine Rolle spielen. Ein Artefakt, das sich selbst erklärt, drückt aus, dass es alles bereitstellt, was zur Interaktion mit ihm notwendig ist, und dass es den «produktiven Tanz» unterstützt, der sich innerhalb des Interfaces entwickelt und idealerweise ohne Hilfe von außen fortgesetzt werden kann. Hinzufügen könnte man noch, dass Interfaces die menschlichen Fähigkeiten auf das anderenfalls Unbegreifliche erweitern und im Falle von Computerinterfaces deren Benutzern völlig neue Dimensionen eröffnen.

Interfaces stellen daher eine neue Art von Symbiose von Mensch und Technologie dar, die zunehmend aufeinander angewiesen sind. Eines der entscheidenden Anliegen von Designern ist, dass Interfaces *verständlich* sind. Das Verständnis der Benutzer muss nicht «korrekt» sein, im Sinne dessen, was der Produzent, ein Ingenieur oder Designer beabsichtigt. Es muss lediglich so weit reichen, mit einer Technologie so *natürlich* und mühelos wie möglich umgehen zu können, ohne dass es zu Unterbrechungen oder Unfällen kommt oder dass ein Scheitern befürchtet werden muss. Benutzerfreundlichkeit ist ein häufig genutzter Begriff, der interaktives Verstehen und reibungslosen, ununterbrochenen Gebrauch bezeichnet. Brauchbarkeit ist ein weiterer Begriff, der sich mehr oder weniger auf dieselben Qualitäten bezieht.

Ein wichtiges Merkmal von Interfaces, das bei den Produkten der Industriellen Revolution größtenteils fehlte, ist deren *Konfigurierbarkeit* oder Rekonfigurierbarkeit. Also die Möglichkeit der Benutzer, ihre Gebrauchsgegenstände so umzubauen, dass sie mit ihnen zielgerichtet und entsprechend ihren eigenen Fähigkeiten interagieren können. Computerprogrammierung ist ein frühes Beispiel für Konfigurierbarkeit. Ein Computer ist eine Allzweckmaschine, und Programmierer können sie so programmieren, dass sie eine Vielfalt von Aufgaben erfüllen. Doch erfordert das Programmieren die Beherrschung schwer zu erlernender Programmiersprachen. Daher geht es Interface-Designern heute mehr um die *Anpassungsfähigkeit* der Maschinen an die Gewohnheiten des Benutzers, aber auch umgekehrt darum, den Benutzern zu ermöglichen, diese zu verbessern, also in neue, ihren eigenen Vorstellung angepasste umwandeln zu können. Anpassung geschieht durch eine Technologie, die das Verhalten ihrer Benutzer erlernt, deren Handlungen vorweg nimmt und auf diese Weise komplizierte Schritte überflüssig macht, beispielsweise häufig bearbeitete Texte leichter zugänglich zu machen, lange Emailaddressen nach den ersten Buchstaben zu vervollständigen oder Formulare mit persönlichen Daten automatisch auszufüllen. Die wohl gelungensten, wenn auch nur begrenzt angewandten, Anpassungen an die Vorstellungen ihrer Benutzer sind die virtuellen Realitäten.

1.2.4 Multiuser-Systeme und Netzwerke

Multiuser-Systeme und Netzwerke ermöglichen die Koordination zahlreicher menschlicher Tätigkeiten in Raum und Zeit, unabhängig ob es sich dabei um öffentliche Dienste (zum Beispiel Einkaufszentren, Tankstellennetze oder Hotelketten), Zeichensysteme (beispielsweise zur Verkehrslenkung oder Wegleitsysteme in Gebäuden), Informationssysteme (wie wissenschaftliche Bibliotheken, elektronische Datenbanken, Geldautomaten oder Mechanismen zur Anpassung von Inventar an den jeweiligen Bedarf), Kommunikationsnetzwerke (wie Telefon, Internet oder Usenet) oder um die bereits etwas archaisch anmutenden massenmedialen Einweg-Netzwerke (wie Presse, Radio und Fernsehen) handelt. Anders als beim Design von Interfaces, die zwischen einzelnen Benutzern und einer Maschine stehen, muss sich das Design von Mulitiuser-Systemen mit den Informationen und Dienstleistungen befassen, die solche Systeme ihren Teilnehmern zur Verfügung stellen können, was wiederum von deren Belesenheit, Hintergrund, der Vielfalt ihrer Anliegen, ja sogar ihren persönlichen Zielen abhängt. Doch wird Information nur am Rande solcher Systeme, im Interface, erlebt. Die meisten Multiuser-Systeme vernetzen auch ihre Teilnehmer miteinander und müssen dafür sorgen, dass diese Verbindungen leicht zu verstehen sind. *Informativität, Zugänglichkeit* und *Konnektivität* sind Bedingungen dafür, dass sich innerhalb solcher Systeme Interessengruppen bilden können. Das Telefonnetz ist ein vertrautes und vergleichsweise einfaches Beispiel hierfür. Usenet ist ein elektronisches Diskussionssystem im Internet. Innerhalb diesem können sich Gruppen für sehr unterschiedliche Zwecke bilden. Die Themen reichen von Wissenschaft bis zu Politik, Literatur oder diversen Hobbys. Die Teilnehmer an Multiuser-Systemen lesen nicht nur die Beiträge der jeweils anderen, sondern wenden das Erlernte auch in ihrem jeweiligen Leben außerhalb dieser Gruppen an. Designer können nicht mehr bestimmen, wie diese Systeme zu benutzen sind, müssen aber die Grundlagen bereitstellen, die es den Teilnehmern ermöglichen, sich selbst in ihnen und außerhalb von ihnen zu organisieren.

1.2.5 Projekte

Projekte sind Artefakte, die kollektiv verfolgt werden, aber sehr verschiedene Formen annehmen können. Charakteristischerweise entstehen sie mit der Absicht, etwas zu verändern, einzuführen oder zu entwickeln, beispielsweise eine neue Technologie, also etwas zu hinterlassen, das auch für andere, nicht unmittelbar an der Durchführung eines Projekts Beteiligte, von Nutzen ist. Die Verwirklichung von Artefakten bedarf besonders intensiver Kommunikation zwischen den Teilnehmern. Projekte wie die Beförderung von Astronauten auf den Mond, die Konzeption eines Universitätsstudiums im Fach Design, die Wahlkampagne für einen Kandidaten, die Lösung eines kommunalen Problems sind alle nur durch die zielgerichtete Koordination vieler Beteiligter möglich. Auch Management ist projektorientiert. Der Aufbau eines Unternehmens, die Förderung einer bestimmten Forschung oder Entwicklung (Research & Development, R&D) oder das Bekanntmachen eines Produkts sind letzten Endes Designaufgaben. Projektdesigner können den Ablauf eines Projektes nicht im Detail bestimmen, wie sie es beim Design von Produkten gewöhnt sind, denn ein Projekt bedarf der Kooperation verschiedener Teilnehmer, die damit möglicherweise auch eigene oder projektunabhängige Absichten verfolgen. An einem technologischen Entwicklungsprojekt können Designer, Ingenieure, Wissenschaftler, Finanzexperten, Soziologen, Marketingforscher und andere beteiligt sein, und es ist idealerweise möglich, dass ein Projekt die Erwartungen der meisten, wenn nicht gar aller Beteiligten erfüllt. Selbst bei der Realisierung alltäglicher Artefakte ist die Zusammenarbeit vieler Personen erforderlich. Darauf werde ich im 5. Kapitel näher eingehen. Der Beitrag eines Projektleiters besteht darin, die Mitarbeiter zu motivieren und dafür zu sorgen, dass sie das Projektziel nicht aus den Augen verlieren.

Designer können eigene Projekte verfolgen oder an den Projekten anderer arbeiten. Im Industriezeitalter waren Designer meist Angestellte der Industrie – daher der Name «Industriegestalter» oder auch «Formgeber» – was bedeutete, dass sie sich den Projekten der Industrie unterordneten.

Projekte werden stets mittels der Sprache gesteuert und deren Fortschritte werden sprachlich bewertet. Oft gilt es, die Schritte und Ziele eines Projektes festzulegen, wer, was, wann und in welcher Reihenfolge macht und wer für den Fortschritt eines Projektes zuständig ist. Alle Projekte verfolgen ein Ziel, haben ein Anliegen oder eine Richtung, selbst wenn dieses nur vage formuliert sein mag. Die Vorstellung dieses Ziels muss fähige Mitarbeiter interessieren und sie anregen mitzumachen, sich zu engagieren oder sie motivieren, ihre Beiträge auf das Ziel hin zu koordinieren, also nach vorne *auszurichten*.

Nur selten lassen sich Projekte durch einen von außen bestimmten Projektleiter dirigieren. Designer können Projekte initiieren, doch deren Resultate können sie kaum voraussagen. Tatsächlich ist es die Offenheit für Details, die Mitarbeiter zu eigenen Leistungen anspornt und einem Projekt Dynamik verleiht. Projektdesigner können lediglich eine Richtung vorgeben, offene Räume für die potenziell daran interessierten Personen (*Stakeholder*) schaffen, es ihnen ermöglichen, eigene Beiträge zu machen, und ihre Ressourcen einzubringen. Diese Unbestimmtheit im Detail eines andererseits zielorientierten Prozesses ermöglicht die erfolgreiche Realisierung eines Projekts. Man kann sagen, dass Projekte sozial realisierbare Organisationsformen sind, die aus dem bestehen, was ihre Mitarbeiter motiviert, was diese beizutragen gewillt sind, und die lange genug existieren, um etwas Dauerhaftes zu hinterlassen: ein bestimmtes Design, ein neues Verfahren, eine sich selbst tragende Institution. Projekte sind die Vorbilder für partizipatorisches Design.

1.2.6 Diskurse

Als erste Annäherung kann man den Begriff «Diskurs» als organisierte Sprach- und Schreibform und die dazugehörigen Praktiken beschreiben. Eine ausführliche Definition findet sich in Abschnitt 1.4.1. Man kann verschiedene Diskurse unterscheiden: berufliche, politische, religiöse und wirtschaftliche. Ein Diskurs kann zwar durch ein Multiuser-System unterstützt werden – ein Informationssystem, Publikationen, wissenschaftliche Einrichtungen oder soziale Kommunikationsmittel, die sich an jeweils eigene Regeln halten , aber er hängt nicht vom Gebrauch solcher Systeme ab. Er kann Projekte beinhalten, erfordert jedoch keine bestimmte Zielsetzung. Diskurse konstituieren Diskursgemeinschaften, indem sie deren Mitglieder gegenseitige Verständnismöglichkeiten anbieten und Tatsachen erzeugen, die sie performativ verwirklichen, und dadurch das schaffen, was den Mitgliedern einer Gemeinschaft wichtig ist. Diskurse lenken die Aufmerksamkeit ihrer Teilnehmer, organisieren ihre Handlungen und konstruieren deren Wirklichkeiten, über die sie sprechen oder schreiben und sie als solche wahrnehmen.

Wir können uns dessen, was wir sagen, denken und tun, nicht immer vollständig bewusst sein. In dem Maße, in dem wir uns dieser Dinge unbewusst sind, übernimmt der Diskurs einer Gemeinschaft das Denken ihrer Mitglieder. Diskurse sind einerseits konservativ, indem sie sich etablierter Formen bedienen, und andererseits kreativ, indem sie Innovationen in vorgeschriebenen Grenzen zulassen, die dem Einzelnen nicht ohne den anderen zugängig wären. *Solidarität* bedeutet, zum Wohl der eigenen Gemeinschaft zu handeln. Häufig heißt das, sich dem zu fügen, woran Mitglieder einer Diskursgemeinschaft gewöhnt sind, ihre Gebräuche, Traditionen und Konventionen zu bewahren. *Generativität* bedeutet Offenheit des Diskurses für neue Begriffe, neue Metaphern und neues Vokabular. Letzteres verändert die Organisationsformen, die von der Diskursgemeinschaft getragen werden, und verändert das Leben ihrer Mitglieder, möglicherweise auf

Kosten anderer. In jedem Fall bedeuten Veränderungen im Diskurs Veränderungen in der Lebensweise seiner Teilnehmer. So können Designer nicht umhin, ihrer Designdiskurs-Gemeinschaft anzugehören, ihre Identität aus diesem Diskurs zu beziehen, indem sie sich mit Hilfe eines gemeinsamen Vokabulars mit ähnlichen Problemen beschäftigen.

Da Sprache, Sein und Handeln in einem inhärenten und zwischenmenschlichen Zusammenhang miteinander stehen, dürfte es schwierig sein, einen Diskurs im oben-genannten Sinne, individuell und von außen her zu gestalten. Man denke an den gut gemeinten Entwurf einer internationalen Sprache, Esperanto, oder daran, wie viele Jahre es gedauert hat, den Diskurs der Obligationen und Pflichten zu schwächen, mit dem hierarchische Strukturen wie Monarchien, patriarchale Systeme und Diktaturen gestützt wurden. Allerdings ist es nicht unmöglich, neue Metaphern, ein neues Voka-bular und neue Sprechweisen zu kreieren und in Umlauf zu bringen, so wie dies bei-spielsweise Dichter und Science-Fiction-Autoren tun, die auf diese Weise neue Formen des Weltverständnisses schaffen und zu neuen Praktiken ermutigen.[5] Auch der politi-sche Diskurs wird durch das Aufkommen von Informationen sowie durch die Attribu-tion von Eigenschaften der zur Wahl stehenden Kandidaten dauernd erweitert. Eine der Voraussetzungen für die Möglichkeit, Diskurse zu verändern, ist deren *Reartikulierbar-keit*, also die Fähigkeit seine Artefakte zu reartikulieren, neue Perspektiven einzuführen oder neue Metaphern zu benutzen.

Die semantische Wende ist nichts anderes als eine Einladung an das Design, sich selbst mittels des eigenen Diskurses umzugestalten.

Was sagt uns diese Trajektorie der Artefaktualität – die Progression von unterscheid-baren Artefakten mit jeweils neuen Designkriterien – über das Design? Hierzu vier Beobachtungen.

— Um zeitgenössischen Herausforderungen gerecht zu werden, kann sich Design unmöglich mit dem Produktbegriff des Industriezeitalters begnügen, also mit einem Selbstverständnis, das sich buchstäblich an der Endstation der industriel-len Produktion und insbesondere der Massenproduktion orientiert. Wenn Arte-fakte zu Waren, Dienstleistungen oder Identitäten werden, dann verblasst das Kriterium der Produzierbarkeit und wird zum Hintergrund gegenwärtiger Krite-rien, die Mobilität zulassen, Handel anregen, Erkennbarkeit und Loyalität groß-schreiben und Orte schaffen, an denen sich etwas in die Tat umsetzen lässt. Das Styling der 1940er Jahre entsprach nicht nur dem Bedürfnis der Hersteller, funk-tionale Produkte herzustellen, sondern auch dem, im Wettbewerb zu überleben. Indem Industriedesigner den Markt in den Vordergrund stellten, beschränkten sie sich darauf, verkäufliche Oberflächen zu gestalten. Dieser Übergang war der erste Schritt auf dem Weg zunehmender Entmaterialisierung von Artefakten, der den Kriterien der industriellen Produktion einen nachrangigen Platz zuschrieb. Inter-faces, Multiuser-Systeme, Projekte und Diskurse werden zwar durch Technologie unterstützt, lassen sich aber nicht industriell produzieren.

---

5 Der markanteste Vertreter des Paradigmenwechsels durch neue Sprechweisen, neue Vokabulare ist der Philosoph Richard Rorty (1989).

— Die Artefakte auf dieser Trajektorie haben zunehmend flüssige, unbestimmbare, immaterielle und virtuelle Eigenschaften. Ein gut gestaltetes Industrieprodukt lässt sich nach wie vor anfassen, fotografieren und publizieren. Doch eine gut gestaltete Marke existiert weitgehend in den Erfahrungen und Vorstellungen von Kunden. Sie entzieht sich der Fotografie beispielsweise der eines Logos. Interfaces kann man zwar auf Video festhalten, zum Beispiel zwischen einer Pilotin und den Instrumenten in ihrem Cockpit, nicht aber die Gründe ihrer Handlungen, ihre Ziele. Abbildungen und Texte aus dem Internet kann man ausdrucken, aber sie sind nicht das Internet selber. Oder man kann die im Verlauf eines Projektes stattfindende Kommunikation auf Band aufnehmen, doch lassen sich die zwischenmenschlichen Beziehungen und deren Dynamik kaum damit voraussagen. Ähnlich steht es mit der Wirklichkeit von Dienstleistungen und Marken. Diese haben teils kognitive, teils sprachliche, mit Sicherheit interaktive und meistens ökonomische Realitäten. Was physisch ausgetauscht wird, besagt aber wenig über deren Bedeutung und Verlauf.

— Im Zuge dieser Trajektorie werden Artefakte zunehmend versprachlicht. Verhandelt man den Preis von Waren auf dem Markt, so geht es dabei immer noch *um* einen materiellen Gegenstand. Allerdings wohnt diesem sein eigentlicher Wert nicht inne. Der tatsächliche Wert wird durch das Interesse an ihm bestimmt. Bei Computerinterfaces sind Texte, Icons und grafische Anordnungen immer *transitorisch*. In Multiuser-Systemen ist *Information* eine Währung, und Projekte *konstituieren* sich in der Art und Weise, wie deren Teilnehmer über das sprechen, was getan werden könnte oder was erreicht werden soll. Die Trajektorie zeigt die Entwicklung von der Produktion funktionaler Mechanismen zum konstruktiven Gebrauch von Sprache. Im Verlauf dieser Trajektorie werden die kausalen Modelle eines «Uni-versums», einer einzigen Version dessen, was ist, durch linguistische Modelle von «Multi-versen» ersetzt, die innerhalb von Diskursgemeinschaften aufrechterhalten werden.

— Die Trajektorie zeigt auch die Transformation vom technologischen Determinismus die Überzeugung, dass Technologie sich autonom und kraft ihrer eigenen Logik zum Besseren entwickelt – hin zur Zuversicht in die Machbarkeit der Welt, deren «Artefaktualität» ständig konstruiert, re- und dekonstruiert wird. Die an solchen Gestaltungsprozessen Mitwirkenden werden für ihr Handeln sowohl ausgezeichnet als auch als verantwortlich gehalten. Damit vollzieht sich auch eine Transformation des Menschenbildes: vom Menschen, der sich dem technologischen Fortschritt anpassen muss, zum Menschen, der imstande ist, die Richtung technologischer Entwicklung zu beeinflussen, das heißt zum Designer, der verschiedene Lebensweisen reflektiert und Möglichkeiten findet, sie zu realisieren, also Räume schaffen kann, in denen sich Mitmenschen zuhause fühlen können. Es zeigt sich hier eine Bewegung hin zu einer Menschbezogenheit und der Anerkennung der Tatsache, dass es auf die Bedeutung ankommt. Darin besteht der Kern der semantischen Wende.

1.3 Das sich wandelnde Umfeld des Designs

Selbstverständlich ist die semantische Wende des Designs auch durch die intellektuellen, kulturellen und philosophischen Veränderungen geprägt. Einige von ihnen werden in den nachfolgenden Abschnitten thematisiert. Außerdem spielen die radikalen Veränderungen des sozioökonomischen Umfeldes und der technologischen Infrastruktur, unter denen Design heute praktiziert wird, eine wesentliche Rolle.

1.3.1 Gesellschaft

Es ist immer schwer, sich das Leben früherer Generationen wirklich vorzustellen. Die Gesellschaft, die die Industrielle Revolution vollbrachte – damals als Zeitalter beispiellosen technologischen Fortschritts und unbezweifelbaren Segens für die Menschheit angesehen –, war hinsichtlich der Notwendigkeiten ihrer Zeitgenossen wesentlich unterdrückender und unmenschlicher, als man heute denkt. Fabriken lockten Arbeiter aus landwirtschaftlichen Gemeinden in die zunehmend unter der Überbevölkerung leidenden Städte, und Handwerker büßten ihre Unabhängigkeit und ihren Stolz ein, Gegenstände selbst gefertigt zu haben. Der Sozialphilosoph Karl Marx beschrieb die wachsende ökonomische Ungleichheit zwischen den «Besitzern der Produktionsmittel» und den «Arbeitern», die ihre Arbeitskraft verkaufen mussten. Die Industrie raubte der Erde unersetzliche Ressourcen und begann, die Umwelt in einem bis heute spürbaren Ausmaß zu verschmutzen und zu verwüsten. Die Währung, die zu jener Zeit das Wachstum regelte, war das Kapital, das sich nach damaliger Auffassung auf Material als Rohstoff und Energie gründete und als wichtigste begrenzte Ressource galt. Nach Marx beobachtete der Soziologe Max Weber den Aufstieg großer rationaler Bürokratien, deren Angestellte bereitwillig maschinenartige Funktionen übernahmen. Hierarchische Strukturen blieben die vorherrschende Form sozialer Kontrolle. In Organisationen – Fabriken, Unternehmen und Regierungen – beruhte die Hierarchie auf vertraglichen Verpflichtungen. Die Soziologie bürgerte diese logischen Hierarchien ein und nahm sie in das Alltagsleben auf. Theorie und Praxis gingen Hand in Hand. Ingenieure wussten, was technologischer Fortschritt war, Hersteller wussten, was sie gewinnbringend produzieren konnten, und die zunehmend mehr werdenden homogenisierten Massen nahmen eifrig auf, was man ihnen, um ihres nur scheinbaren Wohlstands willen, tatsächlich jedoch, um das Produktionsvolumen zu steigern, anbot. Fotografien rauchender Fabrikschlote und des harten Lebens in den überbevölkerten Städten veranschaulichen heute die geringe Lebensqualität jener Zeit. Kolonialkriege zur Aneignung von Rohstoffen und zur Sicherung von Märkten wurden durch die massenhafte Produktion immer tödlicherer Waffensysteme zunehmend grauenvoller. Die heute noch bestehenden Hierarchien im Militär und in Diktaturen sind wohl die letzten Reste der dominanten Organisationsform des Industriezeitalters.

Historisch gesehen kam das Design ins Spiel, als der – nach zeitgenössischen Maßstäben – repressive rationale Konsens der monopolisierten Massenproduktion durch den Wettbewerb um begrenzte Märkte geschwächt wurde, wodurch sich allmählich neue Alternativen eröffneten. Welche Fortschritte die postindustrielle Gesellschaft gemacht hat, veranschaulicht Abbildung 1.2. Obwohl materielle und Energieprobleme seit der Industrialisierung keineswegs verschwunden sind, erweist sich inzwischen die indivi-

Industriezeitalter ➤ Postindustrielles Zeitalter

Primäre Währungen
Material/Rohstoffe und Energie ➤ Aufmerksamkeit durch Individuen und Gemeinschaften

Wichtigste Ungleichheiten
Ökonomisch ➤ Zugang zu Technologie, Know-how, Bildung

Dominante Strukturen
Hierarchien von Verpflichtungen ➤ Netzwerke (Heterarchien) von Beziehungen

Ursache wesentlicher Konflikte
Territorialkriege ➤ Marktwettbewerb, Sport, Wahlen

Wissen
Naturwissenschaftliche Theorien ➤ sozialwissenschaftlich konstitutiv, transformativ

Ontologische Erklärungen
Mechanistisch und kausal ➤ Fähigkeit zu erfinden, zu konstruieren und zu verwirklichen

Design
Technologiebezogen ➤ menschbezogen

1.2 Veränderungen in gesellschaftlichen Dimensionen.

duelle Zeit als die wichtigste knappe Ressource. Jeder hat nur begrenzt Zeit, um für den Lebensunterhalt zu arbeiten, etwas zu konsumieren, sich unterhalten zu lassen, im Internet zu surfen oder sich dem Familienleben und Freunden zu widmen. Aufmerksamkeit ist die neue Währung. Hierarchien sind zwar nicht völlig verschwunden, werden aber inzwischen durch Netzwerke oder Heterarchien gegenseitiger Aufmerksamkeit unterwandert, die die Teilnehmer eigenständig untereinander verhandeln. Das Telefon, interaktive Medien, Familienrituale und öffentliche Veranstaltungen kann man als Sozialtechnologien bezeichnen, die in stärkerem Maße zur Beteiligung einladen als die sozialen Top-Down-Strukturen.

Das Gefühl, nahezu alles erreichen zu können, solange nur genügend Ressourcen vorhanden sind und Leute bereit sind, ihre Aufmerksamkeit und Fähigkeit darauf zu richten, eröffnet noch nie dagewesene Möglichkeiten für das Ingenieurwesen (beispielsweise in der Erforschung des Weltraums oder der Entwicklung von Computerhardware), für die Medizin (wie in der Stammzellenforschung oder Arzneimittelentwicklung), für die Naturwissenschaft (bei der Entschlüsselung des menschlichen Genoms oder Experimenten mit kleinen Teilchenbeschleunigern) und natürlich auch für das human-centered Design (wie in obengenannten Beispielen deutlich wurde). Die Bereitschaft, sich zukünftige Welten vorzustellen, in denen man sich zuhause fühlen könnte und gewillt ist, diese kollektiv und zum Nutzen aller Interessierten zu realisieren, ist eins der Kennzeichen der postindustriellen Gesellschaft. Sie macht das Design zu einer treibenden Kraft. Wie die Trajektorie der Artefaktualität weiter oben gezeigt hat, ist das Design heute keine produkt- oder produktionsbezogene Tätigkeit mehr, sondern ein menschbezogenes Bemühen.

1.3.2 Technologie

Der Übergang von der industriellen zur postindustriellen Gesellschaft wurde durch die neuen Technologien ausgelöst, die auf spektakuläre Weise den Schwerpunkt von trivialen Mechanismen als Prothesen menschlichen Handelns auf komplexe selbstregulierende Systeme als Prothesen menschlicher Intelligenz verschieben; also von Werkzeugen, die manuell gesteuert werden mussten, zu Informationen verarbeitenden Systemen, die die intellektuellen Tätigkeiten ihrer Benutzer unterstützen oder gar übernehmen. Solche Systeme sind mehr oder weniger selbstorganisierend und verfügen über eine eigenständige *Intelligenz*. Ihr Erscheinen markiert den Übergang von Low- zu Hightech. Allerdings sollte der Begriff «Hightech» hier nicht mit dem gleichnamigen Stil verwechselt werden.

Im Verlauf dieses technologischen Übergangs hat die Elektronik die Natürlichkeit der Form von Gebrauchsgegenständen in Frage gestellt. Eine offenkundige Folge der Elektrotechnologie ist die *Miniaturisierung*. Die klobigen Schreibtischrechner von vor nur dreißig Jahren sind auf die Größe von Armbanduhren zusammengeschrumpft und könnten sogar noch wesentlich kleiner werden, wäre da nicht die Notwendigkeit, sie mindestens mit einem Stift zu bedienen und ihre Displays lesen zu können. Im Grunde sind die Gehäuse von Hightech-Artefakten dadurch begrenzt, dass Benutzer in der Lage sein müssen, sie zu handhaben und zu verstehen. Was innerhalb von solchen Artefakten geschieht, ist für ihre Benutzer kaum noch relevant. Was zählt, ist die sensomotorische Koordination dieser Artefakte. Ja, ihre innere Struktur kann völlig unverständlich bleiben, solange die Benutzer reibungslos mit ihnen umgehen können, ohne befürchten zu müssen, dass sie in Schwierigkeiten geraten könnten. Man denke etwa daran, wie wenig Autofahrer über die Funktionsweise ihres Autos wissen, was PC-Benutzer von der Hardware ihres Computers kennen, sogar wie wenig der Pilot eines Düsenjets durch seine Instrumente erfährt, warum er fliegt. Die Formen dieser Artefakte lassen sich nicht mehr von der Produktions- und Funktionsweise ableiten, sondern werden von der Fähigkeit ihrer Benutzer bestimmt, sie zu begreifen und mit ihnen umzugehen. Datenhandschuhe zur Registrierung von Fingerbewegungen und tragbare Computer (siehe Abbildung 1.3) sind Beispiele der Reduzierung von Technologie auf ein im Wesentlichen menschliches Interface. Diese Entwicklung geht bis zur virtuellen Realität simulierter Welten, in denen man sich «freier» bewegen kann als im wirklichen Leben.

Die Faszination, die von Spitzentechnologie ausgeht, hat jedoch weniger mit der Willkürlichkeit ihrer Formen und der künstlerischen Freiheit zu tun, die sie Designern bietet. Vielmehr beruht sie auf den neuen Eigenschaften menschlicher Involviertheit. Man beobachte Besucher von Spielsalons, ihre Begeisterung, ihr Eintauchen in interaktive Welten, die sie mit Hilfe einer an Fantasieszenarien reichen Technologie kontrollieren können. Kompetente Spieler elektronischer Spiele können eins werden mit diesen Technologien, sich in ihnen verlieren, ähnlich wie dies erfahrene Rennfahrer, Kampfjetpiloten, MUD (Multiuser-Domain)-Teilnehmer, Sportsegler und Skifahrer tun. Artefakte, die in diesem Sinne selbstmotivierend sind, zeichnen sich durch Variabilität, natürliche Interaktivität, multisensorische Involviertheit, kontinuierliches Lernen sowie einen klaren Orts- und Richtungssinn und dergleichen aus (Krippendorff 2004b). Die neuen Technologien hätten keine derart steile Entwicklung nehmen können, wären sie nicht zunehmend menschbezogen.

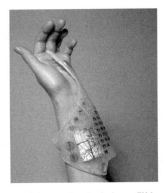

1.3 Elektronische Artefakte werden ihre Interfaces: (a) Fernbedienung von Clarion; (b) Datenhandschuh von Fifth Dimension Technologies, 2005; (c) Handgelenk-Computer von Lisa Krohn Design, 1997.

1.3.3 Produktion

Die Produktion von materiellen Artefakten korreliert notwendigerweise mit der ihnen zugrundeliegenden Technologie, doch befindet sich die Massenproduktion industrieller Produkte in radikaler Veränderung. Der Hinweis auf drei wechselseitig miteinander verbundene Entwicklungen mag hier genügen. *Customization*, also den Kunden Wahlmöglichkeiten einzuräumen, begann, als in der Fließbandfabrikation der 1950er Jahren variable Farboptionen und Extras für Autos möglich wurden. Diese Idee wurde zu Produktionsabläufen erweitert, die sich leicht programmieren lassen und daher rasch auf unterschiedliche Kundenvorlieben reagieren können. Das Beispiel der industriellen Maßanfertigung von Schuhen ist allgemein bekannt. Es rückt die Industrie näher an das Handwerk, wenn auch in einer unpersönlichen Weise. Systeme, bei denen Käufer ihre eigenen Kleidungsstücke auf der Webseite eines Herstellers entwerfen, existieren bereits. Eine ähnliche Entwicklung wird für die Produktion individuell gestalteter Möbel erwartet.

Diese enge Koppelung von Markt und Herstellung beeinflusst natürlich auch die Rolle des Designers. Wenn Käufer die Produktion von Waren steuern können, bedarf es keiner traditionellen Produktdesigner mehr. An ihre Stelle treten Interfacedesigner von Webseiten, die Kommunikation zwischen Kunden und Produktionssystemen ermöglichen. Leichter Zugang zu deren Variablen und Verständlichkeit sind jetzt wichtig. Das gilt insbesondere für die Anforderung, dass sehr viele unterschiedliche Käufer, Konsumenten und Nutzer dasselbe System jeweils auf ihre eigene Weise benutzen und die ihnen vorschwebenden Optionen finden müssen. Unter diesen Bedingungen muss Design sich mit Systemen von Variablen befassen, mit den Dimensionen, in denen die Käufer denken, und wie diese in Übereinstimmung mit dem gebracht werden können, was ein Hersteller liefern kann.

Möglich wird diese Koppelung von Markt und Herstellung erst durch *programmierbare Fertigung*, die auf drastische Weise die Mindeststückzahl wirtschaftlich herstellbarer Produktionsmengen gesenkt hat. Ja, es ist möglich geworden, Einzelstücke am Fließband herzustellen, was noch vor einem halben Jahrhundert jeglichen Prämissen industrieller Produktion zuwidergelaufen wäre. Heute gibt es Verleger, die von gespeicherten Originalen nur genau die Anzahl von Büchern produzieren, für die am Vortag Bestellungen vorlagen, um auf diese Weise Lagerkosten zu vermeiden. Die programmierbare Herstellung einer kleineren Stückzahl von Produkten hat die Nutzer von dem Druck befreit, sich mit dem kleinsten gemeinsamen Nenner abfinden zu müssen, und sie erlaubt es Gemeinschaften, ihre Vielfalt zu bewahren.

Den Nutzern eine Stimme zu geben, war vermutlich nicht das Hauptanliegen der Hersteller, aber es ermöglichte ihnen, in sich rasch verändernden Märkten wettbewerbsfähig zu bleiben. Ein zweiter Vorteil programmierbarer Fertigung ist die verkürzte Anpassungszeit. Die Automobilkrise in den Vereinigten Staaten in den 1980er Jahren war nur teilweise auf bessere Qualitätskontrollen, Arbeitsmoral und versteckte Regierungssubventionen im Ausland zurückzuführen. Der wichtigere Grund war, dass die amerikanische Automobilindustrie wesentlich mehr Zeit benötigte, um auf die veränderte Marktsituation zu reagieren und neue Modelle einzuführen, als die Autohersteller in Deutschland und Japan. Hersteller, die nach kürzerer Entwicklungszeit neue Modelle auf den Markt bringen konnten, verwendeten eine Reihe von rechnergestützten Maßnahmen, ihre Fließbänder zu adaptieren. Doch wichtiger noch war, dass sie sich auf *modulares Design* stützen konnten, auf Systeme relativ gängiger oder getrennt entwickelter Komponenten, die sich zu neuen Produkten kombinieren ließen, Produkte, die sich vor allem hinsichtlich ihrer Anordnung unterschieden. Der Rabbit von Volkswagen war wohl das erste von mehreren Modellen, das VW-Designer aus einem kombinatorischen System entwickeln konnten, schließlich entstanden aus ihm verschiedene Versionen des VW-Golf. Der Honda-Civic begann als volkstümlicher Kleinwagen, doch dank der Modularität seiner Bauweise erstanden bald auch ein Coupé, eine Limousine, ein Sportwagen, ein Crossover-Geländewagen, der CR-V und ein Kraftstoff sparender Hybrid – sie alle bauten auf dem Civic-Frame auf. Die Konstruktion solcher Systeme ist im Wesentlichen unabhängig von den Vorstellungen zukünftiger Benutzer, muss diese jedoch einschließen. Außer für Sicherheit, Komfort, Bequemlichkeit und Wirtschaftlichkeit interessieren sich Autofahrer für die Stärke des Motors, die Lenkung, die Sicherheit des Bremssystems, die Qualität des Audiosystems und die Bedienbarkeit des GPS. Solche und andere Merkmale sind genau jene Elemente, die Autoingenieure separat entwickeln können und die sich zu einer Vielfalt von Fahrzeugen kombinieren lassen.

1.3.4 Rechnergestütztes Design (CAD)

Rechnergestütztes Design (Computer Aided Design, CAD) begann als Zeichnen auf einem Bildschirm, entwickelte sich jedoch rasch zu einer Möglichkeit, dreidimensionale Abbildungen zu manipulieren, Simulationen durchzuführen und Modelle herzustellen (Bhavani und John 1997). CAD-Systeme ermöglichen es Designern, wesentlich mehr Alternativen zu erzeugen und in kürzerer Zeit zu untersuchen als dies mit Handskizzen möglich war. Design mit CAD kann somit den Designprozess beschleunigen und die Wahrscheinlichkeit zukünftiger Fehler und Misserfolge verringern. CAD hat den Designprozess selber aber auch in qualitativer Hinsicht verändert. Sein wichtigster Vorteil sind die Visualisierungen für die an der Bewertung Beteiligten. Bereits im Vorfeld können Tests mit Stakeholdern (Kunden, Benutzern und anderen Beteiligten) durchgeführt werden, kann diesen ermöglicht werden, *virtuell* durch komplexe

Produkte oder Gebäude zu «wandern», um zu sehen, wie die Teile eines Designs inei-
nandergreifen, oder um eine Vorstellung davon zu gewinnen, wie sie die Räume eines
Gebäudes zukünftig erleben können.

Die kurzfristige Herstellung von Prototypen (*rapid prototyping*), also die Fähigkeit, dreidimensionale Modelle zu schaffen, mit denen potenzielle Benutzer tatsächlich
umgehen können, ist eine folgerichtige Erweiterung des CAD. Es verkürzt Entwick-
lungszyklen für Produkte signifikant.

Der bereits erwähnte Workshop über das Design im Informationszeitalter (Krippendorff 1997) identifizierte das Bedürfnis und die Möglichkeit, *visuelle Datenbanken* zu
erstellen und visuelle Informationen, die von Designforschungsprojekten erzeugt werden, genauso leicht zu speichern und zugänglich zu machen wie elektronische Texte.
Dank der Fähigkeit von Designern, Informationen und Daten aus verschiedenen Quellen und Disziplinen miteinander zu verbinden, macht das Zusammenführen von CAD-
Daten mit Daten jedweden anderen visuellen Datenbanken aus traditionellen Designern, die solche Informationen früher größtenteils in ihren Köpfen aufbewahrten, heute
Designer, die visuelle Informationen von vielen und verschiedenen Orten abrufen und
verwenden können.

Darüber hinaus wird zunehmend deutlich, dass Design der Koordinierung verschiedener Experten bedarf, die bei der Entwicklung menschbezogener Technologien unterschiedliche Rollen spielen. *Kooperative Software* hat bewirkt, dass die Entwicklung von
Artefakten nicht mehr sequenziell fortschreiten muss, wobei eine Phase dort anfing,
wo die vorherige aufhörte, jede einem gemeinsamen Ziel untergeordnet war und charakteristischerweise mit schwierigen Abstimmungsprozessen zwischen diesen Experten einherging. Vielmehr kann sie jetzt in parallelen Prozessen ablaufen und bietet so
die Möglichkeit einer gleichzeitigen Anpassung der Entscheidungen, die die einzelnen Teilnehmer in ihrem jeweiligen Bereich vornehmen. Nicht zuletzt müssen die Mitglieder von Designteams nicht mehr am gleichen Ort sein. Sie können über das Internet zusammenarbeiten, Informationen austauschen, Zwischenergebnisse besprechen
und Kompromisse ausarbeiten, bevor Konflikte entstehen (Galuszka und Dykstra-
Erickson 1997). Wie erwartet, haben die Entwickler großer Softwaresysteme die Füh-
rung bei der Entwicklung von kooperativer Software übernommen. Für human-centered Design besitzt diese Software das Potenzial, auch die *Stakeholder in einen Designprozess
einzubeziehen*, und zwar ebenfalls ohne sie an den gleichen Ort bringen zu müssen, sondern online, und zwar nicht nur als statistische Datenpunkte, sondern in der Vielzahl
ihrer Rollen: als Experten auf ihrem Gebiet, als Quelle für Kreativität, als Testpersonen,
kurzum als aktiv Beteiligte und Interessierte. Solche Stakeholder können die Richtung
einer Entwicklung wesentlich beeinflussen, indem sie ihren «Anteil» (*stake*) an deren
Ergebnis geltend machen. Der einsame geniale Designer, der alles allein macht, ohne
andere Stimmen zur Kenntnis zu nehmen, wird immer mehr zu einem Phänomen der
Vergangenheit.

1.3.5 Design-Management

Vor dreißig Jahren war der Begriff «Design-Management» praktisch unbekannt, und
die Vorstellung, den Designprozess managen zu wollen, galt als unvereinbar mit dem

kreativen Selbstverständnis der Designer. Heute umfasst der Begriff eine Reihe organisatorischer Fertigkeiten zur Förderung von Innovation, effizienter technologischer Entwicklung, Designforschung und Realisierungsplanung, aber auch zur Leitung von Designabteilungen in größeren Unternehmen. Ein Großteil der zunehmenden Anerkennung dieses professionellen Know-hows verdankt sich den Aktivitäten des Design Management Institute (DMI) in Boston, Massachusetts, das auch das *Design Management Journal* publiziert. Die Organisation fördert die Designforschung und organisiert Konferenzen und Workshops mit dem Ziel, Designmanager dabei zu unterstützen, eine Vorreiterrolle auf diesem Gebiet einzunehmen und dem Design eine verantwortungsbewusste Rolle im Wirtschaftswachstum einzuräumen. Schon früh erkannte das DMI, dass Design-Management ein Designprozess ist, der sich der zielgerichteten Koordination von Designprozessen annimmt. Design-Management verfolgt strategische Ziele auf einer Ebene, die eine Stufe höher als die Produktentwicklung angesiedelt ist. Gemäß der oben erläuterten Trajektorie der Artefaktualität versteht es Design als ein organisatorisches Projekt. Auch dadurch hat sich Design, wie es heute praktiziert wird, oder hinsichtlich dessen, was es leisten kann, wesentlich verändert.

1.3.6 Markforschung

Nach der Trajektorie der Artefaktualität beinhaltet das Gestalten von Produkten auch ein Interesse an der Produktion. Das Gestalten von Waren und Dienstleistungen geht seinerseits mit einem Interesse am Vertrieb einher. Letzteres macht «den Markt» zum eigentlichen Richter darüber, was produziert werden soll. Marketing, das Lancieren, Fördern und der Vertrieb von Waren und Dienstleistungen wurde seit den 1950er Jahren zu einem Teil von Designerwägungen. In den USA ist es insbesondere mit dem Begriff des «Styling» verbunden und seither zu einer milliardenschweren Industrie angewachsen. Die Marktforschung versucht, das Verhalten von Märkten vorherzusagen, also Hersteller über die Bedürfnisse und Kaufgewohnheiten einer großen Zahl möglicher Käufer oder Konsumenten zu informieren, und zu bewerten, wie gut sich ihre eigenen Produkte gegenüber denen ihrer Konkurrenten absetzen lassen.

Für Designer sind die Daten der Marktforschung von zweifelhaftem Wert. Ursprünglich orientierte sich die Marktforschung an der Meinungsforschung und versuchte die Einstellungen und Meinungen sozial und wirtschaftlich definierter Zielgruppen zu eruieren. Aufgrund der häufig zu beobachtenden Diskrepanzen zwischen dem, was Befragte vorgeben zu tun, und dem, was sie tatsächlich tun, sowie zwischen den von ihnen verbalisierten und den tatsächlich gelebten Theorien (Argyris und Schön 1978), erwiesen sich Meinungen jedoch als höchst unzuverlässige Verhaltensvorhersagen. Dann kam die Konsumforschung, die die Entscheidungen der Konsumenten und deren Motivationen zu erklären versuchte. Doch solche Erhebungen sind nur bei bereits vorhandenen Produkten möglich, und die Gründe für Konsumentenvorlieben lassen sich vor allem erst dann feststellen, wenn die Befragten Alternativen kennen oder vor sich sehen können eben jene Alternativen, die die Designer erst schaffen sollen. Mittels Beobachtung und Befragung lässt sich also nur wenig über die Akzeptanz wirklich innovativer Entwürfe sagen, also über Artefakte, die noch nicht als Produkte, Prototypen, Modelle oder Ideen vorliegen und sich daher auch noch nicht miteinander vergleichen lassen. Außerdem begünstigt die Intention, möglichst große Märkte zu erobern, stets den größten gemeinsamen Nenner und widersetzt sich dem, was am wenigsten erwartet wird, sprich echten Designinnovationen. Im Gegensatz hierzu können Fokusgruppen mit einer kleinen Zahl eingeladener Konsumenten unter der Leitung eines Moderators ungezwungener über Probleme sprechen, die sie mit den jeweiligen Produkten oder vorgestellten Modellen haben oder verbinden, und so weniger vorhersehbare Antworten liefern. Doch die von einer Fokusgruppe gelieferten Daten leiden unter der oben erwähnten Diskrepanz zwischen geäußerten Meinungen und tatsächlichem Verhalten (Zaltman 2003), sie weisen gravierende Erhebungsprobleme auf und sind daher oft unzuverlässig. Trotzdem verlassen sich Hersteller auch dort, wo sie sich der strukturellen Grenzen der Marktforschung bewusst sind und ihren Daten misstrauen müssen, vor allem deshalb auf solche Untersuchungen, weil sie das Risiko des Scheiterns eines neuen Produkts verringern müssen. Marktforschung ist daher von Natur aus konservativ und nicht aufgeschlossen gegenüber innovativem Design. Das berühmte Scheitern des Ford Edsel, der 1957 auf den Markt kam und der nach den Erkenntnissen der gründlichsten Marktforschung, die es damals gab, entworfen worden war, unterstreicht das oben Gesagte.

Doch selbst wenn Designer gute Gründe haben, dem Marketing gegenüber skeptisch zu sein, müssen sie in der Lage sein, mit Marktstatistiken umzugehen.

In dem Bemühen, die Beschränkung der Marktforschung auf Verkaufszahlen zu überwinden, haben sich Designer häufig in den Dienst größerer Zusammenhänge gestellt, insbesondere der von ihren Entwürfen betroffenen Umwelt, Kultur und der Lebensqualität der Benutzer. So begriff sich etwa die Ulmer Hochschule für Gestaltung dadurch, dass sie den Funktionsbegriff in den Vordergrund rückte, als Gegner der damals wachsenden Markterwägungen und als Anwalt einer neuen demokratischen Industriekultur. Auch machten sich Designer unlängst für individuelle Benutzer stark, indem sie Benutzerfreundlichkeit und Brauchbarkeit zu ihren traditionellen ergonomischen und ästhetischen Designkriterien hinzufügten. Ebenso wurde die Vorgabe, benutzerfreundlich zu denken, bereits institutionalisiert. Die International Standards Organization definierte 1998 «Brauchbarkeit» als «das Maß, in dem bestimmte Benutzer spezifische Ziele in einem bestimmten Umfeld effektiv, effizient und zufriedenstellend erreichen können». Unglücklicherweise führte diese Definition den Funktionalismus und die Zweckrationalität des Industriezeitalters erneut in den postindustriellen Designdiskurs ein (Krippendorff 2004b). Von guten Absichten abgesehen, war die Brauchbarkeitsforschung vor allem dort erfolgreich, wo sie den Werbefachleuten zusätzliche Verkaufsargumente lieferte. Wie konnte man ein Produkt nicht schätzen, das als benutzerfreundlich und brauchbar angeboten werden kann? Zweifelsohne sind Untersuchungen zur kulturellen Bedeutung und zum Gebrauch von Artefakten dringend nötig, doch sollten sie auf andere Weise erfolgen als das in der Marktforschung gegenwärtig geschieht. Die Marktforschung hat Designer enttäuscht, nicht nur weil sich die Märkte wirklicher Designinnovationen kaum quantifizieren lassen, sondern auch, weil sich ihre Aufmerksamkeit auf ein sehr kurzes Stadium im Leben von Artefakten, nämlich auf den Kauf, beschränkt.

1.3.7 Die linguistische Wende der Philosophie

Die Hinwendung der Philosophie zur Sprache, im *linguistic turn*[6], und zur Postmoderne[7] haben die erkenntnistheoretischen Grundlagen des Renaissancebegriffs von Wissenschaft und Technologie systematisch untergraben. «Postmoderne» darf hier aber nicht verwechselt werden mit dem Architekturstil gleichen Namens oder etwa mit der von Ettore Sottsass 1981 gegründeten Designgruppe Memphis und deren Interpretation von Produktformen. Mit «Postmoderne» soll hier der Verlust universaler Theorien sowie insbesondere des technologischen Fortschrittsglaubens bezeichnet werden, in dessen Rahmen eben auch das Industriedesign seine heutige Gestalt annahm. Mit der Entstehung neuartiger Technologien, die ursprünglich menschliche Fähigkeiten ersetzen, verstärken und vergrößern – wie Autos, Schreibmaschinen, Mikroskope, Teleskope, Medien, Rechner, Informationssysteme und virtuelle Realitäten – und akademischer Disziplinen, die sich theoretisch mit diesen Technologien auseinandersetzen – wie Kybernetik, Künstliche Intelligenz und die Kognitionswissenschaften – werden wir zu Zeugen von nichts Geringerem als dem Beginn eines neuen Menschenbildes, eines Bildes, auf das auch das Design wird reagieren müssen.

Der wichtigste Teil dieses neuen Bildes wurzelt im Gebrauch von Sprache, also Konversation, Dialog und Diskurs. Sprache ist ein kulturelles Artefakt, eine Praxis, die uns in die Lage versetzt, unsere Vorstellungen zu koordinieren, gemeinsam zu handeln und Realitäten so zu konstruieren und zu rekonstruieren, dass wir sie sehen und ihnen gemäß handeln können. Sprachgebrauch in der Wechselbeziehung von Sprechen, Handeln und Wahrnehmen ist untrennbar mit einem konstruktiven Verständnis von Realität verbunden. Es ist eine Binsenweisheit, dass Wissen begrifflich ist und der Sprachgebrauch die primäre Quelle der Begriffsbildung darstellt. Sprache wird gesprochen, geschrieben und kommuniziert und setzt damit die körperliche Beteiligung von Menschen voraus. Erst mit der Sprache wird eine Wirklichkeit begreifbar. Dieses Wirklichkeitskonzept muss auch das Selbstverständnis des Menschen einschließen, denn *das Menschsein besteht darin, sich gegenseitig sprachlich zum Sein zu verhelfen.* Sprache ist nicht nur eine Bedingung für das eigene Selbstverständnis, es schließt das Verständnis des Selbstverständnisses anderer genauso wie deren Wirklichkeitsverständnisse ein und wird durch koordiniertes Verhalten realisiert und zur Kenntnis genommen. Wirklichkeit als verstandene Wirklichkeit entsteht also im Gebrauch von Sprache, ist konstruiert und praktiziert in Koordination mit den Mitgliedern einer Sprachgemeinschaft, die dieses Verständnis von Verständnis praktizieren.

Die linguistische Wende in der Philosophie legt nahe, dass wir keinen Zugang zu einer begriffslosen objektiven Natur haben und es uns daher unmöglich ist, diese begriffslose Welt mit unseren Begriffen zu vergleichen. Die Annahme, objektive Natur in der Sprache repräsentieren zu können, ist die unglückliche Folge eines fehlerhaften Vokabulars und für mehrere erkenntnistheoretisch problematische Konstruktionen verantwortlich. Außerdem legt sie nahe, dass wir uns um die linguistische Grundlage

---

6 Richard Rorty (1970) und Christina Lafont (1999), um nur zwei wichtige Vertreter des *linguistic turn* in der Philosophie zu nennen.

7 Jean-Francios Lyotard (1979) beschrieb den *postmodern turn* erstmalig ausführlich.

unserer Probleme kümmern sollten, einschließlich der Probleme, die Philosophen der Vergangenheit formuliert und verfolgt haben, ohne sich deren sprachlichen Ursprungs bewusst zu sein. Letztere existieren nicht außerhalb der Sprache (Rorty 1979). Im Hinblick auf unser Thema legt die linguistische Wende jedoch auch nahe, dass die uns bekannte Welt ein Artefakt ist, das wir, normalerweise in einer Gemeinschaft, konstruieren, und zwar so, dass wir es beobachten, begreifen, mit anderen darüber sprechen und in Handlungen umsetzen können. Hierbei handelt es sich nicht um eine Hypothese, die man empirisch mit einer Gegenhypothese untersuchen könnte, sondern dieses Artefakt entsteht, indem Menschen miteinander sprechen und dementsprechend handeln (Rorty 1970). Das schließt vor allem auch die Arbeit der Designer ein.

Die Griechen, insbesondere Platon, meinten, Wahrheiten ließen sich dialogisch feststellen. Platon begriff Sprache als einen Behälter von Sätzen, die nicht mit Beobachtungen zusammenhingen, sondern mit einer idealtypischen Welt hinter den bloßen Erscheinungen. Die metaphysischen Probleme, die die Philosophen der Neuzeit zu lösen suchten, stellten entweder den menschlichen Geist in den Mittelpunkt ihrer Theorien (René Descartes), beriefen sich auf eine Art reiner Vernunft (Immanuel Kant) oder machten wissenschaftliche Beobachtung zu ihrer Grundlage (Bertrand Russell). Keiner dieser Versuche, festen Grund zu finden, war erfolgreich. Karl Marx stellte die Welt des Deutschen Idealismus, wie er ihn nannte, vom Kopf auf die Füße und betrachtete die «materielle Grundlage» als Fundament seiner Philosophie. Für das Design ist er ein wichtiger Philosoph, da er erklärte: «Die Philosophen haben die Welt nur verschieden interpretiert, es kommt aber darauf an, sie zu verändern.»[8] Genau darum geht es im Design. Doch Marx' Theorie der Gesellschaft war deterministisch, sie ließ sich nicht auf Marx als privilegierten Beobachter anwenden, lieferte keine Erklärung für den Einfluss, den seine eigenen Schriften, sein Diskurs auf die von ihm beschriebene Welt hatten, und vermochte letztlich auch nicht, die von ihm verheißene Wirklichkeit zu realisieren.

Mehr als jeder andere Philosoph des 20. Jahrhunderts hat Ludwig Wittgenstein darauf hingewiesen, dass alle philosophischen Systeme an der Sprache gescheitert sind. Er verwies auf die Vergeblichkeit des Versuchs, sich dem überall vorherrschenden Geflecht der Sprache auf der Suche nach einer außerhalb ihr liegenden Wahrheit zu entziehen, und begann Sprache als eine interaktive Praxis von Menschen zu begreifen, als deren Lebensweise («way of life»). Vielleicht ist es kein bloßer Zufall, dass Wittgenstein einen Teil seines Lebens als Gestalter verbrachte, und seine Herangehensweise an die Sprache spiegelt diese wenn auch nur kurze berufliche Lebensphase wider. Wittgenstein vertrat die These, die Bedeutung von Worten und Äußerungen finde sich nicht in dem, was sie repräsentierten, sondern darin, wie sie gebraucht würden. Der Gebrauch lässt sich daran erkennen, was Äußerungen in, so Wittgenstein, «Sprachspielen» – also Dialogen, Konversationen und Diskursen – erreichen. Worte tun etwas,[9] schaffen Artefakte und verändern Welten.

---

8   Karl Marx, «Thesen über Feuerbach» (1845), in: Friedrich Engels, *Ludwig Feuerbach und der Ausgang der klassischen deutschen Philosophie*, mit einem Anhang «Karl Marx über Feuerbach vom Jahre 1845», J.H.W. Dietz Verlag, Stuttgart 1888.
9   Siehe Wittgenstein (1953), er ist derjenige, der den Zusammenhang zwischen Sprache und Handeln als erster ausführlich thematisierte, Whorf (1956), der anthropologische Linguist, der zu denselben Schlussfolgerungen gelangte, Austin (1962), Entwickler der Sprechakttheorie, und Searle (1969), der Kodifizierer der Letzteren, der die Unterscheidungen seiner Vorgänger zu Unrecht einschränkte.

Postmoderne Philosophen (Lyotard 1984; Rorty 1989) haben recht, wenn sie erklären, die linguistische Wende in der Philosophie beende die lange Beschäftigung der Philosophen mit der Suche nach letzten Wahrheiten, Meisternarrativen, ganzheitlichen Weltanschauungen und Bemühungen, ein einziges «Uni-versum» zu konstruieren, *eine* Version *der* Welt, die ihre sprechenden Beobachter entweder nicht berücksichtigt oder ihnen göttliche Privilegien zuschreibt. All das sind lediglich diskursive Konstruktionen, die auf zwischenmenschlicher Kommunikation beruhen. Abstraktionen haben keine Realität außerhalb der Sprache.

Vor dem Hintergrund des industriellen Ursprungs des Designs überrascht es nicht, dass das damit verbundene Vokabular voller universalistischer Begriffe ist. Doch der Universalismus liegt vielen als selbstverständlich empfundenen Begriffen wie Materie, Form, Gestalt, Farbe, Schönheit und der bereits erwähnten Idee der Funktion zugrunde. Alle diese Begriffe geben vor, objektive, also beobachter-, kultur- und sprachunabhängige Eigenschaften von Objekten zu beschreiben. Insofern gehen diese Begriffe auf einen sorglosen Umgang mit der Sprache zurück, der kartesischen Ideen Einlass gewährt und in ontologischen Behauptungen endet.[10] Wie man durch Sprachgebrauch unbeabsichtigt in eine solche Ontologie hereingezogen werden kann, lässt sich in vier Schritten zeigen.

1. *Erfahrbarkeit im Dialog.* Alle Anliegen werden im Dialog zwischen körperlich gegenwärtigen Menschen zur Geltung gebracht. Man kann an ein wissenschaftliches Experiment denken. Typischerweise beginnt es mit einem Gespräch zwischen Forschern und, sagen wir, Versuchspersonen, in dem festgelegt wird, was man voneinander erwartet. Angenommen der Experimentator verwendet Farbchips, um bestimmte Farbbegriffe zu ermitteln, dann führt das Verfahren zu Aussagen in der ersten Person wie «Ich sehe einen lilafarbenen Chip.» Die Bezugnahme auf die erste Person kann auch implizit gegeben sein, indem die Versuchsperson die gesehene Farbe einfach benennt: «lila». Die Farbbegriffe, die so abgerufen werden, sind Antworten auf Fragen, die Wahrnehmungen betreffen. Sie sind untrennbar in einen Dialog eingebettet.

2. *Einschleusen von kartesischem Vokabular.* Die bloße Annahme, ein beobachterunabhängiges Universum von Objekten erkennen zu können, und die Vorstellung, dass kompetenter Sprachgebrauch sich auf die zutreffende Beschreibung von Tatsachen reduzieren lässt, führen dazu, Wahrnehmungsaussagen als Aussagen über die Eigenschaften von Objekten zu interpretieren. Hier über die Farben der Chips. «Ich sehe Rot» wird zum «Es *ist* rot.» Damit wird die erste Person in der Aussage durch die dritte ersetzt. Während in Aussagen in der ersten Person Erfahrungen der Versuchspersonen mitschwingen, die für die am Dialog beteiligten Partner

---

10 Per definitionem ist die Ontologie die Wissenschaft vom Sein, oder spezifischer die Konstruktion einer Welt, die ohne ihre Beobachter existiert. Im Gegensatz hierzu steht die Epistemologie, die Wissenschaft der Erkenntnis. Eine objektivistische Epistemologie untersucht, wie der menschliche Geist die Ontologie begreift oder zu repräsentieren versucht. Eine konstruktivistische Epistemologie hingegen untersucht, wie Menschen oder Mitglieder einer Gemeinschaft zum Verständnis ihrer Umwelt gelangen. Ihr Kriterium ist nicht die Ontologie, sondern die Machbarkeit der Welt, die Fähigkeit der Wissenden, ihr Weltverständnis erfolgreich anzuwenden.

akzeptabel oder nicht akzeptabel sind, sind Aussagen in der dritten Person entweder wahr oder falsch. Sie beziehen sich nicht mehr auf Wahrnehmungen, reduzieren den Status der am Experiment Beteiligten zu Versuchsobjekten und verschleiern damit den sprachlichen Charakter der Farbbegriffe – unsichtbar für die am Experiment Beteiligten und für die Experimentatoren und Leser der Forschungsbefunde.

3. *Ontologisierung des Konsens.* Aussagen, auf die sich die Versuchspersonen nicht einigen können, werden als Berichte unzuverlässiger oder inkompetenter Beobachter aufgefasst, die die Aufgabe, die Farbchips zu beschreiben entweder nicht verstehen (mangels sprachlicher Fähigkeiten) oder auf Umstände reagieren, die außerhalb der zu bewältigenden Aufgabe liegen (beispielsweise durch die Beleuchtungsbedingungen). Diese beiden Erklärungen, und nur diese, sind es, die dazu führen, dass man Konsens als durch objektive Gegebenheiten verursacht interpretiert, und einen Mangel an Konsens als subjektiv oder unzuverlässig ansehen muss.

4. *Verschweigen der Schritte 1., 2. und 3.* zugunsten des Resultats. Am Ende steht der anscheinende Konsensus bezüglich einer Ontologie, die aus Objekten und ihren Eigenschaften besteht, hier Farben, unabhängig von den persönlich beteiligten Beobachtern und ohne Bezug auf die Fragen, die den Prozess gesteuert haben, in dem die benutzten Farbworte nämlich individuelle Wahrnehmungen bedeuteten.

Die beschriebene Transformation dialogischer Sprachhandlungen in ontologische Aussagen konstruiert kartesische Realitäten, deren Annahme vielen Aussagen über objektive Wahrheiten zugrunde liegt. Farbe ist jedoch ein Phänomen, das ausschließlich in der menschlichen Wahrnehmung erzeugt wird und in der Tat in keiner Korrelation zu physikalischen Messungen steht. Form, Gestalt, Schönheit, Gewicht, Funktion und vor allem Bedeutung sind ebenfalls auf menschliche Wahrnehmung angewiesen und insbesondere sprachabhängig. Sie sind keine beobachterunabhängigen Eigenschaften. Der Versuch, solche auf den Menschen bezogenen Begriffe routinemäßig oder unbedacht zu objektivieren, ist ein fundamentaler epistemologischer Fehler der verschiedene Konsequenzen hat. Die linguistische Wende widersetzt sich solchen Objektivierungen. Sie versucht, die bekannten Welten im Sprachgebrauch, in Dialogen oder in Sprachspielen zu finden, aus denen sie hervorgehen, einschließlich der abstrakten Theorien der Physik und der Probleme, die Philosophen erwogen haben.

Die semantische Wende muss daher die Rolle der Sprache im Design und im Gebrauch von Technologie ernst nehmen. In der Sprache werden Formen, Materialien, Funktionen und Probleme unterschieden, der Gebrauch von Gegenständen ausgehandelt und die Aufmerksamkeit der Designer auf das gelenkt, was für sie selbst signifikant ist oder von ihren Stakeholdern erwartet wird. Es mag offenkundig erscheinen, dass materielle Artefakte nicht ohne diejenigen existieren, die sie erschufen, aber selbst Farben sind Artefakte, in diesem Falle des menschlichen Wahrnehmungsapparates. Ohne Sprache hätte man keine Vorstellung davon, was andere Menschen wahrnehmen. Dass der unreflektierte Gebrauch von Sprache zu einer Falle werden kann, ist aus den oben geschilderten Schritten der Objektivierung dialogischer Aussagen zu sehen. Die linguistische Wende schafft ein Bewusstsein für diese Prozesse.

1.4 Design umgestalten (Diskurs)

1.4.1 Diskurs

In der oben beschriebenen Trajektorie der Artefaktualität wurde Diskurs bereits als Artefakt beschrieben. Wittgensteins Idee der Sprachspiele folgend kann man einen «Diskurs» anhand von fünf sich wechselseitig konstituierenden Merkmalen definieren.[11]

1. *Ein Diskurs zeigt sich in seinen Artefakten, zum Beispiel in Texten, die er konstruiert,* überarbeitet, variiert, untersucht, artikuliert und reproduziert. Literatur ist das klassische Produkt eines Diskurses. Sie ist ein Artefakt, das nicht ohne Menschen existiert. Ihr intertextueller Charakter, die Verbindungen, die zwischen Texten geschaffen werden, sind durch verschiedene Merkmale gekennzeichnet: (a) sie beruhen auf einem gemeinsamen Vokabular, (b) sie schaffen Bezüge zwischen Texten und konstruieren ihre Artefakte aufbauend auf früheren Artefakten, (c) sie integrieren Kritiken, Historien, Forschungsberichte in den Diskurs, die die Artefakte neu ordnen oder aus neuen Perspektiven interpretieren. In einem lebendigen Diskurs ist der Korpus seiner Artefakte, also alle Texte und nicht-diskursiven Objekte, die er erschafft und behandelt, (d) immer unvollständig, bereit, weiter ausgeführt und ergänzt zu werden. Wörterbücher tendieren dazu, die Definition von «Diskurs» auf Textkörper zu beschränken, also auf das Objekt sprachlicher Untersuchungen. Die hier formulierte Definition dehnt den Diskursbegriff auf weitere mögliche diskursive Konstruktionen von Artefakten aus, insbesondere auf den Designdiskurs und ergänzt sie um die folgenden vier Merkmale. Sie beschreiben den Diskurs als ein soziales System.

2. *Ein Diskurs wird durch die Gemeinschaft derjenigen, die ihn praktizieren, lebendig gehalten.* Die Tätigkeiten einer Diskursgemeinschaft bestehen unter anderem darin, (a) ihre Artefakte immer wieder (neu) zu lesen, (neu) zu interpretieren, (neu- und um-) zuschreiben, (über- oder) durchzuarbeiten, (neu) zu untersuchen, (neu) zu artikulieren, (neu) zu gestalten und ihre Bedeutungen zu bestätigen oder zu verwerfen. (b) Im Prozess der intensiven Auseinandersetzung mit diesen Artefakten erkennt eine Diskursgemeinschaft sich selbst und ihre Mitglieder. (c) Mitglieder einer Diskursgemeinschaft begreifen die *Bedeutungen,* die ihre Artefakte für sie haben und (d) überprüfen gegenseitig die Kompetenz und das Engagement ihrer Mitglieder und schaffen (e) Anreize für die Zugehörigkeit zu ihr.

3. *Ein Diskurs institutionalisiert die eigenen wiederkehrenden Praktiken.* Wiederkehrende Praktiken werden zur Gewohnheit und damit so typisch für den Diskurs, dass sie erwartet werden, ja eine notwendige Bedingung für ihn darstellen. (a) Sie ermöglichen es sozialen Organisationen, sich auf der Grundlage ihrer wiederkehrenden Praktiken zu entfalten, indem sie individuelle Praktiken regeln, sie in legitime Verfahren verwandeln, zu denen auch ihre eigene Ersetzung durch Technologien zählen. (b)

---

11 Die folgenden Ausführungen sind eine Überarbeitung meiner umfassenden Analyse von Designdiskursen (Krippendorff 1995).

Umgekehrt stellen diese Institutionen dafür sicher, dass sich die Mitglieder erwartungsgemäß verhalten, und sie kontrollieren die selektive Verteilung der Kenntnis ihrer jeweiligen Beiträge, Methoden und Verantwortlichkeiten. (c) Außerdem erhalten sie die den Diskurs definierenden Axiome, typischen Beispiele und Paradigmen aufrecht und gewährleisten auf diese Weise, dass die textuellen und materiellen Artefakte, die ein Diskurs erzeugt, kohärent sind, vereinbarten Richtlinien folgen und sich in die «richtige» Richtung bewegen.

4. *Ein Diskurs zieht seine eigene Grenze* und unterscheidet so zwischen dem, was zu ihm gehört und was nicht. Er tut dies im Hinblick auf alles, was für ihn zählt: (a) die Artefakte, die er konstruiert, und die Probleme, die er löst, (b) seine Kriterien für die individuelle Mitgliedschaft in der Diskursgemeinschaft, (c) exemplarische Praktiken sowohl hinsichtlich der Art und Weise, wie sein System von Artefakten behandelt und erweitert wird als auch der damit übereinstimmenden institutionellen Praktiken.

5. *Ein Diskurs rechtfertigt seine Identität gegenüber Außenseitern.* Das gilt vor allem dann, wenn seine Mitglieder mit Nicht-Mitgliedern oder Mitgliedern anderer Diskursgemeinschaften zusammenarbeiten müssen. In diesen Fällen wird die Rolle eines Diskurses innerhalb der Gesellschaft zu einem Thema. Erfolgreichen Diskursen gelingt es, sich selbst innerhalb ihrer (a) Konstruktion der Wirklichkeit (Wahrheiten), (b) Tugenden (Werte) und (c) Kompetenzen (Know-how) zu rechtfertigen. Ein Diskurs, der in dieser Hinsicht versagt, läuft Gefahr, sein Ansehen, seine Mitglieder, ihre Errungenschaften und damit seine Lebensfähigkeit einzubüßen.

Zusammengefasst heißt das: Diskurse werden nicht nur gesprochen und geschrieben, sondern auch zu Tatsachen. Sie sind soziale Systeme mit einem Eigenleben. Diskurse können eine gewaltige Menge neuer Artefakte hervorbringen, sie können stagnieren indem sie sich nur noch selbst reproduzieren und sie können aussterben. Die von ihnen erzeugten Artefakte sind höchst vielfältiger Natur. Sie reichen von abstrakten Theorien, wie in der Physik, über zielgerichtete Praktiken, wie in der Medizin, bis zu Vorschlägen, die Designer erarbeiten und Stakeholder realisieren. Diskursgemeinschaften können wachsen oder schrumpfen. Unterschreiten sie eine kritische Masse, sterben Diskurse und hinterlassen Gegenstände, deren sich andere Diskurse bemächtigen können, so wie es beispielsweise Archäologen mit Artefakten untergegangener Kulturen tun. Diskurse können mehr oder weniger strukturiert sein, stärkere oder schwächere Identitäten zur Geltung bringen, wirkungsvollen Institutionen den Rücken stärken, um Diskurspraktiken zu regeln oder Individualismus zu fördern. So ist etwa die Mathematik ein extrem disziplinierter Diskurs, der Diskurs der Öffentlichkeit hingegen nicht. Obwohl Diskurse in organisatorischer Hinsicht selbstständig sind, reagieren sie auf andere Diskurse, indem sie ihre eigenen Identitäten revidieren und ihre Grenzen sichtbar ziehen. Innerhalb solcher Grenzen wissen Mitglieder einer Diskursgemeinschaft, wer sie sind, und können ein Dazugehörigkeitsgefühl entwickeln. Doch die Grenzen von Diskursen sind mehr oder weniger durchlässig. Eine schwache Grenze lädt andere Diskurse zu Übergriffen auf fremdes Territorium ein. So ist etwa seit der Renaissance der religiöse Diskurs gegenüber dem naturwissenschaftlichen Diskurs ins Hintertreffen geraten, nicht was die Zahl der Gläubigen betrifft, doch hinsichtlich der Art und Weise, wie wir über unser Alltagsleben sprechen und es organisieren. In dem Ausmaß, in dem sich ein Diskurs auf andere Diskurse stützt, also neue Mitglieder wirbt, materielle Mittel beschafft, um seine Artefakte herzustellen oder finanzielle Mittel, um seine Praktiken zu unterstützen, muss er sich selbst rechtfertigen und seine Produkte auf eine Weise für gültig erklären, die auch für den anderen Diskurs annehmbar ist. Das primäre Ziel eines Diskurses ist, (über-)lebensfähig zu bleiben.

1.4.2 Design

Für Herbert Simon ist Design die Verbesserung bestehender Umstände. Er meint, «jedermann gestaltet, der Vorgehensweisen ersinnt, die darauf abzielen, vorhandene Situationen in bevorzugte zu verwandeln» (Simon 1969/2001, S. 111). Diese Definition ist ein guter Ausgangspunkt, bedarf aber einer näheren Erläuterung. Zum einen hätte es keinen Sinn, Gegenstände und «Vorgehensweisen» zu entwerfen, *die auf natürlichem Wege, also ohne menschliche Handlungen, entstehen.* Diese Feststellung hat gravierende Implikationen für die Unterscheidung von Naturwissenschaft und Designwissen. Dazu muss man sich klar darüber sein, dass die Rolle von Designern darin besteht, Vorgehensweisen zu ersinnen oder Artefakte zu entwerfen und nicht darin, sie tatsächlich zu realisieren: *Design schlägt anderen, seinen Stakeholdern, realisierbare Artefakte vor.* In Anerkennung der Tatsache, dass Artefakte nicht zwangsläufig für alle gleich gut sind und nicht nur einzelnen Individuen helfen, sondern auch die Art und Weise ihres Zusammenlebens mit anderen beeinflussen können, *muss Design die Lebensweisen idealerweise großer Gemeinschaften unterstützen*, und das Leben möglichst weniger beeinträchtigen (Agre 2000). Design kann ethischen Fragen daher nicht aus dem Wege gehen. Und schließlich *müssen Artefakte sinnvoll sein für die Mehrheit derjenigen, die einen Anteil an ihnen haben.* Da es die Betroffenen sind, die die vorgeschlagenen Verbesserungen verstehen und über ihr Schicksal entscheiden müssen, können außerhalb der Nutzergemeinschaft stehende Autoritäten, beispielsweise einzelne Designer, nur beschränkt bestimmen, was für die Benutzer Sinn machen würde. Artefakte, die für andere Bedeutung haben sollen, führen zu einer Designkonzeption, in deren Mittelpunkt der Mensch steht, und die von Simons Designbegriff radikal abweicht.

Der Unterschied zwischen Naturwissenschaft und Design muss thematisiert werden. Simon formuliert ihn in einfachen Begriffen: «Die Naturwissenschaften befassen sich damit, wie die Dinge sind, [...] Design hingegen befasst sich damit, wie Dinge sein sollen, mit dem Ersinnen von Artefakten, um Ziele zu erreichen» (Simon 1969/2001, S. 114). Das grundlegende Problem, das Designer lösen müssen, so seine These, ist die Umwandlung einer vorhandenen Situation in eine bevorzugte – in diesem Fall ohne zu sagen, für wen die Situation besser sein könnte. Design als das Lösen von Problemen zu definieren, ist üblich, legt Designer aber auf eine technische Rationalität fest, die vor allem im Ingenieurwesen beheimatet ist. Auf bequeme Weise werden so die oben vorgeschlagenen Modifikationen umgangen. Da Simon ursprünglich aus der Informatik und den frühen Kognitionswissenschaft stammt, unterscheidet er Naturwissenschaft und Design unter dem Gesichtspunkt der Logik, deren sie sich jeweils bedienen. In den Naturwissenschaften, so seine Beobachtung, haben die gängigen Satz- und Prädikatkalküle, die imstande sind, faktische Wahrheiten zu verkünden oder zu bestreiten, ihren Erforschern gute Dienste geleistet. Doch Designer befassen sich nicht mit faktischen Wahrheiten, sondern mit dem, was sein sollte, was noch nicht existiert. Die Ersetzung von «ist» durch «sollte sein» macht den ganzen Unterschied. «Sollte»-Aussagen sind Imperative, und die Logik, die dem Designdiskurs zugrunde liegt, so Simon, ist normativ oder deontisch, aber keiner Aussagenlogik folgend. Indem er Design als das Voranschreiten von der Analyse über die Synthese zur Bewertung begreift, konzipiert Simon die Synthese als Aufzählung alternativer Lösungen und die Bewertung als Verwendung von Optimierungstechniken, um die beste oder eine zufriedenstellende Lösung zu finden. Dieser Prozess manifestiert technische Rationalität. Er kann nur dort zu Lösungen führen, wo Probleme deutlich definiert sind, und der Lösungsraum endlich ist, wie dies im Ingenieurwesen häufig der Fall ist.

Simons technische Rationalität dehnte einfache Konzepte des Ingenieurwesens auf größere Designprobleme in Verteidigungssystem, R&D-Anstrengungen [Research & Development], NASA-Projekte und Unternehmensforschung [operations research] aus. Doch sie scheitert dort, wo sie auf die Stadtplanung, die Entwicklung von Unternehmensstrategien, ja sogar auf das Design von Konsumgütern angewendet wurde. Simons Rationalität geht nicht nur davon aus, dass hinsichtlich des zu erreichenden Ziels ein Konsens herrscht, sondern sie hält es auch für selbstverständlich, dass sich das Ergebnis des Designprozesses per Verfügung ausführen lässt, auf ähnliche Weise, wie die Komponenten eines mechanischen Systems installiert werden. Technische Rationalität, die im Industriezeitalter als Operationsmodus in Erscheinung trat, ist bis heute im Ingenieurwesen zuhause und wird in straff gegliederten Organisationen praktiziert, im Militär etwa, in Bürokratien, ja in allen kohärenten sozialen Hierarchien, in denen die Beteiligten trainiert werden können, etwas richtig zu gebrauchen, ohne abweichende Meinungen zu äußern. Doch sie scheitert dort, wo sie auf Situationen angewendet wird, in denen Menschen als informierte Akteure handeln, beispielsweise in heterarchischen Organisationsformen wie Märkten oder als Mitglieder von Internetdiskussionsgruppen. In Städten etwa kann ein Design durchaus das Leben einiger Menschen auf Kosten anderer verbessern; Interessengruppen mögen sich für ein bestimmtes Ergebnis interessieren und versuchen, das Problem zu ihrem Vorteil zu definieren, doch auf dem Markt treffen die Konsumenten informierte Entscheidungen, die sich nicht in mechanistischen Begriffen verstehen lassen. Unter diesen Bedingungen versagt der technisch-rationale Lösungsansatz, und das Design muss andere Wege gehen.

Horst Rittel (Rittel und Weber 1984) vollzog den Übergang von einem rationalen Top-Down-Ansatz zur Lösung technischer Probleme zu einem Designkonzept, in dem Platz für die Beteiligung von Stakeholdern ist. In Zusammenarbeit mit Planern großer sozialer Systeme – Verkehrssysteme, Städtebau, Universitätsverwaltungen, Atomkraftwerke – erkannte er rasch, dass ein Problemlösungsansatz à la Simon überall dort hilflos war, wo intelligente Individuen, Organisationen und Gemeinschaften, die bestimmte Interessen an einem Design haben, beteiligt sind. Er bezeichnete Probleme technischer Natur als *zahme* Probleme, im Gegensatz zu dem, was er als «verzwickte» Probleme («wicked problems») identifizierte, und er antizipierte mehrere der Themen, mit denen sich die semantische Wende jetzt auseinandersetzt. So beobachtete er zum Beispiel, dass Probleme auf sozialem Gebiet, die nie gelöst werden, in Vergessenheit geraten. Vielmehr ist es bei ihnen wahrscheinlicher, dass Konflikte verborgen oder in Übereinkunft mit den Beteiligten aufgelöst werden, doch nur um später in Form anderer Konflikte wiederaufzutauchen, die weitere Lösungen verlangen und so weiter. In der Domäne des Sozialen investieren Stakeholder charakteristischerweise nicht in die Definition eines Problems, sondern in die Konsequenzen von Planungs- und Designprozessen, also in ihre eigene Zukunft. Das eigentliche Problem besteht darin, Übereinkunft darüber zu erzielen, was das verzwickte Problem ist. Rittels Designkonzept rückt Argumentationen in den Mittelpunkt und macht Sprache und Diskurs zum eigentlichen Schiedsrichter über das, was wünschenswert und erreichbar ist und getan werden kann und für wen.

Warum ist es nötig, solche grundlegenden Designkonzepte zu diskutieren? Simon schreibt: «In der Vergangenheit war viel, wenn nicht das Meiste von dem, was wir über Design und die künstlichen Wissenschaften wussten, intellektuell dünn, intuitiv, informell und kochbuchartig» (Simon 1969/2001, S. 112). Für diesen misslichen Umstand macht er die akademische Kultur in den Universitäten verantwortlich, die die Naturwissenschaften und theoretisches Wissen höher bewertet als deontische Kenntnisse. Das Ingenieurwesen und die Medizin, so seine These, haben den Weg aus dieser Beschränkung gebahnt. Argyris et al. (1985) pflichten dieser Einschätzung bei, machen jedoch den naturwissenschaftlichen Diskurs für dieses Scheitern verantwortlich, da er seine Grenze unter dem Gesichtspunkt naturwissenschaftlich vs. nicht-wissenschaftlich definiert und den angewandten Fächern nur die Wahl lässt, entweder die Rolle einer minderwertigen Unterkategorie der Naturwissenschaft zu akzeptieren oder sich als unwissenschaftliche Außenseiter, zum Beispiel als Künstler oder Praktiker, zu begreifen. Designer erleben dasselbe institutionelle Dilemma.

Was machen Naturwissenschaftler üblicherweise? Als Forscher sammeln sie Daten durch Beobachtungen oder Messungen und als Theoretiker verallgemeinern sie diese zu ähnlichen, bislang noch nicht beobachteten Daten oder Situationen. Theorien sind Sätze (Propositionen), die wahr oder falsch sein können, die von empirischen Beweisen entweder gestützt oder widerlegt werden, und wenn Statistik eine Rolle spielt, dann spricht man von Wahrscheinlichkeiten. Hinsichtlich des beabsichtigten Vergleichs zwischen dem, was Naturwissenschaftler tun, und dem, was Designer tun, sind vier Punkte bemerkenswert.

— Naturwissenschaftliche Forschung ist im Wesentlichen die wiederholte Suche (*research*) nach Mustern innerhalb zugänglicher Daten.

— Daten betreffen stets *vergangene* Geschehnisse, unabhängig davon, ob diese gefunden oder für einen bestimmten Zweck erzeugt wurden, etwa durch eine Volkszählung oder durch die Gestaltung eines kontrollierten Experiments. Die Muster, die die Datenanalyse «herausfinden» soll, werden als bereits *vor* ihrer Analyse existierend verstanden.

— Theorien verallgemeinern das, was den Daten unterliegt: *gemeinsame* Eigenschaften, *stabile* Muster, und *zugrunde liegende* Kausalitäten. Per definitionem übergehen Verallgemeinerungen Details, die für die beabsichtigte Theorie nicht relevant sind. Das Gesetz fallender Körper, etwa, betrifft theoretische Körper. Einzigartige Ereignisse, die sich nicht verallgemeinern lassen, sind für Naturwissenschaftler von geringem Interesse, ja es wäre ihnen lieber, es gäbe sie gar nicht. Vorhersagen aus der Vergangenheit in die Zukunft gehen immer davon aus, dass die theoretischen Eigenschaften stabil sind und sich innerhalb der theoretischen Grenzen nicht verändern.

— Um die Idee der Natur als einem ungestörten Studiengegenstand aufrechtzuerhalten, ist es naturwissenschaftlichen Beobachtern nicht erlaubt, den Bereich ihrer Beobachtung zu betreten; sie müssen Distanz wahren, objektive Beobachter von Geschehnissen sein, und selbstredend dürfen sie die Daten, die sie zu analysieren beabsichtigen, nicht beeinflussen. Damit soll sichergestellt werden, dass naturwissenschaftliche Befunde, Theorien und Gesetze eine nicht durch den Beobachter kontaminierte Natur betreffen. Das widerspricht natürlich der Erkenntnis, dass Sprache und Wahrnehmung eng miteinander verbunden sind und Theorien eines Beobachters sowie dessen Beobachtungen beeinflussen können. Beobachterunabhängigkeit wird damit zur Illusion.

— Offenkundig rechtfertigen Naturwissenschaftler ihre Arbeit mit einem Streben nach Wissen um seiner selbst willen. Doch insgeheim beschränkt sich naturwissenschaftliches Wissen nicht nur auf jene Formen von Wissen, die den vier oben aufgeführten Punkten Genüge tun, sondern ist einer repräsentativen Form von Wissen – einem Gewusst-was – verpflichtet, die selten in Frage gestellte ontologische Vorstellungen nach sich zieht und der Politik der Forschungsförderung, Veröffentlichung und den Wissenschaftsinstitutionen unterworfen ist. Und schließlich weisen die hieraus resultierenden Erkenntnisse, Aussagen, Theorien und Gesetze dieselbe Form technischer Rationalität auf, die auch in Simons Werk zu beobachten ist, weil sie auf Messvorrichtungen und rechnergestützten Forschungstechniken beruhen.

— Man vergleiche nun das oben Gesagte mit der Tätigkeit von Designern:

— Designer werden nicht durch eine Suche nach Wissen um seiner selbst willen motiviert, sondern durch:

  • *Herausforderungen,* schwierige Bedingungen, Probleme oder Konflikte, die sich bisher einer (Auf-)Lösung entzogen haben.

  • *Gelegenheiten, etwas zu verbessern oder* etwas zum Leben einer Gemeinschaft beizutragen, das von anderen nicht erkannt oder nicht als Problem gesehen wurde.

  • Möglichkeiten, Variationen zu schaffen, die andere nicht in Betracht zu ziehen wagen, und dabei etwas Neues, möglicherweise etwas Aufregendes zu kreieren, so wie dies Dichter, Maler und Komponisten tun: ohne bestimmte Ziele zu verfolgen, also aus der Freude an der Variation.

— *Designer ziehen alternative Formen der Zukunft,* vorstellbare und möglicherweise realisierbare Welten in Betracht. Designern geht es weniger um das, was ist, was bereits existiert, oder um das, was sich aus dem Vergangenen, aus existierenden Daten voraussagen lässt, sondern um das, was getan werden kann und sollte, um etwas Wünschenswertes zu erreichen. Gute Designer haben keine Angst davor, neue Ideen zu erkunden, sich gegen Theorien des Nicht-Machbaren zu stellen, gegenwärtige Selbstverständlichkeiten in Frage zu stellen, oder gegen den Strom allgemeiner Meinungen zu schwimmen. Die Formen der Zukunft, die Designer ins Auge fassen, sind also nicht aus Naturgesetzen ableitbar, auch wenn sie ihnen nicht zwangsläufig widersprechen müssen.

— Um zwischen alternativen Formen der Zukunft wählen zu können, müssen Designer *die Wünschbarkeit der Zukunftsformen mit den an ihnen Interessierten gemeinsam bewerten.* Wünschbare Welten müssen von denjenigen, die sie realisieren können sowie von denjenigen, die möglicherweise in ihnen leben müssen, also nicht nur für Designer, vorstellbar und bedeutsam sein. Übereinkunft über Wünschbarkeit kann nur durch Sprache und unter Einbeziehung der Stakeholder erreicht werden. Dabei werden Szenarien, Erläuterungen, Narrationen wichtig, die imstande sind, über Daten oder Fakten hinauszugehen.

— Designer *suchen in der Gegenwart nach Variablen,* nach Dingen, die sich variieren, bewegen, beeinflussen, verändern, kombinieren, auseinandernehmen, neu zusammensetzen oder verändern lassen. Diese Variablen definieren einen Raum möglicher Handlungen, einen Design-Raum, wie Phil Agre (2000) ihn bezeichnet. Designer müssen sich des Aufwandes bewusst werden, dessen es bedarf, diese Variablen einzusetzen, und sie müssen herausfinden, wie wahrscheinlich es ist, dass sich die erwünschten Formen der Zukunft realisieren lassen sowie unerwünschte Formen der Zukunft nicht auftreten.

— Designer *erarbeiten realistische Wege aus der Gegenwart in die erwünschte Zukunft und schlagen sie denjenigen vor, die ein Design verwirklichen können.* Erfolgreiches Design ist von der Fähigkeit der Designer abhängig, die Stakeholder in ihre Projekte einzubinden, ohne ihre eigenen Interessen einzuschränken oder zu verneinen. Die Wege, die Designer Stakeholdern empfehlen, müssen realistisch und erschwinglich sein, denjenigen zugutekommen, deren Einsatz erforderlich ist, und vor allem denjenigen wertvolle Möglichkeiten eröffnen, die von einem Design betroffen sind.

Es ist offenkundig, dass die von Designern geschaffenen Artefakte sich radikal von denjenigen unterscheiden, die Naturwissenschaftler produzieren. Designer und Naturwissenschaftler arbeiten innerhalb inkommensurabler Paradigmen. Bemühungen, sie miteinander zu vermischen oder nach Gemeinsamkeiten zu suchen, dürften weder der einen noch der anderen Profession dienlich sein. Dabei gilt es, die folgenden Unterschiede zu beachten:

Die Artefakte der Naturwissenschaft sind Verallgemeinerungen, Theorien oder Naturgesetze, aus denen sich empirisch überprüfbare Aussagen herleiten lassen. Der naturwissenschaftliche Diskurs steckt voller Verallgemeinerungen darüber, was existiert und was in der theoretisch konzipierten Welt nicht möglich ist. Designer können sich jedoch damit nicht zufriedengeben. Auch wenn die Vorschläge für ein Design immer

Zukunftsvisionen beinhalten, müssen sie letztlich so spezifisch werden, dass sie sich in funktionierenden Artefakten verwirklichen lassen. Schließlich sind «Art-e-fakte» letztlich Fakten, die in allen wesentlichen Details von Menschen realisiert worden sind. Und während die Artefakte der Naturwissenschaft nur im Hinblick auf das verifiziert werden müssen, was sie beschreiben, können die Artefakte des Designs nicht ohne Beteiligung ihrer Stakeholder verwirklicht werden und müssen sich in den Händen ihrer Benutzer bewähren. Naturwissenschaftliche Verallgemeinerungen einer existierenden Welt und die Wege in zukünftige Welten, die Designer entwerfen, befinden sich an den entgegengesetzten Enden eines Wissenskontinuums.

Darüber hinaus ist die Welt, die die Naturwissenschaften darstellen, wesentlich deterministisch. Die oben erwähnte Rolle neutraler oder distanzierter Beobachter zwingt Naturwissenschaftler zu diesen Konstruktionen. Sie erlauben keinen Spielraum für menschliches Handeln. Sie können Innovationen, technische Entwicklungen und soziale Institutionen nicht erklären. Es gibt in den Naturwissenschaften keinen Platz für Bedeutungen, auf die Menschen reagieren. Gute Designer müssen zwischen Sachverhalten unterscheiden, bei denen kausaler Determinismus gerechtfertigt ist, etwa bei der Erklärung von Mechanismen, und dem, womit sie sich auseinandersetzen müssen, nämlich der Bedeutung, die Artefakte in bestimmten Benutzergemeinschaften angenommen haben.

Theorien mit Vorhersagecharakter werden gestützt, indem man auf die antizipierten Beweise wartet. Im Gegensatz hierzu handelt es sich bei den Vorschlägen, die Designer machen, um konstruktive Eingriffe zukünftiger Realitäten. Wenn ein Design ohne Eingriffe Realität würde, wäre es kein Design. Insofern Designer sich auf Stakeholder stützen, um ihre Vorschläge zu realisieren oder weiter zu entwickeln, müssen die Ideen der Designer in der Lage sein, zu Ideen der Stakeholder zu werden, um zwischen ihnen kommuniziert, weitererzählt und ausgeführt zu werden. Obwohl naturwissenschaftliche Theorien und Designvorschläge zweifellos sprachlicher Natur sind, erwartet man von Theorien, dass sie Wahrheitsbedingungen erfüllen, während man von den Vorschlägen der Designer erwartet, dass sie diejenigen einbinden können, die in der Lage sind, die vorgeschlagenen Artefakte zu realisieren. Ohne menschliche Beteiligung können sie nicht «wahr» werden, und diese menschliche Beteiligung ist das, was naturwissenschaftlichen Theorien fehlt, ohne die Design keinen Sinn macht. Design zielt auf eine menschbezogene Form von Wahrheit.

Seit der Renaissance haben die Naturwissenschaften die Natur so untersucht, als ob sie unabhängig von ihren Beobachtern existiere, als ob sie nicht beeinflusst würde von der Sprache, mit der sie beschrieben wird, und als sei sie außer Stande zu begreifen, dass sie beobachtet und wie sie analysiert wird. Das Ingenieurwesen hat dieselbe Einstellung übernommen, indem es die von ihm geschaffenen Systeme als funktionale oder kausale Mechanismen entwirft. Auch von mechanischen Systemen wird kein Verständnis erwartet. Doch Design kann sich unmöglich in einer solchen Realitätskonstruktion entfalten. Es handelt und bedarf der Interfaces, die von realen Menschen geschaffen sind, also von Menschen, die ihre Artefakte verstehen, ihre Welten erschaffen, Voraussicht, Intelligenz und Gefühle besitzen und darauf reagieren können, dass sie beobachtet werden und untereinander und mit Designern kommunizieren können.

In der zeitgenössischen Kultur erlangten die Naturwissenschaften deshalb ihre hohe Stellung, weil sie darauf bestanden, die Grenzen des Machbaren aufzuzeigen. Die Informationstheorie (Shannon und Weaver 1949) etwa ist eine Theorie von den Grenzen der Übertragung und Codierung. Die drei Gesetze der Thermodynamik benennen die Grenzen der Energieumwandlung in ihren verschiedenen Formen. Die Gesetze der Schwerkraft definieren Beschränkungen hinsichtlich der Bewegung der Materie. Naturwissenschaftliche Theorien und Gesetze unterstellen zeitlose Wahrheiten. Einige dieser diskursiven Artefakte mögen in der Tat zeitlos gültig sein. In dem Maße, in dem Designer diese Grenzen respektieren, verringert sich die Wahrscheinlichkeit ihres Scheiterns, doch beschränken sich Designer damit darauf, die von der Wissenschaft übersehenen Lücken zu füllen. Die naturwissenschaftliche ist eine ziemlich unwünschenswerte Welt, und ihre unkritische Akzeptanz bedeutet eine erhebliche Einschränkung von Designmöglichkeiten. Die intellektuelle Stärke der Designer besteht jedoch darin, dass sie das, was bis dahin als gegebene Tatsache galt, bezweifeln, neu begreifen, in einen neuen Kontext stellen, hinterfragen und mit kreativen Konstruktionen konfrontieren können.

Die Gangart leicht wechselnd, hat Simon recht, wenn er erklärt, Design gäbe es in vielen Berufen: im Ingenieurwesen, in der Medizin, im Management und im Bildungsbereich. Design ist aber auch ein impliziter Bestandteil des Regierens, des Rechts, des Journalismus, der Architektur und der Bibliothekswissenschaft. 2004 hat Terence Love nicht weniger als 650 Felder identifiziert, in denen Design praktiziert wird.[12] Schön (1983) und Argyris et al. (1985) sind der Auffassung, dass Design allen Berufen zugrunde liegt. Fachleute modellieren, komponieren, konstruieren, fabrizieren, programmieren, bauen, gestalten, entwerfen, organisieren, lenken und führen bislang nicht existierende Praktiken ein. Tendenziell verfügen sie über ein fest etabliertes Vokabular, um die Veränderungen zu beschreiben, die sie in ihren Welten verursachen.

Für Nelson und Stolterman (2002) ist «Design eine natürliche menschliche Tätigkeit und jedermann gestaltet ununterbrochen». Wenn jemand eine Urlaubsreise plant, die Möbel in seinem Wohnzimmer umräumt, einen Patienten behandelt, einen Brief liest oder schreibt, einen Cartoon zeichnet, gärtnert, werden zukünftige Möglichkeiten ins Auge gefasst, evaluiert, in Angriff genommen und ausgeschöpft. *Alltagsdesign ist eine Möglichkeit, nicht einfach nur Artefakte zu verwirklichen; ihre Designer,* «verwirklichen» etwas und zwar im doppelten Wortsinn: einerseits Objekten eine materielle Gestalt zu verleihen, sie bekannt und benutzbar zu machen, aber andererseits auch als Autor, Urheber, Künstler oder Designer die Verantwortung dafür zu übernehmen. Nicht jede(r), der handelt, um die Welt in einen besseren Ort zu verwandeln, bezeichnet sich als Designer(in). Design als professionelle Praxis unterscheidet sich von Design im Alltagsleben, indem es sich auf öffentlich anerkannte Kompetenzen, den Einsatz von Methoden und vor allem eine organisierte Form des Sprachgebrauchs, einen Designdiskurs stützt, der die Arbeit in Teams und mit Kunden koordiniert, Vorschläge für Artefakte gegenüber ihren Stakeholdern rechtfertigt und professionelle Designer von solchen unterscheidet, die weitgehend für sich selbst arbeiten.

---

12 Terence Love, 25. April 2004, siehe das Verzeichnis «PhD-Design» auf *https://www.jiscmail.ac.uk/cgi-bin/ webadmin?A1=ind04&L=PHD-DESIGN* (aufgerufen 20. Juli 2010).

Unter den professionellen Designern gibt es diejenigen, die sich mit streng technologischen Artefakten befassen, mit Artefakten, die ohne Berücksichtigung der Vorstellungen ihrer Benutzer gestaltet werden können, von Ingenieuren etwa, und denjenigen, die sich mit menschlichen Interaktionen allgemein und menschlichen Interfaces mit technologischen Artefakten im Besonderen befassen. So werden hier technologie-getriebene und human-centered Designer unterschieden. Technologie-getriebenes Design verändert die Welt vom Standpunkt eines Ingenieurs oder Produzenten. Es akzeptiert außerindividuelle Kriterien, wie beispielsweise die Herstellung einer Maschine zu verbilligen, sie energieeffizienter, leichter transportierbar oder in größeren Zahlen herstellbar zu gestalten. Das kann durchaus in der Absicht geschehen, einer Gemeinschaft von Benutzern zugute zu kommen und es auch tatsächlich tun. Doch das Bestimmen dieser Vorteile liegt im Ermessen einer einzigen Instanz von Experten, die von «oben» die Arbeitsweise und das Interface mit Benutzern vorschreibt. Es entfaltet sich im Rahmen hierarchischer Organisationen und Verantwortlichkeiten und leistet einer funktionalistischen Gesellschaft Vorschub, die sich im Industriezeitalter herausgebildet hat. Im Gegensatz hierzu leitet menschbezogenes Design seine Kriterien aus einer Gemeinschaft von Benutzern ab, in deren Welten die gestalteten Artefakte einen Platz mit ihren Benutzern, Zuschauern, Vermittlern und Kritikern einnehmen müssen. Abbildung 1.4 veranschaulicht diese Unterscheidung.

Die Bewegung von menschbezogenem professionellem Design zu alltäglichem Design wird in Abschnitt 2.5 im Detail erläutert.

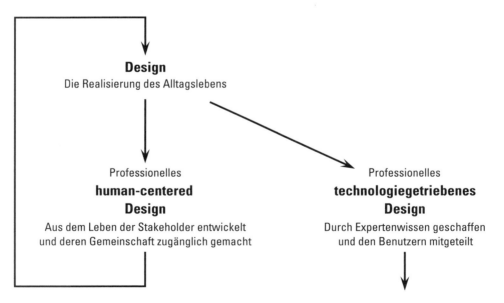

1.4 Unterscheidungen innerhalb von Designpraktiken.

1.4.3 Designdiskurs

In diesem Abschnitt wird der aktuelle Stand des Designdiskurses diskutiert und untersucht, in welcher Weise er Designpraktiken zugutekommt und sich gegen Herausforderungen seitens anderer Diskurse behaupten kann. Er beruht auf den fünf Diskurskomponenten, die in Abschnitt 1.4.1 definiert wurden.

– *Den Artefakten.* Weil sie die greifbaren, lesbaren oder nutzbaren Gegenstände des Designdiskurses bilden, lassen sie sich leicht identifizieren. Es gibt eine relativ umfangreich Literatur über Design: Bücher, Ausstellungskataloge und zahlreiche Journale. Museen besitzen herausragende Beispiele gestalteter Artefakte in Spezialsammlungen, die nach Perioden, Stilen, Schulen, Produktkategorien, Kulturen oder Designern geordnete sind. Der Markt ist trotz seiner Kurzlebigkeit voll von Artefakten, die das Etikett Design verdienen. Designern fällt es leicht, Design betreffende Geschichten zum Besten zu geben: alltägliche, berühmte und ihre eigenen. Die Artefakte und Texte eines Diskurses können fotografiert, gelesen, reproduziert, benutzt werden und man kann mit ihnen spielen. Personen, die mit dem Designdiskurs nicht vertraut sind, bedeuten diese Artefakte möglicherweise nicht viel, solange man sie nicht erläutert, eine Aufgabe, die populäre Zeitschriften übernommen haben.

– *Der Diskursgemeinschaft.* Designer können sehr wohl Designer-Kollegen von Nicht-Designern unterscheiden. Sie wissen über das Who-is-Who in ihrer Gemeinschaft Bescheid. Sie bestätigen ihre Mitgliedschaft in der Gemeinschaft der Designer nicht nur durch das, womit sie ihr Geld verdienen, sondern besonders durch die Art und Weise, wie sie über Design, Designobjekte und Designer sprechen, wie sie Designprobleme diskutieren und zeigen, was sie gestaltet haben, und somit dieses Berufsstands würdig sind. Mit anderen Worten, Mitgliedschaft in der Designgemeinschaft äußert sich dadurch, dass man mit dem aktuellen Designdiskurs vertraut ist, einschließlich seiner jüngsten Fragestellungen und neuen Beiträgen zur Designliteratur. All das klingt sehr schlüssig und ist es auch, da die Mitgliedschaft in der Designgemeinschaft im Wesentlichen innerhalb der Gemeinschaft von Designern entschieden wird. Diese Mitgliedschaft muss nicht notwendigerweise schriftlich fixiert sein. Die geläufige Aussage «Man muss Designer sein, um Design würdigen zu können.» ist Ausdruck der Geschlossenheit, auf der die Designgemeinschaft gründet. Das Gefühl in eine Gemeinschaft von Designern aufgenommen zu werden, beginnt mit dem Studium an einer Designschule, deren Studenten lernen, Designkonzepte zu artikulieren und anzuwenden, oder wenn man lange genug in einem Designbüro tätig ist. In einem Internetforum zum Design erklärt Michael Holt: «Ein Designer zu sein» bedeutet, «eine sehr spezielle Weltsicht zu haben, Möglichkeiten zu sehen und nicht nur bestimmte Fertigkeiten zu haben. Es hat damit zu tun, wie man seinen Tagesablauf organisiert, seine Küche gestaltet und eine Mahlzeit zubereitet. Damit, dass man die Art und Weise, wie Dinge getan werden, hinterfragt. Eine Art und Weise zu leben, zu organisieren und zu sehen; nichts, das man ablegt wie einen Mantel. Jeder Beruf erfordert bestimmte Fertigkeiten, und ein professioneller Designer hinterfragt, verbessert und verfeinert seinen (oder ihren) Arbeitsstil im Lauf der Zeit. Ich glaube diese ‹spezielle Art, die Welt zu sehen› ist das, was einen Designer von anderen unterscheidet.»[13] Das kultivierte Gefühl, etwas Besonderes zu sein und diese Besonderheit mit anderen Designern zu teilen, ist ein Kennzeichen von Gemeinschaft und zwar von jeder Gemeinschaft, aber es besagt wenig darüber, was einer Designgemeinschaft echten Zusammenhalt verleiht.

— *Die Institutionalisierung wiederkehrender Praktiken.* Wie jeder Diskurs muss auch der Designdiskurs seine eigenen Praktiken als solche erkennen, sie untersuchen, bezüglich ihrer Erfolgschancen bewerten und das Wachstum von Institutionen fördern, die imstande sind, diese Praktiken zu reproduzieren und aufrechtzuerhalten. Akademische Designprogramme, Universitätsabschlüsse und die Bedingungen, unter denen Design unterrichtet wird, sind solche fest etablierten Institutionen. Es gibt Berufsverbände für Designer, in denen man sich trifft, Arbeiten diskutiert, voneinander lernt, sich mit neuen Begriffen konfrontieren lässt und sein Vokabular erweitern kann. In den Regalen der Designbüros stehen Bücher über grafische und ergonomische Standards. Es gibt Designzeitschriften, die zwar nicht von jedem gelesen werden, aber die Agenden festlegen, Begriffe definieren, herausragende Designbeispiele bekannt machen und für ihre Version des Designdiskurses werben.

— Im Gegensatz zu akademischen Disziplinen gibt es jedoch relativ wenige Gelegenheiten, im Fach Design zu promovieren. Zwei Tagungen in den Jahren 1998 (Buchanan 1999) und 2000 (Durling und Friedman 2000) befassten sich mit der Möglichkeit, einen Doktortitel im Fach Design zu erwerben, worauf auch ein lebhaftes Internetforum entstanden ist, in dem Ph.D.-Studien diskutiert werden.[14] Der Mangel avancierter Abschlüsse im Fach Design impliziert einen Mangel an akademischer Selbstreflexion. Leider stammen die meisten Doktorarbeiten im Bereich des Designs von Studenten, die selbst nicht zur Designgemeinschaft zählen, sondern Abschlüsse in den Fächern Kunstgeschichte, Pädagogik, Kognitionswissenschaft oder Marketing anstreben. Selbst wenn Designern diese Aufmerksamkeit schmeicheln mag, helfen deren disziplinbegrenzte Perspektiven, die sich üblicherweise auf fotografierbare und interpretierbare Produkte beziehen, eher den jeweiligen akademischen Fächern als dem Selbstverständnis der Designer oder gar der Entwicklung ihres Designdiskurses. Es ist daher nicht verwunderlich, dass es kaum allgemein anerkannte Designwörterbücher und keine Standardtexte gibt. Darin liegt eine der gravierenden Schwächen des gegenwärtigen Designdiskurses. Die Diskurse anderer Berufe konzentrieren sich charakteristischerweise auf die professionellen Praktiken des Fachs, verallgemeinerbare Methoden zu finden, Methoden, deren Erfolg ihren umfassenderen Einsatz, ihre systematische Behand-

---

13 Michael Holt (13.6.2003). Good Designer = Good Designer Teacher?, siehe das Verzeichnis «PhD-Design» auf *https://www.jiscmail.ac.uk/cgi-bin/webadmin?A0=PHD-DESIGN* (aufgerufen 20. Juli 2010).

14 Verzeichnis «PhD-Design», siehe Anm. 13.

lung und ihre Vermittlung als selbstständige Methodologie nahelegen. Design-methodologie war seit Ende der 1950er Jahre an der Ulmer Hochschule für Gestaltung Teil des Designdiskurses, wo Bruce Archer (1984) systematische Designmethoden einführte. Nigel Cross (2000) bietet einen Überblick über die Entwicklung der Methodenlehre. Der anfängliche Schwung wurde jedoch vor allem durch die eindrucksvolle Strenge der Naturwissenschaften befördert. Man übernahm naturwissenschaftliche Konzepte, die es aufgrund der oben erwähn-ten Unvereinbarkeiten nicht nur versäumten, auf das einzugehen, was Designer tatsächlich tun, sondern auch einer Terminologie Vorschub leisteten, die sich als Zwangsjacke erweisen sollte und die Aufmerksamkeit der Designer vom eigent-lich Entscheidenden ablenkte. Die Grenzen von Simons' (1969/2001) *The Scien-ces of the Artificial*, das 1969 als bahnbrechend galt, sollten später deutlich zutage treten. Die Beschränktheit beruht auf der technischen, dem Ingenieurwesen ange-lehnten Rationalität. In der Architektur vollzog Christopher Alexander (1964, 1977, 1979) den Übergang von einem positivistischen zu einem menschbezoge-nen Ansatz in den Designmethoden. Schöns (1983) *Reflective Practitioner*, das sich ebenfalls eines menschbezogenen Ansatzes bediente, interpretiert professionelle Designer nicht mehr als objektive Entscheidungsträger, sondern als intelligente Akteure. Er beobachtete, dass sich professionelle Entscheidungsträger, Manager und Designer nicht an ausgearbeiteten Plänen orientieren, Alternativen spezifizie-ren und detaillierte Gebrauchszwecke erwägen, sondern in kleinen, stufenweisen Schritten denken und bei ihren Handlungen rekursiv handeln, reflektieren und Entscheidungen immer in Bezug zu den Auswirkungen auf Mitarbeiter treffen.
— Mit dem ehrgeizigen Projekt für eine allgemeine «*Action Science*» folgten Argy-ris et al. (1985) diesen Arbeiten. Trotz einer grundsätzlichen Befürwortung dieser Bemühungen gilt es im Auge zu behalten, dass alle «Wissenschaften» die eige-nen Wege zur Erkenntnis gehen und dazu zuverlässige Methoden entwickeln. Die oben genannten Ansätze müssen erst noch Früchte tragen.

Um die in diesem Buch formulierten Vorschläge richtig einordnen zu können, unterscheide ich im Folgenden drei Wissenschaftskonzepte des Designs, beginnend mit zwei Kategorien von Nigel Cross:
— «*Die Wissenschaft vom Design* [...] das Korpus von Arbeiten, das unser Verständ-nis von Design durch ‹wissenschaftliche› (also systematische und zuverlässige) Untersuchungsmethoden zu verbessern versucht.» (Cross 2000, S. 96) Design ist hier der Forschungsgegenstand, mit dem sich verschiedene akademische Diszipli-nen befassen und der Erkenntnisse über Design liefert, in einer diesen Disziplinen eigenen, dem Designdiskurs fremden Terminologie.
— «*Designwissenschaft* [...] eine explizit organisierte, rationale und völlig systemati-sche Herangehensweise an das Design; nicht nur die Anwendung wissenschaftli-cher Kenntnisse von Artefakten, sondern Designprozesse selbst als wissenschaftli-che Aktivität.» (Cross 2000, S. 96)
— *Eine Wissenschaft für das Design.* Sie macht Designprozesse kommunizierbar, sodass Designer effizienter miteinander arbeiten, unabhängig voneinander die

Geschichte beruflicher Erfolge und Misserfolge untersuchen, Lehren daraus ziehen sowie Studenten in ihren Beruf einführen können. Außerdem ermöglicht sie es Designern, ihre Arbeiten den Stakeholdern gegenüber schlüssig zu erklären und rechtzufertigen. Sie beinhaltet aber auch die systematische Dokumentation von Designpraktiken, die Kodifizierung von Designmethoden sowie Techniken für die überzeugende Bewertung von Designvorschlägen und Wege mit verschiedenen Stakeholdern zusammenarbeiten zu können. Ihr Ziel ist es, den Designdiskurs zu erweitern und damit Designern laufend neue Möglichkeiten zu eröffnen.

Beim Vergleich dieser Konzepte zeigt sich: Eine «Designwissenschaft» zeigt eine Vorliebe für systematische Designverfahren, schätzt die Systematik der Praxis. Eine «Wissenschaft *vom* Design» spiegelt verschiedene akademische Interessen am Design wider, ihre Perspektiven, ihre Fachsprachen und Validitätskriterien. So bedient sich eine Geschichte des Designs historischer Methoden, eine psychologische Studie der Kreativität von Designern kann zu einer psychologischen Theorie beitragen und eine soziologische Untersuchung des Designberufs wird auf soziologische Erklärungsmuster zurückgreifen. Designer mögen durchaus von solchen Untersuchungen lernen, aber kaum den Designprozess verbessern. Eine «Wissenschaft *für* das Design» hingegen übernimmt ihre Kriterien nicht von anderen Disziplinen. Sie ermutigt Designer, vorbereitende Forschung zielgerichtet durchzuführen, ihre Praktiken aus ihrem eigenen Blickwinkel zu untersuchen und bewährte Designmethoden und Bewertungstechniken zu verbreiten. Das schließt auch die Projektforschung ein, durch die relevante Erkenntnisse aus anderen Disziplinen – etwa aus R&D-Forschungen, der Marktforschung, der Ergonomie, der Kognitionswissenschaft, einschließlich bestehender Normen, aber insbesondere von erfahrenen Benutzern oder Stakeholdern – im Designprozess einen Platz finden, ohne dabei das Design den mitarbeitenden Disziplinen unterzuordnen. Das Ziel einer Wissenschaft für das Design lässt sich als konzertiertes Bemühen zusammenfassen, Sprache und Praxis des Designs zu verbessern, seine Fähigkeit, innovative Vorschläge zu erarbeiten, zu fördern, diese den Stakeholdern zugänglich zu machen, und, vor allem, die fortwährende Umgestaltung des Designdiskurses zu einer Routineverpflichtung für Designer zu machen.

– *Die Grenze.* Wie bereits angedeutet, ist die derzeitige Designgemeinschaft nicht sonderlich erfolgreich darin, die Grenze ihres Diskurses zu bestimmen. Während Designer meist gut darüber informiert sind, wer und was dazu gehört, gibt es konkurrierende Designdefinitionen und sehr verschiedene Interessen, die sich das Design als einen untergeordneten Teil dienlich machen wollen. Dazu kommt ein mangelndes Bewusstsein für die Rolle der Sprache, in der solche Grenzen gezogen werden, insbesondere der Wertschätzung einer professionellen Sprache im Designprozess. Ingenieure betrachten sich häufig als professionelle Entwerfer, obwohl sich ihr Augenmerk darauf beschränkt, technische Lösungen für (häufig soziale) Probleme zu finden. Naturwissenschaftler bezeichnen sich zwar nicht als Designer, gestalten aber Experimente, Messinstrumente, Erhebungen und Analysen ihrer Daten. Ärzte stellen Behandlungspläne auf. Biologen entwickeln genetisch modifizierte Pflanzen. Managementberater denken sich organisatorische Eingriffe aus. Design ist nicht nur ein wesentlicher Bestandteil des Alltagslebens. Wie bereits geschildert, erfreut sich das Wort «Design» großer Beliebtheit beim Verkauf modischer Kleidungsstücke. Doch wo verläuft die Grenze des Designdiskurses und was spielt sich an dieser Grenze ab?

— Wissenschaften, für die das Design ein Untersuchungsobjekt ist, ziehen die Grenzen des Designs von außen und zwar aus der Perspektive anderer Disziplinen wie der Kunstgeschichte oder der Psychologie. Die Vorstellungen und Praktiken der Designer dabei auszuschließen, ist vor allem deshalb möglich, weil der gegenwärtige Designdiskurs sich seiner eigenen Grenzen nicht sicher ist. Ein Student der Physik oder der Medizin findet die Grenzen seiner Disziplin in vorgeschriebenen Lehrveranstaltungen und offiziellen Lehrbüchern. Designer haben kaum Standardwerke, auf die sie zurückgreifen können.

— Gegenwärtig ist die Grenze des Designdiskurses leicht verletzbar, was sich in Übergriffen konkurrierender Diskurse zeigt. So begreift etwa das Marketing, das Produkte als Waren, Dienstleistungen und Identitäten auffasst, das Design als einen seiner Bereiche, dessen einzige Aufgabe darin besteht, Produkten einen ökonomischen Mehrwert zu verleihen. Designer haben sich dieser Definition widersetzt und ziehen ein umfassenderes Vokabular vor, das human-centered, kulturelle und ökologische Anliegen zum Ausdruck bringt. Doch die Gefahr einer «feindlichen Übernahme» des Designdiskurses ist stets gegenwärtig. Das Marketing ist nicht der einzige Diskurs, der es begrüßen würde, Design als eine seiner Unterdisziplinen verbuchen zu können. Donald Norman behandelt Design als Psychologe, und Autoren, die sich in jüngerer Zeit zu Computer-Interfaces geäußert haben, bedienen sich der Kognitionswissenschaft als Masternarrativ. Man kann sagen, dass diese Diskurse versuchen, den Diskurs der Designgemeinschaft zu kolonisieren. Allerdings handelt es sich hierbei nicht unbedingt um einen intentionalen Prozess, sondern er verdankt sich vermutlich auch der Unfähigkeit der Designer, die Bedeutung ihres eigenen Diskurses zu erkennen. Diese Unfähigkeit kommt in ihrer unermüdlichen Suche nach momentan attraktiven Begriffen aus anderen Disziplinen und der unkritischen Übernahme ihrer Methoden zum Ausdruck. So wurde in den 1950er Jahren die Ergonomie wichtig, dann die Wahrnehmungspsychologie, die Planungstheorie, die Semiotik und kognitivistische Erklärungen – als hätten Designer keine eigenen Begriffe, die es zu verfeinern gilt. Sich der Begriffe und Kriterien anderer Disziplinen zu bedienen, heißt diesen die Zuständigkeit für die Objekte des Designs zu überantworten. Vielleicht ist es ein Zeichen eigener Unsicherheit, dass Designern die intellektuellen Früchte außerhalb ihres Diskurses häufig saftiger erscheinen als die eigenen. Die eigenen zu hegen und zu pflegen scheint weniger attraktiv zu sein, als die wohlsituierten Nachbarn zu kopieren.

— *Plausible Rechtfertigung.* Naturwissenschaftler, und man könnte Ingenieure und Angehörige der medizinischen Berufe durchaus hinzufügen, sind sich zwar selten der begrifflichen Folgen ihres Sprachgebrauchs bewusst, sie sind aber in der Rechtfertigung ihrer Artefakte enorm erfolgreich, was ihren Diskursgemeinschaften große Vorteile bringt. Ihre Erkenntnisse werden in der Regel von Testergebnissen, mathematischen Berechnungen oder klinischen Erfolgsberichten untermauert. Doch noch wichtiger ist vielleicht, dass die Kriterien für das Akzeptieren von Theorien in den Naturwissenschaften, von Entwürfen im Ingenieurwesen oder von Behandlungen der Patienten genau definiert sind, und diese Diskurse sich in der Öffentlichkeit weitgehender Anerkennung erfreuen. Natürlich war das nicht immer so. Die frühen Auseinandersetzungen zwischen Naturwissenschaft und Religion wurden von beiden Seiten mit großem Eifer geführt und endeten damit, dass sich der religiöse Diskurs in einen Bereich zurückzog, der dem naturwissenschaftlichen Diskurs gleichgültig war. Zeitgenössische Konflikte zwischen konkurrierenden Diskursen sind vergleichsweise harmlos. Zwar mag der Wettbewerb um begrenzte Forschungsgelder politischer Natur sein, das Resultat solcher Entscheidungen hängt sicher wesentlich davon ab, wie die Forscher argumentieren und wie sie ihre Forschungsvorhaben öffentlich rechtfertigen. Bedauerlicherweise hat das Design bislang kein vergleichbares Maß an Anerkennung gewonnen. Und das, obwohl sein gesellschaftlicher Beitrag der Bevölkerung komplexe technologische Systeme unbestritten zugänglich macht.

Die vorausgegangene Diskussion beim Wort nehmend, ist es das Ziel dieses Buches, zu einer Umgestaltung des Designs zu ermutigen, indem es beginnt, anders über Design zu sprechen, sich mit Welten zu beschäftigen, die das Design hervorbringen kann, darüber zu reden, was zu tun ist und wie man vorgehen kann. Auf der Grundlage dessen, was ein starker Designdiskurs verlangt (Krippendorff 1995), schlage ich Folgendes vor:

- *Die Grenze des Designs neu zu ziehen,* in der Hoffnung, dass es neue Verantwortlichkeiten übernimmt, die produktiver sind als die, die das Design bislang getragen hat. Zu diesem Zweck werden in Kapitel 2 die Grundkonzepte menschbezogenen Designs vorgestellt.
- *Neue Ansätze zur «Bedeutung» von Artefakten im Design zu entwickeln.* Insgesamt gibt es vier Varianten der Grundkonzepte des menschbezogenen Designs. Diese werden in den Kapiteln 3 bis 6 behandelt.
- *Kommunizierbare Designmethoden für menschbezogenes Design zu entwickeln.* Kapitel 7 schlägt eine oben bereits definierte *Wissenschaft für Design* vor. Dabei geht es nicht darum, Methoden um ihrer selbst willen zu propagieren, sondern vielmehr darum, den Designdiskurs durch überzeugende Methoden in der Rechtfertigung der von ihm erstellten Vorschläge zu stärken: (1) Methoden zur Bewertung der Ansprüche der Designer bezüglich der von ihnen projektierten Artefakte (zukünftige Wahrheiten); (2) Kosten und Vorteile und deren Verteilung auf die Betroffenen, die die Realisierung ihrer Entwürfe verlangen (Tugenden); und (3) die Möglichkeiten, das Know-how der Designer unter Beweis zu stellen (Kompetenz). Die Stärkung dieser drei Kriterien des Designdiskurses soll dem Design zu neuen Verantwortlichkeiten verhelfen und die Lebensfähigkeit der Designgemeinschaft sichern.

2. Grundbegriffe des human-centered Designs (menschbezogenen Designs)

Im ersten Kapitel wurden mehrere Aspekte der semantischen Wende von einem technologie-getriebenen zu einem human-centered Design beschrieben:

— vom Design funktionaler Industrieprodukte zum Design von Artefakten, die unterschiedliche soziale Rollen einnehmen können;

— von der Annahme technologisch determinierten Fortschritts zur Herstellung menschlicher Umwelten, insbesondere von Artefakten, die individuell benutzerfreundlich sind und darüber hinaus ihren Benutzergemeinschaften dienen;

— von universellen, kulturunabhängigen Designkonzeptionen, die die Existenz eines (einzigen und gemeinsamen) «Uni-versums» voraussetzen, zur Erkenntnis, dass Sprache die Konstruktion verschiedener sozial geprägter Welten zulässt;

— von der blinden Akzeptanz intendierter Produktfunktionen, ja deren Durchsetzung durch die Ausbildung von Experten oder durch die Qualifizierung von Benutzern, die die korrekten Verwendungsweisen von Artefakten sicherstellen und die die Benutzer für die Folgen unautorisierten Gebrauchs verantwortlich machen, nicht aber die Produzenten oder Designer, zu einer Freiheit, die den Benutzern die Möglichkeit lässt, Artefakte nach ihrem Willen zu benutzen;

— vom Bild des Designers als unzweifelbares Genie und Autorität in Geschmacksfragen zu Designern, die zur Teamarbeit fähig sind und mit ihren Stakeholdern und Benutzern zusammenarbeiten können;

— von der Fixierung auf die Ontologie von Industrieprodukten, also auf die materiellen Endresultate der Massenproduktion, zu einem Bewusstsein für das Konstruieren und Rekonstruieren dauernd neu geschaffener Welten, deren einziger Zweck darin besteht, sinnvoll für deren Bewohner zu bleiben und ihnen einen vertrauten Umgang mit ihren Artefakten zu gewähren.

Im Mittelpunkt dieses Kapitels steht die Menschbezogenheit heutigen Designs. Wie entstand sie? Wer hat zu ihm beigetragen? Was sind die mit ihm verbundenen Schlüsselbegriffe? Welche Konsequenzen ergeben sich aus ihm für das, was als «Designkultur» bezeichnet werden kann? Der Begriff des «human-centered» Design darf nicht mit Humanismus verwechselt werden, also mit der kartesischen Faszination vom menschlichen Geist und der Sorge um menschliche Werte bezüglich materiellen Funktionierens. Human-centered Design vermeidet diesen Dualismus. Es wäre falsch, die semantische Wende als einen bloßen Haltungswandel innerhalb des kartesischen Dualismus zu interpretieren, also als eine Schwerpunktverlagerung von vollkommener Objektivität zu einer mit Makeln behafteten Subjektivität, oder von stupiden und extrem begrenzten Technologien zur kreativen menschlicher Intelligenz, wie Norman (1998, S. 160) das in seinem hier in leicht veränderter Form dargestellten Vergleich in Abbildung 2.1 nahelegt.

Die Leser sollten sich aus dem hier vorgestellten Ansatz nicht einzelne Konzepte herausgreifen und diese in positivistischen oder behavioristischen Rahmen operationalisieren. Die semantische Wende läuft auf einen Paradigmenwechsel hinaus, einen Wandel hinsichtlich der Grundlagen des Designs. Sie bietet ein komplexes Netzwerk wechselseitig miteinander verbundener Konzepte mit durchaus radikalen Konsequenzen für praktizierende Designer, aber nicht eine Anzahl isolierter Ideen, die man wahlweise annehmen oder verwerfen kann.

In erster Linie geht die semantische Wende von der menschlichen Einbindung in die Artefakte des Designs aus. Abgesehen davon, dass Designer selber Menschen sind, die mit anderen Menschen durch und über die von ihnen entwickelten Technologien kommunizieren und damit an der sozialen Konstitution von Wirklichkeiten wesentlich teilhaben, empfiehlt die semantische Wende, dass allen, die in irgendeiner Weise mit diesen Technologien umgehen, entscheidende Rollen zugewiesen werden. Artefakte sind Prothesen des menschlichen Verstands, Seins und Handelns. Es mag nicht immer einfach sein, die Konsequenzen dieser Wende zu erkennen und die damit verbundene Kehrtwendung in traditionellen Begriffen nachzuvollziehen.

Aus technologie-getriebener Sicht		Aus human-centered Sicht	
Menschen	**Machinen**	**Menschen**	**Machinen**
ungenau	genau	kreativ	unoriginell
desorganisiert	ordentlich	(anpassungsfähig)	starr
ablenkbar	(konzentriert)	(kontextsensibel)	(kontextunsensibel)
emotional	(rational)	erfinderisch	einfallslos
unlogisch	logisch	(mannigfaltig intelligent)	(schnell aber repetitiv)

2.1 Wertungen von Mensch und Maschine, je nach eingenommener Perspektive.

2.1 Vorläufer

Die human-centered Perspektive verweist auf eine beachtliche intellektuelle, von bedeutenden Autoren geprägte Geschichte. Der griechische Philosoph Protagoras soll als erster gesagt haben, dass «der Mensch (...) das Maß aller Dinge» ist und zwar «der Dinge, die sind, daß sie sind, und der Dinge, die nicht sind, daß sie nicht sind» (Russell 1962, S. 47). Er verabschiedete damit die Idee einer Wahrheit der Repräsentanzen und ließ menschliche Erfahrungen im Gebrauch von Sprache an ihre Stelle treten. Doch die Objektivität-Subjektivität-Dualismen, die Protagoras' Aussage unterminierte, starben nicht aus.

Johann Wolfgang von Goethe (1749–1832) vertrat aufgrund seiner auf Erfahrungen beruhenden Weltanschauung einen human-centered Ansatz. Seine Experimente zur Farbe von Schatten, eine Fortsetzung der erstmals 1672 von Otto von Guericke beschriebenen Untersuchungen, mündeten 1810 in seinem Werk *Zur Farbenlehre*, mit dem er der physikalischen Theorie Isaac Newtons entgegentrat. Goethe gelangte zu der Überzeugung, dass das Sehvermögen, das menschliche Auge, das unbestechlichste Instrument sei, auf das Menschen sich verlassen könnten. Eine Auffassung, die im scharfen Gegensatz zu Newtons Bemühen stand, das Auge als subjektiv und voreingenommen zu entlarven. Goethe kämpfte gegen den damals aufkommenden Objektivismus, der physikalischen Messungen den Vorzug vor menschlichen Erfahrungen gab. Er erkannte in Newtons Theorie einen wesentlichen epistemologischen Fehler und betrachtete sie als eine der Menschheit abträgliche Idee. Dabei ging es nicht darum, dass sich mittels der einen Theorie bessere Vorhersagen treffen ließen als mit der anderen, sondern darum, dass Newtons Theorie die Reaktionen mechanischer Messungen voraussagte, die nichts damit zu tun haben, wie Menschen sehen. Goethe identifizierte den grundsätzlichen epistemologischen Fehler in der Behauptung Newtons und anderer moderner Physiker, sie seien imstande, sichtbares Licht und sichtbare Farbe mittels physikalischer Messvorrichtungen zu quantifizieren und theoretisch zu erfassen, als könnte man die menschliche Wahrnehmung übergehen. Goethe betrachtete Licht und Farbe als ein ausschließlich menschliches Phänomen, das von menschlichen Wahrnehmungsorganen erzeugt wurde und sich also nicht auf physikalische Eigenschaften reduzieren ließ.

Goethes Einsichten zur Farbwahrnehmung erwiesen sich als zutreffend. Farbe entsteht in der Physiologie des Auges. Sie wird buchstäblich im Auge erzeugt und hat keine Existenz außerhalb desselben. Es gibt keine Korrelationen zwischen messbaren Wellenlängen und der Erfahrung von Farben (Maturana und Varela 1987, S. 21–28). In heutiger Zeit haben Humberto Maturana und Francisco Varela ausdrücklich die Menschbezogenheit zum Grundpfeiler ihrer theoretischen Biologie gemacht. Sie sind der Ansicht, keine Theorie – keine der Welt (Ontologie), keine Beschreibung menschlicher Wahrnehmung (Phänomenalismus) und auch keine biologische Theorie – sollte dem widersprechen, wozu der menschliche Körper imstande ist, jener Körper, den Beobachter nicht verlassen können, und den Theoretiker nicht übersehen sollten, wenn sie eine Theorie artikulieren, für die sie Gültigkeit beanspruchen.

Maturana und Varela (1987) begreifen die menschliche Kognition als ein operativ geschlossenes System, das seine eigenen internen Korrelationen entwickelt, sprich seine eigene Welten konstruiert, und so die Fähigkeit bewahrt, angesichts wiederkehrender Störungen aus einer im Übrigen verstandesmäßig nicht zu erfassenden Außenwelt zu leben. Das würde implizieren, dass Artefakte, wie Farben, zwar äußere Ursachen haben können, aber nur von unserem eigenen Nervensystem konzipiert, konstruiert und erlebt werden können. Demnach ist es uns unmöglich, äußere Entsprechungen innerer Erfahrungen zu beobachten und deren Existenz festzustellen.

Ein separater Weg zu Begriffen des human-centered Design beginnt mit dem italienischen Gelehrten Giambattista Vico (1668–1744),[1] der René Descartes' Überzeugung widersprach, dass der menschliche Geist ein Organ sei, dessen Funktion darin bestünde, die außerhalb von diesem existierende Welt so genau wie möglich abzubilden. Für Descartes, dessen Einfluss bis heute spürbar ist, war die Unterscheidung objektiv/subjektiv von grundlegender Signifikanz. Er hielt die Natur für vollkommen und meinte, dass der Fragen stellende Geist seine Aufgabe nicht erfülle, indem er die Welt fehlerhaft oder unvollständig abbildet. Descartes epistemologische Einstellung stimmt mit der in Abbildung 2.1 gezeigten technologie-getriebenen Sicht überein. Im Gegensatz zu Descartes versuchte Vico zu unterscheiden, was Menschen (am besten) wissen und worüber sie nichts Schlüssiges sagen können. Er kam zu der Einsicht, dass menschliches Wissen vom Handeln herrührt, vom Erschaffen von Dingen, vom Konstruieren von Welten, in denen man leben kann. Im Einklang mit den Vorstellungen der Kirche jener Zeit, vertrat er die These, die Menschen könnten nicht wissen, wie Gott die Welt geschaffen habe, sondern nur das, was sie tatsächlich beeinflussen, beziehungsweise selbst geschaffen hätten. Dieser Ansatz impliziert also auch Design, und man könnte Vicos *Nuova Sciencia* als eine human-centered Epistemologie verstehen, die auf Designtätigkeit gründet, statt auf der Beobachtung gegebener Objekte. Ein überzeugender Beweis für dieses Prinzip ist die absolute Gewissheit der Mathematik, die er zutreffend als menschliche Erfindung identifizierte, nicht als eine Reflexion der Natur. Vico war nicht nur Philosoph, sondern auch ein effizienter Universitätsadministrator und Gestalter von Rechtsstrukturen. Offenbar besaß er ein sehr klares Verstehen davon, welche Voraussetzungen gegeben sein müssen, um soziale Realitäten gestalten zu können, nicht nur materielle Artefakte.

Die Gleichsetzung von Wahrheiten mit dem, was gemacht worden ist oder gemacht werden könnte, kommt auch in der Etymologie des Wortes «Fakt» zum Ausdruck, dem lateinischen «factum», «etwas Gemachtes». «Artefakte» sind Fakten, die aufgrund handwerklicher Tätigkeiten oder spezieller Fähigkeiten geschaffen wurden. Ihre Wahrheiten stecken in ihrer Benutzung, nicht in ihrer von Menschen unabhängigen Existenz, also in dem, was man mit ihnen tun kann, nicht in dem, was sie sind. Kürzlich stellte auch Ruth Hubbard, den Begriff biologischer Fakten in Frage indem sie ihre Leser erinnerte «Jeder Fakt hat einen ‹Faktor›, jemand, der es gemacht hat» (Hubbard 1990, S. 20). Vico hätte sicher gefallen, dass hier Menschen für die Fakten, die sie schaffen, konzeptualisieren, arrangieren, managen oder zerstören, verantwortlich gemacht

---

1 In *Vico's Science of Imagination* von Donald Phillip Verene (1981) findet der Leser Verweise auf die originalen lateinischen und italienischen Werke. Eine Diskussion der Wirkung seines Werks auf das zeitgenössische Denken findet sich bei Glasersfeld (1995).

werden. Vico gilt als der Großvater des Konstruktivismus (Glasersfeld 1995). Ich vertrete hier die These, dass Konstruktion und Design im Bezug auf das, was sie beschreiben, Synonyme sind, auch wenn die beiden Worte häufig auf unterschiedliche empirische Bereiche angewandt werden.

In den 1930er Jahren entwickelte der Biologe Jakob von Uexküll (1934/1957) eine ökologische Theorie sinnvoller Weltkonstruktionen von Tieren und Menschen. Er vertrat die Ansicht, die möglichen Welten eines Tieres seien davon abhängig, welche Sinnes- und Bewegungsorgane ihm zur Verfügung stehen. Uexküll zufolge, resultieren die Welten, die für die verschiedenen Tiere und Menschen tatsächlich[2] höchst unterschiedlich sichtbar oder erfahrbar sind, aus der Natur ihrer Sinnes- und Bewegungsorgane. Man könnte sagen, Uexküll habe Vicos Frage, was man wissen kann und was nicht, implizit dahingehend beantwortet, dass Menschen zwar über Dinge reden mögen, die sie nicht oder noch nicht gesehen oder gehandhabt haben, aber sie sehen nur die Welten, die sie bewohnen, die sie konstruiert haben, um zu begreifen, was ihre Sinnes- und Bewegungsorgane tun oder zu tun imstande sind. Aus zeitgenössischer Sicht könnte man sagen, dass alle Lebewesen ihre Sinnes- und Bewegungsorgane koordinieren und in einen sinnvollen Zusammenhang bringen, um bewusst Handeln zu können. Die Welt von Zecken, Fledermäusen und Menschen unterscheidet sich in dreierlei Hinsicht, nämlich bezüglich (1) ihrer jeweiligen Sinnes- und Bewegungsorgane, (2) der entsprechenden Fähigkeit, diese zu koordinieren, und (3) der Komplexität ihrer Wirklichkeitskonstruktionen. Fledermäuse und Menschen unterscheiden sich also nicht nur hinsichtlich ihrer jeweiligen Sensibilität (für Radarfrequenzen oder die sichtbaren Lichts) und der ihnen möglichen Handlungen (fliegen, sich an Kanten festklammern, im Gegensatz zu den unzähligen Handlungsweisen, zu denen Menschen imstande sind), sondern auch im Hinblick auf die Fülle von Möglichkeiten, Neues zu erfinden und sinnvolle Verbindungen herzustellen und ihre Umgebung entsprechend zu verändern. Menschen können beispielsweise Auto fahren, weil sie in der Lage sind, Gesehenes auf sinnvolle Weise mit Handlungen und möglichen Absichten zu verbinden. Uexkülls Prinzipien gelten nicht nur für artenspezifische Weltkonstruktionen, sondern auch für Unterschiede innerhalb der menschlichen Spezies, bezüglich ihrer Kulturen, Sprachen, Berufe, Geschichten und Erwartungen – die ihre Umwelt deshalb auf höchst unterschiedlichen Weisen begreifen. Die weitverbreitete Idee, wir würden in einer gemeinsamen Welt leben, ist eine Illusion, die häufig bedauerliche, insbesondere politische und kulturelle Folgen nach sich zieht und die Arbeitsweise von Designern wesentlich behindert.

Anhand von Experimenten zur visuellen Wahrnehmung, die er im Zweiten Weltkrieg durchführte, entwickelte James J. Gibson (1979) eine ökologische Theorie der Wahrnehmung, die durchaus mit den Vorstellungen Vicos und Uexkülls vereinbar ist. Gibson erkannte die Notwendigkeit, eine Sprache zu entwickeln, die ihm ermöglichte, die menschliche Wahrnehmung weder physikalisch, also als Resultat physikalisch messbarer Stimuli, zu beschreiben, wie es Goethe bereits kritisiert hatte, noch die wahrgenommene Umwelt zu psychologisieren. In seinen Experimenten, und das ist wichtig,

---

2 Der Begriff «tatsächlich» ist in diesem Zusammenhang ganz wörtlich gemeint. Die Realität wird als eine durch Taten entstandene Sache erfahren.

ging es zunächst darum, den Einsatz technologischer Systeme für Piloten zu verbessern, die das Landen von Flugzeugen unter ungünstigen Bedingungen erleichtern. Die beiden konzeptionellen Schlüssel zu seiner Theorie sind *Affordance* und *direkte Wahrnehmung*. Affordance ist das Erkennen der Möglichkeiten, erfolgreich zu handeln. Es koppelt die Zuversicht in die eigenen Fähigkeiten im Umgang mit komplizierten Artefakten mit der Wahrnehmung von situationsbezogenen Handlungsmöglichkeiten. Damit beschreibt Gibson die Gegenstände unserer Welt, so wie wir sie ohne Abstraktionen seitens der Sprache sehen, als begreif-bar, begeh-bar, be-sitz-bar, betret-bar, beweg-bar, unterscheid-bar oder ess-bar. Affordances beziehen sich also nicht auf die Eigenschaften von Gegenständen, sondern auf reziproke Beziehungen zwischen Handelnden und den wahrnehmbaren Merkmalen ihrer Umwelt. Affordances beziehen sich auf das, was für einen Benutzer von Artefakten sinnvoll gehandhabt werden kann, also auf eine Qualität menschlicher Beteiligung, die nicht von einem distanzierten und in seinen Handlungen begrenzten Beobachter erfahren werden kann. Bezüglich der direkten Wahrnehmung stellte Gibson fest, dass die Affordances gewöhnlicher, alltäglicher oder vertrauter Merkmale direkt und mühelos verstanden werden. Kinder lernen Affordances wahrzunehmen, also das, was sie machen können und was die Dinge ihrer Umwelt für sie oder gegen sie tun können. Für die meisten Erwachsenen sind Handlungen wie Treppensteigen, Autofahren, Briefeschreiben und die Einnahme von Mahlzeiten am Tisch unproblematische Routinetätigkeiten, ihre Wahrnehmung und ihr Handeln befinden sich so im Einklang mit ihrer Umwelt, dass sie darüber nicht zu reflektieren brauchen. Der nächste Schritt wird nicht entschieden, sondern einfach gemacht. Direkte Wahrnehmung ist im Wesentlichen das, was die Produktsemantik als selbst-verständlich, intuitiv, offenkundig und natürlich bezeichnete. Gibson erkannte die Wichtigkeit von human-centered Konzeptionen für sein Werk. Seine Anhänger unternehmen weiterhin empirische Untersuchungen, die den ökologischen Einklang von Wahrnehmung und Handeln belegen. Erst vor Kurzem haben Gibsons human-centered Konzeptionen Einzug in den Diskurs der Interface-Designer gehalten, der traditionell von den technologie-getriebenen Konzepten der Ergonomen dominiert wurde (Flach et al. 1995).

Doch keiner dieser Theoretiker spricht über die Rolle der Sprache. Gibson bemühte sich lediglich, Worte zu finden, die seinem menschenbezogenen Ansatz angemessen waren. Er war sich der Ungenügsamkeit der üblichen Begriffe wohl bewusst. Aber weder reflektierte er, welche Rolle der Sprache dabei zukam, Informationen von seinen Versuchspersonen zu erhalten, noch wie die Sprache den Zusammenhang zwischen menschlicher Wahrnehmung und Handlung beeinflusst. Dies sollte Benjamin Lee Whorfs (1956) Beitrag zu den human-centered Konzepten werden. Bevor Whorf einer der berühmtesten amerikanischen Linguisten des 20. Jahrhunderts wurde, hatte er als Unfallexperte für eine Versicherungsgesellschaft gearbeitet, wo er mit genau den Phänomenen konfrontiert worden war, die er später kulturwissenschaftlich untersuchen und in seinen Arbeiten beschreiben sollte. Zu einem der von ihm untersuchten Unfälle kam es, nachdem ein Fabrikarbeiter eine Zigarettenkippe in einen leeren Metallbehälter geworfen hatte. Dass dieser explodieren könnte, war undenkbar, denn das Wort «leer» bedeutet eine Vakanz, eine Leerstelle, und im Zusammenhang mit einem Behälter, der als solcher bereit steht, mit allen möglichen Gegenständen gefüllt zu werden. Die Vorstellung war umso offenkundiger, als es keinen sichtbaren Hinweis darauf gab, dass der Kanister irgendetwas enthalten konnte. Dass Gase an die Stelle der Objekte getreten waren, die man einem Behälter entnimmt, ist nicht Teil des Begriffssystems, das man mit dem Wort «leer» assoziiert, und noch weniger mit dem Umstand, dass es sich um einen Benzinkanister handelte, in dem die verbleibenden Gase in Verbindung mit der eindringenden Luft ein explosives Gemisch bilden könnten. Whorf vertrat die später von ihm in transkulturellen Untersuchungen untermauerte These, dass die Sprache, mit der man eine Situation beschreibt, die individuelle Wahrnehmung der zur Verfügung stehenden Handlungen, steuert. Die grundlegende Einsicht von Whorf und Edward Sapir, seinem späteren Lehrer, bestand darin, dass der Wortschatz und die Grammatik einer Sprache wesentlich prägen, wie die Sprecher dieser Sprache in ihrer Welt denken und handeln.

Die Verbindung zwischen Sprachgebrauch und Wahrnehmung wurde in zahlreichen Untersuchungen bestätigt. So haben die transkulturellen Experimente zur Farbwahrnehmung von Berlin und Kay (1969) einen deutlichen Zusammenhang zwischen den Farbbegriffen nachgewiesen, die in einer Sprache zur Verfügung stehen, und den Farben, an die sich ihre Sprecher erinnerten und die sie begrifflich handhaben konnten. (Letzteres ist nicht zu verwechseln mit der Fähigkeit, Farbunterschiede zu erkennen, was weniger sprachabhängig ist.) So führen die grammatikalischen Konstruktionen von Nominalsätzen, die – typisch für die gängigen europäischen Sprachen – aus Adjektiven und Nomina bestehen, zu der Wahrnehmung, dass Objekte Eigenschaften hätten. Ebenso ist es die linguistische Unterscheidung zwischen männlich und weiblich – eine Entweder-oder-Proposition –, die keinen mittleren Standpunkt zulässt und es in unserer heutige Kultur schwer macht, mit Transvestiten oder androgynen Personen fair umzugehen. Die Unfähigkeit, mit geschlechtlich mehrdeutigen Personen umgehen zu können, kann bekannterweise zu Gewaltanwendung führen, im Wesentlichen um die gebräuchlichen linguistischen Kategorien von Männlichkeit oder Weiblichkeit zu bewahren.

Whorfs Werk wurde von Positivisten als die «Sapir-Whorf-Hypothese» bezeichnet, die besagt, dass Sprache das Denken bestimmt, und als solche zu untersuchen ist. In engerem Sinn verstanden, gibt es Gegenbeispiele, die zur Kritik an dieser Hypothese zitiert wurden. Doch Whorf und Sapir ging es vielmehr darum, dass Sprache, Denken und Kultur (einschließlich des Verhaltens und der Verwendung von Artefakten) sich in unmittelbarer Abhängigkeit miteinander entwickeln und dass die menschliche Wahrnehmung keine Darstellung von Objekten in einem kulturfreien Umfeld, also in abstrakten Begriffen, ist, sondern dass die Art und Weise, wie man die Welt begreift, daraus entsteht, wie man in dieser Welt über sie spricht und handelt. Diese Grunderkenntnis könnte erklären, wieso Menschen, die in einer relativ homogenen Kultur leben und eine gemeinsame Sprache sprechen, leicht der Illusion verfallen können, sie nähmen die Gegenstände ihrer Umwelt genau so wahr, wie sie sind, und beurteilen die Angehörigen anderer Kulturen als davon abweichend und minderwertig oder unterentwickelt.

Von allen diesen Theoretikern war Ludwig Wittgenstein für mich der wichtigste. Sein Werk leitete die linguistische Wende in der Philosophie ein, eine Abkehr von abstrakten philosophischen Problemen, wie dem der Logik der Wirklichkeit (Ontologie) auf den Grund zu kommen, allgemeine kulturunabhängige Wahrheiten zu finden oder die Natur des menschlichen Geistes zu verstehen, und eine Hinwendung zu Fragen, wie Sprache die tatsächliche Welt repräsentiert oder das, was Menschen tun, wenn sie eine Sprache sprechen (einschließlich über solche Abstraktionen zu sprechen). Wittgenstein hat mindestens drei Karrieren gemacht. Die erste gipfelte in seiner Doktorarbeit, dem *Tractatus logico-philosophicus*, in dem er eine Bildtheorie der Bedeutung beschreibt, anfangend mit dem Satz: «Die Welt ist alles, was der Fall ist. Die Welt ist die Gesamtheit der Tatsachen, nicht der Dinge», die er bis zu ihrem logischen Schluss führte «Wovon man nicht sprechen kann, darüber muss man schweigen» (Wittgenstein 1921, S. 11, 85). In seiner zweiten Karriere unterrichtete er an einer österreichischen Grundschule auf dem Land, war jedoch zugleich als Architekt tätig. (Ein von ihm entworfenes Haus kann man in Wien besuchen). In der dritten Karriere lehrte er an der Universität von Cambridge und verfasste dort seine *Philosophischen Untersuchungen* (Wittgenstein 1953). In diesem Werk entwickelte er eine Theorie der Bedeutung, die einen Großteil der bis dahin vorhandenen Philosophie, einschließlich seiner eigenen früheren Schriften, buchstäblich ihrer Validität beraubte. Er erkannte, was heute, zumindest in den Kommunikationswissenschaften anerkannt ist, dass Sprache immer in konkreten sozialen Situationen gesprochen wird, und zwar von tatsächlichen Menschen – nicht von abstrakten Sprechern – und dass Sprache im Zusammenhang mit Handlungen und Gegenständen, einschließlich der Artefakte, die in solchen Situationen entstehen, gesprochen wird. Mit diesem Ansatz verabschiedete er sich von seinem philosophischen Erbe. Wittgenstein untersuchte von da an, den Sprachgebrauch in verschiedenen sozialen Kontexten, die er als «Sprachspiele» beschrieb. Als eine menschliche Aktivität, muss die Bedeutung von Sprachgebrauch, so seine These, in den Handlungen gesucht werden, die sie vollzieht. Die Bedeutung eines Wortes, so Wittgenstein, liegt in seiner Verwendung in der Sprache. Sprache repräsentiert nicht, sie tut etwas und das Kriterium ihres Gebrauchs ist nicht Wahrheit, sondern ihre Angemessenheit in bestimmten Sprachspielen, also das, was sie für die Beteiligten zu akzeptablen Äußerungen macht und nach deren Urteil bedeutungsvoll erscheint. Mein Diskurskonzept in Abschnitt 1.4 erläutert Wittgensteins Sprachspiele im Kontext institutionalisierter Handlungserwartungen.

Welcher Zusammenhang besteht aber nun zwischen den oben referierten Ansätzen? Goethe, Uexküll, Gibson, Wittgenstein, Maturana und Varela – ihnen allen geht es um Verkörperung, um die Anerkennung der Tatsache, dass sich menschliches Handeln nicht vom Körper realer Akteure, Sprecher, Benutzer von Gegenständen, Gestalter zukünftiger Welten, ja selbst von Wissenschaftlern trennen lässt. Die Koordination von Sensorik und Motorik sowie bisherige Erfahrungen sind allgegenwärtig in dem, was Menschen miteinander tun, worüber sie sprechen, insbesondere wenn diese Faktoren für selbstverständlich und als gegenseitig verstanden angenommen werden, und sich daher der propositionalen Logik und rationalen Argumenten entziehen. Das Abstrahieren von Regeln aus dem Gesprochenen ist nicht das Gesprochene. Diese Einsicht sollte beim Bemühen der Designer um Details und Einzigartigkeit anstelle von Verallgemeinerungen im Bewusstsein bleiben. Materielle Artefakte funktionieren weder in der Theorie noch können sie in der Abstraktion erfahren werden. Man kann einen Baum anfassen, nicht aber einen Wald. Artefakte können aus mehr oder weniger fassbaren Konstruktionen bestehen, die in Taten umgesetzte Konzepte unterstützen oder verhindern. In Sprachuntersuchungen hat dies zur Folge, dass man Sprechen nicht anhand der geschriebenen Sprache untersuchen kann, sondern in Sprachäußerungen. Man kann den Sprachgebrauch auch nicht über die Konstruktion grammatikalischer Regeln erklären, sondern in dem, wie Sprecher und Hörer miteinander kooperieren und vorgehen.

Wittgenstein begann, Bedeutungen weder als Repräsentationen zu verstehen noch als Austausch von Symbolen zu beschreiben, sondern er sah sie in dem, was Sprache bewirkt. In einem seiner Beispiele für ein Sprachspiel beschreibt er die Äußerungen von Bauarbeitern, die ein Haus errichteten. Die vom ihm erkannte Verflechtung von Sprache und Handeln führte zur Sprechakttheorie (Austin 1962; Searle 1969), die ein Schlüssel zum Verstehen interaktiver Artefakte geworden ist. In Wittgensteins Ablehnung der Repräsentationstheorien von Bedeutungen und Wahrheiten kann man Vicos Gleichsetzung von Wissen und Handeln oder dem Konstruieren von Wirklichkeiten wiedererkennen, aber ebenso gut in Maturanas und Varelas Vorstellung von Sprache als Koordination der Koordination von Handlungen.

Wittgenstein erkannte auch, dass Bedeutungen nicht allgemeingültig sind, sondern innerhalb bestimmter Grenzen entstehen: innerhalb bestimmter Situationen, in denen Sprache verwendet wird, in den sogenannten «Sprachspielen» oder in den den Sprechern eigenen «Lebensformen», mit denen Wittgenstein spezifische Gebrauchsweisen von Sprache gleichsetzt.[3] Die Grenze, die die Benutzer einer Fachsprache einhalten, ist ein Beispiel hierfür. Wittgensteins Weigerung, Bedeutungen über die selbstgezogenen Grenzen von spezifischen Sprechern hinaus zu verallgemeinern, passt zu Uexkülls bedeutungsvollen Umwelten (abzüglich der Rolle der Sprache) und zu Whorfs Untersuchungen der kulturellen Unterschiede, die auf unterschiedlichen Sprachstrukturen basieren (abzüglich der Interaktionen, die im Begriff von Sprachspielen impliziert sind). Die Bedeutung sinnvoller Grenzen erstreckt sich auf Maturanas und Varelas biologischen Begriff der Autopoiesis bis in den sozialen Bereich sich selbst organisierender Netzwerke von Stakeholdern. Laut Wittgenstein ist Bedeutung weder feststehend noch von außerhalb einer Konversation bestimmbar, also unverständlich, wenn man nicht an ihr teilnimmt. Was auch immer ein außenstehender Beobachter hören kann, stimmt nicht mit dem überein, was die Teilnehmer eines Sprachspiels erfahren. Ich selbst bevorzuge die Metapher der Ko-ordination gegenüber der des Spiels, weil darin weder die unbeabsichtigte Konnotation des Gewinnens oder Verlierens noch die Notwendigkeit sich Regeln unterordnen zu müssen mitschwingt. Mit einem Bindestrich geschrieben, deutet Ko-ordination an, dass die Verantwortung für den Verlauf einer Konversation auf deren Teilnehmer verteilt ist, sich also innerhalb der von ihnen selbst bewahrten Grenze vollzieht und keiner dem anderen untergeordnet ist.

Die vergeblichen Bemühungen von Naturwissenschaftlern, ihre eigene Beteiligung an der Theoriebildung zu umgehen und ihre verkörperliche Intelligenz, die notwendig ist um Konzepte zu entwickeln, zu verleugnen, führt häufig zu technologiegetriebenen Konstruktionen von Wirklichkeit. Dagegen wandte sich Goethe in seiner Polemik gegen Newton und das war es auch, was Uexküll dazu veranlasste, «Physio-

---

3 Beispielsweise in Wittgensteins *Philosophischen Untersuchungen* (1953), Absatz 23, 241 (S. 250, 356).

logen» zu kritisieren, die sich den mechanischen Funktionen von Organen widmeten und dabei die Biologie der lebenden Organismen vernachlässigten. Immerhin sollte «Bio-logie» ja das Leben von Organismen erforschen und nicht, wie man geeignete Teile eines Organismus funktional voneinander unterscheiden und möglicherweise austauschen kann.

Die Spannung zwischen Technologie-getriebenheit und Menschenbezogenheit liegt auch Batesons (1972) Unterscheidung zwischen dem Verhalten zugrunde, das auf physikalischen Ursachen beruht, und jenem, das durch Informationen hervorgerufen wird. Tritt man gegen einen Stein, so sein Beispiel, wird die Flugbahn des Steins durch die Physik des Trittes bestimmt. Tritt man dagegen einen Hund, so wird dessen Verhalten weniger von der Physik des Tritts bestimmt als von dem, was der Tritt für den Hund bedeutet, welche Informationen der Hund über seine Situation und Beziehung zum Tretenden in sein Verhalten einbringt (1972, S. 460). Für Lebewesen ist Bedeutung – Bateson spricht von Information – weder eine Entität noch ein kausaler Agent. Ähnlich entwickelte George Herbert Mead in den 1930er Jahren einen damals neuen soziologischen Ansatz, der als symbolischer Interaktionismus bekannt wurde (Blumer 1972, 1990). Dieser beruht auf der Prämisse, dass Bedeutung ein zentraler Faktor menschlichen Verhaltens ist und in sozialen Interaktionen erzeugt wird. Obwohl Mead und seine Schüler sich weder zum Design noch zu sprachlichen Strukturen äußerten, bestanden sie mit Recht darauf, dass Bedeutung sozialer Natur ist. Damit muss sich die Designsemantik eingehender beschäftigen, als es die Theoretiker sozialer Interaktionen getan haben.

In Übereinstimmung mit Meads Argumentation ist sprachliche Bedeutung nie einfach nur von einzelnen Individuen geprägt. Es gibt keine Privatsprache, betont Wittgenstein, wenn er sagt, dass die Bedeutung von Worten für das Individuum ebenso wie für eine Kultur in der Geschichte ihres Erwerbs zu finden ist. Damit ist gemeint, dass Bedeutungen stets sozial sind und aus Gesprächen resultieren, in denen die Geschichte zwischenmenschlicher Koordination mitschwingt. Dasselbe gilt auch für das Verstehen von Gegenständen. Wie die Sprache werden alle Gegenstände, ob sie in der Natur gefunden oder von Menschen hergestellt worden sind, in der Interaktion mit ihnen erfahren, sie sind also kulturelle Artefakte, an denen stets verschiedene Menschen mit unterschiedlichen aber koordinierten linguistischen Kategorien sowie andere Artefakte beteiligt sind.

Es versteht sich, dass die bisherigen Ausführungen nicht als vollständige Genealogie der Menschbezogenheit verstanden werden können – dafür wäre ein eigenes Buch erforderlich. Sie stellen nur eine Auswahl der wichtigsten Meilensteine dar. Doch schließen sie ganz bewusst bekannte Namen aus, weil sie einen entgegengesetzten epistemologischen Standpunkt vertreten. Hierzu zählen Kognitionsforscher, die Denkprozesse in Anlehnung an die Funktionsweise von Computern zu erklären versuchen, Semiotiker, die an den Vorrang der Unterscheidung zwischen den Zeichen und Bezeichnetem, zwischen Repräsentation und einer beobachterunabhängigen Wirklichkeit glauben, Ingenieure, die von der Realität von funktionalen Mechanismen ausgehen und es den Ergonomen überlassen, sich um effizienten Gebrauch zu kümmern, und den Designern, die ihre Aufgabe darin sehen hässliche und unsichere Mechanismen mit attraktiven Formen zu verkleiden.

Ich vertrete die Ansicht, dass die oben erwähnten grundlegenden Veränderungen in Richtung Menschbezogenheit einem gleichermaßen grundlegenden Wechsel im Design Vorschub leisten: der semantischen Wende hin zur Bedeutung.

2.2 Die Axiomatik der Bedeutung

In Abschnitt 1.4 wurde bereits darauf hingewiesen, dass es viele Berufsgruppen gibt, die Designaktivitäten mit einschließen, ohne sich selbst als Designer zu bezeichnen: Ingenieure, Manager, Angehörige medizinischer Berufe, Politiker, Architekten, nicht zu vergessen all jene, die ihre persönliche Umgebung auf kreative Weise gestalten und zielgerichtet an ihrer eigenen Identität arbeiten. Designer wissen sehr gut, wer ein Designer ist und wer nicht, obwohl ihre Kriterien selten eindeutig sind. Über einen Abschluss im Fach Design zu verfügen, ist nicht zwangsläufig ein Nachweis von Selbstreflexivität und auch die Tatsache, als Designer angestellt zu sein, ist nicht automatisch Garant dafür, allgemein vergleichbare Designfähigkeiten zu besitzen. Diese mangelnde begriffliche Unklarheit stützt die weiter oben gemachte Beobachtung, dass die Grenze des Designdiskurses unscharf, mehrdeutig und schwer zu ziehen ist, insbesodere da mehrere fremde Diskurse versuchen, das Feld des Designs für ihre eigenen Zwecke zu vereinnahmen. Viele Außenstehende rechnen Designer den Angewandten Künsten zu. Designer hätten etwas mit Ästhetik und Mode zu tun, arbeiteten in vielen Bereichen, gehörten aber zu keinem soliden selbstständigen Beruf mit eigenem Fachwissen, technischen Fertigkeiten und Verantwortlichkeiten, auf die sich Designer stützen können. Designer und andere, die mit Designern zusammenarbeiten, sprechen von ihren innovativen Ideen, ihrer Fähigkeit, unterschiedliche Disziplinen zusammenzuführen und zu Problemlösungen zu führen, ihrer Rolle als «Anwalt» oder Vertreter für die Benutzer oder auch ihrem Engagement, um ästhetische, soziale, politische und ökologische Erwägungen in ein Gleichgewicht zu bringen. Der rote Faden, der sich durch die Selbstwahrnehmung von Designern zieht, ist das Bestreben, die Lebensweise möglichst vieler Menschen durch den Umgang mit Artefakten zu verbessern. Designer unterscheiden sich von anderen Berufsgruppen, indem sie sich um die Beziehung zwischen Menschen und Technologie kümmern, sich also mit allen technologisch vermittelten Interfaces befassen. Technologie wird hier ganz umfassend verstanden als eine zwischenmenschliche Praxis, um Systeme von Artefakten zu erzeugen und sie zum Teil einer Kultur zu machen.

Abschnitt 1.2 zeigt eine Trajektorie der Artefaktualität, die eine zunehmende Einbindung von Menschen in den Designprozess demonstriert. Diese Einbindung unterscheidet das Design von anderen kreativen und veränderungsorientierten Berufen und Tätigkeiten. Seit der Einführung der Produktsemantik in den Designdiskurs wurde zunehmend deutlich, dass Menschbezogenheit genau das definiert, was Designer als Design bezeichnen, und das jene Klarheit im Designdiskurs der Vergangenheit fehlte. In diesem Diskurs nimmt die Bedeutung von Artefakten eine privilegierte Position ein. Die frühen Arbeiten zur Produktsemantik haben gezeigt, dass Bedeutung von größerer Wichtigkeit ist als die von Designern intendierte Funktion. Das motiviert folgendes Axiom:

Menschen können die physikalischen Eigenschaften von Dingen weder sehen noch auf sie reagieren. Sie handeln stets in Übereinstimmung mit dem, was die Dinge für sie bedeuten.

Diese Aussage ist axiomatisch für einen human-centered Designdiskurs, der es Designern erlaubt, ihre Aufgaben begrifflich zu fassen, ihre Arbeit zielgerichtet zu organisieren und treffende Argumente für ihr Design zu formulieren. Sie führt auch zu einer produktiven Unterscheidung zwischen Design und dem, was andere kreative Disziplinen lehren und tun. In der Vergangenheit haben sich Designer zwischen den Feldern Ingenieurwesen, Kunst, Marktforschung, Produktionsplanung und visueller Gestaltung bewegt oder sich als die Advokaten der Konsumenteninteressen gesehen. Sie mussten ein bisschen von allem wissen, ohne auf einem dieser Gebiete als Autoritäten zu gelten. Obwohl Designer als Innovatoren oder Integratoren häufig geschätzt werden, sind ihre Erfolge nur schwer voraussehbar oder erklärbar. Aus diesem Grund geraten Designer in rhetorischer Hinsicht oft ins Hintertreffen und werden von den Kriterien anderer Disziplinen geleitet, die zwar an einem Design teilnehmen aber nicht das Wesentliche leisten. Meiner Ansicht nach ist *die außerordentliche Sensibilität von Designern für das, was Artefakte für andere, Benutzer, Zuschauer, Kritiker, wenn nicht gar ganze Kulturen bedeuten, schon immer eine wichtige, aber selten ausdrücklich anerkannte Kompetenz.* Bedeutung bewusst in den Mittelpunkt der Designüberlegungen zu rücken, heißt Designern ein einzigartiges Betätigungsfeld abzustecken und ein Know-how zuzuschreiben, über das andere Disziplinen nicht verfügen. Außerdem gibt die augenscheinliche Unwiderlegbarkeit dieses Axioms Designern eine solide rhetorische Grundlage für ihren Beruf, von der ausgehend, sie ihre Arbeit gegenüber anderen Berufsgruppen leicht rechtfertigen können.

Obwohl die Vorrangstellung der Bedeutung keineswegs allgemein anerkannt ist, hat sie im Design stets eine zentrale Rolle gespielt. Offenkundig geben Lamborghinifahrer viel Geld aus und nehmen erhebliche Unannehmlichkeiten auf sich, weil sie es für etwas Besonderes halten, ein solches Auto zu besitzen, und weil diese Tatsache auch anderen mitgeteilt wird, da man das Auto ja in der Öffentlichkeit fährt. Natürlich muss ein Auto fahrbar sein, und die funktionelle Voraussetzung hierfür ist, dass eine Reihe technischer Komponenten zusammenarbeiten und auf die Handlungen des Fahrers zuverlässig reagieren. Aber für Lamborghinifahrer ist die Funktionstüchtigkeit des Autos eine Selbstverständlichkeit und damit auch der Vorstellung untergeordnet, wie sie sich selbst als Fahrer sehen und wie sie von anderen gesehen werden wollen. Dass dieses Design sich ganz und gar dem verdankt, was ein Lamborghini für seinen Fahrer und für die Öffentlichkeit bedeutet, ist ohne Zweifel. Warum sich der traditionelle Designdiskurs nur selten mit Fragen der Bedeutung auseinandergesetzt hat und sich die bemerkenswert schlichte Wahrheit des oben formulierten Axioms nicht rhetorisch zunutze gemacht hat, hat eine lange Geschichte, die an dieser Stelle nicht so wichtig ist.

Das Axiom über den zentralen Stellenwert der Bedeutung gilt auch für nicht-technische Artefakte. So müssen Menschen zwar Nahrung zu sich nehmen, doch speisen sie miteinander in teuren Restaurants und genießen die damit verbundenen Gaumen- und Augenfreuden – all das sind Bedeutungen. Die Gründe für Vorlieben und Abneigungen bestimmter Speisen zeigen sich auch in der Art und Weise, wie sie über das Essen sprechen. Mit dem Vokabular der französischen *Haute Cuisine* einer bestimmten Gegend beispielsweise genießen sie andere Speisen, als wenn sie auf die Kalorien achten. Die unterschiedlichen Vorstellungen davon, was essbar oder schmackhaft ist, entscheiden darüber, was, wie und wie viel man isst, doch der Verdauungsvorgang selbst wird davon kaum beeinflusst und verläuft unabhängig von unserem Verstehen. Wir essen also, was uns in kultureller Hinsicht akzeptabel ist, und es kann uns schlecht werden, wenn wir bestimmte Speisen anderer Kulturen serviert bekommen. Was auch immer man über den Verdauungsapparat, Nahrungspyramiden, Kalorien, Fette und Vitamine weiß, sei das nun richtig oder falsch, es sind alles durch und durch begriffliche Vorstellungen, die im Bereich sprachlicher Bedeutungen verbleiben und kein Teil dessen werden, was tatsächlich im Inneren des menschlichen Körpers vor sich geht.

Mit der Kleidung verhält es sich ganz ähnlich. Um Kleidung zu tragen, muss man nicht den Wärmeverlustkoeffizienten kennen oder wissen, wie ein Stoff gewoben, mit welchen Chemikalien er gefärbt oder unter welchen erbärmlichen Bedingungen er von unterbezahlten Textilarbeitern in einem fernen Land zusammengenäht worden ist. Obwohl solche Kenntnisse nicht schaden können, ist entscheidend, ob man sich in dem Kleidungsstück wohl fühlt oder nicht, und dieses Gefühl hängt, zumindest teilweise, von der Erwartung ab, was andere Leute darüber sagen, oder wie man darin wirkt, es ist also sozialer Natur.

Ein ähnlich profanes Beispiel sind Damenschuhe mit hohen Absätzen. Sie sollen elegant aussehen, lassen die Beine einer Frau länger und die Trägerin mehrere Zentimeter größer erscheinen. All dies sind semantische Attribute, die zum Tragen solcher Schuhe ermutigen. Die Tatsache, dass solche Schuhe in ergonomischer Hinsicht völlig unverantwortlich sind, da man darin kaum normale Entfernungen zurücklegen kann, die Gefahr des Hinfallens groß ist, und man sich langfristig seine Füße ruiniert, hat nicht zur Reduzierung ihrer Massenproduktion geführt. Wenn eine Frau von einer offiziellen Veranstaltung nach Hause kommt, zieht sie als erstes die unbequemen Schuhe aus, die sie getragen hat, um sich in der Öffentlichkeit zu definieren.

Es besteht kein Zweifel daran, dass Bedeutungen mehr zählen als die intendierten Funktionen. Während Autos, Speisen und Mode in erster Linie soziale oder kulturelle Artefakte sind, muss Bedeutung nicht immer konventionell sein. Sie beherrscht den Einsatz von Technologien, vor allem dort, wo sich die Funktionsweise ihrer Artefakte dem Verstehen der Benutzer entzieht. Wenn sich der Einsatz von Computern, elektronischen Geräten, Telefonen, Internet, Flugzeugen und Atomkraftwerken, ja der Regierung auf diejenigen beschränken würde, die wissen, wie sie im Einzelnen funktionieren, gäbe es nur sehr wenige Benutzer, die imstande wären, mit ihnen umzugehen. Der entscheidende Punkt ist der, dass sich das Verstehen, ein komplexes Gerät, wie etwa einen Computer, zu benutzen, völlig von dem Wissen unterscheidet, dessen es bedarf, ein solches Gerät zu gestalten, zu produzieren, zu verkaufen oder zu reparieren. Es ist unverkennbar, dass Designer, Ingenieure, Geschäftsleute, Politiker, Ökologen, Kulturkritiker und Benutzer in unterschiedlichen Welten leben, mit unterschiedlichen Begrifflichkeiten und Wertvorstellungen ihrer Umwelt begegnen und unterschiedliche Bedeutungen für das schaffen, was aus einer anderen Perspektive als dieselbe Sache erscheinen mag. Auch wenn Physiker außerordentliche Privilegien hinsichtlich der Beschreibung ihrer Objekte beanspruchen, indem sie behaupten, sie würden die Welt so beschreiben, wie sie tatsächlich *ist*, gibt es nur äußerst selten eine einzige korrekte Beschreibung von irgendwelchen Gegenständen. Nicht nur haben selbst Physiker bekanntlich ihre

Theorien über die Beschaffenheit des Universums häufig geändert, es gibt kaum eine Grundlage, auf der man sagen könnte, dass eine bestimmte Weltkonstruktion – die der Benutzer, Psychologen, Designer, Ingenieure, Physiker, Ökonomen oder Ökologen – derjenigen aller anderen überlegen ist. Die Entscheidung für eine jeweilige Konstruktion von Welt hängt immer davon ab, ob man in dieser Welt leben, sich wohlfühlen und darin tun kann, was man sich vorgenommen hat. Die semantische Wende bietet Designern eine eigene pluralistische Welt.

Ist es möglich, das Reale hinter der jeweiligen Bedeutung zu finden? Diese Frage haben sich natürlich viele Philosophen gestellt, seit Platon Idealformen hinter den sichtbaren Erscheinungen postulierte. Naturwissenschaftler haben es mit demselben Problem zu tun, wenn sie sich fragen, was sie eigentlich messen. Es ist wichtig herauszustellen, dass alle Antworten auf diese miteinander verwandten Fragen in einer Sprache gegeben werden. Fakten sprechen nicht für sich selbst, und ich vertrete die These, dass solche Fragen linguistische Artefakte der Grammatik sind. Sätze in der Form «A hat die Bedeutung B» setzen die Existenz von «A» voraus und behaupten «B». Solche Sätze beinhalten die Annahme dass sich Objekte im Besitz von Bedeutung befinden könnten. Der dialogische Ursprung solcher ontologischen Sätze wird in Abschnitt 1.3.7 diskutiert. Es überrascht daher nicht, dass die Benutzer solcher Sätze irrtümlich zu einer Realitätskonstruktion geführt werden, in welcher die Bedeutung eine an ihrem Träger gebundene Entität ist, statt zu begreifen, dass diese Konstruktion eine rein grammatikalische ist, die der Form «A hat die Bedeutung B» entspricht.

Jeder Begriff ist der Begriff von bestimmten Sprachgemeinschaften. Im Gebrauch ist jedes Artefakt für seine Benutzer sinnvoll, doch für Mitglieder verschiedener Gemeinschaften kann es höchst unterschiedliche Bedeutungen haben. Die Funktionen, von denen Ingenieure sprechen, sind für Ingenieure von Bedeutung, doch sind diese Funktionen keine objektiven Gegebenheiten. Sie lassen sich genausowenig fotografieren wie Profite oder Emotionen. Es handelt sich hier um diskursive Konstruktionen, die in einer entsprechenden Sprachgemeinschaft als durchaus real angesehen werden. Im Diskurs der Physik etwa gibt es weder Funktionen, Profite noch Emotionen. Funktionen sind vornehmlich im Diskurs der Biologie und des Ingenieurwesen zuhause und Profite finden sich hauptsächlich im Diskurs der Wirtschaft.

An dem oben genannten Axiom der Bedeutung führt kein Weg vorbei. Es referiert eine unleugbare Wahrheit. Ein Designdiskurs, der sich diese Axiomatik uneingeschränkt zu Eigen macht, gewinnt ein enormes rhetorisches Gewicht gegenüben anderen Diskursen, mit denen Designer konfrontiert werden. Ohne sich diese Relevanz deutlich zu machen, sind Designer dazu verurteilt, anderen Diskursen zu folgen.

2.3. Sinn, Bedeutung und Kontext

Mead und Blumer (1990, 2000), die bekanntesten Vertreter des Symbolischen Interaktionismus, würden das oben formulierte Axiom wahrscheinlich akzeptieren. Doch da Soziologen ihr Hauptaugenmerk auf Erklärungen soziologischer Gegebenheiten richten und nicht auf deren Design, unterscheidet sich ihr Interesse an Bedeutungsbegriffen von dem der Designer. Für human-centered Designer definiert dieses Axiom die Grenze des Designdiskurses, einschließlich der Methoden und professionellen Kompetenzen, die Designer definieren. Das Axiom ist daher von erheblicher rhetorischer Bedeutsamkeit für den Designberuf. Wenn Designer Bedeutung als zentrales Anliegen des Designs annehmen, können sie in ihren Argumentationen wesentlich spezifischer sein als bisher und sich begrifflicher Werkzeuge bedienen, um ihre Entwürfe empirisch zu rechtfertigen. Im Folgenden sollen Bedeutung und Kontext mit Hilfe des Sinns definiert werden.

2.3.1 Sinn[4]

Sinn ist das Gefühl, mit der Welt ohne Nachdenken, Deutung oder Erklärung in Verbindung zu stehen. Er kann sich auf alle Sinnesorgane beziehen: den Seh-, Hör-, Tast-, Geschmacks- und den Geruchssinn, ja selbst auf den kinästhetischen Sinn. Hätte Charles S. Pierce (1931) nicht auf seine repräsentationale Ontologie der Zeichen insistiert, könnte man Sinn mit seiner «Erstheit» gleichsetzen, jener «Eigenschaft dessen, das uns unmittelbar bewusst ist»[5]. Uexküll (1934/1957) beschrieb das, was hier als Sinn bezeichnet wird, als ökologische Anpassung, als wiederkehrende Affordance dessen, was ein Organismus in seiner Umgebung tut. Gibson (1979) bezeichnete es als direkte Wahrnehmung. Der Sinn ist weder identisch mit den physischen Reizen, die auf ein Rezeptororgan wie etwa die Netzhaut des Auges treffen, noch eine verschlüsselte Version derselben. Es wurde bereits erwähnt, dass Farben keine Eigenschaften physikalischer Reize sind, sondern das, was das menschliche Auge erzeugt. Sinn ist der Hintergrund, vor dem man bemerkt, was ungewöhnlich, unerwartet, anders oder von Interesse ist. Sinn ist die stillschweigende, für selbstverständlich angenommene und größtenteils unbewusste Beobachtung dessen, was ist. Die meisten Beispiele betreffen die uns vertraute und alltägliche Umgebung, die es uns erlaubt, unsere Aufmerksamkeit auf etwas anderes zu richten: etwa auf einem Sofa sitzen und dabei Zeitung zu lesen, oder beim Fahrrad fahren auf den Verkehr zu achten. Zudem wird Sinn geprägt von Dispositionen, Bedürfnissen und Erwartungen, einschließlich der Gefühle, die alle etwas mit dem menschlichen Körper zu tun haben.

Der normale oder wünschenswerte Zustand des Sinns ist das Gefühl, in der eigenen Welt zu Hause zu sein, sich sicher zu fühlen, sich auf dem richtigen Wege zu befinden, im Einklang mit dem Ablauf der Geschehnisse zu sein. Insofern entzieht sich ein partikularer Sinn der Erklärung. Es handelt sich um ein dimensionsloses Gefühl mit zahlreichen Abweichungsmöglichkeiten wie dem Gefühl etwas Fremdem gegenüberzustehen, ratlos zu sein oder die Kontrolle über ein Artefakt verloren zu haben. Aus der Sicht eines außenstehenden Beobachters kann sich Wohlbefinden in der Wiederholung bestimmter Interaktionen, einer stabilen oder anhaltenden Korrelation zwischen sensorischer Aufmerksamkeit und motorischen Handlungen äußern. Doch solche Beobachtungen sagen nichts über das damit verbundene Gefühl aus. Sinn *ist,* in der eigenen Welt zu sein. Hier folgen einige typische Merkmale des Sinns.

---

4   Der englische Begriff *sense* umfasst im Deutschen eine breite Bedeutungspalette von «Sinn», «Sinnesorgan» über «Vernunft», «Verstand» bis hin zu «Gefühl», «Empfindung» und «Empfindungsvermögen». Soweit irgendwie möglich, wird der Begriff hier mit «Sinn» wiedergegeben.

5   Absatz 1.343 bei Peirce (1931).

– Wie Bedeutung ist Sinn immer der Sinn von *jemandem*. Er ist ein verkörpertes Phänomen. Keine andere Person und kein physisches Instrument kann an die Stelle des Sinns einer anderen Person treten oder ihn nachbilden, und der Sinn, den etwas macht, kann von niemand anderem beobachtet werden.

– Sinn ist *strukturiert*. In der Regel gründet er auf einer großen Anzahl von Details, ohne sich dieser Details bewusst zu sein. Betritt man zum Beispiel einen vertrauten Raum, dann sieht man sich normalerweise zahlreichen Dingen gegenüber, ohne bewusst zwischen ihnen zu unterscheiden. Doch wenn dort etwas nicht in Ordnung ist oder fehlt, spürt man womöglich zunächst eine gewisse Irritation oder Unbehagen, bevor man das Ungewöhnliche erkennt und eine Erklärung dafür sucht oder es korrigiert. Ein von außen kommender Beobachter mag durchaus versuchen, den Sinn eines Beobachteten aus seiner Lebensgeschichte zu erklären, z.B. mit Begriffen von Erinnerung oder des Wieder-Erkennens, jedoch sind solche Erklärungen die eines Beobachters, die mit dem Sinn des Beobachteten nicht zu verwechseln sind. Der empfundene Sinn enthält nicht die Geschichte des Beobachters und ist Letzterem unzugänglich.

– Sinn findet *in der Gegenwart* statt, weder in der Vergangenheit noch in der Zukunft. Sinn «ist» immer. Sinn heißt: in Verbindung mit der Außenwelt zu sein. Was zuvor geschah und was anschließend geschehen mag, ist nicht der immer-aktuelle Sinn. Sinn ist kein Schnappschuss. Wenn man in Bewegung ist, wird man einen Richtungssinn haben.

– Sinn ist *ununterscheidbar von seiner Ursache* und *von den eigenen Erwartungen*. Der gesehene Stuhl ist der Stuhl, und die Frage, warum er im gegenwärtigen Augenblick so gesehen wird, betrifft seinen Sinn nicht. Menschen sind ihrer Konstitution gemäß außerstande hinter oder über ihre gegenwärtigen Sinne hinaus zu sehen. Dass die Dinge-an-sich unzugänglich sind, war bereits den Skeptikern bekannt. Immanuel Kant machte diese Einsicht zum Grundstein seiner Erkenntnistheorie und die Konstruktivisten entwickelten sie weiter. Maturana insistiert darauf, dass es in der Gegenwart keine Illusionen, keine Fehler gibt.

– Und schließlich ist der Sinn *nie zweifelhaft*. Er mag das Ergebnis einer gewählten Handlung sein, aber er bietet keine Alternative. Er mag sich von Person zu Person unterscheiden, aber dieser Unterschied ist unsichtbar. Er mag sich später als Illusion erweisen, aber in dem Moment, in dem er sinnlich gegenwärtig ist, ist er es nicht. Kriterien wie wahr oder falsch besitzen für den Sinn keine Gültigkeit. Die Existenz des Sinns ist unmittelbar und daher wird ihm stets getraut.

Wenn man davon spricht, dass Interfaces selbstevident, natürlich und intuitiv zu gestalten sind, so spricht man über deren Sinn. Sinn als ein verkörpertes Phänomen zu betrachten verhindert, dass man zwei unterschiedliche phänomenologische Bereiche miteinander verwechselt: die *Beschreibung* eines Beobachters, was er an einem anderen sieht, und die eigenen *Sinnesempfindungen gegenüber dem Beobachteten.* Selbst Theoretiker der Naturwissenschaften gehen bei der Konstruktion ihrer Welt von ihren eigenen Sinnen aus und nicht von den Sinnen beobachteter anderer. Verstehen ist immer das Verstehen von jemandem. Der Begriff des Sinns bezeichnet die Vertrautheit mit seiner eigenen ansonsten fundamental unzugänglichen Umwelt.

2.3.2 Bedeutung

Auf der elementarsten Ebene ist Bedeutung eine Erklärung wahrgenommener Unterschiede zwischen dem, was man sinnlich empfindet, und dem, was scheinbar geschieht. Sie ermöglicht Kontakt mit einer Umwelt zu halten, die ungewiss oder zweifelhaft geworden ist. Komplexere Bedeutungen können mit Erklärungen darüber verglichen werden, wie Sinn in den Kontext anderer Sinne eingebettet ist, seine Rolle in einem solchen Kontext, oder wie etwas Gesprochenes im selben Kontext auf bessere, kürzere oder verständlichere Weise ausgedrückt werden könnte. In der Sprache ist Bedeutung die Antwort auf die Frage «Was bedeutet dies?» Sie wird da gestellt, wo der eigene scheinbar vertraute Sinn unzureichend oder «fragwürdig» erscheint, und ihre Antwort darauf verweist auf das, was an ihrer Stelle noch in Betracht gezogen werden sollte.

Im Folgenden werden fünf komplementäre Manifestationen von Bedeutung unterschieden: in der Wahrnehmung, beim Lesen, in der Sprache, in Gesprächen mit anderen, als Re-Präsentation sowie im darauffolgenden Abschnitt: im Kontext von etwas anderem.

2.2 Ente-Kaninchen: gleiche Abbildung, alternative Bedeutungen.

In der Wahrnehmung. In der Wahrnehmung entsteht Bedeutung durch das Bewusstsein der Möglichkeit verschiedener Sichtweisen. Die einfachsten Beispiele dafür, dass man etwas «als» etwas anderes sehen kann, sind die sogenannten Kippfiguren, wie etwa in der schon von Wittgenstein (1953, S. 520) diskutierten Zeichnung, die in Abbildung 2.2 zu sehen ist.[6] Sie kann auf dreierlei Weise gesehen werden. Betrachtet man sie, ohne ihr besondere Aufmerksamkeit zu schenken, handelt es sich um eine Strichzeichnung, die einen bestimmten Raum auf einer Seite einnimmt. Beachtet man hingegen ihre Gestalt, kann man sie als den Kopf eines Kaninchens oder als den Kopf einer Ente wahrnehmen. Eine flüchtige Betrachtung dieser Figur wird kaum zur Wahrnehmung beider Sichtweisen führen. In diesem Fall handelt es sich entweder um den Kopf eines Kaninchens oder den Kopf einer Ente. Natürlich und ohne weiteres Nachdenken, wird man dann von diesem einen Sinn zu einem anderen übergehen, ohne sich der beiden

6 Wittgensteins (1953, S. 519–528) Adaptation von Jastrow (1900).

Sichtweisen bewusst zu sein. Das Bewusstsein dafür, dass man die Zeichnung so oder so betrachten kann, geht mit der Erkenntnis des Unterschieds zwischen der Figur und ihren beiden möglichen Sichtweisen einher, und dies wiederum führt zu der Erkenntnis, dass es sich bei der Zeichnung um eine Kippfigur mit zwei Bedeutungen handelt. Im Sinne der kognitiven Ökonomie beschränkt die flüchtige Aufmerksamkeit daher die Wahrnehmung auf einen einzigen Sinn.

Auf ähnliche Weise kann man einen Stuhl als solchen sinnlich wahrnehmen, aber man kann auch höchst verschiedene Dinge als Sitzmöglichkeit sehen. Etwas «als» etwas anderes zu sehen, impliziert die Unterscheidung zwischen Sinn und dessen Bedeutung. Wenn man etwas *als* einen Stuhl sieht, so eröffnet diese Wahrnehmung nicht nur die Affordance des Sitzens, sondern auch andere Bedeutungsmöglichkeiten wie etwa die, etwas darauf legen zu können, auf ihn zu steigen, oder ihn an eine andere Stelle zu bringen. In der Wahrnehmung bedeuten *Artefakte alle Affordances, die einem in der Gegenwart seines Sinnes einfallen.*

Wie bereits erwähnt, lässt sich Sinn nicht auf die Physik seiner Ursache reduzieren. Ebenso wenig lässt sich Bedeutung nicht vom körperlichen Eingebundensein eines wahrgenommenen Artefakts trennen. Faktisch kann man die Wahrnehmung als etwas auffassen, was die Koordination des eigenen Körpers mit Merkmalen seiner Umwelt bedeutungsvoll, handhabbar und gebrauchstüchtig macht. Gibson (1979) bediente sich dieser Einsicht als Grundlage für seine ökologische Theorie der Wahrnehmung. Seine Affordances sind Bedeutungen, die auf die menschliche Fähigkeit verweisen, so zu handeln, dass man einen gegenwärtigen Sinn in einen bevorzugten Sinn verwandelt. Wenn ein Betrachter beispielsweise die Greifbarkeit eines Griffs bemerkt, liegt die Bedeutung in der Antizipation einer Abfolge von sinnlichen Empfindungen, vom Erkennen zum Ergreifen und Bewegen des Griffes bis der gewünschte Sinn erreicht ist. Sieht man die Betretbarkeit einer Treppe, die Biegbarkeit eines Drahtes und die Fahrbarkeit eines Autos, dann werden diese Bedeutungen dem gegenwärtigen Sinn als Abfolge von Sinnhaftigkeiten zugeschrieben. Die Erinnerung daran, wie einem ein bestimmtes Artefakt vertraut wurde, die Fähigkeit, es von anderen zu unterscheiden, die Kenntnis seiner Zusammensetzung, die Möglichkeit, sein Verhalten vorherzusagen, die Vorstellung, wer es sonst noch benutzen könnte und wie, die Befürchtung, dass etwas im Umgang mit ihm passieren könnte – alle diese Bedeutungen machen das aus, was ein Artefakt für seinen Benutzer sinnlich und tatsächlich «ist».

Beim Lesen. Beim Lesen ergibt sich die Bedeutung, indem man das eigene Augenmerk auf die Komposition eines Textes richtet. Lesen und Schreiben sind komplementäre Vorgänge. Man kann nicht schreiben, ohne in der Lage zu sein zu lesen. Die geschriebene Sprache bietet nahezu endlose Möglichkeiten, Buchstaben zu Worten zu gruppieren und sie zu größeren Ausdrücken zu kombinieren. Aber da jeder Text zunächst für den Autor und dann für die Leser einen Sinn ergeben sollte, ist die Wahl der Worte durch das beschränkt, was für den Autor und seine Vorstellung von Lesern sinn- und bedeutungsvoll ist. Man unterscheidet zwischen syntaktischen Beschränkungen, einer Grammatik zum Beispiel, semantischen Beschränkungen (welche Worte passen zueinander?) und situativen Beschränkungen (welche Aussagen sind einer vor-

hergegangenen Korrespondenz angemessen und vertretbar?). Doch dies sind analytische Unterscheidungen und nicht unbedingt die der Leser. Leser mögen sich durchaus
bewusst sein, dass sie Buchstabenreihen vor sich haben und sinnlich wahrnehmen, doch
sie blicken durch diese Reihen hindurch auf das, was sie ihnen bedeuten. Typischerweise ist Lesen ein weitgehend gewohnheitsmäßiger, rasch fortschreitender und unre-
flektierter Prozess. Und dies so sehr, dass Leser sich der Morphologie und Grammatik,
deren sie sich implizit bedienen, wenn sie Buchstabenreihen in größere Einheiten gruppieren, kaum bewusst sind und sie selten explizit nennen können. Ebenso wenig können sie die von ihnen verinnerlichten Annahmen darüber, wie der Text entstanden ist
und welche Absicht sein Autor verfolgt haben mag, nennen. Wie bei der Wahrnehmung von Artefakten lässt ein Text unzählige Interpretationen zu, die jedoch durch den
gegenwärtigen Sinn lediglich begrenzt sind. Die Bedeutungen eines Textes sind nicht
kausal erklärbar. Vielmehr sind sie das Resultat kultureller Gewohnheiten. Ohne Bezug
auf die Geschichte des Lesens (Literatur) in einer Sprachgemeinschaft, die Strukturen
ihrer Sprache und die Vorstellung davon, wie andere Mitglieder dieser Sprachgemeinschaft einen vorliegenden Text lesen und interpretieren könnten, hat man kaum Zugang
zu den Bedeutungen seiner Leser. Ebenso unverständlich können die Bedeutungen kultureller Artefakte für einen außenstehenden Beobachter sein. So wie die Wahrheit eines
Textes stets in einem sekundären Verhältnis zu seiner Lektüre steht, ist der Gebrauch
eines Artefakts sekundär zu seinen Bedeutungen.

In der Sprache. Das, was Artefakte bedeuten, ist auch geprägt von dem, was über sie
gesagt wird, beispielsweise über die Möglichkeiten, die sie bieten, über die Schwierigkeiten, die sie bereiten, die Gefahren, denen man sich im Gebrauch aussetzt, wie viel
sie kosten, wer sie sonst noch benutzt oder was andere über die Benutzer sagen. Die
von der Sprache zur Verfügung gestellten Begriffe, grammatikalischen Konstruktionen und narrativen Formen sind ein wesentlicher Teil dessen, wie Artefakte wahrgenommen, konzipiert und behandelt werden. Wir erwähnten bereits Whorfs (1956) Beispiel eines Benzinkanisters, der nur deshalb, weil er als «leer» beschrieben wurde, als
frei von allen Inhalten angesehen wurde, einschließlich der unsichtbaren Gase, die sich
als explosiv erweisen sollten. Wir gaben Beispiele semantischer Unterscheidungen, wie
die zwischen männlich und weiblich, die alle zwischen den Geschlechtern liegenden
Fälle ausschließen. Politiker versuchen, sich selbst mit positiven und ihren Gegner mit
negativen Adjektiven zu bezeichnen, und Werbefachleute geben sich die größte Mühe,
verkaufsfreundliche Eigenschaften mit marktgängigen Produkten zu verbinden. Effizienz, Benutzerfreundlichkeit, Leichtigkeit, Werthaltigkeit und Attraktivität sind alles
sprachliche Attribute von Artefakten, die sogar messbar sind, solange sie in den Gesprächen ihrer Stakeholder zuverlässig benutzt werden und wiederholt auftauchen. Narrative sind der Ursprung vieler Vorstellungen von Artefakten insbesondere solcher, mit
denen man keine direkten Erfahrungen hat. Sprache spricht nicht über Dinge, sie konstruiert sie für ihre Sprecher. In der Sprache *bedeuten Artefakte die möglichen grammatikalischen und semantischen Positionen, die ihre Namen im Gespräch und in geschriebenen Text
einnehmen können.* Aussagen über Artefakte sind dann gerechtfertigt, wenn sie den
gegenteiligen Aussagen standhalten können.

Im Gespräch mit anderen. Fragen der Bedeutung ergeben sich auch, wenn wir uns bewusst darüber werden, dass andere die gleichen Dinge anders zu sehen scheinen, wenn sie sich anderer Worte bedienen, andere Geschichten über sie erzählen, sie anders benutzen, als wir dies tun würden. Die Erfahrung solcher Diskrepanzen stellt die Selbstverständlichkeit unserer eigenen Wahrnehmungen in Frage. Erkennt man die Möglichkeit anderer Versionen an, die sich von unseren eigenen unterscheiden, so verlangt dies nach einer Erklärung. Da wir die Sinne der anderen nicht beobachten können und weder einen Zugang zu den Bedeutungen haben, die sie konstruieren, noch wissen können, warum sie die Welt so anders sehen wie wir, wäre es ein Fehler, Erklärungen, die für uns keinen Sinn machen, als «offenkundig» fehlerhaft abzulehnen. Doch in Anbetracht der Tatsache, dass die meisten Menschen gute Gründe dafür haben, wie sie ihre Welten sehen und was sie in ihnen machen, ist die einfachste und vielleicht einzige Art und Weise solche Diskrepanzen zu verstehen, ihnen also Bedeutungen zu geben, in Gesprächen offene Fragen zu stellen und die Antworten auf diese ernst zu nehmen. Fragen nach anscheinend unterschiedlichen Bedeutungen können Erklärungen, ja lange Geschichten hervorbringen, in denen Artefakte genau die Rolle spielen, die die Erzähler ihnen geben und die im Einklang mit ihren Erfahrungen steht. Obwohl solche Geschichten niemals alle Bedeutungen umfassen können, die einen Informanten begleiten, vor allem nicht ihre selbstverständlichen Gefühle und Auffassungen, bietet das Gespräch ein Fenster zu jenem Verstehen, über das andere verfügen und das Designer verstehen müssen, um für andere arbeiten zu können. Der Schlüssel zu diesem Verstehen ist die Fähigkeit, vorurteilslos zuzuhören, eigene Kategorien hintanzustellen und bei der Nacherzählung der Erklärungen besondere Sorgfalt bei der Verwendung der eigenen Begriffe walten zu lassen. Genau darum bemüht sich die ethnografische Forschung. Im Gespräch *bedeuten Artefakte die möglichen Antworten auf Fragen nach der Bedeutung eines Artefakts, all das, was sich darüber im gegenseitigen Respekt sagen lässt.* Bedeutung ist also keine Verhandlungssache, sondern entspricht *all den Rollen, die ein Artefakt in einem Gespräch spielen kann.*

Als Re-Präsentation. Von Fotografien heißt es, sie würden das repräsentieren, was sich vor dem Objektiv einer Kamera befunden hat. In der Tat, die Optik einer Kamera manifestiert eine Abbildungsfunktion. Selbst für Betrachter, die nicht vor Ort dabei waren, als die Aufnahme entstanden ist, hat diese eine Bedeutung. Aber beurteilen können sie die Abbildungsfunktion einer Kamera nicht. Sie haben nichts, womit sie das Bild vergleichen können. Dieser Umstand legt nahe, Fotografien nicht als Abbildung, sondern als Vergegenwärtigungen von etwas zu sehen, das sich an einem anderen Ort und zu einer anderen Zeit ereignete. Es ist eine der Eigenschaften von Fotografien und anderen Bildern, dass man sie wiederholt ansieht, sich «er-innern», frühere Vorstellungen und Erfahrungen wieder «vergegenwärtigen» kann und diesen Prozess fast beliebig wiederholen kann. *Bilder bedeuten für ihre Betrachter, was sie für sie re-präsentieren*, das heißt, was sie in ihnen wieder vergegenwärtigen können. Der Semiotiker Peirce[7] spricht

---

7   Absatz 1.343 in Peirce (1931).

von Icons, einer Kategorie von Zeichen, die auf figurativen Ähnlichkeiten basieren. Er bezieht damit die Position eines außerhalb menschlicher Fähigkeiten stehenden objektiven Beobachters. Aus menschbezogener Sicht kann man solche Ähnlichkeiten, die eines Bildes und dessen, was es darstellt, nämlich die Wirklichkeit, nur dann beurteilen, wenn man beide Seiten gleichzeitig sehen kann. Das mag für den Fotografen gegolten haben, nicht aber für die Betrachter eines Bildes, die nichts anderes zur Verfügung haben als ihre Sinne und die durch sie vergegenwärtigten Bedeutungen.

Die Erfahrung von Re-Präsentationen ist wesentlich häufiger als die von Repräsentationen. So sind Fotografien, Zeichnungen, Augenzeugenberichte und Texte aus der Perspektive des Betrachters mehr oder weniger verstehbar, glaubhaft, bedeutungsvoll, nicht aber wahr oder falsch – sofern man nicht unabhängig davon weiß, was sie zu repräsentieren beabsichtigen. Auch ist «Computer» zuerst ein Wort, das für verschiedene Benutzer jeweils unterschiedlichen Sinn haben kann. Was auf einem Bildschirm geschieht, ist natürlich von den inneren Vorgängen bestimmt, die dessen Benutzer initiieren können, ohne dass sie ihnen zugänglich sind. Aus der Perspektive der Benutzer eines Computers erzeugen seine Handlungen Re-Präsentationen, also eigene Erfahrungen, aber nicht Repräsentationen dessen, was in ihnen geschieht.

Die folgenden fünf Verwendungsweisen des Begriffs «Bedeutung» haben ihre Menschbezogenheit gemeinsam. Dabei ist jedoch zu bemerken, dass die beim Lesen entstehenden Bedeutungen – Re-Präsentationen – sich nicht notwendigerweise in Handlungen ausdrücken. Die Bedeutungen von technischen Artefakten gehen darüber hinaus, indem sie sich auf mögliche Gebrauchsweisen beziehen.

– Bedeutung kann als *ein strukturierter Raum* verstanden werden, *ein Netzwerk erwarteter Sinnhaftigkeiten, eine Menge von Handhabungs- und Handlungsmöglichkeiten*, die ein Artefakt, andere Menschen oder man selbst ermöglicht. Bedeutungen lenken Handlungen, zeigen mögliche Wege auf, die man von einem Standpunkt aus beschreiten kann. Die Fähigkeit, Handlungsmöglichkeiten zu kreieren, unterscheidet menschliche Akteure von Mechanismen. Drückt man eine Türklingel, so klingelt es. Die Klingel hat keine Wahl. Ob man den Klingelknopf drückt und wie man auf das Klingeln reagiert, hat mit den Optionen zu tun, die man sich vorstellen kann.

– Bedeutungen sind immer *Konstruktionen von jemandem*, so wie Sinn immer in jemandem verkörpert ist. Nicht einmal Kommunikation ermöglicht es, Bedeutungen miteinander zu teilen. Was Kommunikation erreichen kann, ist *Koordination*, also eine kon-sensuelle Demonstration davon, mit den Begriffen im Einklang zu sein, mit ihnen zu kooperieren. Das geht einher mit dem Gefühl, verstanden zu werden.

– Neben der Demonstration der Art und Weise, wie Menschen mit ihren Artefakten umgehen, treten Bedeutungen durch die Verwendung von Sprache zutage. Bedeutungen sind also nicht in den physikalischen oder materiellen Eigenschaften von

Dingen zu finden, sie lassen sich auch nicht dem menschlichen Geist zuordnen. So, wie die Bedeutung eines Textes im Prozess des Lesens zutage tritt, wird die Bedeutung eines materiellen Artefakts dadurch deutlich, in welche wechselseitigen Beziehungen man zu ihm und darüber hinaus zu anderen Mitmenschen treten kann. Letztere sind an diesem Prozess wesentlich beteiligt.

— Bedeutungen sind *nicht festgelegt*. Begriffliche Offenheit heißt, dass Bedeutungen in den Interfaces mit Artefakten und in Konversationen mit anderen Teilnehmern kooperativ erarbeitet, verhandelt und auf der Grundlage unterschiedlicher Erfahrungen der Teilnehmer *konstruiert und erweitert* werden. Beschränkt wird diese Flexibilität durch die Realisierbarkeit und Effizienz menschlicher Beteiligung.

— Bedeutungen werden *durch den Sinn aufgerufen*. Deshalb ist der Sinn immer ein Teil dessen, was er aufruft. Ein gegenwärtiger Sinn ist eine Metonymie für das, was er bedeutet, insbesondere dessen, was man in seiner Gegenwart tun kann. Für Gibson[8] sind solche Bedeutungen Affordances.[9]

Umberto Eco (1976) hat die Semiotik einmal als die Disziplin bezeichnet, die im Prinzip all das untersucht, was sich zum Lügen eignet. Während Ecos Definition Intentionalität impliziert, ist diese für die Definition, die hier zum Einsatz kommt, keine Voraussetzung. Allerdings setzen beide Definitionen Alternativen voraus. Man kann nicht lügen, ohne die Wahl zu haben, etwas Unwahres zu sagen. Es gibt keine Bedeutung ohne das Bewusstsein, dass man etwas *als* etwas anders sehen, interpretieren oder benutzen könnte. Erst wenn man Alternativen erkennt, ergibt sich die Möglichkeit von Widersprüchen. Abbildung 2.3 zeigt zwei Beispiele von Artefakten, die einen solchen Widerspruch auf den Punkt bringen. Meret Oppenheims mit Pelz überzogene Tasse, Untertasse und Löffel. Sie lässt das, was offenkundig eine Tasse zu sein scheint, praktisch unbenutzbar werden, weil die haarige Oberfläche den Benutzer davon abhält, sie zu den Lippen zu führen. Auch Man Ray beraubt ein Bügeleisen seiner intendierten Funktion, indem er dreizehn Nagelspitzen an der polierten Metalloberfläche befestigte, so dass Kleidung nicht mehr gebügelt, sondern nur zerrissen werden kann.

Abbildung 2.4 versucht die oben beschriebenen Punkte grafisch zusammenzufassen. Hier wird Sinn, stets als gegenwärtig und unhinterfragbar dargestellt. Er ruft auf metonymische Weise seine Bedeutungen ab. Der Vorgang ist metonymisch, da ein gegenwärtiger Sinn stets Teil dessen ist, worauf er sich beruft: die Bedeutungen dessen, was man tatsächlich wahrnimmt. Ambiguität, multiple Bedeutungen, bringen Wahlmög-

---

8 Die Theorie der Affordances. Vgl. Gibson (1979), S. 127–135.

9 Das hier vertretene Konzept von Bedeutung richtet sich eindeutig gegen semiotische Vorstellungen, die Bedeutungen von Zeichen in möglichst eindeutigen Repräsentationen zu suchen, also in dem, wofür die Zeichenträger stehen, was sie darstellen oder was sie beinhalten. In einer interessanten Diskussion der Bedeutungen in der Architektur plädiert der Semiotiker Umberto Eco (1980, S. 58), nachdem er zahlreiche Ansätze zu ihrer Konzeptualisierung untersuchte, dafür, dass Gebäude von ihren Bewohnern unterschiedlich interpretiert werden dürfen. Man kann seine Beobachtung als Billigung menschbezogener Erklärungen begreifen, als Zugeständnis der Notwendigkeit materielle Gegenstände als vieldeutig oder semiotisch ambivalent zu beschreiben. Das entspricht unserem Konzept von Bedeutung als einem Raum möglicher Handlungsweisen gemäß der semantischen Wende.

2.3 Semantische Widersprüche. (a) Pelzüberzogenes Set aus Tasse, Löffel und Untertasse von Meret Oppenheim (1936), Bügeleisen von Man Ray (1921).

lichkeiten verschiedener Handlungen mit sich, deren Auswahl darauf abzielt, erwartete also zukünftige und beabsichtigte Sinne zu erzeugen. Diese werden möglicherweise erreicht, indem spezifische Artefakte, Teile der Außenwelt, so manipuliert werden, dass sie die gewünschten Sinne entstehen lassen. Die Außenwelt, zu der als solche man keinen Zugang hat, die man sich aber als mehr oder weniger kontrollierbar vorstellen kann, kann diese Erwartungen entweder unterstützen oder ihnen widersprechen. Letzteres

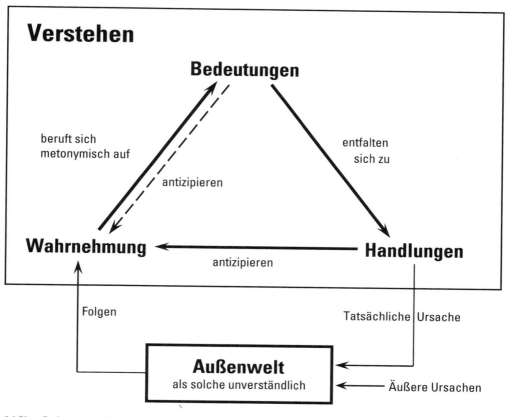

2.4 Sinn, Bedeutung und Handlung.

kann das Resultat fehlerhafter Bedeutungen sein oder durch äußere, unvorhersehbare Einflüsse verhindert werden.

Bedeutungen stehen also nicht nur im Mittelpunkt des human-centered Designs, sie bieten Designern auch eine neue Art von «*becausality*»[10], die in der folgenden schlichten Einsicht zum Ausdruck kommt:

Man handelt immer gemäß der Bedeutung dessen, womit man konfrontiert ist.

Diese Aussage stellt keine Parallele zur Kausalität in der Physik dar. Sie betrifft stets eine Menge von Möglichkeiten und sie setzt menschliche Handlungskompetenz voraus. So wie jede Frage ihre mögliche Antworten umreißt, ohne eine dieser Antworten vorherzusagen, so ruft der Sinn eines Artefaktes seine möglichen Bedeutungen auf, die aus vorstellbaren Verwendungsmöglichkeiten bestehen und unangemessene Verwendungsmöglichkeiten bewusst order unbewusst ausschließen.

2.3.3 Kontext

So wie Figuren nur vor einem Hintergrund erkennbar sind, sind die Bedeutungen von Artefakten nur in ihrem Kontext verständlich. Die oben formulierten Überlegungen zur Bedeutung müssen daher kontextualisiert werden. Nicht alle Bedeutungen sind immer zu erkennen, nicht alle Affordances werden gleichzeitig wahrgenommen und nicht alle Vorstellungen führen zu einem praktischen Design. Bedeutungen und Kontexte sind untrennbar miteinander verbunden, doch wie sieht ihre Beziehung aus?

Kontexte von Artefakten schränken die Zahl der möglichen Bedeutungen ein, und zwar auf die momentan handlungsrelevanten. Wie bereits ausgeführt, sind Bedeutungen von Artefakten notwendigerweise mehrdeutig. Bedauerlicherweise führt die sprachliche Konstruktion der Proposition «A hat die Bedeutung B» an dieser Mehrdeutigkeit vorbei, was leicht zu vereinfachten Erkenntnissen führen kann. Selbst ein Wörterbuch zählt in der Regel mehrere Bedeutungen eines Wortes auf und gibt dem Leser Auswahlmöglichkeiten, die er aber ohne Kenntnis des sprachlichen Kontexts nicht treffen kann. Das heißt, bezüglich eines bestimmten Kontexts sind nicht alle Bedeutungen gleichermaßen sinnvoll. Ähnlich geht es auch den Artefakten. Ein Verkehrsschild an einer Straße kann den Verkehr lenken, einen Fahrer informieren oder warnen. An der Wand einer Studentenbude kann das in physischer Hinsicht gleiche Zeichen Dekorationszwecken dienen oder als Zeichen des Protests fungieren. Doch mit Sicherheit wird es dort nicht zur Regelung des Straßenverkehrs interpretiert. Ein Hammer in der Hand eines Handwerkers ist ein Werkzeug, das Bauzwecken dient. Wenn er sich neben einem Toten findet, liegt die Vermutung nahe, dass es sich dabei um eine Mordwaffe handelte. Eine afrikanische Maske im Museum bedeutet all das, was ein Betrachter erklären kann. Das ist nicht zu verwechseln mit dem, was sie für den ursprünglichen Träger während eines Ritualtanzes bedeutete. Der Kontext selegiert die momentan effektiven Bedeutungen.

---

10 Ein Neologismus aus *because* (wegen, aufgrund) und *causality* (Kausalität) für den es im Deutschen keine Entsprechung gibt. A.d.Ü.

Designer können wesentlich effizienter vorgehen, wenn sie die Einflüsse der Kontexte auf Bedeutungen von Artefakten kennen. Das bezieht sich nicht nur auf die Umgebung von Artefakten, sondern auch auf deren Teile. Die Anordnung von Kontrollknöpfen, deren Ausrichtung, Farbe und relative Größe stellen Kontexte dar, die ihre Bedeutungen zweckmäßig beschränken können. Die Idee, dass Artefakte kontextfreie und intendierte Bedeutungen haben, ist meistens eine Illusion, die die diese Intentionen überwachenden Institutionen ignoriert. Hierzu zählen nicht nur Verkehrszeichen, deren Bedeutungen von der Verkehrspolizei sichergestellt werden, sondern auch Uniformen, Nationalflaggen oder die Sitzordnung bei Gericht, sie sind allesamt institutionalisiert. Wie bereits erwähnt, forderten die Produzenten im Industriezeitalter häufig intendierte Gebrauchsweisen und wenn diese schwierig waren, unterwiesen sie die Benutzer in ihnen. In der postindustriellen Gesellschaft gelten die Intentionen von Designern und Produzenten weniger. Vielmehr erwartet man zunehmend, dass sich Artefakte in verschiedenen Kontexten selbst erklären. Es ist eine weit verbreitete These, dass Bedeutungen von Gegenständen daher rühren, dass man sie sich in verschiedenen Kontexten vorstellen kann. Für Designer heißt das, dass sich ihre Designs in allen vorstellbaren Kontexten bewähren müssen. Für Werbefachleute heißt das, eine Ware in wünschenswerten Kontexten vorzustellen. Für eine visuelle Demonstration der Kontextabhängigkeit betrachte man Abbildung 2.5. Sie zeigt fünf Zeichen. Verdeckt man das obere und das untere, dann liest man das mittlere Zeichen als den Buchstaben «B». Verdeckt man hingegen die linke und rechte, so liest man das mittlere Zeichen als Ziffer «13». Offenkundig ist es schwierig, sich dem Einfluss der Umgebung des mittleren Zeichens zu entziehen. Hier ist die Wahrnehmung «als etwas anderes» auf bezwingende Weise kontextabhängig. Bekannte Prinzipien der Gestaltwahrnehmung können dieses Beispiel erklären. Die Kontextabhängigkeit dessen, was sinnlich wahrgenommen wird, ist ein sehr viel allgemeineres Phänomen als zumeist angenommen wird. Ja, einige Wahrnehmungstheoretiker setzen Kontext und Bedeutung einander gleich. Hier aber kann man zu dem Schluss gelangen, dass

Artefakte das bedeuten, was ihr jeweiliger Kontext zulässt.

Menschliche Handlungsfähigkeit manifestiert sich in den sozialen Kontexten des Gebrauchs.
Da Bedeutungen und intendierte Funktionen nicht physikalisch messbar sind, aber die menschlichen Interaktionen beeinflussen können, stellt sich die Frage, wie man sie beobachten kann, beziehungsweise durch wen — also durch einen außenstehenden Beobachter im Unterschied zu einem engagierten Benutzer. Die kurze Antwort lautet, dass man Bedeutungen nur in ihren Auswirkungen beobachten kann. Beobachtet man beispielsweise, dass jemand einen Stuhl nicht nur zum Sitzen gebraucht, sondern auch als Ablage für Bücher oder Kleidungsstücke, als Trittleiter, als Ständer zum Aufwickeln von Wolle beim Stricken, als bevorzugter Platz eines Familien-

2.5 Alternative Bedeutungen in unterschiedlichen Kontexten.

angehörigen oder als Handelsobjekt, so kann man davon ausgehen, dass die Bedeutungen des Stuhles, wie sie auch immer von seinen Benutzern konzipiert sind, zumindest die beobachteten Verwendungsweisen zulassen. Wenn man jemanden dabei beobachtet, wie er einen umgestürzten Stuhl wieder gerade hinstellt, ihn reinigt oder sein abgebrochenes Bein repariert, so zeigt das, dass der Stuhl Bedeutungen für diesen Benutzer hat, die er durch eigenen Aufwand erhalten will. Beobachtungen dieser Art demonstrieren menschliche Handlungs- und Entscheidungsfähigkeiten, die ein unreflektiertes Benutzen – also das bloße Sitzen auf einem Stuhl ohne Verhaltensvariationen – nicht erkennen lässt.

Man kann einiges davon lernen, wenn man die Benutzer von Artefakten in ihrem Arbeitsumfeld beobachtet, auf Video aufnimmt und analysiert. Umständliches Verhalten, offensichtliche Schwierigkeiten oder die Art und Weise, wie Probleme gelöst und Fehler überwunden werden, sind gute Anfänge für ein Design. Jedoch entstehen solche Beobachtungen immer unter spezifischen physischen Bedingungen, die nicht ohne Weiteres verallgemeinert werden können, aber bestimmte Korrelationen aufzeigen können. So benötigen Büroangestellte einen bestimmten Arbeitsraum, Autos ein Straßensystem, Bleistifte Papier und stabile Unterlagen und Kundenberater ein Mobiliar, das Gespräche mit ihren Klienten erleichtert.

Für Beobachter besteht das Problem darin, bewusste Entscheidungen von habituellem oder mechanischem Verhalten zu unterscheiden. Letzteres neigt dazu, sich in unveränderten Abfolgen zu wiederholen. Bedeutungen hingegen manifestieren sich in Variationen, in alternativen Vorgehensweisen, in systematischen Verbesserungen, im Überwinden von Hindernissen und im Vermeiden von Fehlern, was nicht mit Zufällen erklärt werden kann. Daher können die beobachteten Tatsachen nur dann als die Folgen von Bedeutungen erklärt werden, *wenn sich die Kontexte des Gebrauchs physikalischen, habituellen und Zufallserklärungen entziehen.*

Verhaltensforscher gehen häufig von der naiven Annahme aus, dass alle das, was allen gleichermaßen vor Augen steht, auch gleich wahrnehmen. Diese Annahme privilegiert distanzierte Beobachtungen des zwischenmenschlichen Umgangs miteinander und mit Artefakten. Sie erklärt, warum der Funktionalismus damit scheitert, die unterschiedlichen Bedeutungen von Artefakten anzuerkennen, warum der Behaviorismus keine unterschiedlichen Weltkonstruktionen akzeptieren kann und warum die Kognitionswissenschaft scheitert, wenn sie sich an kontextfreien Computermodellen orientiert. Im Alltag ist man weniger ein Beobachter seiner sozialen und materiellen Umwelten als jemand, der sie beeinflusst, indem man über sie spricht, handelnd auf sie einwirkt, Innovationen verfolgt und unerwünschten Zuständen aus dem Weg geht. Für Einflüsse dieser Art können sich die Beteiligten gegenseitig verantwortlich machen, was wiederum Sprache impliziert. Der Einbezug linguistischer Interaktionen in Form von Erklärungen, Instruktionen, Kritiken, Warnungen und Ratschlägen bezüglich des Umgangs mit Artefakten bereichert daher die immer an der Oberfläche bleibenden Beobachtungen durch seine artikulierten Bedeutungen, die sonst nicht erfahrbar würden. Durch die Kombination von Beobachtungen und verbalen Aussagen *manifestieren sich also die Bedeutungen von Artefakten in der Menge aller sozialer Kontexte, in denen sie verwendet werden können, ohne Missbilligung oder Sanktionen durch andere Personen nach sich zu ziehen.*

Gegenseitige Kontextualisierung. Ganz ähnlich wie die Beziehung von Figur und Grund häufig umkehrbar ist, indem die eine den Kontext für den anderen bereitstellt, verhält es sich auch mit der Bedeutung von Artefakten. Die Bedeutungen der Teile eines Artefakts hängen natürlich von der Bedeutung ihrer Anordnung ab, so wie die Bedeutung eines ganzen Artefakts von der Zusammenwirkung seiner Teile abhängt. In diesen Kreis gegenseitiger Abhängigkeiten gibt es keinen einfachen Einstieg. Obwohl man materielle Artefakte nicht nur ansieht oder liest, sondern auch handhabt, kann der hermeneutische Zirkel im Lesen eines Textes einen solchen Einstieg empfehlen. Hier werden Buchstaben zu Worten gruppiert, Worte in Sätzen geordnet, Sätze bilden Absätze und so weiter. Die Bedeutungsfindung für einen Satz mag beispielsweise von den angenommenen Bedeutungen der ihn konstituierenden Worte ausgehen, indem man versucht, sie mit deren möglichen grammatikalischen Funktionen in Verbindung zu bringen. Die Annahme einer sinnvollen Bedeutungsstruktur für den Satz verlangt normalerweise eine Revision der Wortbedeutungen im Kontext des Ganzen. Die Revisionen von Wortbedeutungen führen dann zu Revisionen möglicher Satzbedeutungen, die wieder mit den Wortbedeutungen in Einklang gebracht werden müssen. So werden Satzbedeutungen im Hinblick auf Wortbedeutungen und Wortbedeutungen im Hinblick auf Satzbedeutungen revidiert, bis sich ein Verstehen ergibt, bei dem alle augenscheinlichen Unvereinbarkeiten zur Zufriedenheit des Lesers gelöst sind. Dasselbe gilt auch für die Konstruktion der Bedeutung eines Artefakts aus den Beziehungen zwischen den Teilen, die wechselseitig durch ihre Anordnung kontextualisiert werden und im Hinblick auf das Ganze mit ihren Benutzern zusammenwirken müssen. Abbildung 2.6 veranschaulicht diesen Prozess in seiner Allgemeinheit.

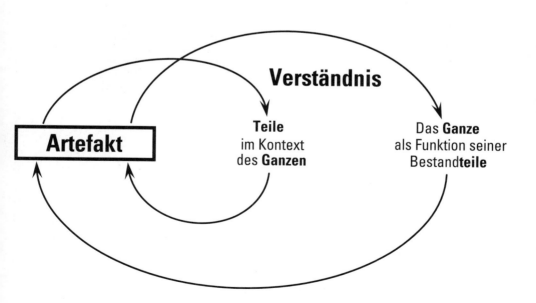

2.6 Der hermeneutische Zirkel: Die Erzeugung stimmiger Bedeutungen.

Ein hermeneutischer Zirkel erklärt, wie man zum Verstehen von Artefakten gelangt, die aus verschiedenen Komponenten bestehen. Abbildung 2.7 veranschaulicht exemplarisch den Prozess wechselseitiger Kontextualisierung anhand der Resultate einer Übung. Reinhart Butter gab seinen Designstudenten an der Ohio State University eine Anzahl elementarer und inhärent bedeutungsfreier geometrischer Formen mit der Aufgabe, aus diesen Formen, und zwar nur aus diesen, unterschiedliche, aber klar erkennbare elektronische Geräte zu entwerfen. Diese Übung sollte veranschaulichen, wie Teile ihre Bedeutungen im Kontext des Ganzen erhalten und dass die Bedeutung des Ganzen sich der Anordnung seiner Teile verdankt. Die Übung veranschaulichte unmissverständlich, dass sich aus diesen elementaren Bausteinen eine große Anzahl sehr unterschiedlicher Artefakte konstruieren lässt. Im gegenseitigen Kontext nahmen diese geometrischen Formen verschiedene Bedeutungen an.

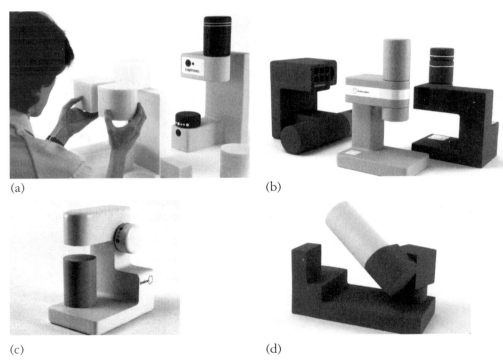

(a) (b)

(c) (d)

2.7 Bedeutungen an sich bedeutungsloser Formen in gegenseitigen Kontexten. (a) Die gegebenen Formen; (b) von links nach rechts: Bügelgerät (halber Maßstab), Saftpresse, Dosenöffner; (c) Küchengerät; (d) Fernrohr.

In diesem Abschnitt wurde dargelegt, dass Bedeutung das entscheidende Anliegen für Designer sein sollte, und es wurde die grundlegende Idee dieser Auffassung vorgestellt: Sie baut auf dem Sinn auf, beruht auf der Anerkennung alternativer Sichtweisen einerseits und alternativer Handlungsweisen andererseits und ist vom Kontext der Verwendung der jeweiligen Artefakte abhängig. Die Kapitel 3 bis 6 sind spezifischer und erläutern vier verschiedene Möglichkeiten, wie Artefakte für verschiedene Stakeholder strukturell unterschiedliche Formen von Bedeutungen annehmen können. Im Einzelnen: Kapitel 3 befasst sich mit den Bedeutungen der *Artefakte im Gebrauch* und präsentiert eine Theorie menschlicher Interfaces, typischerweise zwischen einem Benutzer und einem Artefakt. Kapitel 4 thematisiert Bedeutungen von *Artefakten in der Sprache* und entwickelt eine Theorie der Rollen, die Artefakte in der menschlichen Kommunikation spielen. Kapitel 5 lenkt das Augenmerk auf die Bedeutungen in den *Lebenszyklen von Artefakten* und formuliert eine Theorie zur Entstehungsgeschichte von Artefakten. Da Designer wesentlich an der Entstehung von Artefakten beteiligt sind, kann man dies als den Entwurf einer Theorie professionellen Designs ansehen. Kapitel 6 setzt sich dann mit den Bedeutungen von Artefakten in einer Ökologie der Artefakte auseinander und schlägt eine Theorie der Technologie vor, also eine Theorie der Frage, wie bestimmte Arten von Artefakten dazu gebracht werden, in Interaktion miteinander zu treten. Sie kann auch als eine soziale Theorie der Technologie in einer Designkultur betrachtet werden.

Die verbleibenden Abschnitte dieses Kapitels befassen sich mit drei weiteren Konzepten, die für die semantische Wende zentral sind: dem Stakeholdernetz, welches das Konzept des Endnutzers verabschiedet, dem Verstehen zweiter Ordnung also dem Wissen, wodurch sich human-centered Design von technologie-getriebenem Design unterscheidet, und zuletzt dem Begriff einer Kultur, die human-centered Design integriert.

2.4 Stakeholder des Designs

Designer sind von verschiedenen und höchst kompetenten Fachleuten umgeben, die am Ergebnis eines Designprozesses interessiert sind: Klienten, Ingenieure, Geschäftsführer, Geldgeber, Verkäufer und diejenigen, die bei der Vorbereitung für ein Design Daten erstellen oder, sobald Prototypen zur Verfügung stehen, Recherchen vornehmen, aber auch von Gegnern, die ein Design zu verhindern suchen. In der Designliteratur ist wenig von ihnen allen die Rede, während viel über Benutzer geschrieben und geredet wird. Ja, viele der erwähnten Fachleute sprechen über *den* Benutzer, als ob es ihn überhaupt gäbe. Heute ist «Benutzerfreundlichkeit» ein wichtiges Verkaufsargument. «Brauchbarkeit» ist inzwischen Teil des Designdiskurses geworden, und der Begriff «benutzerbezogenes Design» bedeutet, dass Designer den Benutzer in den Mittelpunkt ihrer Überlegungen stellt. Da die semantische Wende ausdrücklich human-centered ist, spielen die Benutzer eines Designs selbstverständlich eine wichtige Rolle. Doch der Verweis auf den stereotypen Benutzer ist aus mehreren Gründen ungenügend, wenn nicht fehl am Platze:

- *Der* Benutzer ist ein Mythos oder bestenfalls eine statistische Annahme. So zeigen etwa ergonomische Schaubilder durchschnittlicher Körpermaße, getrennt für Männer und Frauen. Doch aus diesen Schaubildern geht nicht hervor, wie viele Menschen, wenn überhaupt jemand, diese Durchschnittsmaße besitzen. Statistisch gesehen gibt es etwa genauso viele Männer, die die durchschnittliche Größe von Frauen besitzen, wie Frauen, die die durchschnittliche Größe von Männern haben.[11] Personen, die alle statistischen Mittelwerte besitzen, sind selten oder nicht existent, wie die sprichwörtliche Durchschnittsfamilie mit 2,3 Kindern.

---

11 Dies gilt unter der Annahme, dass Männer und Frauen etwa dieselbe Standardabweichung von ihrem jeweiligen statistischen Mittelwert aufweisen.

– *Der* Benutzer ist eine Erfindung aus dem Industriezeitalter und spiegelt die beschränkte Verantwortung der Produzenten wider, die funktionale Produkte nur für die angestrebten «Endbenutzer» herstellten. Damit wurden Abweichungen von intendiertem Gebrauch zum Problem der Benutzer, nicht aber des Produzenten oder der Designer. Zwar war die technisch-funktionalistische Rationalität jenes Zeitalters durchaus nicht blind für Zwischenstationen, also Zulieferer, Verteiler und Verkäufer – alle, die mit einem Produkt zu tun haben, bevor es zu seinem Endbenutzer gelangt. Jedoch als vertragliche Agenten der Produzenten stellten sie kaum Probleme dar. Heute muss man davon ausgehen, dass diese Zwischennutzer ihre eigenen Vorstellungen haben, wie sie sich an dem Prozess der Realisation eines Designs beteiligen wollen. So können Ingenieure beispielsweise durch das Lösen von interessanten Problemen motiviert werden, Zulieferanten durch die Möglichkeit Arbeitsplätze zu erhalten, Verkäufer durch den möglichen Profit. Außerdem müssen Artefakte möglicherweise repariert werden, sie können also für Reparaturwerkstätten von Interesse sein, Recyclingunternehmen zugutekommen oder zum ökologischen Albtraum für Gemeinden werden, in deren Nähe sie deponiert werden. Alle diese Personengruppen und Institutionen, so kann man sagen, «benutzen» ein Design, allerdings auf Weisen, die von der des konzipierten Endbenutzers wesentlich abweichen. Die Beschränkung von Designanliegen auf den fiktiven Endbenutzer, insbesondere auf Kosten aller anderen, die von einem Design betroffen sind, ist eine ernstzunehmende Verstehenslücke für das herkömmliche Designdenken.

– Einige Designer betrachten sich selbst als Vertreter *des* Benutzers schlechthin. Das mag während des Industriezeitalters, als Benutzer noch keine Stimmen hatten, eine erfreuliche Haltung gewesen sein. Doch selbst in Anbetracht der vielen hochintelligenten Zwischenbenutzer, effektiven Verbraucherschutzverbände und der Konsumforschung gibt es heute eine Vielzahl von Stimmen, die Designer berücksichtigen müssen. Die Annahme ein Vertreter *aller* Benutzer zu sein, ohne sie zu kennen und ohne deren Zustimmung hat einen unerwünscht paternalistischen Beigeschmack – als besäßen sie keinen eigenen Verstand und benötigten erst Designer, um zu verstehen, was gut für sie sei.

Dagegen fordert die semantische Wende, dass Vorstellungen, Begriffe, Werte und Kenntnisse all derjenigen zu respektieren sind, die von den gestalteten Artefakten betroffen sind. Das Axiom zur Bedeutung besagt genau dies. Respekt drückt sich darin aus, dass man genau anhört, was die von einem Design betroffenen oder interessierten zu sagen haben, ihre Aussagen müssen anerkannt werden und deren Wirklichkeitskonstruktionen müssen als solche akzeptiert werden. Das heißt nicht, genau das zu tun, was die an einem Design interessierten wollen, sondern ihre Ansichten und Interessen auf faire Weise in den eigenen Überlegungen zu berücksichtigen.

Die Produktsemantik begann den Begriff *des* durchschnittlichen Benutzers durch untersuchbare *Netzwerke von Stakeholdern* zu ersetzen. Per definitionem sind Stakeholder:

– Personen, die ihr eigenes Interesse (*stake*) an einer technologischen oder sozialen Entwicklung sowie deren Resultaten oder Konsequenzen und zwar individuell wie auch als Mitglied von Interessentengruppen geltend machen können, und dies auch tatsächlich tun;

– Personen, die die für eine Entwicklung entscheidenden Informationen besitzen. Sie sind die unbestrittenen Experten ihrer eigenen Welten;

– Personen die ihre Mittel für oder gegen eine Entwicklung einsetzen können;

– Organisatoren, die in der Lage sind, andere Stakeholder zu mobilisieren, unabhängig davon, ob deren Teilnahme auf Informationen, Know-how, Geld, Zeit, Kontakten zu anderen, Einfluss auf weitere Mitglieder der jeweiligen Gemeinschaften oder bestimmten politischen Interessen basiert.

In der Produktsemantik verdankt sich die Anerkennung von Stakeholdernetzwerken der offenkundigen Erfahrung, dass diejenigen, die eine Technologie kaufen, nicht zwangsläufig dieselben sind, die sie benutzen. Vielmehr sind es höchst differenzierte Personenkreise, die einem Design zum Erfolg verhelfen. Stakeholder sind nicht nur gut informiert, sondern auf ihre jeweilige Weise kreativ und fähig, zielorientiert zu handeln, das heißt, sie sind alles andere als die schlicht gestrickte Karikatur des geistig armen und auf Instruktionen angewiesenen Benutzers oder Konsumenten.

Die Abkehr vom Klischee *des* Endnutzers, an dessen Stelle vernetzte Interessengemeinschaften treten, in denen Designer sich notwendigerweise bewegen müssen, entspricht einem Wechsel des Designkonzepts von einer technisch-rationalen Problemlösungsaktivität, wie sie Herbert Simon (1969/2001) beschrieben hat, zu einem sozialen Prozess, der sich auf Stakeholdernetzwerke stützt, die unterschiedliche und potenziell gegensätzliche Interessen vertreten. Horst Rittels Unterscheidung zwischen «zahmen» und «verzwickten» Problemen (Rittel und Webber 1984) (englisch «tame and wicked problems», mit der wir uns in Abschnitt 1.4 beschäftigt haben, bringt diesen Unterschied deutlich zum Ausdruck. Designer müssen nicht nur Stakeholder in ihre Projekte einbeziehen, Gegner in Anhänger verwandeln, voneinander abweichende Sichtweisen miteinander verbinden, sich anderenorts vorhandenen Expertenwissens bedienen und sich auf all die verlassen, die in der Lage sind, die Entwicklung ihres Designs voranzutreiben. Auch können sie nicht umhin, Stakeholder ihrer eigenen Projekte zu sein. Andernfalls ist ihr Design zum Scheitern verurteilt.

Der Begriff des Stakeholders mag zwar relativ neu sein, was er bezeichnet, sollte Designern aber keineswegs fremd sein. Schon immer mussten sich Designer mit anspruchsvollen Kunden auseinandersetzen und einen großen Teil ihrer Zeit mit der Präsentation ihrer Ideen verbringen. Designer wissen sehr wohl, dass sie es fast immer mit Anhängern und Gegnern ihrer Entwürfe zu tun haben, die häufig hinter verschlossenen Türen urteilen oder verhandeln, ohne die Begründungen der Designer anzuhören. Anstatt sich also darüber zu beklagen, sollten human-centered Designer die Belange ihrer Stakeholder anerkennen, mit ihnen zusammenarbeiten und ihre eigenen Vorschläge so formulieren, dass sie von ihren Stakeholdern nicht nur verstanden, sondern auch akzeptiert werden.

Designer müssen sich daher die Mühe machen, die Polyphonie aller beteiligten Stimmen zu hören, die Vielzahl von Bedeutungen, die in einem Stakeholdernetzwerken auftreten zur Kenntnis nehmen und diese in den Darstellungen ihrer Entwürfe zu berücksichtigen. Im postindustriellen Zeitalter sind Autorität und Wissen nicht mehr zentralisiert und uniform institutionalisiert, sondern auf viele Stakeholdergemeinschaften verteilt. Betrachtet man Klienten, Benutzer, Zuschauer, Kritiker, Mitarbeiter und Gegner als Stakeholder, so bringt man ihnen die nötige Achtung entgegen, die sie verdienen und durch die ein Design tatsächlich realisiert werden kann.

2.5 Verstehen zweiter Ordnung

Wie oben und in Abschnitt 1.3 erläutert, ist Bedeutung immer die Bedeutung von jemandem. Menschbezogenheit muss daher anerkennen, dass die Bedeutungen, die für Designer von Interesse sind, höchst wahrscheinlich von denen anderer Stakeholder abweichen. Jede Stakeholdergemeinschaft kultiviert ihren eigenen Diskurs, ihre eigenen Verstehensweisen und Kompetenzen. Deshalb wäre es unzureichend, von nur einem Standpunkt aus zu sprechen, ob nun als Designer, Forscher, Investor, Verkäufer oder Benutzer. Designer müssen versuchen, die Standpunkte ihrer Stakeholder zu verstehen und sie in Verbindung zu bringen. Das Folgende zeigt, dass diese Art von Verstehen unvereinbar ist mit dem Paradigma der Renaissance-Wissenschaft, welches den industrialisierten Westen lange Zeit angetrieben hat, inzwischen jedoch ernsthaft in Frage gestellt wird. Die semantische Wende stellt eine aufregende Alternative zu dieser traditionellen Form des Wissens und der Wissenschaft dar.

Zunächst, und damit möchte ich die Argumentation eröffnen, ist es nicht schwer zu erkennen, dass professionelle Designer über Spezialkenntnisse verfügen, die sich *auf nichttriviale Weise* von dem der Stakeholder ihrer Entwürfe *unterscheiden*. So sollte man Designer als ausgebildete Fachleute verstehen, die einen spezifischen Handlungsspielraum für sich beanspruchen, der dem anderer Stakeholder nicht in gleicher Weise zur Verfügung steht. Im Industriezeitalter wurde dieser Unterschied größtenteils als Sensibilitäts- und Wissensdefizit beschrieben. Es wurde angenommen, dass Design- und Produktionsexperten Kenntnisse besaßen, die den Massen uninformierter Benutzer unzugänglich waren. Durch die allgemeine Verbreitung technischer Kompetenzen sowie durch die zunehmende Erkenntnis, dass Artefakte unter verschiedenen Umständen und in verschiedenen Stakeholdergemeinschaften verschiedenes bedeuten können – ohne dass die Bedeutungen einer Gemeinschaft denjenigen einer anderen notwendigerweise über- oder unterlegen sind –, ist diese Defiziterklärung nicht mehr haltbar. Heute müssen wir die Tatsache anerkennen, dass alle Stakeholder einfach dadurch, dass sie ihre eigenen Ansprüche und Vorstellungen gegenüber einem Design geltend machen, Experten ihres eigenen Lebens sind, was nicht nur für Designer gilt. Damit stellt sich die Frage, wie human-centered Designer diese unterschiedlichen Formen von Verstehen in einem Design unterstützen können.

Wenn Artefakte so gestaltet werden sollen, dass sie für andere Sinn machen, dann sind daran zwangsläufig zwei miteinander verflochtene Verstehensformen beteiligt: erstens das Verstehen der Designer im Bezug auf das von ihnen vorgeschlagene Artefakt und zweitens ihr Verstehen für das jeweilige Verstehen dieses Artefakts seitens der verschiedenen Stakeholder. Während unser Verstehen unserer eigenen Welt normalerweise klar und unzweifelhaft zu sein scheint, überrascht es häufig zu sehen, wie unterschiedlich das Verstehen des anscheinend gleichen Gegenstandes für andere sein kann, zum Beispiel, wenn man beobachtet, wie unterschiedlich andere mit einem Artefakt umgehen. Diese Unterschiede sprechen gegen die bereis kritisierte Annahme, dass die Welt für alle Lebewesen die gleiche sei und dass Individuen die Welt in gleicher Weise sehen oder auch den gleichen Illusionen genauso verfallen. Ich habe die Erfahrung gemacht, dass Designer, wenn sie ihre Designkonzepte mit den Wahrnehmungen der anvisierten Stakeholder vergleichen, häufig entweder sprachlos sind, weil sie gar nicht glauben können, dass andere das für sie Offensichtliche nicht begreifen, oder enttäuscht, weil ihre Annahme, etwas verständlich gemacht zu haben, unzutreffend war. Eine unzureichende Reaktion auf solche Erfahrungen besteht darin, von «Missverständnissen» zu sprechen und damit die eigene Wahrnehmung als gültig anzunehmen und die der anderen als fehlerhaft. Fragen zwischenmenschlicher Bedeutungen stellen sich immer dann, wenn wir erleben, dass unser eigenes Verstehen einer Sache sich von dem anderer unterscheidet, und wir willens sind, diese Unterschiede, unter Bewahrung gegenseitigen Respekts, ernst zu nehmen und zu erklären.

Dabei muss man sich im Klaren darüber sein, dass unser Verstehen des Verstehens eines anderen von einer Sache, sich qualitativ vom Verstehen dieser Sache unterscheidet. Das Verstehen des Verstehens anderer ist ein *Verstehen von Verstehen*, ein Verstehen, das auf rekursive Weise das Verstehen anderer Personen in das eigene einbettet, insbesondere wenn diese beiden Verstehensweisen miteinander unvereinbar oder im Widerspruch zueinander stehen, oder sogar erschreckend unethisch erscheinen. Dieses rekursive Verstehen des Verstehens ist ein *Verstehen zweiter Ordnung.* Insofern human-centered Design Artefakte für andere entwirft, muss es auf einem Verstehen zweiter Ordnung gründen.

Abbildung 2.8 (siehe nächste Seite) versucht eine Semantik für Artefakte in einem für human-centered Designer notwendigen Verstehen zweiter Ordnung einzubetten. Sie zeigt die Welt, die ein Designer aus erster Hand kennt, und mehrere Welten, in denen die Stakeholder anscheinend leben. Das Verstehen zweiter Ordnung eines Designers schafft also einen Raum für die möglicherweise ganz anders gearteten Welten ihrer Stakeholder. Das sind Welten, die sich nicht allein durch unterschiedliche Perspektiven auf eine gemeinsame Welt voneinander unterscheiden, sondern in erster Linie durch die Konstruktionen, wie sie gebraucht werden, mit welchen Begriffen sie beschrieben werden, sowie deren Logiken, Werte und den mit ihnen angestrebten Zielen. Natürlich sind wir alle in unserem eigenen Verstehen verortet: der Designer in der Welt des Designers, der Kunde in der Welt des Kunden, der Ökologe in der Welt des Ökologen und der Benutzer in der Welt des Benutzers. Die Designsemantik überbrückt diese Welten, indem sie *die Wahrnehmung der* Stakeholder *in die Wahrnehmung der Designer rekursiv einbettet und durch die von Designern als gemeinsam angesehenen Artefakte verankert.*

Wie lassen sich so verschiedene Welten empirisch miteinander verknüpfen? Tatsächlich, indem man Fragen zur Bedeutung und der Verwendung kon-sensueller Objekte

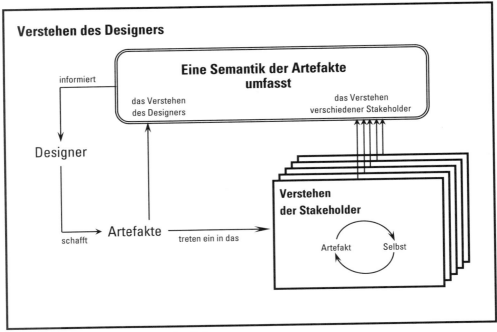

Verstehen des Designers

informiert

Eine Semantik der Artefakte umfasst

das Verstehen
des Designers

das Verstehen
verschiedener Stakeholder

Designer

**Verstehen
der Stakeholder**

schafft

Artefakte

treten ein in das

Artefakt

Selbst

2.8 Designsemantik als Verstehen zweiter Ordnung.

stellt, also Objekte, die man gemeinsam sinnlich (*kon-sensuell*) wahrnimmt, wie auf dem rechten Bild von Abbildung 2.9 zu sehen ist. Solche Fragen können die Vorstellungen anderer vermitteln. Antworten auf Fragen etwa wie «Was bedeutet dieses A für sie?», «Warum handhaben Sie dieses A so, wie sie es gerade tun?» und «Was haben Sie sich dabei gedacht, als Sie dieses A verwendeten?» korrelieren drei Dinge miteinander. Erstens gibt es ein A, auf das sich der Fragesteller wie auch der Antwortende bezieht – in Abbildung 2.9 ein Fahrrad – was für beide etwas bedeutet. Zweitens impliziert «dieses A» Kon-sensualität, die Annahme des Fragestellers, dass beide das, was der Fragesteller als A wahrnimmt, wie auch immer sehen. Drittens ermöglicht die Antwort «Dieses A ist B für mich.» es dem Fragesteller, sein oder ihr A mit dem geltend gemachten

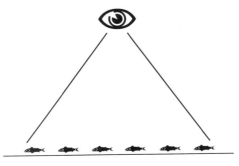

Verstehen erster Ordnung
Der Gottesstandpunkt stellt das Beobachtete als
Mechanismus dar, der über
keine Verstehensfähigkeit verfügt.

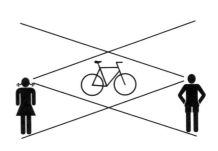

Verstehen zweiter Ordnung
Jeder nimmt die Fähigkeit an, Artefakte und das Verstehen,
das andere von ihnen haben, zu verstehen sowie
Möglichkeiten diese Verstehensweisen interaktiv zu bestätigen

2.9 Beobachter mit einem Verstehen erster und Teilnehmer mit einem Verstehen zweiter Ordnung.

B zu vergleichen und eine Erklärung, nämlich die Bedeutung, zu konstruieren. Abbildung 2.8 zeigt, wie die Designsemantik die beiden Kategorien von Welten miteinander verknüpft und damit A beziehungsweise B in das Verstehen zweiter Ordnung des Designers überführt.

Das Verstehen zweiter Ordnung mag offenkundig und einfach erscheinen, aber es hat gravierende Folgen dafür, wie Designer jetzt vorgehen müssen und wie sich der Designdiskurs entwickeln sollte, ohne in die Falle konventionellen Denkens zu geraten.

Es ist wichtig genug, um es mit jenem Verstehen zu vergleichen, von dem sich die Menschbezogenheit abwenden muss, nämlich das herkömmliche Verstehen erster Ordnung. Das Verstehen erster Ordnung nimmt an, dass das zu Verstehende nicht in der Lage ist, etwas zu verstehen. Es manifestiert sich in der Konstruktion von repräsentativem Wissen, also dem, was die Natur- und Verhaltenswissenschaften anstreben. Diese Wissenschaften verlangen von ihren praktizierenden Wissenschaftlern drei metaphysische Verpflichtungen, die nicht mit der semantischen Wende im Design vereinbar sind.

– Erstens, die Verpflichtung sich auf *kausale Erklärungen* zu beschränken. Kausale Erklärungen gründen auf der Annahme, dass das, was in der Welt geschieht, von physikalisch messbaren Kräften und Ereignissen bestimmt wird. Kausalität ist jedoch unvereinbar mit menschlicher Handlungskompetenz. Hätten Menschen keine Wahl, wäre es sinnlos, sie für ihre Handlungen verantwortlich zu machen. Der Versuch ihre Handlungen mechanistisch oder mit Computermodellen zu erklären, scheitert genau dort, wo zielgerichtete Kreativität, also Design anfängt. Sofern die Wahlfreiheit keine Illusion ist, was einige Naturwissenschaftler ja behaupten, entziehen sich Designaktivitäten daher dem Determinismus kausaler Erklärungen. Design verändert die Welten, in denen wir unter Einbeziehung vieler Stakeholder leben. Design ist also nicht auf natürliche oder kausale Prozesse reduzierbar. Ein Verstehen erster Ordnung, das sich auf kausale Erklärungen beschränkt, ist daher blind für menschliche Handlungskompetenz und kann Gestaltung, menschliches Konstruieren und Bedeutungen (wie in Abschnitt 2.3 erläutert) nicht erklären.

– Zweitens, die Verpflichtung zur *Objektivität* – definiert als die Eigenschaft von Theorien und Gesetzen, ihre Gegenstände unter dem Ausschluss von Intentionen und körperlicher Beteiligung ihrer Theoretiker zu beschreiben. Seit der Renaissance unterliegt die Idee einer beobachter-unabhängigen Welt den Naturwissenschaften, was dazu geführt hat, menschliche Beobachter als «unzuverlässig» oder «subjektiv» abzulehnen und wenn möglich durch mechanische Messgeräte zu ersetzen. Dass jede Art von Menschbezogenheit als Bedrohung für die Objektivität in den Naturwissenschaften aufgefasst wird, zeugt von der ihnen eignenden Schwierigkeit, wenn nicht sogar Unmöglichkeit, die Rolle ihrer Wissenschaftler zu reflektieren. Wie gesagt, konstruieren die naturwissenschaftlichen Diskurse ihre Objekte als etwas, das außerstande ist, etwas zu verstehen, und unter anderem unfähig ist, darauf zu reagieren, auf welche Weise es studiert wird, wer es untersucht und warum. Diese Annahme mag für rein mechanische Artefakte hinreichend sein, verhindert aber, dass Wissenschaftler die Objekte ihrer Untersuchungen als von ihnen konstruiert zu verstehen. Damit zwingen Wissenschaftler sich selbst sowie ihre Mitmenschen, ihre eigenen Theorien und Gesetzmäßigkeiten als ihnen untergeordnete Subjekte zu sehen.

— Drittens, die Verpflichtung zur *Konsistenz*. Konsistenz ist eine Eigenschaft von Begriffs- oder Erklärungssystemen. Das Bemühen widerspruchsfreie Naturgesetze und -theorien zu erfinden, führt letztlich zum Konzept eines «Uni-versums», zur Akzeptanz nur einer einzigen Version von Welt, einer Welt, die für alle Menschen gleich sein muss, die nach Naturgesetzen vorhersagbar abläuft, also keine alternativen Konstruktionen zulässt. Demnach werden offenbare Variationen in der Wahrnehmung als «verfehlt» bezeichnet und die Möglichkeit von «Multi-versen», also kon-sensuell koordinierten Welten, als subjektive Illusionen nicht ernst genommen. Worauf das Verstehen zweiter Ordnung unverständlich bleibt.

Diese drei Verpflichtungen traditioneller Wissenschaften sind ausschließlich metaphysischer Natur, da es für sie keinen empirischen Beleg geben kann. Nimmt man sie ernst und handelt ihnen gemäß, sehen sie das human-centered Design als unwissenschaftlich an. Immerhin sucht das Design neue Welten hervorzubringen, die ihre Stakeholdergemeinschaften den gegenwärtigen vorziehen. Design kann nicht Naturgesetzen folgen, sondern muss sich innerhalb zwischenmenschlicher Bedeutungen bewegen. Ein Verstehen erster Ordnung ist einfach unzureichend, um human-centered Design zu verstehen und zu fördern.

Nachdem ich gezeigt habe, wovon sich die semantische Wende verabschieden muss, möchte ich nun zusammenfassen, wohin das Verstehen zweiter Ordnung führt.

— Das Verstehen zweiter Ordnung behandelt Menschen nicht als Mechanismen, die auf Stimuli reagieren, Fragen beantworten oder Befehle ausführen, sondern als gut unterrichtete handlungsfähige Akteure. Die Stakeholder eines Designs, einschließlich ihrer Benutzer, handeln gemäß ihrer eigenen Intelligenz und machen sich gegenseitig für ihre Handlungen verantwortlich. Auch wenn nicht jedes menschliche Verhalten bewusst und absichtlich erfolgt, ist ein konzeptioneller Rahmen, der die Zuschreibung von Handlungskompetenz ermöglicht, einem kausalen Denkprozess, der diese Möglichkeit ausschließt, überlegen.

— Das Verstehen zweiter Ordnung geht davon aus, dass Akteure nach ihrem eigenen Verstehen handeln, also die Fähigkeit benutzen, ihre eigene Logik in ihrer eigenen Welt auf eigene Handlungen anzuwenden und zu bewerten, also fähig zu sein, eigene Tatsachen zu schaffen. Mitmenschen dieselbe Möglichkeit einzuräumen, bedeutet keineswegs, einen radikalen Relativismus zu billigen. Die jeweils eigenen Weltkonstruktionen sind nicht arbiträr. Sie müssen sich in den Interfaces mit Artefakten und in der Kommunikation mit den Angehörigen der eigenen Gemeinschaften bewähren. Die Tatsache, dass verschiedene Weltkonstruktionen aus diesen Wechselwirkungen entstehen und sich erhalten können, beweist deren Realisierbarkeit. Auch wenn denkbar ist, dass das Verstehen unterschiedlicher Stakeholder gleichartig ausfällt, so gibt es dafür jedoch nur indirekte Beweise. Der Begriff einer Gemeinschaft mag das Verstehen ihres Beobachters verallgemeinern, jedoch würde ein einheitliches Verstehen in dieser Gemeinschaft jede zwischenmenschliche Kommunikation ausschließen. Im Gegensatz dazu bindet ein Verstehen zweiter Ordnung verschiedene Verstehensweisen in das jeweilig eigene Verstehen ein.

– Da sich die Bedeutungen anderer nicht direkt beobachten lassen, müssen sie, wie oben erwähnt, entweder in Interaktionen mit ihnen erfahren werden oder sich in Gesprächen mit ihnen ergeben. Das Verstehen zweiter Ordnung ist also seiner Natur nach *dialogisch*. Im Gegensatz hierzu ist das Verstehen erster Ordnung *monologisch* und zwar im doppelten Sinn, indem es erstens eine einzige Logik privilegiert, nämlich die des unbeteiligten Beobachters, und zweitens in einer einzigen Richtung kommuniziert wird, insbesondere von Experten, deren Stimmen zählen, hin zu den uniformierten Laien, oder von Designern zu den in Designfragen unwissenden Benutzern. Dagegen eröffnet ein Dialog Räume für alle Beteiligten, setzt verschiedene Verstehensweisen voraus, die bestenfalls im Gespräch koordiniert werden, nicht jedoch als richtig oder falsch bezeichnet werden. Human-centered Designer sollten sich daher nicht dem Dialog mit ihren Stakeholdern entziehen. In Abbildung 1.4 wurde die dialogische Natur durch den Pfeil vom professionellen Design zum alltäglichen Design des Zusammenlebens mit Artefakten dargestellt. Diese Rückkoppelung fehlt dem technologie-getriebenen Design.

– Das Verstehen zweiter Ordnung stützt sich nicht nur auf die Polyphonie anderer Stimmen. Indem es von der fundamentalen Mehrdeutigkeit von Artefakten ausgeht, eröffnet es eine weite *Bandbreite von Optionen* für menschliche Handlungen. Da vielfältige Bedeutungen nicht kausal erklärbar sind (worauf die Naturwissenschaften bestehen), nicht als berechenbar verstanden werden können (wie sie die Kognitionswissenschaften zu theoretisieren versuchen) und nicht als Repräsentationen erklärt werden können (wie die Semiotik ihre Zeichen konzipiert), eröffnet der Respekt für vernetzte Individuen von Stakeholdern Möglichkeiten, die für das human-centered Design von größtem Interesse sind.

– Wie mehrfach beschrieben, ist Verstehen immer in tatsächlichen Menschen verkörpert. Insbesondere diejenigen, die sich mit dem Verstehen anderer befassen, Ethnografen zum Beispiel, oder Kommunikationswissenschaftler, müssen ihr eigenes Verstehen reflektieren und *sich selbst nur als Teil der Gespräche einbeziehen*, an denen sie teilnehmen und in denen ein Verstehen zweiter Ordnung zutage treten kann. Distanzierte Beobachter, Forscher, die ihre Teilnahme an ihren Untersuchungsobjekten zu verneinen versuchen, also einen «Gottesstandpunkt» (Putnam 1981) gegenüber ihrer Welt, einschließlich ihren Mitmenschen einnehmen, können nur von ihren eigenen Vorstellungen sprechen. Sie sind von Natur aus außerstande, unterschiedliche Verstehensweisen zu akzeptieren und neigen dazu, Verstehensweisen, die von ihren eigenen abweichen, als subjektiv oder fehlerhaft abzulehnen.

Auch wenn ein Verstehen zweiter Ordnung ein Verstehen erster Ordnung rekursiv enthalten mag, vermag ein Verstehen erster Ordnung logischerweise nicht über ein Verstehen zweiter Ordnung zu sprechen. Das ist der Grund, warum sich die semantische Wende nicht auf die Semiotik oder Kognitionstheorien stützen kann, die objektivistisch beziehungsweise individualistisch sind und in einem Verstehen erster Ordnung gefangen bleiben. Abbildung 2.9 zeigt einen Vergleich der beiden Verstehensarten.

Ein Verstehen zweiter Ordnung erfordert einen konzeptionellen Gestaltwandel, zu dem gehört, dass man Bedeutungen als rekursiv in die Interaktionen mit anderen verwoben begreifen muss. Für Praktiker ist es nicht so schwierig, diesem Verstehen nach zu handeln. Funktionierende zwischenmenschliche Kommunikation ist ohne das Verstehen eines Partners schwierig. Die neuen Informationstechnologien, das Internet zum Beispiel, in denen sich eine Vielzahl unterschiedlicher Teilnehmer treffen, werden ohne ein Mindestmaß an Verstehen zweiter Ordnung für deren Teilnehmer unverständlich bleiben. Der Grund dafür, dass das Verstehen der heutigen Informationstechnologie außerordentlich schwierig ist, liegt wahrscheinlich darin, dass die gängigen Theorien in einem Verstehen erster Ordnung verharren, wenn sie sich beispielsweise an der in einer Richtung laufenden, monologischen Massenkommunikation orientieren. Ein Verstehen zweiter Ordnung ist für Design im postindustriellen Zeitalter eine unerlässliche Vorbedingung. Leser, die nicht bereit sind, das Konzept eines Verstehens zweiter Ordnung zu akzeptieren, mögen das Folgende unverständlich finden.

Das Verstehen zweiter Ordnung schließt zwei weitere Möglichkeiten ein, die im Folgenden behandelt werden: erstens das Design wesentlicher Aspekte eines Artefakts an seine Stakeholder zu delegieren und zweitens Stakeholder in den Designprozess mit einzubeziehen. Beide Fälle bedürfen des gegenseitigen Respekts für die unterschiedlichen Denk- und Handlungswesen der anderen.

2.6 Ethik in einer Designkultur

Designaktivitäten sind sicherlich wesentlich allgemeiner verbreitet, als es in der Literatur beschrieben wird. So sind etwa Vögel die Architekten ihrer Nester, Ameisen, die Blätter zurechtschneiden, praktizieren Landwirtschaft, Krähen benutzen Werkzeuge und Schimpansen schließen sich mit Artgenossen gegen Rivalen zusammen. Diese «Innovationen» oder Artefakte haben sich schrittweise und über beträchtliche Zeiträume entwickelt, sodass sie wie ererbte Eigenschaften wirken, obwohl sie das nicht sind. Die Kommunikation zwischen Bienen ist ein kulturelles Erbgut, nicht biologischer Natur. Primitive Werkzeuge wurden zusammen mit humanoiden Skelettresten gefunden, die etwa 100 000 Jahre alt sind. Vor etwa 50 000 Jahren begannen Artefakte etwas komplexer zu werden. Die ersten Höhlenmalereien entstanden, Siedlungen entwickelten sich und der Handel begann, verschiedene Praktiken zu verbreiten. Die Herstellung von Artefakten steht insbesondere mit der Entwicklung von Sprache im Zusammenhang (Wade 2003). Interessanterweise sind Technologie und Sprache kombinatorische Systeme, die eine begrenzte Anzahl von Elementen benutzen, um neue Kombinationen zu erzeugen. Es erscheint schlüssig, dass die Menschen der Frühzeit ihre Angelegenheiten dadurch regelten, dass sie diese Systeme miteinander verbanden. Design begleitet uns also bereits seit Langem, und der Sprachgebrauch ist ein wesentlicher Teil davon.

Es wurde bereits darauf hingewiesen, dass Design eine alltägliche Aktivität ist. Das Vorbereiten einer Mahlzeit, das Anlegen eines Gartens, das Möblieren eines Hauses, das Schreiben eines Gedichts, ja selbst das Wählen eines politischen Kandidaten in der Annahme dass er die Lebensbedingungen seiner Wähler verbessert, entspricht Simons (1969/2001) Definition von Design als «Handlungen, die bestehende Zustände in bevorzugte verwandeln.» Doch warum erkennen wir diese gewöhnlichen Aktivitäten nicht als Design an? Dies hat historische Gründe. Wie oben erläutert, entstand Design als Industriedesign, und der Beruf eines Designers war die Antwort auf das Bedürfnis der Industrie, ihre Märkte mit Massenprodukten auszuweiten. Die Industrie vereinnahmte für sich, neue Technologien zu entwickeln und zu produzieren, was die Handwerkszünfte seit dem Mittelalter in kleinen Zahlen gemacht hatten. Sie behandelte jedoch die Benutzer ihrer Produkte als anonyme Masse, ohne ihre Stimmen zu differenzieren. In der funktionalistischen Gesellschaft des Industriezeitalters landeten die Handwerker schließlich am Fließband und die Masse der Benutzer und Konsumenten überließen ihre Designfähigkeiten dienstbeflissenen Institutionen, die den Ruf in Anspruch nahmen, es besser machen zu können, und im Gegenzug die Bevölkerung mit Arbeit und Industrieprodukten zu versorgten. Doch durch den Wettbewerb, die Zunahme von materiellem Wohlstand und informationstechnologische Entwicklungen änderte sich das alles. Sie schufen neue Wahlmöglichkeiten, die die offensichtlichen Ungleichheiten des Industriezeitalters zu unterminieren begannen, und zwar nicht nur auf dem Markt, sondern auch bezüglich politischer Formen der Beteiligung.

Für das Designdenken hat der Aufstieg der Informationstechnologie wesentlich radikalere Folgen als die Vergrößerung der Märkte. Computer, zum Beispiel, sind kaum noch mit den intendierten Funktionen früher Industrieprodukte zu vergleichen. Sie sind Mehrzweckmaschinen, die überhaupt nichts tun, solange sie nicht von einem Benutzer programmiert sind. Unausgebildete Computerbenutzer, insbesondere jüngerer Generationen, können inzwischen verschiedene Betriebssysteme installieren, Spezialsoftware erwerben oder verschiedene Kommunikationssysteme miteinander verbinden, ist. Was jedoch bemerkenswert ist, ist die Tatsache, dass diese Fähigkeiten Benutzer in die Lage versetzen, Artefakte ihren individuellen Wünschen anzupassen. Sie können einen Computer nach ihren Vorstellungen umgestalten, und zwar so, dass er für sie sinnvoll ist, eine Welt konstituiert, in der sie arbeiten und sich wohlfühlen können, also handelnd teilnehmen können. In dieser Hinsicht ist ein Computer ein Artefakt sehr neuen Typs, eines, das Alternativen zur Verfügung stellt, die dessen Benutzer nach eigenen Vorstellungen ausnutzen können. Kommunikationstechnologie funktioniert ganz ähnlich. Sie verbindet mehr Menschen, als je auf natürlichem Wege zu erreichen wären, über große Entfernungen, ohne ihnen inhaltliche und sprachliche Beschränkungen aufzuzwingen. Artefakte, deren Entwurfsidee darin besteht, den Benutzern eine möglichst große Anzahl von Wahlmöglichkeiten zur Verfügung zu stellen, waren während des Industriezeitalters undenkbar. Designer von Informations- und Kommunikationstechnologien schätzen Alltagsdesign nicht nur, beispielsweise Diskussionsgruppen zu bilden, Facebook-Seiten zu entwerfen oder ökonomische Transaktionen herzustellen, sondern die Nutzung solcher Technologien hängt von ihnen ab. Fairerweise sollte man erwähnen, dass es Systeme, die Benutzer aus mehreren Komponenten zusammensetzen können, schon lange gibt. So kann man etwa mit Baukästen eine große Zahl von Modellen bauen und mit Musikinstrumenten eine unendliche Zahl von Kompositionen spielen. Die wesentlichsten Beschränkungen liegen in den Fertigkeiten der Benutzer, im Falle von Musik auch von der Bereitschaft der Zuhörer, sich der Darbietungen zu erfreuen. Auch Möbel sind kombinatorische Systeme, die gewöhnlichen Nutzern einen großen Spielraum lassen, ihre Identität anderen gegenüber darzustellen. Doch nicht alle diese Systeme wurden als solche gestaltet: Sprache etwa entwickelte sich größtenteils im Gebrauch und tut dies auch weiterhin, und das Gleiche gilt für technologische Entwicklungen. Diesen Systemen gemeinsam ist ihre Gestaltbarkeit, an der sehr viele Benutzer teilnehmen. Sie existieren nicht nur dank der Dichter und Ingenieure, sondern weil sehr viele Stakeholder bereit und imstande sind, ihren Alltag zu variieren und damit kleine Beiträge zu dem größeren System zu leisten.

Unsere These ist, dass die Informationstechnologie und die Menschbezogenheit im Design eine historisch beispiellose neue Designkultur einleiten. Um diese neue Kultur zu würdigen, vergleiche man die Naturwissenschaften mit dem Design. Die Gegenstände eines naturwissenschaftlichen Diskurses sind Verallgemeinerungen früherer Beobachtungen, in denen man hofft Theorien und Naturgesetze zu entdecken, deren Wahrheitsgehalt ohne Bezug auf die wissenschaftlichen Beobachter bestimmbar ist. Design hingegen zielt auf fruchtbare Veränderungen dessen, was ist, es versucht also gegenwärtige Umstände zu verbessern, also eine wünschenswerte aber noch nicht beobachtbare Zukunft zu erreichen. Während Naturwissenschaftler nach feststehenden Gemeinsamkeiten in der gegenwärtigen Welt suchen, sind Designer an dem interessiert, was verändert werden kann, also an Welten die konstruiert werden können und die idealerweise einer großen Stakeholdergemeinschaft wichtig sind. Das bezieht sich nicht nur auf das professionelle Design und seine Stakeholder, sondern auch auf das tägliche Leben. Rechnet man all die Stunden zusammen, die wir damit verbringen, unsere Lebensbedingungen zu verbessern, neue Artefakte zu erfinden, diese zielgerichtet einzusetzen und miteinander zu kommunizieren – und zwar nicht nur als Einzelner, sondern in Gemeinschaften und nicht nur als Designer sondern als Bewohner unserer Welten – das heißt bauen, einrichten, schreiben und darstellen und vergleicht diese Zahl mit den Stunden, die wir, einschließlich die Wissenschaftler und Journalisten, damit verbringen, den Wahrheitsgehalt von Aussagen zu überprüfen, so fällt das Urteil eindeutig aus: *Die zeitgenössische Kultur wird von Designaktivitäten beherrscht* und nicht von denen der Naturwissenschaften. Das zeigt sich in der zunehmenden Entschlossenheit einer großen Zahl der Bevölkerung, sich Gehör zu verschaffen und in ihrem eigenen Namen zu handeln, über die Zukunft nachzudenken, über diese zu verhandeln, mit Neuem zu experimentieren, Kunst, Unterhaltung und technische Apparaturen zu produzieren, Unternehmen ins Leben zu rufen, Stakeholder in öffentlichen Projekten zu werden, andere in eigene Projekte einzubeziehen oder sich an politischen Aktionen zu beteiligen. Während uns die Renaissance die Naturwissenschaften brachte, die bis heute noch hoch geschätzt, mit Forschungsgeldern bedacht und deren Resultate gefeiert werden, bringen uns die neuen Kommunikationstechnologien, die Freiheit von Märkten sowie demokratische Regierungsformen eine Kultur, in der die verschiedenen Designtätigkeiten im Mittelpunkt stehen, kurzum eine *Designkultur*. Abbildung 2.10 vergleicht die herausragenden Merkmale beider.

Funktionalistische Gesellschaft	Designkultur
technologie-getrieben	human-centered
hierarchische Wissensstrukturen	Stakeholdernetzwerke, Konsensualität und Märkte
rational abgeleitete und intendierte Funktionen	interaktiv verhandelte Bedeutungen
Verstehen erster Ordnung	Verstehen zweiter Ordnung
Technologie dient dem Voraussagen und der Kontrolle	Technologie unterstützt und erleichtert den Alltag
Suche nach technologischen Lösungen sozialer Probleme	Vorschlagen wünschenswerter Zukunftsversionen und der Wege dorthin
Recherchieren früherer Daten nach dauerhaften Verallgemeinerungen	Suchen und Schaffen von fruchtbaren Variabilitäten
«Know-what», was etwas ist, wie es funktioniert	«Know-how», die Fähigkeit, Möglichkeiten zu realisieren

2.10 Bestandteile einer im Entstehen begriffenen Designkultur.

Nelson und Stolterman (2002), die eine etwas andere Auffassung von Design entwickelt haben, gelangen trotzdem zu einer ähnlichen Schlussfolgerung hinsichtlich des Bedürfnisses, die Bedeutung der Designkultur für unsere zeitgenössische Gesellschaft anzuerkennen. Ihnen zufolge basiert Design auf vier Säulen: dem Realen, Dienstleistungen (für die Gemeinschaften), Systemen oder Designdenken sowie ganzheitlichen Erwägungen. Im Rückblick auf Abbildung 1.4 können wir sagen, dass human-centered Designer, die in einer Designgemeinschaft und aus dieser heraus zum Wohle anderer arbeiten, Verantwortung für die Folgen ihrer Tätigkeiten übernehmen und dies auch für Beiträge ihrer Stakeholder verlangen, implizit oder bewusst eine Designkultur schaffen, die auch alltägliche Designaktivitäten umfasst. Technologie-getriebenen Designern, die zwar auch Innovationen verwirklichen und damit zur Designkultur indirekt beitragen, fehlt lediglich die berufliche Verpflichtung auf die Begrifflichkeiten des Alltagslebens einzugehen, auf die Kommunikation innerhalb von Benutzergemeinschaften zu achten und ihren Stakeholdern zu dienen. Technologie-getriebenes Design entstand in funktionalistischen Gesellschaftsformen und unterstützt deren Autoritätsstrukturen, hierarchische Ungleichheiten und die Unterordnung funktionaler Subsysteme unter ein abstraktes Verstehen eines ganzen Systems, dem sich letztlich die Benutzer von massenproduzierten Produkten als Rezipienten unterordnen sollen.

In Anbetracht der allgemeinen Zunahme von möglichen und tatsächlichen Designaktivitäten in allen gesellschaftlichen Sphären erweist es sich als unzureichend, die gegenwärtige Verschiebung gesellschaftlicher Schwerpunkte auf eine Informationsgesellschaft hin zu konzipieren. Mit dem Bezug auf Informationen verbleibt man mit einem Bein im Industriezeitalter, also in einer Kultur, in der naturwissenschaftliche Erkenntnisse, das «Know-what» faktischer Informationen, Vorzug gegenüber dem

«Know-how», wie man Welten immer neu konstruiert und umgestaltet, haben. Das Schwergewicht auf Informationen ist in der Schul- und Universitätsausbildung, in wissenschaftlichen Publikationen und in den Massenmedien zu Hause, weil es die praktische Konstruktion von Wirklichkeiten unter Einbeziehung von Emotionen, Stakeholderinteressen, Sprache und Design als eine minderwertige Form von Wissen ansieht.

Die Artefakte, die uns heute faszinieren, sind genau diejenigen, die uns eine Unzahl von Möglichkeiten anbieten, eigene Welten, einschließlich ihrer Artefakte in Zusammenarbeit mit vielen Mitmenschen zu erstellen, Welten zu erzeugen, die attraktiv für deren Bewohner sind. Das Internet etwa, fasziniert deshalb, weil es unsere Fragen beantwortet, Fragen, *wo* man etwas finden kann, *wie* man etwas machen kann und *wer* einem dabei helfen kann. Dies sind nicht Fragen nach der Wahrheit von Theorien oder Erklärungen, sondern Fragen, deren Antworten einem weiterhelfen. Information oder «Know-what» sind nicht das Entscheidende, sondern der Umstand, dass die zeitgenössische Gesellschaft eine unglaubliche Menge von Alternativen erzeugt und ihren Mitgliedern bereitstellt, mit denen sie ihr Leben erleichtern, verbessern und neu gestalten können. Mit anderen Worten, eine Gesellschaft, die sich in bisher unbekannter Weise erneuert, in der also Designaktivitäten gefeiert werden.

Wahrscheinlich liegt der wichtigste Grund dafür, dass sich die Designkultur immer mehr Geltung verschafft, darin, dass *Designtätigkeit selbstmotivierend* ist. Etwas Neues zu machen oder an der Erstellung von etwas erstrebenswertem beteiligt zu sein, ist per se befriedigend. Das ist der Grund, warum Dichter schreiben, auch ohne dafür bezahlt zu werden, warum Künstler etwas erschaffen, selbst wenn es keinem offensichtlichen Verwendungszweck dient, warum man seine Wohnung mit eigens ausgesuchten Möbel einrichtet, sich nach seinem Geschmack kleidet, ohne dabei andere Menschen zufriedenstellen zu müssen und warum Designer es schließlich nicht lassen können, mit ihrer Umwelt zu spielen, sei es, dass sie an einem bestimmten Projekt arbeiten oder einfach Spaß an der Sache haben. Design ist nicht nur selbstbefriedigend, es ist eine Möglichkeit, Dinge im Prozess ihres Entstehens zu verstehen, ihnen Bedeutung zu geben und sie zu einem Teil des eigenen Lebens zu machen. Im Verlauf von Designprozessen erstellt man nicht nur seine Artefakte sondern auch sich selbst als Individuum oder Mitglied einer Gemeinschaft. Das gilt also nicht nur für professionelle Designer, sondern auch für das Alltagsleben. Umgekehrt, wenn man Menschen daran hindert, ihre eigene Identität zu entwickeln und ihre eigene Lebensgeschichte zu leben, in anderen Worten, wenn man sie als Anhängsel von sozialen Systemen behandelt, als Bestandteile technologischer Komplexe, als anonyme und austauschbare Massenprodukte, Roboter oder Gefangene, dann entzieht man ihnen ihre Menschlichkeit.

Das verweist auf einen Grundsatz des human-centered Designs:
Design ist ein wesentlicher Bestandteil des Menschseins.

Einige Designer befürchten, dass dieser Grundsatz sowie die Aussicht auf eine sich immer mehr verbreitende Designkultur ihre Berufsgrundlage bedroht. Doch solche Befürchtungen haben nur im Hinblick auf Designkonzepte aus dem Industriezeitalter wie etwa dem von Simon (1969/2001) ihre Berechtigung, oder dann, wenn man sich in der in Abschnitt 1.2 beschriebene Trajektorie der Artefaktualität an das Produktdesign klammert, also nicht die Möglichkeiten des human-centered Designs erkennt. Das Aufkommen von Computerprogrammen in den 1980er Jahren, die das Desktop-Publishing ermöglichten, veranschaulicht diese Befürchtungen. Plötzlich konnte ein gewöhnlicher Computerbenutzer mit Schrifttypen spielen und mit verschiedenen Layoutprogrammen Briefpapier, Prospekte, Bücher und Plakate gestalten, und das in einem kürzeren Zeitraum als professionelle Grafiker es tun konnten. Doch das Desktop-Publishing bedrohte nur die Grafiker, die an den typografischen Fertigkeiten festhielten, welche ein Computer ohne Weiteres übernehmen konnte. In der Tat stand diese Gruppe von Designern plötzlich mit leeren Händen da. Doch das muss nicht so sein, sofern professionelle Designer bereit sind, ihre Kompetenzen fortwährend zu erweitern, sich selbst neu zu erfinden, die Entwicklung ihres Selbstbilds der wandelnden Umgebung vorwegzunehmen und sich in Richtungen zu bewegen, die andere nicht ohne ihre Hilfe einschlagen würden. Die Fähigkeit, ihren eigenen Designberuf neu zu erfinden ist charakteristisch für human-centered Designer der postindustriellen Kultur und unterscheidet sich von Designern eines vergangenen Zeitalters. Hier folgen drei Leitsätze für professionelle Designer in unserer wachsenden Designkultur. Der erste ist ethischer, der zweite praktischer, der dritte politischer Natur:

– Ethischer Leitsatz: *Gestalte Artefakte stets so, dass sie die Möglichkeiten ihrer Stakeholder erweitern.* Das ist es, was Dichter mit größter Selbstverständlichkeit tun: Sie erfinden neuartige Verwendungsweisen bekannter Worte, neue Metaphern und bereichern damit die Sprache ihrer Leser oder Zuhörer. Analog hierzu können Designer nichts besseres tun, als bezwingende Vorschläge für neuartige Artefakte zu machen, ob materieller, praktischer oder diskursiver Natur, die das Leben ihrer Stakeholder verbessern. Sobald diese Vorschläge akzeptiert und in die Tat umgesetzt sind, müssen Designer weitergehen. Als wesentlicher Bestandteil des Menschseins, lässt sich Design weder voraussagen noch «disziplinieren» oder für ein anhaltendes Interesse vereinnahmen. Es muss *die Zahl wünschenswerter Optionen für andere erhöhen.*

– Praktischer Leitsatz: *Lade die Stakeholder eines Designs ein, sich am Designprozess zu beteiligen.* Alle Stakeholder können wichtig sein, nicht nur die Endbenutzer, denn Designer können eine Entwicklung zwar empfehlen, sie aber nicht ohne die Mitarbeit anderer realisieren. Weil das Verstehen des Verstehens relevanter Stakeholder, also das Verstehen zweiter Ordnung, nie vollständig sein kann, ist es für human-centered Designer wichtig, dieses Verstehen dadurch zu importieren, indem sie den Stakeholdern einen Platz im Designprozess einräumen, sie also zu Mitarbeitern machen. Das kann mit der Thematisierung von Problemen beginnen, steigert die Akzeptanz der sich entwickelnden Designkonzepte und bringt Bewertungskriterien ins Spiel, die ein Design realisierbar macht. In Anbetracht der bereits beschriebenen Tatsache, dass Designtätigkeit sich selbst motiviert, ist die Realisierung eines Designs umso wahrscheinlicher, je mehr Stakeholder sich daran kreativ beteiligen können.

— Politischer Leitsatz: *Stelle sicher, dass der Diskurs deiner Designgemeinschaft mit jedem Design wächst, zuverlässiger wird und Respekt verdient.* Die diskursive Fähigkeit, sich auf die Geschichten erfolgreicher Designbeispiele zu berufen, zuverlässige Designmethoden anzuwenden und sich auf etablierte Techniken für die Bewertung von Bedeutungsansprüchen verlassen zu können, setzt ein kollektives Bemühen voraus, nicht nur Designvorschläge in die Welt zu setzen, sondern auch zu dem Designdiskurs beizutragen, ihn in der Praxis zu evaluieren und den Mitgliedern der Designgemeinschaft nahezulegen. Bildungseinrichtungen, Berufsverbände und Fachzeitschriften können viel dazu beitragen, diesen Diskurs nicht nur zu praktizieren, sondern auch zu erweitern. Erst die Anerkennung dieses Diskurses in der Öffentlichkeit verleiht Designern ihren Ruf und damit die rhetorische Kraft, ihre Vorschläge erfolgreich zu formulieren, durch vertretbare Demonstrationen zu untermauern, und sie damit der Öffentlichkeit schmackhaft zu machen.

Die Tatsache, dass Design zu einem wesentlichen Merkmal der postindustriellen Kultur geworden ist, ist kein Grund für Designer zu befürchten, ihren Beruf zu verlieren. Wenn sie sich auf einen human-centered Designdiskurs einlassen, der die Veränderbarkeit der neuen partizipatorischer Designkultur rundweg akzeptiert, können sich Designer in der Öffentlichkeit dadurch auszeichnen, dass sie in der Lage sind, für andere Berufsgruppen unvorstellbare Artefakte vorzuschlagen, deren mögliche Bedeutungen fundiert darzustellen und die Stakeholder zur Unterstützung ihres Designs zu mobilisieren, denn:
Ohne die Unterstützung seiner Stakeholder kann ein Design nicht bestehen.

3. Zu den praktischen Bedeutungen von Artefakten im Gebrauch

Eine Theorie der praktischen Bedeutungen von Artefakten befasst sich mit der Frage, wie individuelle Benutzer ihre Artefakte verstehen und wie sie mit ihnen, gemäß ihren eigenen Vorstellungen und aus ihren eigenen Gründen, umgehen. Manche, Donald A. Norman (1988) etwa, wollen alltägliche Gegenstände aus «psychologischen» oder «kognitiven» Perspektiven sehen. Aber da interaktive Handhabungen ein wesentliches Element ihres Gebrauchs sind, muss eine solche Theorie auch die Beschaffenheit der Artefakte berücksichtigen. Das heißt, sie muss Wittgensteins (1953) Anregung folgen und die Bedeutung von Artefakten (für Wittgenstein von Worten) an ihrem Gebrauch festmachen und sich nicht ausschließlich auf die eine oder die andere Seite der Interaktion stellen. Eine solche nicht-repräsentationelle Theorie der Bedeutung schließt natürlich Gibsons ökologische Wahrnehmungstheorie, seinen Affordance-Begriff, ein. Letztere betrifft das Angepasstsein menschlichen Handelns und dessen Ermöglichung an die materielle Umwelt. Die hier angestrebte Theorie der Bedeutung von Artefakten muss jedoch über dieses Angepasstsein hinausgehen, indem sie die auf den Benutzer ausgerichtete Interaktivität thematisiert. Sie muss den dynamischen Charakter des individuellen Gebrauchs thematisieren. (Der soziale Kontext des Gebrauchs wird in Kapitel 4 erläutert.)

Zwangsläufig spiegelt jede Theorie das Verstehen ihrer Vertreter wider, also das Verstehen von Theoretikern, die sich von der theoretisierten Welt kategorisch unterscheiden, von einer Welt, die sie zwar beobachten, aber nicht erzeugt haben und für die sie daher keine Verantwortung übernehmen können. Im Gegensatz dazu steht das Anliegen von Designern, Artefakte neu zu gestalten, also die Interaktionen zwischen Menschen und Maschinen zu verbessern und sie nicht nur zu beschreiben. Indem die semantische Wende davon ausgeht, dass Benutzer von Artefakten durchaus in der Lage sind, ihre Umwelt gemäß ihren eigenen Vorstellungen zu begreifen, definiert Abschnitt 2.5 eine dem human-centered Designer eigene Art des Verstehens, das Verstehen zweiter Ordnung – ein Verstehen des Verstehens von Benutzern von Artefakten – das sich vom gewöhnlichen Verstehen greifbarer Artefakte – dem Verstehen erster Ordnung – unterscheidet. Darüber hinaus befassen sich Designer mit Vorschlägen, Plänen, Zeichnungen, Modellen, Prototypen und Argumenten für die Realisierung von Artefakten, die nicht zu verwechseln sind mit jenen Zwischenstufen oder Ergebnissen, die ihre Stakeholder interessieren: zum Beispiel Produktionszeichnungen, Werbestrategien, Produkte, Waren, Profite, Dienstleistungen, Konsumgüter, Geschenke, ökologische Bedingungen, soziale Identitätsmerkmale und andere Mittel, um bestimmte Ziele zu erreichen. Eine human-centered Theorie der Bedeutung von Artefakten, die die Bedeutungen ihrer Benutzer einschließt, muss daher diese Unterschiede im Verstehen wahrnehmen, also ein Verstehen zweiter Ordnung ermöglichen.

Artefakte sind in ihrem Wesen durchaus nicht eindeutig. Ihre praktischen Bedeutungen verändern sich je nach Gebrauch. So mag der Gebrauch eines Gegenstandes zunächst mit Vorurteilen beginnen, die sein Benutzer mitbringt. Mit wachsendem Umgang ändert sich das Verstehen von ihm, ohne einen endlichen Zustand anzustreben. Menschen lernen ständig, was nichts anderes heißt, als dass sich ihr Verstehen erweitert. Das schließt ein, dass Artefakte in neuen Kontexten neue Bedeutungen erwerben können, ohne ihre materielle Beschaffenheit dabei zu verändern. Ein Teller in einem Geschirrschrank unterscheidet sich von einem, von dem man isst, oder von einem, den man im Museum bewundern kann. Eine Theorie der Bedeutung von Artefakten im Gebrauch muss nicht nur die damit verbundenen Lernprozesse berücksichtigen, sondern auch die materiellen und sozialen Kontexte ihrer Gebrauchsweisen. Designer sind nicht die einzigen, die in Begriffen denken und Dinge konzipieren. Ihre Konzeptionen sind nicht legitimer als die anderer, nur anders.

Dieses Kapitel umreißt das wichtigste Vokabular der Theorie. Gleich einem Werkzeugkasten lassen sich mit ihm Artefakte analysieren, konzipieren, gestalten und letztlich realisieren, sodass sie von anderen benutzt werden können, die in ihrer eigenen Welt leben und gemäß ihren eigenen Vorstellungen handeln. Die semantische Wende fordert von Designern lediglich, dass sie ihre Aufmerksamkeit von der Funktionalität und Materialität von Gegenständen abwenden und sich stattdessen der Gestaltung von Artefakten widmen, deren Bedeutungen wünschenswerte Interfaces mit ihnen ermöglichen. Die Funktionalität und Materialität von Artefakten, die Designer zumindest teilweise bestimmen können, soll lediglich die Art und Weise unterstützen, wie Menschen sie benutzen können. Mit diesem Ziel im Blick entwickelt Abschnitt 3.1 den Begriff des Interfaces als eine neue Designaufgabe. Abschnitt 3.2 beschäftigt sich mit unerwünschten Unterbrechungen der Interfaces, die die Brauchbarkeit von Artefakten einschränken und deswegen von Designern verhindert werden müssen. Danach folgt die Darstellung der drei Gebrauchsebenen, die Designer möglich machen sollten: Erkennen (3.3), Erkunden (3.4) und Vertrauen (3.5). In jedem dieser Abschnitte werden Begriffe entwickelt und Werkzeuge vorgestellt, die den Designern helfen sollen, Benutzern den Gebrauch auf diesen drei Ebenen zu ermöglichen. Mit der Beschreibung mehrerer Designprinzipien für den Gebrauch beschließt Abschnitt 3.6 dieses Kapitel.

3.1 Interfaces

Interfaces stellen eine neue Form von Artefakten dar. Obwohl sie sich überall dort finden, wo Menschen mit ihrer materiellen Umwelt interagieren, wurden sie erst seit ihrem bewussten Einsatz in PCs zum Gegenstand des Designs. Charakteristischerweise sind PCs komplexe elektronische Apparate, deren Betriebssystem sich dem Verständnis ihrer Benutzer in aller Regel entzieht. Ein Zweck von Interfaces besteht darin, das zugänglich zu machen, was sich nicht mehr in funktionalen Details begreifen lässt. In den 1970er Jahren, als Computer noch Großrechner waren, konnten nur wenige Experten mit ihnen umgehen. Der Übergang zur sogenannten Informationsgesellschaft vollzog sich vor allem durch die Gestaltung von Interfaces, die die benutzerrelevanten Merkmale von Computern ohne Spezialausbildung visuell verständlich und handhabbar machten. Doch Computer sind nicht deren einziges Anwendungsfeld.

Heute ist das Interface zum prototypischen Artefakt des postindustriellen Zeitalters geworden. Die semantische Wende weitet dieses Konzept auf alle menschlichen Interaktionen mit technologischen Artefakten aus. Das Ziffernblatt einer analogen Uhr, das den Mechanismus verbirgt, der die Zeiger bewegt, ist ein Interface – kein sonderlich interaktives, doch eines, das es den Benutzern erlaubt, ihre eigenen Handlungen mit denen anderer Uhrenbesitzer zu koordinieren, ohne die dahinter verborgenen Mechanismen verstehen zu müssen. Wenn man die Fernbedienung eines Videorecorders benutzt, bequem auf einem Stuhl sitzt, Stoff mit einer Schere schneidet oder eine Treppe hinaufsteigt, so sind das alles Interfaces in dem Sinne, dass sie sich weder allein durch das menschliche Verständnis erklären lassen, noch durch die physikalischen Eigenschaften der Artefakte, sondern vielmehr durch die Wechselwirkungen zwischen diesen beiden voneinander unterscheidbaren Verständnisebenen eines Interfaces: Mensch und Artefakt. Eine wichtige Eigenschaft von Interfaces besteht darin, dass sie die sensomotorische Koordination des Menschen und das Reaktionsvermögen eines Artefakts zu einem dynamisch geschlossenen System zusammenfügen, das die an dem Interface beteiligten Personen in ihrem Sinne verstehen und als brauchbar erkennen können. Der menschliche Körper ist also ebenso Teil eines Interfaces wie das Artefakt, zwischen denen die Interaktionen stattfinden.

Abbildung 3.1 zeigt eine Reihe von Interfaces als Teile größerer Zusammenhänge. Von links nach rechts, das Sprechen in ein traditionelles Wandtelefon, das Festhalten an einer verstellbaren Gehhilfe, das Drehen einer Kurbel, das Handhaben einer Fernbedienung, das Drücken von Knöpfen, das Benutzen eines Touchscreens, das Ausschneiden von Papier mit einer Schere und so weiter. Selbst so profane Tätigkeiten wie die, auf einem Stuhl zu sitzen, lassen sich als Interface beschreiben. Lisa Krohns Tuffet (Abbildung 3.1i) ist nicht nur ein Schemel. Aus Schichten von Ahornplatten und EVA-Schaum bestehend, reagiert er einerseits auf Gewichtsverlagerungen und lässt sich andererseits leicht von einer Stelle zur anderen bewegen. Alle diese Interfaces bestehen aus Interaktionen, natürlich sehr unterschiedlicher Art, die nur abstrakt mit den erwähnten menschlichen Interfaces in Computern verwandt sind. Man kommt nicht umhin festzustellen, dass menschliche Kenntnis von Artefakten ausschließlich in Interfaces mit ihnen entsteht, nicht außerhalb oder unabhängig von ihnen. Nicht nur Computer, sondern auch Telefone, Spielautomaten, Lichtanlagen oder Flugzeuge werden in höchst spezifischen Interfaces erfahren, ohne dabei deren Funktionsweise kennen zu müssen. Wo immer Design etwas mit Gebrauch zu tun hat, geht es um Interfaces.

Die Neuheit dieses Artefakts hat mehrere Begriffe hervorgebracht, von denen die meisten jedoch noch nicht entwicklungsfähig sind. Wesentlich geprägt von der Tradition des Grafikdesigns ist die Gleichsetzung von Interfaces mit den auf der Oberfläche von Computerbildschirmen angeordneten Icons. Diese Definition bringt Lesbarkeit ins Spiel, vernachlässigt aber die beiden zentralen Merkmale von Interfaces: erstens deren Interaktivität, also die Tatsache, dass Benutzer auf das reagieren, was sie sehen, und zweitens deren Dynamik, also das, was man mit ihnen machen und bewirken kann, das gemeinsame Fortschreiten von Mensch und Maschine auf benutzerbestimmte Ziele. Das deutsche Wort «Schnittstelle» dagegen, betont den Ort, an dem die Welt der Menschen von der Welt der Maschinen getrennt werden kann. Dieser Begriff schließt nicht nur die oben genannten Interaktivität und Dynamik aus, sondern auch das einem Interface eigene Dazwischen-Sein, was in dem englischen Wort «inter-face» anklingt. In einem Interface durchdringen die Benutzerkonzepte den Bereich einer Maschine, und zwar in dem Ausmaß, in dem die Benutzer eine Maschine beeinflussen, wie auch umgekehrt, relevante Teile der Struktur der Maschine in die menschliche Erkenntnis eingehen. Computerprogrammierer benutzen noch einen anderen Interfacebegriff. Häufig unterscheiden sie die Rechenvorgänge, die die eigentliche Arbeit des Computers leisten, von den Rechenvorgängen, die darauf programmiert wurden, um die Resultate dieser Arbeit auf dem Monitor darzustellen. In heutigen PCs beanspruchen die Rechenvorgänge des Interfaces zunehmend Speicherraum, Zeit und Programmieraufwand. Diese Interfacekonzeption erkennt zwar die menschlichen Begrifflichkeiten im Umgang mit Computern an, versteht aber das Design von Computer-Interfaces als ein Ingenieur- oder Kodierungsproblem und verkennt die Interaktionen, in denen sich ein Interface entwickelt und im Gebrauch effektiver wird. Das Wort «Interface» wird schließlich auch für das Protokoll benutzt, das die Datenübertragung zwischen zwei Maschinen regelt. Auf die Interaktionen zwischen Mensch und Maschine übertragen, liefe diese Definition auf das Design von Codes hinaus, die die Benutzer erlernen und anwenden müssen, was die Rolle der menschlichen Intelligenz trivialisiert und Benutzer, in Analogie zu technischen Verhaltensweisen, auf mechanistisch reagierende Wesen reduziert.

Für die semantische Wende sind *Interfaces im Idealfall andauernde und sich intrinsisch motivierende Interaktionen* zwischen Menschen und ihren Artefakten. Die Interaktionen, aus denen ein Interface besteht, ergeben sich spontan und in den verschiedensten Handlungssituationen, von der Handhabung einfacher Werkzeuge wie in Abbildung 3.1, bis zur Teilhabe an komplexen sozialen Systemen, etwa in einer Stadt oder an der Börse. Computer-Interfaces existieren zwischen diesen Extremen. Interfaces haben symbiotische Eigenschaften. Stets erweitern sie die Handlungsmöglichkeiten ihrer Benutzer, häufig indem dabei weniger wichtige Einschränkungen akzeptiert werden. So wie das Gedächtnis des Menschen durch das Lesen und Schreiben von Texten – unter Ausschluss von Geruchs-, Geschmacks- und Gehörsinn – erweitert wird; so wird die menschliche Entscheidungsfähigkeit durch die Benutzung von Computern vergrößert, indem routinemäßige, logische Vorgänge an rechnerbasierte Algorithmen delegiert werden, wodurch allerdings das Wissen auf das beschränkt wird, was berechenbar ist; so

3.1 Teile von Artefakten, die ihren Interfaces dienen: (a) Telefonhörer, (b) Gehgestell, (c) Kurbel, (d) Fernbedienung, (e) Druckerbedienung, (f) Schere, (g) Touchscreen, (h) Digitalkamera, (i) Tuffet von Lisa Krohn, (j) Spielautomat Einarmiger Bandit, (k) Konsole für Bühnenbeleuchtung von Tim Terleski, (l) Flugzeugcockpit.

wird die akustische Reichweite der menschlichen Stimme durch das Telefon wesentlich ausgedehnt, allerdings unter Einbuße von visuellen, taktilen und olfaktorischen Formen der zwischenmenschlichen Kommunikation. Während ‹Futuristen› diese Symbiose mithilfe von «Cyborgs» erläutern, also von Wesen, die sowohl aus lebendigen wie aus mechanischen Teilen bestehen – Menschen mit künstlichen Organen etwa – betont die obige Definition des Interfaces eine im Grunde asymmetrische Beziehung zwischen der menschlichen Handlungskompetenz, also der Fähigkeit, zielgerichtet zu denken und zu handeln, und materiellen Artefakten, die zwar von Menschen hergestellt sind, sich aber grundlegend von ihnen unterscheiden.

Um zu verstehen, wie diese beiden Welten miteinander interagieren, gilt es, deren unterschiedliche Operationsweisen zu unterscheiden, nicht zuletzt deshalb, weil Menschen zwar lernen können, sich aber nicht gestalten lassen, während Maschinen nicht in der Lage sind, mit Bedeutungen umzugehen oder etwas Neuartiges zu produzieren. Aus diesem Grund ist die Dynamik von Interfaces nur bedingt vorhersagbar. Es sind die Benutzer, die den Verlauf ihres Interfaces wesentlich bestimmen, während eine Maschine ihn nur ermöglichen, erschweren oder begrenzen kann.

Wie Interfaces zustande kommen, lässt sich von drei Standpunkten her erklären: aus der Sicht der Benutzer, die sich auf ihre sensomotorische Koordinationen stützen können, aus der Position eines Beobachters, der lediglich die Abläufe beschreiben kann, oder mit der Absicht der Designer, Artefakte so zu gestalten, dass sie bestimmte Interfaces mit Benutzern ermöglichen oder verbessern – ohne die Benutzer beeinflussen zu müssen.

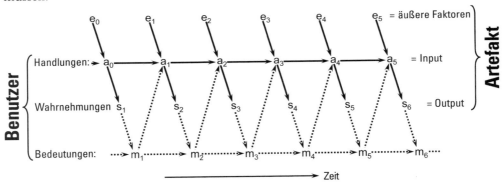

3.2 Interaktionsprotokoll eines Interfaces.

Ein Beobachter, der also *ein Interface von außen* betrachtet, wird eine Abfolge menschlicher Reaktionen auf die Zustände des Artefakts bemerken, auf die das Artefakt wiederum kausal reagiert. In Abbildung 3.2 zeigen die Pfeile zeitliche Abhängigkeiten. Durchgezogene Pfeile stellen die Determinismen des Artefakts dar und gepunktete Pfeile stehen für das, was der Benutzer des Artefakts zum Interface beiträgt. Technologische Artefakte sind kausale Mechanismen. Ihre innere Beschaffenheit erklärt deren Reaktionen auf

1 Äußere Bedingungen e, zu unterschiedlichen Zeiten t, die die Benutzer nicht kontrollieren und möglicherweise nicht einmal wahrnehmen. Sie sind die sogenannten äußeren Ursachen

2 Die Geschichte von Inputs, in der Form menschlicher Handlungen: $a_0 \rightarrow a_1 \rightarrow a_2 \rightarrow \ldots \rightarrow a_t$

3 Die gegenwärtige Handlung a_t des aktuellen Benutzers und

4 Die Darstellung ausgewählter innerer Zustände $s_1 \rightarrow s_2 \rightarrow s_3 \rightarrow \ldots \rightarrow s_t + 1$, einschließlich der unmittelbaren Reaktion $s_t + 1$ auf a_t.

Maschinen können so konstruiert werden, dass sie Dreiergruppen entsprechen: dem gegenwärtigen Zustand s_t der Maschine zum Zeitpunkt t, dem Input a_t zum gleichen Zeitpunkt t und dem nächsten Zustand der Maschine, s_{t+1} eine Zeiteinheit später. Eine Menge dieser Dreiergruppen können die Reaktionen eines Computers auf das Bewegen des Cursors oder das Klicken der Maus beschreiben, so wie die Folgen des Drückens eines Klingelknopfes oder des Auslösers einer Kamera. Einige Folgen von Handlungen, s, werden für die Benutzer sichtbar dargestellt; andere bleiben unzugänglich oder im Inneren der Maschine verborgen.

Wie oben erwähnt, repräsentieren die gepunkteten Pfeile in Abbildung 3.2 jenen Teil des Interfaces, für den die Benutzer verantwortlich sind. Die menschliche Beteiligung komplementiert zwar die der Maschine, lässt sich aber weder kausal noch durch die physikalischen Eigenschaften von Artefakten erklären, also wie sie ein Physiker beschreiben würde, sondern durch das, was sie mit ihren Sinnen wahrnehmen, was es ihnen bedeutet und was sie damit anfangen können und wollen. Abbildung 3.2 zeigt die Kreuzung zwischen diesen beiden Existenzbereichen, dem Verhalten eines Gegenstands und dem Verständnis seines Benutzers. Um ein Interface zu verstehen, muss man beide Seinsbereiche berücksichtigen, voneinander unterscheiden, aber auch in ihren Wechselwirkungen begreifen. In den Naturwissenschaften, einschließlich der Ergonomie, werden menschliche Verhaltensweisen als Mechanismen beschrieben, wonach sie als unzuverlässig, emotional und voller Wahrnehmungsfehler erscheinen (Flach 1994), wie Abbildung 2.1 vergleichend zeigte. Die Kognitionswissenschaften etwa sind stolz darauf, rechnergestützte Benutzermodelle zu entwickeln, die aus komplexen, aber im Wesentlichen kausalen Abläufen bestehen. Zwar sind Menschen durchaus fähig, sich aus freien Stücken einer strengen Routine zu unterwerfen, also automatisiertes Verhalten an den Tag zu legen, indem sie ihre Entscheidungsfähigkeit an eine Autorität abtreten und das, was ihnen etwas bedeutet, vorübergehend außer Acht lassen, aber sie sind darauf nicht festgelegt. Den menschlichen Anteil an Interfaces zu verstehen, ist die Herausforderung eines Verstehens zweiter Ordnung, der sich human-centered Designer immer stellen müssen.

Aus der Innenperspektive sind die an einem Interface beteiligten Personen Teil ihrer sensomotorischen Koordination und handeln, um eine intrinsisch motivierende Sinnfolge aufrechtzuerhalten, die als wünschenswert erfahren wird, Spaß macht, oder Ziele erreichen soll, egal ob sie innerlich oder äußerlich motiviert sind. Beim Fahren eines Autos etwa handelt es sich um ein Interface zwischen dem Fahrer, der buchstäblich am Steuer sitzt und seine Augen, Ohren, Hände und Füße dazu benutzt, seine Vorstellungen der sich wandelnden Beziehung zwischen dem Wagen, der Straße und dem Ziel wahrnehmbar zu machen. Dabei entscheidet sich der Fahrer für Handlungen a_t – das Bewegen des Lenkrads, das Treten oder Kommenlassen eines Pedals, das Schalten der Gänge – abhängig vom Kontext des Ortes, von dem er losfährt, m_0, und dem, wohin er möchte, m_{Ziel}. In der Interaktionssequenz $s_1 \rightarrow a_1 \rightarrow s_2 \rightarrow a_2 \rightarrow s_3 \rightarrow a_3 \rightarrow ... \rightarrow s_{Ziel}$, ist s_t jener Sinn, der sich aus dem vorangegangenen Output a_{t-1} des Artefakts ergibt, und a_t die Handlung des Benutzers aufgrund genau der Bedeutung m_t dieses Sinnes und sie ist Input für das Artefakt. Das Interface wird daher von der Bedeutungssequenz $m_1 \rightarrow m_2 \rightarrow m_3 \rightarrow ... \rightarrow m_{Ziel}$ gelenkt oder von den Begriffsmodellen, die diese Bedeutungen umfassen. In diesem Zusammenhang kann s_t ein Meilenstein des Fortschreitens, ein zu umgehendes Hindernis, etwa ein Verkehrsschild, dem man Folge leisten muss, oder eine günstige Gelegenheit sein, etwa ein anderes Fahrzeug überholen zu können. Solche Interpretationen gehen aus der Wahrnehmung des Benutzers hervor, nicht nur aus dem Verhalten des Artefakts. Die Bedeutung des Fahrens ergibt sich also daraus, dass wir unsere Sinn-Bedeutung-Handlung-Sinn-Sequenz in den Kontext unserer Weltkonstruktion – die vergangene, die aktuelle und die wünschenswerte – stellen. Sinnvoll zu handeln, heißt den wünschenswerten nächsten Sinn tatsächlich hervorzubringen. Beim Autofahren sowie in *Interfaces* mit jedem beliebigen anderen Gegenstand arbeitet sich der Handelnde von einem Sinn zum nächsten vor. Die Abfolge dieser Sinnhaftigkeiten zu kontrollieren, ist das einzige, was Benutzer mit ihren Artefakten tun können. Bei einem gut gestalteten Interface sollten wir immer gewiss sein, welche Handlungen a_t zu welchen Sinnen s_{t+1} führen und dass wir uns auf dem erwünschten Weg zu dem angestrebten Ziel, m_{Ziel}, befinden.

Beim Verfassen von Schriftstücken etwa können sich deren Autoren selber beobachten, wie sie nach und nach einen Text erstellen, Teile desselben markieren, ausschneiden, woanders einfügen und ihn korrigieren, wozu ein Computer verschiedene Werkzeuge bereitstellt: adressierbare Textblöcke, Synonymenwörterbücher, Rechtschreibprogramme und verschiedene Typografien. Mit der Maus und der Tastatur ihres Computers komponieren die Autoren ihren Text, der, wie sie hoffen, verständlich ist. Dabei sind Autoren die ersten Leser ihrer Texte und lesen diese in der Regel aus den Perspektiven der verschiedenen anvisierten Lesergruppen. Sie achten auf die Länge des Schriftstückes, drucken eine Papierfassung aus, revidieren ungenügende Formulierungen und so weiter. Auch hier bewegen sich Autoren also von Sinn zu Sinn, von Bedeutung zu Bedeutung, die der Text erst für sie selbst aber hoffentlich auch für andere Leser herstellt und sie revidieren ihn solange, bis ein angestrebtes Ziel erreicht ist.

Das Interface mit einer Schere ist wesentlich einfacher zu handhaben als das des Schreibens. Fast alle Texte sind für andere Leser geschrieben. Autoren sollten sich daher eines Verstehens zweiter Ordnung bedienen. Dagegen ist die Benutzung einer Schere fast ausschließlich von und für ihren Benutzer bestimmt. Um eine gut entworfene Schere benutzen zu können, bedarf es keines langen Nachdenkens. Ihre wahrgenommene Form lädt ihn dazu ein, seine Finger in die dafür vorgesehenen Öffnungen zu stecken, und das abwechselnde Öffnen und Schließen der Klingen folgt daraus fast automatisch. Da die Klingen über die Griffe hinausreichen, kann man die Folgen des Schneidevorgangs beobachten und sicherstellen, dass der sich ergebende Schnitt einer vorgestellten Linie folgt. Auch hier werden die Interaktionssequenzen von der Bedienung der Schere und dem zu schneidenden Papier durch die ständige Kontrolle der sich entfaltenden Abfolge der Sinne von einem Anfang zu einem Ende geleitet. Die Schere vermittelt das Interface zwischen ihrem Benutzer und dem Papier.

Wie in Abbildung 3.2 dargestellt, sind wir nur teilweise für den jeweils erzeugten Sinn verantwortlich. Ein Fahrer mag nicht in der Lage sein, so schnell zu reagieren, wie er es möchte, die Speicherkapazität eines Computers kann erschöpft sein und eine Schere ist eventuell nicht kräftig genug, um ihre Aufgabe zu erfüllen. Bei Interfaces gibt es stets Beschränkungen, mit denen man rechnen muss. Im Gebrauch liegt *die Bedeutung eines Artefakts in der ganzen Bandbreite vorstellbarer Handlungen und Sinne.* Folglich sind Bedeutungen im Kontext des Gebrauchs nicht referenziell, konnotativ oder assoziativ, sondern situationsbedingt, indem sie mögliche Handlungen und erwartete Sinne in Interaktionsprozessen situieren, die einem Benutzer zeigen, wie sie weitergehen können. Damit ist die Bedeutung ein wesentlicher Bestandteil des Begriffs eines jeden Artefakts, mit dem man konfrontiert ist, mit dem Zusatz, dass sie entweder passt oder abwegig sein kann.

Die Welt des Benutzers lässt sich mit einer metaphorischen Landkarte beschreiben, ohne dass die Karte abstrahiert oder repräsentativ sein muss. Auf Abbildung 2.4 zurückkommend heißt das, dass jeder Sinn hinsichtlich unserer gegenwärtigen Position seine Bedeutung dadurch erlangt, dass man den Standort auf dieser Karte kennt, der anzeigt, wo wir uns befinden und an dem wir wissen, wie weit wir gekommen sind und welche Wege uns für die Fortsetzung unserer Reise offen stehen. Sinne sind immer metonymisch, weil sie zu ihrer jeweiligen Bedeutung (auf einer begrifflichen Karte) in einem Pars-pro-toto-Verhältnis stehen.

Weil die Bedeutungen von Artefakten im Kontext ihres Gebrauchs mit Handlungsmöglichkeiten gleichgesetzt werden können, lässt die Art und Weise, wie sich ein Interface tatsächlich von den sinnlichen Wahrnehmungen ausgehend entfaltet, nicht allein von den Bedeutungen herleiten, sondern kann nur in Verbindung mit den Verwendungsmöglichkeiten der Artefakte verstanden werden. Wenn Benutzer jedoch nicht mehr wissen, wie es weitergeht, sich nicht mehr vorstellen können, was zu tun ist, wenn sie keinen Ausweg mehr aus der Lage sehen, in die sie sich gebracht haben, hat diese Situation völliger Ungewissheit und Unfähigkeit fortzufahren, dem Interface die Bedeutung entzogen.

Um das Vorausgegangene zu verallgemeinern:
Menschen handeln stets um die Bedeutungshaftigkeit ihrer Interfaces zu erhalten.

Im Kontext des Gebrauchs von Artefakten kann diese Aussage als ein *Theorem* des Axioms über Bedeutung betrachtet werden, das in Abschnitt 2.2 vorgestellt wurde. Demnach unternehmen die Benutzer von Artefakten alles, was die Bedeutungshaftigkeit ihrer Interfaces mit Artefakten erhält, unabhängig von der Richtung, die sie dabei einschlagen. Selbst Fehler werden erklärt. Designer wiederum sollten alles tun, um die anhaltende Bedeutungshaftigkeit von Interfaces materiell zu unterstützen, also Dinge zu entwerfen, die den Erwartungen, Vorstellungen und Fähigkeiten der Benutzer am ehesten entgegenkommen.

3.2 Unterbrechungen und Brauchbarkeit

Da Bedeutungen immer über den jeweilig gegenwärtigen Sinn hinausgehen, können sie zu unerfüllbaren Erwartungen führen. Ein Computer stürzt plötzlich ab. An einer Straßenkreuzung fährt jemand in die falsche Richtung. Man schneidet sich in den Finger. Ein normalerweise zuverlässiges Werkzeug geht plötzlich kaputt. In *Sein und Zeit* bezeichnet Martin Heidegger solche Vorfälle als «Scheitern». Hubert L. Dreyfus übersetzt diesen Begriff als «breakdown» (Dreyfus 1992, S. 77ff.). Wir sprechen von «Unterbrechungen» oder dem «Abbrechen» von Interfaces.

Doch ist das, was als Unterbrechung erfahren wird, weder das Scheitern des Artefakts (auch wenn es durchaus möglich ist, dass es in unvorhergesehener Weise zusammenbricht oder versagt) noch sind es die Begriffe oder Vorstellungen der Benutzer (auch wenn diese möglicherweise unangemessen sein können und ihre Verbindung zur «Wirklichkeit» verloren haben). Was scheitert, also zu Unter- oder Abbrechungen führt, ist die Bedeutungshaftigkeit eines Interfaces, an der wir konstitutionell teilnehmen. Das was geschieht, wenn unsere sinnliche Wahrnehmung nicht mit dem Sinn übereinstimmt, den wir auf unsere Handlungen erwartet haben, also unsere Handlungen nicht wie erwartet materiell unterstützt wurden. Die Alltagssprache verfügt über viele Ausdrücke, die Unterbrechungen verschiedenartig erklären. Hier sind einige Beispiele, die keiner spezifischen Ordnung folgen:

— *Patzer:* Eine Unterbrechung routiniert stattfindender Interaktionen, die unversehens problematisch wurden und Aufmerksamkeit erforderten.
— *Ungenauigkeit:* Eine über das Maß des Annehmbaren hinausgehende Abweichung von einer Norm (Exaktheit).
— *Irrtum:* Etwas für etwas gehalten zu haben, das sich als etwas anderes herausstellte; sich für einen Weg entschieden zu haben der nicht zum Ziel führte; etwas misszuverstehen.
— *Missbrauch:* Ein unbeabsichtigter oder verbotener Gebrauch, der zu unerwarteten Schwierigkeiten führte.
— *Ablenkung:* Irrelevantem Beachtung schenken, statt Wichtigem nachzugehen.
— *Dilemma:* Das Gefühl zwischen zwei gleichermaßen unbefriedigenden Alternativen wählen zu müssen, oder gewählt zu haben, ohne eine dritte zu konzipieren, die das Dilemma überwindet.
— *Falle:* An einem Ort gefangen zu sein, aus dem es offensichtlich kein Entrinnen gibt; sich im Kreis bewegen; Handlungen wiederholen, ohne Fortschritte zu machen.

Abbildung 2.4 zeigt die drei epistemologischen Komponenten – Wahrnehmung, Bedeutung und Handlung – der Welt des Benutzers eines Artefaktes in einem reibungslosen menschlichen Interface. Abbildung 3.3 erweitert diese Darstellung in zweierlei Hinsicht. Erstens indem sie zwei Standpunkte unterscheidet, den des außenstehenden Beobachters oder Designers und den des Benutzers des Artefakts. Zweitens indem sie die Möglichkeit von Unterbrechungen berücksichtigt, das heißt die Folgen von Diskrepanzen zwischen der gegenwärtigen Wahrnehmung und dem erwarteten oder erwünschten Sinn. Dieser Abbildung gemäß wird in problemlosen Situationen die Bedeutung von einem Artefakt metonymisch durch seine gegenwärtige Wahrnehmung hergestellt, und wenn Bedeutungen Anlass zu Handlungen sind, werden Erwartungen wach. Wenn jedoch die gegenwärtigen Wahrnehmungen und die erwarteten Sinne in Konflikt geraten, erzeugt dieser Konflikt Unterbrechungen die wiederum die Bedeutung des Artefakts in Frage stellen.

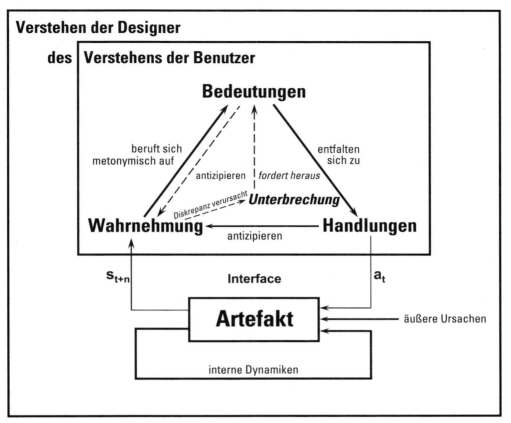

3.3 (Un-)unterbrochene Benutzerinterfaces im Verstehen des Designers.

Um solche Bedeutungsverluste zu vermeiden, müssen Designer versuchen, die Welt der Benutzer zu verstehen, beziehungsweise deren Bedeutungen mit den Möglichkeiten der zu entwerfenden Artefakte in Verbindung zu bringen. Da auch Designer keinen direkten Zugang zur Umwelt haben, zu dem, was ‹wirklich› existiert, sind wir gezwungen, uns auf unsere eigenen Wahrnehmungen zu verlassen, zu denen jedoch auch die Aussagen der Benutzer über ihre Wirklichkeiten kommen können. Aber auch Designer müssen mit Unterbrechungen ihrer Vorstellungen rechnen. Unterbrechungen sind die Momente, in denen sich die Wirklichkeit für uns geltend macht. Doch diese Momente enthüllen nie, warum und inwiefern unsere Handlungen falsch sind, sondern nur, dass unsere Konzeptionen unpassend waren. Damit sind unsere eigenen Artefakte, sowohl unsere Rekonstruktionen der Benutzerbedeutungen unserer Artefakte, also Artefakte im Verstehen zweiter Ordnung, keine Repräsentationen äußerer Wirklichkeiten, vielmehr müssen sie sich in den Interfaces mit Artefakten und in der Kommunikation mit Benutzern über die gleichen Artefakte bewähren.

Es gibt zwei Arten von Erklärungen für das Auftreten von Unterbrechungen: Erstens kann den Artefakten die Schuld daran gegeben werden, dass sie unerwartet funktionieren oder scheitern, wofür deren Hersteller oder Designer verantwortlich gemacht werden können. Zweitens können die eigenen Konzeptionen und Handlungen für das Scheitern eines Interfaces verantwortlich gemacht werden. Die oben genannte

Liste typischer Unterbrechungen entspricht der letzteren Art. Diese Erklärungen haben unterschiedliche Folgen, die für das Design wichtig sein können.

Den Grund für Unterbrechungen im eigenen Handeln, in fehlerhaften Vorstellungen und Bedeutungen zu suchen, ist ein Zeichen von Lernbereitschaft, das Designer ausnützen können. Den Grund für Unterbrechungen in der Natur der Artefakte zu suchen, ist vergleichsweise einfach. Materialfehler, Verschleiß, schlechtes Handwerk, mangelnde Qualitätskontrolle bei der Herstellung, irreführende Instruktionen und Designfehler schieben die Verantwortung für Unterbrechungen auf andere, deren Hersteller oder Designer. Solche Erklärungen zeigen keine Lernbereitschaft an und stellen Designer vor die Aufgabe, Affordances (siehe Abschnitt 3.4.3) so zu beschränken, dass Unterbrechungen dieser Art idealerweise nicht vorkommen oder keine verhängnisvollen Folgen für die Benutzer haben. Das gleiche gilt für Missgeschicke, Unfälle und Zufälle (Entropie), deren Ursachen in der Natur gesucht werden.

Aber kehren wir nochmals zu den Unterbrechungen zurück. Zu ihnen seien die folgenden drei Beobachtungen und eine Empfehlung genannt:

- Interfaces scheitern nie absichtlich. Intentional kann man keine Fehler machen. Diese Einsicht geht auf ein aristotelisches Axiom, das Prinzip der Widerspruchsfreiheit, zurück. Es besagt, dass Menschen sich nicht selbst widersprechen können. Was sie tun, ist konsistent mit ihren Kenntnissen.
- Gründe für das Scheitern von Interfaces lassen sich stets erst post festum finden. Gründe, Erklärungen, Rekonstruktionen, Interpretationen, sind nicht beobachtbar und ausschließlich in der Sprache zu Hause. Selbst Umstände, für die die Benutzer nicht verantwortlich gemacht werden können, erscheinen immer erst nach einer Unterbrechung.
- Selbst wenn das Scheitern eines Interfaces äußere Ursachen haben mag, kann man immer von ihm lernen und es in Zukunft vermeiden – vorausgesetzt, dass sich die Umstände wiederholen.
- Alle Artefakte sollten so gestaltet sein, dass Unterbrechungen der Interfaces mit ihnen

  - allenfalls vorübergehend oder keine ernsthafte Folgen für die Benutzer haben;
  - durch angemessene Hilfsmaßnahmen rückgängig gemacht oder korrigiert werden können. Eine Möglichkeit besteht darin, Fehler zu identifizieren, bevor ernsthafte Folgen auftreten. Die Wiederherstellung eines früheren Zustands, bevor die Unterbrechung offenkundig wurde, ist eine andere Möglichkeit.
  - nicht als unüberbrückbare Unfähigkeit des jeweiligen Benutzers erscheinen, sondern als willkommene Lerngelegenheit. Das kann erreicht werden, indem man den Benutzern ermöglicht, ihre eigenen Schritte zurückzuverfolgen bis zu unerkannten Alternativen und indem man das Gehen neugefundener Wege belohnt.

Benutzerfreundlichkeit oder problemlose Handhabbarkeit zeigt sich durch das Ausbleiben von Unterbrechungen. Um Unterbrechungen zu verhindern, müssen Designer die Bedeutungen antizipieren, mit denen Benutzer an die Interfaces herangehen (die

Bandbreite denkbarer Konsequenzen), und gewährleisten, dass die Materialität des Artefaktes zumindest die Handlungen unterstützt, die diese Bedeutungen implizieren. Wenn
etwas flexibel wirkt, sollte es auch flexibel sein. Wenn etwas auf einem Computerbildschirm wie eine (virtuelle) Taste aussieht, dann sollte man es auch (virtuell) drücken und
damit die gewünschte Wirkung erzielen können. Bedeutungen, die Handlungen mit
unbeabsichtigten Folgen implizieren, fordern Unterbrechungen geradezu heraus.

Der Einsatz von Glastüren ist hierfür ein gutes Beispiel. Der Eingang zum Gebäude
der Annenberg School for Communication, an der ich unterrichte, hatte früher Dop-
pelglastüren, die sich beide nur zu einer Seite hin öffnen ließen. Sie hatten innen und
außen identische Griffe und es gab keinen Hinweis darauf, ob man sie ziehen oder drücken sollte. Auswärtigen Besuchern blieb nichts anderes übrig, als es auszuprobieren,
und in der Hälfte der Fälle funktionierte es nicht. Um die Sache noch komplizierter zu
machen, wurde eine der beiden Türen bei kaltem Wetter abgeschlossen, ohne dass man
wusste, welche. Das verringerte die Chance, das Gebäude ohne Unterbrechung zu betreten, letztlich auf ein Viertel. Tatsächlich ist es enttäuschend, wenn man ein Gebäude
betreten möchte, eine Tür drückt, dann an ihr zieht, feststellt, dass beides nicht geht,
daraus folgert, dass sie abgeschlossen ist, daraufhin die andere Türe drückt, nur um
festzustellen, dass man an dieser ziehen muss, um sie zu öffnen. Die jetzigen Glastüren haben waagerechte Griffe, wenn die Tür aufgezogen, und senkrechte, wenn sie auf-
gedrückt werden muss. Häufig wiederkehrende Besucher mögen den Unterschied erlernen. Doch da es keine festen Gepflogenheiten für die Verwendung waagerechter oder
senkrechter Griffe gibt und da sich beide sich zum Ziehen und zum Drücken eignen,
sehen sich etwa fünfzig Prozent der Besucher, die das Gebäude zum ersten Mal betreten,
nach wie vor mit Unterbrechungen konfrontiert. Die «Hardware» benutzerfreundlicher
Türen sollte nichts versprechen, was sich tatsächlich nicht machen lässt.

Solche Unterbrechungen sind frustrierend, aber immerhin nicht lebensbedrohlich.
Wenn es allerdings möglich ist, alle Daten auf einem Computer ohne Warnung und
unwiederbringlich zu verlieren, wenn die Gefahr besteht, dass Autofahrer auf die falsche Spur einer Autobahn gelenkt werden, oder wenn internationale Raketen versehentlich abgeschossen werden könnten, dann müssen Designer ernsthafte Vorkehrungen
treffen, um zumindest gravierende Unterbrechungen zu verhindern. Ein Erscheinungsbild muss eindeutig sein. Naheliegende Handlungen müssen möglich sein und deutlich
angezeigt werden, ihre Folgen müssen voraussehbar sein und solche Handlungen, die
schwerwiegende Konsequenzen nach sich ziehen, dürfen sich nicht ohne weiteres ausführen lassen. Eine der wichtigsten Aufgaben des Interfacedesigns besteht darin, Unterbrechungen für den Benutzer nicht kostspielig zu machen, sowie dafür zu sorgen, dass
sie sich leicht korrigieren lassen.

In psychologischer Hinsicht sind Unterbrechungen zumindest entmutigend. Die
Unfähigkeit, sie zu korrigieren, erzeugt das Gefühl, nicht weiterzukommen, orientie-
rungslos, handlungsunfähig und inkompetent zu sein. Die Angst vor neuen Technologien ist die Angst sich als Versager zu verstehen, in Situationen zu geraten, aus denen
man keinen sinnvollen Ausweg sieht, oder sich vor anderen zu blamieren. Die Bemühung darum, Benutzern das Gefühl von Sicherheit zu geben, bedeutet also, Unterbrechungen zu verhindern oder erträglicher zu machen. Benutzerfreundlichkeit kann man

nicht in der Anzahl von Fehlern pro Zeiteinheit messen, sondern sie wurzelt in dem Vertrauen darauf, mit Unterbrechungen zurechtkommen zu können. Design kann dieses Vertrauen fördern.

Bislang haben wir besonders den Bedeutungsgehalt von Interfaces mit Artefakten hervorgehoben. Es wurde wiederholt darauf hingewiesen, dass Menschen nicht auf physikalische Reize reagieren, sondern darauf, was ihre Wahrnehmungen für sie bedeuten, und dass diese Bedeutungen eine wichtige Rolle dabei spielen, wie sich die Interfaces zwischen Mitmenschen und ihren Artefakten in der von ihnen konstruierten Wirklichkeit entfalten.

Martin Heidegger zufolge verweisen Unterbrechungen auf eine Veränderung der Aufmerksamkeit, von einem unreflektierten «In-der-Welt-sein» zu einer aktiven Auseinandersetzung mit ihr als «Zeug». Für ihn sind wir immer in der Welt, meist ohne dabei diesem In-der-Welt-sein besondere Aufmerksamkeit zu schenken oder es überhaupt zu beachten. Heidegger bezeichnet diese Form des Umgangs mit der Außenwelt, mit ihren Artefakten oder natürlichen Objekten als «Zuhandenheit». Unterbrechungen dagegen machen das «Zeug» der Welt zu etwas «Vorhandenem», es hat nun den Status des «Vorhandenseins». Bei letzterer Form des Umgangs mit Artefakten bemühen wir uns darum zu verstehen, wie etwas Vorhandenes konstruiert ist, warum es so funktioniert, wie es funktioniert, wo es hinführt, was im Fall einer Unterbrechung nicht richtig funktioniert hat, und wie der Vorgang hätte anders verlaufen können. Nur aufgrund der Erfahrung von Unterbrechungen werden wir auf Artefakte als «Zeug» aufmerksam, als etwas Zweckhaftes oder, wie Heidegger sagt, als etwas «Um-zu». Wenn wir uns auf eine Maus verlassen, um den Cursor auf dem Computermonitor zu bewegen, dann achten wir nicht auf die Maus, sondern auf das, was sie bewegt. Natürlich wird die Maus von Hand- und Fingerbewegungen kontrolliert, und natürlich ist es erforderlich, mit ihr angemessen umzugehen, aber wenn alles gut geht, dann ist diese Aktivität transparent, erfolgt stillschweigend und wird als etwas Selbstverständliches betrachtet. In Heideggers Begrifflichkeit wird die Maus in diesem Fall als etwas «Zuhandenes» gebraucht. Bewegt sich der Cursor hingegen nicht so, wie wir dies wollen, etwa wenn die Maus den Rand des Mousepads erreicht, dann verschiebt sich die Aufmerksamkeit auf die Maus, die in diesem Fall etwas «Vorhandenes» wird. Sobald wir festgestellt haben, worin der Fehler lag, und die entsprechenden praktischen Konsequenzen daraus gezogen haben, können wir uns wieder auf die Maus verlassen, und sie tritt für uns erneut in den Hintergrund gegenüber dem Bildschirmgeschehen. Diesen unproblematischen Zustand des Daseins kann man als «Vertrauen» bezeichnen, die Aufmerksamkeit auf die Beschaffenheit und die Affordances, die uns die Artefakte machen (Heideggers «Zuhandenheit»), als «Erkundung». Wenn wir also etwa eine E-Mail schreiben, dann verlassen wir uns auf unseren Computer, das Telefonnetz, Schaltzentralen, Telekommunikationssatelliten, das Internet und vieles mehr, ohne die Apparaturen (das «Zeug») vollständig zu verstehen, die die elektronische Kommunikation möglich machen. Wir richten unsere Aufmerksamkeit auf das, was wir sagen wollen. Wenn das Versenden der E-Mail nicht funktioniert, müssen wir untersuchen, warum das so ist, bis wir das Problem lösen können. Danach können wir unsere Aufmerksamkeit wieder auf den Inhalt der E-Mail lenken.

Es gibt aber noch eine dritte Art und Weise des Umgangs mit Artefakten, die vor allem vor ihrem Gebrauch zum Tragen kommt und die mit der technologischen Kenntnis des Artefaktes einhergeht. Gemeint ist die Logik der Techne, der künstlichen Welt verfügbarer Artefakte. Was kann wie gemacht werden, wozu ist dieses Gemachte in der Lage, wie und unter welchen Voraussetzungen kann man darauf eingreifen? Technologische Kenntnisse betreffen nicht ein bestimmtes Artefakt, sondern Systeme ihrer Verwirklichung: ihrer Taxonomie, ihrer Konstruktions-, Produktions- und Funktionsprinzipien. Als Fach wird Technologie im Ingenieurwesen unterrichtet.

Doch für die meisten Benutzer gewöhnlicher Artefakte ist diese dritte Form der Aufmerksamkeit eine konzeptionelle. Sie läuft darauf hinaus, dass wir die uns umgebenden Artefakte, ihren Standort sowie die Frage, wie wir auf sie zugreifen und was wir mit ihnen machen können, reflektieren. Sprache, Taxonomie und Erinnerung sind entscheidend für das Erkennen des «Zeug»-Charakters der Gegenstände, die uns zur Verfügung stehen. Für gewöhnliche Benutzer ist die technologische Kenntnis weder abstraktes Wissen noch steckt sie voller Details. Sie ist das Wissen darum, wie man sich am besten zwischen dem «Mobiliar» der Welt bewegt. So wissen Computerbenutzer etwa von verschiedenen Betriebssystemen, auch wenn sie nur mit einem vertraut sind. Sie wissen über die verfügbare Software Bescheid und kennen die Gründe, warum sie ein bestimmtes Programm auf ihrem Computer installiert haben. Sie kennen Personen, die ihre Probleme beheben und sie beraten können, wenn ihre Interfaces unterbrochen werden. Dieses Wissen definiert eine Benutzergemeinschaft. Ein anderes Beispiel sind Zahnärzte. Sie müssen wesentlich mehr Instrumente kennen, als ihnen in ihrer Praxis zur Verfügung stehen und als sie zur Behandlung ihres jeweiligen Patienten verwenden. Eine gut ausgestattete Praxis sollte aber nicht nur in der Lage sein, alle gängigen Fälle zu behandeln, sondern auch sehr ungewöhnliche. Gute Zahnärzte sind für jede vorhersehbare Situation ausgestattet und wissen, wozu die jeweiligen Instrumente dienen und wo sie sich befinden. Was Zahnärzte nicht selbst leisten können, delegieren sie an andere, beispielsweise an Zahnlabore, die mit einer anderen Technologie ausgestattet sind und ihrerseits wissen, wie sie mit ihren Artefakten umgehen müssen. Die Aufmerksamkeit für die Technologie äußert sich vor allem darin, dass man im Bedarfsfall nach bestimmten Artefakten sucht und sie erkennt. Daher werde ich diese Form des Umgangs mit Artefakten als «Erkennen» bezeichnen. Dazu zählt, dass man die jeweiligen Artefakte anhand der Kriterien Funktion, Name, angemessene Verwendung, Aufbewahrungsort und charakteristische Merkmale voneinander unterscheiden kann.

Artefakte müssen also so gestaltet sein, das sie drei Aufmerksamkeitsmodi ermöglichen:

— *Erkennen:* Ein zutreffendes Kategorisieren von Artefakten einschließlich deren Benennung und Verwendungsmöglichkeiten.
— *Erkunden:* Herausfinden, wie man an eine Sache herangeht, sie handhabt und bestimmte Wirkungen mit ihr erzielt.
— *Vertrauen:* Etwas auf derart natürliche Weise handzuhaben, sodass sich die Aufmerksamkeit auf die sinnlich wahrnehmbaren Folgen seiner Verwendung richten kann.

Diese Aufmerksamkeitsmodi sind in Abbildung 3.4 zu sehen. Die Aufmerksamkeit der Benutzer von Artefakten in ihrer Umgebung beginnt damit, dass sie etwas *erkennen*, was sie entweder suchen oder auf das sie zufällig stoßen. In letzterem Fall erkennen sie Gelegenheiten, die sie zunächst nicht ins Auge gefasst hatten oder Gefahren denen sie ausweichen müssen. Ein wichtiger Bestandteil des Erkennens ist festzustellen, um was für ein Artefakt es sich handelt. Die Fähigkeit, etwas richtig zu erkennen, hängt von früheren Erfahrungen mit ähnlichen Artefakten ab. Deshalb ist Erkennen immer ein Wiedererkennen. Abbildung 3.4 bezeichnet den Weg vom Erkennen zur Erkundung als «Erwerbung». Man kann Artefakte käuflich erwerben, aber auch indem man sie von ihrem Ruhestand zu seinem Arbeitsplatz bringt, wo man sie benutzen kann. *Erkunden* beinhaltet herauszufinden, wie man sich dem Artefakt gegenüber körperlich orientieren sollte, wie man es handhaben oder bedienen kann, und wo sich welche Kontrollen finden, mit denen man in eine Interface-Beziehung einsteigen kann, welche Affordances es bereithält. Benutzeranweisungen können Erkundungen ersetzen.

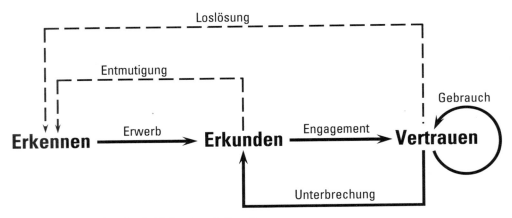

3.4 Beziehungen zwischen den drei Aufmerksamkeitsmodi.

Erkunden weckt Erwartungen, unabhängig davon, ob man einen bestimmten Zweck verfolgt oder spielerisch mit dem Artefakt umgehen will. Nur wenn Benutzer sich des Handhabens eines Artefakts sicher sind – nicht nur begrifflich, sondern auch in der Praxis – also sich auch auf es verlassen können, ist es möglich, den Zustand des *Vertrauens* zu erreichen, in dem sich Benutzer eins mit dem Artefakt fühlen und ihre Aufmerksamkeit vom Interface uneingeschränkt auf das richten können was sie zu erreichen suchen. Obwohl Vertrauen ein Idealzustand ist, kann dieser durch irgendwelche Störungen unterbrochen werden, was die Aufmerksamkeit der Benutzer wieder auf die Erkundung der Frage bringt, was schiefgegangen ist und wie das Interface ‹wirklich› funktioniert. Schließlich wird das Artefakt an seinen Stand- oder Aufbewahrungsort zurückgebracht, außer Betrieb genommen oder entsorgt. Dies ist der Gebrauchszyklus fast aller Artefakte. Offenkundig tun Designer gut daran, sich über die Bedingungen zu informieren unter denen dieser Zyklus verläuft, insbesondere wie Benutzer den Zustand der Vertrauens erreichen und erhalten können, egal ob die Benutzung auf das Erreichen bestimmter Ziele hinausläuft oder spielerischer Art ist.

Wörtlich bedeutet «Brauchbarkeit», die Fähigkeit, ein Artefakt benutzen zu können. Aus human-centered Sicht bedeutet es kontinuierliches Vertrauen ohne jegliche Unterbrechungen. Das Konzept der intrinsischen Motivation berücksichtigend, bezeichnet Mihaly Csikszentmihalyi (1997) einen Zustand vollkommenen Vertrauens als «Fluss».[1] Schwer benutzbare Artefakte sind solche, deren Interfaces große Aufmerksamkeit erfordern, die Benutzer zu einem häufigen Hin und Her zwischen Vertrauen und Erkunden zwingen und so den Fluss interaktiven Engagements zu stören. Im Gegensatz hierzu, also aus technologie-getriebener Sicht, definiert die International Organisation for Standardisation (ISO) Brauchbarkeit als «das Ausmaß, in dem ein Produkt von spezifischen Benutzern benutzt werden kann, um vorgegebene Ziele in einem spezifischen Gebrauchskontext wirksam, effizient und zufriedenstellend zu erreichen»[2]. «Wirksamkeit» wird definiert als «Genauigkeit und Vollständigkeit, mit der Benutzer festgelegte Ziele erreichen»; «Effizienz» als die im Verhältnis zu dieser Genauigkeit und Vollständigkeit «aufgewendeten Mittel» und «Zufriedenheit» als «Freiheit von Unbehagen und eine positive Einstellung gegenüber dem Gebrauch des Produkts» (ISO 1998). Bei dieser Definition ist zwar der Verweis auf die Benutzer bemerkenswert, sie bezieht sich jedoch nur auf die Funktion, vorgegebene Ziele möglichst effizient zu erreichen. Das erstaunt nicht, da die ISO-Definition der ergonomischen Tradition entstammt und Messungen vorschlägt, die für den institutionellem Einsatz und das Managen von Benutzern nützlich sind, aber menschbezogene Begriffe, einschließlich der intrinsischen Motivation als «subjektiv» ausschließen oder auf den Status einer «positiven Haltung» reduzieren. Andere, Jacob Nielson (1993) etwa, fügen den Brauchbarkeitskriterien der ISO das Attribut «Lernbarkeit» hinzu, oder die Fähigkeit, sich «schnell in einen Vorgang einarbeiten zu können». In Abbildung 3.4 bezieht sich Letzteres auf den Weg des Engagements, auf den Übergang vom Erkunden zum Vertrauen.

In diesem Abschnitt wurden drei Arten von Aufmerksamkeit unterschieden. In der ergonomischen Tradition, die behavioristisch ausgerichtet und institutionsabhängig, nicht aber human-centered ist, wird Brauchbarkeit unter funktionalistischen Gesichtspunkten gesehen, also dem effizienten Erreichen vorgegebener Ziele. Doch um bedeutungsvolle Interfaces zu ermöglichen, müssen Artefakte so gestaltet sein, dass sie alle drei Aufmerksamkeitsmodi unterstützen: Erkennen, Erkunden und Vertrauen, und zwar aus der Sicht des Benutzers.

3.3 Erkennen

Das Erkennen von Gegenständen wird durch ein Bedürfnis oder Interesse an Möglichkeiten motiviert, sei es sie zu gebrauchen oder Gefahren aus dem Weg zu gehen. Es beruht auf dem Besitz eines angemessenen Begriffssystems, insbesondere für Kategorien, in denen sich die Geschichte des Umgangs mit ihnen oder die Erfahrungen mit Gegenständen widerspiegeln. Erkennen ist immer ein Wieder-Erkennen, etwas das sich aufgrund seiner Art (Name) und in Anbetracht von Interfacemöglichkeiten identifi-

---

1 Siehe auch Krippendorff (2004b) zur intrinsischen Motivation.
2 ISO 9421-11 (1998) Ergonomische Anforderungen für Büroarbeiten mit visuellen Displayterminals (VDTs) – Teil 11: Anleitung zur Brauchbarkeit.

zieren und kategorisieren lässt. In seiner *Poetik* bezeichnet Aristoteles das Erkennen als «Anagorisis». Auf den Menschen angewandt, bedient sie sich der Anagorisis zufolge Zeichen, Kunstgriffen, Erinnerungen, Argumenten (einschließlich falscher Schlüsse) und schließlich der Ereignisse selbst.[3] Für Aristoteles ist die Anagorisis der Übergang vom Unwissen zum Wissen. Da Wiedererkennen stets eine bereits vorhandene Kenntnis der Welt voraussetzt, stellt es jedoch keinen radikalen Wissenswandel dar, wie Aristoteles es sich vorstellte. Nach Abbildung 3.4 ist Erkennen ein im Wesentlichen passives Identifizieren ohne aktives Engagement, anders als die Erkundung, also die aktive Untersuchung und das Ausprobieren von Interfacemöglichkeiten. Das heißt, dass das Design leicht erkennbarer Artefakte konservativ sein muss, da es sich auf die Kategorien bereits bekannter Artefakte stützen muss.

3.3.1 Kategorien

Der logische oder technologie-getriebene Kategorienbegriff basiert auf der Klassifikation objektiver Eigenschaften, die die Welt in einzelne Mengen mit gemeinsamen Merkmalen unterteilt. Mengen gleicher Merkmale und deren Überschneidungen führen zu logischen Hierarchien, in denen allgemeine Eigenschaften an der Spitze und spezifische Eigenschaften ganz unten stehen. Linnés' biologisches Klassifikationssystem aller Lebewesen und Pflanzen ist das bekannteste wissenschaftliche Beispiel. Biologen identifizieren eine große Zahl von Merkmalen, geben jeder Teilmenge einen individuellen Namen und ergänzen, was man über die Lebewesen oder Pflanzen in den dadurch entstehenden Kategorien weiß. Die Überzeugung, dass das menschliche Gehirn dadurch erkennt, dass es ähnliche logische Tests durchführt, hat in mehreren Gebieten Einzug gehalten, etwa dem der Kognitionswissenschaft. Doch was das menschliche Erkennen von Kategorien von Artefakten betrifft, ist ein solcher Ansatz weit von der menschlichen Realität entfernt.

Untersuchungen der Frage, wie Menschen Kategorien bilden, haben, beginnend mit Eleanor Rosch (1978, 1981), das logisch-positivistische Konzept untergraben. Sie sind für human-centered Ansätze in der Semantik unverzichtbar geworden (Lakoff 1987). Ihre Grundeinsicht besteht darin, dass Menschen Objekte nicht aufgrund objektiver Eigenschaften kategorisieren, sondern sie mithilfe typischer Merkmale erkennen, also daran, wie sehr sie dem häufig als Prototyp bezeichneten Idealtyp einer Kategorie ähneln.[4] Demnach bilden Artefakte keine homogenen Klassen; ihre Zugehörigkeit zu Kategorien ist abgestuft. In der Nähe des Idealtyps kann man Artefakte eindeutig als zu einer Kategorie gehörend erkennen. Je untypischer sie sind, desto ungewisser ist ihre Kategorisierung und desto wahrscheinlicher ist es, dass sie zu mehrdeutigen Interpretationen Anlass geben. Die Zugehörigkeit zu einer Kategorie ist daher keine Entweder-oder-Aussage, sondern eine graduelle. Der Idealtyp definiert den Mittelpunkt seiner Kategorie. Seine Grenzen sind unscharf, wobei Erkennen eine Funktion der typischen Merkmale eines Artefakts ist.

---

3   Aristoteles, Poetik, Kapitel X, übersetzt und herausgegeben von Manfred Fuhrmann, Stuttgart 1982.
4   Ich bevorzuge den Begriff «Idealtyp» gegenüber dem Begriff «Prototyp», der in der Kategorienforschung (Rosch 1978) zwar meist verwendet wird, aber in der Designliteratur irreführend wäre, da man dort das erste, normalerweise Testzwecken dienende Modell eines Produkts als «Prototyp» bezeichnet.

In operativer Hinsicht ist «Typikalität» die Antwort auf die Frage, wie typisch etwas ist, etwa bei einem Paarvergleich: «Welche der beiden Kameras ist die typischere Kamera?» Solche Fragen lassen sich in der Regel leicht beantworten, nicht zuletzt, weil sie Gegenstand üblicher Unterhaltungen darüber sind, um was es sich bei etwas handelt, insbesondere, wenn es um etwas Ungewöhnliches geht. Antworten hinsichtlich der relativen Typikalität einer großen Anzahl von Objektpaaren einer gewählten Art ergeben ein Netzwerk unterschiedlicher Zugehörigkeitsgrade dieser Objekte zu einer Kategorie, die man visuell darstellen kann. Dabei steht der Idealtyp im Mittelpunkt. Bei Vögeln etwa kann man von einem großen Vogel mit langem Hals, mit kleinem Schnabel und einer bestimmten Farbe sprechen. Solche Beschreibungen beziehen sich also immer auf den Idealtyp Vogel, der von mittlerer Größe ist, keinen langen Hals, keinen großen Schnabel und keine nennenswerte Farbe hat. Pinguine hingegen sind so untypisch, dass es vielen schwerfällt, sie den Vögeln zuzuordnen. Aussagen über die charakteristischen Merkmale von Objekten sind daher stets abhängig vom Üblichen, vom Typischen, also vom Idealtyp einer Kategorie von Objekten, die wir zu erkennen suchen. In den Vereinigten Staaten dürfte das Rotkehlchen dem idealen Vogeltyp ziemlich nahekommen. Abbildung 3.5 zeigt einen Vogel aus dem *American Heritage Dictionary* (1992, S. 190) um die wesentlichen Teile der Kategorie Vögel zu definieren. Dabei ist es natürlich, dass der Wörterbuchvogel dem Rotkehlchen sehr nahe kommt, doch selbst das Rotkehlchen hat bestimmte Merkmale, die es zu einem Rotkehlchen machen, und es damit von dem idealtypischen Vogel unterscheiden. Im allgemeinen haben Idealtypen Namen, sind in der Wahrnehmung zu finden, höchst selten jedoch in der Wirklichkeit.

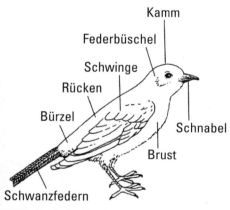

3.5 Idealtypischer Vogel aus einem Wörterbuch.

Der «Idealtyp» einer Kategorie ist also eine kognitive Konstruktion, der alle zufälligen und irrelevanten Merkmale fehlen. Idealtypen sind einfach, skelettartig und sie präsentieren die «Tiefenstruktur» einer Kategorie, den «Kern» oder das «Wesen» (Gros 1984) der Artefakte einer Kategorie. Man könnte auch sagen, dass Idealtypen nichts Redundantes und keine Materialität besitzen. Das menschliche Gedächtnis scheint Idealtypen zu speichern und Abweichungen von ihnen wahrzunehmen. Offensichtlich stellt man sich, wenn jemand von einer (dem Idealtyp) Kaffeetasse spricht, weder eine große noch eine kleine vor, man denkt nicht an ungewöhnliche Formen, an Verzierungen. Wenn wir nach etwas suchen, nach einem Werkzeug, einem Behälter, einer Bushaltestelle oder einer Bank, dann tun wir es mithilfe eines sprachlich benannten Idealtyps und bemühen uns dabei möglichst große Übereinstimmung mit diesem zu finden.

Gestalter werden dauernd mit Idealtypen konfrontiert (Athavankar 1989). Beim Skizzieren eines Gegenstandes fängt man im Allgemeinen mit seinem Idealtyp an, bei einer Kaffeetasse beginnt man beispielsweise nicht mit ihrer Farbe, eigenartigen Krümmungen, Ornamenten oder ihrem Material. Doch allein schon die Tatsache, dass es sich um eine Bleistiftzeichnung oder eine andere materielle Darstellung handelt, deutet darauf hin, dass Artefakte sich ihrem Idealtyp immer nur annähern können. Abbildung 3.6 zeigt die Ergebnisse von Morphings mit einem Computer, eines Prozesses, bei dem der Durchschnittswert, der Mittelwert und der Wert der größten Häufigkeit mehrerer Formen, hier der von Kaffeetassen, durch die Überlagerung vieler Bilder ermittelt wird, um festzustellen, worin ihre Gemeinsamkeit besteht.

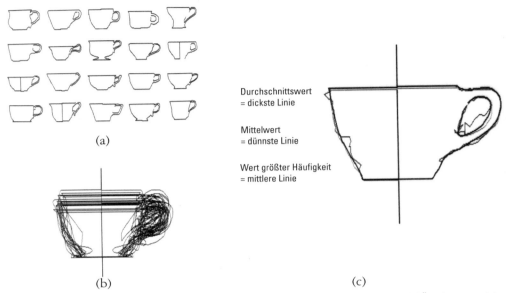

(a)

Durchschnittswert
= dickste Linie

Mittelwert
= dünnste Linie

Wert größter Häufigkeit
= mittlere Linie

(b)   (c)

3.6 Annäherung an eine idealtypische Kaffeetasse durch Morphen. (a) Verschiedene Tassen, (b) Überlagerung, (c) drei Arten der Vereinfachung von Vielfältigkeiten.

S. Balaram (1989) beschreibt ein faszinierendes politisches Beispiel. Mahatma Gandhi versinnbildlichte sein Bemühen, Indien unter britischer Herrschaft zu einen, indem er solche Dinge trug und benutzte, die im ganzen indischen Subkontinent verbreitet waren – darunter das Spinnrad, die Gandhikappe, die Lehmhütte und den Stab – und die gleichzeitig von allen lokalen Identifikationsmöglichkeiten befreit waren. Er umgab sich also mit Artefakten, die ihrem jeweiligen Idealtyp nahekamen, stieß keine Bevölkerungsgruppe vor den Kopf und schuf so die Voraussetzung dafür, dass die Massen einfacher Inder ihre regionalen Unterschiede überwinden und sich mit seiner Bewegung identifizieren konnten.

Die Forschung hat gezeigt, dass Artefakte, die als besonders typisch für ihre Kategorie angesehen werden, auch leichter zu erkennen, zuverlässiger zu identifizieren und schneller zu benennen sind als solche, die weniger typisch für ihre Kategorie sind. Diese Ergebnisse sind allgemeiner Natur, sie gelten also für Farben, Worte, Zeichen, Naturobjekte, Artefakte, eigentlich für alle Artefakte einschließlich sprachlicher Phänomene. Sie sind Gestaltern geläufig, die neuartige Artefakte gestalten, sich aber gezwungen sehen, auf etablierte Formen zurückzugreifen, um deren Erkennbarkeit zu gewahren. Öffentliche Gebäude, Fast-Food-Restaurants, Feuerlöscher, Verkehrsampeln, Münzen, Tastaturanordnungen am Computer, also Artefakte, deren Verwendung von vielen Personen schnell und ohne langen Lernprozess erkannt werden, müssen typischere Formen haben als private Artefakte oder solche, die nur von Experten genutzt werden. Selbst in Situationen, in denen Designer Formen frei wählen können, müssen sie sich stets bemühen, ein Gleichgewicht zwischen Erkennbarkeit und Innovation herzustellen. Idealtypen sind kulturspezifisch und verändern sich langsam, können jedoch von jeder neuen Variation beeinflusst werden. Abbildung 3.7 zeigt drei Fotokameras. (a) Ist ein faszinierender Entwurf, der das Objektiv zum Durchschauen und Fokussieren erkennen lässt. Er weicht radikal von der idealtypischen Kamera ab, die eher der mit einem Objektiv ausgestatteten Spiegelreflexkamera (b) entspricht. Tatsächlich wird (a) häufig mit einer Videokamera verwechselt. (c) Zeigt eine Digitalkamera, für die sich Idealtypen nur langsam herausbilden. Die Geschichte der Kamera ist eine Abfolge von Idealtypen, an deren Anfang ein hölzerner Kasten mit einem kleinen Objektiv auf der Vorderseite steht. Die Digitalisierung scheint die bisherigen Idealtypen langsam zu verabschieden, da die Phototechnik inzwischen in anderen Idealtypen, etwa dem des Mobiltelefons, als bloßes Merkmal auftritt.

3.7 Kameras mit verschiedenen typischen Merkmalen. (a) Canon Photura, (b) einäugige Spiegelreflexkamera von Pentax und Digitalkamera von Nikon.

Doch sind Idealtypen nicht auf den visuellen Bereich beschränkt. Filmregisseure legen großen Wert auf die typischen Merkmale ihrer Filmschauspieler. Filmbesucher erkennen eine typische Mutter weniger aufgrund ihres Gesichtes als daran, wie selbstlos sie für ihr Kind sorgt. In Carl Gustav Jungs Psychologie entspricht der Begriff «Archetyp» weitgehend dem Idealtyp. Für Jung sind Archetypen, die Leitvorstellungen von Menschen, kulturellen Ursprungs und haben tiefe psychologische Bedeutungen. Ein «Klischee» hingegen ist eine übertrieben vereinfachte Charakterisierung von Mitgliedern bestimmter Kategorien. Ethnische oder religiöse Gruppen sind hierfür gute Beispiele. Sie werden leicht zu Quellen fehlerhafter Identifizierungen. Da soziale Stereotypen anderer häufig eigennützig sind, werden sie leicht angenommen und nur selten überprüft. Reist man zum Beispiel nach Schweden, so dürfte das Stereotyp eines Schweden oder des skandinavischen Designs für einen aufmerksamen Besucher schnell infrage gestellt werden. Während Idealtypen das Wesentliche einer Kategorie repräsentieren, sind Stereotypen die Farce davon.

Es gibt zwei Arten Abweichungen vom Idealtyp die Designer variieren können:

- *Dimensionen sind Variable, innerhalb derer Artefakte sich in bestimmten Grenzen verändern* können, *ohne die Mitgliedschaft in ihrer Kategorie zu verlieren.* Dimensionen sind immer gegenwärtig. So haben etwa alle materiellen Objekte ein Gewicht, nehmen Raum ein und ereignen sich in der Zeit. Sie können innerhalb dieser – oder auch gleichzeitig innerhalb mehrerer anderer – physikalischer Dimensionen variieren, ohne deshalb aufzuhören, materielle Objekte zu sein. Ein Auto kann eine oder mehrere Personen befördern, kann unterschiedlich schnell fahren, mehr oder weniger sicher sein und nimmt, wo immer es sich befindet, Raum ein. Ohne eine dieser Dimensionen wäre es kein Auto.
- *Charaktermerkmale* hingegen *sind entbehrliche Ergänzungen, die die Identität eines Artefakts nicht verändern,* wohl aber Unterschiede zwischen Artefakten einführen. Egal ob sich Telefonnummern an einem Telefon mit einer Drehscheibe, einer Tastatur oder einen Touchscreen wählen lassen, es bleibt ein Telefon, selbst wenn diese unterschiedlichen Merkmale Telefone beispielsweise historisch ordnen. Ebenso bleibt ein Auto ein Auto, unabhängig ob es mit Benzin, Diesel, Gas oder elektrisch angetrieben wird.

Bei der Gestaltung wiederzuerkennender Artefakte ist die Kenntnis der Idealtypen und der Bedeutungen, die durch die verschiedenen Abweichungen von diesem Idealtyp entstehen, von großer Wichtigkeit.

3.3.2 Visuelle Metaphern

In der Sprache sind Metaphern die wohl einflussreichsten Tropen für die Erzeugung neuer Wahrnehmungen. Sie sind die Werkzeuge von Dichtern, Erfindern und Politikern. Lakoff und Johnson meinen: «Das Wesen der Metapher besteht darin, daß wir durch sie eine Sache oder einen Vorgang in Begriffen einer anderen Sache bzw. eines anderen Vorgangs verstehen und erfahren können.» (Lakoff und Johnson 1980, S. 13). Designer können visuelle Metaphern benutzen, um neue Technologien verständlich zu machen oder Interfaces natürlich und reibungslos ablaufen zu lassen. Im Kontext des Gebrauchs *ermöglichen Metaphern das Erkennen von Artefakten mittels der Dimensionen und Charaktermerkmale anderer gewöhnlich vertrauterer Artefakte.*

So entstanden etwa PCs in den 1970er Jahren, als die meisten Computer noch Großrechner waren, die in eigenen, durch Glaswände abgetrennten Räumen mit Klimaanlagen untergebracht waren und nur von Fachleuten bedient werden durften. Designer von PCs verbanden zwei bekannte Idealtypen, nämlich die Schreibmaschine und den Fernsehbildschirm, miteinander. Keine dieser beiden Technologien hatte viel mit Rechnern gemeinsam. Doch als Metaphern ermöglichten die Schreibmaschine sowie der Fernsehmonitor es zunächst den Designern und dann, was hier zu betonen ist, auch den Benutzern, auf Erfahrungen aus diesen vertrauten empirischen Bereichen zurückzugreifen. Bei der Schreibmaschine war bekannt, dass sie Texte auf Papier produzierte, und der Fernsehbildschirm reproduzierte Bilder auf elektronische Weise. Ein Fernsehmonitor auf der Schreibmaschine legte die Bedeutung einer papierlosen Schreibmaschine nahe, mit der sich der Text Zeichen um Zeichen erstellen und auf dem Bildschirm auf ähnliche Weise hochscrollen ließ, wie das bei dem Papier, das aus der Schreibmaschine kam, der Fall war. Tatsächlich war das das Einzige, was die ersten PCs konnten. Die Kombination beider technologischen Idealtypen sorgte dafür, dass potenzielle Benutzer dieses neuartige Gerät ohne weiteres begreifen und sofort benutzen konnten, ohne dabei das Innere der Maschine verstehen zu müssen und ohne sich von dem geheimnisvollen Charakter der Maschine verängstigen zu lassen.

Sind sie erst einmal eingeführt, neigen visuelle Metaphern dazu, Technologie voranzutreiben. Weil Fernsehmonitore Farbe reproduzierten, dauerte es im Fall der PCs nicht lange, bis clevere Designer auf die Idee kamen, auch bei PCs Farbe zum Einsatz kommen zu lassen. Fernsehbildschirme reproduzierten aber auch Bilder und daher war es für PC-Entwickler nur natürlich, den Gebrauch von Computern auch auf die Bildbearbeitung auszudehnen. Heute, und vor allem angesichts der zeitgleichen Erfindung visueller Interfaces zum Anzeigen, Anklicken und Bewegen von Icons mittels einer Maus, sind PCs in zunehmendem Maße visuelle Medien, die mit bereits existierenden Netzwerken, wie Telefonnetzen, dem Internet und der Unterhaltungsindustrie, verknüpft sind und deren Gebrauch immer weiter zunimmt.

Die Entstehung des PCs zeigt, wie Metaphern neuartige Technologien in Ermangelung vertrauter Formen erkennbar machen. Doch ihre Weiterentwicklung zeigt, wie Metaphern, die ursprünglich über die Fähigkeit verfügt haben, Wahrnehmung systematisch zu verändern, sich durch häufigen Gebrauch in neue Idealtypen verwandeln können. Das Schicksal der meisten Metaphern endet in dem, was Literaturwissenschaftler als «tote Metaphern» und Grafiker als «Klischees» bezeichnen. Das Ende der Wirksamkeit von Metaphern ist jedoch durchaus nichts Negatives, da sie trotzdem das Wiedererkennen erleichtern und die Kategorisierung beschleunigen. Doch sie lassen noch etwas zurück, nämlich ein Netzwerk von Ähnlichkeiten und Unterschieden. Die Form der heutigen PCs entwickelte sich, ohne dauerhafte Idealtypen einzubringen. Nach wie vor haben sie eine Tastatur, Monitor und einen Kasten mit der Hardware. Die Maus war etwas völlig neues, wurde aber schnell erlernt. Heutige Benutzer sind eher mit PCs und Laptops vertraut als mit Schreibmaschinen, sodass sich die Metapher, die auf vertraute Erfahrungen mit anderen Technologien Bezug nahm, abschliff. Aus PCs sind inzwischen unabhängig identifizierbare Artefakte mit nicht zu leugnenden Verbindungen zur Vergangenheit geworden.

Visuelle Metaphern erleichtern das Wiedererkennen und sie tun dies in der Regel unbewusst. Normalerweise treten sie in unser Bewusstsein, wenn wir mit Artefakten, Bildern, Displays oder Skulpturen konfrontiert werden, die hinsichtlich dessen, was sie sind, machen oder repräsentieren, mehrdeutig sind, doch die Vermutung wecken, dass mehr dahinter steckt, als es zunächst den Anschein hat. Das Gefühl eines unvollständigen oder unangemessenen Verständnisses deutet auf das Nichtvorhandensein eines Idealtyps für das fragliche Artefakt. Ein solcher Zustand kann sich zufällig oder vorsätzlich ergeben. Falls er vorsätzlich angestrebt ist, müssten Designer bewusst von existierenden Idealtypen abweichen, die irreführend sein könnten, und antizipieren, wie sich der folgende aus drei Schritten bestehende Prozess metaphorischer Wahrnehmung entfaltet:

1. Zunächst scheint es für das fragliche Artefakt keinen Idealtyp zu geben. Trotz der *typischen Merkmale der einzelnen Komponenten* scheint seine Zusammensetzung *in dem*

gegebenen Kontext nicht sinnvoll zu sein. Doch die Idealtypen seiner Teile lenken die Aufmerksamkeit auf mehrere bis dahin voneinander getrennte empirische Bereiche.

2. Dann werden die Dimensionen und Merkmale der einzelnen Komponenten aufeinander und auf den jeweiligen Kontext projiziert und eröffnen damit Möglichkeiten sinnvolle Querverbindungen herzustellen und gleichzeitig andere auszuschließen. Von den Teilen zu ihrem Kontext und dann wieder zurück zu gehen, entspricht dem bekannten *hermeneutischen Zirkel* (siehe Abbildung 2.6), bei dem Hypothesen über die Zusammensetzung des Ganzen rekursiv formuliert und anhand der möglichen Bedeutungen seiner einzelnen Bestandteile und dessen, was der gegebene Kontext ermöglicht, überprüft werden. Dieser Prozess setzt sich solange fort, bis aus irgendeinem empirischen Bereich ein hypothetisches Muster, sprich eine Metapher, hervortritt, die sich selbst als bedeutungsvolle Möglichkeit durchsetzt, die anfangs unvertraute Zusammensetzung des Artefakts zu erklären.

3. Schließlich werden *die metaphorischen Ableitungen einer Metapher im Zuge des Interfaces mit dem Artefakt,* um das es geht, überprüft. Verläuft diese Überprüfung im Kontext einer Vielfalt ähnlicher Artefakte wiederholt erfolgreich, entsteht schließlich der Idealtyp einer Kategorie gebräuchlicher Artefakte.

Entscheidend für die meisten visuellen Metaphern ist die Ähnlichkeit zwischen einem oder mehreren Teilen eines Artefakts mit Objekten eines verwandten empirischen Bereichs, also dem Herkunftsbereich der Metapher, aus dem die erwünschten Bedeutungen importiert werden. Lisa Krohns viel diskutiertes Phonebook in Abbildung 3.8a (Aldersey-Williams et. al. 1990, S. 47) stützt sich auf die Seiten eines Buches, die während des Lesens umgeblättert werden, wobei sich die Funktionsweise der Tastatur und damit des Telefons verändert. Die Tasten bleiben materiell dieselben, führen aber verschiedene Operationen aus, je nachdem, welches Blatt gerade aufgeschlagen ist.

 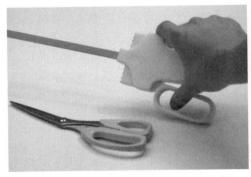

3.8 Metaphern für Selbstverständlichkeit und verlässliche Handhabung. (a) Phonebook von Lisa Krohn, 1987, (b) chirurgisches Instrument von Reinhart Butter, 1982.

Reinhart Butters Design für ein medizinisches Abklemmungsgerät orientiert sich an einem anderen bekannten Artefakt, der Schere. Abbildung 3.8b zeigt das Soft-Foam-Modell eines Instruments, mit dem Adern abgeklemmt werden, um den Blutfluss während eines chirurgischen Eingriffs zu unterbinden. Im Büro- und Baukontext sind solche Heftvorrichtungen weit verbreitet, doch hier funktioniert das Verfahren anders. Es kommen dabei kleine V-förmige Klammern zum Einsatz, die an der Spitze des Gerätes geschlossen werden müssen. Das Zusammenpressen der Fingerringe zieht eine kleinere, aber damit korrelierte Bewegung nach sich, mit der dieser Schließmechanismus vollzogen wird. Beim Abklemmen richtet sich die Aufmerksamkeit auf das präzise Schließen der Klammern und nicht darauf, wie das Gerät sich bedienen lässt, sodass dessen Funktionsweise offenkundig sein muss. Butter entwarf eine Affordance, mit der die Finger einer Hand in die beiden Öffnungen passen, unabhängig davon, ob jemand Links- oder Rechtshänder ist. Damit wird auf der Grundlage der praktischen Erfahrungen mit Scheren ein metaphorischer Prozess in Gang gesetzt, mit dem man die gewünschte Handbewegung ausführt. Darüber hinaus verlagerte Butter einen Teil des Mechanismus in die Handfläche des Chirurgen, sodass dieser eine zusätzliche Kontrolle ausüben kann, die bei der Anwendung einer Schere nicht zur Verfügung steht. Letzten Endes war es die offensichtliche Ähnlichkeit mit einer Schere, welche die mit Scheren gemachten Erfahrungen zuverlässig auf das chirurgische Gerät übertragbar werden ließ.

Ein weiteres Beispiel ist die Arbeitstisch-Metapher, derer sich die Firma Xerox bei der Gestaltung ihrer Großkopierer bediente. Kopierer akzeptieren Papierdokumente und erstellen Duplikate mit Hilfe von Verfahren, die die Benutzer nicht unbedingt vollständig verstehen müssen. Die frühesten Tischkopierer fertigten von einem einzigen Original mehrere Kopien. Als Xerox Kopierer in der Lage waren, größere Anzahlen von Originalen zu kopieren und zu unterschiedlichen Dokumenten zusammenzustellen, nahm ihre Ähnlichkeit mit großen Druckmaschinen zu. Sie bestanden aus komplexer Hardware, warfen jedoch gegebenenfalls auch verwirrende Fragen auf, wenn es darum ging, wo die unterschiedlichen Papierarten (Originale, Kopierpapier und fertige Kopien) eingelegt oder herausgenommen werden sollten. Auf der Suche nach einer guten Metapher für den Umgang mit dieser zunehmend komplexen Maschinerie griffen die Designer auf die Erfahrungen zurück, die für die Benutzer von Kopierern selbstverständlich waren, nämlich die Erfahrungen in einer Papierwelt zu leben, die aus Schreibtischen und Papierstapeln in Ablagekästen oder Schubladen bestehen und in der ihr Arbeitsprozess zwischen den Ablagen für eingehende und denen für ausgehende Dokumente verläuft. Daraus folgerten sie, dass Benutzer von Kopierern einen Kopierer dann am besten verstehen, wenn er mit dem ihnen vertrauten Umgang mit Papier bedient werden kann.

So integrierten die Xerox-Designer den Mechanismus des Kopierers in einen Behälter, dessen Form an einen Tisch erinnert, auf dem Büroangestellte normalerweise mit Papier hantieren. Dieser war jedoch so hoch, dass man stehend daran arbeiten konnte, was auch auf vorübergehende Benutzung hinweist. Der Kopierer fungierte also wie eine Art Arbeitstisch. Außerdem stapeln Büroarbeiter Papier gewöhnlicherweise mit der Schriftseite nach oben, damit man sofort sehen kann, was auf dem Papierstapel liegt. Dieser Beobachtung entsprechend entwickelten die Xerox-Designer einen ablageähnlichen Korb mit einer papiergroßen Öffnung, in den die Benutzer einen Stoß von Originalen einlegen können und zwar mit der Schriftseite nach oben. Dieses Verfahren unterschied sich von der üblichen Art, Originale umgedreht in einen Schlitz schieben zu müssen und gab den Benutzern die Sicherheit zu sehen, was sie kopierten. Bei der Ausgabe der Kopien orientierten sich die Designer am üblichen von einer Seite zur anderen verlaufenden Arbeitsablauf und platzierten die Öffnung für die Ausgabe der Originale daher auf der gegenüberliegenden Seite des Eingabekorbes. Um keine Verwirrung hinsichtlich der Frage aufkommen zu lassen, wo die Originale eingespeist und wo die Kopien ausgegeben wurden, sorgten die Gestalter dafür, dass sich Originale nur mit Mühe in die Ausgabe einspeisen ließen. Typische Schreibtische haben auch Schubladen, in denen man Dinge aufbewahrt die mit Schreibtischarbeit zu tun haben. In Anlehnung an die Arbeitstisch-Metapher wies der Kopierer Schubladen auf, die die Papiervorräte enthielten und sich vom Gehäuse der Maschine in farblicher Hinsicht und durch Griffe absetzten, die andeuten sollten, dass sich die Schubladen öffnen lassen, indem man daran zieht.

Das Vermischen verschiedener Metaphern sorgt häufig für Verwirrung. Die Herstellung von Ähnlichkeiten auf mehreren Ebenen sollte immer dem besseren Verständnis dienen. In der Tat trug die Kohärenz der Metaphern, die bei diesem revolutionären Kopierer verwendet wurden, wesentlich zu seiner Benutzerfreundlichkeit bei. Seit Xerox-Kopierer in den 1980er Jahren den Markt beherrschten, ist die Kopiertechnologie natürlich fortgeschritten. Sie ist wesentlich kleiner und das massenhafte Kopieren ist ein sehr verbreitetes Phänomen geworden. Die Technologie heutiger Kopierer ist etwas geschrumpft, sodass die Arbeitstisch-Metapher nicht mehr im Vordergrund steht, auch wenn man an den meisten heutigen Kopierern diese Metapher erkennen kann.

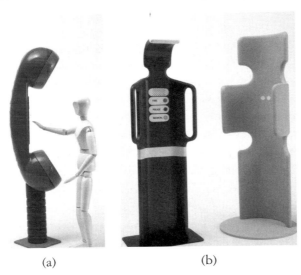

(a)   (b)

3.9 Metonym und Metapher bei Entwürfen für Notruftelefone. (a) Metonymie mit Signalqualitäten, (b) Sicherheitsmetapher.

Der Gebrauch visueller Metaphern prägt also, wie gezeigt, Designprozesse, die das Verständnis der Benutzer insbesondere neuer Artefakte zum Ziel haben. Gestaltet man einen Handcomputer so, dass er wie eine Schreibtafel wirkt, greift man damit auf die vertraute Tätigkeit des Schreibens zurück. Macht man einen Fernsehbildschirm so flach, dass er sich an der Wand anbringen lässt, bezieht man sich damit auf das vertraute Aufhängen eines Bildes, das für die Betrachter ein Fenster in vergangene oder entlegene Welten darstellt. Diese und viele andere technologische Entwicklungen werden von Metaphern motiviert und die entsprechende Technologie folgt ihnen in der Regel auf den Fuß.

Metaphern transferieren nicht nur praktische Erfahrungen von einem anderen Bereich auf den gegenwärtigen. Sie können auch *Gefühle* transferieren. Butters Designstudenten an der Ohio State University demonstrierten diese Möglichkeit anlässlich der

Gestaltung eines öffentlichen Notruftelefons. Abbildung 3.9 illustriert zwei ihrer Vorschläge, (a) zeigt einen Telefonhörer und damit vermutlich das auffallendste metonymische Sinnbild für einen solchen Apparat. Zwar ist das überdimensionale Format ein hervorragender, da deutlich sichtbarer Hinweis auf den Standort des Telefons, doch es zeigte sich, dass dieser Lösungsvorschlag den psychologischen Bedürfnissen eines in einer Notlage befindlichen Anrufers nicht gerecht wurde. In dem als (b) bezeichneten endgültigen Vorschlag (abgebildet ist eine frühere Fassung) verwendete der Designer die Metapher eines Schutzschildes für den gesamten menschlichen Körper, also eine Form die den Benutzer halb ummantelt und so die in einer Notlage erforderlichen Gefühle von Schutz, Sicherheit und Privatheit erzeugt.

Abbildung 3.10 zeigt drei Entwürfe für den Innenraum von Aufzügen. Butter stellte seinen Studenten die Aufgabe, Metaphern zu suchen, die das in engen Räumen häufig auftretende Gefühl von Klaustrophobie reduzieren würden. In dem Aufzugsentwurf für Bürogebäude (a) wird durch die Darstellung abstrakter Landschaften und die Deckenbeleuchtung ein Gefühl räumlicher Ausdehnung und Offenheit erzeugt. Bei dem Entwurf für ein Krankenhaus (b) sorgen Nischen dafür, dass sich Menschen auch dann sicher fühlen, wenn im Aufzug gleichzeitig medizinische Geräte, Krankenbetten oder Rollstühle transportiert werden. Der Aufzug für einen Sozialwohnungsbau (c) greift auf die Metapher einer Höhle zurück. Der Benutzer betritt einen einladenden Aufzug, der bereits «prophylaktisch in Mitleidenschaft gezogen» wurde, um von mutwilligen Zerstörungen abzuhalten.

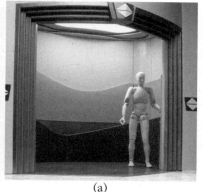

(a)

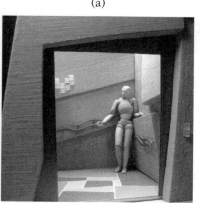

(c)

(b)

3.10 Metaphern bei der Aufzuggestaltung. (a) Für ein Bürogebäude, (b) für ein Krankenhaus, (c) für einen Sozialwohnungsbau.

Eine wichtige Klasse von Metaphern, die es hier zu erwähnen gilt, sind Orientierungsmetaphern (Lakoff und Johnson 1980, S. 22–30): vorn und hinten, hinauf und hinunter, hoch und tief, richtige und falsche Richtung. Die meisten dieser Metaphern basieren auf idealtypischen Relationen zwischen den Artefakten und dem Körper ihrer Benutzer, womit sich der Benutzer insbesondere konfrontiert sieht. Gebäude haben eine Fassade, Schranktüren eine Schauseite und Fernsehgeräte eine Vorder- und eine Rückseite, ebenso wie Bücher, Kreditkarten und Autos. Orientierungsmetaphern entstammen sehr früher Erfahrungen in der zwischenmenschlichen Kommunikation. Bei einem Gespräch befinden wir uns unserem Partner gegenüber, und das menschliche Antlitz ist das, was am meisten zählt. Wenn man einen Fotografen bittet, eine Aufnahme von einem Fernsehgerät oder von einem Freund zu machen, dann wäre es zumindest seltsam, wenn der Fotograf ein Bild machen würde, das das Gerät oder den Freund von hinten zeigt. Es ist kein Zufall, dass die Waren in Geschäften in derselben Richtung präsentiert werden, wie sie auch der Benutzer aufstellen würde. In Elektroläden blicken die Fernsehbildschirme die Besucher an und in Buchläden ist die vordere Umschlagseite der Bücher das Gesicht. Das menschliche Antlitz ist der ausdrucksstärkste und variantenreichste Teil des menschlichen Körpers. Das metaphorische Antlitz eines Artefakts ist das, was seine Variablen, Steuerelemente und Displays enthält, mit denen der Benutzer in der Regel interagiert. Auch beschränkt sich das Erkennen von Artefakten häufig auf das, was ihren Benutzern typischerweise zugewandt ist.

Essbestecke mögen keine Vorder- oder Rückseite haben, aber natürlich werden Gabeln, Messer und Löffel so hingelegt, dass ihre Griffe den Benutzern zugewandt sind, während die gefährlichere oder schärfere Seite von ihnen weg weist. Im Gegensatz hierzu ist es bei Skulpturen in der Öffentlichkeit unabdingbar, dass sie von allen Seiten etwas aussagen und attraktiv sind. In der Politik heißt es, ein runder nicht in eine bestimmte Richtung ausgerichteter Tisch sei dem Erfolg von Verhandlungen eher zuträglich als ein langer Tisch mit privilegierten Sitzen an beiden Enden. Dort, wo es Orientierungsmetaphern gibt, neigen Designer dazu, sich mit den ‹Gesichtern› der Artefakte mehr Mühe zu geben als mit dem, was sich hinter ihnen oder auf deren Seiten abspielt. Man betrachte hierfür nur die Rückseite eines Fernsehers, die Unterseite eines Autos oder das, was sich hinter einem Computer oder unter einem Teppich befindet. Lannoch und Lannoch (1989) haben den Gebrauch solcher Metaphern für die semantische Organisation von Wohnzimmern untersucht.

Metaphern müssen kulturell korreliert sein. So korreliert oben mit gut und unten mit schlecht (Lakoff und Johnson 1980), vorne mit wichtig, und hinten mit unwichtig, hoch mit überlegen und niedrig mit unterlegen. Auch wenn es keine zwingende Notwendigkeit gibt, Artefakte mit diesen Einsichten zu gestalten, kann die Berücksichtigung solcher Korrelationen allgemein vertraute Alltagserfahrungen ‹importieren›, die auf dem Gebrauch aller möglichen Artefakte, nicht zuletzt solcher der interpersonellen Kommunikation, beruhen. Schon der Begriff des «Interface» setzt die Erfahrung zweier Menschen voraus, die einander ins Antlitz schauen, und legt damit ein Interesse daran nahe, was sich zwischen ihnen abspielt.

Der Gebrauch von Metaphern sollte nicht mit der Absicht verglichen werden, einem Artefakt ein fremdes Gewand zu geben, etwa Telefone so zu gestalten, dass sie wie die von Jägern benutzten Entenköder aussehen oder die Gestalt einer Micky Maus annehmen. Vom spielerischen Element abgesehen, können Metaphern dem Verständnis und dem Gebrauch dienen, deren Benutzer aber auch in die Irre führen. Bei der Gestaltung von Multiuser-Systemen, insbesondere von Artefakten, die vermutlich nur selten zum Einsatz kommen wie Feuerlöscher in öffentlichen Gebäuden, ist es wichtig, dass Designer konservativ handeln und sich auf die verbreitetsten und verständlichsten Formen verlassen, auf die unzweideutigen Idealtypen oder «toten Metaphern», von denen oben die Rede war.

Visuelle Metaphern sollten aber nicht mit verbalen Analogien verwechselt werden. So hatte etwa ein Designer, lange nachdem sich die Computermaus als Mittel zum Anzeigen, Anklicken und Bewegen von Gegenständen auf einem Computerbildschirm durchgesetzt hatte, die Idee, eine neue Form vorzuschlagen, die der Form einer buchstäblichen Maus entsprach, also Maus wörtlich zu nehmen. Doch dies trug nichts zum Verständnis der Benutzer bei. Sie war ein Gesprächsobjekt, lenkte jedoch von der effizienten Verwendung dieser Vorrichtung ab.

Ebenso wenig sollten Metaphern mit den symbolischen Bedeutungen verwechselt werden, also mit willkürlichen Zeichen für etwas anderes, wie der von Philippe Starck entworfene zeitgenössische Stuhl «Louis XX» zeigt. Dieser Stuhl war als «eine Sitzgelegenheit für die zahlreichen ungekrönten ‹Könige› des 20. Jahrhunderts» (Steffen 1997, S. 22). Ob gewöhnliche Menschen den Stuhl so interpretieren, ist zumindest fraglich. Doch selbst wenn es statistisch nachweisbare Assoziationen zwischen seiner Form und dem Monarchischen gäbe, was eine empirische Frage ist, muss sich der Designer fragen, was diese Assoziation von ‹Königlichem› bewirkt: eine aristokratische Weise auf diesem Stuhl zu sitzen oder falsche Illusionen zu unterstützen.

Schließlich muss betont werden, dass man visuelle Metaphern nicht als solche beobachten kann. Sie erklären, wie Erfahrungen mit vertrauten Artefakten auf die Benutzung von unvertrauten oder neuen Artefakten übertragen werden. Insofern es bei Design primär um Neues geht, können visuelle Metaphern dieses Neue verständlich machen. Designer mögen durchaus davon überzeugt sein, sie hätten eine Metapher «gefunden», doch wenn diese keine unmittelbare Vertrautheit mit ihrem Entwurf erzeugt, werden die Benutzer mit ihr nichts anfangen können. Die metaphorische Deutung eines Artefakts ist dann zu befürworten, wenn man unerwünschte Reaktionen damit ausschließt und stattdessen Ähnlichkeiten zwischen den Teilen eines neuen und zunächst unbekannten oder mehrdeutigen Artefakts und den für deren Benutzer vertrauten Artefakten nahelegt, sodass die vertrauten Bedeutungen der Interaktion den neuen Artefakten zugutekommen. In diesem Sinne ist ein Großteil des Designs metaphorisch. Selbstverständlichkeit, also das scheinbar mühelose Erkennen dessen, worum es sich handelt, und das Erreichen des Zustandes von Vertrauen folgt häufig nicht mehr als einer «toten» aber höchst effektiven Metapher.

3.3.3 Attraktivität

Artefakte attraktiv, herausragend und begehrenswert erscheinen zu lassen, war nahezu das einzige Anliegen des Designs im Industriezeitalter. Es brachte eine Fülle von Texten über Ästhetik, Stil, Komposition, angenehme geometrische Eigenschaften und, in jüngerer Zeit, über sogenannte «pleasurable products» – Freude erregende Produkte – hervor (Tahkokallio und Vihma 1995; Green und Jordan 2002). Die hier vertretene Auffassung ist allerdings human-centered. Sie hebt hervor, dass es nicht die formalen Qualitäten von Artefakten sind, die sie attraktiv machen, sondern dass es die Wahrnehmungen von Artefakten sind, die ihre potenziellen Benutzer gerade zu bestimmten Artefakten und eben nicht zu anderen hinziehen – und zwar vor ihrem Erwerb, ihrer Erkundung und schließlich ihrem vertrauten Gebrauch.

Attraktivität ist *eine relative Eigenschaft*. Sie existiert nur im Gegensatz zu dem, was nicht die Aufmerksamkeit weckt. Wenn alle Gegenstände und ihr Hintergrund dieselbe Farbe haben, ragt keiner heraus. Wenn alle in einförmigen grauen Schachteln stecken, benötigt man Etiketten um sie voneinander zu unterscheiden. Was an Artefakten attraktiv ist, fällt eher auf. Es unterscheidet sich von verblasstem, getarntem oder im Hintergrund bleibendem. Das soll nicht heißen, dass Artefakte aufmerksamkeitsheischend sein, sich durch Geräusche, leuchtende Farben, ungewöhnliche Formen oder bewegliche Teile bemerkbar machen sollten. Wenn sie nicht benötigt werden, sollten Artefakte im Hintergrund bleiben und Benutzer anderer Gegenstände nicht von ihrer gegenwärtigen Tätigkeit ablenken. Verpackungsdesigner wollen, dass ihre Produkte Käufer anziehen, und Chirurgen dürften daran interessiert sein, dass ihre Instrumente in dem Moment zur Hand sind, in dem sie tatsächlich benötigt werden.

Extrem abstoßende und potenziell gefährliche Artefakte mögen genauso ins Auge springen wie schöne und nützliche, doch da die Aufmerksamkeit immer selektiv ist, ist es bei den schöneren wahrscheinlicher, dass man sie betrachtet, erwirbt, erkundet, ihnen vertraut und sie benutzt. Doch indem sie Artefakte lediglich attraktiv also deren Ästhetik zu ihrem primären Anliegen machen, bewegen sich Designer auf dünnem Eis. Ästhetik ist eine philosophische Disziplin, die Theorien darüber formuliert, was als schön gilt. Tatsächlich liegt Schönheit stets im Auge der Betrachter und deren Gemeinschaft. Theorien sind bekannt dafür, blind für kulturelle Veränderungen zu sein. Das, was als attraktiv empfunden wird, verändert sich im Lauf der Zeit und wird von unterschiedlichem Interesse für verschiedene Benutzergemeinschaften. Ein Auto, das vor zwanzig Jahren als schick galt, kann heute völlig gewöhnlich, sprich unattraktiv, erscheinen. Selbst die ästhetischen Gründe, die man damals angab, warum und für wen es anziehend wirkt, können mit dem Auto veralten. Sprache und Wahrnehmung verändern sich unmerklich. Es folgt eine Liste von Kontrasten die möglicherweise dauerhaft sind und auf die sich Designer berufen können, um die Attraktivität ihrer Entwürfe im Vergleich mit Vorhandenen zu erhöhen – aber immer im Hinblick auf die sozialen oder kulturellen Veränderungen.

- *Neuheit* ist wahrscheinlich der wichtigste Attraktivitätsfaktor. Sie steht im Gegensatz zu Altem, Gebrauchtem oder Abgenutztem. Sie kann aber auch das Gegenteil bewirken, wenn das Artefakt so ungewöhnlich ist, dass es in keine bekannte Kategorie passt. Ein damit verwandter Attraktivitätsfaktor ist Einzigartigkeit. Einzigartigkeit ist vor allem für diejenigen anziehend, denen es darum geht, ihre eigene Identität gegenüber anderen herauszuarbeiten. Mode ist ein gutes Beispiel dafür, wie sich Neues von Vertrautem absetzt – aber wie bereits erwähnt, nur wenn sie sich in bestimmten Grenzen bewegt.

• *Am rechten Ort:* Attraktivität hängt eng damit zusammen, dass Dinge da sind, wo man sie vermutet. Etwas nicht zu finden, ist frustrierend, unabhängig davon, ob der Grund darin liegt, dass es nicht deutlich von seiner Umgebung zu unterscheiden ist, sich hinter anderen Dingen verbirgt oder sich da befindet, wo man es am wenigsten erwartet.

• *Einfachheit* ist häufig anziehend, insbesondere zwischen den beiden Gegensätzen: verwirrender Komplexität und Langeweile. Bei der Gestaltung von Computer-Interfaces kann Einfachheit sowohl der Verständlichkeit dienen als auch natürliche Bedienbarkeit verheißen, ein wichtiger Aspekt, da die interne Funktionsweise von Computern den meisten Benutzern nicht bekannt ist und deren Darstellung unnötig wäre.

• *Einheitlichkeit* kann vielerlei Gestalt annehmen: ein gemeinsames Thema für die Bestandteile eines Artefaktes, ähnliche Gestalten, Formen oder deren Inhalte[5]. Einheitlichkeit bringt jene Artefakte besonders zur Geltung, deren Teile über offensichtliche gemeinsame Eigenschaften verfügen, zusammengehören und sich diesbezüglich von anderen Dingen ihrer Umgebung absetzen. Dagegen treten Arte-fakte, deren Bestandteile keine einheitliche Organisation aufweisen, unterschiedliche visuelle Metaphern benutzen, also ohne in erkennbaren Zusammenhangen zu stehen, leicht in den Hintergrund.

• *Regelmäßigkeit:* der Eindruck eines ordentlichen Arrangements der einzelnen Kompo-nenten, Kontinuität, Wiederholung einer natürliche Abfolge von links nach rechts und von oben nach unten (in Analogie zur Leserichtung in den meisten westlichen Kulturen) – im Gegensatz zu unordentlichen Arrangements, scheinbarer Willkür und abrupten Brüchen in den Umrissen der Formelemente von Artefakten.

• *Symmetrie:* Als eine spezifische Art von Regelmäßigkeit beruht Symmetrie auf erkennbaren Transformationen von Formen, etwa wenn die linke Seite die rechte spiegelt, wie bei den Blättern von Pflanzen, dem menschlichen Körper und bei der Gestaltung von Autos (mit Ausnahme des Armaturenbretts und des Fahrersitzes). Symmetrie ist attraktiv wegen ihrer Redundanz, der Einfachheit ihrer Erklärun-gen (als Transformationen), sie fördert das unmittelbare Verständnis. Asymmetrie lässt sich schwieriger fassen, doch ohne dem obigen zu widersprechen, kann sie als bewusst erkennbares Abweichen von erwarteten Symmetrien ebenfalls anziehend wirken.

• *Ausgewogenheit:* Eine etwas zweifelhafte verbale Metapher, die auf das Abwägen ungleicher Teile einer Komposition zurückgeht. Sie bedient sich verschiedener Attribute wie harmonisch, organisch, proportional, im Gleichgewicht oder im Einklang miteinander zu sein und wendet sie auf Größenverhältnisse, Formen, Farb-

---

5 Interessanterweise entsteht die Unterscheidung von «Inhalt» und «Form» im Gebrauch der sogenannten und weit verbreiteten Behälter Metapher [engl.«container metaphor»] (Lakoff & Johnson, 1980, S. 29–32). Sie konzipiert Formen als metaphorische Gefäße, die von einem Ort an einen anderen befördert werden können, und ihre Inhalte ohne substantieller Veränderung zu befördern. Diese Metapher ist für viele epistemologisch zweifelhafte Begriffe verantwortlich, unter ande-rem das sie das was man als Lesarten beschreiben sollte objektiviert und ihre Autoren für die Folgen verantwortlich macht.

kombinationen und Melodien an. Die Grundannahme besteht darin, dass gleichgewichtige Kompositionen deshalb anziehend wirken, weil sie angenehm erscheinen, visuell oder akustisch, während Ungleichgewichtiges irritiert und die Aufmerksamkeit eher ablenkend auf sich zieht.

- *Pro-/Anti-Raster:* In der Typografie, im Interfacedesign und in der Architektur dienen Raster dazu, Regelmäßigkeit zu erzeugen. Sie schreiben einen Rahmen, eine Organisation oder ein Schema vor, in das die verschiedenen Teile eines Artefaktes einführbar und ihre Beziehungen zueinander leicht lesbar sind. Artefakte, bei denen ein Raster zum Einsatz kommt, wirken dort anziehend, wo der Raster leicht gestört wird, also an dessen Rändern, oder da, wo ein Raster mit einem anderen zusammentreffen, sie also auf unterschiedlichen Geometrien oder Schemas basieren. Platziert man etwa Schrift in diagonaler Richtung, so weckt das größere Aufmerksamkeit, als wenn sie innerhalb eines typischen Texts angeordnet wird.

- *Intentionalität:* Designer nehmen sich viele Freiheiten, um von Konventionen, Stereotypen Erwartungen, gängigen Schönheitsbegriffen und gesellschaftlichen Normen abzuweichen. Sie legen dabei aber großen Wert darauf, dass diese Abweichungen als beabsichtigt und einem Zweck dienend wahrgenommen werden. «Intention» soll hier nicht als ein kognitiver Zustand verstanden werden, sondern als Formmerkmal, das sich als intentional und beabsichtigt oder zufällig und unbeabsichtigt interpretieren lässt. Solche Interpretation ist geläufig. Schon Kinder, die feststellen, dass sich an ihrem Spielzeug ein Knopf befindet, erkennen dessen Intention und verspüren das Bedürfnis, ihn zu drücken. Bei jeder Diskontinuität, Öffnung, Lücke, bei allen Teilen, die sich durch Form, Farbe oder eine ungewöhnliche Anordnung unterscheiden, neigen Benutzer dazu, nach einem Grund dafür zu suchen. Und wenn sie diesen nicht finden, betrachten sie das, was sie sehen, als schlecht konzipiert, unzureichend oder willkürlich zusammengesetzt, sprich als unattraktiv. Etwas, das als gut gestaltet oder offensichtlich klug konzipiert wahrgenommen werden kann, also weder zufällig noch übertrieben, «gewollt», gekünstelt oder sinnlos ausgeschmückt gesehen wird, erhält dadurch etwas Anziehendes. Erkennbare Intentionalität war der Stolz des mittelalterlichen Kunsthandwerks und für ernsthafte Designer gilt das immer noch.

3.4 Erkunden

Erkunden geht dem Gebrauch voraus. Benutzer von Artefakten haben das Bedürfnis zu wissen, worauf sie sich einlassen, wie sich ihr Interface mit dem Artefakt leicht steuern lässt, ohne seine Bedeutung zu verlieren. Es dürfte etwas mit dem Kartesianismus und der Technologie-getriebenheit zu tun haben, dass Gestalter ihr Augenmerk eher darauf ausrichten, was ein Artefakt ist, wie es funktioniert, und wozu es produziert wurde, statt darauf, wie man es sinnlich erfassen, untersuchen und ausprobieren kann, um seine Bedeutung und seinen möglichen Gebrauch zu verstehen. Die Unterschiede zwischen den drei Formen des Involviertseins sind wichtig. Erkennen wird von der sinnlichen Wahrnehmung dominiert, Erkunden impliziert zusätzliche Handlungen, beispielsweise wenn man sich Fragen bezüglich der Benutzung eines Artefakts stellt und sie systematisch und empirisch zu beantworten sucht oder unbekannte Charaktermerkmale ausprobiert, während Vertrauen in einem Interface auftritt, wenn der menschliche Körper und das Artefakt zu einer interaktiven Einheit verschmolzen sind. Wie Abbildung 3.4 zeigt, gibt es zwei Einstiege in den Prozess des Erkundens, nämlich Erwerb und Unterbrechung. Erwerb folgt dem Erkennen eines Gegenstandes und Unterbrechung dem unerwarteten Scheitern des Vertrauens in ein Interface. Erkennen kann dazu führen, dass man ein Küchengerät aus einem Regal an die benötigte Stelle bringt, einen Computer kauft und ihn am gewünschten Ort installiert oder die Entscheidung trifft, Student an einer Universität zu werden. Bei einer Unterbrechung hingegen geht es darum, wie bereits erwähnt, dass vertraute Interaktionen mit einem Artefakt unerwartete Zustände herbeiführen, sei es, dass man Fehler gemacht hat oder das Zusammenbrechen eines Artefaktes nicht früh genug erkannt hat, in jedem Fall verhält sich ein Artefakt nicht so, wie man es erwartet hat. Beide Wege implizieren Aufmerksamkeitsverschiebungen, nach denen Benutzer das nötige Know-how zu erwerben versuchen, also das Verständnis dafür, wie ein Artefakt am besten gehandhabt werden kann, was es ermöglicht und wozu es unbrauchbar ist. Erfolgreiches Erkunden erlaubt ein unterbrochenes Vertrauen in ein Interface wiederherzustellen oder das Artefakt als momentan unbrauchbar abzulegen.

3.4.1 Benutzerkonzeptionelle Modelle (UCM «user conceptual models»)

Human-centered Designer haben erkannt, dass sowohl das Erkennen wie auch das Erkunden auf sogenannten «benutzerkonzeptionellen Modellen» oder UCM beruht. Solche Modelle fassen die Erfahrungen zusammen, die die Benutzer an Artefakte herantragen, um diese zu benutzen. *Ein UCM ist ein Netzwerk operationeller Konzepte, von dem man annimmt, es informiere darüber, wie deren Besitzer mit einem Artefakt umgehen können, und welche Folgen sich daraus ergeben.*[6] So wie wir uns auf die Idealtypen vertrauter Artefakte verlassen können, um die Kategorien von Artfakten zu erkennen, so verlassen wir uns auf ein Netz von allerdings detaillierten Begriffen, die uns Gewissheit darüber verschaffen, wie deren Besitzer zu der Bedeutung eines Artefakts kommen, und was sie von der Wahrnehmung des Umgangs mit ihm erwarten. Man muss sich darüber im Klaren sein, dass UCMs Konstruktionen von Designern sind, um Benutzerverhalten zu erklären. In ihnen manifestiert sich ein Verstehen zweiter Ordnung. Wichtig ist auch die Einsicht, dass es sich bei solchen Modellen nicht um die kognitiven Modelle eines Benutzers handelt, da es immer um Interaktionen mit Artefakten geht, die von mehreren Personen benutzt werden sollen. Solche Modelle müssen daher die ganze Vielfalt repräsentieren, die in einer Gemeinschaft von Benutzern existiert, sie sollen keine Idealtypen davon abstrahieren, sondern alle nützlichen Details berücksichtigen. Schließlich können UCMs nur das erklären, was entweder beobachtbar ist oder von Benutzern artikuliert wird, was die Beobachtung von Benutzerverhalten wesentlich bereichert. Bei der Konstruktion von UCMs ist zu beachten, dass Menschen nicht alles artikulieren können, was sie tun, dass man, von sprachlichen Erläuterungen abgesehen, nur die Folgen von UCMs anderer Personen beobachten kann, und dass wir aber meistens anders denken, als wir zu denken meinen.

---

6 Lakoff (1987) bezeichnet sie als «idealisierte kognitive Modelle» oder ICMs («idealized cognitive models»).

Abbildung 3.3 veranschaulicht, wie ein Designer ein menschliches Interface verstehen kann. Im äußeren Rahmen zeigt sie das UCM eines Designers, im inneren das des Benutzers eines Artefakts, also, wie gegenwärtige Sinne Bedeutungen aktivieren, wie Bedeutungen sich in Handlungen entfalten und erwartete Sinneswahrnehmungen nach sich ziehen, die, verglichen mit tatsächlichen Wahrnehmungen, entweder bestätigt werden oder Unterbrechungen verursachen. Im Folgenden werden drei Beispiele für UCMs beschrieben.

Zunächst, Landkarten: Zu jedem beliebigen Zeitpunkt verortet uns unser sinnvoller Umgang mit unserer Umgebung nicht in der «Realität», sondern auf einer vorgestellten Landkarte. Wir stützen uns auf kognitive Landkarten, um uns auf vertrautem Gelände zurechtzufinden, in unserem Wohnviertel oder zu Hause, im Dunkeln beispielsweise. Wenn wir durch eine uns unbekannte Stadt fahren, können wir uns eines Stadtplans bedienen, um uns zurechtzufinden. Ohne irgendeine Art von Karte, ist es uns unmöglich zu wissen, wo wir sind und was wir tun müssen, um von unserem gegenwärtigen Standort zu einem anderen zu gelangen. Und ebenso wenig wissen wir, was uns unterwegs erwartet. Eine Straßenkarte kann die Kirche, die wir sehen, in einen Referenzpunkt verwandeln, der die Richtigkeit des von uns vorgestellten Weges bestätigt. Indem wir die zu- oder abnehmenden Hausnummern mit den Angaben in unserem Stadtplan vergleichen, können wir feststellen, ob wir in die gewünschte Richtung fahren oder nicht. Eine Karte ermöglicht uns Abkürzungen zu erkennen, Haupt- und Nebenstraßen zu unterscheiden und Bezirksgrenzen wahrzunehmen, die wir ohne sie kaum erkennen könnten. Referenzpunkte, Abkürzungen, Haupt- und Nebenstraßen, Bezirksgrenzen und Zielpunkte haben also ohne Karte keine Bedeutung. Natürlich weisen Karten weniger Details auf als unser jeweiliger Standort – eine Tatsache, die besonders Semiotiker gerne verallgemeinern. Wichtiger jedoch ist festzustellen, dass es eine Karte ist, die unsere gegenwärtigen Sinneswahrnehmungen bedeutungsvoll macht und es uns ermöglicht, Erwartung für Zustände jenseits unserer unmittelbaren Wahrnehmung zu haben.[7] Ein UCM ermöglicht also Designern das vorwegzunehmen, was ein Artefakt für seine Benutzer bedeuten könnte. Daher sind UCMs der Schlüssel zum Verständnis dessen, wie Benutzer mit einem Artefakt interagieren. Sie beschreiben nicht die Natur eines Artefakts, sondern informieren Designer über die möglichen Handlungsweisen, mit denen sich Gestalter befassen müssen und die sie materiell unterstützen sollten.

Zweitens, elektrischer Strom: selbst Elektriker, haben bestimmte Vorstellungen davon, wie Strom funktioniert. Dafür gibt es mehrere populäre Modelle, die sich in der Regel an Metaphern aus vertrauteren Systemen wie etwa Rohrleitungen orientieren. Die Formulierung, Strom *fließe* durch ein Kabel, ist eine gängige Metapher. Stromkabel gibt es in unterschiedlichen Größen. Je größer sie sind, so die Metapher, desto mehr Strom

---

7 Aus menschbezogener Sicht dreht diese Beobachtung das Axiom der Semiotik «Eine Karte ist nicht das Territorium» auf den Kopf und versteht zum Beispiel eine Landkarte als primäre Quelle, ein Territorium als solches wahrzunehmen, zu verstehen und dementsprechend zu begehen. Menschen handeln gemäß der Bedeutungen, die deren Welt im besten Fall ermöglicht, aber auch verhindern kann, nicht indem sie die physikalischen Eigenschaften ihrer Umwelt abbilden. Dieses Axiom entlarvt die Semiotik als eine aus der Sicht eines den Menschen übergeordneten oder gottgleichen Beobachters konstruierten Theorie. Sie handelt wesentlich von Bedeutungen als Repräsentationen.

kann durch sie hindurchfließen, so wie das auch für den Wasserfluss in Wasserröhren gilt. Aufgeladener Strom fließt durch diese Röhren zu den Stellen, wo er benötigt wird, verbrauchter Strom hingegen fließt zurück und wird recycelt. Einem anderen populären Modell zufolge ist Strom in winzigen Elektronen enthalten, die durch Stromkabel hindurch fließen und von ihren aufgeladenen Quellen, an denen sie im Überfluss vorhanden sind, dorthin laufen, wo sie fehlen. Es überrascht nicht, dass der Anfang dieses Flusses als «plus» bezeichnet wird, und dessen Ende als «minus» oder «Erde». Gemäß einem dritten und später entstandenen Konzept ist die Funktionsweise von Strom vergleichbar mit der Erscheinung die man beobachten kann, wenn ein Stein in einen Teich geworfen wirft. Seine Energie verursacht sich konzentrisch ausbreitende Wellen, die mit wachsendem Abstand von seiner Ursache schwächer werden. Dementsprechend gibt es die Vorstellung, dass Elektronen an der Stromquelle kräftig oszillieren und deren Stärke durch die langen Drähte deutlich reduziert wird. Bemerkenswert ist, dass die heimische Installation von Elektrokabeln ohne Weiteres mit jeder dieser UCMs durchgeführt werden kann, obwohl es zweifelhaft ist, ob diese UCMs einem Elektroingenieur dienen, ein Radio zu bauen.

Drittens, Wärmeregulierung im Wohnbereich. Willet Kempton (1987) hat untersucht, wie verschiedene Leute mit ihren Hausthermostaten umgehen. Er zeichnete die jeweiligen Temperatureinstellungen auf, korrelierte sie mit der erreichten Raumtemperatur und befragte die Benutzer zu ihren Entscheidungen, die Temperatureinstellungen zu verändern. Dabei stellte er fest, dass die Benutzer zwei unterschiedliche konzeptionelle Modelle für die Wärmeregulierung anwandten, nämlich entweder das Ventil- oder das Rückkoppelungsmodell. Diejenigen, die die Temperatur mit dem Ventil-UCM kontrollierten, veränderten die Einstellung jedes Mal, wenn es ihnen zu kalt oder zu warm wurde. Das kam sehr häufig vor und erklärte daher auch die radikalen Schwankungen in der Raumtemperatur. Diejenigen hingegen, die den Thermostat mit einem Rückkoppelungsmodel bedienten, stellten die gewünschte Temperatur ein und gingen davon aus, dass die Heizung dafür sorgt, sie mehr oder weniger konstant zu halten. Letztere veränderten das Thermostat wesentlich seltener und erfreuten sich tatsächlich gleichmäßigerer Temperaturen. Beide UCMs führten nachweislich zu verschiedenen Verhaltensweisen. Doch die Benutzer hatten das Glück, dass die Gestaltung des Thermostats durch die Ingenieure beide UCMs zuließ, auch wenn dies vermutlich weder absichtlich noch in Kenntnis der UCMs geschah. Keines der beiden Modelle zog wesentliche Unterbrechungen nach sich, außer dass Eheleute mit unterschiedlichen UCMs sich in Unkenntnis dieser Verschiedenheit häufig in endlose Debatten über die richtige Temperatureinstellung verstrickten.

Die Lehre, die man aus diesen Beispielen ziehen kann, ist, ein Artefakt, das von verschiedenen Benutzern gebraucht wird, so zu gestalten, dass es mit allen oder zumindest mit den gängigsten UCMs bedient werden kann, die von potenziellen Benutzern möglicherweise an ihn herangetragen werden. Das zu erreichen erfordert detaillierte Untersuchungen, insbesondere wenn die UCMs von den Vorstellungen des Designers abweichen.

Die UCMs, die Kempton ermittelte, gingen auf ausführliche Gespräche mit Benutzern zurück. Sie klärten nicht nur, nach welchen Konzepten Benutzer mit Thermostaten umgingen, sondern wiesen ihre Unterschiede in den aufgezeichneten Temperaturschwankungen nach. Die verbalen Metaphern die er fand und mit tatsächlichem Verhalten korrelieren konnte, boten ein Fenster für die im Gebrauch befindlichen UCMs. UCMs lassen sich auch von Protokollen konstruieren, die dadurch entstehen, dass die Benutzer ihre jeweiligen Handlungen Schritt für Schritt beschreiben, während sie ausgeführt werden. Das Einstellen einer gewünschten Temperatur ist eine vergleichsweise einfache Handlung.

Die Entwicklung von UCMs geht zurück auf die Fragen, die sich Benutzer stellen, während sie ein Artefakt erkunden oder untersuchen, oder die sie einem Experten stellen, um nötige Anleitungen zu erhalten. Kommunikationen dieser Art kann man aufzeichnen und analysieren. Reine Beobachtungen von Interaktionen ergeben zwar weniger Aufschlüsse über die effektiven UCMs, sind aber besser als die Szenarien, die ein Designer in der Annahme erfindet, dass sich Benutzer so verhalten. Dort wo sich UCMs in Daten ausdrücken, gibt es analytische Techniken, mittels derer sich UCMs erstellen lassen. Ein Beispiel dafür ist ein Computerprogramm, das einen Autopiloten für ein großes Schiff entwickeln kann. Es lernt wie ein kompetenter Kapitän auf beobachtete Kursabweichungen reagiert, bis es die Fähigkeiten des Kapitäns modelliert hat und danach als Autopilot funktionieren kann. Ähnliche Techniken werden in der Programmierung von Produktionsrobotern verwendet, die lernen, die Bewegungen von Facharbeitern, etwa an einem Fließband, nachzuahmen und somit die UCMs der Benutzer operationalisieren.

UCMs sind also heuristische Konstruktionen, die das Dreieck aus Sinn, Bedeutung und Handlungen (wie in Abbildung 2.4 dargestellt) operationalisieren, und den Gestaltern dabei helfen zu erklären, wie eine Gemeinschaft potenzieller Benutzer in Interface-Beziehungen zu ihrem jeweiligen Entwurf treten kann. Wissenschaftliche Ansätze bei der Konstruktion von UCMs – Ethnographien, die versuchen, vorhandene Konzepte innerhalb einer Gemeinschaft zu beschreiben, und Computermodelle, die das Verhalten von Fachleuten modellieren, – beziehen sich auf Ist-Zustände. Doch Heideggers Beobachtung, dass Unterbrechungen uns zum Innehalten und Nachdenken über alternative Vorgehensweisen veranlassen, geht weiter. Sie legt dreierlei nahe:

- UCMs sind Konstruktionen, die das Verhalten von Benutzern erklären. Sie sind keine handlungsunabhängigen Repräsentationen einer Außenwelt. Sie ermöglichen es Gestaltern zu erklären, was Menschen tun, und wie sie handeln können, um die jeweils gewünschten Sinne hervorzubringen. Wie Straßenkarten sagen UCMs nichts voraus. Sie repräsentieren weder, wie die Außenwelt beschaffen ist noch was Menschen vorhersagbar tun werden. Sie beinhalten die Alternativen, die ihnen in einer bestimmten Situation zur Verfügung stehen. Für Designer erweisen sich UCMs weder als wahr noch falsch aber als mehr oder weniger brauchbar.
- UCMs ähneln eher Werkzeugkästen als einem Kausalsystem aus Reaktionen oder spezifischen Anweisungen. Unterbrechungen laden dazu ein, alternative Konzepte zu entwickeln und zu verfolgen. Das Gehirn ist wesentlich variabler als die Computermodelle der Kognitionswissenschaft. Selbst gewöhnliche Benutzer haben die Fähigkeit, mit vielen verschiedenen und vor allem neuartigen Artefakten zurecht-

zukommen, indem sie Konzepte aus einem empirischen Bereich auf gegenwärtige Probleme übertragen, also neue Wege gehen können.

• Auch UCMs sind Lernprozessen unterworfen. Begreift man UCMs als Karten, dann als solche, die ständig aktualisiert, revidiert, neu gezeichnet oder durch bessere ersetzt werden. Bei der Entwicklung von UCMs müssen Designer deren Modifizierbarkeit ebenso berücksichtigen wie ihre Fähigkeit, im Gebrauch immer komplexer zu werden.

Zusammengefasst könnte man UCMs als Inventare von Bedeutungsbündeln verstehen, die einer Gemeinschaft von Benutzern zur Verfügung stehen, die sie sich leicht aneignen und in Anbetracht der in Artefakten gesehenen Möglichkeiten in Interfaces umsetzen können.

3.4.2 Beschränkungen

Die Bandbreite möglicher Verwendungsweisen von Artefakten ist in der Regel wesentlich größer, als die Intentionen ihrer jeweiligen Designer. Als Beispiel seien die beliebten Plastikkästen für Milchflaschen, die entworfen sind, um Milchbehälter in Lebensmittelgeschäfte zu befördern, genannt. Ihre Eigentümer können schwerlich verhindern, dass sie auch auf andere, von ihnen unbeabsichtigte Weise verwendet werden, etwa als Bücherregale, Spielzeuge, Werkzeugkästen, Trennwände, Trittleitern oder Fahrradkörbe. Obdachlosen können sie zur Aufbewahrung ihrer Habseligkeiten dienen. Bindet man einen solchen Kasten an einen Pfosten und entfernt den Boden, verwandelt er sich in einen Basketballkorb. In den Händen eines Cholerikers hingegen kann er zur Waffe werden. Aus der Sicht des Lebensmittelhändlers, der für die Kästen bezahlt, sind diese Verwendungsweisen illegal, doch was will er schon dagegen tun? Ihre allgemeine Zugänglichkeit, Größe, Form, Stabilität, Dauerhaftigkeit, Stapelbarkeit und Fassungsvermögen laden offensichtlich zu unzähligen Verwendungsmöglichkeiten ein. Natürlich ist es möglich, die Kästen mit Aufschriften zu versehen, die illegale Verwendungsweisen unter Strafe stellen, vor bestimmten Gefahren warnen oder Verbote aussprechen, die jedoch allesamt erst einmal gelesen und verstanden werden wollen und im Zweifelsfall ignoriert werden. In diesem Abschnitt geht es um die Einführung praktischer Beschränkungen, die die Designer kontrollieren können, beispielsweise indem sie Milchkästen mit großen Löchern versehen, damit die Gegenstände, die kleiner als Milchbehälter sind, nicht darin aufbewahrt werden können. Wir unterscheiden mehrere Arten von Beschränkungen, mit denen Designer spielen können.

• *Naturgesetze*: Beschränkungen, die Designer und Benutzer gleichermaßen betreffen, etwa das Gesetz der Thermodynamik, das die Erhaltung von Energie betrifft, Einsteins Masse-Energie-Gleichung oder Shannons Gesetze bezüglich der maximalen Kapazität eines Kommunikationskanals (Shannon und Weaver 1949). Sie begrenzen die jeweilige Höhe von Gebäuden, die Beschleunigung von Autos und die Menge der Informationen, die sich auf einer CD speichern lassen. Möglicherweise kann man diese Gesetze nicht umgehen, weshalb Designer sie sinnvoll einsetzen sollten.

- *Materielle oder funktionale Beschränkungen:* Das sind Beschränkungen, die das Verhalten von Benutzern physisch einschränken, wie das Geländer an einer Brücke, durch das Selbstmorde verhindert werden sollen; die Sicherheitsabschirmungen an Maschinen, die verhindern, dass die Hände der Fabrikarbeiter in das Getriebe des Mechanismus geraten können; elektrische Sicherungen, die verhindern, dass Kabel überlastet werden und in Brand geraten; der Drucker, der zu drucken aufhört, wenn er kein Papier mehr hat; die Tastatur, die nur einen Buchstaben pro Anschlag akzeptiert; der Kippschalter, der entweder an oder aus ist; der Mikrowellenofen, der sich ausschaltet, wenn man ihn öffnet, usw. Diese Beschränkungen funktionieren unabhängig davon, ob die Benutzer den Grund dafür verstehen oder nicht, und verhindern allesamt, dass sie in Schwierigkeiten geraten. Aus diesem Grund bezeichnet Norman sie als «Zwangsfunktionen» (Norman 1988, S. 137ff.).

- *Beschränkungen, die zwischen Benutzern unterscheiden:* Eine große Klasse von Beschränkungen betrifft unterschiedliche Benutzer auf unterschiedliche Weise: Kindersichere Arzneimittelflaschen hindern Kinder daran, schädliche Medikamente als Bonbons zu verschlucken. Elektrische Apparaturen werden absichtlich oberhalb der Reichweite von Kindern angebracht, um ihren Gebrauch auf Erwachsene zu beschränken. Krankenhauspatienten wird der Zugang zum Medikamentenschrank oder das Herumspielen mit Apparaturen verhindert, da sie nicht über die hierfür erforderlichen Kenntnisse verfügen. Doch die verbreitetste Methode, zwischen verschiedenen Benutzern zu unterscheiden, besteht darin, Schlüssel selektiv auszugeben. Nur der Fahrberechtigte eines Autos erhält einen Zündschlüssel, was verhindert, dass Kinder oder Diebe damit wegfahren könnten. Schlüssel für Türen, Safes, Ersatzreifen, Medizinschränke, Schmuckkästchen oder Fahrradschlösser finden sich überall in der Welt und der Besitz eines Schlüssels unterscheidet zulässige von unzulässigen Benutzern. Eine neuere Form des «Schlüssels» ist die persönliche Geheimzahl (PIN), die für den Zugang zu Bankkonten, Informationsnetzen, Sicherheitsbereichen und Kombinationsschlössern erforderlich ist. Da man Schlüssel stehlen oder verlieren kann, und der Gebrauch von PINs beobachtet und kopiert werden kann, werden große Anstrengungen unternommen, den legitimen Gebrauch bestimmter Artefakte mit einzigartigen Benutzeridentitäten zu verknüpfen. Diese Überlegungen liegen den Bemühungen zugrunde, die Benutzung von Handfeuerwaffen durch elektronische Handerkennungsvorrichtungen zu begrenzen und in sicherheitstechnisch relevanten Räumen die Netzhaut-Identifizierung von Besuchern als Schlüssel funktionieren zu lassen. Beschränkungen, die zwischen verschiedenen Benutzern unterscheiden, können sich auf die ungleiche Verteilung folgender Benutzercharakteristika stützen:
  - Körperliche Fähigkeiten,
  - Fachwissen,
  - Besitz von Schlüsseln und Kenntnis von Codes oder Passwörtern,
  - physiologisch einzigartige Benutzerattribute.

- *Überwindbare Beschränkungen:* Diese Beschränkungen machen Benutzern gefährliche oder irreversible Folgen ihrer Handlungen bewusst und ermöglichen es ihnen, sie aus eigenen guten Gründen aufzuheben. Sie verschieben die Aufmerksamkeit vom blindem Vertrauen auf die Verwendungsweise eines Artefakts zu der Frage, ob der nächste Schritt tatsächlich beabsichtigt ist, vom Vertrauen also auf das Erkunden, und sie erkennen an, dass Benutzer unvorsichtig handeln können und gewarnt werden müssen, bevor sie unwiderrufliche Zustände erreichen. Um etwa zu vermeiden, dass Computerdateien unbeabsichtigt gelöscht werden, warnen Softwareverfasser die Benutzer vor den Folgen ihrer Handlung und fragen sie, ob sie diese wirklich ausführen wollen. In Banken sind für das Öffnen der Schließfächer zwei Schlüssel erforderlich, der des Kunden und der des Bankangestellten. So ist ein Schließfach gegenüber unbefugten Personen sicher. Im Verteidigungssystem der Vereinigten Staaten soll das versehentliche Abfeuern von Mittelstreckenraketen zur Abwehr eines atomaren Angriffs dadurch verhindert werden, dass selbst ein befehlshabender Offizier eine solche Aktion nicht alleine auslösen kann. Stellt ein Offizier fest, dass das Land angegriffen wird, muss mittels sorgfältig ausgearbeiteter Verfahren eine genau abgewogene und einmütig getroffene Entscheidung herbeigeführt werden, bevor ein solcher unumkehrbarer Schritt vollzogen wird.

- *Unnötige Beschränkungen:* Viele Beschränkungen, denen sich Benutzer gegenübersehen, dienen weniger dazu, unerwünschte Unterbrechungen zu vermeiden oder den Benutzer vor Unfällen zu schützen, sondern sind eher das Resultat technischer Unzulänglichkeiten, die ein Designer möglicherweise nicht hinreichend überdacht hat. Ein Beispiel für eine technische Beschränkung ist das weiter oben bereits erwähnte Glastüren-Paar, das sich nur auf einer Seite öffnen lässt. Die Entscheidung für eine andere Türangel könnte die meisten der erläuterten Unterbrechungen beheben. Ein weiteres Beispiel war die Verwendung von 3,5-Zoll-Disketten für PCs. Diese Disketten waren nahezu quadratisch. Es gibt acht verschiedene Möglichkeiten, sie in den vorgesehenen Schlitz zu stecken. In vier Fällen erfahren die Benutzer eine physische Beschränkung: eine Seite ist kaum wahrnehmbar, zwei Millimeter länger. In drei Fällen lässt sich die Diskette nicht vollständig in den Schlitz schieben, so dass nur die letzte Option die zutreffende sein kann. Obwohl man möglicherweise einen winzigen Pfeil auf der Diskette bemerkt und nach einer Weile begriffen haben könnte, was dieser Pfeil mit dem eingeben der Diskette in den Computer zu tun hat, wäre dieser Sachverhalt möglicherweise durch eine andere Form besser kommuniziert worden. Bei der Verwendung von Kreditkarten in Bankautomaten bietet sich ein ähnliches Bild. Da eine Kreditkarte nicht quadratisch ist, lässt sie sich nur auf vier verschiedene Weisen in den dafür vorgesehenen Schlitz schieben. Der Automat stellt ziemlich rasch fest, wenn die Karte falsch herum eingeführt wurde. Anstatt aber einen Test einzubauen, um drei von vier Eingabemöglichkeiten der Kreditkarte abzulehnen, könnte man den Automaten auch so konstruieren, dass er in der Lage ist, alle vier Eingabemöglichkeiten zu akzeptieren. Es würde die Frustrationen durch das Erfahren unnötiger technischer Beschränkungen wesentlich verringern. Manchmal bringen die Hersteller dieser Automaten Illustrationen an, die veranschaulichen, wo sich der Magnetstreifen befindet oder wie die Vorderseite der Karte gelesen werden sollte. Diese semantisch offenkundigen Lösungen sind wesentlich benutzerfreundlicher. Ganz ohne sie auszukommen, dürfte eine Herausforderung für das Design sein, dessen Mühe sich jedoch lohnt. Ingenieure lernen, innerhalb technischer Beschränkungen kreativ zu sein. Benutzer sind es innerhalb der von ihnen erkannten Bedeutungen. Für die Gestalter benutzerfreundlicher Interfaces gilt es, keine Bedeutungen zu generieren, die über die technischen Affordances eines Artefaktes hinausgehen.

Ein Beispiel für eine gut gemeinte, aber letztlich menschenunfreundliche Beschränkung war ein Gesetz der Vereinigten Staaten, das vorschrieb Sicherheitsgurte vor dem Anlassen des Autos anzulegen. Eine Vorrichtung, die verhinderte, dass ein Auto fahren konnte, bevor nicht alle Insassen angeschnallt waren, operationalisierte dieses Gesetz. Da Sicherheitsgurte Leben retten, schien dies eine sinnvolle Maßnahme. Ob ein Sitz besetzt und der jeweilige Gurt angelegt war, ließ sich leicht feststellen. Ein Summer zeigte an, wenn die Vorschrift nicht eingehalten wurde. Diese technische Beschränkung war jedoch so unbeliebt, dass die Besitzer von Neuwagen die Automechaniker in den Werkstätten baten, die Vorrichtung zu deaktivieren. Schließlich gelang es ihnen, eine Gesetzesänderung herbeizuführen. Norman erwog mehrere mögliche Gründe und zog eine allgemeingültige Schlussfolgerung. Fahrern missfiel es, gezwungen zu werden Sicherheitsgurte anzulegen. Sie zogen es vor, in einem Autounfall verletzt zu werden, statt diese Unbequemlichkeit zu akzeptieren. Die Zwangsfunktion war nicht imstande, legitime Situationen für das Anlegen des Sicherheitsgurts von irrelevanten zu unterscheiden, da sie beispielsweise nicht erkennen konnte, ob sich eine Person oder ein Paket auf dem Sitz befand. Der Mechanismus war unzuverlässig. Er summte manchmal unvermittelt und brachte das Auto aus unerfindlichen Gründen zum Stehen. Einige Fahrer hielten die Sicherheitsgurte permanent geschlossen unter den Sitz geklemmt, was nicht den Zweck erfüllte. Normans Schlussfolgerung hieraus lautete: «Es ist nicht leicht, Menschen ein bestimmtes Verhalten gegen ihren Willen aufzuzwingen. Und wenn man eine Zwangsfunktion verwendet, sollte man auf Nummer sicher gehen, dass sie funktioniert, zuverlässig ist und zwischen zulässigen und unzulässigen Verwendungsweisen unterscheiden kann.» (Norman 1988, S. 134f.)

3.4.3 Affordances

Das englische Wort «*Affordance*» (Ermöglichung von Handlungen) wurde von James J. Gibson (1979, S. 127–135) als Teil seiner ökologischen Wahrnehmungstheorie geprägt. Diese Theorie geht auf während des Zweiten Weltkriegs durchgeführte Experimente zurück, mit denen Gibson untersuchte, was Flugzeugpiloten sehen sollten, wenn sie versuchen ihr Flugzeug zu landen, vor allem wenn die Bedingungen dazu nicht optimal sind. Gibson stellte fest, dass Piloten, die die Absicht hatten, ihr Flugzeug zu landen, die physikalisch bestimmbaren Merkmale eines Geländes nicht zur Kenntniss nahmen, sondern die «Landefähigkeit» ihres Flugzeugs wahrnahmen, und sie taten dies direkt, ohne abstrakten logischen Prozessen zu folgen. Physikalische Merkmale tragen mit Sicherheit zur menschlichen Wahrnehmung bei, sie können diese aber nicht auslösen. Es zeigte sich, dass die Korrelation zwischen physikalischen Stimuli und menschlicher Wahrnehmung sehr gering ist, eine Tatsache, die Maturana und Varela (1988, S. 16–38) auch im Hinblick auf die Wahrnehmung von Farben festgestellt haben. Das Fehlen dieser Korrelation liegt auch dem Axiom der Bedeutung zugrunde (Abschnitt 2.2). Gibson beschrieb Wahrnehmung als das Zusammenpassen von menschlicher Physiologie, der Disposition zu handeln, mit dem, was die Umwelt ermöglich – etwa wie eine Hand in einen Handschuh passt. Gibson dehnte seine Theorie auf alle Lebewesen aus und definiert Affordance oder Handlungsermöglichung: «Die Affordances der Umwelt sind das, was diese dem Lebewesen *bietet*, was sie *zur Verfügung stellt* oder *gewährt*, im Guten wie im Bösen [...] . [Affordance] bezieht sich wie kein anderer Begriff sowohl auf die Umwelt als auch auf das Lebewesen. Er impliziert eine Komplementarität des Lebewesens und der Umwelt [...].[Physikalische] Eigenschaften [...] [lassen sich] mit den in der Physik verwendeten und standardisierten Messgeräten messen. Als Unterstützung für eine Spezies, oder ein Lebewesen aber, müssen sie in Relation zu den Lebewesen gemessen werden. Sie sind etwas, das nur Lebewesen eigen ist.» (Gibson 1979, S. 127).

Die Lehre aus Gibsons Werk ist die: Man nimmt nicht Objekte wahr, sondern deren Benutzbarkeit: Die Be-setz-barkeit eines Stuhls, die Trag-barkeit einer Kiste, die Be-steig-barkeit einer Treppe, die Bewegbarkeit eines Gegenstandes, die Schließbarkeit einer Tür, die Essbarkeit von Speisen, die Möglichkeit, dass ein Messer einem zum Schaden werden kann, ja selbst die Lösbarkeit einer mathematischen Gleichung. Wahrnehmung, darauf weist Gibson hin, hat mit der Beschaffenheit des menschlichen Körpers wesentlich zu tun. Ein zehn Zentimeter großer Würfel etwa (eine geometrische Beschreibung der Form eines Objekts) ist mit einer Hand greifbar. Bei einem zwanzig Zentimeter großen Würfel hingegen ist dies nicht mehr der Fall. Um greifbar zu sein, muss ein Objekt einander gegenüberliegende Oberflächen haben, die durch eine Entfernung voneinander getrennt sind, die kleiner als eine Handspanne ist, aber nicht kleiner als das, was zwei Finger aufnehmen können. Mit anderen Worten die menschliche Wahrnehmung von Greifbarkeit ist, wie alle Affordances, eng damit verknüpft, was Menschen körperlich bewirken können.

Daraus folgt, dass Alltagsgegenstände unter dem Gesichtspunkt von Handlungsmöglichkeiten wahrgenommen und konzipiert werden: Tassen durch unsere Fähigkeit, sie zu halten und Flüssigkeiten aus ihnen zu trinken, runde Griffe durch unsere Fähigkeit, sie zu drehen oder zu drücken, Schalter durch unsere Fähigkeit, sie von der einen Stellung in eine andere umzulegen, und Kugelschreiber durch unsere Fähigkeit, sie zu halten und mit ihnen Schriftzüge zu hinterlassen. Gibson bezeichnete seinen Ansatz als ökologisch, weil er erkannte, dass das, was Ökologen als Nische bezeichnen oder als Umweltbedingungen definieren, die die Lebensnotwendigkeiten einer Spezies ermöglichen, nichts anderes ist als ein System von Affordances. Seine – und die hier akzeptierte Konzeption – sollte jedoch nicht mit einem phänomenologischen oder subjektiven Ansatz verwechselt werden. Um als brauchbar wahrgenommen zu werden, müssen Alltagsgegenstände im Hinblick auf die Fähigkeiten ihrer Benutzer, sie zu handhaben, entworfen werden (siehe Beispiele in Abbildung 3.12).

Indem er sein Hauptaugenmerk auf die Verbindung zwischen Wahrnehmung und Affordances richtete, überwand Gibson die kartesianische Dualität von objektiv und subjektiv, die noch immer in populären Konzepten von Wahrnehmung als der subjektiven Repräsentation objektiver Fakten herumgeistert. Diese Dualität wohnt auch jener Vorstellung von Semiotik inne, die sich als Disziplin begreift, die sich mit den Beziehungen befasst zwischen materiell manifesten Zeichen-Trägern und dem, was sie vermitteln oder repräsentieren. Obwohl es den Begriff «Human-centeredness» in Gibsons Zeit noch nicht gab, ist seine Wahrnehmungstheorie ausdrücklich als human-centered verstehbar. Sie begreift Wahrnehmung weder als ein physikalisch beschreibbares noch als ein psychologisches Phänomen.

Eine sorgfältige Lektüre von Gibsons Werk legt nahe, dass seine *Affordances, die Wahrnehmung möglicher Verwendungsweisen oder das Bewusstsein für die Brauchbarkeiten von Artefakten*, deren Bedeutungen im Gebrauch entsprechen. Wahrnehmungen antizipieren stets die Folgen eigener Handlungen. Handlungen, denen es gelingt, den jeweils antizipierten Sinn herbeizuführen, werden *ipso facto* von der Umwelt ermöglicht. Wenn das so ist, kann man sagen, dass der gegenwärtige Prozess des Zusammenhangs von «Sinneswahrnehmung-Bedeutung-Handlungen-antizipierte Sinneswahrnehmung», wie ihn Abbildung 2.4 darstellt, und die Umwelt, in der er sich abspielt, zueinander passen, (siehe Abbildung 3.11). Bemerkenswert ist, dass die Außenwelt nur dadurch real erscheint, dass sie sensomotorische Koordinationen zulassen ohne zu Unterbrechungen zu führen und außerdem eine Menge aber nicht alle Koordinationen so unterstützen. Wir begreifen die Außenwelt durch die Koordination, die sie zulässt. Geht man beispielsweise spazieren, so erzeugen wir unseren Pfad, und ein viel begangener Pfad erleichtert das Spazierengehen. Ein Baseballschläger ist so geformt, dass selbst jemand, der noch nie von Baseball gehört hat, ihn auf der «richtigen» Seite anfassen wird und ihn schwingen oder mit ihm schlagen kann. Eine Schere hat zwei Löcher, in die der Daumen und ein oder zwei ihm gegenüberliegende Finger einer Hand auf derart natürliche Weise hineinpassen, dass ihre Handhabung offenkundig wird. Ein Knopf, der sich mit zwei einander gegenüberliegenden Fingern fassen lässt, wie der Frequenzregler eines Radios, ermöglicht es, ihn zu drehen, einer, der sich nur geringfügig über einer Oberfläche erhebt, wie eine Türklingel, bietet die Möglichkeit, ihn zu drücken. Die Wahrnehmung solcher Verwendungsweisen ist direkt, ohne die Notwendigkeit einer Untersuchung. Daher sind Affordances nicht die Eigenschaften von beobachterunabhängigen Gegenständen – Gibson hat das ausdrücklich betont –, sondern sie sind manifest

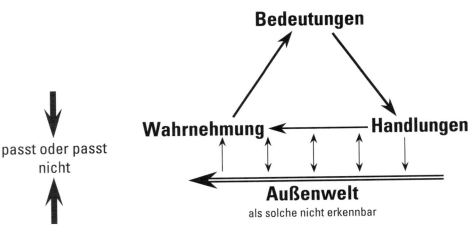

3.11 Affordance: die Einheit der direkten Wahrnehmung.

in den sensomotorischen Koordinationen eines Handelnden in einer diese Koordinationen ermöglichenden Umgebung. In Heideggers Sprechweise könnte man sagen, dass Affordances die Möglichkeiten des «In-der-Welt-seins» signalisieren.

Gibson untersuchte Wahrnehmung in dem ökologischen Zusammenpassen des Verhaltens von Organismen zu deren materieller Umgebung oder in der hier verwendeten Begrifflichkeit: zuverlässliche Benutzer-Artefakt-Interfaces sowie selbstverständliche technologievermittelte menschliche Kommunikation. Die Unmittelbarkeit von Wahrnehmung, darauf bestand er stets, legt nahe, dass das Wahrnehmen einer Affordance nicht zwangsläufig mit ihrer Klassifikation oder Benennung einhergeht. Designer haben einen wesentliche Einfluss auf die Affordances der von ihnen gestalteten Artefakte, müssen sich aber versichern, dass diese Affordances die in einer bestimmten Gemeinschaft von Benutzern vorhandenen Bedeutungen und UCMs unterstützen, beziehungsweise Mittel und Wege finden, dass die aus ihren Interaktionen entstehenden Interfaces sinnvoll bleiben. Folgende Affordances lassen sich voneinander unterscheiden:

- *Direkte Wahrnehmung der Brauchbarkeit:* In Gibsons Verständnis ist direkte Wahrnehmung die Wahrnehmung verlässlicher Bedeutungen von Umweltmerkmalen, sie wird daher für selbstverständlich gehalten. Sie antizipiert das, was zum gegenwärtigen Zeitpunkt zweifellos getan werden kann.
- *Realisierte Affordances:* Die unproblematische Realisierung von Bedeutungen, wie in Abbildung 3.3 dargestellt. Laut Gibsons Definition ist eine Affordance die routinemäßige Unterstützung, die ein Umweltmerkmal einem bestimmten Verhalten zuteilwerden lässt. Darüber hinaus muss man wahrgenommene Affordances von realisierten unterscheiden. Erstere sind erwartet, Letztere ihre tatsächlichen Manifestationen. Erfolgreich umgesetzte Affordances verstärken den für selbstverständlich gehaltenen Charakter der direkten Wahrnehmung. Es ist aber denkbar, dass wahrgenommene Affordances von der Umwelt nicht unterstützt werden und zu Unterbrechungen führen. Solche Umstände stellen die eigenen Bedeutungen infrage und lösen Lernprozesse aus (siehe Abbildung 3.3).
- *Konstruierte Affordances:* Auch wenn Affordances in Gibsons Begrifflichkeit direkt wahrgenommen werden und man sich beim eigenen Handeln relativ automatisch nach ihnen richtet, können Benutzer auch abstraktere konzeptionelle Modelle (UCM) ihrer Artefakte und ihrer Welten entwickeln. Die UCMs komplexer Artefakte, eines Computers etwa, oder einer Regierung, beruhen zweifelsohne auf zahlreichen Affordances, beinhalten aber auch Hypothesen über deren Funktionsweisen und umfassen zweckdienliche Metaphern, die sich nicht mehr direkt und vollständig wahrnehmen lassen. Trotzdem kann man solche Modelle fast genauso realisieren und sich auf sie verlassen, wie dies bei wahrgenommenen Affordances der Fall ist. Jedoch befindet sich die Umsetzung solcher Modelle durch die Einbeziehung von Konzepten höherer Ordnung, Folgerungen, Gründen, einer Logik und der Sprache auf einem Niveau, das über dem von Gibsons Affordances steht und für Unterbrechungen möglicherweise anfälliger ist als die Handhabung von Objekten und das Anklicken von Tasten.

Die semantische Wende begreift Affordances als die zuverlässigsten Bausteine von Interfaces. So wie gebräuchliche Worte, beziehen sich Affordances auf relativ standardisierte Gebrauchsweisen, weshalb Letztere direkt, mühelos und ohne Nachdenken wahrgenommen werden können. Die Alltagssprache hält ein reiches Vokabular für die Beschreibung von Affordances bereit. Mit ihrer Hilfe erklären Menschen unvertraute Artefakte und konstruieren ihre eigenen UCMs sowie die anderer Stakeholder. Ganz ähnlich wie komplexe linguistische Ausdrücke sind die Bedeutungen komplexer Artefakte nicht mehr so offenkundig wie die einfachen Affordances, um die es Gibson in seiner Definition geht. Human-centered Designer können auf dieses gängige Vokabular zurückgreifen, um Artefakte zu entwickeln, die man leichter begreifen dürfte als diejenigen, die unter technischen Gesichtspunkten entwickelt wurden.

3.4.4 Metonyme

Metonyme sind Teile, die für das Ganze stehen, zu dem sie gehören. In der Sprache gibt es dafür zahlreiche Beispiele. Das «Weiße Haus» steht für die Institution des amerikanischen Präsidenten, die «Krone» für einen König oder eine Monarchie. Wenn ein Moderator den «Rotschopf» im Publikum anspricht, meint er natürlich die Person und nicht ihr rotes Haar. «Ein gutes Jahr für die Wall Street» sagt etwas über Eigentümer von Aktien und Anleihen aus, die an der Börse in dieser New Yorker Straße gehandelt werden. Soziale Stereotypen sind Metonyme, die sich auf häufig grob vereinfachende und typische Merkmale stützen, die sich von den eigenen unterscheiden, etwa wenn man von den charakteristischen Kennzeichen von Franzosen, Politikern, Vegetariern, Junggesellen, aber auch von bestimmten Benutzergruppen spricht. Metonyme sind kognitive Abkürzungen, unabhängig davon, ob sie berechtigt sind oder nicht. Lakoff definiert das konzeptionelle Modell von Metonymen folgendermaßen:

— Es gibt ein Konzept A, das verständlich gemacht werden muss.
— Es gibt eine konzeptionelle Struktur, die sowohl A als auch ein anderes Konzept B enthält.
— B ist entweder Teil von A oder in dieser konzeptionellen Struktur eng mit ihm assoziiert. Typischerweise bestimmt B auf eindeutige Weise A innerhalb dieser konzeptionellen Struktur.
— Verglichen mit A ist B entweder leichter zu verstehen, zu erinnern, zu erkennen oder unmittelbarer nützlich für den gegebenen Zweck in dem gegebenen Kontext.
— B wird dazu benutzt, metonymisch für A zu stehen (Lakoff 1987, S. 77–90).

Im Kognitionsprozess steht der Idealtyp B für die Kategorie A. In der Sprache betreffen die meisten Metonyme Merkmale von Personen oder Orten, die mit größeren Sachverhalten assoziiert werden wie die oben genannten Beispiele. Bei der Erkundung eines Gegenstands sind Metonyme die herausragenden Teile oder entscheidenden Merkmale dieses Artefakts, vorausgesetzt, sie machen die Benutzer auf dessen Affordances aufmerksam oder versetzen sie in die Lage, sich über Machart, Funktion oder die Art der Unterstützung klarzuwerden, die sie von dem Gegenstand erwarten können.

Kurzum, ein Metonym informiert Benutzer über etwas, dessen Teil es ist, über die Merkmale eines dem Blick entzogenen Artefakts sowie über die möglichen Kontexte seines Gebrauchs.

Die Metonymie liegt auch der Beziehung zwischen Sinneswahrnehmung und Bedeutung zugrunde, wie es Abbildung 3.3 zeigt. Die Tatsache, dass man mehr wahrnimmt, als für das Auge sichtbar ist, hat damit zu tun, dass sich «Sinneswahrnehmung auf metonymische Weise auf Bedeutungen beruft». Wenn ein Artefakt allem entspricht, was man darüber weiß oder was man sich im Hinblick auf dieses Artefakt vorstellen kann, dann sind mit Sicherheit jeder seiner gegenwärtigen Anblicke, aktuellen Zustände und besonderen Verwendungsweisen stets Teil dessen, was über diesen Gegenstand bekannt ist. Der Anblick eines Felsens etwa zieht metonymisch stets Erwartungen nach sich, wie dieser Fels wohl von der unbeobachteten Seite her aussieht, wie kalt oder hart er ist. Ähnliche Folgerungen vom Teil auf das Ganze spielen auch eine Rolle, wenn man ein Auto steuert. Das Steuerrad und die Pedale und die vorüberziehende Landschaft sind nur ein kleiner Teil dessen, was tatsächlich passiert, wodurch ein Auto so funktioniert, wie es funktioniert. Und erst wenn wir uns selbst auf einer Straßenkarte situiert haben, werden sichtbare Dinge zu Referenzpunkten auf dem Weg zu unserem Reiseziel. Mittels einer Karte werden die Position des Fahrers und die unterwegs bemerkten Objekte zu Metonymen der Reise.

Der Teil, der ausgewählt wird, um als Metonym seines Ganzen zu fungieren, ist nicht willkürlich. Ein solcher Teil muss in gewisser Weise herausragend und leicht erkennbar sein und innerhalb des Ganzen eine einzigartige Rolle spielen. Sinneswahrnehmung ist stets herausragend, da sie auf lebhafte Weise gegenwärtig ist, während Bedeutung virtuell ist, ein Restbestand vergangener Erfahrungen, das Resultat der eigenen Vorstellungskraft und häufig schematisch. Ein Lenkrad ist ein einzigartiges Teil des idealtypischen Autos. Selbst Kinder, die Autofahren spielen, benutzen dabei vor allem ein Lenkrad, und sei es nur ein imaginäres, wie es durch die Bewegung ihrer Hände angedeutet werden kann. Ein Lenkrad ist ein gutes Metonym für das Autofahren, eine Violine ein gutes Metonym für ein klassisches Orchester, ein Brot ein gutes Metonym für eine Bäckerei, ein Aktendeckel ein gutes Metonym für Dokumente in einem Computer.

Metonyme liefern die Grundlage für eine human-centered *Zeichentheorie*. Verkehrszeichen etwa benutzen Piktogramme der Straße, ein Auto, Fahrrad oder einen Fußgänger, doch sie repräsentieren nichts, was über die Teil-Ganzes-Beziehung hinausgeht. Sie sind keinen Wahrheits- oder Genauigkeitsbedingungen unterworfen. Wenn Fahrer auf ein Verkehrszeichen treffen, dann können sie es als Warnung oder Anweisung für das auffassen, was sie tun dürfen oder unterlassen müssen. Verkehrszeichen werden erlernt, und die Lernerfahrung ist das Ganze, in dem diese Zeichen vorkommen. Ihre jeweilige Bedeutung lässt sich auf unterschiedliche Weise erlernen: Indem man Lehrbücher studiert, die einem die Straßenverkehrsordnung vermitteln, indem man andere Fahrer nachahmt, oder indem man Lehren daraus zieht, einen Strafzettel erhalten zu haben: Alle diese Methoden enthalten Zeichen als visuell erkennbare Teile größerer Zusammenhänge. Verallgemeinernd lässt sich auf der Grundlage dieses Beispiels sagen, dass alle Zeichen die Rollen bedeuten, die sie innerhalb eines größeren Systems spielen: Verkehrszeichen innerhalb der Straßenverkehrsordnung, Klingelknöpfe neben einer Tür innerhalb des vermuteten Zusammenhangs zwischen dem Auslösen eines Tons und jemandem, der die Tür öffnet, Schlüssellöcher innerhalb des UCM zum Aufschließen einer Tür oder zur Sicherung gegen unzulässigen Gebrauch, und Telefonhörer als wichtigster Teil des traditionellen Telefonnetzwerks (siehe Abbildung 3.9a).

Das Ja-Wort, das im entscheidenden Moment einer Hochzeitszeremonie geäußert wird, spielt eine entscheidende Rolle auf dem Weg zur Eheschließung und damit der Herstellung einer ganz bestimmten Beziehung zwischen zwei Angehörigen einer Gemeinschaft. Zeichen sind Metonyme, nicht weil sie etwas Gegenständliches repräsentieren, wie es die Semiotik annimmt, sondern weil sie als Teil eines größeren Erfahrungskomplexes wahrgenommen werden.

Designer können das Erkunden von Artefakten unterstützen, indem sie gängige Metonyme als Metaphern verwenden. So begannen etwa Apple-Computer damit, das Motiv einer Mülltonne zu verwenden, auf das die Benutzer nicht mehr benötigte Dokumente ziehen und die sie auf diese Weise entsorgen konnten. Im Alltag dienen Mülltonnen als Behälter für Abfälle. Das Icon einer Mülltonne auf einem Computerbildschirm greift auf diese fest eingeführte Metonymie zurück, doch sie tut dies auf metaphorische Weise. Auch wenn man sich einer Computerdatei nicht im gleichen Sinne entledigen kann, wie dies bei Müll der Fall ist, da Dateien als zuschreibbare Zustände eines Computergedächtnisses existieren, während Müll als transportable Materie existiert, ermutigt das Icon die Benutzer doch dazu, das, was sie über Abfallentsorgung wissen, in den Bereich der Datenverwaltung zu übertragen. Dieser metaphorische Gebrauch von Metonymen lässt sich mittels des folgenden konzeptionellen Modells beschreiben:

— Es gibt ein Konzept A (sich einer Sache entledigen), das es im konzeptionellen Bereich eines gegenwärtigen Artefakts zu verstehen gilt.
— Konzept A kommt auch in dem vertrauten Artefakt A° vor (einem städtischen Müllentsorgungssystem), das einem anderen empirischen Bereich angehört als dem des gegenwärtigen Artefakts.
— B° (eine Mülltonne) ist ein herausragender und wesentlicher Teil von A°, und B° wird typischerweise als Metonym für A° aufgefasst.
— B (das Icon) stellt B° (die Mülltonne) dar.
— B legt A nahe, da B B° darstellt, wobei B° ein Metonym von A° ist und A° A verkörpert.

Computer-Interfaces orientieren sich sehr häufig an diesem konzeptionellen Modell: das Bild eines Vergrößerungsglases auf einem anklickbaren Knopf, mit dem sich ein Bild oder Text vergrößern lässt, das Absatzzeichen «¶» zum Zeigen verborgener Abstände oder das Motiv einer CD, mit dem das Speichern einer Datei veranlasst wird. Eine CD ist das offenkundigste Metonym für den umfassenderen Speicher- und Abrufmechanismus. Das Icon einer CD und das zu speichernde Dokument erscheinen im selben konzeptionellen Bereich auf dem Computerbildschirm, der sich vom konzeptionellen Bereich desjenigen Mechanismus unterscheidet, der tatsächlich die Dateien speichert. Da der Vorgang des «Speicherns», A, sich schwer anzeigen lässt, legt das Icon einer CD, B, das «Speichern», A, durch die Darstellung von B°, dem Metonym des Speichermechanismus A° nahe. Das Wissen von A° wird auf A übertragen. Die Semiotik hat ein Vokabular entwickelt, um zu beschreiben, wie B B° anzeigt, darstellt oder symbolisiert. Um B tatsächlich als ein Zeichen zu begreifen, muss es den Benutzer zum Handeln veranlassen. Damit ist Indexikalität, Ikonizität und symbolische Repräsentation nur ein Teil des konzeptionellen Modells, das hier zum Einsatz kommt.

Wahrscheinlich sind Metaphern und Metonyme die wichtigsten konzeptionellen Modelle, um zu verstehen, was Artefakte für ihre Benutzer bedeuten. Human-centered Designer müssen nicht nur die kognitive Dynamik erkennen, die diese beiden Tropen beschreiben, sondern mit ihr die Benutzer in die Lage zu versetzen, ihr Artefakt auf natürliche Weise zu erkunden. Vor allem Metaphern sind unverzichtbar, um Interfaces mit neuartigen oder konzeptionell schwierigen Artefakten zu erleichtern. Metonyme hingegen steigern die Effizienz der Erkundung. Teil und Ganzes gehören jeweils zum selben konzeptionellen Bereich und erzeugen daher selten etwas Neues.

3.4.5 Informative

Informative berichten darüber, was andernorts geschieht, halten Rückschau auf die Geschichte einer Interaktion oder wecken eine bestimmte Erwartung hinsichtlich des voraussichtlichen Ergebnisses einer Handlung. Der Begriff ist als Pendant zu Begriffen aus der Sprechakttheorie zu verstehen. John Searle etwa unterschied zwischen Äußerungen, Deklarierungen, Verpflichtungen, Anordnungen und Ausdrücken von Haltungen, je nachdem, was ein Sprecher mit einer bestimmten sprachlichen Handlung bezweckt und wie ein Zuhörer auf sie reagieren soll (Searle 1969, dt. 1971). Oberflächlich betrachtet, erinnern Informative an die traditionelle Vorstellung von Zeichen als etwas, «das für etwas anderes steht». Doch es gibt entscheidende Unterschiede: Ein Informativ informiert Benutzer, etwas in bestimmter Weise aufzufassen und setzt sie in die Lage, falls sie willens sind, dementsprechend zu handeln. In einer Theorie der Bedeutung von Artefakten im Gebrauch gibt es für die in der Semiotik üblichen «Platzhalter»- oder «Referenz»-Beziehungen wenig Raum, solange die Benutzer sie nicht als solche realisieren und entsprechend mit ihnen handeln. Die Farben von Verkehrsampeln, die so häufig als Beispiel herangezogen werden (etwa bei Fischer 1984, S. 15), stehen nicht wie behauptet für materielle oder kognitive Gegenstände. Vielmehr informieren sie Fahrer darüber, ob das Überqueren einer Kreuzung zulässig ist oder nicht, und dieser weiß, dass Zuwiderhandlungen strafbar sind. Der zweite wesentliche Unterschied besteht darin, dass Informative in die Dynamik menschlicher Interfaces mit Artefakten eingebettet sind. Im Hinblick auf die Abbildungen 3.2 und 3.4 lässt sich sagen: Etwas wird dadurch zu einem Informativ, indem es die Fortsetzung einer Interaktion beeinflusst und dadurch ein Interface vorantreibt. Grob lassen sich drei Klassen von Informativen unterscheiden, (1) diejenigen, die die Aufmerksamkeit der Benutzer auf das lenken, was wirklich zählt, (2) diejenigen, die Benutzer darüber in Kenntnis setzen, wo sie sich befinden, wo sie herkommen und wie weit sie gehen müssen, und (3) diejenigen, die Benutzer darüber informieren, was getan werden kann, sprich die möglichen Wege, Gelegenheiten und Gefahren aufzeigen. Das Folgende ist eine vorläufige Zusammenstellung der wichtigsten Informative, die Benutzern zur

Verfügung stehen, um zu erkunden, was sie mit einem Artefakt machen können, und die Designern als eine Art Checkliste dienen, um zu überprüfen, ob ihre Entwürfe die Benutzer ausreichend unterstützen.

- *Signale lenken Aufmerksamkeit erst auf sich selbst, doch anschließend auch noch auf andere Dinge.* Dieser Definition zufolge müssen Signale vor allem attraktiv sein, mit der Attraktivität aller anderen Merkmale eines Artefakts erfolgreich konkurrieren. Das gelingt ihnen durch psychophysische Kontraste, etwa ein helles, aufblitzendes Licht im Kontext einer unbewegten Illumination, den blinkenden Cursor inmitten eines statischen Textes, einen Ton, der sich nicht ignorieren lässt, das Vibrieren eines Handys oder ein Display, das sich von seinem Hintergrund abhebt. Kunst und Werbung bedienen sich häufig in psychologischer Hinsicht irritierender, als Störsignale fungierender Kontraste. Die offenkundigsten Signale sind Warnungen, die an Stellen benötigt werden, an denen es eine erhöhte Wahrscheinlichkeit gibt, dass Benutzer mögliche Gefahren, falsche Abzweigungen, erschöpfte Ressourcen und Fehler mit irreversiblen Folgen übersehen könnten, etwa indem sie Batterieerschöpfungen nicht bemerken. Warnungen, die auf Artefakten aufgedruckt sind, erweisen sich häufig als wirkungslos, weil ihr ständiges Vorhandensein dazu verleitet, sie zu ignorieren. Bei der Wahl der richtigen Signale, ihrer Platzierung und der Form des verwendeten Kontrasts geht es darum, ein sensibles Gleichgewicht zwischen jenen Eigenschaften von Merkmalen zu finden, die der Benutzer ignorieren kann, wenn sie nicht benötigt werden, die aber die Aufmerksamkeit auf sich lenken können, sobald es erforderlich ist, und zwar unabhängig davon, ob das Signal vorausgesehen wird oder nicht. Signale können ablenkend wirken, wenn sie die Aufmerksamkeit auch dann auf sich ziehen, wenn man sie nicht mehr benötigt, sie können nutzlos sein (leicht ignoriert werden), wenn sie unzuverlässig sind, oder zu einem Ärgernis werden, wenn sie auch dann aktiviert bleiben, nachdem sie die Aufmerksamkeit der Benutzer in eine neue Richtung gelenkt haben, etwa, wenn sich ein Alarm nicht abstellen lässt.

Die folgende Liste schlägt Informative vor, die anzeigen, wo Benutzer sind, wo sie herkommen und was sie getan haben.

- *Zustandsindikatoren zeigen den Benutzern an, was ihr Artefakt gerade macht, in welchem Operationsmodus es sich befindet.* So informiert etwa der Ton nach dem Wählen einer Telefonnummer, in welchem Zustand sich der angerufene Apparat befindet, also ob er läutet, bereits in Benutzung, kaputt oder gerade nicht in Betrieb ist, während ein rotes Zeichen nahe dem Türgriff einer öffentlichen Toilette darauf hindeutet, dass diese besetzt ist. Inzwischen ist es üblich, dass die oberste Textzeile auf einem Computermonitor anzeigt, welche Software momentan verwendet wird und welche Datei geöffnet ist. Es gibt drei Arten von Zustandsindikatoren:
  - *Direkte Zustandsindikatoren* sind identisch mit den Zuständen, die ein Benutzer kennen muss, um ein Artefakt zu bedienen. Bei der Verwendung einfacher Werkzeuge, etwa einer Schere, eines Hammers oder eines Bleistifts ist es offensichtlich,

in welchem Zustand sie sich gerade befinden, ob die Schere offen oder geschlossen ist und in welche Richtung sie deutet, wo sich der Hammer im Verhältnis zu dem Nagel befindet, den man treffen möchte, oder wo auf einem Stück Papier der Stift seine Spur hinterlässt.

– *Vermittelte Zustandsindikatoren* werden wichtig, wenn die Komplexität von Artefakten verhindert, dem Benutzer einen direkten Zugang zu ihrer Operationsweise zu geben. Eine Tankanzeige im Auto und der Summer eines Türöffners mit Fernbedienung informiert einen Benutzer durch einen Kausalmechanismus über Zustände von besonderem Interesse, sodass bei Bedarf gehandelt werden kann. Direkte Indikatoren sind zuverlässiger als vermittelte. Die Stellung eines Schalters mag anzeigen, ob eine Maschine an- oder ausgeschaltet ist, doch ist das Geräusch ihres Motors ein zuverlässigerer Indikator hierfür.

– *Berechnete Indikatoren* abstrahieren multiple Zustände eines Artefakts und präsentieren sie auf eine Weise, die Benutzer verstehen können. Der Geschwindigkeitsmesser eines Autos ist ein fast zu einfaches Beispiel. Geschwindigkeit ist die zurückgelegte Entfernung per Zeiteinheit. Der Geschwindigkeitsmesser «berechnet» also diese Größe aus zwei voneinander unabhängigen Variablen und präsentiert sie den jeweiligen Fahrer, vor allem weil man die gesetzlich vorgeschriebenen Höchstgeschwindigkeiten nicht überschreiten darf. Wattmessung, Geigerzählungen, Arbeitslosenziffern und der Dow Jones Industrial Average sind berechnete Zustandsanzeiger, die verschiedene messbare Variablen in numerische Anzeigen verwandeln, mit denen man etwas anfangen kann.

– *Verzögerungen bei der* Anzeige von Zuständen können die Navigation eines Interfaces erschweren. Beim Steuern eines großen Schiffes, etwa, beeinflusst dessen Trägheit das Verhältnis zwischen der Stellung des Ruders und der beabsichtigten Richtungsänderung. Ein Ausgleich dieser Verzögerungen verlangt Vorhersicht und Geschick. Eine rechnergestützte Anzeige, die in einer direkteren Beziehung zu dem steht, was der Steuermann zu erreichen versucht, kann helfen. Das Sanduhr-Zeichen auf dem Computerbildschirm steht für Verzögerungen, fordert uns auf, geduldig zu sein, und deutet an, dass der Vorgang bearbeitet wird. Das kann jedoch frustrierend sein, weil es keinen Hinweis darauf gibt, wie lange man warten muss. Ein Computer könnte währenddessen auch abgestürzt sein. Eine bessere Lösung besteht darin, Zustandsindikatoren durch Ablaufberichte zu ersetzen, die dem Benutzer erläutern, was das Artefakt gerade tut.

• *Ablaufberichte* breiten den gegenwärtigen Zustand auf einem Kontinuum zwischen dem Beginn und dem Abschluss eines Verfahrens aus, oder zeigen einem Benutzer, was bis zu einem bestimmten Zeitpunkt erreicht wurde. Viele grundlegende Alltagsaktivitäten gehen mit Berichten darüber einher, welche Handlungen bereits erledigt wurden und an welcher Stelle man sich im Verlauf eines Verfahrens befindet. Das Schreiben eines Briefes ist eine schriftliche Darstellung dessen, was die Koordination der eigenen Gedanken und Handbewegungen auf dem Papier geschaffen hat. Die Seitenzahlen eines Buches teilen dem Leser mit, wie viel und was er bereits gelesen hat. Die Höhe eines Hauses, das Stein um Stein errichtet wird, berichtet davon, wie weit der Baumeister gekommen ist. Die horizontale Strichanzeige auf einem Computerbildschirm, die in visueller und/oder numerischer Hinsicht anzeigt, wie viel Prozent einer Aufgabe bereits ausgeführt wurden, etwa bei dem Herunterladen eines Computerprogramms, ist im Grunde ein Lagebericht. Obwohl nicht jeder Gebrauch von Artefakten so linear und endlich ist wie das Verfassen eines Textes, das Errichten eines Gebäudes oder das Herunterladen einer Datei, reagieren Ablaufberichte auf das Bedürfnis der Benutzer, mit der Geschichte ihrer eigenen Teilhabe an einem Interface in Verbindung zu bleiben. In einem Projekt, bei dem es um die Bereitstellung von elektronischer Unterstützung für den Umgang mit Versicherungsfällen ging, definierten wir Meilensteine, die auf dem Weg zum Ziel vollendet werden mussten.

- *Bestätigungen* informieren Benutzer darüber, dass ihre Handlungen von dem Artefakt akzeptiert oder ihre Mitteilungen am Empfänger angekommen sind – ohne jedoch die beabsichtigten Folgen dieser Handlungen anzuzeigen. Bestätigungen bestehen aus dem unmittelbaren Feedback von Handlungen. Ihre Bedeutung im Alltag wird jedoch nur selten erkannt und weitgehend für selbstverständlich gehalten, vor allem, wenn es um die Handhabung einfacher Werkzeuge geht. Beim Schneiden von Papier mit einer Schere hört der Benutzer ein Geräusch, das ihn in seinem Handeln unterstützt. Wenn ein Zimmermann einen Nagel einschlägt, erhält er durch das Schlaggeräusch eine «Rückmeldung»; ragt der Nagel weit heraus, vibriert er mit einer niedrigeren Frequenz, nähert sich der Kopf des Nagels der Oberfläche mit einer höheren.
  - Das Ziel, eine geräuschlose Schreibtastatur zu entwerfen, scheint durchaus vernünftig, stellt keine technischen Probleme dar und wurde auch schon in die Tat umgesetzt. Doch bei der Erprobung einer solchen geräuschlosen Tastatur stellte sich heraus, dass die damit Schreibenden kein Gespür mehr dafür hatten, ob sie tatsächlich schrieben und der Computer das, was sie tippten, auch tatsächlich angenommen hatte. Das Fehlen solcher Bestätigungen ist in der Regel äußerst irritierend. Bei der Gestaltung komplexer Artefakte, bei denen die Handlungen und ihre sichtbaren Folgen verzögert oder durch Mechanismen vermittelt werden, die für die Benutzer nicht einsehbar sind, müssen Gestalter besondere Anstrengungen unternehmen, um die Handlungen der Benutzer möglichst unmittelbar zu bestätigen. So benutzen Interfacedesigner beispielsweise das Motiv eines Druckknopfes, dessen veränderter Schatten zeigen kann, dass ein Klick angenommen wurde, dass das Anklicken auf einem Computermonitor erfolgreich war. Ein solches Motiv fungiert wie eine visuelle Metapher, deren visuelle Veränderungen die Handlung des Anklickens bestätigen.

Als Beispiel von verzögertem Feedback stelle man sich einen Füller vor, dessen Tinte erst eine Minute nach dem Auftrag zu sehen ist: Mit einem solchen Gerät ließe sich schwerlich schreiben. Experimente mit Menschen, die das, was sie gerade gesagt haben, erst in einem Abstand von mehreren Sekunden zu hören bekamen, zeigten, dass diese Personen nicht mehr in der Lage waren, zusammenhängende Gedanken zu formulieren, sodass ihre Aussagen und die Abfolge derselben nicht mehr verständlich waren.

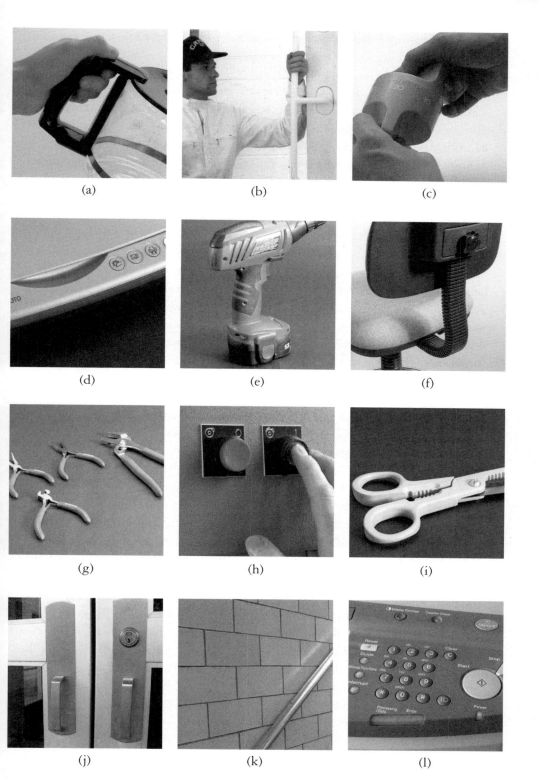

3.12 Beispiele von Affordances: (a) handhabbar, (b) Halt bietend, (c) drehbar, (d) zum öffnen, (e) greifbar, (f) verstell- und anpassbar, (g) zusammendrückbar, (h) drückbar, (i) greifbar, (j) aufziehbar, (k) Halt anbietend, (l) über Tasten eingebbar.

Das Folgende sind Informative, die Orientierungshilfen hinsichtlich der Variablen eines Artefakts und der Konsequenzen aus diesem bieten:

- *Affordings zeigen an, inwiefern das Artefakt oder Teile desselben bereit sind, bestimmte Handlung zu akzeptieren und weiterzuführen.* In Abschnitt 3.4.3 definierten wir eine Affordance als die Wahrnehmung von Handlungsmöglichkeiten, die in Gibsons Begrifflichkeit direkt und unreflektiert ist. *Affordings* beinhalten direkte Wahrnehmungen wie Biegsamkeit, Drehbarkeit, Drückbarkeit, Bewegbarkeit, Greifbarkeit, Steuerbarkeit und Gefährlichkeit, sprich Gibsons Affordances, aber auch das, was Benutzer daraus ableiten können, indem sie logische Schlüsse aus Anhaltspunkten, Icons, Formen und Mustern ziehen. Im Falle der Iconlisten von Computer-Interfaces etwa mag es offenkundig sein, dass man sie anklicken kann, aber um herauszufinden, was sich mit ihnen machen lässt, bedarf es seitens der Benutzer gegebenenfalls größere kognitive Anstrengungen. Drehknöpfe, Hebel, Griffe, Türen, Lenkräder beispielsweise und die Metonyme auf einem Computerbildschirm werden zu *Affordings*, wenn man sie als drückbar, bewegbar, drehbar, schließbar oder anklickbar wahrnimmt; Abbildung 3.12 bietet eine Liste möglicher Beispiele. Das, was zur Wahrnehmung von *Affordings* beiträgt, ist ihre Zuhandenheit, also die Tatsache, dass sie die richtige Größe besitzen, damit eine Hand danach greifen kann, die richtige Höhe, um sich daran festzuhalten, oder dass sie sich an der richtigen Stelle befinden, um sie beispielsweise zu drücken. *Affordings* sind kontextsensibel. Sie treten in den Vordergrund, wenn bestimmte Aktionen durchgeführt werden müssen, und sie treten in den Hintergrund, wenn Unterbrechungen an einer anderen Stelle unsere Aufmerksamkeit verlangen.

Die Katalogisierung von *Affordings* ist ein Ansatz, der innerhalb eines an der Hochschule für Gestaltung in Offenbach betriebenen Projekts zur «Produktsprache» verfolgt wurde. Dabei geht es vor allem um sogenannte «Anzeichenfunktionen» (Fischer 1984). Innerhalb eines funktionalistischen Rahmens führt Fischer zahlreiche Beispiele an für *Affordings* der Orientierung, Stabilität, Handhabbarkeit, Beweglichkeit und Genauigkeit.

- *Diskontinuitäten in Teilen, Merkmalen oder Arrangements lassen auf unterschiedliche Bedeutungen schließen.* Die Holzgriffe einer Bratpfanne dienen als Isolierstücke, die den Benutzer vor der beim Braten benötigten Hitze schützen. Die Tatsache, dass man die beiden Teile deutlich sichtbar gegeneinander abgrenzt, dient als Informativ für ihre unterschiedliche Behandlungsweise. Abbildung 3.13 zeigt drei Beispiele für die Verwendung von Kontrasten, um unterschiedliche Gebrauchsweisen zu verdeutlichen. Die LaPavoni-Espressomaschine, (a), besteht größtenteils aus verchromten Metallkomponenten, die während ihrer Benutzung sehr heiß werden können. Ihre Gestalter benutzten sich vom Chrom absetzende schwarze Griffe und Drehknöpfe, die die Benutzer bei der Kaffeezubereitung problemlos anfassen können. Bei der Saftpresse von Braun (b) wird die kreisförmige Gestalt des Apparats an einer Stelle durch eine konkave Einbuchtung unterbrochen. Diese deutet auf einen bestimmten Zweck hin, in diesem Fall auf den Platz, den ein Saftbehälter einnehmen kann. Da die Stelle, an der der Saft herausfließt, nicht leicht zu erkennen ist, wurde sie von den Gestaltern zusätzlich mit einem roten Punkt gekennzeichnet. Dieser allein besagt nichts, doch im Kontrast mit dem im Übrigen weißen und einförmigen Gehäuse der Maschine lenkt dieser Punkt die Aufmerksamkeit auf den metaphorischen «Punkt», um den es bei dieser Saftpresse geht. Die Fiskars-Schere (c) verdeutlicht den Gebrauch von Farbe, in diesem Fall Orange, für Teile, auf die der Benutzer möglicherweise besonders achten sollten, zum Beispiel das Schloss, mit dem sich die Schere aus Sicherungsgründen verriegeln lässt. Ein weiteres Beispiel wird in Abbildung 9.5 erläutert. Allen diese Beispielen liegt ein allgemeines Prinzip zugrunde:

Benutzer neigen dazu, Diskontinuitäten im Erscheinungsbild von Artefakten als bedeutungsvoll aufzufassen. – Das gilt insbesondere dann, wenn es dafür keine offensichtlichen technologischen Gründe gibt.

(a) (b) (c)

3.13 Diskontinuitäten, die Unterschiede im Gebrauch nahelegen: (a) La Pavoni-Espressomaschine, (b) Braun-Entsafter, (c) Fiskars-Schere.

Neben Diskontinuitäten im Material, bei den Formen und Farben gibt es auch andere Varianten des Gebrauchs von Diskontinuität. Unterschiedliche Abstände zwischen Kontrollknöpfen deuten normalerweise darauf hin, dass diejenigen, die näher beieinander liegen, gewisse Gemeinsamkeiten aufweisen, während die anderen so behandelt werden, als hätten sie nichts miteinander zu tun. Größere Kontrollregler werden normalerweise als wichtiger aufgefasst als kleinere. Eine unerwartete Veränderung des Geräuschs eines Automotors deutet in der Regel darauf hin, dass es hier etwas zu beachten gilt oder gar einen Anlass zur Sorge gibt. Die Veränderung der Form eines Cursors auf einem Computerbildschirm deutet darauf hin, dass man sich in einem unterschiedlichen Programm befindet. Designer sollten sich der menschlichen Neigung bewusst sein, hinter jeder Diskontinuität einen spezifischen Grund zu vermuten, und entsprechende Konzepte für deren Interpretationen fördern und irreführende vermeiden. Ästhetische Überlegungen und grafische Verzierungen, die häufig die Entscheidung von Designern für bestimmte Farben, Muster und Arrangements beeinflussen, sollten hinter der Bemühung zurücktreten, Artefakte erkennbar, erkundbar zu machen und den Interfaces mit ihnen zu vertrauen.

- *Korrelate* vermitteln Korrelationen zwischen der Bewegung, Anordnung oder Stellung der Bedienelemente eines Artefakts und der Bewegung, Anordnung oder Stellung der Vorgänge, die sie beeinflussen. Norman bezeichnet Korrelate als «Mappings» und veranschaulicht das Fehlen derselben anhand des weithin bekannten Problems, mit welchem Drehknopf welche Herdplatte eines typischen Küchenherds kontrolliert wird. Jede Herdplatte wird mittels eines eigenen Drehknopfs kontrolliert. Ob aus mangelndem Einfallsreichtum oder aus Platzmangel, jedenfalls werden die Bedienelemente häufig in einer Reihe angeordnet, die in keiner offenkundigen geometrischen Beziehung zu der typisch paarweisen Anordnung der Herdplatten steht. Diese fehlende Korrelation führt häufig zu Verwechslungen, die gefährlich ausgehen können. Schriftliche Hinweise auf den Knöpfen wie etwa «links vorne» oder «rechts hinten» oder kleine Icons sind nur selten geeignet, solche Bedienungsfehler auszuschließen (Norman 1988, S. 75–79). Ein weiteres, wenn auch vergleichsweise ungefährliches Beispiel betrifft die Übertragung von analoger auf digitale Zeit. Späte Besucher des Gebäudes, in dem ich unterrichte, müssen sich am Eingang beim Kommen und Gehen unter Angabe der jeweiligen Uhrzeit in eine Liste eintragen. Dabei standen sie früher vor einer analogen Uhr, und es war verblüffend zu sehen, wie viel Zeit die Besucher benötigten herauszufinden, welche Ziffern sie aufschreiben sollten, und wie viele Fehler man auf dieser Liste erkennen konnte. Nach vielen Jahren beharrlichen Drängens wurde schließlich eine Uhr mit digitaler Zeitanzeige installiert und seither hat niemand mehr Schwierigkeiten damit, die Zeit in Ziffern aufzuschreiben. Korrelate können positiv oder negativ sein. Wenn sich ein Bedienelement und das, was es kontrolliert, in dieselbe Richtung bewegen, ihre jeweilige räumliche Anordnung sich gegenseitig spiegeln oder im richtigen Verhältnis zueinander stehen, ist die Korrelation positiv. So ist es natürlich, offenkundig und per se eine positive Korrelation, dass in Aufzügen die Knöpfe um auf höher liegende Geschosse zu kommen, über denen für niedrigere angebracht sind. Wenn die jeweilige Bewegung oder Anbringung von Bedienelementen in einem Oppositionsverhältnis steht, kann dies zwar durchaus eine Eins-zu-Eins-Zuordnung geben, doch die Korrelation selbst ist negativ, ganz ähnlich wie bei Korrelationskoeffizienten in der Statistik. So gibt es Autos, bei denen man den Rückwärtsgang dadurch aktiviert, dass man den Schalthebel nach vorne schiebt, was einer negativen Korrelation entspricht, während man bei anderen Autos den Schalthebel hierfür nach hinten schiebt, was einer positiven Korrelation entspricht. Offenbar gilt hier ein allgemeines Prinzip:
Benutzer erwarten direkte, einfache und positive Korrelationen zwischen den Bedienungselementen eines Artefakts und deren Wirkungen, die ihre Handlungen haben sollten. Indirekte, komplexe und negative Korrelationen können zwar erlernt werden, benötigen aber Zeit. Der eigenen Intuition zuwiderlaufende Korrelationen sind besonders unterbrechungsanfällig.

Benutzer handeln gemäß diesen Erwartungen, und selbst wenn man ihnen mitteilt, dass Korrelationen negativ sind oder ihrer Intuition zuwiderlaufen, greifen sie häufig auf das zurück, was üblich und natürlich ist, vor allem in Momenten der Unaufmerksamkeit. Wenn die Bedienelemente nicht offenkundig oder ungewöhnlich sind, müssen sich die Benutzer Zeit zum Lernen nehmen, nicht ohne unnötige Fehler zu machen und

Unterbrechungen zu erfahren. Natürlich lernen Fahrer mit ihren eigenen Autos umzugehen, doch für Neuwagenbesitzer und Personen, die viele unterschiedliche Autotypen fahren müssen, Angestellte in Parkgaragen zum Beispiel, können ungewöhnliche Korrelationen teure Unfälle nach sich ziehen.

Das Fehlen einer unter mechanischen Gesichtspunkten offenkundigen Beziehung zwischen den Aktionen der Benutzer und den Folgen, die diese nach sich ziehen, betrifft auch den Bereich kultureller Konventionen. Solche Konventionen sind das Ergebnis des konsequenten Gebrauchs derselben Korrelationen in zahlreichen Technologien. Das Drehen von Knöpfen etwa ist gang und gäbe. Doch für die jeweilige Wirkung, die diese Handlung mit sich bringt, gibt es nicht immer zwingende physikalische Zusammenhänge, zum Beispiel zwischen der Richtung, in der man den Temperaturregler einer Dusche dreht, und der Zu- oder Abnahme der Wassertemperatur. Da außerdem die Reaktionszeit der Wassertemperatur auf das Drehen von Armaturen sehr unterschiedlich sein kann, werden Reisende, die in verschiedenen Kulturkreisen unterwegs sind, häufig durch extreme Temperaturen aus ihrer jeweiligen Dusche vertrieben. Im Elektronikbereich geht der Trend zunehmend dazu, dass das Drehen eines Knopfes im Uhrzeigersinn eine Einstellgröße verstärkt und entgegen des Urzeigersinns abschwächt. Abbildung 3.14b zeigt alle drei Knöpfe eines Radios, mit denen sich die Lautstärke, die Frequenz und der Betriebsmodus (An/Aus) in aufsteigender Richtung im Uhrzeigersinn ändern lässt. Designer tun nicht nur gut daran, sich auf solche Konventionen zu stützen, sondern auch, diese grafisch durch angemessene Icons, Richtungspfeile, Keile und Farb-, Größen- oder Anordnungscodes zu erläutern. Damit können Benutzer mit unterschiedlichen sensorischen Präferenzen gleichartig informiert werden.

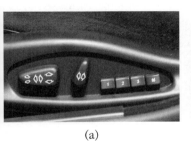 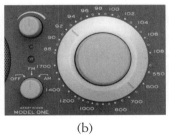 

(a)   (b)   (c)

3.14 Positive und negative Korrelationen: (a) Bedienelemente des Autositzes ahmen den Sitz nach, (b) Lautstärkeregler im Uhrzeigersinn gedreht = lauter, (c) zwei Fahrstuhlanweisungen in widersprüchlicher Anordnung.

Viele dieser Konventionen für die Benutzung von Artefakten sind auch sprachlich bedingt. So ist es in den meisten westlichen Ländern üblich, dass man zum Öffnen einer Tür, deren Angeln sich auf der rechten Seite befinden, den Schüssel nach rechts dreht (im Uhrzeigersinn), während es bei einer Tür, deren Angeln sich links befinden, umgekehrt ist, das heißt man sperrt sie auf, indem man den Schlüssel im Schloss gegen den Uhrzeigersinn dreht. Diese Gepflogenheit ist sehr alt und hängt mit den Funktionsmechanismen früherer Schlösser zusammen. Auch die Schlösser europäischer Autotüren funktionieren nach diesem Prinzip, doch bei amerikanischen Autos wird diese Regel nicht durchgehend befolgt, und die Türen einiger Automobile, etwa der Marke Honda, funktionieren genau umgekehrt. Heutige Verschlußmechanismen können in beide Richtungen funktionieren, und die Benutzer begreifen sie ohnehin nicht; daher muss die Natur der Mechanismen nicht mehr die Korrelationen bestimmen, welche die Benutzer früher erlernen mussten. Abbildung 3.14 zeigt drei Beispiele. (a) Zeigt die Bedienelemente eines Autositzes. Sie befinden sich an der Seite des Sitzes und sind daher während des Sitzens nicht zu sehen, können aber ertastet werden. Ihre Form ahmt die verstellbaren Teile eines Sitzes nach, und ihre Aufwärts-, Abwärts-, Vorwärts- und Rückwärtsbewegungen sind eindeutig mit den Bewegungen korreliert, die sie steuern. (c) Zeigt eine positive Korrelation zwischen Aufzugknöpfen und Stockwerken, die jedoch im Widerspruch zu den geschriebenen Anweisungen steht, die, den Schreibkonventionen (von oben nach unten) folgend eine negative Korrelation zu den Stockwerken aufweisen.

Wenn Korrelationen fehlen oder nicht offenkundig sind, müssen Designer sich möglicherweise auf Icons verlassen oder Metaphern vorschlagen. In den Vereinigten Staaten zeigen die Kippschalter für die Beleuchtung in Wohnräumen nach oben, wenn die Lampen an sind, und nach unten, wenn sie aus sind. Auf die Lichtquelle hinzuweisen, ergibt einen Sinn. In Großbritannien sind diese Positionen jedoch genau umgekehrt. Der Grund hierfür erscheint ebenfalls plausibel: Schaltet man das Licht an, so bedeutet dies, dass man es von der Decke herunterbringt, schaltet man das Licht hingegen aus, bringt man es an die Decke zurück. Es Handelt sich hier um zwei Metaphern mit unterschiedlichen Konsequenzen. Derzeit werden neue Korrelate zwischen Handbewegungen und der Dateneingabe in Computer (siehe den Datenhandschuh in Abbildung 1.3b), ihrem Einsatz in Virtual-Reality-Anwendungen, und auf Touchscreens erkundet. Der Raum für neue Bedienelemente mit positiven Korrelationen ist nach wie vor weit offen, doch die Lehre, die sich daraus ergibt, ist stets sehr einfach. Je stärker die Handlungen der Benutzer positiv mit dem korreliert sind, was ein Artefakt tun soll, oder in einem angemessenen Verhältnis dazu steht, desto leichter lässt sich dieses Artefakt handhaben. Je mehr sich Designer auf kulturell etablierte Korrelate stützen, desto kürzer ist die Lernkurve und desto weniger Unterbrechungen treten auf.

- *Möglichkeitskarten* definieren den Raum, in dem Benutzer ihr Interface mit einem Artefakt navigieren können. Wir hatten benutzerkonzeptionelle Modelle (UCM) bereits als kognitive Karten für mögliche Handlungen bezeichnet. Sie vermitteln ihren Betrachtern ein Gefühl dafür, wo in der Welt sie sich befinden. Dort, wo etablierte Modelle nicht detailliert genug sind oder nicht wirklich zu dem fraglichen Artefakt passen, sollte der Designer den an einem Interface Beteiligten hinreichende Informationen darüber zur Verfügung stellen, was sie erwarten können, welche Handlungen welche Folgen haben. Straßenkarten sind die vertrautesten Beispiele für Netze von Möglichkeiten. Sie sagen nicht voraus, was jemand mit ihrer Hilfe machen wird, sondern sie zeigen die möglichen Wege, auf denen ihre Benutzer von einem bestimmten Punkt zum nächsten gelangen können. Der Entscheidungsbaum für die möglichen Schritte, beispielsweise in dem Brettspiel Tic Tac Toe (Norman 1988, S. 120), ist ebenso eine Möglichkeitskarte wie das Diagramm der Optionen beim Telefonbanking oder der Plan mit der Aufgabenverteilung für die Mitarbeiter eines Politikers, während eines Wahlkampfes. Der Abriss eines geplanten Aufsatzes, definiert den Raum, den ein Autor auszufüllen gedenkt. Ein Organigramm legt fest, welche Entscheidungen an welche Abteilungen oder Personen delegiert werden können. In einem Restaurant informiert die Speisekarte die Gäste darüber, welche Gerichte zur Auswahl stehen. Bei Computer-Interfaces ist die Bezeichnung «Menü» eine Metapher für Möglichkeitskarten, die den Benutzern Schritte auf dem Weg zu einem Ziel zeigen können.

Die Realität zukünftiger Möglichkeiten kann Benutzer mit ihrer Vielfalt und Komplexität überwältigen. Karten sind vereinfachte und damit handhabbare Versionen komplexen Sachverhalte. Es gibt in dieser Hinsicht einige wichtige Empfehlungen, die Gestalter unbedingt beachten sollten. Eine davon ist die, abstrakte anschauliche Darstellungen zu verwenden, die zugunsten des Überblicks, den sie bieten können, auf weniger wichtige Details verzichten. Muster lassen sich leichter erkennen, wenn man sie sehen kann, als wenn man über sie lesen muss. Eine zweite Empfehlung ist, dem Benutzer gegenwärtige Möglichkeiten in größerem Detail darzustellen als zukünftige. Wir entscheiden in der Gegenwart mit dem Blick auf eine Zukunft die in vieler Hinsicht erst geschaffen wird. So zeigt die Straßenkarte eines Navigationssystems (GPS) dem Autofahrer seine gegenwärtige Position in der Mitte und die Möglichkeiten, die ihm an diesem Ort zur Verfügung stehen. Checklisten mit zu erledigenden Dingen sind im Alltag weit verbreitet, aber sie sind auch für Interfaces nützlich, bei denen man Vorbereitungen für zukünftige Entscheidungen treffen muss. Eine dritte Empfehlung ist eng mit dem zu erreichenden Ziel verknüpft. Beim Schach etwa ist die Schlussphase wichtig, doch, wie das bekannte Sprichwort besagt: Es führen viele Wege nach Rom. Hat man ein klares Ziel vor Augen, ein Endspiel beim Schach, fallen die gegenwärtig möglichen Alternativen vielleicht weniger ins Gewicht, solange man sich in der richtigen Richtung bewegt. Die Herausforderung für Designer besteht darin, eine praktikable Kombination dieser drei Empfehlungen zu finden, die genug Raum lässt für die schwer voraussagbaren Informationen, die die Benutzer unterwegs erhalten können, ohne ihren Weg verlassen zu müssen. Möglichkeitskarten kommen dem Wunsch der Benutzer entgegen, die ihnen zur Verfügung stehenden Alternativen ausloten zu können.

• *Fehlermeldungen* erklären, was zu tun ist, wenn ein Interface unerwartet unterbrochen wird, wenn Handlungen nicht zum beabsichtigten Ergebnis führen. Zur Klärung dieses Sachverhalts muss Folgendes gesagt werden: (1) Das Wort «Fehler» tendiert dazu, dem Handelnden, in diesem Fall dem Benutzer des Artefakts, Schuld zu geben. Wie im Abschnitt 3.2 bereits beschrieben, kann man Unterbrechungen auch anders erklären. Wenn jedoch ein Entwurf die Fehlerrate und das Gewicht der Folgen, die sich daraus ergeben, erhöht, können Designer ihren Anteil an der Verantwortung für diese Fehler nicht einfach beiseiteschieben. Auch sie handeln. (2) Da Fehler, der obigen Definition zufolge, mit den Absichten der Benutzer verknüpft sind, und Designer unmöglich alle Absichten kennen können, die die Benutzer ihren Handlungen zugrunde legen, können Fehlermeldungen nur für solche Wege zur Verfügung gestellt werden, die häufig eingeschlagen werden und die zu Situationen führen, die allgemein als unerwünscht, schädlich oder gefährlich gelten oder das jeweilige Interface zum Stillstand bringen. Was als Fehler gilt, ist kulturell gefärbt und nie ausschließlich kognitiven oder mechanischen Ursprungs. (3) Selbst einfache mechanische Werkzeuge können aufhören zu funktionieren, auseinanderfallen, ja einen Menschen töten, ohne dass menschliche Irrtümer, Ablenkungen, falscher Gebrauch oder Missverständnisse im Spiel waren. Doch sollte man versuchen, selbst voraussehbare mechanische Fehler frühzeitig erkennbar zu machen und die Benutzer vor deren Wahrscheinlichkeit warnen. Das ist eine der Aufgaben von Fehlermeldungen, die insbesondere dann von Wichtigkeit sind, wenn Unterbrechungen teure Folgen haben. Im Folgenden beschreiben wir Fehlermeldungen für Fehler zunehmender Schwere, wobei solche Meldungen immer versuchen sollten, das Ausmaß der Folgen von Unterbrechungen zu vermindern.

— *Handlungen, die in eine zeitweilige Sackgasse führen.* Solche Handlungen werden häufig beobachtet wenn ein Benutzer wieder und wieder etwas zu erreichen versucht, ohne zu erkennen, dass es die Möglichkeiten des Artefakts überschreitet. Sackgassen können auch entstehen, wenn sich eine Maschine im Kreis bewegt, zum Beispiel wenn sich ein Computer in einem endlosen Versuch befindet, ein fehlerhaftes Programm zu öffnen. Die Falle besteht in Wiederholungen, die keinen Fortschritt bringen und gekoppelt sind mit der Unfähigkeit der Benutzer, einen Ausweg zu sehen. Für alle solche Fälle sollten Designer eine Notluke einbauen oder einen Ausgang beschreiben.

— *Unmittelbar korrigierbare Fehler, Patzer:* Hierzu zählen etwa Tippfehler, die bei flüchtigem Schreiben auftreten können. Gestalter können Patzer nicht verhindern, aber auf sie aufmerksam machen und den Benutzern Möglichkeiten der Korrektur bereitstellen, etwa Wörter, die nicht in einem Wörterbuch stehen zu unterstreichen oder gar auf des Autors Wunsch zu korrigieren. Für Patzer können Fehlermeldungen natürlich nur dann entwickelt werden, wenn ein Interface Routineelemente enthält, etwa wie die lexikalischen und grammatikalischen Regeln der deutschen Sprache. Ein anderes Routineelement unterliegt der Vorrichtung, die ein Automobil zum Stehen bringt, wenn es sich mit gefährlicher Geschwindigkeit einem stehenden Objekt nähert.

— *Handlungen mit irreversiblen Folgen,* etwa das Löschen einer Datei oder das Überschreiben eines Dokuments. Da hier nur der Benutzer wissen kann, ob eine bestimmte Handlung versehentlich geschehen oder beabsichtigt ist, können Fehlermeldungen die Benutzer lediglich auf die irreversiblen Folgen ihres Handelns aufmerksam machen und Rückschritte ermöglichen. Für Designer bedeutet das, die schlimmsten Folgen zu identifizieren und überwindbare Beschränkungen in das Interface einzubauen (siehe Abschnitt 3.4.2).

— *Nicht wiedergutzumachende Unterbrechungen, Zusammenbrüche.* Designer können immer nur erwartete Fehler voraussagen und Warnungen oder Fehlermeldungen für sie formulieren. Alle Fehlermeldungen erfordern das minimale Funktionieren eines Systems. Ein Gerät, das mit Batterien betrieben wird, kann den Verlust seiner Batterien nicht elektrisch anzeigen, lediglich ihre Schwäche. Wenn etwa ein Computer keine Verbindung zum Internet aufnehmen kann, sind Ratschläge aus dem Internet sinnlos. *Fehlermeldungen müssen immer auf etwas reagieren, doch sie dür-fen nicht durch das Versagen, das sie anzeigen oder korrigieren sollen, außer Kraft gesetzt werden.* Das Designproblem besteht hier darin, Artefakte so zu entwerfen, dass sie auf sichere Weise ihren Dienst versagen. Der Einbau eines schwachen Teils, das zusammenbricht, bevor die wertvolleren Teile eines Mechanismus oder die Benut-zer betroffen sind, ist eine traditionelle Vorsichtsmaßnahme, etwa Sicherungen, die einen Stromkreis vor seiner Überlastung unterbrechen. Redundantes kann benutzt werden, solange nur einzelne Teile eines Artefaktes versagen. Das routi-nemäßige Erstellen von Sicherungskopien der Festplatte zur Verhinderung von Datenverlust durch Viren oder Stromausfall ist eine solche Lösung. Fehlermel-dungen sollten so verfasst sein, dass Benutzer sie vor allem dennoch lesen können, wenn sie verzweifelt sind und ihre Toleranzschwelle für Schuldzuweisungen oder irrelevante Informationen niedrig ist.

— *Fehler mit potenziell katastrophalen Folgen für die Benutzer* verlangen von Designern die Bereitstellung von Schutzmechanismen gegen Betriebsausfälle, beispiels-weise von Schutzabsperrungen, die verhindern, dass Hände in eine Maschine gera-ten können, von Feuerlöschern in Gebäuden, Airbags in Autos, Rettungsbooten auf Schiffen usw. Da solche Fehler die Ausnahme sein sollten, müssen Schutzvor-richtungen automatisch ausgelöst werden, oder so gestaltet sein, dass sie leicht zu erkennen und ohne Weiteres benutzbar sind. In diesem Fall sind offenkun-dige Bedeutungen, idealtypische Formen und weitverbreitete visuelle Stereotypen gegenüber ästhetischen Ausdifferenzierungen vorzuziehen.

• *Einführungen und Anleitungen führen Benutzer durch das Netz von Möglichkeiten, das ein Artefakt ihnen anbietet.* Die Verwendungsweise traditioneller Artefakte wie Büroklam-mern, Schraubenzieher und Hausschlüssel war schon immer offenkundig. Dagegen werden Rechenmaschinen, Faxgeräte, Digitalkameras, und Autos mit Bedienungs-anleitungen geliefert. Im Allgemeinen lesen Benutzer Bedienungsanleitungen jedoch nur, wenn ein Problem auftritt. Deshalb beschäftigte sich die Produktseman-tik mit dem selbstverständlichen Gebrauch von Artefakten, sie empfahl Formen, Bilder oder Zeichen, statt Texte und schriftliche Anweisungen auf ein Minimum zu reduzieren. Die meisten zeitgenössischen elektronischen Geräte enthalten drei Arten von Gebrauchsanleitungen und stellen sie bei Bedarf zur Verfügung.

— *Hilfen,* mit denen offenkundige Unsicherheiten hinsichtlich des Vorgehens über-wunden werden sollen.

— *Verbesserungsmöglichkeiten,* um die Effizienz von Interfaces zu erhöhen, schlagen sie alternative Gebrauchsmöglichkeiten vor und empfehlen Abkürzungen.

— *Korrekturen,* mit denen offenkundige Fehler behoben werden sollen, vor allem, wenn man in eine Sackgasse geraten ist.

Diese drei Arten benutzen unterschiedliche Beschreibungen. Wenn sich Fehler unter dem Gesichtspunkt eindeutig benennbarer Bedingungen identifizieren lassen und die Benutzer mögliche Schäden reparieren wollen oder die Fähigkeit wiedererlangen wollen, das Artefakt in den Griff zu bekommen, lassen sich Fehlermeldungen relativ leicht formulieren. Es handelt sich dann um situationsspezifische Schritt-für-Schritt-Anleitungen, durch deren Befolgung man zum vertrauten Umgang zurückkehren kann. Hilfen zur Überwindung von Unsicherheiten der Benutzer sind schwieriger zu formulieren, weil die Gestalter in der Regel zwar wissen, an welchem Punkt sich die Benutzer befinden, wenn sie um Hilfe bitten, aber nicht, was sie anstreben. Auch hier müssen Anleitungen situationsspezifisch sein, sie müssen sich aber auch darauf durchsuchen lassen, was die Benutzer eigentlich erreichen wollen. Wenn sie zur Verfügung steht, kann eine Möglichkeitskarte das Hilfersuchen auf visuellem Wege unterstützen. Anleitungen, die bei der Erkundung des Interfaces mit einem Artefakt behilflich sind, können offener sein. Gute Stichwortverzeichnisse in den Anleitungen sind ebenfalls wichtig. Antworten auf frei formulierte Fragen sollten im Bewusstsein dessen bereitgestellt werden, was die Benutzer bereits wissen sollten, etwa die Szenarien, die sie in ihre gegenwärtige Situation brachten, Abkürzungen vorschlagen und Benutzer ermutigen, neue Wege zu gehen, anstelle derjenigen, durch die sie in die Schwierigkeiten kamen.

Die besten Anleitungen führen die Benutzer interaktiv zu der Lösung ihrer Probleme. Nielson (1993, S. 142–144) nennt hierfür vier Prinzipien. Anleitungen sollten sich (1) auf den Sprachgebrauch durchschnittlicher Benutzer stützen und unklare Formulierungen vermeiden. Sie sollten (2) spezifisch sein, also sich auf das beziehen, was man sehen oder machen kann. Statt also etwa dem Benutzer mitzuteilen, dass sich ein Dokument nicht öffnen lässt, sollte es ihn darüber informieren, welche seiner Eigenschaften es daran hindern und wie man eine solche Beschränkung umgehen kann. (3) Anleitungen sollten konstruktive, schrittweise Hilfe bieten, die Abfolge der Handlungen benennen, welche Benutzer ausführen können, und ihnen mitteilen, was sie auf dem Bildschirm sehen sollten oder wie sie etwas zurückerlangen können. Außerdem sollten sie (4) höflich formuliert sein und die Benutzer nicht einschüchtern. Benutzer sind selten glücklich darüber, wenn sie Anleitungen konsultieren müssen. Es ist nicht nötig dem Schaden Schuldzuweisungen hinzuzufügen, indem man eine Handlung als «Fehler» – Benutzer handeln immer gutgläubig – oder als «illegal» bezeichnet – wie sollten Benutzer die Absichten der Designer erraten? Nielson fügt diesen Empfehlungen noch zwei weitere, sehr vernünftige hinzu. Erstens Bilder sind in der Regel schneller verständlich als Worte. Sie können visuell wahrnehmbare Merkmale reproduzieren und damit die Unklarheiten vermeiden, die üblicherweise entstehen, wenn schriftliche Anleitungen in visuelle Vorstellungen übersetzt werden müssen. Zweitens Benutzer sollten in der Lage sein, Anleitungen während ihrer Lektüre anzuwenden.

3.4.6 Semantische Schichten

Wie bereits ausgeführt, verlangte das Industriezeitalter von seinen Gestaltern, die hässlichen Mechanismen alltäglicher Konsumprodukte mit attraktiven Formen zu umkleiden. Designern wurde damit die Rolle angewandter Künstler zugewiesen; sie waren Fachleute für ästhetische Angelegenheiten und unterwarfen sich ansonsten den ökonomischen Realitäten der Industrie. Ästhetik beschäftigt sich mit Formen, nicht mit Bedeutungen und bei Kompromissen zwischen ästhetischen Anliegen und funktions-

oder produktionsbedingter Notwendigkeiten blieb die Bedeutung meistens außer Acht. Das Ummanteln funktionaler Mechanismen mit attraktiven Formen hatte zur Folge, dass Artefakte zwei verschiedene Sphären aufwiesen: die Sphäre der Benutzer, Konsumenten und der Kenner von Formen und andererseits die Sphäre des Technikers, der das, was sich unter den Oberflächen befand, herstellen und reparieren konnte. Diese Unterscheidung zwischen Spezialisten für Formen und für Funktionen führte in eine falsche Richtung. Aus einer human-centered Sicht sollte der Unterschied nicht zwischen Ästhetischem und Technischem, auch nicht zwischen Subjektivität und Objektivität gesucht werden, sondern zwischen zwei unterscheidbaren Bedeutungsbereichen. Ingenieure sind ebenso Menschen, wie Benutzer Menschen sind, und sie erkennen und erkunden Artefakte und arbeiten mit ihnen so, wie Benutzer das tun, wenn auch mit anderen Anliegen. Notwendigerweise betrachten Automobildesigner Autos unter anderen Gesichtspunkten als Autofahrer; sie stellen unterschiedliche Fragen und erwarten unterschiedliche Antworten, doch kann keine dieser beiden Personengruppen besondere Privilegien für sich beanspruchen. Die semantische Wende deutet die Produktformen neu, nämlich als Verkörperung zweier Bedeutungssysteme, die bei verschiedenen Anlässen zum Tragen kommen, verschiedene Interaktionen evozieren und häufig unterschiedliche Handlungen verschiedener Personengruppen ermöglichen. Sie zeigt, dass Bedeutungen mehrere Schichten haben können.

Demnach kann man etwa an einem Xerox-Kopierer mindestens drei verschiedene Bedeutungsschichten identifizieren. Die erste betrifft reguläre Benutzer, die Kopien anfertigen: sie legen Dokumente ein, wählen unter verschiedenen Optionen und entnehmen die gewünschten Kopien. Die zweite Schicht tritt dann zutage, wenn Unterbrechungen auftreten, etwas nicht funktioniert. Öffnen Benutzer jetzt die Abdeckungen der Maschine, finden sie sich plötzlich in einer anderen Welt wieder, in der sie dem deutlich gekennzeichneten Weg des Papiers durch den Kopierer folgen können und durch diese Anleitungen zur wahrscheinlichen Ursache der Unterbrechung geführt werden. Unter Bezug auf farbig markierte und nummerierte Griffe, Hebel und Drehknöpfe können Benutzer das Problem beheben und mit dem Kopieren, sprich dem eigentlichen Anlass ihrer Benutzung des Kopierers, fortfahren. Die dritte Schicht ist den für Reparaturen zuständigen Technikern vorbehalten, die mit Hilfe von Spezialwerkzeugen in Bereiche vordringen können, die den Blicken und Handlungen der Benutzer entzogen sind. Diese drei Welten bestehen aus drei verschiedenen Bedeutungssystemen, die, verschiedenen Sprachen vergleichbar, unterschiedliche Arten von Kompetenzen verlangen und Menschen höchst unterschiedliche Interface-Beziehungen anbieten. Bedeutungsschichten stehen nicht zwangsläufig in einer Beziehung zu verschiedenen Benutzern, wie dies bereits in Abschnitt 3.4.2 ausgeführt wurde. Die meisten Benutzer von Kopierern haben kein Problem, eine geistige Weiche umzustellen und die Welt hinter den Abdeckungen des Kopierers zu betreten, Papierstaus zu beheben und dann in die Welt der regulären Bedienung des Kopierers zurückzukehren. Die ersten beiden Bilder in Abbildung 3.15 zeigen die beiden Schichten eines Canon-Kopierers.

Freilich entstand die Idee des Designs von Bedeutungsschichten nicht von ungefähr. Sie entstammt der Beobachtung, dass Produkte und Dienstleistungen unabhängig voneinander verkauft wurden, was die Unterscheidung zwischen Benutzern und techni-

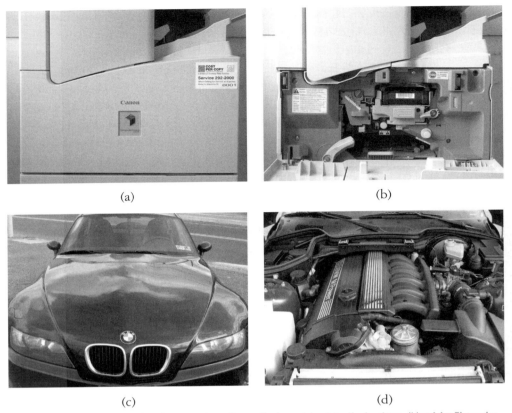

3.15 Semantisch geschichtete Interfaces an einem Canon-Kopierer: (a) auf der Kopierebene, (b) auf der Ebene der Behebung von Papierstaus, und an einem Auto: (c) Ebene des Fahrens, (d) Ebene der Wartung.

schen Fachleuten schuf. Die ersten Fotokopierer waren viel zu häufig durch Papierstaus blockiert, was lange Leerzeiten mit sich brachte, bis die Unterbrechung endlich vom Servicepersonal behoben werden konnte. Durch die Einführung mehrerer Bedeutungsebenen wurden die Benutzer in die Lage versetzt, einfache Papierstaus selbst zu beheben, und damit auch Reparaturkosten, Produktionsverzögerungen sowie die Frustrationen wegen solchen Unterbrechungen deutlich zu senken. Unterschiedliche Bedeutungsebenen sind verbreiteter, als es den Anschein haben mag. Eine Damenhandtasche hat eine öffentliche Schicht, die jeder sehen kann, und eine private, die die persönlichen Habseligkeiten der Eigentümerin beinhaltet. Eine traditionelle Fotokamera besteht aus einer Schicht, auf der man Bilder macht, und aus einer anderen, auf der man einen Film, Speicherkarte oder Batterie einlegen kann. Ein Faxgerät hat ein Fach für unbeschriebenes Papier und eine Stelle, an der das Fax herauskommt, doch wenn es darum geht, Tintenpatronen zu ersetzen, wird es zu einem ganz anderen Artefakt, das einige Benutzer nur mit Widerwillen handhaben.

Die Gestaltung von Autos, die unter der Kühlerhaube einen starken und attraktiv gestalteten Motor haben, ist – noch bevor Mechaniker irgendwelche Fehlfunktionen feststellen können – in jüngerer Zeit für Autohersteller sehr interessant geworden. Die beiden Fotos (c) und (d) in Abbildung 3.15 zeigen zwei verschiedene semantische

Schichten eines Autos. Öffnet ein Autofahrer die Motorhaube aus irgendeinem Grund, wird er nicht mehr mit einem verwirrenden Chaos aus Drähten, Röhren, Behältern, Riemen und gefährlich anmutenden, heißen und unverständlichen Maschinenteilen konfrontiert. Neuere Designbemühungen laufen darauf hinaus, Autofahrern ein besseres Verständnis von Routine-Wartungsarbeiten zu ermöglichen, die sie selbst durchführen können. Eine der Motivationen hinter solchen Designbemühungen mag darin bestehen, Autobesitzer durch die Erscheinungsweise von Stärke und Hightech-Charakter ihres Motors zu beeindrucken und ihnen das Gefühl zu vermitteln, sie befänden sich im Besitz eines «Tigers unter der Motorhaube». Auch wenn dieses Ziel kaum Auswirkungen auf die Brauchbarkeit des Autos haben dürfte, zeigt es doch, dass eine Verschiebung der Aufmerksamkeit auf die semantische Schicht zwischen dem, was ein Autofahrer selber warten kann, und dem, worum sich ein Fachmann kümmern muss, stattgefunden hat. Die Verwendung besonderer Farben für jene Teile, auf die Benutzer besonders achten und mit deren Handhabung sie vertraut sein sollten, ist ein weiterer Schritt in Richtung des Schichtens von Bedeutungen.

Natürlich haben Computer-Interfaces von der Idee semantischer Schichten am meisten profitiert. Spätestens seit der Einführung der grafischen Benutzer-Interfaces durch Apple Computer ist es gang und gäbe, ein Fenster mit Spezialwerkzeugen und Affordances zu öffnen und in dem damit geöffneten Raum zu arbeiten, anschließend ein zweites Fenster zu einem Raum mit anderen Eigenschaften zu öffnen, dann ein drittes, ein viertes und dabei ganz nach Bedarf zwischen ihnen hin- und herzuspringen. Benutzer können in verschiedenen Arten von Fenstern unterschiedliche Dinge tun und sich frei durch verschiedene Bedeutungsschichten bewegen, ohne dabei aus dem Blick zu verlieren, wo sie hergekommen sind und weshalb sie den Computer benutzen. Ein Artefakt, das verschiedene Bedeutungsschichten unterstützt, ermöglicht dem Benutzer nicht nur, es aus verschiedenen Perspektiven zu betrachten, sondern verwandelt sich auch in jeder semantischen Schicht in etwas anderes. Der größte Vorzug verschiedener Bedeutungsschichten für die Benutzer besteht darin, dass sie selbst Experten in jenen Schichten werden können, in denen sie sich besonders zuhause fühlen. Gewöhnlich sind sie in einer Schicht mehr zuhause als in einer anderen. Benutzer, die Angst davor haben, in unbekannte Welten zu reisen, müssen nicht die Sprachen erlernen, die in diesen Welten gesprochen werden. Semantische Schichten bieten Wahlmöglichkeiten zwischen verschiedenen Arten von Interfaces, zwischen verschiedenen teilweise auch parallelen Welten. Letzteres ist beispielsweise in dualen Bildschirmen moderner Computer realisiert.

Alle Artefakte haben zu verschiedenen Zeiten und für verschiedene Benutzer verschiedene Bedeutungen. Die oben getroffene Unterscheidung zwischen dem Erkennen und Erkunden von Artefakten und dem Vertrauen in sie definiert verschiedene Aufmerksamkeiten, die jede semantische Schicht unterstützen sollte. Es wäre daher sinnvoll, Artefakte zu entwerfen, die eine Vielzahl von Welten bereitstellt, und das nicht nur für verschiedene Benutzer, sondern auch für verschiedene Aufmerksamkeiten, Zeiten und Zwecke. Ob es darum geht Grenzen zu überschreiten, Türen in neue Welten zu öffnen, Abdeckungen zu entfernen, um in einen Mechanismus einzugreifen, all dies ist eine Frage der Organisation der verschiedenen Bedeutungssysteme.

3.5 Vertrauen

Wenn wir Artefakte erkunden, dann geht es uns nicht darum, was sie sind, sondern darum, wie sie funktionieren und gehandhabt werden. Wenn wir uns auf Artefakte verlassen, dann stellen wir keine «Wie funktioniert das?»-Fragen mehr, sondern interessieren uns dafür, was die Interfaces an ihnen bewirken. Unter Bedingungen von Vertrauen werden Artefakte zu einem Hintergrundgeschehen wie das Atmen, das Tragen von Schuhen und das Laufen, also Interaktionen, die in Anbetracht dessen, was sie hervorbringen, für selbstverständlich gehalten werden können. Wenn etwa jemand das Fahrradfahren erlernt, dabei allmählich das Gleichgewicht halten kann und keine Angst mehr davor hat umzufallen, muss er oder sie sich nicht immer wieder daran erinnern, weiter in die Pedale zu treten. Die Fahrradfahrerin kann ihre Aufmerksamkeit nun der Fahrt selbst widmen, dem Verkehr, dem Wind, der Straße und darüber hinaus dem, wo sie hinfährt und was sie vorhat, wenn sie erst einmal an dem Ort angekommen ist, den sie erreichen will. Ja, während sie Fahrrad fährt, ist sie sich all der Dinge, deren es bedarf auf dem Fahrrad zu bleiben, kaum noch bewusst. Die automatischen, zuverlässigen und routinemäßigen sensomotorischen Koordinationsabläufe ihres Körpers sorgen für dessen vertraute Benutzung. Am Rande sei bemerkt, dass es einem Fahrradfahrer schwer fällt zu beschreiben, worin sein Vertrauen tatsächlich besteht. Das ist eine allgemeine Beobachtung. Wenn Pianisten gefragt werden, wie sie spielen, können sie nicht mehr normal spielen.

Alle Konzepte von Benutzerfreundlichkeit und Brauchbarkeit benutzen Vertrauen als Bezugspunkt, unabhängig davon, ob Ergonomen es unter dem Gesichtspunkt der Häufigkeit und Signifikanz von Unterbrechungen messen oder Ethnografen sich auf verbale Beschreibungen von Benutzern verlassen. Vertrauen zu ermöglichen, ist das primäre Ziel human-centered Designs, indem es Interfaces so gestaltet, dass man sich in sie einarbeiten, sie aber dann zugunsten wesentlicher Anliegen in den Hintergrund treten lassen kann.

Überraschenderweise haben sich Designer selten explizit für Vertrauen interessiert. Es gibt keine gute Theorie des Vertrauens. Zwei Gründe dürften für dieses Versäumnis verantwortlich sein. Zunächst und in erster Linie zielt die lange Tradition des produktzentrierten Designs auf ästhetisch ansprechende und funktionale Artefakte, nicht auf Bedeutungen und Interfaces. Die Idee, Artefakte so zu gestalten, dass sie unsichtbar werden könnten, ist das genaue Gegenteil von dem, worauf Industriedesigner so lange abgezielt haben und was verkaufsbedachte Produzenten erreichen wollten. Industriedesign lebte davon, bemerkt zu werden, und nicht davon, Artefakte hervorzubringen, die aus dem Interesse der Öffentlichkeit verschwinden. Zweitens ist es schwierig, wie bereits bemerkt, Vertrauenszustände zu artikulieren. Was sich darüber sagen lässt, hat weniger etwas mit formalästhetischen Eigenschaften, Funktionsweisen, Vermarktbarkeit und der Ökonomie zu tun. Letztere sind rationale Anliegen extrinsisch motivierter Benutzer – sondern mit dem unproblematischen Zusammenpassen von sensomotorischem Benutzerverhalten und den Affordances ihrer Umwelt. Sobald Artefakte sich im vertrauten Gebrauch befinden, rechtfertigen sie sich selbst, weil sie aufhören, für ihre Benutzer von Belang zu sein. An die Stelle des Interesses an der Materialität und Funktionalität von Artefakten tritt das Interesse für die Art und Weise, wie man das Leben von Menschen technologisch unterstützten kann. Diese Fragen gehen über die Erscheinungsweise von Artefakten und ihren rationalen, also extrinsisch motivierten Gebrauch hinaus. Im Folgenden stelle ich mehrere Konzepte im Detail vor, die darauf abzielen, die Spannung zwischen distanzierter Beobachtung durch Designer und Theoretiker und die aktive Teilhabe an zuverlässigen Interfaces durch Benutzer zu überwinden.

3.5.1 Szenarien

Szenarien beschreiben die Abfolgen von Mensch-Maschine-Interaktionen, die in einem Interface geschehen oder geschehen sollten (Nielsen 1993, S. 99–101). Es gibt verschiedene Möglichkeiten, Szenarien für ein bestimmtes Artefakt zu erstellen. Eine besteht darin, auf Video aufzuzeichnen, wie ein Benutzer mit einem Artefakt umgeht. Solche Videoaufzeichnungen sind nicht immer leicht zu deuten, lassen sich aber mit Kommentaren der beteiligten Personen ergänzen. Benutzer können entweder während der Interaktion mit einem Artefakt gefragt werden, was sie denken, warum sie was tun und was sie damit erreichen wollen oder sie können ihre Interaktionen im Nachhinein kommentieren, während sie sich die Videoaufzeichnung ihrer eigenen Interaktionen ansehen. Letzteres ist informativer, da die meisten Handlungen schneller erfolgen, als Benutzer sie detailliert in Worte fassen können. Außerdem sind sich Benutzer nicht unbedingt über alles Wissenswerte bewusst, während sie selbst interagieren. Beobachtete und erfragte Szenarien vermitteln Designern eine doppelte Aufzeichnung: die des Geschehens und die der Handlungen und Reaktionen, die Benutzer an sich selbst wahrgenommen haben. In ethnografischer Tradition bedienen sich Brauchbarkeitsbewertungen existierender Produkte und Prototypen dieses Ansatzes.

Ein weiterer Szenarientypus, der sich durchaus mit dem ersten verbinden lässt, besteht darin, Hypothesen darüber aufzustellen, wie Benutzer ein Artefakt anwenden könnten oder sollten. Dabei wird schrittweise aufgezeichnet, was sie im Verlauf dieses Vorgangs sehen würden und wie sie darauf reagieren sollten, um eine Aufgabe richtig zu erfüllen. Beim Entwurf eines E-Mail-Systems etwa will ein Designer möglicherweise die Schritte festhalten, die potenzielle Benutzer absolvieren müssen, um ihre E-Mails abzurufen, zu öffnen, zu beantworten, Teile davon aufzubewahren, und/oder zu löschen und dabei auf alle verfügbaren Büroressourcen zugreifen zu können. Benutzer können dann weitere Möglichkeiten erkunden, dieselbe Aufgabe zu erfüllen: und zwar mit den vertrauten Icons oder denen, die ihnen das Artefakt zur Verfügung stellen muss. Solche hypothetischen Szenarien können Gestaltern als Kommunikationsmittel mit ihren Kunden dienen, um sicherzustellen, dass ihre Entwicklung den Vorstellungen der Kunden entspricht. Sie können als Prototyp in unterschiedlichen Stufen einer Entwicklung fungieren, darunter auch auf Papier (Snyder 2003), um die Fähigkeit der Benutzer zu testen, das zu erlernen, was erforderlich ist, um Vertrauen zu gewinnen, oder um herauszufinden, welche zusätzlichen Eigenschaften das Artefakt benötigt, um als nützlich und benutzerfreundlich zu gelten.

In seiner elementarsten Form zeichnet ein Szenario eine Abfolge von Interaktionen auf (siehe Abbildung 3.2). Da sich die Gründe für Benutzerentscheidungen nicht beobachten lassen, ist es wichtig, die mündlichen Begründungen des Handelnden in ein Szenarium einzubeziehen, wie dies im vorherigen Absatz erläutert wurde. Für Designer

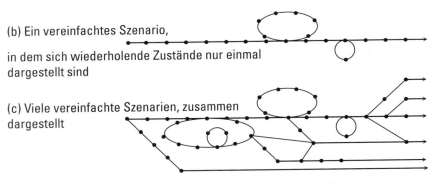

(a) Ein Szenario, wie es sequenziell beobachtet wird

(b) Ein vereinfachtes Szenario,

in dem sich wiederholende Zustände nur einmal
dargestellt sind

(c) Viele vereinfachte Szenarien, zusammen
dargestellt

3.16 Analyse von Szenarien und die Darstellung von Entscheidungsmöglichkeiten.

besteht die Herausforderung darin, eine Sammlung von Szenarien zu analysieren, die auf einer repräsentativen Auswahl von Benutzern beruht, und eine Kompositkarte aus möglichen Szenarien zu entwerfen, die den in Abschnitt 3.4.5 beschriebenen Möglichkeitskarten ähnelt. Die Karten können als Spezifikationen für die beabsichtigten Artefakte dienen. Abbildung 3.16a stellt eine zeitlich geordnete Abfolge von Interaktionen dar, so wie man sie beobachten oder mechanisch festhalten kann. Obwohl im buchstäblichen Sinne jede Situation, in der Menschen auf etwas Gesehenes reagieren, einzigartig ist – man denke nur an Heraklits bekannte Aussage «Man kann nicht zweimal in denselben Fluss steigen» –, ist die Wahrscheinlichkeit hoch, dass man Wiederholungen derselben Handlungen zu verschiedenen Zeitpunkten erkennen kann, wenn man Aspekte ignoriert, die für das Interfacedesign unwichtig sind. Konstruiert man nun ein vereinfachtes Diagramm (Abbildung 3.16b), bei dem jede unterscheidbare Handlung des Originalszenarios nur einmal vorkommt, so finden sich Loops, das heißt wiederkehrende Interaktionsabfolgen, die einen Prozess so lange wiederholen, bis der Benutzer die Bedingungen geschaffen hat, fortzufahren. Beim Abrufen von E-Mails etwa wiederholen sich stets dieselben Vorgänge: Auswählen einer E-Mail aus einer Liste, Öffnen, Lesen, Beantworten, oder Löschen, und zur Liste zurückkehren – egal von wem die Mail kam. Die meisten benutzerfreundlichen Szenarien enthalten viele solcher Loops, ob es sich dabei um das Abarbeiten einer E-Mail-Liste handelt, die rhythmische Koordination beim Fahrradfahren, das Einschlagen eines Nagels, oder das Zerschneiden eines Papiers, indem man die Klingen der Schere abwechselnd öffnet und schließt. Wenn man eine größere Anzahl von Interaktionsabfolgen, die auf einen oder charakteristischerweise mehrere Benutzer zurückgehen, in einem einzigen Diagramm zusammenfasst, vermag Abbildung 3.16c Entscheidungspunkte aufzuzeigen, die allen Benutzern gemein sind, also alternative Wege zu ähnlichen Zielen, die ein Artefakt für die beobachteten Benutzer unterstützen sollte.

Zweifellos sind die natürlichsten und damit vertrauenswürdigsten Szenarien diejenigen, die aus wiederkehrenden Interaktionsroutinen bestehen, die zuverlässige Prinzipien oder gängige Metaphern verwenden, leicht lernbar und ohne großes Nachdenken ausführbar sind (Krug 2000). Offenkundig sind detaillierte Karten möglicher Szenarien möglicher Benutzer hinsichtlich der Brauchbarkeit eines Artefakts informativer als Beschreibungen seiner Funktion aus der Perspektive eines Nicht-Benutzers. Da das Bearbeiten Tausender von Benutzerszenarien kostspielig sein kann, haben Designer typische Benutzer untersucht, die aus jeder anvisierten Benutzergemeinschaft ausgewählt wurden.

Wie bereits erwähnt, ist *der* typische Benutzer ein Mythos. Doch wenn Designer Artefakte für noch nicht existierende Benutzer entwerfen, arbeiten sie mit ebensolchen Mythen, den sogenannten «Personae» (Cooper 1999). Eine Persona ist kein psychologisches Konzept, sondern im Zusammenhang mit typischen Szenarien, sozialen Gewohnheiten oder Konsumentenhaltungen konstruiert, sodass sich die Designer besser vorstellen können, wie sich ein solcher imaginärer Benutzer gegenüber einem im Entwurf befindlichen Artefakt verhalten könnte. Die Idee besteht darin, mehrere Personae zu konstruieren, die den anvisierten Benutzergemeinschaften entsprechen. Beispiele für Personae wären etwa: ein unverheirateter Manager in einem Start-up-Unternehmen, ein Experte für Informationstechnologien in einem Großbetrieb, eine Mutter mit zwei Kindern, die zuhause arbeitet; ein modebewusster Stadtbewohner aus der oberen Mittelschicht; oder ein an seine Wohnung gefesselter Behinderter mit einem höheren Bildungsabschluss. Die Idealbeschreibung einer Persona beinhaltet all die Kennzeichen – soziale, ökonomische, kulturelle, den Lebensstil betreffende und vor allem das ihnen zur Verfügung stehende technische Know-how sowie die bevorzugten Lernstile –, die einen Einfluss auf die Brauchbarkeit des Artefakts haben könnten und innerhalb der Bevölkerungsgruppe möglicher Benutzer hinreichend repräsentativ sind. Um an Designentscheidungen teilhaben zu können, muss die Beschreibung einer Persona Verhaltensweisen implizieren, die Gestalter bei der Konzeption und Erprobung des fraglichen Artefakts einsetzen können. Obgleich Personae spezifische Benutzer darstellen, muss man sich darüber bewusst sein, dass sie Konstruktionen sind. Sie repräsentieren die Erwartungen von Designern und sind häufig so gestaltet, dass sie einem bestimmten Design besonders wohlwollend gegenüberstehen. Designer können zwar im Namen ihrer Konstruktionen argumentieren, aber Personae können den Designern nicht widersprechen, nichts Unerwartetes sagen. Letztlich müssen die tatsächlichen Entwürfe für reale Menschen funktionieren, die sich möglicherweise weniger kooperativ verhalten, als es Designer von ihren Personae erwarten. Wenngleich die Personae, die eine Möglichkeit schaffen, charakteristische Merkmale der Benutzerpersönlichkeit in den Designprozess einzubeziehen, sollten sie so angelegt sein, dass sie dem Designer kritisch, wenn nicht gar ablehnend, gegenüberstehen. Nur wenn ein Entwurf nachweislich auch bei den widerspenstigsten Benutzern funktioniert, können Designer sich einigermaßen sicher sein, dass sie sich auf dem richtigen Weg befinden. Der operative Vorteil der Personae besteht darin, dass ästhetische Erwägungen durch Brauchbarkeitskriterien ersetzt werden.

3.5.2 Intrinsische Motivation

Natürlich umgeben sich Menschen mit Artefakten, die sie verstehen, mit denen sie umzugehen wissen und deren Anwesenheit sie als angenehm empfinden. So sind jedenfalls die Artefakte beschaffen, auf die man sich im Bedarfsfall verlassen kann. Doch diese Eigenschaft ist keine ausreichende Erklärung dafür, dass Menschen zu bestimmten Artefakten eine stärkere Beziehung entwickeln als zu anderen. Die Erklärung für diese Selektivität ist die jeweilige Motivation. Motivationen sind Rechtfertigungen für Handlungen, die nicht mit Trieben, Werten oder Geisteszuständen verwechselt werden dürfen, welche sich auf kausale Erklärungen ohne aktives Zutun des Individuums berufen. Motivationen werden immer dann vorgebracht, wenn man nach den Gründen für ein bestimmtes Handeln fragt. Beim Gebrauch von Artefakten lassen sich zwei Arten von Motivation unterscheiden, die beide auf dem Vertrauen in die benutzten Artefakte beruhen.

- *Extrinsische Motivationen werden im Hinblick auf zu erreichende Ziele gerechtfertigt, Zustände, die es anzustreben gilt, Aufgaben, die erledigt werden müssen und Belohnungen, mit denen man bei erfolgreicher Erledigung dieser Aufgaben rechnen darf.* Extrinsische Motivationen sind rational, und ihre Konzeption entstand im Schatten der Aufklärung. Überraschenderweise begriff Heidegger Technologie, sein hier beschriebenes Vertrauen in die «Zuhandenheit», stets als etwas Instrumentelles, als etwas, das durch ein Interesse an etwas anderem motiviert ist (Dreyfus 1992). Designer können zwar Wege aufzeigen, die es den Benutzern ermöglichen, ihre gegenwärtige Situation mit den zu erreichenden Zielen zu verbinden, sie haben jedoch kaum Einfluss auf die Ursache extrinsischer Motivationen, die häufig von Vorgesetzten verlangt oder von Institutionen gesetzt, erwartet und belohnt werden und sich daher der Kontrolle der Handelnden entziehen.

Doch der Umstand, dass ein Interface mit Artefakten möglichst bedeutungsvoll bleiben soll, egal welche Ziele deren Benutzer anstreben, führt zu etwas anderem. Menschen fahren teure Autos, obwohl billigere ihrem rationalen Bedürfnis, sich fortzubewegen, genauso entsprechen würden. Menschen sind bereit, mit abgenutzten Möbeln zu leben, solange sie ihnen etwas bedeuten oder Freude machen. Die Tatsache, dass das, was man als angenehm empfindet, nicht unbedingt von einem anderen geteilt wird, lässt vermuten, dass instrumentelle und rationale Kriterien weniger ausschlaggebend sind als innere. Das legt eine zweite Art von Motivation nahe:

- *Intrinsische Motivationen werden um ihrer selbst willen gerechtfertigt. Sie beziehen sich auf die reine Freude daran, Teil eines Prozesses zu sein,* den Csikszentmihalyi (1997), wie oben erwähnt, als «Fluss» bezeichnet, der nichts mit extrinsischen Bedingungen zu tun hat. Intrinsische Motivationen lassen sich durch faszinierende Interfaces steigern, die die Handelnden als einladend und aufregend empfinden, die sie regelrecht in ihren Bann ziehen. Auch wenn intrinsische und extrinsische Motivationen sich deutlich voneinander unterscheiden, können sie durchaus gemeinsam auftreten. Intrinsische Motivationen sind es, die ein Interface engagierend machen. Sie beziehen sich auf emotionale Erlebnisse, die mit aktiver Beteiligung einhergehen und nicht durch Beobachtung seitens außenstehender Personen erfahren, geplant oder durch Belohnungen erzeugt werden können. Sie zeichnen sich durch ihre Gegenwärtigkeit aus, ihre Präsenz.

Ohne Zweifel erhöht die intrinsische Motivation die Brauchbarkeit von Artefakten. Zwar kann sie nicht erzwungen werden, doch ist es möglich sie zu fördern, was ein wichtiges Anliegen der semantischen Wende ist. Um den Unterschied zwischen extrinsischer und intrinsischer Motivation deutlich zu machen, führe ich hier drei Beispiele auf, gefolgt von einer Liste von Bedingungen, die für das Entstehen intrinsischer Motivation vorteilhaft sind.

Mitte der 1980er Jahre, als in den Vereinigten Staaten PCs aufkamen und am Arbeitsplatz Einzug hielten, führte die Wharton School of Business and Finance an der University of Pennsylvania mehrere statistisch ausdifferenzierte Kosten-Nutzen-Analysen hinsichtlich ihres Einsatzes durch.[8] Großrechner hatten bereits ihren Wert für hierarchisch aufgebaute Organisationen mit einer zentralen Buchhaltung und Terminplanungsproblemen unter Beweis gestellt. Doch bei PCs verhielt sich die Sache anders. Sie beschleunigten nicht die Tippgeschwindigkeit, sie nahmen den bis dahin zuständigen Fachleuten Vorgänge wie Editieren, Formatieren, Desktop Publishing und Datenverarbeitung aus den Händen und erweiterten den Zuständigkeitsbereich der Büromitarbeiter. Die vormals zentralisierte Intelligenz eines Computers wurde so für alle zugänglich. Als man die Kosten für den Erwerb und die Wartung der PCs mit den Vorteilen, die sie dem Unternehmen brachten, aufgerechnet hatte, gelangte man zu einem überraschenden Schluss: *Es gab keinerlei Rechtfertigung für den Gebrauch der PCs.* Dabei berücksichtigten die Forscher freilich nicht, dass die Kosten-Nutzen-Analyse ausschließlich auf extrinsischen Motivationen aufbaut.

Doch die Geschichte des PCs hat bewiesen, dass Kosten-Nutzen-Erwägungen nicht die einzigen Antriebsquellen für Technologie sind. Inzwischen haben wir die Informationstechnologien uneingeschränkt als Teil unserer zeitgenössischen Kultur angenommen. Mit dem Einzug der PCs am Arbeitsplatz wurden die hierarchischen Strukturen mit ihren engmaschigen und effizienten Kontrollmechanismen geschwächt. Dort, wo elektronische Spiele zugelassen waren, wurde es aufregend. Und durch die Verbindung zum Internet veränderten PCs die Art und Weise, wie wir die Welt sehen. Mit ihren unzähligen Bedeutungen durchdringen PCs jeden Bereich unseres Alltags. Ergonomie und Funktionalismus, Wirtschaftstheorien, die auf extrinsischen Motivationen beruhen, können diese Entwicklungen nur in sehr beschränktem Maße erklären. Dagegen sind es insbesondere die intrinsischen Motivationen, die dem Gebrauch von zeitgenössischer Technologie Leben einhauchen.

Nehmen wir ein zweites Beispiel: Skifahren. In langen Schlangen an Skiliften zu warten, die Menschen wie Vieh auf einen Berg befördern, von dessen Spitze sie mit eigener Kraft wieder zu ihrem Ausgangspunkt zurückgelangen müssen, ergibt offenkundig keinen großen Sinn, vor allem nicht im Winter, wenn es kalt ist. Es gibt keinen erkennbaren Zweck, keinen finanziellen Anreiz und keinen rationalen Grund für dieses Verhalten. Darüber hinaus ist das Unfallrisiko sehr hoch. Skifahrer stürzen, brechen sich die Knochen, können dabei umkommen. Warum um alles in der Welt sollte irgendwer auf diese Weise sein Leben riskieren? Die ebenso kurze wie bündige Antwort lautet: Es handelt sich um eine intrinsische Motivation, eine Motivation, die dem Skifahren selbst innewohnt, die sich nicht durch zeitlich verzögerte Anreize oder das Erreichen objektiv messbarer Ziele rechtfertigen lässt.

---

8 James C. Emery, persönliche Mitteilung, 1992.

Oder, drittens, das Beispiel eines Spielsalons. Betritt man einen solchen als naiver Beobachter, ist man möglicherweise verblüfft von den brummenden, summenden und klingelnden Geräuschen, die von Maschinen erzeugt werden, welche von den an ihnen Spielenden Geld dafür verlangen, für einen sehr kurzen Zeitraum an einem fernsehartigen Monitor bestimmte Bilder beeinflussen zu dürfen. Einige dieser Maschinen unterscheiden Gewinner von Verlierern oder zeigen numerische Resultate anhand deren die Spieler ihr eigenes Ergebnis messen können; doch selbst wenn man verliert, scheint das nichts weiter auszumachen. Die Teilnahme scheint keine messbaren Konsequenzen zu haben. Dennoch sind die Spieler äußerst engagiert bei der Sache. Nur ein Außenseiter würde fragen «Warum?». Aus Sicht der Spieler beantwortet sich diese Frage von selbst, durch die Tatsache ihrer Anwesenheit in diesem Spielsalon und durch die Möglichkeit, sich in einem Spiel zu verlieren und mit diesen Maschinen eins zu sein.

Für Personen, die mit ihren Artefakten (z.B. PCs, Skier und elektronische Spiele) auf diese Weise interagieren, sind Warum-Fragen von Außenseitern unbeantwortbar, obwohl sie sich durchaus mit Ihresgleichen über ihre Erfahrungen verständigen können, allerdings zumeist in den glühendsten Worten der intrinsischen Motivation. Adjektive wie «aufregend», «spannend», «erhebend», «erfrischend», «beglückend», «mühelos» sind dabei typische Formulierungen. Damit gehen Gefühle wie «furchtlos», «selbstsicher», «unverkrampft» und «frei» einher. Solche extrem positiven Emotionen gehen über eine reine Bewertung der Artefakte als «problemlos zu bedienen» und des Umgangs damit als «leicht» oder «natürlich» hinaus. Die Realisation intrinsischer Motivationen werden «unvergesslich», «außerordentlich», «tiefgreifend» und motivieren zu weiterem und höchst intensivem Umgang mit den entsprechenden Artefakten, ohne dass die damit verbundenen Kosten oder extrinsischen Vorteile eine wesentliche Rolle spielen würden.

Weitere primär intrinsisch motivierte Aktivitäten sind etwa Tanzen, Basketball-spielen, Paragliding, den Mount Everest besteigen, Musik komponieren, Jazz spielen, einen spannenden Roman lesen, Motorradfahren (Pirsig 1999) oder auch einfach nur das Verrichten einer Arbeit, die man gerne macht. Csikszentmihalyi (1990) hat zahlreiche Leute befragt, die von, wie er es nannte, «optimalen Erfahrungen» berichteten. Wie die oben angeführten Beispiele zeigen, gibt es eine große Vielfalt solcher Aktivitäten, doch die Erfahrungen, die die Leute beschreiben, sind mehr oder weniger die gleichen. Malone (1980) und Malone und Lepper (1987) haben intrinsische Motivationen beim Gebrauch von Spielzeugen und der intensiven Beschäftigung mit Computerspielen untersucht. Alison Andrews (1996) interviewte die Gestalter avancierter Computerspiele und erstellte dabei eine Liste von 18 intrinsisch motivierenden Merkmalen. Das Folgende ist eine Zusammenfassung ihrer Antworten auf die Frage, worin eine intrinsisch motivierte Aktivität besteht (Krippendorff 2004b):

- Sie entstehen in bedeutungsvollen Mensch-Maschine-Interfaces. Wie in Abschnitt 3.1 beschrieben, ist ein Interface dynamisch und relational und besteht aus Interaktionen. Es ist ein Prozess. Daher lassen sich intrinsische Motivationen weder mit physikalischen oder ästhetischen Begriffen beschreiben, noch als individual-psychologisches Phänomen (beispielsweise durch Intentionen) erklären und schon gar nicht mittels mechanischer Instrumente messen, die charakteristischerweise in der Ergonomie bevorzugt werden oder mit denen sich die Ästhetik beschäftigt.

- Sie setzen *Vertrauen* voraus, also das unproblematische interaktive Zusammenpassen von menschlichem Verhalten mit den technologischen Affordances eines Artefakts, das es den Benutzern ermöglicht, sich auf das zu konzentrieren, was für sie zählt. Damit Benutzer sich auf ein Artefakt verlassen können, müssen dessen Reaktionen vorhersagbar sein. Unterbrechungen erschüttern dieses Vertrauen und behindern das Realisieren intrinsischer Motivationen.

- Sie erfordern ein erhebliches Maß an *Handlungsautonomie.* Benutzer müssen in der Lage sein, sich eigene Ziele zu setzen und eigenen Erfolgskriterien nachzugehen. Sie müssen das Gefühl haben, Entscheidungsträger zu sein und gemäß ihren eigenen Vorstellungen handeln zu können, zumindest dort, wo es darauf ankommt. Die meisten Technologien eröffnen ihren Benutzern neue Möglichkeiten, die für sie von Bedeutung sind, und schränken andere ein, auf die sie momentan verzichten können. Schreiben beispielsweise beschränkt die Kommunikation auf das, was andere lesen können, verhindert aber die Übertragung von Stimmen und begrenzt visuelle Erfahrungen auf Handschrift und Typografie. Doch ermöglichen Texte es, wiederholt gelesen zu werden, sich an etwas zu erinnern oder die Möglichkeit, das Lesen mit anderen an entfernten Orten zu teilen. Handlungsautonomie bezieht sich auf die freie Benutzung dessen, was Artefakte möglich machen. Stößt man jedoch auf Hindernisse und muss genauen Anweisungen folgen, von Vorgesetzten verlangte Ziele erreichen oder jemanden beeindrucken, dann lenken diese Faktoren von der intrinsischen Motivation ab.

- Sie bedürfen *multi-sensomotorischer Koordinationen,* idealerweise aller Körperteile. Beim Skifahren beeinflusst praktisch jeder Teil des Körpers die Geschwindigkeit und die Fahrrichtung. Ungeachtet des Primats des Visuellen in der westlichen Kultur, bedeutet Skifahren in völligem Kontakt mit der Umwelt zu sein, mit dem Gefälle des Bodens, dem Geräusch der Skier auf dem Schnee, dem Wind, der den Skifahrern ins Gesicht bläst. Neben den fünf äußeren Sinnen des Menschen, gibt es zwei innere: den kinästhetischen Sinn, die Wahrnehmung der eigenen Körperbewegungen, sowie die «(E)Motionen», ein von Humberto Maturana eingeführter Begriff, der darauf hinweist, dass sich der menschliche Körper in ununterbrochener Bewegung findet, nicht nur in Koordination mit der Außenwelt, sondern zugleich auch in der Koordination aller innerer Vorgänge. Beispielsweise arbeiten Nerven-, Immun-, Kardiovaskular-, Lungen- und Verdauungssystem permanent, ohne unserer Aufmerksamkeit zu bedürfen. Mit extrinsischen Motivationen argumentierend sind wir geneigt, die körperlichen «Motionen» zu unterdrücken, außer wenn sie vom Normalen abweichen und zu «Emotionen» werden. Unterscheidungen im Bereich der inneren Dynamik bringen unterschiedliche Gefühle hervor (Krippendorff 2004b, S. 54). Jedes Ausklammern innerer Koordinationen lässt ein Interface verarmen und dürfte dazu beitragen, die Chance intrinsischer Motivation zu verringern. Obwohl wir geneigt sind die Tastatur eines Computers auf das Drücken einzelner Tasten zu reduzieren, ist seine Bedienung nicht nur sichtbar, sondern muss auch hörbar und fühlbar sein, also viele Sinne einbeziehen.

- Sie erfordern *ständiges Lernen.* Csikszentmihalyi (1990) beschreibt diese Eigenschaft als ein sensibles Gleichgewichtsverhältnis zwischen besonderen Fertigkeiten und dem erfolgreichen Umgang mit unerwarteten Herausforderungen. Fertigkeiten entstehen, wenn man etwas wiederholt gut macht. Wem das Skifahren Freude macht, der muss es auch beherrschen. Doch kann der kontinuierliche Gebrauch einer erworbenen Fertigkeit mit der Zeit langweilig werden; damit eine Aktivität intrinsisch motivierend bleibt, benötigt man Herausforderungen. Beim Skifahren sorgt das Gelände für diese. Bei Computerspielen müssen diese im Spiel selbst einprogrammiert sein. Damit ein Interface motivierend bleibt, dürfen die Herausforderungen nicht so groß sein, dass sie den Prozess der aktiven Beteiligung unterbrechen, doch groß genug, um das Gefühl kreativer Meisterschaft aufrechtzuerhalten. Mary Catherine Bateson (2001) spricht von einem Menschenrecht auf ständiges Lernen.
- Sie wachsen mit der *Zuversicht,* unerwartete Möglichkeiten erfolgreich meistern zu können. Einige Designer sind der Ansicht, intrinsische Motivation entsteht, wenn die Benutzer das Gefühl haben, die Dinge kontrollieren zu können (Andrews 1996). Perfekte Kontrolle kann es aber nie geben. Intrinsisch motivierende Aktivitäten vermitteln das Gefühl, die Kontrolle nicht zu verlieren, keine Angst zu haben, dass man in Schwierigkeiten geraten könnte.
- Sie können nicht beobachtet, sondern *müssen erlebt werden.* Die Interaktionen, bei denen intrinsische Motivationen entstehen, können auf Video aufgezeichnet, Unterbrechungen können gezählt und ihre Entwicklungen können beschrieben werden. Doch Beobachtungen vermitteln keinen Zugang zur körperlichen Anteilnahme der Benutzer, zu ihren «(E)Motionen». Was sich von außen beobachten lässt, ist das, was Benutzer für selbstverständlich halten, der Hintergrund ihrer Interfaces, in dem Vertrauen entstehen kann. Beobachter mögen zu dem Schluss gelangen, dass intrinsisch motivierende Aktivitäten ihrem eigenen Tempo folgen. Doch für die Involvierten gibt es keine Zeit. «(E)Motionen» werden in der Gegenwart empfunden. Sich ihrer zu erinnern oder sie aufzuzeichnen, ist etwas völlig anderes. Man denke daran, wie wir unser Zeitgefühl verlieren oder es versäumen, anderen Verpflichtungen nachzukommen, wenn wir uns mit etwas Aufregendem beschäftigen.
- Sie beruhen auf einem klaren *Gefühl in seinem Grund verwurzelt zu sein.* Beim Malen etwa sind sich Künstler wohl bewusst, wo sie sich gerade befinden und sie scheinen zu *wissen,* was sie tun, ohne deshalb zwangsläufig in der Lage zu sein, es auch erklären zu können. Maler haben möglicherweise bestimmte Vorstellungen davon, wie ein Werk zum Schluss aussehen soll, doch diese Vorstellungen kollidieren häufig mit der Erregung des Malvorgangs. Ein Gemälde ist erst dann vollendet, wenn der Maler weiß, dass es vollendet ist; man denke nur an die zahlreichen überarbeiteten Fassungen berühmter Maler. Natürlich ist beim Abfahrtsski jeder Abhang irgendwann zu Ende. Doch das, was in jedem einzelnen Moment zählt, ist das Gefühl, an einem Hang zu sein und sich in die richtige Richtung zu bewegen. Intrinsisch motivierte Aktivitäten, so könnte man sagen, haben sich selbst zum Zweck, verfolgen aber kein Ziel.
- Sie sind *selbst-isolierend.* Typischerweise verlangen intrinsisch motivierende Aktivitäten ein derartiges Ausmaß an Konzentration, dass nichts anderes zur Kenntnis

genommen wird. Dies gilt für den bereits erwähnten Verlust von Zeitbegriffen, aber auch für die Anliegen anderer Menschen, für potenzielle Gefahren und das ursprüngliche Ziel, das die Aktivität möglicherweise in Gang gesetzt hat. Die Handlung und das Bewusstsein für die Handlung verschmelzen miteinander zu Csikszentmihalyi's «Fluss» oder zu einem völlig vereinnahmenden Seinszustand, in dem die Aufmerksamkeit ausschließlich auf die Präsenz des Interfaces gerichtet ist.

- Sie verbleiben innerhalb einer *reinen Realität*. Solange man von einer intrinsisch motivierenden Aktivität vereinnahmt ist, gibt es keinen Raum für alternative Wirklichkeiten, keinen Raum, Rollen zu spielen, anderen etwas vorzumachen oder zu lügen. Es bedeutet zu sein, was man wirklich ist. Man hat das Merkmal der intrinsisch motivierenden Aktivität als einen Verlust an Selbstbewusstsein beschrieben. Doch geht das Bewusstsein dabei nicht verloren, sondern es bröckeln lediglich seine falschen Fassaden, das vorgetäuschte Selbst verschwindet und ein Selbst tritt zutage, das von allen üblichen Beschränkungen befreit ist. Im Zustand intrinsischer Motivation ist das Selbst höchst real.

Diese Merkmale der intrinsischen Motivation verdeutlichen, warum das, was postindustrielle Artefakte anzutreiben scheint, gegenüber Technologie-getriebenheit oder objektiven Maßstäben verborgen bleibt und kausalen oder rationalen Modellen menschlichen Verhaltens trotzt. Sie fordern aber auch ergonomische Herangehensweisen an Brauchbarkeit heraus. Das soll nicht heißen, alle Artefakte müssten so gestaltet sein, dass sie Spaß machen und aufregend sind, oder dass extrinsische Motivationen zugunsten intrinsischer aufgegeben werden sollten. Es gibt genügend Aufgaben die gelöst werden müssen und für die die Benutzer Artefakte verlangen, die ihnen darin helfen, das heißt deren Benutzung extrinsisch motiviert werden müssen. Doch wo intrinsische Motivationen unterstützt werden, kann die Brauchbarkeit von Artefakten erheblich auf ganz anderes Niveau gehoben werden.

3.6 Prinzipien für die Gestaltung von Brauchbarkeit

Die Prinzipien für die Gestaltung von bedeutungsvollen Interfaces mit Artefakten bilden sich allmählich heraus (Dykstra-Erickson 1997). Einige Empfehlungen sind bereits in den vorausgegangenen Betrachtungen enthalten. Die folgenden Abschnitte fassen die wesentlichsten Begriffe, die die semantische Wende für diesen Zweck bereitstellt, zusammen. Spätere Kapitel werden sich mit anderen Aspekten des Designs von Artefakten beschäftigen.

3.6.1 Human-centered Design

Menschbezogenheit begreift Technologie unter menschlichen Gesichtspunkten. Der wesentliche Begriff des human-centered Designs ist die Bedeutung, die Menschen mitbringen oder entwickeln, um ihre Welt zu verstehen und um in ihr zu handeln. Im speziellen Fall des user-centered Designs gilt es wahrzunehmen, dass die Benutzer die Bedeutungen ihrer Artefakte innerhalb ihrer Gemeinschaft untereinander aushandeln. Dieser Prozess ist häufig beobachtbar. Bedeutungen können von Gestaltern zwar unterstützt, nicht aber von ihnen bestimmt werden. Menschen blühen auf, wenn sie ihren eigenen Vorstellungen folgen und sich selbstständig entfalten können. Das gilt auch für Designer – außer dass Designer auch andere Anliegen haben sollten, nämlich das Leben ihrer Mitmenschen durch das Design von Artefakten zu verbessern, von Artefakten also, die nicht nur für Designer, sondern insbesondere für andere Sinn machen und Bedeutungen haben. Menschbezogenheit heißt, die Tatsache ernst zu nehmen, dass Artefakte höchst unterschiedliche Bedeutungen für unterschiedliche Menschen haben können. Auf Designer angewandt heißt das zu akzeptieren, dass sie notwendigerweise andere Vorstellungen ihrer Artefakte haben müssen als die der Benutzer und dass diese Unterschiede respektiert werden müssen, selbst wenn sie ihren eigenen widersprechen. Ihre Vorgehensweise muss daher kooperativ, demokratisch, Vielfalt fördernd und heterarchisch (horizontal vernetzt) sein (Krippendorff 1997, S. 30). Darüber hinaus sollten human-centered Designer Messungen, Begriffe und Metaphern benutzen, die aus spielerischen Aktivitäten abgeleitet sind oder aus der Freude, Gegenstände gemeinsam zu benutzen, anstelle von Kriterien, die aus der Funktionsweise technologischer Systeme abgeleitet sind.

3.6.2 Bedeutungsvolle Interfaces

Menschbezogenheit heißt auch, sich auf Wechselwirkungen zwischen Menschen und Maschinen zu konzentrieren, also auf Interfaces, nicht auf Maschinen an sich. Auf der Gebrauchsebene besteht das Ziel des Designs darin, die menschlichen Interfaces mit Artefakten so zu gestalten, dass sie so mühelos wie möglich vom *Erkennen* über das *Erkunden* zum *Vertrauen* führen (siehe Abbildung 3.4) und solange dort verweilen, bis der Benutzer zufrieden ist. Jede dieser Phasen definiert eine andere Art von Aufmerksamkeit, die ein Design optimal unterstützen sollte. Obwohl die Ästhetik von Artefakten zu ihrem Gebrauch einladen kann, muss eine Theorie der praktischen Bedeutungen im Gebrauch von Artefakten die sensomotorische Koordinationen der Benutzer konzipieren, erklären, wie sich Vertrauen zu den entsprechenden Artefakten entwickeln kann sowie Unterbrechungen in Interfaces mit ihnen vermieden werden können. Das heißt, die Bedingungen zu erforschen, in denen bedeutungsvolle Interfaces entstehen und aufrechterhalten werden können, wie man verhindern kann, dass ununterstützte Bedeutungen abgerufen werden, und welche Beschränkungen man in ein Artefakt einbauen kann, insbesondere um gefährliche Unterbrechungen eines Interfaces zu verhindern.

3.6.3 Verstehen zweiter Ordnung

Um die häufig unterschiedlichsten Bedeutungen, konzeptionellen Modelle und vertrauten Szenarien der zukünftigen Benutzer eines Entwurfs unterstützen zu können, müssen Designer das Verstehen anderer verstehen. Sie können nicht davon ausgehen, dass sie ihre eigenen Wahrnehmungen und Vorstellungen der zu gestaltenden Artefakte mit denen potenzieller Benutzer dieser Artefakte teilen. Immerhin ist Design auch ein Beruf. Ein human-centered Designdiskurs schließt das Verstehen zweiter Ordnung ein, das es Designern ermöglicht, (1) eine Benutzerkultur ohne Vorurteile systematisch zu erforschen, hinsichtlich der Frage, mit welchen Begriffen und Erfahrungen die Mitglieder einer Benutzergemeinschaft sich neu gestalteten Artefakte nähern. Neben vorurteilslosen Untersuchungen gibt es noch zwei weitere Möglichkeiten, sich dem Verstehen zweiter Ordnung zu nähern. (2) Man kann es importieren, indem man repräsentative Benutzer einlädt, am Designprozess teilzunehmen und (3) man kann es delegieren, indem man Räume schafft, in denen Benutzer ihre eigenen Vorstellungen realisieren können.[9] Das Design eines Computers, der offen für eine Unzahl von Anwendungen ist, ist das idealtypische Beispiel für die Delegation von Designaktivitäten.

3.6.4 Affordances

Die Affordances eines Artefakts bestimmen seine Gebrauchsmöglichkeiten. Affordance ist ein relationaler Begriff. Wenn die wahrgenommenen Bedeutungen in Handlungen umgesetzt, von einem Artefakt unterstützt werden, wenn also der Benutzer eines Artefakts seinen Teilen und Bedienungs- oder Steuerelementen (*Affordings*) all das zu tun erlaubt, was es für ihn bedeutet, so werden seine Grenzen nicht in Erscheinung treten. Die meisten Affordances, die wir wahrnehmen, entsprechen nicht-reduzierbaren kulturellen Gepflogenheiten und lassen sich nur schwer modifizieren. Jedoch kann jedes Artefakt höchst unterschiedliche Bedeutungen abrufen und deren Entfaltung in Handlungen kann zuverlässige Interaktionen entweder ermöglichen oder verhindern. Die Aufgabe für Designer besteht also darin, Artefakte so zu gestalten, dass sie die von Benutzern wahrgenommenen Bedeutungen tatsächlich unterstützten und verhindern, Bedeutungen abzurufen, deren Entfaltung in Interfaces für Benutzer schädlich werden könnten.

3.6.5 Affordancebeschränkungen

Sinnlose und unerwartete Beschränkungen der Affordances eines Artefakts können frustrieren und das Vertrauen in ein Artefakt ruinieren. Solche Beschränkungen können technischer Natur sein, die ein Ingenieur zwar verstehen mag, aber Benutzer daran hindern, reibungslos mit ihren Artefakten umzugehen. Andererseits haben Designer jedoch die Möglichkleit, mit Affordancebeschränkungen zu arbeiten, um gefährliche Gebrauchsweisen zu verhindern oder Benutzer vor Schaden zu bewahren. Solche Beschränkungen können semantischer und physischer Natur sein. Richtig angewandt, können semantisch dargestellte Beschränkungen die Benutzer informieren, während physische Beschränkungen frustrierende Unterbrechungen eines Interface erzeugen können.

3.6.6 Feedback

Interaktion bedarf des Feedbacks. Die Folge jeder Benutzerhandlung sollte so unmittelbar und direkt wie möglich erfahrbar sein. Das beginnt mit der wahrnehmbaren Bestätigung, dass ein Artefakt die Eingaben eines Benutzers akzeptiert hat. Auch sollten die Benutzer eines Artefaktes rechtzeitig über die Folgen informiert werden, die ihre – beabsichtigten oder unbeabsichtigten – Handlungen nach sich ziehen. Schließlich sollten Benutzer stets erkennen können, wann ihr Artefakt für den nächsten Schritt bereit ist.

---

9 Das erinnert an Heinz von Foersters (1981, S. 308) ethischen Imperativ: «Handele stets so, dass du die Zahl der Alternativen erhöhst.» Da Ethik sich stets auf Mitmenschen bezieht, füge ich dem Imperativ «für andere» hinzu (Krippendorff 2009, S. 34).

3.6.7 Kohärenz

Das Verstehen von Artefakten kann durch den Gebrauch visueller Metaphern, Metonyme, Ikonen und Zeichen gesteigert werden – vorausgesetzt sie unterstützen sich gegenseitig. Multiple Metaphern mit widersprüchlichen Folgen sind ebenso problematisch wie Zeichen, die aus inkompatiblen Systemen stammen, die also den eindeutigen Zusammenhang mit dem, was man verstehen oder beobachten sollte, stören. Designer tun gut daran, Metaphern unterschiedlichen Ursprungs nicht miteinander zu vermischen und die Benutzung von Ähnlichkeiten, Nachbarschaftsbeziehungen, Korrelationen und Formen mit widersprüchlichen Interpretationsmöglichkeiten zu vermeiden. Das Definieren semantischer Schichten ist eine Möglichkeit, um inkompatible Systeme von Metaphern, Metonymen, Informativen und Anleitungen auseinanderzuhalten und den Benutzern mehrere in sich kohärente Welten bereitzustellen, zwischen denen sie beliebig hin- und herspringen und in denen sie unterschiedliche Interfacebeziehung herstellen können. Kohärenz muss auch auf schriftliche Instruktionen ausgedehnt werden. Menschen neigen dazu, direkten Erfahrungen mehr zu trauen als schriftlichen Gebrauchsanweisungen, die dadurch, dass sie lediglich über denkbare Erfahrungen berichten, irreführend sein können.

3.6.8 Erlernbarkeit

Menschen lernen ständig. Bedeutungen entstehen im Gebrauch und können sich im Gebrauch verändern. Design muss sich deren Lernbarkeit widmen. Obwohl es unzweifelhaft kulturell dauerhafte Bedeutungen, UCMs und Szenarien gibt, befinden sich viele, insbesondere für neuere Artefakte, um die sich Designer besonders bemühen, im Fluss. Einige Benutzer widersetzen sich dem Neuen, was zu Unterbrechungen führen kann, die besonders bedauerlich sind, wenn die Benutzer die Schuld daran anderen zuschieben, also nichts daraus lernen. Designer sollten letztere Möglichkeit zu verhindern suchen. Das ist nicht einfach. Wissenschaftliche Untersuchungen der Begrifflichkeiten einer Benutzergemeinschaft sind meistens bereits veraltet, wenn ein Design auf den Markt kommt, insbesondere wenn dessen Benutzung leicht erlernt werden kann. Gegenwärtig befragte Personen sind selten die zukünftigen Benutzer eines zu gestaltenden Artefakts. Daraus folgt, dass Artefakte nicht unbedingt existierenden Verhältnissen entsprechen müssen, sondern so gestaltet werden, dass sie entweder leicht erlernbar sind oder sich zukünftigen Benutzerfähigkeiten und Gewohnheiten anpassen können, also Benutzer in die Lage zu versetzen, in jeder ihrer Wissensstufen bedeutungsvolle Interface-Beziehung mit einem Artefakt erreichen zu können. Benutzern sollte es außerdem erlaubt sein, unbeabsichtigte Szenarien einzuführen, Abkürzungen zu entdecken, ihr Verhalten zu entwickeln und Spaß daran zu haben. Nicht jeder lernt auf die gleiche Weise. Manche bevorzugen Anweisungen zu lesen, andere mit unerprobten Alternativen zu spielen, sich nach erfolgreichen Benutzern zu richten oder von einem Mentor oder Fachmann angeleitet zu werden (siehe auch Abschnitt 3.6.11).

3.6.9 Multisensorische Redundanz

Die meisten Artefakte erscheinen als multisensorische Phänomene. Man kann sie berühren, sehen, hören, riechen, ja vielleicht auch schmecken. Menschen unterscheiden sich hinsichtlich ihrer sensorischen Vorlieben. So gibt es Leute, die lieber etwas lesen als sich visuell zu orientieren oder verbalen Instruktionen zu folgen. Es gibt auch ernsthafte Sinnesbeeinträchtigungen, Leute die blind, taub oder anderweitig behindert sind. Menschen kompensieren ihre Defizite. Etwa zehn Prozent aller Menschen sind farbenblind. Die meisten von ihnen wissen es nicht, weil sie andere Möglichkeiten gefunden haben, mit Farben zurechtzukommen. Farbenblinde Autofahrer etwa können die Farben von Verkehrsampeln aufgrund der relationalen Position der Lichter (oben, Mitte, unten) unterscheiden, also richtig «lesen» und daher durchaus über Rot, Gelb und Grün sprechen, als würden sie sie als solche erkennen. Farbenblindheit mag physiologisch bedingt sein, doch haben ganz normale Menschen sensorische Präferenzen, ohne sich deren bewusst zu sein. Vermutlich werden wir deshalb nie genau wissen, auf welche Sinne – visuelle, akustische, haptische, kinetische – sich jemand in einer bestimmten Situation verlässt. Multisensorische Redundanz bedeutet, dieselbe Affordance vermittels mehrerer Sinne gleichzeitig bereitzustellen. Wenn multisensorische Informationen – Geräusche, visuelle Zeichen, taktischer Kontakt, Handbewegungen – sich gegenseitig ergänzen, ermöglichen sie Benutzern mit unterschiedlichen sensorischen Präferenzen, das gleiche zu erreichen. Benutzer, die ihr sensorisches Vertrauen von einem Modus auf einen anderen verlagern können, ohne dabei einen Bedeutungsverlust zu erleiden, lassen sich nicht so leicht ablenken und können parallel mehrere Tätigkeiten ausführen. Redundanz, häufig als überflüssig angesehen und vernachlässigt, bereichert die Interfaces mit Artefakten und ist ein wesentlicher Bestandteil zwischenmenschlicher Kommunikation.

Der in unserer Kultur dominierende sensorische Modus ist der Sehsinn. Man denke an die vergleichsweise Dürftigkeit unseres Wortschatzes für den Hör-, Tast- und Geruchssinn. Der Geschmackssinn ist weitgehend Speisen vorbehalten und der kinästhetische Sinn und Gefühle sind berüchtigt für ihre Vieldeutigkeit. Designer demonstrieren ihre Vorliebe für den Sehsinn, indem sie ihre Entwürfe in farbenprächtigen Zeitschriften präsentieren, die keine Informationen über andere Modalitäten vermitteln können. Design für die nichtvisuellen Sinne ist ein vernachlässigtes Gebiet (Ginnow-Merkert 1997). Ja schlimmer noch, indem sie Interfaces per Video untersuchen, oder drei-dimensionale Entwürfe auf dem Bildschirm ihres Computers zeigen, werden Designer möglicherweise nie erfahren, auf welche Sinne sich ein Benutzer verlässt und welche haptischen oder kinästhetischen Erfahrungen man mit einem Entwurf erzeugt. In jüngerer Zeit haben Autohersteller den Geruch im Wageninneren und das Geräusch sich schließender Türen erforscht und bewusst gestaltet. Obgleich diese Bemühungen weniger mit Brauchbarkeit zu tun haben, sind sie doch Ausdruck für die wachsende Aufmerksamkeit, die nichtvisuellen Sinneserfahrungen zuteilwird. Designern geht es nicht allein darum, dass kohärente multisensorische Erfahrungen für einzelne Benutzer reichhaltiger sind, sondern dass ein Artefakt einer größeren Anzahl von Benutzern mit unterschiedlichen sensorischen Präferenzen zugänglich ist.

3.6.10 Variabilität – Vielfalt

Im Industriezeitalter galt es, Artefakte anhand von Kriterien zu optimieren, die ihren Produzenten nützten oder von politischen Autoritäten vorgegeben waren. Massenprodukte zielten auf die größten Gemeinsamkeiten einer Bevölkerung und verloren dabei die Bevölkerungsteile aus dem Auge, die sich diese Produkte nicht leisten konnten oder aus anderen Gründen am Rande der zunehmend monologischen Massengesellschaft lebten. Die neuen Informationstechnologien haben diese Ideale weitgehend überwunden. Sie manifestieren sich in einer Vielzahl von flexiblen Artefakten, die man verschiedenartig benutzen und modifizieren kann, die insbesondere der zwischenmenschlichen Kommunikation dienen und damit Benutzern unvorhersehbare Möglichkeiten eröffnen. Heute kann man Computer in der Hand halten, mit ihrer Hilfe mit jemandem kommunizieren, Texte erzeugen, fotografieren, Bücher lesen, fernsehen, einkaufen, Berechnungen anstellen, Informationen vom Internet abrufen, ferne Länder besuchen – fast die ganze Komplexität seines Lebens bewältigen und mit anderen teilen. Die Affordance eines Computers kann in großen Mengen von Bytes gemessen werden. Die Herausforderung für heutige Designer besteht darin, Artefakte zu entwickeln, die flexibel und interaktiv modifizierbar sind, und mit den verschiedensten Systemen in Verbindung bleiben können. Idealerweise sollten Artefakte mindestens so viel Variabilität aufweisen, dass sie die Fülle von Benutzern in die Lage versetzen, ihre eigenen Welten zu konstruieren. Mit anderen Worten, *die Affordance heutiger Artefakte sollte der Vielfalt ihrer Benutzer entsprechen oder sie übersteigen.*[10]

3.6.11 Robustheit

Abschnitt 3.2 besagte, dass das Konzept des Fehlers stets mit der Suche nach einem Schuldigen verbunden ist. An dieser semantischen Folge aus dem Begriff von «Fehler» ändert sich nichts durch die von Norman zitierte Verallgemeinerung «Irren ist menschlich» (Norman 1988, S. 105–140). Ist es wirklich die Schuld des Benutzers, wenn er annimmt, ein Artefakt könne etwas tun, an das der Designer nicht gedacht hatte? Oder sollte ein Designer möglicherweise unbewusst Hinweise gegeben haben, die den Benutzern etwas versprachen, das das Artefakt nicht leisten konnte? Menschen können sich nicht absichtlich irren. Sie mögen unaufmerksam sein, doch unter ihren jeweiligen Umständen handeln sie stets so gut, wie sie es können. Auch Designer können unaufmerksam sein, etwa indem sie das notwendige Verstehen zweiter Ordnung vergessen und annehmen die zukünftigen Benutzer ihrer Artefakte sehen ihre Welt genauso wie sie. Für Designer ist es daher eine Herausforderung vorauszuahnen, was die Benutzer eines Artefakts möglicherweise mit ihm machen könnten. Artefakte sollten widerstandsfähig gegen alle voraussehbaren Misshandlungen sein, keine Katastrophen auslösen können, ihre Benutzer mit Hilfe von Schutzvorrichtungen vor größeren Schäden bewahren und Hilfestellungen geben, kleinere Unterbrechungen zu überwinden. Ein idealer Weise robustes Artefakt ist eines, das die meisten vorhersagbaren Pannen verhindert, und falls etwas Unvorhersehbares geschieht, dem Benutzer die Möglichkeit bietet, etwas daraus zu lernen.

3.6.12 Delegieren von Design

Die Fähigkeit von Benutzern, Bedeutungen zu konstruieren und auf deren Grundlage zu handeln, unterscheidet sich nicht grundsätzlich von der Fähigkeit von Gestaltern,

---

10 Dies ist eine andere Version von W. Ross Ashbys (1956, S. 206–213) «Gesetz der erforderlichen Vielfalt».

einen Entwurf zu entwickeln und dessen Umsetzung durch andere zu fördern. Benutzer von Artefakten und deren Designer mögen sich voneinander unterscheiden, beispielsweise in der Absicht, ihr eigenes Leben oder auch das von anderen zu verbessern, durch den Gebrauch von Umgangssprache oder einen beruflichen Designdiskurs ihre jeweiligen Welten zu konstruieren, oder im Vertrauen auf ein Verstehen erster oder zweiter Ordnung zu handeln und sich dem Verhalten eines Marktes zu unterwerfen oder mithilfe verschiedener Institutionen den Markt frei zu bespielen. Ob man mit Artefakten umgeht oder sie gestaltet, beides sind kreative Unterfangen von erheblicher Wirkmächtigkeit. Die zeitgenössische Informationstechnologie ist dabei, den Unterschied zwischen intelligenten Benutzern und beruflichen Designern infrage zu stellen, indem sie Benutzer in die Lage versetzt, ja von ihnen erwartet, ihre eigene Welt mit den vorhandenen Artefakten zu gestalten, also diese Welt als ein von Menschen hergestelltes Artefakt zu verstehen. Die Erfindung des Desktop-Publishing war ein Schock für Grafiker, die glaubten, Typografie sei ihre exklusive professionelle Fertigkeit. Computerhacker wissen häufig mehr über bestimmte Bereiche von Computern als deren Designer. Als kreative Aktivität erscheint Design heute in vielen Disziplinen, doch am bedeutsamsten ist, dass kundenspezifische Gestaltung, Programmierung, und Konstruktion von Informationsartefakten zu einer Tatsache des Alltagslebens geworden ist. In Anbetracht dieser human-centered Informationstechnologie und im Einklang mit der semantischen Wende, können professionelle Designer nicht mehr auf ihrem exklusiven Vorrecht beharren, Artefakte für andere zu gestalten. Gestaltungskompetenz muss weitergegeben, an die Benutzer delegiert und überall gefördert werden. Die Industriekultur ist im Begriff durch eine Designkultur abgelöst zu werden.

Das Delegieren von Designentscheidungen an die Benutzer von Artefakten ist das sine qua non human-centered Designs. In der Gestaltung von Artefakten, die den Benutzern die Möglichkeit geben, Designer ihrer eigenen Welten zu sein, können berufliche Designer nichts besseres tun als allen anderen einige Schritte voraus zu sein, an der vordersten Front der Interface-Entwicklung und zugleich ihren Beruf all denen beizubringen, die willens sind, ihnen dabei Gehör zu schenken.

4. Zu den sprachlichen Bedeutungen von Artefakten in der Kommunikation

Der Gebrauch von Artefakten, unsere individuelle Beteiligung an den Interfaces mit Technologie, macht nur einen Teil ihrer Wirklichkeit aus, einen wesentlichen, doch zeitlich nur einen kleinen Teil. Die meisten Artefakte kommen bereits in der Sprache vor, bevor sie in Gebrauch genommen werden, und häufig leben sie auch dann noch in der Sprache fort, wenn die Aufmerksamkeit ihrer Benutzer bereits zu anderen Beschäftigungen übergegangen ist. Man erfährt von neuen Artefakten durch Experten, Kollegen, Freunde, Publikationen, Werbung oder die Konsumforschung. Ihre sprachliche Aneignung ist im Allgemeinen problemlos. Der physische Erwerb geschieht meist auf der Grundlage von Informationen darüber, was Artefakte tun und ob sie ihren Preis wert sind. Wir sehen uns veranlasst, ihren Gebrauch gegenüber Freunden oder Vorgesetzten zu rechtfertigen oder unser Wissen über sie anderen mitzuteilen, die ebenfalls ein Interesse an ihnen haben könnten. Technische Anleitungen sorgen dafür, dass neuartige Artefakte verstehbar und benutzbar werden. Designer hören von den Problemen, bevor sie sich ihrer annehmen. Ingenieure verlassen sich auf wissenschaftliche Texte, wenn sie Mechanismen errechnen. Manche Artefakte, die nicht mehr verwendet werden, wandern ins Museum oder leben in Geschichtsbüchern, Literatur und Gesprächen weiter. Wie sonst wüssten wir etwas von Dampfmaschinen, Benjamin Franklins Versuchen, mit Drachen elektrischen Strom anzuziehen, von mittelalterlichen Schwertern und Pfeilen und von den Artefakten früherer und indigener Kulturen? Ohne sprachliche Erläuterungen wüssten wir nicht, was für Objekte es gibt.

Artefakte, über die man spricht, leben in bestimmten Sprachgemeinschaften und werden damit zu sozialen oder kulturellen Artefakten, oft schon lange, bevor sie tatsächlich benutzt werden. Die Bedeutungen, die Artefakte im Gebrauch annehmen, werden größtenteils in der Sprache vorbereitet, und die Umsetzung linguistischer Bedeutungen in praktische ist häufig nur ein kleiner Schritt. Demzufolge ist eine sprachunabhängige Theorie der Bedeutung des Gebrauchs, ja selbst die Idee individueller Benutzer im Gegensatz zu Nicht-Benutzern konzeptionell eine eingängige Fiktion.

Immerhin ist Technologie vor allem eine «-logie» der «techne» und damit sprachlich konstruiertes und verbal vermitteltes Wissen. Dieses Kapitel befasst sich damit, welche Rolle die Sprache bei der Konzeption, Platzierung und Anwendung von Artefakten und für das Verstehen von Technologie im Allgemeinen spielt.

Zu Beginn dieser Untersuchung muss man bedenken, dass die meisten Gebrauchsweisen von Artefakten von unbeteiligten Zuschauern[1] beobachtet und beurteilt werden. Sie können Ratschläge geben oder sich miteinander und mit Benutzern über die Gebrauchsweisen unterhalten. Schon das bloße Bewusstsein, beobachtet und beurteilt zu werden, sowie das Bedürfnis, die eigene Kompetenz anderen gegenüber unter Beweis zu stellen, verwandeln individuelle Mensch-Maschine-Interfaces in öffentliche Interfaces. Das Bemühen um Zustimmung oder die Furcht sich zu blamieren, impliziert Sprache und Gespräche zwischen Stakeholdern, die ein Interesse am Gebrauch der Artefakte haben. Das trifft übrigens auch auf Designer zu.

In Abschnitt 1.3 haben wir festgestellt, dass Fortschritt im Marketing und in der Konsumforschung die Wirklichkeit des Designs verändert hat. Es ist jedoch wichtig, sich zu verdeutlichen, dass sich diese Forschungen nahezu völlig auf verbale Kommunikation zwischen Forschern und potenziellen Konsumenten stützen. Interviewer etwa stellen Fragen und zeichnen die Antworten auf. Mithilfe von moderierten Gesprächen in Fokusgruppen über Konsumartikel, neue Verfahren oder auch über Politiker werden bestimmte verbale Attribute herausgefiltert und mögliche Märkte erkundet. Die Definitionen von Bedeutung in Abschnitt 2.3 und deren Unterbrechung in Abschnitt 3.2 unterscheiden sich in den Erklärungen, die Benutzer für beide zu geben pflegen. Benutzerkonzeptionelle Modelle («user conceptual models» UCMs) und Szenarien (siehe die Abschnitte 3.4.1 und. 3.5.1) beruhen auf Schilderungen von Benutzern, auf Interpretationen aufgezeichneter Beobachtungen, die allesamt besagen, was die Benutzer mit ihren Handlungen erreichen wollten. Warnungen und Fehlermeldungen (Abschnitt 3.4.5) mögen Icons und Bilder verwenden, doch sie kommen selten ohne verbale Ausdrücke aus, unabhängig davon, ob Benutzer gebeten werden, diese zu lesen, oder ob Artefakte mit ihnen «sprechen». Auch die extrinsische Motivation (die in Abschnitt 3.5.2 von der intrinsischen unterschieden wurde), kann man nur durch die Begründungen, warum man sich eines bestimmten Artefakts bedient, erfahren. Ohne verbale Aussagen hätten Gestalter kaum oder gar keinen Zugang zum Verstehen ihrer Stakeholder. Sprache ist allgegenwärtig. Wenngleich nicht alle im Gebrauch befindlichen Bedeutungen verbal ausgedrückt werden können, siehe Abbildung 0.1 der Einleitung und das vorausgegangene Kapitel, hier werden Artefakte im Kontext der Sprache untersucht.

Im Prozess des Gestaltens wird die Rolle der Sprache leicht übersehen. Doch können Designer ihre Arbeit nur dann verrichten, wenn sie eine Vorstellung davon haben, was ihre Kunden von ihnen erwarten, unabhängig davon, ob das mündlich oder vertraglich festgelegt wird. Gestalter wägen gemeinsam ab, wie sie ihre Kunden zufriedenstellen

---

1 Die Idee, diese «bystander» im Designprozess zu berücksichtigen, geht auf Bruce Archer zurück. Er stellte sie in seinen Vorlesungen an der Ulmer Hochschule für Gestaltung zwischen 1960 und 1962 vor. Damit vollzog er einen ersten Schritt zur Soziologie der Artefakte.

können, einigen sich auf einen bestimmten Ansatz, tauschen relevantes Wissen aus, entwickeln situationsangemessene Konzepte und präsentieren ihre Vorschläge schließlich denjenigen, auf die es ankommt. Auch wenn es heißt, ein Bild sage mehr als tausend Worte, so können Bilder nie die ganze Geschichte erzählen. Sie können nicht «Nein» sagen, sie können keine Gründe anführen, sie können nicht planen, sie können keine Fragen beantworten und kein Feedback liefern, wie sie von anderen verstanden werden. Tatsächlich reden gute Designer mehr, als sie gewöhnlich zugeben, nicht nur bei Präsentationen vor ihren Arbeitsgebern, sondern auch miteinander, wenn sie über Literatur diskutieren, Forschungen betreiben, Ideen bewerten, ihre Optionen abwägen, um die Meinung anderer bitten und Lösungen beurteilen. Es ist unbezweifelbar:

Das Schicksal aller Artefakte entscheidet sich in der Sprache.

Eine Theorie der Bedeutung von Artefakten in der Sprache befasst sich unter anderem mit der Frage, wie Artefakte in Gesprächen überleben oder aus ihnen entstehen – aus Geschichten (Narrativen), die sich ihre Stakeholder, einschließlich der Designer, gegenseitig erzählen und in die Tat umsetzen. Sprache macht Artefakte möglich, verleiht ihnen Bedeutungen oder verhindert den Zugang zu ihnen. Angesichts der Tatsache, dass Sprache die Anliegen mindestens zweier Menschen, typischerweise aber einer ganzen Sprachgemeinschaft lenkt, ist eine Theorie der Rolle der Sprache für die Bedeutung von Artefakten zwangsläufig eine soziale Theorie. Sie befasst sich mit dem Verstehen zweiter Ordnung, ein Verstehen, das Menschen voneinander haben, und da dieses Verstehen auch Artefakte betrifft, muss es auch eine Theorie des Gebrauchs umfassen.

Außerdem treten alle Theorien, unabhängig davon, ob sie mündlich oder schriftlich formuliert sind, ob sie aus der Wissenschaft oder dem Alltag entstammen, und unabhängig davon, ob sie Objekte oder Sprache betreffen, ebenfalls in der Sprache zuhause. Daher muss eine Theorie der Rolle der Sprache für die Bedeutungen von Artefakten selbstreflexiv sein. Sie muss sich selbst als Artefakt behandeln, das im Gebrauch stets weiter rekonstruiert und verfeinert wird. Sprache ist immer Teil einer Welt, die sich in einem ununterbrochenen Schaffensprozess befindet. Daher sollte man nicht der Versuchung nachgeben, Sprache als etwas unabänderlich Gegebenes zu behandeln, als ein System, das man einmal lernen muss, um die Welt zu beschreiben, wie sie ist. Da Designer versuchen, die Welt zu verbessern, können sie nicht umhin auch die Sprache zu verbessern und sich der ihr innewohnenden Kreativität zu bedienen.

Auf diesem Niveau von Theorie wird der Begriff eines Interfaces von individuellen Benutzern auf Dritte ausgedehnt, auf die Sprachgemeinschaften, die über Artefakte sprechen, seien sie potenzielle Benutzer, Kritiker, Verbraucher, Stakeholder oder nur am Rande interessierte Zuschauer. Stakeholder machen sich bemerkbar, indem sie ein Interesse (*stake*) an einer bestimmten Art von Artefakten oder Technologie beanspruchen. Abbildung 4.1 zeigt, dass Artefakte nicht einfach nur genutzt, sondern wichtiger noch, dass sie Teil von Prozessen menschlicher Kommunikation zwischen Stakeholdern werden. In der Sprache werden Artefakte begrifflich gefasst, konstruiert und kommuniziert; in ihr wird ihre jeweilige Bedeutung verhandelt und ihr Schicksal bestimmt. Kommunikationsprozesse, die Artefakte zum Inhalt haben, lassen sich nicht ausschließlich mit kognitiven, ergonomischen oder technologischen Begriffen erklären. Sie müssen unter sprachlichen Gesichtspunkten erläutert werden, also den Interaktionen zwischen Stakeholdern, die die fraglichen Artefakte beinhalten. Das erfordert eine dialogische, keine monologische Theorie der sprachlichen Bedeutung.

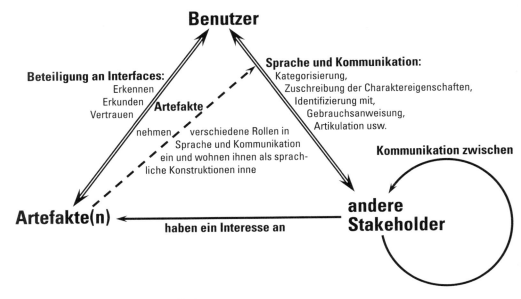

4.1 Artefakte in Sprache und Kommunikation.

4.1 Sprache

Sprache ist ein komplexer Begriff. Obwohl Erwachsene sich der Tatsache bewusst sind, dass sie eine Sprache sprechen, wissen sie kaum, wie sie sie erworben haben und was geschieht, wenn sie sprechen, anderen zuhören oder etwas lesen. Schreiben wird in den ersten Schuljahren gelehrt. Dann lernen die Schüler Rechtschreibung, Grammatik, Satzbau und Rhetorik. Wenn sie in der Lage sind, sich sprachlich verständigen zu können, sind sie geneigt anzunehmen, dass sie wüssten, über was sie sprechen sowie was es über die Sprache zu wissen gäbe. Doch für unsere Zwecke ist die Fähigkeit mit Sprache umzugehen ungenügend. Um das Folgende zu verstehen und nicht in gewöhnlichen Konzeptionen zu verharren, unterscheiden wir zunächst vier verschiedene Ansätze Sprache zu begreifen und konzentrieren uns dann auf den letzten dieser vier, sodass klar ist, mit welchem Begriff von Sprache wir ihren Gebrauch behandeln.

- Sprache als *System von Zeichen und Symbolen.* Dies ist im Wesentlichen die Saussure'sche (1916), Peirce'sche (1931) und logisch-positivistische Sicht auf die Sprache. Sie betrachtet Sprache als *Medium der Repräsentation,* (Rorty 1979) begreift Wahrheit als das Gültigkeitskriterium und sucht nach Referenzen (Bezugsobjekten) in einer nicht-sprachlichen, häufig physikalischen Welt.
- Sprache als *Medium des individuellen Ausdrucks.* Dieses Konzept liegt einem Großteil der Literaturtheorie zugrunde, es betont beispielsweise die Autorintentionen und

ist durch einen grundlegenden Individualismus geprägt. Es begreift Aufrichtigkeit und Widerspruchslosigkeit als Gültigkeitskriterien und sucht nach Bedeutungen in den Emotionen, Ideen und kognitiven Strukturen, oder allgemein in der Natur des menschlichen Geistes.

- Sprache als *Medium der Interpretation:* Aus dieser Position sucht man Bedeutungen in den möglichen Neuartikulation existierender Formen (oder Texten) und überlässt es einer Sprachgemeinschaft, die Zulässigkeit von Interpretationen zu be- oder verurteilen (Hirsch 1967).
- Sprache als *Prozess der Koordination von Wahr-nehmungen und Handlungen* ihrer Sprecher (Maturana 1988). Diese Sicht identifiziert Bedeutungen aus der Art und Weise, wie die Mitglieder einer Gemeinschaft miteinander leben, also im Bewusstsein ihrer Gegenseitigkeit ihre jeweiligen Realitäten konstruieren, Verständnis füreinander entwickeln und ihre Begriffe voneinander und von ihren jeweiligen Artefakten in die Tat umsetzen. Ausschlaggebendes Kriterium ist die Durchführbarkeit der sprachlichen Praktiken in ihrer Gemeinschaft, das heißt die Frage, ob sie im Gebrauch bestehen. Sprache ist hier Dialog, «das Haus des [Mensch-]Seins».[2]

Eine kurze Auflistung einiger wesentlicher Kennzeichen des Begriffs der Sprache als *Prozess der Koordination* soll seine Menschbezogenheit deutlich machen:

- *Sprachgebrauch lenkt die Aufmerksamkeit,* weist hin, warnt, rückt etwas in den Vordergrund, verkündet und unterscheidet. Indem man über ein Artefakt spricht, lenkt man die Aufmerksamkeit auf bestimmte Dimensionen und Merkmale, von denen es in der Regel eine Unzahl gibt. Bezeichnet man einen Wagen als großes Auto, als Designerauto, als teures Auto, als Klapperkiste, als italienisches Auto oder als Limousine, so bringt man damit bestimmte Kennzeichen dieses Wagens auf Kosten anderer zur Geltung. Sprache hebt etwas hervor, indem sie anderes verbirgt.
- *Sprachgebrauch legt Wahr-nehmungen fest.* Metaphern sind hervorragende Beispiele für das Strukturieren von Wahrnehmungen. Spricht man über Kommunikation mit der gängigen Container- oder Behältermetapher, so haben Botschaften Inhalte, die der Verfasser ihnen (ein)gegeben hat und die die Leser entnehmen sollen. Dieser Metapher folgend, liegt es nahe, die Autoren für die Deutungen ihrer Schriften verantwortlich zu machen, wie es die traditionelle Literaturwissenschaft mit ihrem Interesse an den intendierten Bedeutungen annimmt. Überdenkt man die Wirkung dieser Metapher, so dürfte nur schwer zu begreifen sein, wie Bedeutungen in Texten enthalten sein können, wenn es möglich ist, einen Text verschieden zu interpretieren. Der Gebrauch anderer Kommunikationsmetaphern kann ganz andere Vorstellungen bewirken, beispielsweise Kommunikation als Kontrolle, Austausch, Konversation, Dialog oder Tanz (Krippendorff 1993a). In Diskussionen etwa ist die Kriegsmetaphorik weit verbreitet. So greifen wir unsere Diskussionspartner an, landen einen Treffer, verteidigen unsere Stellung oder schaffen es, das Argument unseres Opponenten abzuschießen. Wir reden nicht nur so, sondern wir erleben es

---

2 Martin Heidegger (1949), S. 5, Wiederabdruck seines «Brief über den Humanismus» vom Herbst 1946 an Jean Beaufret.

auch dementsprechend, wenn wir angegriffen werden, die Aggressivität unseres
Gesprächspartners bemerken, unseren Sieg genießen oder uns nach einer Niederlage
am Boden zerstört fühlen, so als sei die menschliche Kommunikation ein Krieg
mit Worten (Lakoff und Johnson 1980, S. 12–14). Bei politischen Wahlen führen
die gegnerischen Kandidaten Attribute in die Debatten ein, die den anderen als
unwählbar erscheinen lassen. Wenn BMW sein Programm «Efficient Dynamics»
bezeichnet, so wird damit einer ganz anderen Wahrnehmung Vorschub geleistet
als bei VW, das eines seiner Modelle «New Beetle» nennt. Menschen können nicht
umhin, die Welt mittels des von ihnen benutzten Vokabulars wahrzunehmen, selbst
wenn sie sie nur zu beschreiben beabsichtigen.

- *Sprachgebrauch schafft Fakten.* Erklärungen, Versprechungen, Bitten und Zuge-
ständnisse haben keinen Wahrheitswert. Es sind Sprechakte (Austin 1972; Searle
1971) und sie konstituieren das, was sie sagen (Searle 1997), erzeugen Tatsachen
durch sprachliche Handlungen. Die Verfassung eines Landes, etwa, ist kein bloßes
Stück Papier. Die sprachliche Handlung sie als solche zu akzeptieren, auf sie zu
verwiesen oder mit ihr zu argumentieren, begründet politische Verhaltensweisen,
Einrichtungen, eine Regierung und die Öffentlichkeit des Landes. Gelangt eine
Versicherungsgesellschaft in ihrem Gutachten zu dem Schluss, ein Unfallauto sei
so stark beschädigt, dass sich eine Reparatur nicht lohne, so erklärt sie dieses Auto
zu einem Totalschaden. Solche Erklärungen haben reale Folgen für den Eigentümer
des Wagens. Häufig erfolgen Erklärungen in Gestalt von Vorhersagen, die, falls
sie für wahr gehalten und dementsprechend befolgt werden, die von ihnen verkün-
dete Realität überhaupt erst schaffen. Die Wirtschaftskrise in den 1920er und die
Ölkrise in den 1970er Jahren sind hierfür bekannte Beispiele. Die Wirtschaftskrise
wurde durch die Annahme ausgelöst, die Banken könnten die Sparguthaben ihrer
Kunden nicht mehr auszahlen, und die Ölkrise durch die Annahme, an den Tankstellen gäbe es bald kein Benzin mehr. Moden und Marotten entstehen weitgehend
durch die sich selbst erfüllenden Erklärungen von Meinungsführern, die verkünden,
was «man» gerade trägt, benutzt oder sagt. Wenn eine hinreichend große Zahl von
Menschen glaubt, dass dem so sei und in dieser Überzeugung handelt, dann stehen
die Chancen gut, dass der entsprechende Sachverhalt auch tatsächlich eintritt. Alle
Fakten und Artefakte kommen zunächst in der Sprache vor und die Struktur sprachlicher Ausdrücke hat viel damit zu tun, was wahr wird.

- *Sprachgebrauch ist relational. Alles Gesagte wird in der Erwartung gesagt, dass Adressaten
es verstehen.* Geschichten werden in der Erwartung erzählt, wie sie aufgenommen
werden, welche Reaktionen sie auslösen und was ihrer Wiedererzählung folgen
könnte. Sie implizieren ein Verstehen zweiter Ordnung, und legen nahe, dass die
Bedeutung von Worten wie auch von Artefakten auf einer rekursiven Beziehung
zwischen Sprechern und Zuhörern beruht. Sprecher wählen ihre Worte so, dass
ihre Zuhörer sie verstehen können und nicht entgegen ihren Erwartungen darauf
reagieren. So erfahren die Sprecher, was ihre Aussagen aus der Sicht der Zuhörer
tatsächlich bedeuteten. Das gleiche gilt für die Zuhörer. Ein Beispiel für diesen
wechselseitigen Rückgriff ist die Zuschreibung von interpersonellen Beziehungen,
von Autorität etwa. Autorität existiert nur dann, wenn eine Reihe von Menschen

jemandem Autorität zuschreibt und dieser sie erwidert, indem er die zugeschriebene Rolle übernimmt und, so handelnd, die Zuschreibung bestätigt. Sprachgebrauch beeinflusst also nicht nur die individuelle Wahrnehmung von Artefakten, sondern koordiniert auch die wechselseitigen Wahrnehmungen zwischenmenschlicher Beziehungen oder allgemeiner gesagt konstituiert soziale Strukturen, an denen Menschen sprachlich und Artefakte aktiv teilnehmen.

- *Sprachgebrauch ist ein verkörpertes Phänomen.* Die Fähigkeit, Sprache zu gebrauchen, geht mit den biologischen Fähigkeiten zu artikulieren, zuzuhören, zu lernen und Erfahrungen, einschließlich der Gefühle, begrifflich zu fassen einher. Diese Fähigkeit ist untrennbar mit dem menschlichen Körper verknüpft. Das Abstrahieren eines Systems aus dem Prozess der sprachlichen Artikulation, wie es die strukturelle Linguistik betreibt, verkennt das, was für das Verstehen der Rolle von Artefakten in der menschlichen Kommunikation von zentraler Bedeutung ist: das in körperliche Vorgänge eingebundene Verstehen zweiter Ordnung, die intrinsische Motivation, Emotionen, die Koordination innerhalb einer Gemeinschaft und die Einbeziehung der Stakeholder. Bedeutung außerhalb eines menschlichen Körpers gibt es nicht.

Wenn das Schicksal aller Artefakte in der Sprache entschieden wird, dann ist es nur folgerichtig, dass Artefakte so gestaltet sein müssen, dass sie in der Sprache und in der menschlichen Kommunikation überleben können, in den sozialen Prozessen, die Artefakte konstruieren, konstituieren oder unterstützen, aber die sie auch ausschalten können. Diese elementare Tatsache wird unter Designern selten anerkannt. Ein wahrscheinlicher Grund dieses Aufmerksamkeitsmangels ist die Popularität des oben erwähnten systemischen Konzepts der Sprache und der Semiotik, die verhindert, die Bedeutungen von Artefakten im Leben ihrer Benutzer wahrzunehmen. Sprache ist genauso komplex wie die menschliche Natur, ja sie ist von der menschlichen Natur nicht zu trennen. Die hier vorgestellten Charakteristika der vierten, dialogischen Sprachtheorie sollen verhindern, dass die Leser in die ersten drei Sprachbegriffe zurückfallen. Ziel dieses Kapitels ist es, einige designrelevante sprachbasierte Konzepte zu entwickeln, die es wert sind, weiter entwickelt zu werden.

4.2 Kategorien

Im Englischen und in den meisten indoeuropäischen Sprachen finden Objekte typischerweise in Form von Substantiven Eingang in die Sprache, welche sich wiederum auf idealtypische Kategorien berufen. Aus einer human-centered Sicht sind Substantive wie «Stuhl», «Automobil», «Computer», «Baseball» und «Internet» mit Ideen von Artefakten verknüpft, aber nicht mit den Artefakten selbst. Wir nehmen Affordances wahr, beispielsweise die «Be-setz-barkeit» eines Objekts, und geben ihnen Namen, wie «Stuhl», doch Abstraktionen wie «ein Stuhl» kann man nicht buchstäblich wahrnehmen. Die Klasse aller Stühle oder «Stuhlhaftigkeit» manifestiert sich nicht in einem einzelnen Artefakt. Auch kann das Wort «Stuhl» nicht die Klasse aller möglichen Stühle bezeichnen, die niemand je gesehen hat und die man aufgrund ihrer gewaltigen Vielfalt auch gar nicht im Kopf behalten könnte, sondern es bedeutet, dass die Angehörigen einer Sprachgemeinschaft erwarten, dass ein Artefakt mit diesem Namen, ihnen das Sitzen ermöglicht. Das Benennen von Artefakten ist keineswegs willkürlich, wie es einige Sprachtheoretiker behaupten, Peirce etwa. Wörter unterscheiden verschiedene Lebenspraktiken einer Gemeinschaft, sodass sie ihre Angehörigen in die Lage versetzen, ihre Wahrnehmungen und Handlungen im Verhältnis zueinander und gegenüber dem, was ihre Artefakte für sie bedeuten können, zu koordinieren. Hier zeigt sich, dass Sprache kein extrahumanes System ist. Sie ist das, was Sprecher miteinander tun, wie eine Sprachgemeinschaft sie benutzt. Das Markieren bedeutungsträchtiger interindividueller Unterscheidungen und das Koordinieren der Wahrnehmungen von Angehörigen einer Sprachgemeinschaft sind historisch verwurzelte verkörperte linguistische Praktiken. Indem sie sprechen, beteiligen sich Designer an solchen Koordinationen, völlig kontrollieren können sie sie aber nicht.

Wie bereits gesagt, berufen sich Substantive auf idealtypische Kategorien, die es ihrerseits kompetenten Sprechern einer Sprache ermöglichen, zwischen Artefakten zu unterscheiden, in welchem Maß sie typisch für die zur Verfügung stehenden Kategorien sind. In Abschnitt 3.3.1 definierten wir typische Merkmale in der Form von Antworten auf bestimmte Fragen: «Welches von zwei Objekten, A oder B, ist typischer für eine bestimmte Kategorie?» Oder «Wie typisch ist A auf einer gegebenen Skala für die genannte Kategorie?» Beispielsweise: «Wie typisch für Limousinen ist dieses Auto?» Die Antworten auf diese Fragen spiegeln einen Aspekt der Art und Weise wider, wie wir Artefakte in der Sprache handhaben: «Was für eine Art Auto fahren Sie?», «Ist es eine Limousine oder ein Stadtauto?», «Das sieht nach einem ungewöhnlichen (gemeint ist: untypischen) Lieferwagen aus.» Alle diese Aussagen verorten einen bestimmten Wagen innerhalb mehrerer Kategorien von Autos oder beurteilen, wie nahe er dem Idealtyp einer Kategorie kommt, mit welcher anderen Kategorie er möglicherweise verwechselt werden könnte oder ob er gar nicht in eine der fraglichen Kategorien gehört. Untersuchungen der kategorietypischen Merkmale eines Objekts können vorgenommen werden, wenn das Objekt gegenwärtig ist, als Foto oder tatsächlich, oder in sprachlichen Äußerungen erscheint etwa wie: «die Reparaturrate ist typisch für diese Art von Auto». Ohne Sprache könnten wir schwerlich kategorisieren und Fragen zur Zugehörigkeit zu Kategorien stellen, und die Einsichten, die man aus solchen Experimenten gewinnen kann, sind nur für diejenigen Forscher verständlich, die wissen, über welche Objekte die Leute reden.

Kategorien sind in Relation zueinander organisiert. Sie bilden nicht zwangsläufig logische Hierarchien, wie das bei wissenschaftlichen Kategorisierungen häufig vorausgesetzt wird, den ausdifferenzierten Klassifikationssystemen in der Biologie etwa, den Teil-Ganzes-Hierarchien technologischer Systeme (beispielsweise der Moleküle, Elementarteile, Baugruppen, Autos, Verkehr, Transportsysteme und Länder) oder Verallgemeinerungen, auf die sich Akademiker gut verstehen. Die bahnbrechenden Forschungen von Eleanor Rosch (1978, 1981) zu Kategorien unterscheiden zwischen drei verschiedenen Ebenen von Kategorien:

Übergeordnete Kategorien
Grundlegende Kategorien
Untergeordnete Kategorien

etwa Möbel, Stuhl und Kinderhochstuhl oder Schreibgeräte, Stift und Kugelschreiber. In der Regel lassen sich übergeordnete Kategorien schwer visualisieren. Wie kann man die Kategorie Möbel visualisieren oder ein Bild von Schreibgeräten zeichnen? Grundkategorien tendieren dazu, bildlich vorstellbare Idealtypen zu haben. Selbst Kinder können sich einen Stuhl und einen Stift vorstellen und zeichnen. Auch haben Grundkategorien in der Regel einfache und kurze Namen. Indem den Grundkategorien Charaktermerkmale zugeschrieben werden, wie *Lehn*stuhl, *Baby*schuhe oder *Konzert*flügel, entstehen untergeordnete Kategorien. Gängige Attribute untergeordneter Kategorien sind Benutzertypen (*Baby*schuhe), Verhalten (*Sport*hemd), Anlässe (*Abend*kleid), Orte (*Tisch*lampe), soziale Klassen oder Kosten (*Fünf-Sterne*-Hotel), Regionen und Handwerk (*Shaker*möbel), Größe (*Hoch*stuhl), Stile (*Barock*kirche), Technologien (*Hightech*-Armbanduhr, *Kugel*schreiber), Energiequellen (*Dampf*maschine) und Formen (*runder* Tisch).

Es hat sich gezeigt, dass Grundkategorien leichter zu erkennen sind, dafür weniger Zeit beanspruchen und zuverlässiger identifiziert werden können. Aufgrund ihrer Visualisierbarkeit scheinen Grundkategorien weniger willkürlich und schwieriger veränderbar zu sein. Andererseits können übergeordnete Kategorien einfacher das Ziel willkürlicher typischerweise logischer Unterscheidungen sein oder zu konzeptionellen Hierarchien werden, die institutionelle Interessen widerspiegeln. Die Bedeutung eines Supermarktes etwa ist dadurch bestimmt, dass er in seinem Sortiment bestimmten Warenkategorien einen Platz einräumt oder sie nicht führt. Käufer lernen, wo was verkauft wird. Die Werbung hat ein Interesse daran, ihre Produkte in übergeordneten Kategorien zu platzieren, die dem Verkauf förderlich sind. Unternehmen, die eine Vielfalt von Produkten und Dienstleistungen anbieten, die Kunden begrifflich kaum fassen können, kämpfen darum, sich eine sichtbare Identität zu verschaffen und diese etwa mit einem Logo zu identifizieren. Übergeordnete Kategorien umrahmen Grundkategorien. Der Vorläufer von IBM stellte Schreibmaschinen her. Durch die Umbenennung in International Business Machines entstand eine neue übergeordnete Kategorie, die der Produktentwicklung des Unternehmens die Richtung vorgeben sollte und tatsächlich gab.

Design kann die Kategorisierungen, die Stakeholder mit Artefakten vornehmen, nicht umgehen, und tatsächlich tun Designer das auch nur selten. Designer hören von ihren Kunden nicht nur, was sie von einem Produkt erwarten, sondern auch, in welche Kategorie es gehören soll. Sie müssen untersuchen, was Stakeholder von einer Kategorie von Artefakten erwarten, und können sich daher nicht auf ihre eigenen Kategorien verlassen. Entscheidend ist, sich nicht von Kategorien einschränken zu lassen, sondern sie bewusst einzusetzen. Obwohl das Entwerfen von einem Artefakt, das seinem Idealtyp sehr nahekommt, möglicherweise nicht sonderlich interessant ist, trägt es mit Sicherheit zur Erkennbarkeit bei. Die Erkennbarkeit von Feuerlöschern etwa, die man in Stresssituationen finden und bedienen muss, ohne Zeit zu haben, Anweisungen zu studieren, wird wahrscheinlich am besten durch rote Zylinder mit einem deutlich erkennbaren Griff, die an einem sichtbaren Ort angebracht werden, gewährleistet. Designer mögen die Neigung verspüren, eine alternative Form für sie zu entwickeln, und Architekten ziehen es vor, sie in einem Wandschrank mit der widerwillig akzeptierten Aufschrift «Feuerlöscher» zu verbergen. Doch das dürfte kaum dazu beitragen, dass man das Gerät im Bedarfsfall finden und benutzen kann.

Bei der Einführung eines neuen Produkts in einem etablierten Markt stellt sich die strategische Frage, ob man sich an bereits etablierte Kategorien hält oder von ihnen bewusst abweicht. Manchmal kann es ratsam sein, dass sich ein neues Produkt von einem bereits existierenden stärker unterscheidet, insbesondere, wenn die Gefahr besteht, dass beide verwechselt werden könnten. Manchmal sind etablierte Kategorien jedoch auch verkaufsfördernd, etwa bei Imitationen von Rolex-Armbanduhren. Im Allgemeinen sollten neue Produkte jedoch so gestaltet werden, dass sie nicht mit bereits bekannten verwechselt werden können, mit früheren Modellen, mit Modellen einer Konkurrenzfirma oder mit Modellen, die eine veraltete Technologie besitzen. Doch die Einführung eines Produkts, das weder das eine noch das andere ist, mag hohe Werbeausgaben erforderlich machen, um potenzielle Käufer über seine Eigenschaften und Vorzüge zu informieren. Daher muss man untersuchen, ob es besser ist, sich eng an wiedererkennbare Kategorien mit erprobten Eigenschaften zu halten oder die Kosten für die Schaffung einer neuen Kategorie im öffentlichen Bereich in Kauf zu nehmen. Ein SUV (*Sport Utility Vehicle*) ist ein Beispiel für ein höchst erfolgreiches Crossover-Fahrzeug, das für Limousinen typische Merkmale mit solchen von Geländewagen kombiniert. Als dieser Autotyp der Öffentlichkeit erstmals vorgestellt wurde, gab es die Kategorie SUV noch nicht. Sie hatte keinen Namen, und es waren keine klaren Erwartungen damit verbunden. Die Bezeichnung «*Sport Utility Vehicle*» war zu unbeholfen, um sich sprachlich in der Öffentlichkeit durchzusetzen. Doch das Fahrzeug füllte eine Nische und entwickelte sich so zur selbständigen Kategorie SUV, deren Namensherkunft den meisten Leuten unbekannt bleibt. Konzeptautos, die von Automobilherstellern für die Präsentation auf Automessen entwickelt werden, bieten einen interessanten Test dafür, wieweit Käufer bereit sind, Abweichungen der Bedeutungen, Dimensionen und Charaktermerkmale etablierter Kategorien zu akzeptieren. Die Praxis des Entwerfens und Ausstellens von neuen Konzeptautos bietet den Herstellern die Möglichkeit auszuprobieren, wie weit sie gehen können. Sie befolgen damit Raymond Loevys MAYA-Prinzip: Designer sollten vorschlagen, was «Most Advanced Yet still Acceptable» (möglichst fortschrittlich aber noch annehmbar) ist. Dieses Prinzip impliziert die Existenz von Kategorien und legt nahe, dass sich ihre Grenzen verschieben lassen, jedoch nur in Bezug zu Sprachgemeinschaften und häufig mithilfe hoher Werbeausgaben.

4.3 Charaktere

In der Sprache kommen Substantive häufig in adjektivischen Konstruktionen vor. Sie durchziehen die indoeuropäischen Sprachen als Adjektiv-Substantiv-Formen wie «ein starker Wagen», als Substantiv-Sein-Adjektiv-Formen wie «das Auto ist stark» oder Substantiv-Haben-Adjektiv-Substantiv-Formen wie «das Auto hat einen starken Motor». Die Idee, dass Objekte Eigenschaften haben, ist weder natürlich, noch universell. Es handelt sich dabei um das Ergebnis kultureller Zuschreibungen. Zuschreibungen sind in der Sprache durchgeführte Handlungen, die natürlich den Wahrnehmungen nicht widersprechen. Sie spiegeln die sprachlichen, perzeptorischen, emotionalen und erfahrungsmäßigen Koordinationen (Gewohnheiten oder Konventionen) in einer Sprachgemeinschaft wider. Wie die Wahl der Adjektive verdeutlicht, enthüllen Zuschreibungen das, was man spürt und empfindet, und das, wovon man annimmt, dass andere Menschen es ebenfalls spüren und empfinden. Sprache klärt, unterscheidet, bewertet und reguliert Erfahrungen mit Objekten. Ohne solche adjektivischen Konstruktionen wäre man nicht imstande, sich über die Eigenschaften von Dingen und Personen zu unterhalten, einschließlich dessen, was ihnen fehlt.

Offenkundig spielt es eine große Rolle, ob Menschen ein Artefakt im Gespräch als schön oder hässlich, einfach oder komplex, erschwinglich oder kostspielig, effizient oder zeitaufwändig, benutzerfreundlich oder schwer handhabbar, sicher oder gefährlich, fortschrittlich oder altmodisch, umweltbewusst oder katastrophal bezeichnen. Sind diese Attribute erst einmal eingeführt und zirkulieren in der Öffentlichkeit, so können neue Zuschreibungen nicht ohne Weiteres die Entscheidungen derjenigen bestimmen, die über sie befinden. Ganz ähnlich wie Politiker werden Artefakte in der Sprache, durch Gerüchte, Werbung und Berichte in den Massenmedien geschaffen oder zerstört. Manche Produkte sind durch die populäre Zuschreibung ungünstiger Merkmale unverkäuflich geworden. Werbung versucht negativer Öffentlichkeit entgegenzutreten, indem sie Produkte mit positiven Attributen ins Gespräch bringt, um damit ihre Märkte zu vergrößern. So kann man das Axiom über Bedeutung paraphrasieren: Im Leben der Stakeholder spielt die Tatsache, dass Artefakten bestimmte Charaktereigenschaften zugeschrieben werden, eine größere Rolle als deren physikalisch messbare Eigenschaften.

Wie unterscheiden sich Charaktereigenschaften von physikalischen Eigenschaften? Physik und Ergonomie, die physikalische oder physiologische Messungen den menschlichen Wahrnehmungen und sprachlichen Äußerungen bevorzugen, versuchen die sprachlichen Praktiken der Zuschreibung zu objektivieren, indem sie diese durch mechanische Messungen ersetzen. Damit wird die Vielfalt menschlicher Wahrnehmungen, die sprachliche, auf zwischenmenschlichen Erfahrungen aufbauende Zuschreibungen von verhaltensbestimmenden Umständen ignoriert und durch die Vorstellung sogenannter objektiv beobachtbarer Eigenschaften ersetzt und diese auf Objekte projiziert. Man nehme die Erfahrung, dass etwas als *schwer* empfunden wird. Schwere wird nur in Beziehung auf etwas leichtes wahrgenommen. Man erlebt den sprachlichen Unterschied, indem man etwas – im Vergleich zu etwas anderem – hochhebt oder trägt. Im Gegensatz hierzu kommt das Gewicht eines Objekts, wenn es beispielsweise in Kilogramm angegeben wird, ohne den Bezug zu menschlichen Erfahrungen aus. Auf ähnliche Weise beschreibt das Wort «weich» im Unterschied zu «hart» eine mittels des Tastsinns erfahrbare Wahrnehmung. Man kann «Weichheit» operationalisieren, indem man die Tiefe des Eindrucks misst, den ein harter Gegenstand von einem gemessenen Gewicht an der Oberfläche eines weichen Gegenstandes hinterlässt. Doch dies erklärt nicht, wie Menschen Weichheit oder Härte erleben. Die für Designer interessanten Charakterzüge lassen sich nur selten mit physikalischen Instrumenten messen. Abbildung 4.2 zeigt zwei Modelle mit verschiedenen Charakteren eines Autos der Marke Hummer. Das eine bringt Funktionalität, Robustheit und physische Stärke zum Ausdruck, das andere Sportlichkeit, ostentativen Reichtum und soziales Geltungsbewusstsein. Die Unterschiede nur mit Stilunterschieden zu erklären, ignoriert die sozialen und durch Sprachbenutzung erzeugten Bedeutungen. Versuche, diese Unterschiede mittels physikalischen Messvorrichtungen erfassen zu wollen, wären von vornherein zum Scheitern verurteilt.

(a)　(b)
(c)　(d)

4.2 Paare von Artefakten, die sich in ihren Charakteren unterscheiden: (a) Der Hummer: militärisch, rau, funktional, (b) vorstädtisch, für reiche Besitzer, Aufmerksamkeit heischend, (c) tragbare Stereoanlage von JVC: laut, imposant, Hightech-Charakter, (d) von Sony: elegant, modisch, feminin.

Um ein gängigeres Beispiel zu nennen: für eine lange Zeit galten Schweizer Armbanduhren als präzise Uhren, die von außergewöhnlich guten Handwerkern hergestellt wurden. Ursprünglich war die komplett in der Schweiz hergestellte Swatch eine Reaktion auf gravierende Markteinbußen. Heute gilt sie als cool, jugendlich, einfach, erschwinglich und robust. Coolness ist an die Stelle der ursprünglichen Charaktereigenschaft der Schweizer Armbanduhren getreten, doch es herrscht Einigkeit darüber, dass «Coolness» sich kaum in Bezug auf Formen definieren lässt. Offenkundig hat sie nichts mit der Temperatur zu tun. Auch manifestiert es sich nicht in irgendwelchen Farbkombinationen. «Coolness» kann nicht ohne eine Sprachgemeinschaft erklärt oder gemessen werden. Aus einer human-centered Perspektive ist der Grund dafür einfach. Coolness ist keine physikalische Eigenschaft, sondern meint das, worüber sich, vor allem junge, Leute unterhalten, wie, wann und wer die Armbanduhr trägt und sie als «cool» beurteilt. Die Zuschreibung von Charaktereigenschaften und ihren Veränderungen in der Zeit ist ein soziales oder kulturelles, kein physikalisches Phänomen.

Manchmal scheint es möglich, die Zuschreibungen von Charaktereigenschaften zu quantifizieren. Doch erweisen sich Quantifizierungen häufig als unbedeutend. Wenn etwa ein Produkt als «billig» oder «teuer» gilt, kann sein marktabhängiger Geldwert möglicherweise keine Erklärung dafür liefern, warum man ihm diese Attribute zuschreibt. «Billig» bedeutet aber auch schlechte Qualität oder Missbilligung, während «erschwinglich» für das gleiche Produkt auf eine günstige Gelegenheit hinweisen kann. Es handelt sich also um zwei sehr unterschiedliche Wahrnehmungen des gleichen Produktes. Komplementäre Attribute für identische Phänomene sind weit verbreitet. Die Attribute «geizig» oder «sparsam» zur Beschreibung der Eigenschaft ein und derselben Person, sowie «aggressiv» oder «ehrgeizig» drücken grundverschiedene Haltungen aus.

Ein anderes Beispiel ist folgendes: Ob es von einem Medikament heißt, es sei in 90 Prozent *aller Fälle erfolgreich*, oder es *versage bei 10* Prozent *der Patienten*, beeinflusst die Entscheidung für oder gegen seinen Gebrauch nachhaltig. Untersuchungen von Twersky, Kahneman et. al. (1985) über ökonomische Entscheidungsfindung, Risikoeinschätzung und dergleichen haben gezeigt, dass die Art, wie scheinbar objektive Eigenschaften formuliert sind, die Entscheidungen und Handlungen von Menschen massiv beeinflussen. Die Erkenntnisse dieser Forscher haben die rationale Entscheidungstheorie untergraben und Kahneman 2002 den Nobelpreis für Wirtschaftswissenschaften eingebracht.

Wir definieren den *Charakter* eines Artefakts als aus allen adjektivischen Zuschreibungen bestehend, die eine Stakeholder-Gemeinschaft für dieses Artefakt als zutreffend empfindet. Jede individuelle adjektivische Konstruktion wird als Charakterzug bezeichnet. Ein Charakterzug ist eine relativ stabile Zuschreibung einer Qualität. Ein Charakter besteht demzufolge aus einer Menge oder einem System von als angemessen betrachteten Charakterzügen. Dieses System lässt sich studieren. So können je nach Kontext unterschiedliche Charakterzüge relevant werden. Wenn ein Artefakt neu konfiguriert wird oder versagt, können seine Charakterzüge in unterschiedlichem Maße davon betroffen sein.

Das oben gesagte schlägt nicht vor, objektiv messbare Eigenschaften zu ignorieren. Doch sollten sich human-centered Designer primär mit dem befassen, was die Stakeholder ihrer Anliegen sehen, fühlen, meinen, also worüber sie sprechen. Da Wahrnehmungen und Gefühle sich der Beobachtung und mechanischen Messung entziehen, sollten Designer sich darum bemühen, die wünschenswerten Charaktereigenschaften von Artefakten aus den sensorischen Erfahrungen einer Sprachgemeinschaft abzuleiten. Adjektivische Konstruktionen sind die Ursachen für Erwerb, Gebrauch und Freude am Besitz von Artefakten. Objektiv messbare Produkteigenschaften, das gilt es zu betonen, erlangen nur dann Relevanz, wenn sie Teil des Gesprächs über die fraglichen Artefakte werden.

Die englische (wie auch die deutsche) Sprache bietet buchstäblich Tausende von Adjektivpaaren zur Beschreibung von Charakterzügen. Fünf Arten davon werden im Folgenden mit einigen Beispielen aufgelistet:

- Adjektive, deren Menschbezogenheit physikalische Quantifizierungen zu umgehen versucht:
  schnell – langsam
  groß – klein
  zerbrechlich – robust
  laut – leise
  hell – dunkel

- Adjektive der Bewertung, einschließlich ästhetischer Qualitäten:
  schön – hässlich
  ausgeglichen – unausgeglichen
  harmonisch – dissonant
  elegant – plump
  genial – trivial

- Adjektive, die soziale Werte oder Positionen implizieren:
  hohe Klasse – niedrige Klasse
  teuer – billig
  modern – altmodisch
  herausragend – gewöhnlich
  konventionell – individuell

- Adjektive für emotionale Beziehungen:
  aufregend – langweilig
  ansprechend – abstoßend
  inspirierend – uninspirierend
  frustrierend – befriedigend
  entmutigend – ermutigend

- Adjektive von Interface-Eigenschaften:
  zuverlässig – unzuverlässig
  klar – verwirrend
  schwer zu benutzen – leicht zu benutzen
  gefährlich – sicher
  effizient – ineffizient

Vielleicht überrascht es, wenn einige dieser Charakterzüge als ästhetisch bezeichnet werden. Historisch ist die Ästhetik eine Theorie, die generelle Aussagen über die Schönheit von Objekten zu objektivieren versucht. Der epistemologische Fehler einer ästhetischen Theorie besteht darin, dass sie (a) sich auf eine begrenzte Klasse von Attributen beschränkt, die, ihrer historischen und elitären Kontexte entkleidet, sich auf Formen konzentrieren, (b) auf universellen Aussagen besteht und dabei die verschiedenen kulturellen Verwurzelungen ästhetischer Urteile und deren Veränderungen in der Zeit nicht zur Kenntnis nehmen kann, und (c) ignoriert, dass Wahrnehmung nicht unabhängig von den wahrnehmenden Mitgliedern einer Sprachgemeinschaft existieren kann. Sie verfügen über ein Vokabular oder Repertoire von Handlungen, das sie als ästhetisch charakterisieren. Ästhetische Theorie beruht also auf der Überzeugung, dass Qualitäten unabhängig von den Beobachtern und deren Sprachgebrauch existieren, während wir hier darauf bestehen, dass ästhetische Objekte durch die kulturelle Zuschreibung sogenannter ästhetischer Eigenschaften entstehen.

Das aus Japan stammende *Kansei Engineering* (Nagamachi 1995) weist ähnliche epistemologische Schwächen auf. Vorgeblich geht es bei dieser Designmethode um die Übersetzung von Gefühlen (*kansei* auf Japanisch) in Konsumprodukte. Doch da es unmöglich ist, Gefühle in Menschen zu beobachten, und erst recht nicht in Produkten, kann das *Kansei Engineering* nicht umhin, sich ganz und gar auf den gewöhnlichen Gebrauch der sogenannten *Kansei*-Wörter zu verlassen, die für sich beanspruchen, emotionale Reaktionen (siehe Abschnitt 7.4.1) aufzuzeichnen. Ungeachtet ihrer Behauptung, sie befasse sich mit Gefühlen in Produkten, beruht *Kansei Engineering* letztlich auf Sprachgebrauch, der sich wohl auf Wahrnehmungen bezieht, sich aber mit Sicherheit nicht auf kulturunabhängige Eigenschaften von Produkten.

Der Begriff des Charakters ist zumindest allen indoeuropäischen Sprachen gemeinsam. Man kann vier Methoden zur Ermittlung der Charakterzüge von Artefakten unterscheiden:

- *Semantische Differenzialskalen:* Die erste und bekannteste Methode, Charaktereigenschaften begrifflich zu erfassen, geht auf das semantische Differenzial von Osgood et al. (1957) zurück.[3] Es ist ein Instrument das sich idealerweise einer große Anzahl von Informanten, Subjekten oder in unserem Fall Stakeholdern bedient, um die verschiedensten Objekte anhand vorgegebener bipolarer Adjektivskalen einzustufen. Diese Skalen bilden die Dimensionen eines semantischen Raums, in dem jedes Objekt einen Punkt einnimmt. Osgood (1974) interessierte sich für kulturübergreifende Verallgemeinerungen. Gemeinsam mit einem internationalen Team von Kollegen wandte er Hunderte von bipolaren Adjektivskalen auf eine Vielzahl von Objekten an: greifbare Gegenstände, Persönlichkeiten, Farben und begriffliche Konzepte. Sein Team fand heraus, dass drei Faktoren, die Osgood als «affektive» Bedeutungen bezeichnete, den meisten der adjektivischen Konstruktionen zugrunde liegen:

Evaluativ:	gut	+3	+2	+1	0	-1	-2	-3	schlecht
Potenz:	stark	+3	+2	+1	0	-1	-2	-3	schwach
Aktivität:	aktiv	+3	+2	+1	0	-1	-2	-3	passiv

---

3 Der Titel des Buches The Measurement of Meaning [Das Messen von Bedeutung] darf heute als allzu allgemein betrachtet werden. Es gibt sehr viele Arten von Bedeutungen, die die Zuschreibungen von Adjektiven nicht thematisieren und die geometrische Räume mit einer festgelegten Dimensionalität nicht repräsentieren können; man denke allein an die vier Arten von Bedeutung von Artefakten, die wir in diesem Buch vorstellen, oder die vielen Sprachspiele, in denen Sprache Wirklichkeiten erzeugt.

Wie der Name nahelegt, ermöglicht das semantische Differenzial Forschern, semantische Unterschiede der Charaktereigenschaften von Objekten festzustellen. Dank dieses Instruments können Designer nicht nur die Charaktere vorhandener Artefakte in einem semantischen Raum darstellen, sondern auch die wünschenswerten Charaktere spezifizieren, die ein neuer Entwurf haben sollte. Damit kann man visualisieren, welche Charakterzüge geändert werden müssen, um ein bestimmtes Designziel zu erreichen und den tatsächlichen Erfolg zu messen. Abbildung 4.3 zeigt einen semantischen Raum, der lediglich aus Osgoods drei affektiven Dimensionen besteht. In diesem Raum sind drei Artefakte als Punkte dargestellt. A und B unterscheiden sich lediglich in einer Dimension voneinander, der evaluativen, insofern B schlechter als A abschneidet. B und C unterscheiden sich hinsichtlich aller drei Dimensionen. Wenn die Wahrnehmungen zahlreicher Subjekte in einem solchen Raum aufgezeichnet werden, können semantisch unterschiedliche Artefakte als voneinander getrennte Punktecluster erscheinen. Artefakte mit einem spezifischen Charakter nehmen einen kleineren Raum ein als diejenigen, deren Charakter mehrdeutig ist.

Designer befassen sich nur selten mit semantischen Verallgemeinerungen wie den-

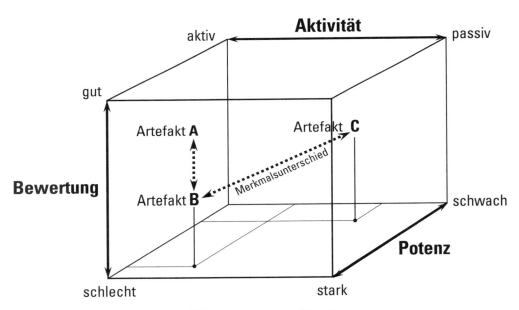

4.3 Charaktere der drei Artefakte A, B und C in drei semantischen Dimensionen.

jenigen Osgoods. Normalerweise sehen sie sich mit ziemlich spezifischen Charakterzügen konfrontiert, die sich als unzureichend erweisen und der Verbesserung bedürfen. Es kann sein, dass sie gebeten werden, den Charakter eines Produkts «aufzupolieren», um einen bisher unerreichbaren Käuferkreis anzuziehen, oder ihm einen Charakter zu verleihen, der sich hinreichend stark von dem eines Konkurrenzprodukts unterscheidet. Für Wähler etwa können die relevanten Charakterzüge von Politikern Popularität, Erfahrung, Vertrauenswürdigkeit, Engagement im eigenen Wahlkreis und Führungseigenschaften sein. Bei einem Restaurant können es Lage, Name, Atmosphäre, Kundenkreis, Speisekarte, Dienstleistungen und Kosten sein. Autokäufer achten womöglich auf äußere Erscheinungen, Fahrkomfort, Raum, Kraftstoffverbrauch, Reparaturanfälligkeit, Preis und was andere über den Fahrer eines Wagens denken. Und für Seifenkäufer spielen eventuell Handlichkeit, Duft, reinliches Erscheinungsbild und Weichheit eine Rolle, Vermarktungsexperten fügen ihnen weitere Charakterzüge hinzu, die sich ihrer Meinung nach positiv auf den Verkauf auswirken. De facto erfüllt jedes für relevant erachtete Adjektivpaar diese Aufgabe. Die semantischen Differenzialskalen werden in den Abschnitten 7.4.1 und 7.5 weiter thematisiert.

Multipolare Adjektivskalen erzeugen multidimensionale Räume, die sich schwer begrifflich fassen lassen (siehe Abbildung 7.4). Die statistische Methode der multidimensionalen Skalierung (MDS) bietet Möglichkeiten der Visualisierung komplexer Verteilungen in einer geringeren Anzahl von Dimensionen.

- *Freie Assoziationen:* Eine zweite Methode besteht darin, Benutzer oder potenzielle Stakeholder zu interviewen, um ihnen Adjektive zu entlocken, die zur Charakterisierung eines Artefakts oder der von diesem unterstützten Praktiken und zur statistischen Aufbereitung ihrer Antworten verwendet werden könnten. Häufig greift man auf Fokusgruppen zurück, also Individuen, die zu einer moderierten Diskussion von Produkten oder vielfältigen Ideen eingeladen wurden. Die auf diese Weise erlangten Adjektive sind besonders nützlich, um Entwicklungsrichtungen oder die Wahrnehmung von Artefakten zu antizipieren, die noch nicht auf dem Markt gekommen sind, etwa unter Verwendung von Prototypen oder Modellen. In diesem Kontext sind Fokusgruppen den üblicheren Einzelinterviews vorzuziehen, weil sie jene Gespräche simulieren, die Stakeholder und Benutzer auch untereinander führen könnten, wenn Sie mit einem neuen Design konfrontiert werden.

- *Inhaltsanalyse:* Die dritte Methode ist die Inhaltsanalyse (Krippendorff 2004a), eine Forschungsmethode, die auf große Textmengen anwendbar ist und sich unter anderem auf die Art von Adjektiven konzentrieren kann, die im Zusammenhang mit einem bestimmten Konzept auftauchen. Unternehmen benutzen Zeitungsartikel, wissenschaftliche Arbeiten, Interviewdaten, elektronische Texte, um Veränderungen ihres Öffentlichkeitsbildes, der Charaktereigenschaften ihrer eigenen Produkte sowie der der Konkurrenzprodukte auf der Spur zu bleiben und dementsprechend passende Design- und Werbestrategien entwickeln. Die Methode ist unaufdringlich, denn sie analysiert Texte, ohne deren Autoren zu beeinflussen. Durch eine Korrelation der verwendeten Adjektive mit dem Erfolg und Scheitern von Produkten können Designer Informationen darüber gewinnen, welche Charakterzüge sie in ihren Entwürfen anstreben oder vermeiden sollten.

- *Vergleich abgerufener Charakterzüge:* Die vierte Methode kann mehr oder weniger streng gehandhabt werden. Sie beginnt mit einer Sammlung existierender Produkte – Prototypen oder bekannte Artefakte einer bestimmten Kategorie – beispielsweise Armbanduhren, Brillen, Etiketten von Weinflaschen sowie Fotografien von größeren Artefakten wie Autos, Gebäudefassaden oder Innendekorationen. In einer interkulturellen Studie baten Miller und Kälväinen (2001) 30 Testpersonen aus England und Finnland, jeweils 36 Fotografien von Wohnzimmerstühlen so zu sortieren, dass sich Häufchen semantisch ähnlicher Stühle ergaben, und dann das jeweilige Häufchen zu beschreiben. Abbildung 4.4 visualisiert das Ergebnis einer MDS-Analyse der englischen Daten, das die Design-Attribute bequem-unbequem und antik-modern zutage brachte. Die Formulierungen, mit denen diese Dimensionen beschrieben wurden, werden in der Abbildung ebenfalls aufgeführt.

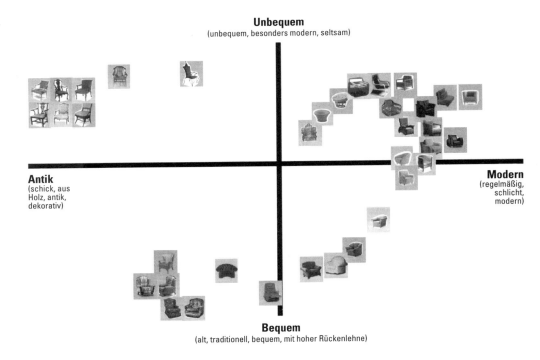

4.4 Verteilung von Wohnzimmerstühlen in einem von Benutzern bestimmten Charakterraum.

Bei einer weniger strengen Verwendung dieser Methode werden Personen einzeln oder in Fokusgruppen gebeten, eine Reihe von Produkten so anzuordnen, dass einander ähnliche näher beieinander und unähnliche weiter voneinander entfernt stehen. Dann werden sie gebeten, dem Forscher diese im Prinzip messbaren Abstände zu erklären, insbesondere durch welche Attribute sie sich voneinander unterscheiden. Die Beschreibungen dieser Unterschiede verbalisieren die Dimensionen des Charakterraums für diese Produkte. Dann werden die Teilnehmer ermutigt, die Produkte umzugruppieren und die Unterschiede zwischen ihnen neu zu artikulieren, solange bis die Teilnehmer mit dem Ergebnis zufrieden sind. Die Untersuchungsmethode endet mit der verbalen Beschreibung des Charakters der Produkte. Eine Analyse der visuellen Unterschiede zwischen den Produkten vermittelt eine Vorstellung davon, bezüglich welcher Charakterzüge sich die Produkte in dem von den Versuchspersonen artikulierten semantischen Raum unterscheiden oder, unter Bezug von Zeit, verändern. Wenn Prototypen neuer Entwürfe in dieses Verfahren einbezogen werden, vermitteln die Ergebnisse den Gestaltern eine Vorstellung davon, wo diese im Verhältnis zu bereits existierenden Modellen stehen oder was es zu vermeiden gilt. Diese Methode ist auf relativ wenige Dimensionen beschränkt und lässt sich im Hinblick auf die verschiedenen Individuen nicht leicht quantifizieren. Trotzdem lassen sich mit ihrer Hilfe Charaktereigenschaften herausarbeiten, die Designer möglicherweise übersehen hätten.

4.4 Identitäten

Propositionen sind Aussagen, häufig in Satzform, die man behaupten, annehmen, anzweifeln oder verneinen kann. Propositionen, die bestimmte Benutzer mit bestimmten Artefakten in Verbindung bringen, kategorisieren diese gemäß den Artefakten, mit denen sie sich demonstrativ umgeben, Sie definieren durch das, was sie tragen, konsumieren, benutzen, mit wem sie sich zeigen und welche Gruppe sie repräsentieren oder ablehnen, wer sie sind. Damit werden Artefakte zu Mitteln sozialer Identifikation und Differenzierung. Das ist ein weiterer Beleg für die Tatsache, dass sich die Technologie der Artefakte hinter ihre sozialen Bedeutungen stellt, hinter die Rolle, die sie bei der Identifizierung ihrer Benutzer spielen. Praktisch alle Artefakte werden, abgesehen davon, dass sie durch die Verleihung von Attributen kategorisiert und typisiert werden, in eine Relation zu ihren Eigentümern, Benutzergruppen, Beobachtern und Kommentatoren gesetzt. Damit können sie höchst verschiedene Identitäten unterstützen. Seit der Einführung des Begriffs des demonstrativen Konsums durch Thorstein Velben (1931) ist allgemein anerkannt, dass die Entscheidungen, die Menschen im Hinblick auf materielle Artefakte treffen, alles andere als rational und zweckmäßig sind, sondern sich vielmehr mit dem Bestreben erklären lassen, wünschenswerte soziale Beziehungen mit anderen innerhalb einer Gemeinschaft zu erhalten oder herbeizuführen. Das geht mit dem Besitz, Gebrauch und Konsum von Artefakten einher. Erwing Goffmans (1959) Analyse *The Presentation of Self in Everyday Life* (dt. Wir alle spielen Theater. Die Selbstdarstellung im Alltag, 1969) hat dieses Verständnis untermauert. Folglich können sich Designer nicht darauf beschränken, Artefakte zu gestalten, die allein individuell brauchbar sind, sondern sie müssen auch die Frage thematisieren, in welcher Beziehung ihr Gebrauch zu den sozialen Identitäten ihrer Stakeholder steht. Das aber verlangt von Gestaltern, dass sie mit den Propositionen über die Identitäten vertraut sind, die in den jeweiligen Zielgruppen, also den anvisierten Gemeinschaften, zirkulieren.

Was ist eine Identität? *Webster's Dictionary of the English Language* betont die völlige Übereinstimmung mit sich selbst, die die Existenz einer Person oder einer Sache ausmacht, die wesentlichen oder generischen Merkmale, die eine Person oder Sache von dem unterscheiden, was sie oder es nicht ist. Dementsprechend ist eine Identität angesichts wechselnder Umstände relativ dauerhaft. Menschen identifizieren sich entweder selbst oder sie akzeptieren die Identifizierungen, die andere ihnen geben. Haben sie ihre Identität angenommen, so versuchen sie sie gegen Umdeutungen durch andere zu schützen, indem sie sich bemühen, die Merkmale, die diese Identität ausmachen, zu bewahren. Nimmt man Soldaten die Uniform weg, müssen sie andere Identitäten annehmen. Außerhalb des Krankenhauses oder seiner Praxis ist es für einen Arzt schwieriger, seine Rolle als medizinische Autorität weiter zu spielen. Im Gefängnis verlieren Menschen das, was sie außerhalb desselben waren. Jemand, der nicht weiß, worin seine eigene Persönlichkeit besteht, wird für verrückt erklärt. Es gibt verschiedene Arten von Identität.

- *Individuelle Identitäten* entstehen dann, wenn man sich selbst als selbstständiges Individuum begreift, als frei Handelnder, als jemand, der Verantwortung für das übernimmt, was er tut, hat, gebraucht oder als eigene Leistung vorzuweisen vermag.

Das manifestiert sich in den Propositionen dessen, wer «ich bin», was «ich mag», «warum ich so handele», einschließlich dessen, was «ich nie tun würde». Individuelle Identität wird auch in solche Artefakte investiert, die das Individuum nicht für andere aufgeben würde, oder von denen es nicht gerne sieht, wenn andere sie auch besitzen.

- *Institutionelle Identitäten* gehen darauf zurück, dass man einer Institution in einer bestimmten Funktion dient, indem man ein Amt ausübt, eine Position innehat und die Rechte und Privilegien ausübt, die mit einer solchen Beschäftigung einhergehen. Durch die Annahme institutioneller Identitäten wird die individuelle Identität einer Person durch die Rolle ersetzt, die sie in dieser Institution spielt. Das äußert sich in der Macht, den Gebrauch spezialisierter Artefakte zu befehligen, im Tragen von Uniformen, der Bekleidung eines bestimmten Amtes und dem Gebrauch spezifischer Werkzeuge, um institutionelle Ziele zu erreichen. Institutionelle Identitäten manifestieren sich darin, dass Menschen nicht als Individuen, sondern von einer institutionellen Position her sprechen, unter dem Gesichtspunkt der Rolle, die zu spielen dem Individuum zugeschrieben wird. Das äußert sich in Formulierungen wie «In meiner Eigenschaft als ...» oder «Kraft meines Amtes obliegt es mir..., benutze ich..., habe ich mich entschieden...».

- *Gruppenidentitäten* gehen auf die Zugehörigkeit zu einer bestimmten Gruppe oder Kultur zurück; hierzu zählen etwa Geschlecht, Beruf, ethnische Zugehörigkeit oder Nationalität. Durch die Annahme einer Gruppenidentität wird die Individualität einer Person dem subsumiert, was eine Gruppe von Individuen miteinander teilt oder was ihre Mitglieder mutmaßlich miteinander gemeinsam haben. Gruppenidentitäten manifestieren sich durch die Betonung der Zugehörigkeit zu einer Gruppe: «wir sind ...», «wir machen ...», «wir haben ...» und «wir machen keine ...».

- *Marken und korporatistische Identitäten* beziehen sich nicht auf Individuen, sondern auf Waren und Dienstleistungen, also auf Artefakte, die durchweg mit Organisationen, bestimmten Produzenten oder Unternehmen assoziiert oder von ihnen bereitgestellt werden. Marken und korporatistische Identitäten beruhen auf den Loyalitäten, die Käufer, Konsumenten, aber auch Angestellte für das zeigen, was diese Produzenten oder Unternehmen darstellen. Marken und korporatistische Identitäten manifestieren sich darin, dass jemand nicht nur einfach ein Auto, sondern «einen Mercedes» fährt, oder «Godiva»-Schokolade den Vorzug gegenüber «Hershey»-Schokolade gibt, erstere entspricht für den deutschsprachigen Leser etwa der Marke «Lindt», die zweite beispielsweise «Milka».

Ein wichtiges Merkmal aller Identitäten ist ihre Öffentlichkeit. Identitäten werden demonstriert, sie sind Gegenstand von Gesprächen, werden öffentlich verhandelt, bestätigt oder verneint, ihre Merkmale müssen sichtbar und nicht ohne Weiteres austauschbar sein. Artefakte, die den Blicken entzogen sind, können nicht zur einer Definition von Identitäten herbeigezogen werden.

Ein weiteres wesentliches Merkmal von Identitäten ist, dass sie nicht nur Individuen, Institutionen, Gruppen, Unternehmen oder Marken kennzeichnen, sondern dass sie deren Besitzer, das ist ganz wesentlich, auch gegeneinander abgrenzen. Individuen etwa umgeben sich mit allen möglichen Artefakten, doch ihre individuelle Identität etablieren können sie nur mit Artefakten oder Arrangements derselben, die eine gewisse Einzigartigkeit für dieses Individuum beanspruchen können. Seltene Gegenstände, teure Waren, Artefakte, deren Gebrauch ungewöhnliche Fertigkeiten voraussetzt, oder solche, die sich nur auf historischem Wege übertragen oder vererben lassen, haben eine größere Chance, Identitäten gegeneinander abzugrenzen, als allgemein zugängliche. Eine der vielen nicht erfüllten Verheißungen des Industriezeitalters war, jedermann gleichen Zugang zu massenweise produzierten Waren zu verschaffen und feudale Unterschiede zu beseitigen. Zwar gelang es, ältere soziale Unterschiede zu zerstören, doch zugleich ermöglichte das Industriezeitalter die Entstehung von neuen. In der postindustriellen Gesellschaft herrscht der Individualismus vor, sprich jedermann versucht, sichtbar einzigartig zu sein. Gruppen bringen jedoch weiterhin ihre Identität zur Geltung, und Unternehmen kämpfen darum, anders oder herausragend zu sein. Viele Designprobleme laufen darauf hinaus, Merkmale einzuführen, die Produkte des einen Produzenten von denen seiner Konkurrenten unterscheiden, oder sie müssen zumindest anerkennen, dass die Gruppenidentitäten von Benutzern und Stakeholdern sich deutlich voneinander unterscheiden.

Identitäten existieren nicht, ohne etwas für sie zu tun oder sie vor dem Verfall zu schützen. Ein Großteil dessen, was Designer im Hinblick auf Identitäten in Erwägung ziehen müssen, geht auf die Beobachtung zurück, dass Individuen und Institutionen an ihren Identitäten durch die Assoziation mit Artefakten arbeiten. Man denke an das Beispiel der Nationalflagge. Olympiateilnehmer zeigen «ihre» Flagge, um deutlich zu machen, welchen Staat sie repräsentieren. Das Verbrennen der eigenen Nationalflagge in der Öffentlichkeit ist ein die Identität bedrohender Akt. Eine Flagge ist nicht einfach nur ein Stück Stoff mit bestimmten physikalischen Eigenschaften, etwa der, entflammbar zu sein, sondern sie ist Teil der Identität eines Staates. Die Empörung von Bürgern, wenn ihre Flagge verbrannt und damit auch «entweiht» wird, und die von ihnen akzeptierten strafrechtlichen Maßnahmen gegen die Täter zeigen, welche Bedeutungen die Flagge für sie tatsächlich haben. Ein anderes Beispiel sind die Motorräder der Marke Harley-Davidson. Im Vergleich zu anderen Motorrädern handelt es sich um ein altes und ineffizientes Design. Mitglieder vieler Motorradclubs in den Vereinigten Staaten fahren eine Harley als sichtbaren Ausdruck ihrer Clubidentität: Sie fahren in Gruppen, vertreten eine gemeinsame Kultur und bedienen sich eines Vokabulars, bei dem niedriger Benzinverbrauch und Umweltschutz keine Rolle spielen im Gegensatz zu dem Bedürfnis kontinuierlich ihre Zugehörigkeit zu demonstrieren. Dort wo Identität zählt, ist automatisch auch Konformität gefragt, und das gilt nicht nur für das Fahren einer Harley-Davidson, sondern auch für den Gebrauch von korporatistischer Grafik, Signaturprodukten, Marken, Uniformen und Standards. Der Aufrechterhaltung von Identitäten entspricht die Missbilligung von Abweichungen oder des Überschreitens von Grenzen, die Identitäten definieren.

Ein mit «Identität» verwandtes Wort ist «Stil». Spricht man von Stil statt von Identität, so lenkt man die Aufmerksamkeit auf gewisse formale Eigenschaften von Artefakten und schreibt einem Stil Perioden, Länder oder Individuen zu. Diese Zuschreibung geschieht in der Regel von außerhalb der soziolinguistischen Prozesse, die diese Eigenschaften zu einem Stil werden lassen, von Kunsthistorikern etwa. Das Abstrahieren formaler Eigenschaften aus der Dynamik anhaltender Prozesse der Identifizierung beraubt Artefakte ihrer sozialen Bedeutungen.

Aus dem oben gesagten ergibt sich, dass Identitäten sprachliche Mittel für anhaltende Prozesse sozialer Integration und Differenzierung bieten. Wenn Objekte, die der Identität von Individuen dienen, auch von anderen benutzt werden, mit denen sie nicht gerne in Verbindung gebracht werden, müssen diese Individuen womöglich nach anderen Identifikationsmöglichkeiten suchen. Die Anekdoten von unangenehmen Situationen wie der, wenn eine Frau auf einer Party feststellt, dass sie das gleiche Kleid trägt wie die Gastgeberin, sind Legion. Wenn ein Unternehmen herausfindet, dass ein anderes ein Produkt herstellt oder eine Dienstleistung anbietet, die Teil seiner eigenen Firmenidentität ist, so kann es vor Gericht ziehen und den Konkurrenten wegen Industriespionage, Verletzungen des Patentrechts, Verstößen gegen das Urheberrecht oder als Plagiatoren verklagen. Das alles hat etwas mit Identität zu tun. Häufig ist es jedoch weniger kostspielig, vorwärts zu schreiten, das eigene Unternehmensimage umzugestalten oder neuartige Produkte auf den Markt zu bringen. Diese Motivation treibt einen Großteil der Innovationen an. Dort, wo es keine Gesetze gibt, die es einer Gruppe verbieten, sich die Artefakte anzueignen, die die Identität einer anderen ausmachen, ist die Suche nach neuen Artefakten, mit denen man sich identifizieren kann, die Regel.

Mode etwa ist ein System, das auf dem ständigen Bedürfnis der Menschen beruht, sich selbst mit neuen und noch nicht sozial gekennzeichneten Artefakten zu identifizieren. Sie ändert sich genau dann, wenn führende gesellschaftliche Gruppen das Bedürfnis verspüren, sich von anderen Gruppen abzusetzen, die gerade versuchen, sie einzuholen. Das ständige Nachrücken einer neuen Generation von Konsumenten in den Markt und ihr Bedürfnis, sich selbst zu definieren, trägt ebenfalls zu diesem Prozess bei. Einige Produkte lassen sich leichter aneignen als andere, und Designer müssen sich der Tatsache bewusst sein, dass ihre Entwürfe Teil des kontinuierlichen Kampfes um Neuidentifizierung werden. Sie können Artefakte vorschlagen, die diesem Prozess Vorschub leisten oder andere, die sich ihm widersetzen. Gestalter selbst sind dieser soziolinguistischen Dynamik gegenüber durchaus nicht immun. Sie umgeben sich nicht nur mit Artefakten, die sie als Angehörige ihres Berufes ausweisen, sondern sie nutzen ihre rhetorischen Fertigkeiten auch, um ihre Kunden damit zu beeindrucken, dass sie die Richtung vorausahnen können, in der sich Identifizierungen weiter entwickeln werden.

Mit der Einführung innovativer Artefakte können Designer nicht umhin, in die Prozesse sozialer Identifikation und Differenzierung aktiv einzugreifen, deren Richtung mitzubestimmen, ja die materiellen Bedingungen sozialer Reorganisation bereitzustellen.

4.5 Verbale Metaphern

Verbale Metaphern sind ein signifikanter Teil der Sprache und strukturieren die Wahrnehmung auf grundlegende Weise. Es wurde daher die These geäußert, dass visuelle Metaphern (siehe Abschnitt 3.3.2) nicht unabhängig davon sind, wie verbale Metaphern in der Sprache verwendet werden. Viele visuelle Phänomene ergeben überhaupt nur einen Sinn, wenn man hört, wie über sie gesprochen wird; das gilt mit Sicherheit während der menschlichen Entwicklung aber auch im späteren Leben. Verbale Metaphern sind leichter zu verstehen da sie seit sehr langer Zeit Gegenstand von Analysen und Untersuchungen sind. In der Literaturwissenschaft sind verbale Metaphern linguistische Formen. Im Gegensatz dazu müssen wir uns deren metaphorischen Ableitungen widmen. Für human-centered Designer sind Metaphern deshalb wichtig, weil sie zum Verstehen von Artefakten, und zwar vor allem von neuartigen oder komplexen Artefakten, beitragen, indem sie Erfahrungen mit bekannten Artefakten importieren und dadurch neue Perspektiven auf die gegenwärtigen eröffnen. Doch muss man sich darüber im Klaren sein, dass Metaphern Merkmale nicht nur selektiv einführen, sondern gleichzeitig andere verschleiern oder verbergen.

Metaphern manifestieren sich nicht in Adjektiven oder Identitätspropositionen, sondern in größeren rhetorischen Figuren, in Tropen, die sich überraschend neuer Kombinationen zweier Vokabularien bedienen. Gestalter benutzen sie häufig, wenn sie neuartige Ideen entwickeln, sie sind sich jedoch nicht notwendigerweise im vollen Bewusstsein ihrer Folgen. Sie sollten sich aber der Metaphern bewusst sein, die Stakeholder in ihren Entwürfen sehen, und auf der Grundlage dieses Bewusstseins Entscheidungen treffen und handeln.

In der Literatur finden sich verschiedene, mehr oder weniger nützliche Definitionen von Metaphern und unterschiedliche Haltungen zu ihrem Gebrauch. Aristoteles, für den Metaphern eine Sache mithilfe einer anderen beschrieben, warnte aufgrund dieser Doppeldeutigkeit vor ihrem Gebrauch und riet stattdessen zur Verwendung von Definitionen. Diese Präferenz, die der Diskurs der zeitgenössischen positivistischen Wissenschaft mit ihm teilt, konzentriert sich auf exakte Darstellungen der objektiven Wirklichkeit als Primärzweck der Sprache. Aus der Sicht dieses abstrakten oder objektivistischen Ideals (siehe Abschnitt 4.1) scheint es in der Tat falsch zu sein, eine Sache mittels einer anderen zu beschreiben. Warum, so würden solche Wissenschaftler fragen, befasst man sich nicht gleich direkt mit dem Gegenstand der Betrachtung? Der Vorwurf der Doppeldeutigkeit wurde auch gegenüber Analogien geäußert, welche die Struktur «A verhält sich zu B wie C zu D» aufweisen. Eine in der Literatur häufig zitierte Definition von Metapher kennzeichnet diese als «unvollständige Analogie», als bloße poetische Verzierung der Prosa, die nur von der erwünschten Exaktheit wissenschaftlicher Propositionen ablenken könne. Diese Konzeption ist weit verbreitet, man findet sie auch in Lehrbüchern über Theoriebildung im wissenschaftlichen Diskurs, die den Gebrauch von Metaphern ebenfalls ablehnen. Diese Begrifflichkeiten sind aber völlig unzureichend, verkennen sie doch die Rolle der Sprachabhängigkeit menschlicher Wahrnehmung, die selbst bei angeblich objektiver Darstellungen der Wirklichkeit nicht ausgeklammert werden kann. Lakoff und Johnson (1980, S. 28) haben die These vertreten, dass «eine Metapher niemals unabhängig von ihrem Ursprung in der Erfahrung verstanden oder angemessen repräsentiert werden» kann. Eine human-centered Definition der Metapher muss daher ihre konzeptionelle, perzeptorische und letztlich auch ihre Erfahrungsgrundlage einbeziehen.

Statt einer Definition schlage ich hier eine Theorie der Metapher vor, die Metaphern als einen Prozess begreift, der fünf Schritte umfasst. Ein einfaches Beispiel aus dem Alltag soll diese Schritte veranschaulichen, nämlich die Existenz oder das Fehlen der richtigen Chemie zwischen zwei Menschen (Krippendorff 1993a, 1993b). Chemie ist ein Diskurs der Naturwissenschaften, der sich mit der Dynamik molekularer Kompositionen befasst. Um menschliche Kommunikation geht es dabei nicht. Für Chemiker oder Leser, die Sprache als ein Repräsentationssystem von Zeichen und Symbolen begreifen, ist die Aussage «die Chemie zwischen uns hat gestimmt» buchstäblich Unsinn. Natürlich können physikalische, chemische und biologische Überlegungen in menschliche Beziehungen einfließen, doch sie sind nicht festgelegt wie Molekularverbindungen es sind. Aber im Alltag sagen Aussagen über mangelnde Chemie viel darüber aus, wie ihre Benutzer einander wahrnehmen, was sich zwischen ihnen abspielt und wie sie aufeinander reagieren. Eine Theorie der Metapher thematisiert die Frage, was geschieht, wenn man auf solche buchstäblich sinnlosen Aussagen trifft. Im Folgenden werden die fünf Stufen der Theorie beschrieben.

- Metaphern verbinden zwei logisch unabhängige Bereiche: einem abwesenden, aber vertrauten Erfahrungsbereich, dem *Quellbereich*, und einem gegenwärtigen Bereich, den es zu verstehen oder umzustrukturieren gilt, dem *Zielbereich*. Die Metapher der Chemie zwischen Menschen bedient sich zweier Vokabulare und überträgt volkstümliches Wissen aus dem Bereich der Chemie in den Bereich menschlicher Beziehungen.
- Der wirkungsvolle Gebrauch von Metaphern geht von der Voraussetzung aus, dass die beiden Bereiche eine gewisse *strukturelle Ähnlichkeit* aufweisen. Diese Voraussetzung ist häufig weit hergeholt, wurde nicht überprüft oder basiert auf unbewussten Annahmen. So beschäftigt sich die Chemie mit der Frage, wie Moleküle miteinander interagieren und Zusammensetzungen bilden. Das menschliche Zusammenleben beruht auf Kooperation, Kommunikation und der Koordination individuellen Verständnisses und gemeinsamem Handeln. Gemeinsam ist beiden Bereichen die Existenz mehrerer, mindestens aber zweier, Entitäten die miteinander interagieren, kommunizieren oder keine Beziehung miteinander eingehen können.
- Der Gebrauch von Metaphern hat Folgen, ‹metaphorische Ableitungen› (Lakoff 1987, S. 168), für die Wahrnehmung ihrer Benutzer, die den Verständnismustern und dem Vokabular der Quelle entstammen und vom diesem Quellbereich über die strukturellen Ähnlichkeiten in einen Zielbereich übergehen, der damit *umorganisiert* wird, unabhängig davon, was er vorher war. Aussagen über die Chemie zwischen Menschen lassen die Wahrnehmung des menschlichen Zusammenlebens zu einem Produkt augenblicklicher und unwillkürlicher Reaktionen werden, die durch die Beschaffenheit oder Natur der einzelnen Beteiligten bestimmt werden. «Gute Chemie» zieht an, erzeugt Synergiebindungen, «schlechte Chemie» stößt ab, bereitet Schwierigkeiten und trennt die beteiligten Größen voneinander. Jede Metapher beseitigt auf effektive Weise alternative Möglichkeiten, den Zielbereich zu verstehen. Sie rückt ihre metaphorischen Folgen an deren Stelle und beherrscht damit die gegenwärtige Wahrnehmung. Erklärt man menschliche Interaktionen mit chemischen Begriffen, so lässt das keinen Raum, um bewusst Alternativen zu erwägen, und entbindet die Beteiligten jeder Verantwortung für das, was zwischen ihnen passiert: «Die Chemie entscheidet für Sie.»

- *Metaphern organisieren die Wahrnehmungen* ihrer Benutzer, ohne dass sie sich darüber im Klaren sind, wie und auf welche Weise das geschieht. Die immer gegenwärtige Wahr-nehmung des Zielbereichs wird durch die vom Quellbereich übernommenen Erklärungsstrukturen bestimmt. Demnach *erzeugen* Metaphern *genau jene Wirklichkeit*, die sie aus dem Quellbereich einspielen. «Die Chemie zwischen uns hat nicht gestimmt» ist eine metaphorische Aussage. Aber sie besteht nicht nur aus bloßen Worten. Diejenigen, die sie benutzen, sind davon überzeugt: Man hatte das Pech, in eine inkommensurable Lage geraten zu sein, man wurde mit Eigenschaften konfrontiert, die mit den eigenen unverträglich sind und sich jeder Kontrolle entziehen. Handelt man aufgrund dieser Wahrnehmung, so schafft man genau die Tatsache, von der die Rede ist. Im Quellbereich, der Chemie, gibt es keinen Raum für Lernen, Anpassung, Verhandlungen oder Kompromisse. Es gibt kein Konzept für eine sprachliche Auseinandersetzung und erst recht keines, das eine Reflexion über diese Metapher zulässt. Dementsprechend passen Menschen eben entweder zueinander oder nicht. Der Fokus der Metapher richtet sich eindeutig auf den gegenwärtigen Zielbereich. Der Quellbereich, die Chemie, bleibt unbewusster Hintergrund.
- *Metaphern sterben durch wiederholten Gebrauch*, doch sie hinterlassen die Wirklichkeiten, die sie mittels der Sprache schufen. Wenn Metaphern sterben, werden ihre Folgen zu naturalisierten oder wörtlich genommenen Erklärungen. Im Falle der Chemiemetapher würde dann feststehen, dass Menschen keine Kontrolle über ihre Beziehungen haben. Man spricht dann von passenden und unpassenden Verbindungen, so als handle es sich um ein natürliches Phänomen. In der Wirtschaft versuchen Manager, Menschen zusammenzubringen, die miteinander verträgliche persönliche Eigenschaften besitzen. Die Vorstellung, dass Menschen ein unveränderliches Naturell besitzen, trägt maßgeblich dazu bei, dass die Sozialpsychologie Aspekte wie Führungsqualitäten, soziale und antisoziale Persönlichkeiten und individuelle Verhaltensmuster untersuchen, die dazu beitragen sollen, dass Teams funktionieren oder Ehen scheitern.

Donald Schön (1979) nennt ein gutes Beispiel für das, was eine Metapher für Designer leistet. Er beobachtete eine Gruppe von Designforschern, die versuchten die Leistungsfähigkeit eines Malerpinsels aus synthetischen Borsten zu erhöhen. Sie wussten, dass die Farbe an den Borsten haften bleiben und von dort auf eine Fläche aufgebracht werden musste. Verglichen mit traditionellen Pinseln aus Naturborsten, ließ sich die Farbe mit dem neuen Pinsel jedoch nur ziemlich ungleichmäßig und unpräzise auftragen. Die Designer probierten allerlei aus, um das Problem zu beheben. Sie experimentierten mit verschiedenen synthetischen Materialien und Borstendurchmessern, und da natürliche Borsten gespaltene Enden haben, spalteten sie auch die Enden der synthetischen Borsten, ohne dass dies zu signifikanten Verbesserungen geführt hätte. Tatsächlich hatten die Designer ihren Zielbereich als das Problem konzipiert, die Borsten besser zu machen, und daher mit unterschiedlichen Arten experimentiert. Nach vielen vergeblichen Versuchen bemerkte jemand: «Also eigentlich ist ein Pinsel ja eine Art Pumpe!» Er wies darauf hin, dass die Farbe durch die Räume zwischen den Borsten auf die Oberfläche aufgebracht wird, wenn man den Pinsel gegen diese drückt. Die Farbe fließt durch Kanäle, deren Größe davon abhängt, wie sehr der Maler den Pinsel biegt. Manche Maler versetzen einen Pinsel sogar in Schwingung, um den Farbfluss zu erleichtern. Dadurch, dass sie den Pinsel nun unter dem Gesichtspunkt einer Pumpe betrachteten, änderte sich die Auffassung der Forscher von ihrer Aufgabe völlig. Statt ihr Augenmerk auf die Borsten zu lenken, achteten sie darauf, was in den haarfeinen Zwischenräumen zwischen diesen geschah. Dabei stellten sie rasch fest, dass natürliche Borsten sich auf andere Weise biegen als künstliche. Die röhrenartigen Lücken zwischen den synthetischen Borsten erwiesen sich als schwer kontrollierbar.

Natürlich sind Pinsel «Pinsel» und Pumpen «Pumpen». Menschen verwechseln diese beiden Erfahrungsbereiche nicht miteinander. Maler mögen Pinsel als ein Bündel von Borsten begreifen, das es ihnen ermöglicht, Farbe von einem Behälter auf eine Oberfläche zu übertragen, auf der sie dann ausgebreitet werden muss. Maler haben kein Problem mit dieser Vorstellung von ihrem Tun. Doch diese Vorstellung half nicht, die Gestalter auf eine angemessene Lösung ihres Problems der Entwicklung eines neuen Pinsels zu bringen. Nachdem die Metapher vom «Pinsel als Pumpe» Teil ihrer Gespräche wurde, ermöglichte das den Designern einen Gestaltwandel. Sie betrachteten eine Bürste nicht mehr als ein Bündel von Borsten, sondern als ein System von haarfeinen Kanälen, die Farbe aufsaugen und es dem Maler ermöglichen, sie auf die Oberfläche zu drücken, indem sie die Biegung der Borsten kontrollieren. Nach der Lektüre dieser Geschichte kann man nicht umhin, Malerei anders zu sehen. Das bedeutet nicht, dass wir bessere Maler werden, oder dass es eine richtige Wahrnehmung und eine falsche Vorstellung gibt. Vielmehr hängt alles davon ab, was wir zu tun bezwecken. Die Metapher veränderte die Wahrnehmungen der Designer und führte zu besseren Pinseln und mehreren Patenten.

Der entscheidende Punkt bei dieser Metapher besteht darin, dass die Metapher ein neues Vokabular aus einem Quellbereich, dem Bereich von Pumpen (Kapillartätigkeit, Kanalkontrolle und Hydraulik), in ein Gespräch einführte, das die Wahrnehmung des Zielbereichs radikal veränderte. Nachdem die Forscher begonnen hatten, dieses neue Vokabular zu benutzen, begannen sie sehr schnell, sich eingehender mit Pumpen und Fließverhalten zu befassen, und der Gang der Entwicklung veränderte sich grundlegend. Die Metapher veränderte nicht nur die individuellen Wahrnehmungen, innerhalb der Sprache, sondern sie koordinierte auch die Handlungen der Mitglieder des Entwicklungsteams als Teil eines sozialen Prozesses.

Die meisten technischen Neuerungen, das gilt es anzuerkennen, gehen auf den angemessenen Gebrauch von Metaphern zurück. Natürlich funktionieren nicht alle figurativen Umschreibungen als Metaphern, aber die, die metaphorische Folgen haben, können Realitäten verändern. Da Metaphern anscheinend unterschiedliche Erfahrungsbereiche durchqueren, haben Menschen, die problemlos mit den Vokabularen verschiedener Erfahrungsbereichen umgehen und ungezwungen Metaphern in ihren Gesprächen mit anderen einflechten können, bessere Chancen, innovativ zu sein, als diejenigen, die sich in einem streng buchstäblichen Diskurs und Definitionen ihrer eigenen Expertise bewegen.

4.6 Narrative

Es ist leicht zu sehen, wie Kategorien, Charaktere und Identitäten in der Sprache als Substantive, adjektivische Konstruktionen und Propositionen vorkommen, und wie sich Wahrnehmungen und Handlungen durch den Gebrauch von Metaphern ändern. In diesem Abschnitt betrachten wir eine größere Einheit der gesprochenen und geschriebenen Sprache: es geht um Erzählungen oder Geschichten. Letztere liegen außerhalb der traditionellen linguistischen Fragestellungen wie Phonologie, Lexik und Grammatik. Literaturwissenschaftler haben Narrative untersucht, doch größtenteils als Literatur und nicht als etwas in die Lebenspraxis eingebettetes. Zwar ist das alte Interesse an einer umfassendere Fragestellungen berücksichtigenden Erzähltheorie in letzter Zeit wiedererwacht, doch nicht eigens im Hinblick auf Artefakte oder Design.[4]

Was also haben Erzählungen oder Geschichten mit Design zu tun?

• *Narrative sind menschliche Schöpfungen* genauso wie die Artefakte im Design menschliche Schöpfungen sind. Auch der naturwissenschaftliche Diskurs ist kreiert. Die aus ihm hervorgehenden Theorien legen Rechenschaft darüber ab, was Theoretiker aus ihren Beobachtungen entwickelt haben. Sie erkennen Sprache als Mittel, Natur zu beschreiben, sehen aber selten den Zusammenhang zwischen Sprache und der Konstruktion der uns bekannten Natur.

• *Narrative sind im Wesentlichen Gemeinschaftskonstruktionen.* Sie erfordern einen Erzähler und Zuhörer, die in der Folge selbst Geschichten erzählen könnten. Auf ähnliche Weise können Entwürfe von jemandem in Begriffe gefasst, aber nur dann von anderen unterstützt, produziert und benutzt oder abgelehnt werden, wenn man darüber beidseitig kommuniziert. Designer und ihre Stakeholder sind sprachlich aufeinander angewiesen.

• *Narrative werden in der Erwartung erzählt, verstanden zu werden.* Ohne dass sie jemand versteht, gibt es keine Erzählungen. Geschichtenerzählen setzt ein Verstehen zweiter Ordnung (ein Verstehen der Verstehensbereitschaft ihrer Zuhörer) voraus, und das ist auch grundlegend für human-centered Design. Man kann keine Artefakte konzipieren, entwickeln, produzieren und zur Benutzung bringen, die von ihren Stakeholdern nicht begriffen werden, für sie bedeutungs- oder nutzlos sind.

• *Narrative ermöglichen es ihren Erzählern und Zuhörern, ihre Welten gegenseitig zu verstehen,* und dieses Verstehen schließt natürlich alle Dinge ein, die in Narrativen vorkommen. Wenngleich sich auch das human-centered Design der Aufgabe widmet, Artefakte verständlich zu gestalten, lassen sich die Gegenstände des Designs doch nicht so leicht reproduzieren wie die Narrative, die solche Artefakte beinhalten, ihnen vorangehen und ihnen folgen. Technologien, beziehungsweise genau genommen deren Vokabulare können aber auch, wie oben ausgeführt, als Quellbereiche von verbalen Metaphern fungieren, die andere insbesondere neue Artefakte zu erklären vermögen, so wie Pumpen dies für die Gestaltung von Pinseln konnten oder Computer als Modelle menschlicher Intelligenz benutzt werden, was beispielsweise die Kognitionswissenschaften theoretisieren.

---

4   In die folgenden Ausführungen sind Einsichten von Bruner (1986), Danto (1985), MacIntyre (1984), Polkinghorne (1988), Sarbin (1986), White (1981), Mitchell (1981) u. a. eingeflossen.

Die zentrale Rolle des Erzählens von Geschichten für das menschliche Sein dürfte aus den folgenden Ausführungen deutlich werden, die weitgehend auf Larry R. Cochran (1990) zurückgehen.

Menschen leben in Geschichten. Individuen werden in die Geschichten ihrer Familie und Sprachgemeinschaft hineingeboren und artikulieren diese Geschichten als ihre eigenen und die ihrer Mitmenschen bis zu ihrem Tod. Cochran vertritt die These, dass Narrative Metaphern des Lebens sind. Sie haben einen Anfang, eine Mitte und ein Ende. Die Mitte ist das, worum es im Leben geht. Dasselbe gilt für Artefakte. Sie werden hergestellt, stehen zur Verfügung, verschwinden, werden vielleicht recycelt und teilen uns so etwas über ihren Lebenszyklus mit. Was man über ein Artefakt weiß, sind die Geschichten, die man über es gehört hat und die man erzählen kann. Diese Geschichten können sehr persönlich sein, wie die von einem Reisesouvenir oder von einem Möbelstück, das man von den Großeltern geerbt hat, oder öffentlich, wie die über die Entwicklung der Computer, die Zuschreibung eines Stuhls an einen berühmten Designer oder Gebrauchsanweisungen zur Benutzung eines bestimmten Artefakts. Sie können aber auch den Blicken entzogen sein, wie etwa der persönliche Umgang mit Artefakten im Privatleben der Stakeholder, die zwar an der Realisierung eines Entwurfs beteiligt waren, von denen man aber meist nicht viel hört. Man kann natürlich auf einem Stuhl sitzen, ohne die Geschichte seines Herstellers zu kennen, oder ohne zu wissen, wie er in unseren Besitz gelangt ist, aber er hat wesentlich mehr Bedeutung, wenn man etwas von seiner Geschichte weiß und diese weitererzählen kann. Die Artefakte, mit denen Menschen sich umgeben, entsprechen genau den Rollen, die sie in Geschichten von ihnen spielen.

Menschen erklären Dinge mittels Geschichten. Wir können nur die Gegenwart wahrnehmen. Zwar kann man sich an die Vergangenheit erinnern, doch das, was zu öffentlichem Wissen wird, unsere Vergangenheit und Zukunft, ist größtenteils durch Geschichten vermittelt und erinnert. Wenn ein Artefakt kaputtgeht, suchen Menschen nach Erklärungen, das heißt nach den Geschichten, warum, was und wie geschehen ist, einschließlich der Urteile, wer dafür verantwortlich ist. In letzteren Geschichten können Faktoren vorkommen wie Verschleiß, Materialfehler, Fahrlässigkeit der Benutzer, mangelnde Beaufsichtigung, Herstellungsfehler, Designfehler, böse Absicht oder das Eingreifen Gottes. Ohne solche Erklärungen ist das Versagen von Geräten oder Maschinen unerträglicher Zufall. Die Struktur solcher Erklärungen geht häufig auf Geschichten zurück, die die Erzähler bereits kennen und die ihnen einleuchten. Die Protokollanalyse, also die Analyse dessen, was Benutzer nach eigener Aussage denken oder tun, während sie mit einem Artefakt interagieren (Ericsson und Simon 1993), untersucht solche Erklärungen. Sie demonstriert die engen Beziehungen zwischen der Struktur von Erzählungen und den menschlichen Interfaces mit Artefakten.

Menschen erkunden ihre jeweiligen Welten durch Geschichten. Telefonische Beratungen in technischen Fragen durch den Hersteller eines Computers basieren auf der Überzeugung, dass Benutzer mittels Sprache durch ein ihnen teilweise unverständliches System geführt werden können. Eine typische Beratung mag mit der Schilderung des Benutzers seiner gegenwärtigen Frustration beginnen. In dem sich danach entwickelnden Gespräch werden Fragen gestellt und beantwortet, Anleitungen gegeben und Berichte erfragt, was der Benutzer sieht, nachdem er die Anleitungen befolgt hat. Dieser interaktive Prozess zielt darauf, die Geschichte des Problems im Gespräch zu erfahren und zu lösen. Der Computer wird entsprechend der so entstandenen Geschichte neu konfiguriert und wenn alles gut geht, versteht der Benutzer die Geschichte, die es ihm nun ermöglicht, ähnliche problematische Situation in Zukunft selbst zu meistern. Faktisch lassen sich Artefakte von der Größe eines Computers hauptsächlich im Sinne gehörter, erlebter und unabhängig entwickelter Geschichten wahrnehmen, verstehen und interaktiv benutzen. Es gibt keine korrekten Geschichten, sondern lediglich solche, die Interfaces ermöglichen, erleichtern und im Idealfall zu völligem Vertrauen verhelfen.

Cochrans Ausführungen müssen wir noch hinzufügen: *Menschen entwerfen ihre Welten in Geschichten* und Erzählungen, die sich auf die Zukunft beziehen, die inspirieren, weitererzählt und realisiert werden können. Diese Geschichten verwenden neue Metaphern, neue Vokabulare, durch die gegenwärtige Umstände neue Handlungsmöglichkeiten eröffnen, deren Brauchbarkeit man in verschiedenen Kontexten überprüfen kann (siehe Abschnitt 7.4.3).

Wir können Geschichten wie auch technologische Artefakte analytisch zerlegen und untersuchen. Labov und Fanshel (1977) unterscheiden fünf Bestandteile von Narrativen:

- *Abstract:* eine Zusammenfassung dessen, worum es in der Erzählung geht
- *Orientierung:* der Schauplatz der Erzählung, die Hauptbeteiligten und ihre Umstände
- *Narrative Abfolge:* eine Punkt-für-Punkt-Darstellung des Geschehens
- *Evaluierung:* die Lehre, die man aus der Geschichte ziehen kann, warum die Geschichte wichtig ist, und welche Folgen sie für die Beteiligten, einschließlich des Erzählers hat
- *Coda:* die Einladung an die Zuhörer, die imaginäre Welt der Geschichte zugunsten der Gegenwart zu verlassen.

Die meisten Erzählungen, die die Interfaces mit Artefakten betreffen, lassen sich mehr oder weniger mit diesen Begriffen beschreiben. Benutzeranleitungen beginnen normalerweise mit einem Abstract in Form einer Überschrift, aus der hervorgeht, worum es geht, etwa «Auswechseln der Batterie» oder «Telefonischer Kundenservice». Dann werden die Benutzer auf Werkzeuge, Ressourcen und Kompetenzen verwiesen, die im Folgenden eine Rolle spielen könnten. Im Anschluss an diese erste Orientierung folgen in der Regel schrittweise Handlungsanleitungen und Informationen darüber, was man an dem Artefakt sehen sollte, wenn die einzelnen Schritte ordnungsgemäß befolgt werden. Während in Erzählungen die Unterteilung in verschiedene Abschnitte im Interesse des Verständnisses beim Zuhören erfolgt, sind bei schrittweisen Anleitungen in der Regel gleichzeitige Interaktionen mit einem Artefakt erforderlich. In solchen Erkundungen erscheint die Evaluierung in den Ergebnissen, in Tests, bei denen festgestellt wird, ob der Benutzer das entsprechende Artefakt angemessen bedienen kann. Die Coda ist erreicht, wenn der technische Berater sich erkundigt, ob der Kunde zufrieden war. Dies bringt den Kunden in die aktuelle Gegenwart zurück. Nicht alle Elemente einer Erzählung müssen in Designbemühungen vorkommen, doch die starke Ähnlichkeit von Geschichten und den zu entwerfenden Interfaces und die Tatsache, dass Sprache in Designprozessen eine wesentliche Rolle spielt, sollte deutlich geworden sein.

Die Interfaces mit Artefakten einer gewissen Komplexität sollten soweit wie möglich mit den Strukturen und deren Artikulationen korrelieren, die erklären, was die Artefakte leisten und wie Benutzer mit ihnen interagieren können. Benutzer müssen in der Lage sein, Artefakte auf natürliche Weise zu «lesen» und sich selbst verbal aus Schwierigkeiten zu befreien. Um diese Empfehlung umsetzen zu können, sollten Designer vier narrative Konzepte in Erwägung ziehen.

- *Narrative Glättung.* Interfaces sind immer wesentlich detaillierter als ihre Benutzer erkennen können und als Erzählungen es zu beschreiben vermögen. Man nehme das Beispiel Fahrradfahren. Man kann Fahrradfahren kaum anhand eines Buches lernen oder ausführlich jedes dazugehörige Detail beschreiben. Der Grund dafür ist, dass Fahrradfahren in starkem Maße auf impliziten körperlichen Koordinationen und unbewussten Routinevorgängen beruht, die ein Fahrradfahrer nicht begrifflich fassen muss, sondern als selbstverständlich überspringen kann. Wenn man über das Fahrradfahren spricht, so beschreibt man das eigene Verhalten nur punktuell. Auf vergleichbare Weise bestehen Comicstrips aus sequenziell angeordneten Bildern, die das, was zwischen den einzelnen Bildern geschieht, der Vorstellungskraft der Leser überlassen. Die Erzeugung einer zusammenhängenden Geschichte durch das Ausfüllen der Lücken wird als narrative Glättung bezeichnet. Schriftsteller versuchen, ein Gleichgewicht herzustellen zwischen der Schilderung notwendiger, aber möglicherweise langweiliger Details und der Vermeidung allzu großer Sprünge, die es den Lesern schwer machen, den Handlungen zu folgen. Interface-Designer sollten wissen, wie viel Informationen sie bereitstellen müssen und wie viel sie verbergen und der Imagination der Benutzer überlassen können. Dabei geht es ausdrücklich nicht um eine «erschöpfende Darstellung aller Vorgänge». Die tatsächliche Funktionsweise von Computern übersteigt das Verständnis der meisten Menschen, doch wenn es gelingt, ihnen eine gewisse Vorstellung von dem zu vermitteln, was nicht auf dem Bildschirm zu erkennen ist, ist bereits viel erreicht.
- *Narrative Sequenzierung.* Labov formulierte die Regel, dass die Ordnung, mit der eine Reihe von Ereignissen erzählt wird, Abfolge, Kausalität, Intentionalität und logische Folgerichtigkeit impliziert. Die narrative Glättung wird durch die narrative Sequenzierung gesteuert. So lautet etwa die naheliegendste Lesart der minimalen Abfolge der beiden Propositionen «Er wählte eine Telefonnummer. Der Zug explodierte.», dass das Wählen der Telefonnummer die Explosion verursachte. Im Gegensatz hierzu zieht die Umkehrung dieser Reihenfolge «Der Zug explodierte. Er wählte eine Telefonnummer.» die Lesart nach sich, dass ein Augenzeuge jemanden angerufen hat, um über die Explosion zu berichten. Bei der ersten Sequenz denken wir an einen Terroristen, bei der zweiten an einen Journalisten oder hilfsbereiten Bürger. Keine der beiden Lesarten ist logisch herleitbar. Comics werden auf diese Weise gelesen. Szenarien, die Interfaces begrifflich zu fassen versuchen, wie in Abbildung 3.16, werden entsprechend der Regel der narrativen Sequenzierung konstruiert. Wenn eine klare Abfolge von Schritten erfolgen muss, so ist es von Vorteil, ein Interface auf diese Weise zu organisieren. Abbildung 4.5 zeigt den oberen Teil des Bildschirms eines Computerinterfaces. Die fünf einander überlappenden Blät-

ter stellen die stufenweise Reihenfolge der analytischen Arbeit dar, an die sich der Benutzer halten soll. Jede Stufe bereitet die nächste vor. Wenn die Ecke rechts oben nach vorne gefaltet wird, ist die wesentliche Aufgabe auf dem entsprechenden Blatt erledigt, und der Benutzer wird aufgefordert, mit dem nächsten fortzufahren. Beim Erkunden visuellen Materials ist es nicht erforderlich, bestimmten Lesegepflogenheiten zu folgen. Untersuchungen zur Pupillenbewegung haben gezeigt, dass Betrachter visuelle Phänomene erkunden, indem sie von einem visuell herausragenden und informationsreichen Detail zum anderen springen. Augen unterteilen ihr Blickfeld in verschiedene Sequenzen, erzeugen Abfolgen aus nahe Beieinanderliegendem, doch sie werden von den Begrifflichkeiten eines Betrachters gelenkt, die die narrative Organisation des Blickfeldes beinhalten.

4.5 Aufgabenanordnung in einer narrativen Abfolge.

- *Narrative Einbettung.* Obwohl die Sequenzierung vorrangig ist, bieten Narrative auch die Möglichkeit, Geschichten in andere Geschichte einzubetten, so wie man bestimmte Satzteile in Sätze einbetten kann. Geschichtenerzähler und Zuhörer haben kein Problem damit, der Haupterzählung zu folgen, wenn sie zwischenzeitlich in eine eingebettete Erzählung eintauchen. Im Design ist der Gebrauch semantischer Schichten ein gutes Beispiel für das Einbetten verschiedener Verstehensweisen (siehe Abschnitt 3.4.6, auch wenn die semantischen Schichten dort ohne Bezug auf ihre erzählbaren Wurzeln diskutiert werden). Menschen machen die Erfahrung, dass die Zahl der eingebetteten Geschichten, denen sie gleichzeitig folgen können, begrenzt ist. Aus diesem Grund sind semantische Schichten normalerweise auf einige wenige Einbettungsniveaus beschränkt. So wie jedes eingebettete Narrativ muss auch jede semantische Schicht verständlich und zusammenhängend sein. Und wie jede Erzählung eine Coda haben sollte, so muss jede semantische Schicht auch einen Weg zurück zu ihrem Ausgangspunkt bereitstellen und die Arbeit an der übergeordneten Schicht zulassen. Die Behebung eines Papierstaus in einem Fotokopierer ist in den Prozess des Kopierens eingebettet und erfolgt in der Erwartung, mit diesem fortfahren zu können.
- *Narrative Schemata* oder semantische Funktionen. Charakteristischerweise beruhen Narrative auf vielen einfacheren Erklärungsstrukturen, in denen Personen, Handlungen und Dinge vorkommen und die sich an der vorgegebenen Logik orientieren, ähnlich wie Symbole im Kontext einer mathematischen Formel ihre Bedeutung erhalten.

Metaphern stellen solche Erklärungsstrukturen bereit, indem sie sie aus einem unwahrscheinlichen Quellbereich importieren. In Erzählungen gibt es komplementäre Rollen: Helden und Schurken, Käufer und Verkäufer oder Führer und Anhänger. Beschreibt man Personen in solchen Kategorien, weckt man eine bestimmte Erwartungshaltung hinsichtlich ihres Handelns. So dient etwa das gängige Akteur-Handlung-Ziel-Schema der Erklärung dessen, was Menschen tun und warum sie es tun, und impliziert Absichten, Einstellungen und Beziehungen. Beim Gestalten von Artefakten gibt es andere Komplemente: Türen, die offen oder geschlossen sind, Schalter, die an oder aus sind, und Fahrstühle, die nach oben oder unten fahren. Sie folgen einer einfachen Logik. Die Erwähnung des einen impliziert das Vorhandensein des anderen. Dort, wo solche Schemata gemeinhin zur Verfügung stehen, können Designer sie nicht vermeiden und sollten auch nicht der ihnen implizierten Logik zuwiderhandeln. So begann beispielsweise Amtrak, die staatliche Eisenbahngesellschaft der Vereinigten Staaten, automatische Anzeigetafeln, wie sie in internationalen Flughäfen üblich sind, zu verwenden, um die Ankunft und Abfahrt von Zügen anzuzeigen. In Philadelphia[5] und New York werden Züge so aufgelistet, wie in Abbildung 4.6 zu sehen ist.

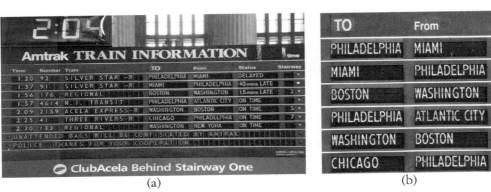

4.6 Eine Anzeigetafel, die gegen die Regel der narrativen Abfolge verstößt: (a) Gesamtansicht, (b) relevanter Abschnitt.

Diese Auflistung verletzt unwillentlich die Regel der narrativen Sequenzierung und damit ein semantisches Schema. Menschen, Gegenstände, Flüsse und mit Sicherheit Züge kommen immer irgendwoher und bewegen sich von dort an einen anderen Ort. Menschen sprechen von Ursprüngen und Zielen, und zwar in dieser Reihenfolge. Wenn sie von einem Zug sprechen, sagen sie, dass er «von A nach B» fährt und nicht «nach B von A». Obwohl letztere Formulierung grammatikalisch korrekt ist, ist sie erzählerisch ungewöhnlich. In der westlichen Kultur, liest man von links nach rechts und erwartet daher auch, zunächst vom Ausgangsort und dann vom Zielort zu lesen. Doch die Gestalter dieser Anzeigetafel kehrten die narrative Reihenfolge um und listeten den Zielort vor dem Ausgangsort des Zuges auf. Als Folge hiervon stiegen Fahrgäste in Züge ein, welche in die entgegengesetzte Richtung der von ihnen gewünschten fuhren. Auf diese Fehler aufmerksam gemacht, statt die Reihenfolge umzukehren und zunächst

5   Stand Februar 2010.

den Herkunfts- und dann den Zielort der Züge zu nennen, versuchten die Amtrak-Designer das Problem zu lösen, indem sie das Wort «To» (dt. «nach») über der Zielort-spalte durch ein überdimensioniertes «TO» in einer gelben Wichtigkeit signalisieren-den Farbe ersetzten. Die offenkundige Verletzung narrativer Schemata kann ernsthafte Fehler der Benutzer nach sich ziehen. Eine grapische Lösung dürfte wenig dazu beitra-gen, die übliche Lesart zu verhindern.

Artefakte sollten so gestaltet sein, dass ihre Interfaces erzählbar sind.

4.7 Kultur

Für Kultur gibt es viele Definitionen. Archäologen und Anthropologen, die vergan-gene Kulturen erforschen, haben nicht viel mehr vor sich als die physischen Zeugnisse einer Kultur. Sie neigen dazu, Kultur mit der Fülle der Artefakte gleichzusetzen, die zu einer bestimmten Zeit für bestimmte Zwecke im Gebrauch waren. Für traditionelle Produktdesigner mag dies eine verlockende Definition sein, doch human-centered Desi-gner vermissen dabei die Benutzer dieser Artefakte: Designer, die ihre Ideen verwirk-lichen wollen, Stakeholder, die einen Entwurf vorantreiben und weiterentwickeln kön-nen, sowie die Institutionen, innerhalb derer sie arbeiten. Kulturanthropologen, die sich meistens lebenden Kulturen annehmen, sehen in der Sprache den primären Organisa-tor der begrifflichen Vorstellungen einer Kulturgemeinschaft, und in der Gewohnheit das, was ihre Angehörigen routinemäßig in Szene setzen, meistens ohne bewusst zu sein, warum sie es tun. Hier ist Sprache nicht nur erzählerisch, sie liefert nicht nur Erklärun-gen über die eigene Vergangenheit und Zukunft, die das Leben des Einzelnen verstehbar macht und Artefakten einen Zweck verleiht, sondern sie ist die gemeinsame Errungen-schaft vieler Beteiligter. Sie konstituiert eine Kultur und ist sogleich in ihren Praktiken konstituiert. Als solche erhält Sprache Kultur aufrecht und ist ihr ursächliches Artefakt. Für human-centered Designer sind Artefakte nicht nur materielle Produkte, sondern sie haben vor allem ein gesellschaftliches Leben, was auch auf Familien, soziale Organisati-onen, Regierungen und nicht zuletzt auf Sprache selbst zutrifft.

Indem man über Kultur spricht, erkennt man die Bedeutung einer Form des Zusam-menlebens und innerhalb dieses Prozesses auch der Herstellung von Artefakten an, die verschiedene Lebenspraktiken dieser Kultur aufrechterhalten. Teil einer Kultur zu sein bedeutet, an einem zirkulären Prozess gegenseitiger Bedeutungsproduktion innerhalb einer Bevölkerung teilzunehmen. Das Medium, in dem eine Kultur sich ständig wei-terentwickelt, ist die Sprache. Gespräche, Diskurse, Texte sind die Artefakte, die sie erzeugt. Designer dürften kaum in der Lage sein, Kultur direkt zu ändern. Diese soziale Konstruktion ist viel zu groß, um sie in allen Details zu verstehen und zu beeinflussen. Doch sie können nicht umhin, zu Veränderungen in der Kultur beizutragen, weil ihre Vorschläge Artefakte hervorbringen, die Teil der Gespräche vieler Mitmenschen wer-den, ihnen neue Lebenspraktiken ermöglichen und ältere damit unbrauchbar machen. Man nehme beispielsweise sogenannte «Konversationsstücke». Oberflächlich betrach-tet verfolgen sie keinen anderen Zweck als den, Gespräche anzuregen. Doch dieser etwas abschätzige Begriff verbirgt die Tatsache, dass Artefakte entweder in der Sprache zum Leben erwachen oder aus dem kulturellen Blickfeld verschwinden. Die bereits erwähnten Konzeptwagen, die Automobilhersteller auf Automessen präsentieren, aber auch Mode, Kunstarten, öffentliche Gebäude und neue Technologien müssen in Narrativen vorkommen können, um nachhaltig zu sein. Sie faszinieren Menschen auf Kosten der Thematisierung anderer Dinge und sie können konstitutiv für soziale Institutionen werden. Öffentliche Gebäude wie Warenhäuser, Kirchen, Schulen oder Privathäuser haben kulturelle Bedeutungen, die zu bestimmten Tätigkeiten ermutigen und andere unangemessen erscheinen lassen. Architekten können solche kulturellen Bedeutungen unterstützen, indem sie Artefakte gestalten, die die Affordances besitzen, mit vorherrschenden Bedeutungen angegangen zu werden, doch sie können diese Bedeutungen auch schwächen und stattdessen neue kulturelle Praktiken ermöglichen. Das Bewusstsein solcher Möglichkeiten spiegelt sich in den antizipierten Gesprächen, die mit einer Gestaltung von Artefakten einhergehen und der kulturellen Verantwortungen die Designer dafür zu übernehmen gewillt sind. Die Entwicklung des PCs in den Vereinigten Staaten wurde von der damals als naiv angesehenen Idee angetrieben, rechnergestützte Intelligenz jedermann zugänglich und das Regieren demokratischer zu machen. Tatsächlich ist es nicht zu weit hergeholt zu sagen, dass die sozialen Implikationen dieser Technologie zum Untergang planwirtschaftlicher Systeme wie dem der Sowjetunion beigetragen, bürokratische Hierarchien geschwächt und eine Kommunikationsrevolution eingeleitet haben, die auch die westliche Kultur derzeit gründlich verändert. Nicht alle Technologien leisten kulturellen Veränderungen dieser Größenordnung Vorschub, doch Design hat das Potenzial die Gespräche zu verändern, auf denen eine Kultur beruht, die sie übertragen und aufrechterhalten kann oder durch sie herausgefordert wird.

Helene Karmasin (1998) hat einige dieser Ideen für das Design entwickelt. Unter Verwendung von Mary Douglas' (1994) Klassifikationen von Kultur als hierarchisch, individualistisch, egalitär und fatalistisch untersuchte Karmasin die jeder dieser Kategorien zugehörigen Designkonzepte. So schrieb sie: «Designprinzipien in (einer hierarchischen) Kultur beruhen auf zwei Überlegungen: Einerseits muss das Design [...] die verschiedenen auf Möglichkeiten und Rang basierenden Wertungen der kollektiven Schichten sichtbar machen. Andererseits machen die Designprinzipien dieser Kultur [...] den vernünftigen, sachlichen und funktional orientierten Gebrauch der Produkte deutlich und stellen allgemeine Regeln hinsichtlich der Natur guten Designs bereit» (Karmasin 1998, S. 18f.) Diese normative Komponente lag der «Gute Form»-Bewegung in den 1950er Jahren zugrunde, die mit der Schließung der Ulmer Hochschule für Gestaltung endete.[6] Im Gegensatz hierzu sind die Designprinzipien in einer individualistischen Kultur durch den Wettbewerb im Markt und den Konsum der Massenmedien geprägt. Das ideale Produkt ist dann dasjenige, das ausschließlich «für mich entworfen wurde», das «sonst niemand besitzt». Solche Produkte «neigen zum Spielerischen und appellieren an Unterhaltung, Sinnlichkeit, an das Erlebnis von Überraschungen» (Karmasin 1998, S. 22f.): Memphis-Design zum Beispiel.

Es dürfte keine Kultur geben, die in sich so konsequent ist, dass sie nur einer der Kategorien von Douglas angehört. Man mag auch den Wert solcher abstrakten Kategorisierungen in Frage stellen, wenn es Designern doch um die Umgestaltung von Details

---

6 Hochschule für Gestaltung (HfG), Ulm, Deutschland, 1953–1968.

geht. So fehlt etwa sowohl in Douglas' Kategorien als auch in Karmasins Darstellungen die von der industriellen Produktion geschaffene Massenkultur, in deren Gesprächen und Publikationen technologische Rationalität auf Kosten anderer Lebensformen gefeiert wurde, und indigene Kulturen völlig missachtete und sie für primitiv oder unterentwickelt hielt.

Es besteht kein Zweifel daran, dass es Gesprächsformen gibt, die bestimmte Artefakte wahrscheinlicher machen als andere, oder dass die Artefakte, die innerhalb einer Kultur erscheinen, eingesetzt und benutzt werden, das Resultat der Art sind, wie die Mitglieder einer Kultur darüber sprechen, und dass der so koordinierte Gebrauch von Artefakten die Strukturen einer Gesellschaft bestimmt. Die Bedeutungen, die Artefakte in diesem Prozess erlangen, sind also nicht nur praktische Bedeutungen, also Bedeutungen von Artefakten in ihrem Gebrauch, sondern sie nehmen die sozialen Rollen an, die sie in den umfassenderen zwischenmenschlichen Gesprächen erlangen, welche die Entwicklung von Kultur vorantreiben. Niemand kann Kultur designen. Das Sprechen ist durch außerhalb einer Sprachgemeinschaft stehende Personen nicht kontrollierbar. Doch Designer können sich sprachlich innerhalb ihrer Kultur beteiligen, sie sollten sich mit den Gesprächen vertraut machen, die sie in die Lage versetzen, ihre Entwürfe zu schaffen, die, nachdem ein Design einmal auf den Weg gebracht wurde, noch lange weiterleben und sich letztlich auf die Kultur auswirken. Designer können unbewusst mit dem Strom schwimmen. Sie können sich als Propheten kultureller Trends verstehen. Aber sie können auch aktiv und bewusst an Konversationen, Gesprächen und Diskursen teilnehmen, die die Zukunft einer Kulturgemeinschaft verbessern.

5. Zu den genetischen Bedeutungen von Artefakten im Prozess ihrer Entstehung

Aus einem weiteren Blickwinkel betrachtet, haben Artefakte weder einen eindeutigen Anfang noch ein klares Ende. Vielmehr gibt es Vorläufer, aus denen sie sich entwickelt haben, und sie stimulieren wiederum neue Artefakte und Zusammenhänge, die jedoch oft erst im Nachhinein als solche erkannt werden. So konnten etwa Düsenflugzeuge erst entwickelt werden, nachdem Propellermaschinen problemlos funktionierten, und elektronische Computer waren die Folge jahrhundertelanger Bemühungen in der Mathematik, mechanische Rechenapparate zu bauen, die erst in jüngerer Zeit durch den Einsatz von Vakuumröhren, Transistoren oder inzwischen von Mikrochips effizienter wurden. Doch keine dieser Entwicklungen war aus ihrem Vorläufer heraus vorhersagbar. Tatsächlich ist die technische Rationalität in gewisser Weise blind für ihre Folgen. Es liegt in der Natur des Designs, dass Technologie sich kaum vorhersehen lässt. So geht auch das Verkennen der ökologischen Auswirkungen der Industrialisierung auf die Umwelt vor allem darauf zurück, dass Techniker die Natur als unerschöpflich verstanden und glaubten, sie beliebig ausbeuten zu können, statt sich als Teil der Natur zu verstehen.

Auch ein Design hat keinen eigentlichen Anfang und kein wirkliches Ende. Häufig wird ein Design mit der Lösung eines Problems gleichgesetzt. Dabei wird übersehen, dass die meisten Probleme, mit denen Designer sich beschäftigen, Geschichten haben, die auf frühere Lösungen, insbesondere technologische Lösungen sozialer Probleme zurückgehen. Der heutige Zustand unseres Ökosystems geht auf die gedankenlose Ausbeutung der Natur im Industriezeitalter zurück sowie Verkehrsstaus und mangelnde Parkplätze in der Stadt Folgen der billigen Massenproduktion von Autos sind. Beide Entwicklungen sollten soziale Probleme lösen, nämlich das Leben der Bevölkerung technologisch erleichtern oder den allgemeinen Wunsch von Mobilität zu erfüllen. Beides hätte auch anders gelöst werden können. Sich auf das Lösen von Problemen zu beschränken, heißt sich der Ökologie von Artefakten nicht bewusst zu sein.

Die damit zusammenhängende Vorstellung, dass die Arbeit der Designer mit Zeichnungen und Forschungsberichten oder der Präsentation attraktiver Modelle beendet ist, ist in den Design-Studiengängen leider immer noch verbreitet. Sie geht von der falschen Annahme aus, dass Designer ihre Kunden überzeugen müssen, von denen sie bezahlt werden, aber keinen Einfluss darauf haben und deshalb auch keine Verantwortung übernehmen können, was ihre Vorschläge schließlich bewirken. Individuelle Designer können, wie auch ihre Berufsgemeinschaften nicht umhin, von den Erfolgen und Fehlschlägen ihrer Mitglieder zu lernen. Nur so können sie die nächste Generation eines Artefaktes verbessern. Das heißt sie müssen in der Lage sein, ihre Arbeit aus einer größeren Perspektive zu sehen. Dementsprechend sollten Designer bereits als Studenten darüber unterrichtet werden, wie man die Realisation und Auswirkungen eines Designs verfolgen und in Designvorschläge einbeziehen kann. Design ist immer Teil eines sozialen Prozesses, der kontinuierlich neue und bessere Artefakte erzeugt. Design baut immer auf den Erfahrungen vorangegangener Vorschläge auf und sollte die Prozesse, deren Teil es ist, untersuchen, begreifen und lernen, sie zu beeinflussen.

Vier konzeptionelle Hindernisse scheinen dieser umfassenden Designvorstellung im Weg zu stehen.

- *Semantisch geschlossene Gemeinplätze werden Fakten gleichgesetzt.* Man denke etwa an die Aussage «Produzenten produzieren Produkte». Sie vermittelt den Eindruck, und zwar nur diesen, eine erfahrbare Tatsache zu beschreiben, ist aber lediglich auf eine semantische Tautologie zurückzuführen. Laut dieser werden Produkte mit dem, was Produzenten schaffen, gleichgesetzt. Dieser Kurzschluss verhindert die Reflektion über die rein sprachliche Basis dieser Gleichsetzung. Definitorische Tautologien neigen dazu – ungeachtet ihrer selbstreferenziellen Geschlossenheit – die mit ihnen korrelierten Vorstellungen zu bestätigen. So ist die aus dem Produzent-Produkt-Schema erwachsene Verantwortung der Industrie auf ihre eigenen Endprodukte, die von ihr tatsächlich kontrollierbar sind, beschränkt. Damit kann sich die Industrie jeglicher Verantwortung für die kulturellen und sozialen Folgen ihrer Produkte entziehen und Letztere auf die Benutzer ihrer Produkte, die sie ja haben wollen, und deren Stakeholder, die sie sehen wollen, abschieben. Wenn Produktdesigner dieses Schema übernehmen, ist es verständlich, dass sie sich auf die Erscheinungsweise der Endprodukte konzentrieren, für deren Gestaltung sie angestellt und bezahlt wurden. Doch zur Ehrenrettung der Designer muss man sagen, dass sie sich, trotz solcher begrifflicher Einschränkungen, schon seit Langem mit größeren Kontexten befassten, nämlich mit den kulturellen Bedeutungen, die ihre Entwürfe für individuelle Stakeholder oder für ihre Gemeinschaften haben. Dies zu untersuchen, ist die Aufgabe dieses Kapitels.
- *Beteiligte werden institutionalisiert und können damit nicht zu Wort kommen.* Die Vorstellung *eines* stereotypen Benutzers als Verkörperung der Zielgruppe eines Designs wurde bereits in Abschnitt 2.4 hinterfragt. Sie vernachlässigt die Vielfalt höchst unterschiedlicher Stakeholder, die an der Realisation eines Entwurfs und am Umgang mit ihm entscheidend beteiligt oder von ihm betroffen sind. Fairerweise muss man zugestehen, dass Vorstellungen eines typischen Benutzers dann gerechtfertigt sein können, wenn der Gebrauch eines Artefaktes standardisiert ist, seine Benutzer institutionalisiert sind oder bereit sind, ihre Individualität hintanzustellen. In der Luftwaffe etwa werden Piloten idealerweise trainiert, bis sie ihre Ausrüstung

und Technik vorschriftsmäßig handhaben wonach sie untereinander austauschbar sind. Das gleiche geschieht, wenn Fabrikarbeiter eingestellt werden, um bestimmte Arbeitsvorgänge, etwa an einem Fließband, «maschinenartig» auszuüben. Institutionen, dies liegt in ihrer Natur, behandeln Menschen als auswechselbar, sie sollen Funktionen erfüllen, genau vorgeschriebenes Verhalten an den Tag legen und rational nachvollziehbare Entscheidungen treffen. Es ist nicht zufällig, dass die ergonomische Forschung größtenteils in militärischen oder industriellen Kontexten stattfindet. Hier werden Leistungskriterien von Vorgesetzten vorgegeben, von den Angestellten angenommen und dann von Ergonomen untersucht. Theorien solcher Situationen können auf Situationen übertragen werden, in denen Autoritäten den Umgang mit Artefakten bestimmen und erzwingen können, sie können also bestimmen, was richtig benutzt wird und was als effektiv gilt. Sie sind aber wenig, wenn überhaupt, anwendbar in Situationen, in denen Menschen sich aus individuellen Gründen mit bestimmten Artefakten umgeben, freiwillig in eine Interfacebeziehung mit ihnen treten, persönliche Ziele verfolgen und ihren eigenen Erfolgskriterien folgen. Gut institutionalisierte Benutzer, vorgeschriebenes Verhalten und klar geregelte Bedeutungen für die Artefakte, mit denen Benutzer umzugehen haben, machen es in der Regel unnötig, sie zu befragen, um das Verstehen der Benutzer zu verstehen. Ein Großteil der ergonomischen Erkenntnisse, die unter institutionell kontrollierten Bedingungen entstanden sind, ist in der marktorientierten postindustriellen Gesellschaft kaum mehr entscheidend.

• *Verhaften in der Ontologie, anstatt sich der Ontogenese zu widmen.* Die Naturwissenschaften befassen sich mit der Konstruktion von Ontologien, mit kohärenten Theorien dessen, was objektiv – also unabhängig von menschlichem Handeln – existiert, sogenannte Naturphänomene. Tatsächlich sind nicht nur die Naturwissenschaften, sondern auch ein Großteil der Bevölkerung im industrialisierten Westen auf materielle Gegenstände fixiert. Doch sind die meisten Artefakte, mit denen wir leben, transitorisch und nicht von unendlicher Lebensdauer. Die Idee im Kopf eines Designers mag sich in den Wechselwirkungen zwischen seinen Neuronen manifestieren, sie ist aber selbst dort ein Artefakt, etwas Gemachtes, das man allerdings nur an ihren Konsequenzen beobachten kann, etwa in Skizzen oder Beschreibungen. Für diese kann ein Designer von seinen Adressaten zur Verantwortung gezogen werden, wobei sein Design zu einem sozialen Artefakt wird. Die Realität eines jeden Entwurfes lässt sich jedoch erst nach dessen Umsetzung in eine Praxis feststellen. Selbst Produkte, die eine Fabrik verlassen, mögen zuerst als Güter erscheinen, die es zu verteilen gilt. Danach nehmen sie jedoch verschiedene Erscheinungsformen an, beispielsweise als Inhalte von Werbebotschaften, als Handelsgüter, als Besitz, als Affordance für Interfaces, als einer Reparatur bedürftig, als Umweltrisiko oder als Lehre für ein neues Design. Jede Manifestation eines Artefaktes, so könnte man sagen, befindet sich immer auf dem Weg zum Ruhestand, Zerfall oder Verbrauch. Letzteres ist jedoch nicht sein Ende, sondern nur das Ende eines Begriffs mit materiellen Folgen.

Alle Artefakte manifestieren sich also in Trans-Formationen, in Übergängen, Übersetzungen, Neu-Artikulationen und Dekonstruktionen.

In jeder Transformation wird etwas von einer Manifestation auf deren Nachfolger übertragen. Jemand, der Produktionszeichnungen lesen kann, vermag das darin spezifizierte Produkt zu erkennen und es mit ihrer Hilfe herzustellen. Auch ein kaputtes Gerät behält immer noch Merkmale seiner funktionstüchtigen Version. Die Entstehung materieller Artefakte lässt sich als Netzwerk von Transformationen beschreiben. Richtet man seine Aufmerksamkeit ausschließlich auf Objekte, auf ihre vorübergehend eingefrorenen Manifestationen, so ist man blind für deren Ontogenese, also für die Art und Weise, wie sich Artefakte und ihre Umwelt verändern und schlussendlich zu neuen Artefakten führen können.

- *Lineares Kausaldenken.* In den Naturwissenschaften werden Ereignisse und im Ingenieurswesen Mechanismen vorzugsweise als kausale Zusammenhänge erklärt. Doch das Erklären gegenwärtiger Zustände durch deren Ursachen und durch die Ursachen dieser Ursachen und immer so weiter, führt entweder in eine unendlich ferne und bedeutungslose Vergangenheit oder zu einem ursprünglichen Schöpfer, einem Gott. Lineare Kausalerklärungen verdecken nicht nur die Präferenzen der Beobachter für solche Erklärungen, sondern sie lassen den Designern keinen Spielraum, eigene Ideen zu erklären. Ursachen können eine Welt, in der Artefakte erfunden werden, um das Leben ihrer Bewohner zu verbessern, nicht erklären. Erkennt man also die menschliche Beteiligung an allen Artefakten an, so kehren alle Erklärungen letztlich wieder zu denjenigen zurück, die die Welt nicht nur erklären, sondern auch verändern. Solche Erklärungen sind letztlich kreisförmig, wie Gregory Bateson (1972) erkannte, und nicht linear.

5.1 Lebenszyklen

Abbildung 5.1 zeigt Artefakte im Übergang von einer Manifestation zu einer anderen. Die sehr vereinfachte Abbildung legt zudem nahe, dass solche Netzwerke Kreise beinhalten, deren Anfänge und Enden für das analytische Verständnis willkürlich sind. Wir können diesen Kreis beispielsweise ab dem Punkt verfolgen, an dem ein Designteam eine Idee aufgreift und seine Mitglieder beginnen, die möglichen Entwicklungsrichtungen untereinander zu verhandeln, und dann die Details herausarbeiten, die ihren Klienten präsentiert werden und die wiederum verschiedene Folgen nach sich ziehen. Dieser Kreis schließt sich, wenn Designer aus dem Weg, den das von ihnen vorgeschlagene Artefakt in seinem Lebenszyklus durchlaufen hat, lernen, zukünftige Ideen erfolgreicher auf den Weg zu bringen. Wir können unsere Betrachtung auch dort beginnen, wo ein Produkt gerade das Fließband verlässt und anschließend verschiedene Rollen spielt: zum Beispiel die eines gewinnbringenden Handelsguts, eines mit Freude genutzten Werkzeugs, eines im Wege stehenden Gegenstands, eines nicht funktionierenden aber reparierbaren Artefakts, das in Teilen recycelbar oder die Ausgangsbasis für ein nächstes Modell darstellt. Die traditionelle Fixierung auf Produktion und Konsum ist, wie man sieht, lediglich ein kleiner Ausschnitt des ganzen Lebenskreises. Wird der Kreis in kleinen Abschnitten linear-kausal analysiert, ignoriert man die im Leben eines jeden Artefaktes wesentliche Zirkularität.

Die Lebenszyklen von Artefakten können zwar sehr komplex werden, sie sind jedoch, zumindest in groben Zügen und bezogen auf die Abschnitte, mit denen sich ein Stakeholder beschäftigt, durchaus verständlich. Zu ihnen gehören die Ingenieure, die die Vorschläge der Designer aufgreifen und in Produktionszeichnungen umsetzen, mit deren Hilfe wiederum Fertigungen programmiert werden. Zu ihnen gehören die Hersteller, die jene Teile produzieren, die auf Fließbändern zusammengesetzt werden. Und bereits vor Beginn der Produktion werden Marktforscher mit einbezogen, die nach profitablen Märkten suchen, aber die auch Betriebswirtschaftler, Gestalter, Werber und das Verkaufspersonal über potenzielle Käufer informieren. In Verkaufsräumen werden Artefakte zu Schaustücken so verpackt, dass ihre Vorzüge deutlich zur Geltung kommen und die Kunden sie mitnehmen können, bei Bedarf in Teilen à la IKEA.

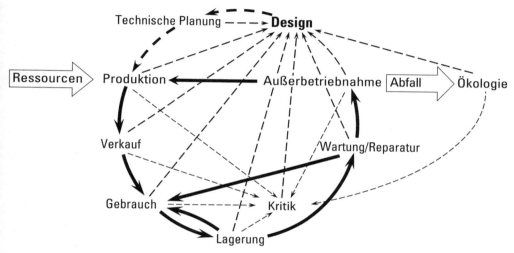

5.1 Vereinfachter Lebenszyklus von Artefakten aus Designerperspektive.

Kleine konsumierbare Waren mögen von ein und derselben Person gekauft, gebraucht oder konsumiert werden, doch bei größeren Artefakten ist das nur äußerst selten der Fall. Bei einer LKW-Flotte etwa werden Lastkraftwagen von Einkäufern gekauft und von Fernfahrern gefahren. Möglicherweise saßen die Einkäufer selbst noch nie in einem LKW. Bei ihren Kaufkriterien kann die Meinung der Fahrer durchaus eine Rolle spielen, doch die Entscheidung wird letztlich von den Einkäufern gefällt. Bis ein LKW dann tatsächlich gefahren wird, müssen eine Menge Papiere und Dokumente bearbeitet und von den Entscheidungsträgern des Unternehmens befürwortet werden.

Manche Artefakte wie Alarmanlagen, Telefonnetze oder Straßen befinden sich ständig an ihrem festen Platz. Andere treten zeitweilig außer Kraft, werden zur Seite gelegt, von einem Platz zum anderen transportiert und kommen nur bei Bedarf zum Einsatz. Interfaces mit im Gebrauch befindlichen Artefakten unterscheiden sich sehr stark von denen eingelagerter Gegenstände (für deren Erkennung siehe Abschnitt 3.3). Wartung, Pflege und Reparatur bestimmen eine weitere Phase im Lebenszyklus der meisten technischen Artefakte, sie gehen ihrer Außerbetriebnahme voraus. Ist dieser Zustand erreicht, werden sie auseinandergenommen, und die recycelbaren Bestandteile werden von den nicht wieder verwertbaren getrennt. Wie bereits erwähnt, handelt es sich bei Abbildung 5.1 um eine stark vereinfachte Darstellung, da sie viele Beteiligte nicht aufführt: wissenschaftliche Berater etwa, Designforscher, Produktmanager oder die Mitglieder der Geschäftsführung eines Unternehmens, die die Umsetzung eines Entwurfes zu managen haben.

Nicht alle Artefakte folgen demselben Weg. Konsumgüter werden rasch aufgebraucht. Andere verbleiben lange im Kreislauf. Artefakte können sich gegenseitig bedingen so wie Autos Straßen benötigen und Software die Computer. Designer sollten das Netzwerk der Übergänge von einer Manifestation zu einer anderen voraussehen und ihre Entwürfe daraufhin gestalten.

In Abbildung 5.1 werden die materiell dominierten Übergänge von einer Manifestation eines Artefakts zu einer anderen in fetten Linien dargestellt. Die von Interpretationen (Information) dominierten Übergänge hingegen sind durch durchbrochene Linien repräsentiert. Man kann sagen, dass Artefakte nie wirklich aufhören zu existieren, solange es genügend Menschen gibt, die deren Transformationen bewirken. Versagt eine seiner notwendigen Manifestationen, so stirbt das Artefakt noch nicht. Es setzt sein Dasein lediglich unter einem andern Namen fort.

5.2 Stakeholder-Netzwerke

Der Stakeholder-Begriff (der in Abschnitt 2.4 eingeführt wurde) ist eine Erweiterung des stereotypen Benutzers – den zufriedenzustellen die Industriedesigner als ihre ursprüngliche Aufgabe ansahen – zugunsten der großen Vielfalt von Menschen, die ihre Interessen an einem Entwurf zur Geltung bringen – fördernd oder verhindernd. Der Stakeholder-Begriff wird nicht nur der empirischen Tatsache gerecht, dass Menschen höchst unterschiedliche individuelle Fähigkeiten, Mittel und Vorstellungen zu ihrem Umgang mit Artefakten einbringen. Darüber hinaus erkennt der Stakeholder-Netzwerkbegriff an, dass Stakeholder sich gewöhnlich auf verschiedene Manifestationen oder Zwischenstationen auf dem Weg der Realisation eines Artefaktes spezialisieren und damit verschiedene Positionen innerhalb eines Lebenszykluses einnehmen und aufeinander folgend oder parallel arbeiten. Um zu gewährleisten, dass ein Artefakt ein Stakeholder-Netz hervorruft sowie einen Lebenszyklus zielgerichtet durchläuft, sollten Designer eine gute Vorstellung von den verschiedenen Abhängigkeiten innerhalb eines Stakeholder-Netzwerks entwickeln.

Designer dürfen aber auch nicht vergessen, dass sie selbst Stakeholder ihrer eigenen Entwürfe sind. Das beginnt, wenn sie mit den Vertretern ihres Auftraggebers verhandeln, sollte aber nicht damit aufhören, wenn sie jene Vertreter von ihren Entwürfen überzeugt haben. Als Vertreter von Auftraggebern sprechen sie jedoch nur selten ganz für sich. Sie haben Positionen innerhalb ihrer Firma, von denen sie ausgehen. Selbst wenn sie sich für einen Entwurf begeistern, wird es ihre Aufgabe sein, die Unterstützung anderer innerbetrieblicher Stakeholder zu finden – Vorgesetzte, Finanziers, Abteilungen innerhalb der Firma, die von der Akzeptierung eines Entwurfs betroffen sein werden, wie diejenigen, die den Markt in Betracht ziehen und ihm bezüglich handeln. Häufig sind diejenigen, denen Designer ihre Vorschläge präsentieren, bloße Kontaktpersonen eines größeren Netzwerks möglicher Stakeholder, die bestenfalls miteinander kooperieren, um ein Design zu verwirklichen, aber durchaus in der Lage sind, seine Realisierung zu verhindern. Auch die Benutzer von Artefakten sind notwendige Teilnehmer dieses Netzwerks, sie kommen aber, außer wenn sie an empirischen Tests oder gar an Designprozessen teilnehmen, hauptsächlich in den Gesprächen der Entwickler vor. Was kann man also in Anbetracht dieser Komplexität über die Merkmale von Stakeholdern, die Designer in Betracht ziehen sollten, sagen?

• *Stakeholder sind informiert, handeln in ihrem eigenen Interesse und können ihre Anliegen geltend machen.* Sie wissen, was für sie auf dem Spiel steht, beurteilen, unterstützen oder widersetzen sich Designvorschlägen und handeln mit Kreativität, Ingenuität und in der Erwartung dessen, was die Realisierung eines Artefakts für sie bedeutet.
• *Stakeholder bearbeiten oder interpretieren die ihnen zugänglichen Manifestationen* von Artefakten in für sie entscheidender Weise. Designer drücken ihre Ideen in überzeugenden Vorschlägen aus. Ihre unmittelbaren Kunden geben das, was ihnen gefällt, an diejenigen weiter, auf die es ihrer Meinung nach ankommt. Ingenieure verwandeln die benötigten Funktionen in Produktionszeichnungen funktionsfähiger Mechanismen. Hersteller verwenden diese Zeichnungen, um die notwendigen Materialien zu beschaffen und in umsetzbare Produkte zu verwandeln. Verkäufer behandeln Produkte als Handelsware und verdienen an ihrem Verkaufswert. Konsumenten interpretieren Waren als etwas, was sie benötigen, als Nahrungsmittel, Versorgungshilfen oder Werkzeuge, mit denen sie etwas erreichen können. Im täglichen Leben bleibt ein Artefakt solange in der Zirkulation, wie es für jemanden nützlich ist. Recyclingexperten zerlegen ausrangierte Artefakte und profitieren von recycelbaren Teilen. Kritiker beschäftigen sich mit Artefakten in Publikationen, mit denen sie hoffen, die Öffentlichkeit beeinflussen oder mobilisieren zu können. Kritiken können die verschiedenen Stakeholder beeinflussen und sich schließlich auswirken bis auf ein zukünftiges Design. Alle Stakeholder bearbeiten unterschiedliche Manifestationen von Artefakten, diese sind in Abbildung 5.1 als Teile eines Stakeholder-Netzwerks darstellt.
• *Stakeholder leben in ihren eigenen Welten, gleichzeitig aber im Bewusstsein anderer, mit denen sie umgehen müssen.* Stakeholder mögen zwar ihre eigenen Kriterien auf die von ihnen bearbeiteten Manifestationen anwenden, sie können aber kaum verhindern, andere Stakeholder in ihre Überlegungen mit einzubeziehen, zumindest ihre Vorläufer und Nachfolger – Vorläufer, von denen sie Manifestationen erhalten und Nachfolger, an die sie die bearbeiteten Manifestationen weitergeben. Wenn diese Weitergabe selektiv erfolgt, wenn Stakeholder also im Bewusstsein der vernetzten Interessen, der zur Verfügung stehenden Mittel und des jeweiligen öffentlichen Ansehens handeln, gerät die Entstehung technologischer Artefakte in den sonst häufig vernachlässigten Bereich der Politik – Politik im Sinne gegenseitig wahrgenommener Interessen und ungleicher Verteilung von Ressourcen. Zumindest in der postindustriellen Gesellschaft agieren Stakeholder in Netzwerken politischer Erwartungen. Manchmal steuern sie einen Designvorschlag förmlich durch seinen Lebenszyklus, doch sie können seine Umsetzung auch außerordentlich schwierig machen.
• *Stakeholder kommen ins Spiel, sobald Handlungsmöglichkeiten auftauchen, wünschenswerte oder nicht-wünschenswerte.* So erklärte die Firma Coca Cola vor einigen Jahren, man werde die Herstellung des bekannten Getränks nach dem traditionellen Rezept ein-

stellen. Allerorts traten Stakeholder auf den Plan und zwangen das Unternehmen schließlich, das inzwischen als ‹Coca Cola Classic› bezeichnete Getränk weiter anzubieten. Nachdem sie ihr Ziel erreicht hatten, waren ihre Möglichkeiten erschöpft und die Stakeholder verschwanden wieder von der Bildfläche.

Viele Stakeholder identifizieren sich mit von ihnen wahrgenommenen Problemen. Rittel und Webber (1984) haben darauf hingewiesen – wenn auch nicht in diesen Worten – dass die Möglichkeiten, die Stakeholder beflügeln, selten darin bestehen, rationale Lösungen für bestehende Probleme zu finden. Vielmehr werden soziale Probleme – an denen also viele Stakeholder teilnehmen – nicht definiert und dann gelöst, wie es Ingenieure tun, sondern ‹Probleme› werden häufig heraufbeschworen, um wünschenswerte Lösungen zu rechtfertigen. In diesem Prozess öffentlicher Auseinandersetzungen bewahren oder erweitern Stakeholder die Möglichkeiten, auf die es ihnen ankommt. Möglichkeiten motivieren nicht nur das spontane Auftauchen öffentlich agierender Stakeholder-Gruppen, sie wirken sich auch auf die Angestellten in einer Firma aus, die ein Design nur dann kreativ unterstützen, wenn es ihnen die Möglichkeit bietet, innerhalb ihres Unternehmens voranzukommen, oder die sich ihm widersetzen, wenn es ihre Stellung bedroht. In beiden Fällen ist die Realisierung von Designvisionen oder Entwürfen auf die Partnerschaft und Kooperation von Stakeholdern angewiesen. Von Außen aufgezwungene Ideen, seien sie von Vorgesetzten auferlegt oder durch ökonomische Zwänge gefordert, können sich kaum der Kreativität von Stakeholdern bedienen.

- *Stakeholder können sich organisieren.* Bei gängigen Artefakten ist das Netzwerk der Stakeholder in der Regel etabliert. Angestellte wissen, wer welche Interessen hat und was für sie auf dem Spiel steht. Teilnehmer können sich auf langzeitige Verträge stützen. Auch im öffentlichen Leben können Stakeholder-Gemeinschaften eine dauerhafte Präsenz haben. Man denke an Gewerkschaften, an Interessengemeinschaften von Konsumenten, an ökologische Parteien oder Gruppen, die sich aktiv für den Umweltschutz einsetzen. Stakeholder können sich aber auch spontan organisieren und vernetzen, wie in dem obengenannten Beispiel von Coca Cola ersichtlich. Publizität von ‹Problemen› oder Befürchtungen – unabhängig von ihrem Wahrheitsgehalt – ziehen Stakeholder in ein Netzwerk und sorgen schließlich dafür, dass Netzwerke wachsen und zunehmend Einfluss auf eine Entwicklung nehmen können.
- *Designer sollten sich als Stakeholder ihrer eigenen Entwürfe verstehen,* das heißt sich in einem Stakeholder-Netz aktiv beteiligen. Designer sollten jedoch weder die Verantwortung für die korrekte Realisierung ihres Designs beanspruchen, noch sich hinter der Autorität mächtiger Hersteller verstecken. Ein Design kann nur dann seinen Lebenszyklus durchlaufen, wenn es auch anderen Stakeholdern genügend Möglichkeiten bietet, etwas zu seiner Realisierung beizutragen. Designer sind also Mitspieler nicht unbestreitbare Autoritäten.

Mit anderen Worten, Designer können sich nicht damit begnügen, Entwurfe zu visualisieren, sie müssen *Projekte* vorschlagen, die die wichtigsten Stakeholder motivieren, ihre Entwürfe zu realisieren. Doch was sind Projekte, von denen im Abschnitt 1.2.5 bereits die Rede war?

5.3 Projekte

Nicht jedes Design ist so innovativ, dass es eines neuen Stakeholder-Netzwerkes bedarf. Die Verbesserung in Produktion befindlicher Artefakte – Autos, Haushaltsgeräte, Handwerkzeuge oder auch Flugzeugcockpits – greift nicht nur auf eine respektable Designgeschichte zurück, sondern auch auf Stakeholder-Netzwerke, die in Beschäftigungsstrukturen institutionalisiert, eine gewisse Dauerhaftigkeit aufweisen. Innerhalb dauerhafter Strukturen können Entwürfe auf fest etablierten Wegen bearbeitet und lediglich mit geringfügigen Modifikationen implementiert werden. Unter diesen Bedingungen mag es durchaus verständlich sein, dass Hersteller Designer ermutigen, sich auf die Benutzer ihrer Produkte zu konzentrieren, die zu den eher unvorhersehbaren Mitgliedern eines Stakeholder-Netzwerks zählen. Allerdings sind dies auch die Umstände, unter denen Design relativ unbedeutend ist und lediglich kleine Variationen von bereits etablierten Artefakten bietet.

In dem Maß, in dem Artefakte auf neuen Technologien aufbauen, neue Gebrauchsweisen antizipieren oder neue Entwicklungsprobleme aufwerfen, wird die Rolle von Stakeholdern einschließlich der Benutzer wichtiger. Wie bereits ausgeführt, sind Stakeholder informiert, machen ihre Interessen geltend, haben Ressourcen, müssen aber zur Mitarbeit motiviert werden. Auf der einen Seite können Designer sich also nicht darauf beschränken, wie es Ingenieure innerhalb einer Firma tun, Spezifikationen zu formulieren, die es einzuhalten gilt und die selbst den Benutzern von Artefakten vorschreiben, wie etwas zu handhaben ist. Auf der anderen Seite sollten Designer nicht irgendeine beliebige Rolle innerhalb eines Stakeholder-Netzwerks übernehmen. Immerhin impliziert das Wort ‹Design› auch eine Absicht, Intention oder Vorstellung eines Zieles. Erfolgreiche Entwürfe sollten also nicht nur unterstützende Stakeholder-Netzwerke hervorrufen und involvieren, sondern auch einen Einfluss auf das Endergebnis haben, in dem man ein Design zumindest wiedererkennen sollte. Die wirkliche Herausforderung für postindustrielle Designer besteht darin, die nötigen Stakeholder in ihr Projekt einzubinden, aus Gegnern Befürworter zu machen und die erforderlichen Ressourcen zu mobilisieren, um ihr Design zu realisieren, ohne dabei alle Details festgelegt zu haben. Über Abschnitt 1.2.5 hinausgehend kann man sagen:

* *Projekte haben einen den individuellen Interessen seiner Stakeholder übergeordneten Zweck.* Er nimmt die Form eines richtungweisenden Narrativs an, innerhalb dessen sich die Teilnehmer zurechtfinden und mit dessen Hilfe sie ihre Beiträge auf Ziele oder Visionen hin ausrichten können. Dieses Narrativ koordiniert die Aufmerksamkeit ihrer Mitarbeiter, lenkt ihre Handlungen, bündelt ihre Mittel, entscheidet über Uneinigkeiten und Konflikte, lässt alle Teilnehmern erkennen, wie sich ein Projekt entwickelt, wann es abgeschlossen ist und macht verzögerte Belohnungen annehmbar.
* *Projekte verleihen einem Stakeholder-Netzwerk die notwendigen Energien,* den Enthusiasmus, das Zugehörigkeitsgefühl sowie die Befriedigung etwas zu einem größeren Ganzen beizutragen.
* *Projekte bieten qualifizierten Mitarbeitern Freiräume, sich aktiv zu beteiligen,* respektieren ihre professionellen Kompetenzen und belohnen sie für ihre Beiträge.

- *Projekte dürfen nicht von einem einzelnen Mitarbeiter beherrscht werden.* Wie in guten Konversationen, können die Interaktionen zwischen den beteiligten Stakeholdern möglicherweise unerwartete Details entwickeln, die keinem der ursprünglichen Teilnehmer vorgeschwebt haben. Um die kooperative Natur eines Projekts zu bewahren, darf kein einzelner es dominieren, auch nicht der Initiator. Selbst das übergeordnete Narrativ sollte für Interpretationen offen bleiben, darf aber nicht völlig aus den Konversationen verschwinden.
- *Projekte können die Beteiligungsdauer einzelner Mitarbeiter überdauern.* Stakeholder können in ein Projekt ein- aber auch aussteigen, insbesondere wenn sie ihren jeweiligen Beitrag – oder unterschiedliche Beiträge zu unterschiedlichen Zeiten – gemacht haben, auf dem nachfolgende Mitarbeiter aufbauen können. Die Realisierbarkeit eines Projekts ist nicht von einzelnen Personen abhängig, sondern von deren Zusammenarbeit, die von einem richtungweisenden Narrativ koordiniert wird, und zwar trotz wechselnder Mitgliedschaften, unerwarteter Entwicklungen und des voranschreitenden Entwicklungsstandes.

Die Initiatoren eines Designprojekts sollten daher folgendes sicherstellen:
- *Seine soziale Realisierbarkeit*: die Fähigkeit, immer wieder aufs Neue diejenigen anzuziehen, die in der Lage sind, zu dem Projekt beizutragen und zur Zusammenarbeit zu inspirieren.
- *Seine Gerichtetheit*: die Fähigkeit, die Aufmerksamkeit der Teilnehmer auf den Zweck des Projekts zu lenken.
- *Das Engagement* derjenigen, die an dem Projekt beteiligt sind: ihre Bereitschaft sich überdurchschnittlich stark einzubringen und sich für das Projekt mit allen ihren verfügbaren Ressourcen einzusetzen.

5.4 Genetische Bedeutungen

Im Kontext des Gebrauchs lenken Bedeutungen die Entfaltung der Interfaces zwischen Benutzern und dem Artefakt, im Idealfall führen sie die Benutzer nahtlos von der Erkennung seiner Kategorie zur Erkundung seiner Möglichkeiten und schließlich dazu, ihm zu vertrauen (Abbildung 3.3). Im Kontext der Sprache koordinieren Bedeutungen die Wahrnehmungen und Handlungen der Mitglieder einer Sprachgemeinschaft bezüglich spezifischer Artefakte. In den Lebenszyklen von Artefakten hingegen lenken Bedeutungen generell die Entstehung von Artefakten und im Besonderen, was ihre gegenwärtigen Manifestationen werden könnten. Hierbei ist die Form der Manifestation eines Artefakts nur insofern wichtig, als sie Stakeholder über die möglichen Transformationen von einer Manifestation zu einer anderen informiert, also nichts mit seiner Materialität zu tun hat, sondern mit den Übergängen von einer Materialität zu einer anderen, und nichts mit seinem Gebrauch, sondern mit der Übersetzung vom einem Gebrauch in einem bestimmten Kontext zu einem anderen Gebrauch in einem anderen. So sollte Zeichnungen entnommen werden können, was es herzustellen gilt, Kostenrechnungen für Investitionen sollten Stakeholder zum Handeln einladen und Handhabungsinstruktionen sollten dazu führen, dass ein Gerät für seinen Benutzer brauchbar wird. Innerhalb der Lebenszyklen lenken die genetischen Bedeutungen eines Artefakts also seinen

Durchgang durch eben jenes Stakeholder-Netzwerk, das sie damit hervorbringen. Das, was in jedem beliebigen Moment in solchen Netzwerken geschieht, was fotografiert werden könnte, ist immer nur der Schnappschuss eines genetischen Prozesses. Er zeigt weder die Bedeutungen, die jemand zukünftigen Manifestationen empfiehlt, noch die Dynamik der Genese, in der sich ein jedes Artefakt befindet.

Genetische Bedeutungen geben also den Manifestationen eines Artefakts die Richtung vor, in der es sich fortbewegen oder heranreifen kann. Im Kontext seiner Entstehung ist ein erfolgreiches Artefakt eines, das sich leicht durch ein Stakeholder-Netzwerk zu den Benutzern und darüber hinaus in ein neueres Modell, eine fortschrittlichere Gestaltung umwandeln lässt. Aus dieser Perspektive können Designer sich also nicht mit einer erfolgreichen Präsentation ihres Designs begnügen, sondern müssen den Vertretern ihrer Auftraggeber auch die Möglichkeiten geben, mit ihrem Design andere Stakeholder zu inspirieren. In semantischer Hinsicht geht das englische Wort «success» (Erfolg) mit einem «successor» (Nachfolger) einher. Genetische Bedeutungen verbinden daher Manifestationen eines Artefakts sowie bestimmte Stakeholder eines bestimmten Zeitpunkts mit ihren Nachfolgern zu einem späteren Zeitpunkt. Die genetischen Bedeutungen von Artefakten informieren also ihre Stakeholder darüber, was aus den Manifestationen von Artefakten werden kann. Eine genetisch bedeutungslose Manifestation hat keine erkennbare Zukunft außer durch physikalische Gesetze vorhersagbare Verfallszustände. Das zweite Gesetz der Thermodynamik etwa legt nahe, dass alle Dinge einem entropischen Zerfall unterliegen. Genetische Bedeutungen jedoch ermöglichen es Stakeholdern, etwas zu machen, was sich nicht mithilfe von Naturgesetzen erklären lässt.

Ein erfolgreiches Design ist also eines, dessen genetische Bedeutungen weitergegeben werden und an jedem Punkt, sequenziellen oder parallelen Stakeholdern aufregende Möglichkeiten eröffnen. Ingenieure mögen ein Design für erfolgreich halten, wenn sie technologische Herausforderungen gemeistert haben. Produzenten mögen ein Design für erfolgreich halten, wenn es ihnen ermöglicht, ihre Angestellten zu bezahlen, Werbefachleute mögen ein Design für erfolgreich halten, wenn es Merkmale besitzt, mit denen sie Markterfolge erzielen können. Für Umweltschützer ist ein erfolgreiches Design eines, das die ökologische Vielfalt der Umwelt nachhaltig unterstützt. Alle diese Bedeutungen ermöglichen es Stakeholdern eigenständig voranzuschreiten, die Signifikanz ihrer eigenen Beiträge zu schätzen und hinreichend belohnt zu werden.

Die Organisation genetischer Bedeutungen, die Designer in Betracht ziehen müssen, lassen sich mit der Metapher einer Zwiebel beschreiben, deren Schichten, sprich Bedeutungen, sich eine nach der anderen abnehmen lassen, indem die Manifestationen eines Artefakts von einem Stakeholder zu einem anderen weitergereicht werden, oder aber mit der Metapher einer Geschichte, die, nachdem sie einen ersten Personenkreis motiviert hat, andere Geschichten für einen zweiten, dritten oder weitere Personenkreise beinhaltet, die wiederum eine ganze Kette von Zuhörern motivieren, relevante Teile weiterzuerzählen. Jede Manifestation eines Entwurfs sollte die Möglichkeiten seiner Stakeholder thematisieren. Jede sukzessive Bedeutung sollte aufzeigen, wer der nächste Stakeholder sein könnte und was dieser mit einer Manifestation machen kann, und sie sollte neue Stakeholder einladen, sich an dem Designprojekt zu beteiligen. Designnarrative, die solche sukzessive *Trans-Formationen* bewirken können, sollten vier Dinge leisten.

- *Sie sollten von respektierten Quelle kommen.* Um an dem genetischen Prozess teilnehmen zu können, müssen alle Stakeholder ihre Kompetenz und Vertrauenswürdigkeit gegenseitig unter Beweis stellen. Ohne einen Vorgänger zu respektieren, verlieren die hervorgerufenen genetischen Bedeutungen ihre Glaubwürdigkeit, was zur Folge haben kann, dass ein Entwurf in seinen Lebenszyklus verlorengeht. Wenn Designer ihre semantischen Aussagen – das was ihr Entwurf den Stakeholdern verspricht – nicht glaubwürdig absichern können (siehe Abschnitt 7.5), dann laufen sie Gefahr, ihr Projekt anderen Stakeholdern zu überlassen. Das betrifft die genetischen Bedeutungen jeder Manifestation im Lebenszyklus eines Artefaktes.

- *Sie sollten sequenziell oder parallel relevante Stakeholder ansprechen,* und zwar in der Reihenfolge, in der sie benötigt werden, und in einer Sprache, die ihnen vertraut ist. Wie bei einem Kettenbrief müssen sich die Manifestationen von Artefakten mittels ihrer genetischen Bedeutungen ihren Weg durch das Stakeholder-Netz bahnen, jedoch in der Ordnung, in der die individuellen Beiträge der Stakeholder relevant sind. In etablierten Stakeholder-Netzen sind solche Sequenzen im Wesentlichen institutionalisiert und bedürfen wenig Selektion. Anderenfalls müssen die genetischen Bedeutungen solche Netze hervorrufen.

- *Sie sollten individuelle Stakeholder motivieren,* indem sie ihnen die Möglichkeiten der Mitarbeit an dem Projekt auf verlockende Weise vor Augen führen, und *dem Stakeholder-Netzwerk damit die notwendigen Energien geben.* Zum Lebenszyklus von Artefakten zählen nicht nur individuelle Stakeholder, sondern auch diejenigen, die in Organisationen und Unternehmungen arbeiten und für deren kollektive Interessen sprechen.

- *Informationen sollten konsistent mit dem Narrativ eines Projektes sein.* Damit ist gemeint, dass die verschiedenen Informationen allen Stakeholdern ermöglichen sollten, sich in der im Narrativ enthaltenen Richtung zu bewegen und zu erkennen, ob sie sich auf dem richtigen Weg befinden. Das heißt, dass die Vielzahl tatsächlicher genetischer Transformationen die Richtung des bestehenden Projektes bewahren kann.

Designvorschläge zu erarbeiten, die die genetischen Bedeutungen sukzessive bereitstellen, die Artefakte durch ihren Lebenszyklus führen, ist nicht leicht. Wie bereits erwähnt, leitet sich «Erfolg», englisch «success», von «Folgen», englisch «succeeding», ab, also der Fähigkeit, mehrere aufeinanderfolgende Transformationen zu durchlaufen. *Prospektiv*, also in der Vorausschau, bietet ein erfolgreiches Design genetische Bedeutungen derjenigen Stakeholder an, die ein Artefakt durch seinen Lebenszyklus führen könnten. *Retrospektiv* ist ein erfolgreiches Design eines, das mithilfe vieler kompetenter Stakeholder verwirklicht wurde und weitere Entwicklungen nach sich zieht.

Doch in der postindustriellen Gesellschaft ist es nahezu unmöglich, Spezifikationen zu formulieren, die alle Unwägbarkeiten thematisieren, mit denen eine Entwicklung möglicherweise konfrontiert wird. Anders als in extrem strukturierten Situationen, in großen Industrien oder in Bürokratien, insbesondere im Industriezeitalter, ist es heute weniger wahrscheinlich, dass Projekte genau nach den Vorstellungen ihrer Initiatoren verlaufen. Die Notwendigkeit, Stakeholder in ein Projekt einzubinden, läuft fast immer darauf hinaus, Teile eines Designs an die Teilnehmer eines Projektes zu delegieren. Letztlich entstehen Artefakte in Verhandlungen und Kompromissen, das heißt aus dem, was ein Stakeholder-Netzwerk daraus macht. Diese Tatsache erinnert an das D'Arcy Thompsons (1952) Gesetz, das besagt: «Alles ist, so wie es ist, weil es so geworden ist.» Demnach kann man sagen:

Alle Artefakte reflektieren die Komposition und Dynamik der Stakeholder-Netzwerke, die sie realisieren.

Analysiert man, warum Dinge «so geworden sind», stößt man auf ein weiteres Theorem des Axioms der Bedeutung:

Artefakte sind nur dann realisierbar, wenn sie bedeutungsvoll für alle diejenigen sind, die sie durch ihre verschiedenen Manifestationen führen können.

Selbstverständlich wird ein Design, dass dessen Auftraggeber nicht überzeugt, bereits bei seiner Präsentation untergehen. Ein Design, das es Ingenieuren nicht ermöglicht, seine technischen Probleme zu lösen, wird nicht das Produktionsstadium erreichen. Ein Design, das Verkäufer nicht anpreisen können, dürfte sich schwerlich verkaufen lassen. Ein Design, dessen Verwendungsmöglichkeiten sich nicht erkennen lassen, wird kaum benutzt werden. Genetische Bedeutungen dirigieren all diese Übergänge.

Ken Friedman zufolge[1] «fand eine Untersuchung, dass von neuen Produktideen, die das Vorschlagsstadium überstehen, nur 57 % technische Zielsetzungen erreichen, 31 % auf dem Markt angeboten werden und 12 % profitabel sind (Mansfield et al. 1971, S. 57). Anderen Experten zufolge scheitern 80 % aller neuen Produkte bei ihrer Einführung und weitere 10 % innerhalb der ersten 5 Jahre ihrer Existenz.» (Edwards 1999; Lukas 1998; McMath 1998) Wie aktuell diese Zahlen auch sein mögen, sie legen nahe, dass erstaunlich viele Entwürfe nicht über die nötigen genetischen Bedeutungen verfügen, um relevante Stakeholder in ein Designprojekt einzubinden und das Design durch ihren Lebenszyklus zu führen.

Theodor Ellinger (1966) war ein früher Vertreter der Auffassung, dass Bedeutungen die Triebfeder für die Realisierung eines Produktes sind. Er befasste sich mit der Frage, was ein Produkt innerhalb eines Marktes vermitteln sollte, um seine beabsichtigten Konsumenten zu finden. Auch vertrat er die Auffassung, ein Produkt müsse dem Kunden etwas über den mit ihm intendierten Gebrauch mitteilen (was im Kapitel 3 thematisiert wurde). Für die semantische Wende sind Markterwägungen im Lebenszyklus vieler Artefakte zwar wichtig, sie nehmen aber nur einen kleinen Teil dieser Zyklen in Anspruch und können daher auch nur ein Teil eines Designanliegens sein. In dieser Hinsicht ist Ellingers Bedeutungsbegriff zu eng angewandt. Hohe Werbeausgaben legen nahe, dass die bloße Existenz von Produkten allein nicht ausreicht, die Informationen bereitzustellen, deren es bedarf, um sie durch einen Lebenszyklus zu führen. Die einen Entwurf umgebenden Narrative erleichtern es, genetische Bedeutungen zu erwecken und auszurichten.

---

1 In einem Diskussionsbeitrag: Phd-Design@jiscmail.ac.uk am 22. September 2004.

5.5 Kritische Größen von Unterstützergemeinschaften

Wie erwähnt, wurden Industriedesigner darauf getrimmt, lediglich die Benutzer ihrer Entwürfe ins Auge zu fassen. Während des Industriezeitalters mag das sinnvoll gewesen sein. Begrenzte Ressourcen, Rationalisierung der Massenproduktion und Institutionalisierung des Gebrauchs von Artefakten, die allesamt Ungewissheiten beseitigen sollten, legten nahe, auch den Benutzer zu stereotypisieren. Die Idee, dass alle Menschen gleich seien, und Artefakte so zu gestalten, dass sie allen Menschen in gleicher Weise zugutekämen, war nicht nur ein Anliegen der Industrie, die ihre Märkte durch Massenproduktion ausweiten wollten, sondern gab auch sozialistischen Idealen von der Gleichheit aller Menschen Nahrung. Man denke an das Extrem der Kleiderordnung im maoistischen China, die das Land einte, indem sie alle sozialen Unterschiede unterdrückte und nur wenig Spielraum für persönlichen Ausdruck ließ. Seltsamerweise steht die Idee universaler Interfaces mit Artefakten aber auch im Einklang mit westlichen Vorstellungen von Demokratie, in der jeder politischen Stimme dasselbe Gewicht zukommt, von Schulpflicht, standardisierten Abschlüssen, Massenmedien, flächendeckenden Telefonnetzen, Steuern, allgemeiner Krankenversorgung, aber auch der Vorstellung von «Lücken» im System, die überall dort geschlossen werden sollten, wo der Universalanspruch nicht erfüllt wird. Zahlreiche zeitgenössische Untersuchungen haben sich beispielsweise mit der «Informationslücke» zwischen informationsreichen und informationsarmen Bevölkerungsschichten befasst, zwischen denen, die die Informationstechnologien zu nutzen verstehen, und denen, die kein Interesse daran zeigen. Während Politiker sich stark machen, solche offenkundigen Lücken zu schließen, werden zugleich Stimmen laut, die den Verlust von Kultur, Traditionen und ethnischer Vielfalt beklagen. Universalität ist ein Wert, der an das Industriezeitalter erinnert, aber in einer postindustriellen Welt kaum mehr von Bedeutung ist.

Was den Gebrauch von Technologie betrifft, so sind Einförmigkeit und Gleichheit nicht nur unerreichbare Ziele, sondern sie können eine Gesellschaft auch lähmen. Untersuchungen zum Thema, wie, wann und von wem Technologien angenommen werden, unterscheiden zwischen Gruppen, die führen, Gruppen, die folgen, und solchen, die von der Technologie keinen Gebrauch machen. Innerhalb dieser sehr vereinfachten Unterscheidung gibt es berufliche Spezialisierungen, die bereits mit der Ausbildung anfangen. Mediziner, Ingenieure, Künstler und Bauarbeiter sind alle kompetente Benutzer unterschiedlicher Technologien. Auch gibt es Gruppenidentitäten, die durch unterschiedlichen Besitz und Gebrauch von Artefakten definiert und signalisiert werden. Das reicht von Ohren mit Piercings bis zum demonstrativen Gebrauch von Motorrädern. Gruppenidentität bewahren, heißt die Lücke zwischen Insidern und Outsidern symbolisch aufrechtzuerhalten. Sie verschwindet, sobald der unterschiedliche Gebrauch von Artefakten nicht mehr reproduziert wird. Unterschiede im Gebrauch von Technologien sind also nicht nur unvermeidlich, sie spielen soziale Rollen und können als Antrieb technologischer Entwicklungen gesehen werden. Doch verlangt fast jede Technologie eine minimale Anzahl von Benutzern. Es folgen drei Beobachtungen und zwei Vorschläge, die human-centered Designer diesbezüglich in Erwägung ziehen sollten:

- *Technologien sollten immer im Zusammenhang mit ihren Nutzergemeinschaften verstanden werden,* also den Gemeinschaften, die sie durch ihre Lebenszyklen führen. Es gibt Fahrradfahrer, aber nicht jeder muss ein Fahrrad fahren. Es gibt eifrige Leser, aber nicht alle müssen sich für Literatur und Zeitungen begeistern, andere sind Fernsehenthusiasten oder schreiben lieber. Es dürfte kaum eine Technologie geben, die für alle Menschen dieselbe Bedeutung hat.

- *Um eine Technologie zu erhalten oder zu entwickeln, dürfen deren Stakeholder eine kritische Anzahl nicht unterschreiten.* Bei der handwerklichen Herstellung einfacher Artefakte mag diese kritische Masse niedrig sein. Ein eigenständiger Bäcker etwa benötigt nur eine relativ kleine Zahl von Kunden, die seinen Lebensunterhalt und seine Kosten durch den Verkauf von Backwaren decken. Bei komplexen Technologien ist diese kritische Anzahl wesentlich höher. Das Design eines Multiuser-Systems, einer Bücherei etwa, eines Krankenhauses oder einer Fabrik kann ohne hohe Eingangsinvestitionen und langfristige Engagements vieler Stakeholder nicht in Gang gebracht werden. Auch die Einführung eines neuen Lehrplans an einer Universität bedarf einer kritischen Masse. Artefakte, die unter einer kritischen Schwelle nicht lebensfähig sind, können sich möglicherweise auf «Geburtshelfer» stützen. Um etwa ein Ph.D.-Programm im Fach Design ins Leben zu rufen, könnte man damit in einer anderen Fakultät beginnen, einige Seminare anbieten und zeitweilig auf Professoren aus Nachbardisziplinen zurückgreifen, bis das Programm genügend qualifizierte Hochschullehrer, Studenten und eine gesunde Finanzbasis hat, um selbstständig zu funktionieren. Universalität anzustreben mag eine Illusion sein. Wenn jedoch die Anzahl der Stakeholder einer Technologie zu klein ist, kann sie nicht ohne Subventionen ins Leben gerufen werden, und wenn sie unter ihrer kritischen Schwelle schrumpft, verschwindet sie.

- *Technologien verhalten sich unterschiedlich, je nachdem ob sie einer genau umrissenen Gemeinschaft vorbehalten sind, oder ob ihre Nützlichkeit sich mit der Anzahl ihrer Stakeholder verändert.* Ein Beispiel für den ersten Fall ist die Benutzung medizinischer Geräte, die erfahrenen Experten vorbehalten sind, was wohl auch so sein sollte. Für den zweiten Fall zählen etwa das Telefon, die Mode, Massenmedien oder das Internet. Das Telefon wird für alle Teilnehmer umso nützlicher, je mehr Menschen damit erreichbar sind. Andere Technologien, modische Produkte etwa, leben davon, dass sie *von einer Gemeinschaft an eine andere weitergegeben werden.* Der Träger eines attraktiven Kleidungsstückes macht noch keine Mode. Mode fängt erst an, wenn eine hinreichend große, insbesondere sozial sichtbare Gruppe, ein Produkt annimmt und es als vorübergehendes Merkmal ihrer Identität ansieht, aber nicht verhindern kann, dass größere Bevölkerungskreise es ebenfalls erwerben können, wonach das Produkt nicht mehr als etwas Besonderes wahrgenommen wird. Auch hier gilt die Regel der kritischen Masse, doch die Bedeutungen ändern sich im Laufe der Zeit.

- Alle Technologien diskriminieren bestimmte Benutzergruppen. *Technologien sollten aber so entwickelt werden, dass sie keine Stakeholder-Gruppen ausschließen, die informiert, fähig und willens sind, die jeweilige Technologie verantwortungsvoll zu benutzen,* also ohne anderen Schaden zuzufügen. Dieses ethische Prinzip legt Designern die Verantwortung für die sozialen Folgen ihrer Entwürfe auf. Dieses Prinzip verhindert nicht,

Artefakte zu entwickeln, deren Gebrauch aus guten Gründen auf bestimmte Personenkreise beschränkt ist, etwa wenn es darum geht, Kinder daran zu hindern, Arzneibehälter zu öffnen, oder darum, Menschen ohne Waffenschein die Benutzung von Handfeuerwaffen zu erschweren (siehe Abschnitt 3.4.2). Andererseits ist es ein wichtiges Designanliegen, sozial benachteiligte oder körperbehinderte Personengruppen nicht durch technologische Entwicklungen weiterhin auszuschließen.

- Der Bezug auf Stakeholder ist ethischer Natur aber nicht hinreichend, da Stakeholder unverantwortlich handeln können. Deshalb der ethische Zusatz: *Das Leben von Stakeholdern, die außerstande oder ungewillt sind, eine technologische Entwicklung zu unterstützen, darf nicht beeinträchtigt werden.* Die Ölförderung in einem Naturschutzgebiet in Alaska sollte nicht nur von der Ölindustrie entschieden werden. Da andere betroffen sind, ist das eine Sache öffentlicher Auseinandersetzungen. Die Erfindungsgabe der Designer sollte groß genug sein, dem berechtigten Widerstand benachteiligter Gruppen durch annehmbare Lösungen entgegenzukommen. Doch ist die Gestaltung einer Spionagesoftware, die ohne Wissen eines PC-Benutzers in seinen Computer eindringt und persönliche Daten an nicht identifizierte Stakeholder dieser Technologie sendet, ein Beispiel für ein Design, das von einer Stakeholder-Gruppe möglicherweise gut bezahlt wird, das ein human-centered Designer aber aus obengenannten Gründen nicht anfassen sollten.

5.6 Ganzheitliche Erwägungen von Lebenszyklen

Ingenieure neigen dazu, messbare Funktionskriterien für ihre Entwürfe anzunehmen. Natürlich müssen Brücken so gestaltet sein, dass sie Winden bis zu einer bestimmten Stärke standhalten und auch extrem schwere Fahrzeuge, Panzer etwa, auf ihnen fahren können. Elektrische Transformatoren müssen unterhalb einer festgelegten Maximallast funktionieren. Von Computern erwartet man, dass sie mit einer bestimmten Geschwindigkeit laufen. Solche technischen Spezifikationen, die häufig als Minimalanforderungen betrachtet werden, lenken das Interesse der Ingenieure vor allem auf das, was sie mit eigenen Begriffen überprüfen und kontrollieren können, in der Regel mittels mechanischer Messungen. Solche Funktionskriterien sind jedoch viel zu eng konzipiert, sie verhindern das Verstehen der Lebenszyklen, in denen Artefakten entstehen und verursachen viele Umweltprobleme, die uns alle bedrücken.

Als eines der Hindernisse auf dem Weg zu einer ganzheitlichen Perspektive, wie sie in diesem Kapitel entwickelt wird, kann die Einführung allgemeiner Effizienzkriterien für Artefakte gelten. Vergleichbar mit den Funktionskriterien zeigt die Effizienz das Verhältnis gewünschter Wirkungen zu erforderlichen Aufwendungen oder des relevanten Outputs gegenüber dem dafür nötigen Input an. Effizienz kann unterschiedliche Formen annehmen, wird aber in der Regel mit den Einheiten von Energie, Zeit oder Geld gemessen. Bei Autos etwa wird die Energieeffizienz anhand des Benzinverbrauchs in Liter pro hundert Kilometer gemessen. Die Ergonomie hat sich Effizienzkriterien zu Eigen gemacht, indem sie die menschliche Leistung, etwa mittels der Anzahl ausgeführter Arbeitsgänge pro Zeiteinheit misst. Taylorismus ist ein systematisches Bemühen, Arbeitsplätze im Sinne größtmöglicher Effizienz zu gestalten. Die Kosten-Nutzen-Analyse («cost-benefit analysis») nimmt Geld als Maßeinheit von Effizienz. Das Messen der Leistungsfähigkeit, Fehlerrate, Zahl der Schritte, deren es bedarf, um ein bestimmtes Ziel zu erreichen, oder der Zeit, die man benötigt, um sich mit einem Interface vertraut zu machen, zielt immer auf einen Mangel an Effizienz. Die Idee der Optimierung, oder Simons (1969) «satisficing» bezieht sich auf die technische Rationalität, von der angenommen wird, sie sei in allen Situationen und auf jedermann anwendbar. In den industrialisierten Kulturen haben diese Bewertungsmodi eine lange Tradition, die den Benutzergemeinschaften und insbesondere der Umwelt ihrer Enge wegen unermessliche Schäden zugefügt hat.

Normans (2004) Konzept der Benutzerbezogenheit erweitert das technische Effizienzkonzept auf die Vorlieben und Abneigungen von Benutzern aus, auf deren «Emotionen», wie er sie nennt. Er besteht darauf, dass attraktive Artefakte sich leichter erlernen und besser verkaufen lassen als unangenehme, und beschreibt dann, was Dinge angenehmer macht. Auch wenn er zu Recht zwischen technologischen und psychologischen Kriterien unterscheidet, ist Normans Effizienzbegriff doch in drei Punkten kritikwürdig. Erstens ist sein Augenmerk vor allem auf die Psychologie einzelner Benutzer gerichtet. Sicher spielen Ästhetik, Benutzerfreude und Genuss eine wichtige Rolle, doch sind diese Begriffe sprachlicher Natur, und können nur dann zu einem Ziel von Designüberlegungen werden, wenn man sie in Bezug auf Sprachgewohnheiten von Sprachgemeinschaften sieht, die sie häufig höchst unterschiedlich verstehen. Was in einer Gemeinschaft gegenwärtig als schön gilt, kann in einer anderen oder zu einem anderen Zeitpunkt als Kitsch abgelehnt werden. Natürlich sind die Bedeutungen von Artefakten in dem Gebrauch von Sprache verwurzelt (siehe das vorgehende Kapitel 4), doch die Sprache der Psychologen reflektiert nicht ihre epistemologischen Vorurteile und ist daher von begrenztem Nutzen.

Zweitens ist zu bemängeln, dass Norman, indem er diese Überlegungen in scheinbar objektive Begriffe kleidet – angenehmere Dinge lassen sich besser verkaufen, werden wahrscheinlicher benutzt und verursachen weniger Ablenkungen –, Designern Effizienzmaßstäbe nahelegt, die die größeren Zusammenhänge außer Acht lassen. Die Tatsache, dass viele Amerikaner bereit sind auch Benzinfresser zu fahren, wenn ihnen ein bestimmtes Auto gefällt, stützt sicherlich seine Behauptung, dass technologische Effizienzmaßstäbe weniger wichtig sind als die emotionalen,[2] aber deren Verallgemeinerung auf alle Lebensphasen eines Produktes ist sicher fehl am Platze, unabhängig davon, ob solche Aussagen von Wissenschaftlern stammen, von Werbefachleuten propagiert oder von der Mehrheit einer Bevölkerung gutgeheißen werden.

Der dritte und in diesem Zusammenhang wohl bedeutendste Punkt ist, dass Normans Effizienzkriterium nicht über den Gebrauch durch individuelle Benutzer hinausgeht, also keinen Platz für die Vielfalt von Stakeholdern hat und damit den ganzheitlichen Charakter des Lebenszyklus eines Artefakts nicht berücksichtigen kann. Die Effizienzmaßstäbe von Teilen lassen sich nicht auf die Effizienz eines Ganzen verallgemeinern. Emotionale Effizienz sagt wenig über Effizienz im Gebrauch aus, was wiederum nichts mit der Effizienz in den Verkaufszahlen – also der Profite – zu tun haben

---

2   Man hat einen «Lust-Kosten-Faktor» als psychologisches Effizienzkriterium vorgeschlagen. Dieser versucht an dem Effizienzkonzept festzuhalten, ohne jedoch die leiseste Ahnung davon zu haben, wie sich «Lust» messen lässt.

muss. Energieeffizienz ist meistens unvereinbar mit ökologischem Gleichgewicht. Langfristige ökologische Kosten sind besonders schwierig einzuschätzen, etwa die zukünftigen Kosten für den Verbrauch nichterneuerbarer Ölreserven oder für das Abholzen des brasilianischen Regenwaldes. Geld ist immer kurzsichtig. Auch wehren Stakeholder sich häufig gegen irrelevante Effizienzkriterien, die ihnen von anderen aufgezwungen werden.

Daraus folgt, dass die ganzheitliche Betrachtung komplexer Stakeholder-Netzwerke sich nicht auf ein einziges Effizienzkriterium, nicht auf einen bestimmten Beobachter, etwa einen Psychologen oder Soziologen, und nicht auf eine allgemeingültige Maßeinheit oder Perspektive reduzieren lässt. So sind Sparlampen effizienter als Glühbirnen in der Umwandlung von Strom in Licht, doch bedeuten deren höhere Anschaffungskosten wiederum den Verbrauch von weiterer Energie und es sind verschiedene Chemikalien für deren Herstellung notwendig, die schlussendlich in die Umwelt gelangen, außerdem ist es nicht leicht, das in ihnen enthaltene Quecksilber zu recyceln. Ähnlich steht es auch mit der umstrittenen Effizienz der Atomenergieerzeugung. Befürworter messen sie am Atomkraftwerk selbst, während die Gegner zu ganz anderen Schlüssen kommen. Sie nehmen eine ganzheitliche Perspektive ein und argumentieren mit weniger quantifizierbaren Fakten, etwa mit den Auswirkungen des Abbaus und der Anreicherung von Uran auf die Umwelt, mit dem Problem, verbrauchte Brennstäbe zu recyceln, mit den unabsehbaren Folgen des Deponierens von Atommüll, in dessen Nähe viele Generationen lang keine Menschen werden leben können, und nicht zu vergessen mit dem Risiko des unvorhergesehenen Schmelzens des Reaktorkerns.

Ebenso erweist sich die Bereitstellung von Regierungsmitteln für die Entwicklung wasserstoffbetriebener Autos und damit sauberer Abgase als pure Augenwischerei, solange der benötigte Wasserstoff durch die Verwendung fossiler Brennstoffe erzeugt wird. Hier profitiert die Ölindustrie von dem beschränkten Blickwinkel, in dem wasserstoffbetriebene Autos Sinn zu machen scheinen.

Ähnlich steht es, wenn Effizienzkriterien privilegiert werden, die zwar ein größeres ökologisches Ziel im Auge haben, alternative Möglichkeiten aber, dieses zu erreichen, nicht berücksichtigen. So kann der Vorteil von Emissionsbegrenzungen für individuelle Autos durch die unbegrenzte Zahl und Größe der Autos, die im Betrieb sind, aufgehoben werden. Darin besteht einer der Meinungsunterschiede zwischen europäischen und nordamerikanischen Umweltpolitikern. Westeuropäer haben weniger strenge Emissionsstandards, aber sie fahren kleinere und weniger Autos als die Amerikaner, sodass die Vereinigten Staaten den größten Schadstoffausstoß in der Welt verursachen.

Zusammenfassend kann man sagen, dass Designvorschläge nur dann verwirklicht werden können, wenn Designer verstehen, unterschiedliche Stakeholder in Zusammenarbeitsnetzwerke einzubinden und ihnen ermöglichen, in ihren jeweilig eigenen Welten konstruktive Rollen zu übernehmen. Für Designer bedeutet das ein Verstehen zweiter Ordnung (siehe Abschnitt 2.5). Dabei sollten die Begrifflichkeiten und Effizienzkriterien einer Stakeholder-Gruppe nicht gegenüber denen anderer Gruppen privilegiert werden. Das impliziert eine ganzheitliche Betrachtungsweise der Lebenszyklen in denen Artefakte entstehen, gebraucht und verbraucht werden. Die Anwendung universaler Begriffe und Effizienzkriterien führen fast immer zu technologischen Monstrositäten, die über Generationen hin problematisch sein können. Unglücklicherweise hat die menschliche Umwelt keine eigene Stimme. Sich einer ganzheitlichen Betrachtungsweise zu bedienen, heißt Artefakte ontogenetisch zu sehen, sie in ihren Lebenszyklen zu beschreiben und nicht die Effizienzkriterien eines Teils, auch nicht des Designers, auf den ganzen Zyklus zu verallgemeinern, sondern den Fluss aller Roh- und Giftstoffe, bekannter oder versteckter Subventionen und Nebenprodukte in Betracht zu ziehen. Es sollten alle Konsequenzen der Transformationen in diesem Zyklus, ob intendiert oder unbeabsichtigt, und alle Einflüsse auf die unterschiedlichen Stakeholder-Gruppen, die eine Entwicklung unterstützen oder sich ihr entgegenstellen, erfasst und gegeneinander abgewogen werden.

6. Zu den ökologischen Bedeutungen der technologischen Artefakte einer Kultur

In den Kapiteln 3 bis 5 wurden verschiedene Bedeutungsbegriffe für Artefakte entwickelt, die jeweils in verschiedene Kontexte gestellt wurden: erstens in den Kontext des individuellen menschlichen Gebrauchs, zweitens in den Kontext der Sprache, der menschlichen Kommunikation, des sozialen Gebrauchs und drittens in den Kontext ihres Lebenszyklus, ihrer Genese und ihres Entstehungsprozesses. Diese Kontexte unterscheiden sich erheblich voneinander. Das verbindende Konzept ist die Bedeutung der menschlichen Beteiligung. Dieses Kapitel befasst sich mit der bisher noch nicht behandelten Frage, wie die Bedeutungen von Artefakten sich aufeinander beziehen, und wie sie deshalb aufeinander einwirken, je nachdem, wie deren Benutzer sie begreifen und einsetzen. Es handelt sich also um die Bedeutungen von Artefakten in der Ökologie anderer Artefakte, in der Dynamik der Technologie einer Kultur, aber auch im Bewusstsein der Designer.

6.1 Ökologie

Die Ökologie ist die Wissenschaft der Wechselbeziehungen zwischen den verschiedenen Arten von Organismen in ihren spezifischen Umwelten. Unter welchen Bedingungen sind sie überlebensfähig? Wie ernähren sie sich voneinander, finden sie ihre Nischen, breiten sie sich aus oder sterben sie aus? Früher beschäftigten sich die Ökologen hauptsächlich mit Tier- und Pflanzenarten in ihren jeweiligen Umwelten, in denen sie ihre Lebensmöglichkeiten, aber auch Gefahren finden. Da es nicht leicht ist, komplexe Systeme vieler Spezies zusammenhängend zu beschreiben, richteten Ökologen ihre Aufmerksamkeit früher nur auf begrenzte Ökosysteme, wie etwa auf einzelne Gewässer, Wälder oder Wüsten.

Obwohl Ökologen selten den Einfluss ihrer eigenen Theorien theoretisieren, ist klar, dass Menschen aus zwei Gründen zwangsläufig Teil jedweden Ökosystems sind. Zum einen ist das ökologische Interesse in der Regel mit der Absicht motiviert zu intervenieren und unerwünschte Zustände zu beeinflussen. Interventionen verändern ein

Ökosystem, um dessen Verständnis sich die Ökologen ja bemühen, sozusagen vor deren eigenen Augen, womit sie zu Teilnehmern des Ökosystems werden. Zum anderen können komplexere Ökosysteme menschliche Teilnehmer kaum ausschließen. Immerhin lebt die menschliche Spezies in Wechselbeziehungen mit fast allen anderen Spezies. Wir ernähren uns von ihnen, schützen die, die uns nützlich sind, und bekämpfen jene, die uns entweder gefährlich erscheinen, tödliche Bakterien etwa, oder die uns abstoßen, beispielsweise Kakerlaken. Zweifellos dominiert die menschliche Spezies das globale Ökosystem und sollte somit immer Teil dessen Verständnisses sein.

Umweltschutzgruppen haben viele globale ökologische Probleme identifiziert. Die meisten von ihnen weisen die Industrialisierung als eine Gefahr für die ökologischen Gleichgewichte aus. Die Landwirtschaft etwa reduziert die Pflanzenvielfalt auf ökonomisch vorteilhafte Arten und versucht alle anderen zu verdrängen oder gar zu vernichten, Straßennetze schränken die Bewegungsfreiheit von Tieren ein, Industrieabfälle töten das Leben von Arten in Flüssen, Jäger reduzieren die Zahl der Vögel, Kaninchen und Rehe und das Abholzen von Wäldern bedroht nicht nur die Lebensräume von den Spezies, die in ihnen Leben, sondern auch unser Klima. So zutreffend solche Beschreibungen auch sein mögen, sie neigen dazu, die Auswirkungen zu ignorieren, die entstehen, wenn man in diese ökologischen Kontexte aktiv eingreift. So ist etwa die Idee, eine gefährdete Art zu schützen, ein Ökosystem im Gleichgewicht zu halten, gut gemeint, hilft aber nicht der Natur, sondern nur den menschlichen Vorstellungen von der Natur. Wichtig ist festzuhalten, dass alle interagierenden Organismen eines Ökosystems außer dem Menschen keinen Begriff von Ökologie haben und im Wesentlichen das tun, was ihre Art fördert. Sie ernähren sich von einigen Spezies, kooperieren mit anderen, nehmen an Zahl zu oder ab und entwickeln sich, wechselseitig interagierend genau so, wie es die traditionelle Lehre der Ökologie beschreibt.

Doch als menschliches Artefakt nimmt die Ökologie auf völlig unökologische Weise an dem Ökosystem teil, das sie zu beschreiben vorgibt, indem sie konservative, romantische und theoretische Naturideale anstrebt. Das ist keine Kritik, sondern lediglich eine Feststellung. In globalen Ökosystemen ist die menschliche Spezies insbesondere durch den Gebrauch von Technologien zur beherrschenden geworden. Es gibt aber so gut wie keine Publikation zu der Frage, wie verschiedene Spezies von Artefakten interagieren, wie sie miteinander umgehen, und wodurch ihre Interaktionen gesteuert werden. Im Folgenden werden die Parallelen zwischen den Interaktionen biologischer Spezies und unterschiedlicher Artefakte untersucht. Ziel ist es, ein ökologisches Konzept der Bedeutungen von Artefakten zu präsentieren, das Designer bei ihrer Arbeit unterstützen soll.

6.2 Ökologie der Artefakte

Kenneth Boulding (1978) hat darauf hingewiesen, dass Menschen wesentlich mehr Spezies von Artefakten kennen als von lebenden Organismen: Die Vielfalt von Kleidungsstücken, Behältern, Publikationen, Fahrzeugen, Werkzeugen, Verschlüssen, Möbeln, Kunstgegenständen, Flugzeugen, Gebäuden, Straßen undsoweiter ist enorm. Selbst Enzyklopädien, Versandhauskataloge und das Internet versammeln nur einen kleinen Teil dieser Vielfalt und Wörterbücher verfügen kaum über genügend Einträge, um die existierenden Artefakte voneinander zu unterscheiden.

Außerdem ist die dimensionale Ausdehnung der existierenden Artefakte weit größer als die der biologischen Organismen. So sind Wolkenkratzer größer als Wale. Künstliche Moleküle sind kleiner als Bakterien. Moderne Computernetze verfügen über wesentlich mehr Speicherkapazität als irgendein lebender Organismus, wenn sie auch von ganz anderer Art sind. Innerhalb der wenigen Jahre seiner Existenz macht uns das Internet viel mehr Texte und Bilder zugänglich, als sie irgendein Mensch in seinem Leben lesen könnte. Wir benutzen die Metapher eines (Spinnen-)Netzes für das World Wide Web. Ein Spinnennetz ist um ein Vielfaches größer als die Spinne, doch das World Wide Web umspannt die ganze Erde. Seine Größe lässt diejenigen, die es bauen und benutzen, als winzig erscheinen und erlaubt keinem einen vollständigen Überblick über das Ganze. Raumschiffe können sich weiter und schneller bewegen als Vögel oder Insekten. Obwohl Städte, wie auch Termitenhaufen das Leben ihre Bewohner überleben, können Städte wesentlich älter werden. Archive und Museen können Artefakte am «Leben erhalten», selbst wenn sie ihre Nützlichkeit für die ursprünglichen Benutzer verloren haben. Obwohl zu bemerken ist, dass Museumsobjekte Rollen übernehmen, die sich von denen im Alltag wesentlich unterscheiden. Tatsächlich kann dasselbe Artefakt verschiedene Gebrauchsweisen und verschiedene Generationen von Benutzern durchlaufen (Krippendorff 2005). Nach menschlichen Zeitmaßstäben sind die Mutationen biologischer Spezies, ihrer Formen und Verhaltensweisen wesentlich langsamer als die von künstlichen Spezies. Wir können versuchen, die Evolutionslinien von Spezies zu rekonstruieren, erleben aber die Revolutionen technischer Artefakte alltäglich.

Die meisten Artefakte sind Massenprodukte. Numerisch ist die Massenproduktion von Industrieprodukten denen der Pflanzen, Insekten oder Bakterien sicher unterlegen. Wenn jedoch Artefakte zu Verkehrssystemen, Produktionsanlagen oder Kommunikationsnetzen zusammengefügt werden, dann entstehen Systeme von Artefakten, deren Komplexität die von Wäldern, Bienenstöcken und Korallen bei Weitem übersteigen. Technologische Artefakte wissen zwar nichts voneinander, sie interagieren aber innerhalb der Affordances, die ihnen deren Designer gegeben haben und aufgrund der Vorstellungen der Benutzer, die sie miteinander zweckmäßig verbinden. Anders als im Fall von biologischen Spezies, von denen eine Mindestanzahl von Organismen existieren muss, um als Spezies zu überleben, kann ein komplexes Artefakt durchaus als einziges bestehen.

Das sind entscheidende Unterschiede zwischen den Ökosystemen biologischer Spezies und denen von Artefakten. Der wohl wichtigste ist: *Biologische Spezies interagieren in ihrem eigenen Sinn, Artefakte interagieren im menschlichen Sinn.* Wann auch immer Menschen ihre Wohnungen möblieren, Computer miteinander verbinden, oder etwas gemeinschaftlich bauen, realisieren sie ihre Vorstellungen davon, wie Artefakte zusammenarbeiten können oder sollen und zeigen damit, dass sie über ein gewisses, obwohl begrenztes ökologisches Bewusstsein verfügen. Designer stellen eben dieses Bewusstsein unter Beweis, wenn sie den Anspruch erheben, ihr Entwurf könne im Verhältnis zu anderen Artefakten eine bestimmte Rolle spielen. Aber die menschlichen Begriffe, denen zufolge Artefakte miteinander verbunden werden, entsprechen im Allgemeinen nur einem lokalen Verständnis, nicht dem eines gesamten Ökosystems. Das Verständnis der Ökologie von Artefakten ist auf viele menschliche Teilnehmer *verteilt*, ohne aber von allen *geteilt* zu werden. Während die ökologischen Beziehungen biologischer Spezies aus der Vielfalt speziesbedingter Interaktionen erklärt werden können, resultieren die ökologischen Beziehungen von Spezies von Artefakten aus der kollektiven Umsetzung einer Vielzahl von lokalen ökologischen Verständnissen.

Da Ökologien von Artefakten, selbst solcher, die nur eine geringe Komplexität besitzen, leicht das Verständnis ihrer menschlichen Teilnehmer überschreiten, müssen wir uns mit partiellen Theorien der Interaktionen von Artefakten begnügen. Die beiden gängigen Ansätze, ökologische Wechselwirkungen zu begreifen, sind:

- *Diachrone Verständnisweisen* von der Entwicklung eines oder weniger Artefakte, analog zur Evolutionsgeschichte einer biologischen Spezies mit besonderem Augenmerk auf deren Häufigkeit, wechselnde Rollen und die verschiedensten Bedeutungen, die sie in Interaktion mit anderen Artefakten erwerben.
- *Synchrone Verständnisweisen* eines bestimmten ökologischen Subsystems von Artefakten, beispielsweise hinsichtlich der Art und Weise, wie sie voneinander abhängen, gegeneinander arbeiten, analog zu den Nahrungsketten in einem Ökosystem biologischer Spezies.

Als Beispiel einer *diachronen Veständnisweise* sei die Entwicklung des Telefons skizziert. Kurz nachdem Alexander Graham Bell das Telefon 1878 erfunden hatte, erschien es in der Gestalt eines Holzkastens, der seine (nach heutigen Maßstäben einfache) Verdrahtung enthielt: eine auf der Oberseite montierte Klingel (für den Rufton), einen fest montierten Trichter (das Mikrofon) zum Hineinsprechen, eine Kurbel zur Erzeugung eines Rufsignals und einen abnehmbaren Hörer, mit dem man die Stimme am anderen Ende der Leitung hören konnte. In jener Zeit wurden auch andere elektrische Erfindungen gemacht, die in verschiedenen Bereichen des täglichen Lebens Einzug hielten. Die Ökologie der Artefakte wurde mit zahlreichen Apparaten und Instrumenten von zunehmend differenzierter Gestalt überflutet, einige entwickelten sich weiter, andere verschwanden. Der Holzkasten des frühen Telefons und die Kurbel blieben für einige Zeit noch bestehen, während der Trichter und der Hörer zu einem handlichen Teil verschmolzen. Später ermöglichte eine Wählscheibe den Telefonbenutzern, Nummern selbst zu wählen und ohne Telefonistinnen Verbindungen herzustellen. Unterschiedliche Familien von Telefonen entstanden, bis das Telefon in den 1930er Jahren eine relativ einheitliche Gestalt angenommen hatte. Sie reduzierte die bisher separaten Teile auf zwei, auf den Körper mit Wählscheibe und den abnehmbaren Hörer. Seine Form war unverwechselbar und universell geworden, ohne dass es wesentliche Wettbewerber gab. Designer führten nur minimale Variationen ein. Doch dann integrierte das «Trimline»-Telefon die Nummernscheibe im Hörer selbst und ließ den Apparat wesentlich kleiner werden. Als Tasten die Wählscheibe ersetzten, veränderte sich das Telefon der 1940er Jahre nur wenig. Das lag im Wesentlichen daran, dass AT&T in den Vereinigten Staaten eine Monopolstellung innehatte (und die Post- und Fernmeldeinstitutionen anderer Länder sich größtenteils im Staatsbesitz befanden) und es sich leisten konnte, konservativ zu sein – bis im Jahre 1996 der Oberste Gerichtshof der Vereinigten Staaten die Monopolstellung des AT&T-Bell-Systems beendete. Das öffnete den Markt für konkurrierende Hersteller, die ihre Produkte nun von denen ihrer Konkurrenten unterscheiden mussten. Es gab eine Fülle von Arten, auf die man zurückgreifen konnte: Die Feldtelefone des Militärs, handgehaltene Kommunikationsgeräte aus Science-Fiction-Filmen (wie etwa die der Fernsehserie *Star Trek*) oder Headsets und Mikrofone (wie die von Telefonistinnen). Ohne dass sich das Telefonieren wesentlich geändert hätte, führte der Wettbewerb zu einer Vielzahl unterschiedlicher Formen, die das typische Telefon der 1940er Jahre, das bis heute noch als Icon überlebt hat, verschwinden ließ.

Heute haben die Telefongesellschaften, die nach dem Ende des Telefonmonopols entstanden, die Hoffnung, einen neuen Telefonarchetyp zu entwickeln, aufgegeben. Zahlreiche Technologien verschmolzen und verbanden Bild und Ton miteinander. Frühe Videotelefone scheiterten daran, dass deren Benutzer nicht unbedingt von denjenigen gesehen werden wollten, mit denen sie sprachen. Die Übertragung von Fax-Nachrichten über Telefonnetze war erfolgreich, brachte aber keine neuen Formen mit sich. Anrufbeantworter waren eine Weile in die Telefone integriert, entwickelten sich dann jedoch von einer separaten Technologie zu einer Dienstleistung der Telefongesellschaften. Die Fusion von Telefon, Textverarbeitung, Konferenzschaltung, Fernsehen und E-Mail brachte eine Unzahl neuer Gadgets hervor. Die heute dominierende Funktionsweise des «Telefons» kombiniert Computer, Digitalkamera, Videospielgerät, Musikgerät, Internetzugang, Textaufnahmegerät und Lesegerät für elektronische Bücher. Alles ist in ein Interface integriert, das eine Vielzahl von Affordances anbietet. Das Telefon hat sich in ein handgehaltenes oder armbanduhrenähnliches Kommunikationsgerät verwandelt. Ja, das Wort «Telefon» selbst dürfte bald verschwinden und in den Ruhestand versetzt werden oder nur noch im Hinblick auf seine Geschichte von Bedeutung sein.

Kurzum, diachrone Vorstellungsweisen zeigen die ökologische Entwicklung von einem oder mehreren Artefakten im Verlauf der Zeit und im Kontext des Einflusses anderer Technologien, Institutionen, sozioökonomischer Umstände und Praktiken. In der biologischen Evolution gibt es die Speziation, also die Aufspaltung einer Art in zwei verschiedene, ein nicht umkehrbarer Prozess, der häufig als Baumdiagramm dargestellt wird. Die Entwicklung technologischer Artefakte kann wesentlich komplexer sein. So gibt es nicht nur Speziation, sondern auch die Verschmelzung mehrerer Artefakte in eine neue Spezies. Außerdem können die Merkmale einer Spezies auf eine andere übergehen. Beides kommt in der Natur nicht vor.

So wie in biologischen Ökosystemen bleiben Spezies von Artefakten am Leben, solange sie reproduziert werden. Dabei sind variable Formen der Reproduktion von Artefakten einer Spezies (in der Informationstheorie «Noise», in der Biologie «Mutationen», in der Technik «Verbesserungen») von größter Wichtigkeit, denn nur so können sie den sich entwickelnden Interaktionen mit anderen sich ebenfalls entwickelnden Artefakten standhalten. Auf lange Sicht sind Spezies von Artefakten nur dann erfolgreich, wenn sie weiter verbessert werden, selbst wenn das für sie bedeutet, von einer anderen Technologie absorbiert oder unsichtbar zu werden. Diesbezüglich haben Massenproduktion und Massenkonsum große evolutionäre Vorteile. Je mehr Artefakte einer Spezies produziert werden und je leichter es ist ihr Design oder deren Produktionsmittel zu variieren, desto größer ist die Beschleunigung ihrer Entwicklung und desto höher sind ihre Überlebenschancen. Das ist der Motor unserer technologisierten Gesellschaft.

Synchrone Vorstellungsweisen hingegen beschreiben das Netzwerk gleichzeitiger Verbindungen zwischen Artefakten, die ihren Gebrauch mitbestimmen. Analytisch kann man vier Arten solcher Verbindungen unterscheiden.

- *Kausale Verbindungen* verknüpfen Artefakte untereinander auf physikalische Weise. Ohne Telefonverbindungen über Drähte, Mobilfunkwellen oder Satelliten zu anderen Teilnehmern wäre ein Telefon nutzlos. Ohne ein Modem kann ein Computer nicht mit anderen Computern, etwa über das Internet, kommunizieren. Alle kausalen (nicht-humanen) Interfaces beruhen auf mechanischen, elektrischen oder elektronischen Mitteln, Signale zu übertragen. Designer kausal vernetzter Artefakte müssen sich meistens um die Vereinbarkeit solcher Verbindungen kümmern. Interfacestandards entstehen entweder in der langsamen Optimierung von Wechselbeziehungen zwischen Artefakten oder sie sind das Ergebnis von Vereinbarungen zwischen verschiedenen Stakeholdern. Haben sich Interfacestandards erst einmal etabliert, bestimmen sie nicht nur die kausalen Wechselbeziehungen zwischen gegenwärtigen Artefakten, sondern auch deren zukünftige Entwicklung. Das Internetprotokoll ist ein Beispiel für ein technologisch einfaches aber unglaublich produktives Interface, das viele Daten liefert und ohne menschliche Eingriffe buchstäblich funktioniert.
- *Familienähnlichkeiten* entstehen, wenn Benutzer verschiedene Artefakte als zusammengehörig begreifen. Telefonapparate, Telefonbücher und Telefonzellen zur Wahrung der Privatsphäre hängen nicht physikalisch miteinander zusammen, sondern über die Vorstellungen von Zugehörigkeiten seitens ihrer Benutzer. Tafelgeschirr, Besteck, Servietten und ein Esszimmertisch bilden insofern eine Familie, als sie alle gleichzeitig benutzt werden, gewöhnlich im gleichen Geschäft angeboten werden und beim Kauf darauf geachtet wird, dass sie ästhetisch zusammenpassen und sich beim Essen gegenseitig unterstützen. Familienähnlichkeiten können aber auch auf Beziehungen von Teil und Ganzem zurückgehen, also eines aus Teilen bestehenden Systems: Werkzeugkästen in einer Reparaturwerkstatt, Küchengeräte in einem Haushalt, oder Verkehrsmittel in einer Stadt. Familienähnlichkeiten, Systeme und Zugehörigkeiten sind begrifflicher Natur, häufig sind sie normativ. Wenn Teile eine bestimmte Rolle in einem größeren System spielen sollen, so ist es immer die Vorstellung, etwa eines Designers, Managers oder Benutzers, die den Teilen diese Bedeutungen zuschreibt. Artefakte können nicht selber konzipieren, wissen nicht, wie sie konzipiert werden und was man von ihnen erwartet. Selbst wenn physikalische Transaktionen in diesen Zusammenhängen eine Rolle spielen, sind sie den begrifflichen untergeordnet.
- *Metaphorische Verbindungen* sind ebenfalls begrifflicher, genauer sprachlicher Natur. Metaphern übertragen Bedeutungen von einer Spezies von Artefakten, normalerweise von einer vertrauten Art, auf eine andere, die ein neues Verständnis benötigt (wie in 3.3.2 und 4.5 dargestellt). Sie erzeugen auf diese Weise neue Beziehungen. Wird ein bisher unbekanntes Gerät als «elektronisches Buch» bezeichnet, so errichtet die Metapher eine Brücke zwischen zwei Spezies von Artefakten, hier von elektronischen Geräten und Büchern. Metaphern importieren also ökologische

Bedeutungen von einer bekannten Spezies in eine neue, sodass die neue Spezies die ökologische Rolle der Bekannten zumindest teilweise übernehmen kann.

- *Institutionelle Verbindungen* entstehen dort, wo soziale Institutionen die Abhängigkeiten verschiedener Artefakte oder Benutzungsweisen bestimmen können. So erzielen Fernsehsender, die Hersteller von Fernsehapparaten, Studios, Schauspieler, Nachrichtenproduzenten, Werbefachleute, Kabel- oder Satellitennetzbetreiber ihren Gewinn allesamt durch die Fernsehzuschauer. Das Fernsehen würde nutzlos werden, wenn die beteiligten Institutionen ihre gemeinsamen Interessen nicht realisieren könnten oder wenn sie nicht mehr zusammenarbeiten würden. Genauso würde die institutionelle Verbindung verschwinden, wenn die Bevölkerung aufhören würde, Fernsehen zu schauen. Die ökologischen Verbindungen sind implizit beteiligt in dem Zusammenspiel der genannten Institutionen des Fernsehens, um es am Leben zu erhalten oder dessen Bedeutung weiterzuentwickeln. Ein anderes Beispiel ist das Auto, das durch ein komplexes System institutioneller Interessen unterstützt wird – von Automobilherstellern, Pendlern, Gewerkschaften, der Ölindustrie, Regierungen (bezüglich Verkehrsordnungen), Großstädten –, die allesamt und implizit zusammenarbeiten, damit Autos auf der Straße bleiben.

Designer können schwerlich irgendeine der hier erwähnten ökologischen Interaktionen ignorieren. Ihre Entwürfe werden in Beziehungen mit anderen Artefakten gebracht und müssen im Hinblick auf ihre Fähigkeit gestaltet werden, die ökologischen Interaktionen zu überleben. Diachrone Vorstellungsweisen ökologischer Zusammenhänge von Artefakten vermitteln ein Verständnis der Interaktionen, die die Entwicklung einer Spezies von Artefakten im Lauf der Zeit prägten und die ein neues Design möglicherweise in eine unerwartete Zukunft führen können. Synchrone Vorstellungsweisen beschreiben die Netze, in denen eine Vielzahl von Spezies von Artefakten gleichzeitige Rollen spielen, die ein Design vorfindet und in denen es entweder seinen Platz findet, Veränderungen einführt oder verloren geht. Die Stabilität einer Ökologie ist von der Stärke dieser Verbindungen abhängig. Doch wenn es seinen Lebenszyklus durchlaufen soll, sollte jedes innovative Design die bestehenden Stabilitäten herausfordern und Optionen für weiteres Design eröffnen. Deswegen ist es wichtig, die ökologischen Zusammenhänge zu verstehen, mit denen ein Design notwendigerweise konfrontiert wird.

6.3 Ökologische Bedeutungen

In einer Ökologie von Artefakten bestehen die *Bedeutungen eines einzelnen Artefakts in seinen möglichen Interaktionen mit anderen Artefakten*, und zwar mit Artefakten der eigenen Spezies, aber auch, und das ist wohl noch wichtiger, mit Artefakten anderer Spezies. Ökologische Bedeutungen, wo sie von einzelnen Stakeholdern erkannt werden, führen Artefakte zu ihren Plätzen innerhalb der ökologischen Zusammenhänge, setzen sie in Bewegung, lassen sie mit anderen Artefakten in Interaktionen treten, was globale ökologische Folgen haben kann. Eine Ökologie von Artefakten ist der Nettoeffekt dessen, was die Kollektivität der Stakeholder lokal mit ihren Artefakten macht.

Jegliche Ökologie kennt drei Arten von Interaktionen: kooperative, kompetitive und unabhängige. Da eine Ökologie die Interaktionen zwischen Spezies theoretisiert, also die Wechselwirkungen zwischen großen Mengen ähnlicher Artefakte – und nicht zwischen den einzelnen Artefakten einer Spezies – beschreibt, ist die numerische Größe einer Spezies eine kritische Variabel für das Verständnis der Art und Weise, wie Spezies von Artefakten einander beeinflussen. Zwischen zwei Spezies, A und B, unterscheidet man:

- *Kooperative Interaktionen*, wenn eine Zunahme der Anzahl von As die Anzahl von Bs erhöht.
- *Kompetitive Interaktionen*, wenn eine Zunahme der Anzahl von As die Anzahl von Bs reduziert.
- *Unabhängigkeit*, wenn eine Veränderung der Anzahl von As nicht mit einer Veränderung der Anzahl von Bs korreliert.
- Die Größe einer Spezies mag im Sinne dieser Interaktionen zu- oder abnehmen, doch sie tut dies aufgrund des Verhältnisses ihrer *Reproduktions-* zu ihrer *Sterbe*rate.

In ökologischen Zusammenhängen biologischer Spezies ist jede Spezies im Wesentlichen auf sich gestellt. Sie reproduziert ihre Organismen, ohne sich der umfassenden Folgen ihrer Existenz bewusst zu sein. Sollten biologische Organismen eine Ahnung ihrer ökologischen Existenz besitzen, so würde sie innerhalb einer jeden Spezies verbleiben. Ökologien hingegen sind sprachliche Erfindungen von Wissenschaftlern. Die Spezies, die sich so beschreiben lassen, sind Produkte der menschlichen Spezies. Die ökologischen Bedeutungen von Artefakten verdanken sich dem Zusammenwirken zahlreicher individueller Entscheidungen, die den Einsatz von Technologie betreffen. Ökologische Bedeutungen haben zahlreiche Analogien mit dem Gebrauch von Sprache, was einmal mehr auf die Bedeutung linguistischer Verständnismodelle hinweist.

Man kann sagen, dass zwei Artefakte von *synonymer* Bedeutung sind, wenn das eine an die Stelle des anderen treten und seine Rolle unterschiedslos einnehmen kann. Für die Artefakte *einer* Spezies ist die Synonymie ihrer ökologischen Bedeutungen selbstverständlich. Sie ist unter anderem die ökologische Konsequenz ihrer Massenproduktion. Ob von Ameisen oder Autos: Massenreproduktion gewährleistet den Fortbestand einer Spezies in Anbetracht sicher eintretender Todesfälle, Verbrauch oder Außerbetriebnahme. Angesichts der Sterberate der Artefakte einer Spezies und unter der Voraussetzung, dass alle anderen Parameter unverändert bleiben, ist ihre ökologische Stabilität dann gesichert, wenn sie sich mit derselben Rate reproduziert. Das ist das allgemeinste ökologische Gesetz. Doch in einer Ökologie von Artefakten kommt eine solche Stabilität selten vor und für Designer sie der uninteressanteste Fall.

Die Synonymie von Artefakten *unterschiedlicher* Spezies bedeutet Wettbewerb. Man denke etwa an Pferde und Traktoren. Beide konnten Pflüge und Karren ziehen und waren in der Lage, Menschen zu befördern. Die Tatsache, dass Traktoren zu Beginn der 1930er Jahre auf Bauernhöfen allmählich an die Stelle der Pferde traten, hatte vor allem mit den Vorteilen der Traktoren zu tun, die man nur dann «füttern» musste, wenn sie benutzt wurden, die zudem stärker als Pferde waren und sich leichter kontrollieren ließen. Doch solche kompetitiven Interaktionen führten nicht zur Auslöschung der Pferde. Pferde fanden eine ökologische Nische im Sport, wo sie Bedeutungen erlangten, die nicht im Vordergrund standen, als sie vornehmlich auf Feldern arbeiteten. Ein ähnlicher Wettbewerb bestand zwischen Schreibmaschinen und Computern. Doch den Schreibmaschinen erging es weniger gut. Seitdem sie den Computern ihre Tastaturen gaben, überleben sie derzeit nur noch in technischen Museen und sind ökologisch fast bedeutungslos geworden, während Computer ihre Funktionen und vieles mehr übernommen haben. Die bereits erwähnte Metapher «elektronisches Buch» ist es, die die Synonymie des Gebrauchs eines elektronischen Gerätes und eines Buches herstellt und damit beide Spezies zu Wettbewerbern macht.

Offensichtlich kooperieren oder konkurrieren Artefakte aufgrund der menschlich zugeordneten Bedeutung ausschlaggebender Vergleichsmerkmale. Kompetitive Interaktionen entstehen immer dann, wenn Benutzer sich zugunsten eines Artefakts gegen ein anderes ökologisch ähnliches entscheiden, es kaufen, installieren und benutzen. Der Wettbewerb zwischen traditionellen und elektronischen Büchern wird durch die wahrgenommenen Unterschiede in ihren ökologischen Bedeutungen entschieden: Wie funktionieren sie in technischer Hinsicht, wie verhalten sie sich im Vergleich mit bereits vorhandenen Technologien oder welche neuen Möglichkeiten bieten sie den Entscheidungsträgern an? Gestalter von neuartigen Artefakten, die sich im Wettbewerb durchsetzen sollen, müssen überzeugende ökologisch wirksame Bedeutungen anbieten. Zu diesen können Aspekte wie kausale Verbindungen, Familienähnlichkeiten, metaphorische oder institutionelle Verbindungen zählen. Doch ihr ökologischer Nettoeffekt ist immer entweder Kooperation, Wettbewerb oder Unabhängigkeit.

Die Techniksoziologie hat mehrere diachrone Untersuchungen bestimmter Artefakte vorgelegt, etwa die des Fahrrads (Pinch und Bijker 1987). Pinch und Bijker beobachteten, dass technologische Entwicklungen in Phasen voranschreiten: ausgehend von einer Erfindung, die Designern neue Möglichkeiten öffnet, verschiedenen Interessengruppen nahelegt zu prüfen, welche Probleme damit gelöst werden können und welche entstehen, die dann miteinander verhandeln, wie das Artefakt interpretiert werden soll, bis zu dem Punkt, an dem es eine gewisse Stabilität hinsichtlich seiner Form (strukturelle Stabilität) und seiner Bedeutung (interpretative Abgeschlossenheit) erhält. Nachdem eine Technologie diesen Zustand erreicht hat, bestehen Weiterentwicklungen nur noch in kleineren Variationen des idealtypischen Artefakts. Stakeholdergruppen sind dann zu einer Art Übereinkunft darüber gelangt, was dieses Artefakt bedeutet, wie, wann und von wem es benutzt werden darf. Die Probleme, die zur Entstehung des Artefakts führten, gelten als gelöst. Das Artefakt hat die Rolle aller Artefakte übernommen, die es ersetzen konnte. Seine ökologischen Wechselbeziehungen sind institutionalisiert. Seine Interaktionen mit anderen Spezies von Artefakten sind geregelt, was die Autoren als ein Schrumpfen seiner «interpretativen Flexibilität» bezeichnen. Ökologische Stabilität ist wahrscheinlich selten, bestenfalls vorläufig. Doch der soziale Charakter der Ökologien der Artefakte, die Rolle der Bedeutungen von Artefakten für unterschiedliche Stakeholder ist hiermit anschaulich demonstriert.

Als er Kooperation, Wettbewerb und Unabhängigkeit untersuchte, fand Boulding (1978, S. 77–88) sieben Typen von Interaktionen zwischen je zwei Spezies von Artefakten, und zwar drei symmetrische Interaktionen: wechselseitige Kooperation, wechselseitiger Wettbewerb und wechselseitige Unabhängigkeit, sowie vier asymmetrische

Wechselbeziehungen: parasitische, prädatorische, dominant-kooperative und dominant-kompetitive Interaktion. Diese Typen stellen ein Vokabular bereit, um die Auswirkungen von Bedeutungen auf ökologische Interaktionen, hier nur zwischen zwei Spezies von Artefakten zu verstehen. Die sechs relevanten führe ich hier aus:

- *Wechselseitig-kooperativ:* die Fähigkeit einer Spezies von Artefakten eine andere Spezies zu unterstützen und umgekehrt von dieser Spezies unterstützt zu werden. Autos und Straßen haben wechselseitige Auswirkungen aufeinander. Mehr Autos machen mehr Straßen erforderlich und bessere Straßen führen zu mehr Autos. Auf ähnliche Weise treibt die zunehmende Komplexität von Computersoftware die Speicherkapazität von PCs in die Höhe, was es wiederum möglich macht, komplexere Software zu entwickeln und zu installieren. Der iPod von Apple ermöglicht die wechselseitige Kooperation verschiedener neuer Technologien, an denen die Musikindustrie, Künstler und Zuhörer mit ihren eigenen Präferenzen Interesse haben, indem er es ihnen ermöglicht, gewünschte Musikstücke ohne Läden zu kaufen, herunterzuladen und nach eigenem Ermessen zu hören. Entwürfe, die wechselseitige Kooperation zwischen verschiedenen Spezies von Artefakten erlauben, erhöhen deren Überlebenschancen.

- *Wechselseitig-kompetitiv:* die Fähigkeit einer Spezies von Artefakten, mit einer ökologisch ähnlichen Alternative zu konkurrieren. So stehen beispielsweise der Individualverkehr mit dem Auto und die öffentlichen Verkehrsmittel in einem solchen Wettbewerb. Aus rein ökologischen Gründen müssen Designer ihre Entwürfe für Eisenbahnen, Stadtbusse, Straßenbahnen und neuere öffentliche Verkehrsmittel attraktiver machen als das individuelle Autofahren. Der Wettbewerb zwischen individuellen und öffentlichen Verkehrsmitteln wird wohl nicht mit dem Sieg einer Spezies über die andere enden, könnte aber eine davon in eine unbedeutende Nische vertreiben.

- *Dominant-kooperativ:* die Fähigkeit einer, man kann sagen «führenden», Spezies von Artefakten, andere Spezies zu ihrer eigenen Entwicklung einzuladen, sodass alle Beteiligten ihre Ausbreitung erhöhen. Eine populäre Technologie bringt in der Regel zahlreiche sekundäre Technologien hervor, Gadgets, die die populäre Technologie unterstützen und von deren Erfolg sie abhängen. Auf die Einführung der digitalen Fotografie etwa folgte die Entwicklung von Software zur Bearbeitung der Fotos, von Farbdruckern mit Fotoqualität und verschiedenen internetbasierten Diensten, die Privatfotos speichern und sie dann zu einem bestimmten Preis reproduzieren. Tatsächlich waren es diese Gadgets, die die Digitalkameras populär machten. Sie würden allerdings verschwinden, wenn die dominante Spezies, die Digitalkamera, obsolet würde. Einzelhändler, Versandhauskataloge und Anzeigen in populären Zeitschriften propagieren eine Unzahl von Gadgets für die populärsten technischen Geräte: Sie mögen Flugreisen angenehmer machen, die Essenszubereitung daheim erleichtern, Werkzeuge effizienter organisieren, usw. Die gegenwärtig führende Technologie ist wohl das Internet, um das sich viele Spezies scharen, die von ihm abhängen, aber ohne die das Internet nicht das leisten könnte, was es gegenwärtig attraktiv macht.

- *Parasitisch:* die Fähigkeit einer Spezies von der Existenz einer anderen zu profitieren, und damit deren Ausbreitung zu erschweren. *Spam,* also unerwünschte massenhaft versendete Werbe-E-Mails, sind Parasiten, die sich aufgrund der offenen Natur des Internet nur schwer verhindern lassen. Ihre Zunahme erschwert die Arbeit mit E-Mails. Computer-Viren sind Parasiten. Wenn sie es fertig bringen, ihren Wirt zu töten, machen sie Selbstmord. Deshalb tendieren parasitische Interaktionen meistens zu einem für Wirte unangenehmen Gleichgewicht.

- *Prädatorisch* (dominant-verbrauchend oder konsumierend): Pelikane sind die natürlichen Prädatoren von Fischen, so wie Füchse die von Hasen sind. Prädatorische Beziehungen sind asymmetrisch, da weder Fische das Leben der Pelikane bedrohen noch Hasen das der Füchse. Das Vorhandensein verbrauchbarer Spezies ist für Prädatoren lebensnotwendig. Analogien zu prädatorischen Beziehungen lassen sich auch in der Ökologie von Artefakten beobachten. So benötigen die meisten tragbaren elektronischen Geräte Batterien, Autos verbrauchen Benzin und Zeitungen verarbeiten Papier, was letztlich die Bäume vernichtet, aus deren Holz Papier hergestellt wird. Der Entwurf von prädatorischen Spezies, und solchen, die deren Leben ermöglichen, ist eine häufige Designaufgabe. Das wichtigste Designproblem dieser ökologischen Beziehung ist wohl, ein Gleichgewicht zwischen Standardisierung und Spezialisierung prädatorischer Interaktionen zu schaffen, also das Design von ökologisch dominanten Spezies, die die für ihren Unterhalt nötigen Artefakte in großer Vielfalt vorfinden, und solcher, die sich effizient – aber nur von bestimmten Spezies – verbrauchen lassen.

- *Dominant-kompetitiv:* die Fähigkeit einer Spezies, sich von einer dominanten Spezies Huckepack nehmen zu lassen, um mit einer anderen Spezies besser konkurrieren zu können. Genau dies wurde der Microsoft Corporation vorgeworfen, die in ihrem weit verbreitetem Betriebssystem «Windows» einen eigenen Internet-Browser so installiert hatte, dass er dessen Benutzer verhinderte, andere Browser verwenden zu können. Microsofts Internet Explorer profitierte von der Popularität von Windows, bis ein amerikanisches Gericht diese Praxis verbot und anderen Browsern gleiche Wettbewerbschancen einräumte.

An dieser Stelle sei nochmals betont, dass die ökologischen Bedeutungen einzelner Artefakte zwar die Entscheidungen ihrer Benutzer steuern, aber dass das aus der Vielzahl dieser Entscheidungen entstehende Ökosystem grundsätzlich ein Nettoeffekt der kollektiven Handlungen vieler Benutzer ist. Ökologische Systeme sind in der Tat komplex und übersteigen häufig das Verständnis ihrer menschlichen Teilnehmer. Daher ziehen ökologische Bedeutungen häufig unvorhersehbare Konsequenzen nach sich, wie etwa deren schwer voraussehbare technologische Entwicklungen. Designer, die sich der ökologischen Bedeutungen ihrer Entwürfe bewusst sind und mit ihnen umzugehen wissen, haben bessere Chancen, ihr Design am Leben zu erhalten.

6.4 Technologische Kooperativen

Spezies von Artefakten konkurrieren, wie gesagt, miteinander, wo auch immer sie von ihren Benutzern als Alternativen angesehen werden. Viele Artefakte haben wenig miteinander zu tun, arbeiten unabhängig voneinander. Doch die meisten gehen wechselseitig kooperative Beziehungen miteinander ein. Das hat vermutlich mit dem Bemühen der Designer zu tun, *kohärente* Systeme zu gestalten, und der Neigung ihrer Benutzer, sich auf *weitverbreitete Vorstellungen* («common sense») zu verlassen – die Annahme einer gemeinsamen Rationalität oder «Techno-Logik» – im Gegensatz zur Ungewissheit, die innovative Artefakte und radikal neue Denkweisen zutage bringt. Das Resultat solcher Präferenzen ist eine zunehmende Vernetzung von Artefakten in technologischen Kooperativen.

So setzte die Erfindung des Autos eine ökologische Dynamik in Gang, die ein weltweites technologisches Kooperativ entstehen ließ, das die westliche Kultur radikal verwandeln sollte. Autos machten den Bau eines Straßennetzes erforderlich, ließen eine Industrie entstehen, die zu einem der wichtigsten wirtschaftlichen Zugpferde technologischer Entwicklungen wurde und zahlreiche Folgeunternehmen hervorbrachte wie die Ölindustrie, Tankstellen, Reparaturwerkstätten, aber auch Fast-Food-Restaurants, Motels und außerstädtische Einkaufszentren. Das Auto zog Straßenverkehrsordnungen nach sich und Institutionen, die deren Einhaltung überwachen. Letztere manifestieren sich in Systemen, die Führerscheine ausstellen, Autos überprüfen, Kfz-Steuer erheben und den gesetzlichen Gebrauch von Autos polizeilich regeln. Das Auto produzierte Vorstädte, transformierte die Architektur von Städten, machte Öl zu einer immer knapper werdenden Ware, beeinflusste die Kriegsführung und veränderte unser Alltagsleben. Häufig haben dominante Spezies die Fähigkeit andere Spezies in technologisch kooperative Ökosysteme zu integrieren, die niemand alleine hätte gestalten können, doch an denen jeder Benutzer ihrer Artefakte beteiligt ist, häufig ohne deren ökologische Implikationen zu begreifen. In der Regel können technologische Kooperativen nicht entworfen werden. Sie wachsen durch die kollektive Realisation ökologischer Bedeutungen und tendieren zu ökologischen Stabilitäten. So hat das Auto nach wie vor vier (LKWs manchmal mehr) Räder, einen Motor, einen Fahrer und Mitfahrer, und es dient auch heute noch als das wichtigste Beförderungsmittel für Menschen und Güter. Es hat andere Transportmittel wie Pferde, Hundeschlitten und Ochsenkarren verdrängt und verhindert, neue Transportmöglichkeiten einzuführen.

In jüngerer Zeit entstand ein technologisches Kooperativ rund um den Computer. Einfache Informationseingabe, benutzerfreundliche Interfaces mit Tastaturen und Touchscreens sowie ein leichter Zugang zu einer Vielzahl von Orten, Personen und Informationsquellen auf dem Bildschirm sind individuell motivierend, aber nur von praktischer und ökologisch lokaler Bedeutung. Es sind im Wesentlichen individuelle Annehmlichkeiten, die allerdings von zahllosen Benutzern verfolgt werden, und nicht etwa globale Vorstellungen von Designern, die die Vernetzung der Computer zu größeren Kooperativen bewirken. Das Internet ist ein Raum, der zahlreiche Spezies von Artefakten und Institutionen angezogen hat, mit dieser Technologie zu kooperieren, sie weiterzuentwickeln und gleichzeitig mit anderen Spezies um diese Kooperation zu konkurrieren. Computer haben praktisch überall Einzug gehalten: im privaten Bereich, im Geschäftsleben, in der Industrie, in sozialen Organisationen und in Regierungsstellen. Sie haben zum Handel mit Aktien, Waren, ja politischen Vereinbarungen wesentlich beigetragen. Sie regulieren den Flugverkehr, die Massenmedien, die Märkte für Konsumartikel, medizinische Eingriffe oder auch die Treibstoffeinspritzung in Automotoren. Computer haben die Art und Weise geändert, wie sich Interessengemeinschaften bilden und Einfluss aufeinander ausüben. Einige politische Praktiken sind weniger wahrscheinlich geworden, Diktaturen etwa oder zentrale Planwirtschaften. Andere müssen im Auge behalten werden, beispielsweise die heimliche Überwachung von Konsum- oder politischem Verhalten sowie die Zunahme von Desinformation im Internet und das bereits erwähnte Versenden von Spam-Mails.

Technologische Kooperativen werden nicht nur durch das kollektive Handeln einzelner zusammengehalten, sie werden vielmehr häufig von sozialen Institutionen koordiniert. Institutionen entwickeln sich über Generationen von individuellen Teilnehmern und vergegenwärtigen ihre Geschichten, dazu gibt es keine Parallelen in den Ökologien biologischer Spezies. Im sozialen Leben sind Institutionen nicht nur hilfreich, sie können auch globale Vorstellungen verstärken, beispielsweise, was es heißt, Mitmensch zu sein, was als ‹natürlich› gilt. Daher entziehen sich die Verhaltensmuster technologischer Kooperativen leicht traditionellen Designüberlegungen. Die ökologischen Bedeutungen der Artefakte, die Designer ermöglichen oder vernachlässigen, können die Entwicklungsrichtung technologischer Kooperative lediglich beeinflussen, jedoch nicht bestimmen. Solche ökologischen Entwicklungen zu lenken oder zu untergraben ist eine der Möglichkeiten, die die semantische Wende dem Design zur Verfügung stellt.

6.5 Mythologie

Im Widerspruch zum technologischen Determinismus – der verbreiteten Vorstellung, dass technologische Entwicklung unabhängig von menschlichen Handlungen verläuft und dass sich die Menschen solchen Entwicklungen anpassen müssen –, sollten wir uns vor Augen halten, dass Ökologien von Artefakten ohne menschliche Teilhabe nicht existieren können. Das zweite Gesetz der Thermodynamik, demzufolge alle geschlossenen Systeme letztlich im Chaos enden, ist hier (noch) nicht anwendbar, denn eine Ökologie von Artefakten ist kein geschlossenes System. Das Design nimmt sich ihrer ununterbrochen an. Man denke an das exponentielle Wachstum der Vielfalt der Artefakte und an die Entstehung riesiger technologischer Kooperativen, über die wir weiter oben geschrieben haben. Was eine Ökologie der Artefakte zusammenhält, was ihr über die ökologische Bedeutung der beteiligten Artefakte und ihrer Stakeholder hinaus eine Entwicklungsrichtung gibt, sind gängige Mythologien.

Zugegebenermaßen haben alle Menschen eigene Begründungen, ihre Artefakte zu verbessern: schönere Möbel für Zuhause, ein leistungsfähigeres Auto, schnellere Software für den Computer, besseren Zugang zu Internetgruppen und Verbesserungen ihrer Lebenspraktiken. Individuelle Begründungen dieser Art und deren Kommunikation mit anderen Benutzern von Artefakten sind aber kaum ausreichend, die Entwicklungsrichtung einer Ökologie als Ganze zu erklären. Es überrascht daher nicht, dass die ökologischen Argumente erfolgreicher Designer – die für ihr ausgeprägtes Gespür für das, was andere Menschen fasziniert, und in welche Richtung sich eine Kultur bewegt, bekannt sind – neue Technologien, neue zwischenmenschliche Praktiken zwar feiern, ihr Gespür dafür aber nur schwer wörtlich ausdrücken können und sich häufig mit vagen Konzepten zufrieden geben. Vordenker der im Entstehen begriffenen Informationsgesellschaft, wie etwa William Gibson mit seinem Buch *Neuromancer* (1984/1995), faszinieren durch ihre Poesie. Gibsons Roman gab dem Cyberspace seinen Namen, wenn nicht gar seine Entwicklungsrichtung. Was Isaac Asimov (1974) in seinen Science-Fiction-Romanen beschrieb, war zwar gut vorstellbar, aber nur langsam in funktionstüchtige Artefakte übertragbar, es rührte jedoch an etwas, das die Leser gerne selbst erleben würden. Liest man die Ausführungen des nicht sonderlich poetischen Bill Gates (1996) zur Zukunft der Informationstechnologie, so fragt man sich, was er tatsächlich meint; doch seine unternehmerischen Entscheidungen als Chef von Microsoft zeigen, dass er die Hand sehr nahe am Puls unserer Zeit hat.

Abgesehen von der Konzentration auf bestimmte Spezies von Artefakten, in ihrer diachronen oder synchronen Beschreibbarkeit, schöpft die sprachliche Kommunikation auf der ökologischen Ebene aus jenen Mythologien, die einer Kultur Leben und ihrer Technologie Nahrung geben. *Eine Mythologie ist ein weitgehend unbewusstes Narrativ, das vielen Geschichten einer Kultur gemeinsam ist und dem individuellen Denken wie auch den Praktiken menschlicher Zusammenarbeit zugrunde liegt.* Eine Kultur vermag kaum ohne ihre Mythen, ohne ihre Metaphysik und ohne ihre Visionen zu existieren, selbst wenn diese nur dürftig zum Ausdruck gebracht werden. In einigen Kulturen sind Mythologien in rituellen Praktiken verschlüsselt. In anderen treten sie in ihrer Literatur zutage, in Geschichten von gewaltigen und noch unerschlossenen Kräften oder von übernatürlichen Zusammenhängen, die es zufriedenzustellen gilt, damit die Dinge wieder ins Lot geraten. Während des Industriezeitalters bestanden sie in der festen Überzeugung, dass der technologische Fortschritt das Leben für jedermann verbessern würde, widergespiegelt in der Vision des Bauhauses, Massenproduktion mit Kunst und sozialen Ideen zu verbinden, welche wiederum marxistischen Vorstellungen widersprach. Im postindustriellen Westen verbergen sich Mythologien in Narrativen von persönlichen Erfolgen, von den Möglichkeiten des freien Zugangs zu Information, von unbegrenztem Kontakt zu sozial, kulturell und politisch unterschiedlichen Mitmenschen, von der Machbarkeit der Welt, einschließlich der eigenen Identität, aber auch im Bewusstsein von unterprivilegierten Minoritäten und den Gefahren globaler Institutionen, denen gegenüber es gilt, Gerechtigkeit zu schaffen. Ein zeitgenössischer Mythos ist der von den Wahlmöglichkeiten: je mehr desto besser. Mehr Programme für einen Geschirrspüler, größere Auswahl von Fernsehsendern, höhere Flexibilität im Umgang mit Computern, beliebiger Zugang zu Unterhaltungsmusik, größere Auswahl von Konsumartikeln, Dienstleistungen und politischen Kandidaten. Leute bezahlen für solche Optionen, ohne sie voll ausschöpfen zu können. Fiktionen von Zukunftstechnologien – von George Orwells *1984* oder der Fernsehserie *Star Trek* bis zu Filmen wie *Star Wars*, *Terminator* und *Matrix* – sind wichtige Medien, die jene Mythen artikulieren, die die menschliche Teilhabe an der Ökologie von Artefakten bedeutungsvoll und aufregend machen. Sie beflügeln die Imagination von Ingenieuren, Designern und vielen anderen Trägern einer Kultur. Mythologien verleihen einer Kultur Kohärenz, legitimieren Designbemühungen, weisen Artefakten ökologische Bedeutungen zu und lenken die menschliche Beteiligung an der technologisierten Welt.

Designer müssen stets einen Spagat vollführen zwischen dem, über das man sprechen kann, und dem, was man lediglich fühlen oder intuitiv in jedem Fall handelnd verstehen muss. Indem die semantische Wende ökologische Bedeutungen, die weit über rationale Erfassbarkeit hinausgehen, konzipiert, akzeptiert sie die Mythologie als die eigentliche Antriebsquelle einer Ökologie von Artefakten. Das Bewusstsein dieser Zusammenhänge ist im rekursiven Prozess des Designens angesiedelt oder sollte dort zuhause sein (Krippendorff 1990, S. a21),[1] denn:

Designstrategien, die der ökologischen Weisheit einer Kultur zuwiderlaufen, sind zum Scheitern verurteilt.

---

[1] Das Konzept des Bewusstseins als rekursiver Prozess, an dem das menschliche Gehirn lediglich teilnimmt, geht auf Bateson (1972) zurück.

7. Methoden, Forschung und Diskurs einer Wissenschaft für das Design

In den bisherigen Kapiteln wurden Konzepte dargestellt, die den Designdiskurs (siehe Abschnitt 1.4) weiterentwickeln. Sie ermöglichen es Designern, ihre Position als Experten für die Bedeutungen von Artefakten zu etablieren, und damit ein faszinierendes Gebiet von erheblicher wirtschaftlicher und kultureller Bedeutung für sich in Anspruch zu nehmen. Bislang wurde dieses Gebiet von keiner anderen Berufsgruppe explizit bearbeitet. Doch hat Menschenbezogenheit und Bedeutung in der zeitgenössischen technologischen Entwicklung eine so wichtige Rolle übernommen, dass andere Berufsgruppen dieses Territorium für sich abzustecken versuchen, was ihnen sicher gelingen wird, wenn Designer es nicht tun. Die semantische Wende mit ihrem Fokus auf menschlichen Interfaces mit allen möglichen Technologien, einschließlich solchen aus verschiedenen Kulturen, bietet Designern historisch beispiellose Möglichkeiten, sich neu zu erfinden.

Obwohl die semantische Wende neu ist, waren ähnliche Anliegen stets Teil des Designdenkens. So hat etwa die Architektur schon lange ein besonderes Interesse an der Gestaltung von Fassaden, Monumentalität, Eleganz gezeigt, an Manifestationen der Macht ihrer Mäzene oder an der symbolischen Darstellung von Funktionen – private Villen, Kirchen, Banken, Schulen, Regierungsgebäude – die man als solche erkennen sollte. In der Architektur ist Bedeutung jedoch im wesentlichen repräsentativ verstanden worden (siehe zum Beispiel Eco 1980; Broadbent et al. 1980) und ignoriert die Tatsache, dass sich zukünftige Bewohner architektonische Räume zu eigen machen, für diese Bedeutungen entwickeln, die Architekten kaum bedacht haben. Man bemerke, dass die meisten Architekturbücher menschenleere Räume zeigen. Kapitel 4 zeigt auf, worauf es Architekten im Wesentlichen ankommt, nämlich auf Stil, Symbolik oder Ästhetik, darüber sprechen zwar die Kritiker, aber die Stimmen der Bewohner werden meistens übergangen und ihr Handeln wird möglicherweise eingeschränkt. Die semantische Wende empfiehlt, dass architektonische Räume Affordances verschiedenster Benutzervorstellungen bereitstellen, zum Beispiel sich in ihnen wohl zu fühlen, effizient in ihnen arbeiten zu können, sich in ihnen zurechtzufinden, etwa in öffentlichen Gebäuden oder einer Stadt, sich zu treffen, miteinander zu sprechen, sich hinreichend zu informieren, sich politisch zu betätigen und Erinnerungen und Emotionen wiederzuwecken, wozu öffentliche Denkmäler etwa oder Kirchen geeignet sind. Die Bedeutungen, die hier eine Rolle spielen repräsentieren nichts, sie erzeugen Vorstellungen und ermöglichen Handlungen. Bedeutungen dieser Art werden von Architekten kaum konzipiert und schon gar nicht erforscht. Die semantische Wende lenkt unsere Aufmerksamkeit auf menschliche Phänomene und ebnet damit den Weg für eine allgemeine Wissenschaft für das Design.

Ein zweites Beispiel soll zeigen, dass die semantische Wende einige Grenzen zwischen Designern neu zieht. Das Grafikdesign etwa befasste sich stets mit dem Entwurf zweidimensionaler Artefakte. Es versuchte, visuell ästhetische und inhaltliche Aspekte miteinander zu verbinden. Eine Ästhetik, mit der eine großen Zahl von Betrachtern oder Lesern fasziniert werden sollte (siehe Abschnitt 4.3), und Inhalte, die informieren oder überzeugen sollten, um damit den Erwartungen eines Auftraggebers gerecht zu werden. Jedoch ist «Inhalt» eine irreführende Metapher – als sei grafisches Material ein Behälter für Informationen. Der Gebrauch dieser Metapher beschränkt das Grafikdesign auf Darstellungseffekte, während die neuen Medien – Websites, Blogs, Facebook – wesentlich interaktiv sind. Interfacedesigner überbrücken die Grenze zwischen Grafik- und Produktdesign, indem sie dem, was zuvor Grafikdesigner gemacht haben, die Interaktivität und Produktgestaltern den Informationsreichtum von Computern hinzufügen. Die Grenzen zwischen diesen beiden Designberufen lösen sich auf, nicht vorsätzlich, sondern aufgrund von Designanliegen, die nicht mehr auf der Dimensionalität von Artefakten beruhen, sondern darauf Affordances für Wahrnehmungen, Bedeutungen und Handlungen (wie in den Kapiteln 3 bis 6 ausgeführt) für deren Stakeholder bereitzustellen.

Ein drittes Beispiel soll zeigen, dass die semantische Wende die traditionellen Designaktivitäten auf neue Gebiete ausweitet. Das sollte die Trajektorie der Artefaktualität (Abschnitt 1.2) bereits klargemacht haben. Die Gestaltung industrieller Produkte wurde fast ausschließlich funktional und materiell beschrieben. Die Gestaltung von Ausstellungen, Informationssystemen, Dienstleistungen und politische Aktionen stellen Entwurfsaufgaben, die Öffentlichkeit implizieren, also Kommunikationsprobleme beinhalten, deren Materialität institutionellen Bedingungen untergeordnet ist. Hier handelt es sich um größere Multiuser-Systeme, die ohne die Zusammenarbeit verschiedener Stakeholder-Gruppen gar nicht zustande kommen können. Bei der Gestaltung solcher Artefakte sind deren Stakeholder nicht nur rezipierende Individuen, Benutzer oder Konsumenten, sondern aktive und intelligente Mitglieder von Organisationen, die in deren Namen, also für abwesende dritte Personen, sprechen und handeln. Solche Gestaltungsaufgaben bedürfen sozialer, politischer, organisatorischer und wirtschaftlicher Kenntnisse und müssen sich des Verstehens zweiter Ordnung bedienen. Designprojekte dieser Art (wie in den Abschnitten 1.2 und 5.2 beschrieben) lassen sich kaum durch einzelne Designer realisieren. Man kann größere Projekte anregen, Mitarbeiter rekrutieren, sie motivieren, aber danach können Projekte durchaus ihr eigenes Leben entwickeln. Indem die semantische Wende sich der systematischen Erforschung menschlicher

Interfaces mit Artefakten widmet, und Letztere darüber hinaus als in zwischenmenschlichen Kommunikationsbeziehungen eingebettet versteht, öffnet sie die Möglichkeit einer Wissenschaft für das Design.

So wie die semantische Wende in den vorherigen Kapiteln präsentiert wurde, ist sie lediglich eine zukunftsweisende Skizze, die Reformierung eines Designdiskurses mit dem Designer sich in neue Situationen einarbeiten und mit anderen Berufsgruppen auf gleicher Augenhöhe zusammenarbeiten können. Ihre Verpflichtung zur Menschbezogenheit läuft auf eine Neuziehung der Kompetenzen von Designern hinaus, die eine intensive Förderung der Analyse verschiedener Bedeutungen, neue Designmethoden, die das erworbene Wissen anwenden, und eine Rhetorik vorschlägt, mit der Designer erfolgreich argumentieren können. Es gibt viel zu tun. Es gehört zum diskursiven Charakter des Designs, dass eine solche Wissenschaft nie abgeschlossen sein kann, denn sie ist immer Teil der sich ändernden Gespräche und technologischen Entwicklungen einer Kultur.

7.1 Eine neue Wissenschaft für das Design

Den vorherigen Abschnitt zusammenfassend kann man sagen, dass die semantische Wende ein neues Vokabular vorschlägt, das sich mit den Bedeutungen von Artefakten, Interfaces, Benutzerkonzeptionellen Modellen (UCMs, *user conceptual models*), Stakeholdern, Affordances, sprachlicher Kommunikation und dergleichen beschäftigt, aber auch neue Räume für praktizierende Designer schafft, die zuvor zu eng verstanden wurden oder unbeachtet blieben. Sie stellt einen Diskurs für das Design bereit. Sie ermöglicht das Formulieren neuer Fragen, die nicht nur für Designforscher interessant sind, sondern vor allem für tatsächliche Designer. Insofern diese Fragen nicht von anderen Disziplinen behandelt werden, von denen in Kapitel 8 noch die Rede sein wird, verlangt die semantische Wende nach einer neuen Wissenschaft *für* das Design.

Wie bereits im Abschnitt 1.4.3 erwähnt, unterschied Nigel Cross zwischen:

- «*Wissenschaft vom Design*, […] das Korpus von Arbeiten, das unser Verständnis von Design durch ‹wissenschaftliche› (das heißt systematische und zuverlässige) Untersuchungsmethoden zu erweitern versucht.» (Cross 2000, S. 96)

Und

«*Designwissenschaft*, […] eine explizit organisierte, rationale und völlig systematische Herangehensweise an das Design; nicht nur die Anwendung wissenschaftlicher Kenntnisse über Artefakte, sondern Designprozesse selbst als wissenschaftliche Aktivität» (Cross 2000, S. 96).

Um die Unterscheidung deutlicher zu machen, fügen wir hinzu, dass sich beide Wissenschaften als Diskurse verstehen lassen. Für eine Wissenschaft vom Design ist Design der Gegenstand von Forschungen, die von verschiedenen akademischen Disziplinen außerhalb des Designs, zum Beispiel aus soziologischen, psychologischen, kognitiven, kunsthistorischen Perspektiven betrieben werden, also zu Erkenntnissen über Design führen. Dagegen versucht eine Designwissenschaft Design selbst zu verwissenschaftlichen.

Die semantische Wende hingegen führt zu einer
- *Wissenschaft für das Design.* Sie macht Designprozesse kommunizierbar, sodass Designer effizienter miteinander arbeiten, unabhängig voneinander die Geschichte beruflicher Erfolge und Misserfolge untersuchen, Studenten in den Designberuf einführen und ihre Arbeiten den Stakeholdern gegenüber erklären und rechtfertigen können. Eine solche Wissenschaft beinhaltet die systematische Dokumentation von Designpraktiken, Lehren aus der Geschichte von Designerfolgen und Fehlern, Kodifizierung von bewährten Designmethoden, die Formulierung von Bewertungsverfahren, überzeugenden Argumentationsweisen, Designvorschläge zu begründen und bewährten Arten der Zusammenarbeit mit den verschiedensten Stakeholder eines Designs. Ihr Ziel ist es, den Designdiskurs zu erweitern und damit Designern laufend neue berufliche Möglichkeiten bereitzustellen.

Im Gegensatz zu einer Wissenschaft *vom* Design, die auf gültige Erklärungen ihres Gegenstandes – Designer, Produkte und Institutionen, die sich für das Design interessieren – abzielt, sich dabei verschiedener akademischer Perspektiven bedient und die Naturwissenschaften als Paradigma für die Theoriekonstruktion begreift, ist eine Wissenschaft *für* das Design proaktiv. Sie lässt sich nicht auf Theorien über Design reduzieren, das heißt auf Theorien und Erklärungen deren Wahrheitsgehalt auf beobachteten Vergangenheiten beruht, auf Verallgemeinerungen abzielt, welche die Möglichkeiten von Designern in gegenwärtigen Grenzen rational beschränken. Vielmehr muss eine Wissenschaft für Design die intellektuellen Werkzeuge bereitstellen, um Artefakte zu realisieren, die zuvor kaum denkbar waren, und Verbesserungen in der Welt ihrer Stakeholder vorschlagen können. Sie muss die technologischen, individuellen, sozialen und kulturellen Konsequenzen eines Designs in die Zukunft projizieren und gut begründete Argumente liefern, welche die von ihren Entwürfen betroffenen, also ihren Stakeholdern, vom Wert ihrer Vorschläge überzeugen. Daher kann eine Wissenschaft für das Design nicht einfach in die Fußstapfen der Naturwissenschaften treten, wie dies eine Designwissenschaft versucht und andere wissenschaftliche Disziplinen in ihrem eigenen Interesse tun. Sie muss ihr eigenes Forschungsparadigma und die Methoden zur Erzeugung praktischen Wissens entwickeln. Wenn Designer nicht in der Lage sind, eine brauchbare Wissenschaft für das Design zu entwickeln, wird dies vermutlich kein anderer für sie tun. Im Folgenden werden fünf besondere Merkmale vorgestellt, die eine Wissenschaft für das Design thematisieren sollte.

Das erste und wichtigste ist die Einsicht, *dass Designer sich wesentlich um menschliche Interfaces mit Artefakten bemühen*, also mit Gegenständen, die es weder bereits gibt und die nicht ohne menschliche Handlungen existieren, die also wörtlich «Artefakte» sind (Abschnitt 1.4.1). Eine Wissenschaft für das Design kann sich daher nicht auf die gegenwärtigen oder früheren Beobachtungen, auf Verallgemeinerungen existierender Technologien stützen oder sich auf technologischen Fortschrittsglauben verlassen. Phänomene, die von der Natur verursacht werden, bedürfen nicht der Aufmerksamkeit von Designern. Während wissenschaftliche Theorien abstrakt sind, idealerweise mathematisch, und sich auf wiederholbare Phänomene beschränken, befassen sich Designer mit *Variationsmöglichkeiten*, also mit Dingen die jemand verändern kann, um etwas zu erreichen das noch nicht beobachtet werden konnte und von keiner empirisch fundierten Theorie voraussagbar ist. In der Tat zielt das Design darauf, vorhandene Stabilitäten zu verunsichern, gängige Annahmen zu bezweifeln und unüberwindbar scheinende Hürden zu überbrücken. Design ist inhärent revolutionär oder zumindest evolutionär, auf jeden Fall aber nicht mit Naturgesetzen vorhersagbar. Design ist eine «Disziplin», die sich nicht disziplinieren lässt. Es stellt unerwünschte Konventionen, zu Unrecht bestehende Regelmäßigkeiten und zweifelbare Autoritäten durch konkrete Vorschläge infrage.

Eine wichtige Aufgabe einer Wissenschaft für das Design besteht daher in der Suche nach Variabilität, buchstäblich nach all dem, was man «variieren könnte», also Möglichkeiten die Designer begreifen, in denen die Stakeholder eines Designs sich bewegen, handeln und miteinander sowie mit den verschiedensten Artefakten leben können. Weil sie nach Variabilität sucht, mögliche Welten erfindet, in denen Artefakte eine Zukunft haben können, muss sich eine Wissenschaft für das Design auch mit den Quellen des Widerstandes gegen Innovationen befassen und Wege finden, diese zu überwinden oder zu umgehen. Gewiss respektiert eine Wissenschaft für das Design das Vorgehen der Naturwissenschaften – die wiederholte Suche nach verallgemeinerbaren Gegebenheiten, nach Theorien, die durch wiederholbare Experimente abgesichert werden können – aber sie kann deren Forschungsergebnisse lediglich als die Folie begreifen, vor der sich die für Designer lebenswichtige Variabilität abhebt.

Zweitens, auch wenn Variabilität die Grundbedingung dafür ist, dass Design überhaupt stattfinden kann, müssen Designer ein Gespür dafür entwickeln, *welche zukünftigen Lebensweisen erstrebenswert sind und welche nicht*: für wen, innerhalb welcher Zeiträume und mit welchen Anstrengungen sie erreicht werden könnten. Insofern Designer von ihren Stakeholdern abhängig sind, um ihre Vorschläge zu realisieren, müssen ihre eigenen Visionen wünschenswerter Formen der Zukunft die Visionen all derer anerkennen, die als Stakeholder in Erscheinung treten oder gezwungenermaßen von den Konsequenzen ihrer Entwürfe betroffen werden. Doch Visionen, selbst wenn sie der Imagination einzelner Menschen entstammen, können nur in Gesprächen geteilt werden, existieren also in sprachlichen Formulierungen. Daher muss eine Wissenschaft für das Design die Sprache der Möglichkeiten sprechen, und zwar nicht nur die der Designer, sondern vor allem derjenigen, für die ein Design beabsichtigt ist, sowie derjenigen, die davon unerwartet betroffen sind. Eine Wissenschaft für das Design muss daher eine Wissenschaft zweiter Ordnung sein. Sie muss Designer in die Lage versetzen, die Formen der Zukunft zu artikulieren und überprüfen, wie wohl sich ihre Stakeholder in ihnen fühlen, ob sie sie für denkbar, wünschenswert oder unerfreulich halten. Insofern ähnelt eine Wissenschaft für das Design einer Sozialwissenschaft, sie muss jedoch offen sein für technologische Erwägungen, für die Vielfalt unterschiedlicher Verständnisse von Benutzern, Akteuren, Politikern oder Kommentatoren der Technologien, und sie muss mit selbstinitiierten Veränderungen umgehen können. Eine Wissenschaft für das Design muss sich ständig unter Beweis stellen und von denjenigen reproduziert und realisiert werden, denen sie dienen will.

Drittens, ein mehr oder weniger detailliertes Verstehen des Verstehens der Stakeholder vorausgesetzt, stellt sich die Frage, *wie dieses Verstehen zweiter Ordnung Designentscheidungen prägen kann.* Das Ingenieurswesen hat es da leicht. Es befasst sich mit der funktionalen Seite der Technologie, mit Mechanismen, welche die Funktionen, die sie ausüben sollen, nicht selbst verstehen. Ihre Kriterien – Funktionalität, Ökonomie, Effizienz und Haltbarkeit, um nur einige zu nennen – werden allesamt definiert, ohne dass deren Bedeutung für Benutzer dabei in Betracht gezogen wird. Methoden im Ingenieurswesen bedienen sich daher eines Verstehens erster Ordnung. Im Design dürfen Methoden nicht derart begrenzt sein. Sie müssen empfänglich dafür sein, wie Benutzer ein Design verstehen und wie sie lernen mit ihm umzugehen, wie sich die Interfaces im Umgang mit Artefakten entfalten, was die Stakeholder darüber sagen, welche Gemeinschaften es adoptieren und welche nicht, wie es die Zukunft der Industrie beeinflusst und welche Rolle es in der Ökologie von Artefakten spielt. Das mag als eine gewaltige Anforderungsliste für die Wissenschaft für das Design erscheinen. Weiter unten werden sechs human-centered Designmethoden, die auf diverse Stakeholder-Konzepte antworten, vorgestellt. Die ersten beiden wurden zwar unter der Ägide der Produktsemantik entwickelt, haben jedoch größere Anwendungsbereiche und sind auch unter anderen Namen bekannt.

Viertens, der Ruf eines jeden Diskurses steht oder fällt mit der Akzeptanz seiner Artefakte. Die Naturwissenschaften verlassen sich auf Beobachtungen, Daten und analytische Verfahren, deren Artefakte sie in der Form von Propositionen, Theorien und Wirklichkeitsmodellen vorstellen. Ihr primäres Gültigkeitskriterium entstammt der Korrespondenztheorie der Wahrheit: die Übereinstimmung zwischen Aussagen und Tatsachen, einschließlich der Übereinstimmung zwischen Verallgemeinerungen und zukünftigen Beobachtungen, sprich Vorhersagen. Im Ingenieurswesen sind Vorhersagen und Konstruktionen aneinandergekoppelt. Dort bezieht sich die Gültigkeit ihrer Aussagen auf die Art und Weise, wie ein vorgeschlagener Mechanismus in einem genau umrissenen Kontext funktionieren wird. Die Ergonomie stellt eine Parallele zu diesem mechanistischen Ideal dar, indem sie Funktionalität als Maßstab für die Effizienz menschlicher Leistungen benutzt. Das Marketing stützt seine Verallgemeinerungen auf statistische Daten und verlässt sich insbesondere auf das Gesetz der großen Zahlen.

Historisch gesehen, standen ‹präsemantische› Industriedesigner mit vergleichsweise leeren Händen da. Bekannte Designer konnten sich auf ihren Ruf verlassen, ästhetische Sensibilität demonstrieren, überzeugend argumentieren was *der* Benutzer ‹wirklich› wollte, und kulturelle Trends prophezeien. Außerdem stützten sie sich auf die Rhetorik des gängigen Funktionalismus, etwa indem sie über ‹ästhetische Funktionen› und ‹Materialgerechtigkeit› sprachen. Wie bereits weiter oben gezeigt, hat dieses Vokabular viel von seiner Attraktivität verloren, vor allem verglichen mit anderen Disziplinen, die eine überzeugendere Rhetorik entwickelt haben und ihre Aussagen empirisch, insbesondere quantitativ, belegen können. Heute ist es umso wichtiger, dass Designer ihre Entwürfe plausibel untermauern können, da das Risiko des Scheiterns zeitgenössischer Artefakte, schon weil sie viel mehr Menschen betreffen, erheblich zugenommen hat. *Um*

Stakeholder für ihre Entwürfe zu gewinnen benötigen Designer empirisch abgesicherte und unwiderlegbare Argumente.

Bedauerlicherweise haben sich Designer, in dem Bemühen ihren Entwürfen zur Realisation zu verhelfen allzu häufig auf die Begriffe, empirischen Kriterien und Bewertungsverfahren anderer Disziplinen gestützt, die bezüglich ihrer eigenen Gegenstände offensichtlich erfolgreich sind: statistische Erhebung von Konsumentenpräferenzen aus der Marktforschung (als ob sich alle Stakeholder auf Käufer reduzieren ließen), physiologische Effizienzmessungen aus der Ergonomie (als ob die Benutzung von Artefakten rational und allgemein gültig messbar wäre), Kosten-Nutzen-Analysen der Wirtschaftswissenschaften (als ob es eine universelle Währung für Vor- und Nachteile gäbe), Funktionalität aus dem Ingenieurswesen (als ob sich menschliches Verhalten auf Mechanismen reduzieren ließe, also Bedeutungen keine Rolle spielten) und so weiter (siehe Kapitel 8 zu den Details). Doch diese populären Kriterien treffen schwerlich den Kern dessen was Design beabsichtigt oder leisten kann. Die blinde Übernahme von Bewertungskonzepten anderer Disziplinen untergräbt den Designdiskurs, stellt eine effektive Kapitulation des Designs gegenüber Disziplinen dar, die ihre eigenen Ziele verfolgen, ein Zustand der erklärt, warum Designer bei gemeinsamen technologischen Entwicklungen häufig eine untergeordnete Rolle spielen.

In Anerkennung der Tatsache, dass die Akzeptanz von Argumenten sich auf vielen Wegen erreichen lässt, ist es daher ein wichtiges Anliegen einer Wissenschaft für das Design, *Designern Möglichkeiten zu geben, die Argumente, die sie für ihre Entwürfe geben müssen, auch wissenschaftlich absichern zu können.* Da human-centeredness ein Verständnis zweiter Ordnung, Bedeutungen, Interfaces und Affordances mit der Technologie in den Mittelpunkt der Designanliegen rückt, müssen Designer im Wesentlichen semantische Aussagen empirisch untermauern. Anders als in den Naturwissenschaften und im Ingenieurswesen, lassen sich die Stakeholder bei der Bekräftigung der semantischen Aussagen nicht umgehen.

Fünftens und letztens muss ein *gesunder Designdiskurs*, der in Anbetracht unvermeidlicher Herausforderungen durch andere Diskurse, brauchbar bleiben will, *sich selbst auf den Prüfstand stellen, eigene Fehleinschätzungen korrigieren, Designerfolge verstärken und das eigene Vokabular kontinuierlich erweitern.* Designer die sich als berufliche Designer äußern und aus ihrer Zugehörigkeit zu der Designdiskursgemeinschaft Vorteile ziehen, sind letztlich für die Wahrung des Ansehens, dessen sich dieser Diskurs in der Öffentlichkeit erfreut, verantwortlich. Ein Designdiskurs kann durch Inkompetenz und unethisches Verhalten geschwächt und durch die sorglose Übernahme der Sprache anderer Disziplinen untergraben werden, aber er kann, umgekehrt, auch durch hervorragende Leistungen, eigene Forschungsergebnisse, systematisches Anwenden erfolgreicher Methoden öffentlich aufgewertet werden.

Mit anderen Worten, eine Wissenschaft für das Design muss zwar die eigenen Vorgehensweisen von innen heraus untersuchen und die Designgemeinschaft mit zuverlässigen Konzepten, Methoden und Erkenntnissen versorgen, doch zugleich muss sie die Lebensfähigkeit ihres eigenen Diskurses aufrechterhalten und weiterentwickeln.

Im akademischen Bereich unterscheidet man zwischen Wissenschaft und Wissenschaftsphilosophie. Beides sind unterschiedliche Gebiete, für die unterschiedliche

Experten zuständig sind. Wissenschaftsphilosophen untersuchen, wie Wissenschaftler ihre Objekte definieren, legen die erkenntnistheoretischen Annahmen offen, die der wissenschaftlichen Arbeit zugrunde liegen, und versuchen eine mutmaßlich gemeinsame und allgemeingültige Logik des Forschens zu formulieren (z. B. Popper 1959). Aktive Wissenschaftler müssen mit den Schriften von Wissenschaftsphilosophen nicht vertraut sein, und der Einfluss Letzterer auf die wissenschaftliche Forschung ist gering. Eine Wissenschaft für das Design, die die Arbeit von Designern unterstützen soll und sich zugleich kritisch untersucht, kann sich eine solche Arbeitsteilung nicht leisten. Sie ist beides, *eine Wissenschaft der Designpraktiken und eine Philosophie des Realisierens neuer Artefakte, ja neuer Welten, in Zusammenarbeit mit und für Mitmenschen die in diesen Welten leben könnten.*

Herbert A. Simons (1969/2001) Vorschlag für eine «Wissenschaft des Künstlichen» muss hier erwähnt werden. Eine Wissenschaft für das Design kann sich seiner bahnbrechenden Argumente mit wenigen, aber entscheidenden Ausnahmen zu Eigen machen. Als einer der ersten Informatiker brachte Simon das Interface im ingenieurswissenschaftlichen Sinne in die Diskussion, ohne antizipieren zu können, wie zeitgenössische menschliche Interfaces mit Computern die Aufmerksamkeit des Designs auf humancenteredness gelenkt haben. Er stellte das rationale Lösen von Problemen in den Mittelpunkt seiner Wissenschaft. Er sah Probleme aus der Perspektive der Berechenbarkeit optimaler Lösungen. Wo Optimierung die Berechenbarkeit übersteigt, schlug er *«satisficing»* (auf zufriedenstellende Lösungen abzielende) Verfahren vor, die ihm ermöglichten über Probleme des Management und Organisationsdesign zu sprechen. Heute hat sich seine technisch-rationale Vorgehensweise, insbesondere in sozialen Gebieten, als zu begrenzt erwiesen, nicht zuletzt weil sie keinen Platz für das Verständnis zweiter Ordnung hat. Wie Rittel und Webber (1984) gezeigt haben, ist bei einer Beteiligung mehrerer Stakeholder die Definition eines Problems Teil seiner Lösung, schafft also eine Situation, die sich den traditionellen Ansätzen, insbesondere soziale Probleme zu lösen, entzieht. Anders als bei Simon geht eine Wissenschaft für das Design einen human-centered Weg. Sie erkennt an, dass sich Lösungen, insbesondere von Problemen, an denen Menschen aktiv beteiligt sind, immer erst in der Zukunft beweisen können, dass deren Erfolge im Wesentlichen von zukünftigen Stakeholdern abhängen, deren gegenwärtige Formen sich ausschließlich in sprachlichen Aussagen wünschenswerter Lösungen manifestieren. Die Notwendigkeit einer «Wissenschaft zweiter Ordnung ‹des Künstlichen›» wurde auf dem eingangs erwähnten NSF-Workshop zur Zukunft des Designs (Krippendorff 1997)[1] bestätigt. Die folgenden Abschnitte skizzieren drei entscheidende Methoden einer Wissenschaft für das Design, die unter anderem die Gültigkeit semantischer Aussagen zum Ziel haben und mit einer Metaperspektive auf diese Wissenschaft abschließen.

7.2 Methoden um Räume für mögliche Formen der Zukunft zu schaffen

Psychologische Theorien der Kreativität feiern die menschliche Imagination als ihre Quelle. Imagination ist sicher wichtig. Aber es wurde ebenfalls nachgewiesen, dass die

---

1   http://repository.upenn.edu/asc_papers/96 (aufgerufen 9. Juli 2011).

Imagination durch Kategorien der Sprache gesteuert und durch verschiedene Hemmungen begrenzt wird: etwa die Befürchtung, neue Ideen könnten scheitern, in der eigenen Gemeinschaft nicht akzeptiert zu werden oder Widerstände hervorrufen. Diese Befürchtungen sind sozialer Natur und Inkompetenz, Spott, Gesichtsverlust und der Verlust von Beziehungen zu anderen haben alle etwas mit zwischenmenschlicher Kommunikation zu tun. Hemmungen entstehen aber auch aus frühen Erfahrungen, beispielsweise in der Kindheit als Reaktion auf Strafen etwas Unerwartetes ausprobiert zu haben und damit den Erwartungen von Erwachsenen nicht zu entsprechen. Kinder werden nicht mit Hemmungen geboren, und Erwachsene werden sich ihrer nicht immer bewusst. Insbesondere wenn sie erst einmal erfolgreich trotz dieser Kreativitätseinschränkungen sind, wird es immer schwieriger offen für neue Ideen zu sein. Das mag auch für Designer gelten, deren Beruf darin besteht, die bekannte Welt auf neue Begriffe zu bringen, neue Möglichkeiten einzuführen, zu verfolgen, und wenn sie sich als wünschenswert herausstellen, zur Realisation zu verhelfen. Allerdings gibt es mehrere Methoden, existierenden Hemmungen entgegenzuarbeiten und das Schaffen von Räumen für das Design zu fördern.

7.2.1 Brainstorming

Brainstorming und Versionen ähnlichen Vorgehens zielen darauf ab, ein soziales Klima zu schaffen, das die Erzeugung neuer Ideen fördert. Es beruht auf dem Ideal eines freien Gedankenaustauschs, in dem die Beiträge aller Teilnehmer gegenseitig respektiert und ernsthaft in Erwägung gezogen werden, selbst wenn sie ausgefallen erscheinen. Menschen mögen gehemmt sein, doch ihre Fähigkeit, sich auf ein offenes Gespräch ohne Ängste einzulassen, ist nahezu universell. Ein Projekt für die Entwicklung von Lehrmitteln (McDowel 1999) macht folgende Empfehlungen für Brainstorming-Sitzungen:

«1. Wähle einen Leiter und einen Protokollanten (dabei kann es sich um dieselbe Person handeln) aus einer kleinen oder großen Gruppe.
2. Definiere das Problem oder die Idee für das Brainstorming. Stelle sicher, dass alle verstehen, um welches Thema es geht.
3. Lege die Regeln für die Sitzung fest. Einschließlich:
   – dem Leiter die Kontrolle zu überlassen;
   – jedem zu ermöglichen, Beiträge frei zu äußern;
   – sicherzustellen, dass sich Teilnehmer nicht beleidigen, gegenseitig abwerten oder die Beiträge der anderen verurteilen;
   – zu erklären, dass es keine falschen Beiträge gibt;
   – alle Beiträge aufzuzeichnen, außer wenn sie sich wiederholen;
   – eine zeitliche Grenze für den Prozess zu setzen und diese einzuhalten.
4. Der Leiter beginnt damit, die Gruppenmitglieder, die ihre Beiträge untereinander austauschen, einander vorzustellen. Der Protokollant schreibt alle Beiträge auf, sodass sie von allen gesehen werden können. Dabei ist sicherzustellen, dass Beiträge nicht bewertet oder kritisiert werden, bevor die Brainstormingsitzung abgeschlossen ist.

5. Nach dem Ende des Brainstorming geh durch die Ergebnisse und beginne damit, die Vielzahl von Beiträgen zu bewerten. Das sollte folgendes einschließen:
   – Suche nach Beiträgen, die sich wiederholen oder einander ähnlich sind;
   – Bündele ähnliche Konzepte in Gruppen;
   – Eliminiere Beiträge, die definitiv nicht passen;
   – Nachdem die Liste entsprechend zusammengestrichen wurde, Diskutieren der übrigen Beiträge in der Gruppe.»

Diese Regeln beschreiben nicht, wie man eine Brainstorming-Gruppe zusammenstellen sollte. Soziale Ungleichheiten zwischen Gruppenmitgliedern, Aufsichtsbeziehungen außerhalb der Sitzung etwa, schränken den offenen Austausch von Ideen während des Prozesses häufig ein und sollten vermieden werden. Auch sexistische oder ethnische Bemerkungen, Versuche eine Sitzung zu dominieren oder Expertisen im Vergleich zu anderen Teilnehmern zu behaupten, sind bekannt dafür, die Fruchtbarkeit von Brainstorming-Sitzungen zu reduzieren. Wenn einzelne Mitglieder für ihre Ideen gesondert gewürdigt werden wollen, ist dies ebenfalls ein Hindernis. Die besten Ergebnisse einer Brainstorming-Sitzung zeigen sich in neuen Ideen oder neuen Zusammenhängen, die in respektvoller gegenseitiger Stimulation entstehen, also dem anregenden Prozess zu verdanken sind und sich nicht durch einzelne Teilnehmer erklären lassen. Es gibt auch andere Prozesse die diese Eigenschaften aufweisen.

7.2.2 Reframing
Das *Reframing* ist eine Methode, die dem Brainstorming ähnlich ist, es setzt jedoch auf mehrere unterschiedliche Wege, um eine häufig unwegbare Situation zu verstehen. *Reframing* verlangt von Designern das Ausprobieren von einer oder mehrerer der folgenden kognitiven Methoden, bis man Ideen findet, die weiterzuverfolgen sinnvoll erscheinen.

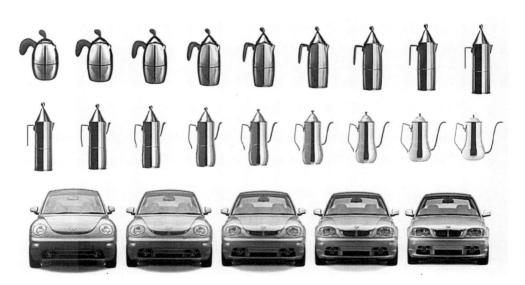

7.1 Morphen: Erzeugen von Zwischenformen bekannter Produkte.

- Bekanntes transformieren:
  - *Das Modifizieren der Dimensionen eines Artefaktes,* etwa, es auf sein Interface zusammenzuschrumpfen (siehe den Datenhandschuh in Abbildung 1.3); oder systematisch zu verzerren bis an die Grenzen seiner Kategorie, an denen es sich nicht mehr als solches erkennen lässt (siehe Abschnitt 3.3.1), und das Bewerten der dadurch entstandenen Zwischenstufen.
  - *Morphen,* das Auffinden aller möglichen Formen, die sich graduell zwischen zwei oder mehr bekannten Formen konstruieren lassen. Abbildung 7.1 (Chen und Liang 2001) zeigt Zwischenformen, die mittels Computer Software erzeugt wurden. Doch das *Morphen* muss nicht innerhalb derselben Kategorie von Artefakten verbleiben wie in der Abbildung. Man denke an alle möglichen persönlichen Fortbewegungsmittel vom Einrad bis zum Fahrzeug mit vielen Rädern. So könnte man Zwischenformen, etwa zwischen einer Rikscha und einem Lastkraftwagen, konstruieren und dadurch zu einer Vielzahl bislang unbekannter Fahrzeuge kommen und sie untersuchen.
  - *Das Innere nach außen stülpen* (wie beim Centre Pompidou in Paris) oder umgekehrt, das Äußere nach innen kehren.
  - *Vereinheitlichen* (diverse Elemente einer Anordnung unter einer übergeordneten Perspektive miteinander zu vereinigen, das heißt ‹gestalten› wörtlich nehmen) oder ein bekanntes *Ganzes in einzelne Komponente unterteilen* (sodass das Ganze als ein System verschiedener separat gestalteter Teile verstanden werden kann).
  - Das *Entfernen aller entbehrlichen Merkmale* (um auf das Wesentliche einer Kategorie zu kommen) oder umgekehrt, *so viele Merkmale wie vorstellbar hinzufügen* (etwa ein Auto mit Flugmöglichkeit oder einer neuartigen Energiequelle auszustatten oder mit innovativen Optionen zu versehen).
  - Normalerweise *Verborgenes sichtbar machen* (wie die Accutron-Armbanduhr oder der Staubsauger in Abbildung 7.6 b, c).
  - *Prominentes in den Hintergrund drängen* (unwichtig machen) oder *Unwichtiges in den Vordergrund bringen* (spielerische Variationen einführen).
  - *Modularisieren* (Standards für frei kombinierbare Komponenten entwickeln, wie genormte Schrauben, Lehrmodule, legoartige Bausteine).
  - *Kontinuierliche Prozesse in einzelne Schritten auflösen* (wie die Digitalisierung in der Fotografie) oder *Schrittartiges Vorgehen in Kontinuierliche Prozesse umwandeln* (wie der Übergang von Kolben- zu Düsenmotoren)
  - *Bekannte Materialien durch neue, noch unerprobte, ersetzen.*
  - *Artefakte in neue Kontexte stellen,* um neue Affordances zu entdecken.

- Alternative Metaphern verwenden: Metaphern verändern Wahrnehmungen. Wenn man über ein Problem oder eine Möglichkeit mit ungewöhnlichen Metaphern spricht und die semantisch implizierten Räume kollektiv herausarbeitet, kann das zu neuen Einsichten führen. In der Physik etwa kann Licht sowohl als Wellen wie auch als Teilchen begriffen werden. Beide sind nichts anderes als Metaphern, deren Anwendung jedoch höchst unterschiedliche Theorien hervorbringen. Die meisten Phänomene lassen sich mit mehreren Metaphern beschreiben: Jedoch würde man, ohne verschiedene Metaphern auszuprobieren, nicht wissen, welche neuen Möglichkeiten sie hervorbringen und welche sich als unpassend erweisen.

- Analogien zu einer unterdeterminierten Situation finden: Objekte sind einander ähnlich, wenn sie etwas gemeinsam haben. Sie sind sich analog, wenn Relationen zwischen ihren Komponenten in etwa übereinstimmen. Der Satz «A verhält sich zu B wie sich C zu D» beschreibt eine einfache Analogie. Analogien haben die Fähigkeit Kenntnisse von der Beziehung zwischen C und D auf die Beziehung zwischen A und B zu übertragen und neu zu begreifen. Sie laden dazu ein, bekannte Technologien in offenen Stellen einzupflanzen. Das Denken in Analogien unterliegt nachweislich sehr vielen Erfindungen, beschreibt Technologietransfer, es zeigt sich aber auch in Erklärungen unbekannter Interfaces, die sich Benutzer einander geben.

- Verschiedene theoretische Perspektiven verwenden, vor allem aus unterschiedlichen Disziplinen. Ein menschliches Interface etwa lässt sich aus der Sicht der Psychologie, Kognitionswissenschaft, Mathematik, Ergonomie, Informationsdarstellung (Grafik) und insbesondere mit den Erfahrungen der Konversationstheorie betrachten. Jede dieser Disziplinen hält verschiedene Vokabulare, Konzepte und Erklärungen bereit. Sie bieten neue Sichtweisen an und machen einen auf die Beschränkungen einer Perspektive aufmerksam.

- Die konzeptionellen Rahmen verschiedener Stakeholder ermitteln: Neben den Benutzern von Artefakten gibt es Produzenten, Finanziers, Ingenieure, Marketingexperten, Transportfachleute, Verkäufer, Kulturkritiker, Inhaber von Reparaturwerkstätten, Umweltschutzgruppen usw. also Stakeholder an einem Design, die sich voneinander in vieler Hinsicht unterscheiden, nicht nur indem sie verschiedene Interessen an einer Entwicklung ausdrücken, sondern auch sehr verschiedene konzeptionelle Modelle ins Spiel bringen können. Es gibt aber auch Visionäre, Literaturschriftsteller, Künstler mit offenen Begrifflichkeiten, ja auch Kinder von erfrischender Naivität. Verschiedenen Stimmen ohne Vorurteile aufmerksam zuzuhören, ist eine große Innovationsquelle.

- Designprobleme in verschiedene Medien übertragen: Designer neigen dazu, sich mit Hilfe von Skizzen, drei-dimensionalen Modellen und Computersimulationen verständlich zu machen, die sich allesamt visueller Formen bedienen. Doch hat das Visuelle Eigenschaften, die es mit anderen Erfahrungen mitunter nicht teilt, etwa mit Narrativen, mathematischen Ausdrücken, abstrakten Diagrammen, musikalischen Kompositionen und Statistiken. Jedes Medium unterstreicht, wozu es besonders fähig ist und versteckt was es nicht darstellen kann (Simon 1969/2001, S. 85–110). Szenarien können Prozesse schrittweise darstellen sind dafür aber nicht sonderlich flexibel. Mathematische Gleichungen sind von großer Abstraktion, entbehren aber der Körperlichkeit. Computer aided design (CAD) stellt drei-dimensionale Objekte zweidimensional dar, tut dies jedoch auf Kosten aller anderen Sinne: des Tastsinns und der kinästhetischen Sinne. So können CAD-Modelle kaum etwas über das Gewicht eines Gegenstandes aussagen, wie er sich handhaben oder produzieren lässt. Kreative Mathematiker sind häufig imstande, ein formales Problem von einem Medium in ein anderes zu übertragen: von Mengentheoretischen Propositionen zu graphischen Darstellungen, zu solchen in der Matrix-Algebra, oder der Harmonielehre in der Musik, bis ihnen ein Problem klar geworden ist. Indem Designer ein Problem, eine Möglichkeit oder ein Design von einem Medium in ein anderes übertragen, gelangen sie in der Regel zu neuen Lösungen und tieferem Verständnis.

Reframing macht Designprobleme unterschiedlich sichtbar, verständlich oder lösbar. Die oben vorgeschlagenen Methoden ermöglichen die konzeptionellen Räume der Designer über Vorurteile, sprachliche Beschränkungen und Gewohnheiten hinaus zu erweitern. Zusammen bereiten sie Verständnismöglichkeiten und neue Ideen, die irgendeine Methode allein nicht erarbeiten kann. Geschickter Gebrauch von Reframingsmethoden verhindert, verfrüht an einer Idee auf Kosten anderen unbeachteten Ideen hängenzubleiben, in kognitiven Fallen zu verweilen und damit Auswahlmöglichkeiten unnötigerweise zu beschränken.

7.2.3 Kombinatorik

Die Kombinatorik ist unter anderem ein Teilgebiet der Mathematik, das endliche Sammlungen von Anordnungen von Objekten untersucht, die bestimmte Kriterien erfüllen. Ein Bereich der Kombinatorik befasst sich mit der Anzahl möglicher Kompositionen in diesen Sammlungen, mit der Größe eines Raums von Möglichkeiten. Abbildung 7.2 zeigt alle 132 möglichen binären Entscheidungsbäume unter sieben Alternativen.[2] Ein anderer Bereich befasst sich mit der Frage, ob es bestimmte ‹optimale› Anordnungen unter gegebenen Kriterien gibt. Ein dritter wertet aus, welche der möglichen Kompositionen – Kombinationen von Objekten, Teilen, Merkmalen oder Funktionen – gewünschte Eigenschaften haben, etwa die, zueinander zu passen, im Verbund zu funktionieren, oder im Design von Artefakten praktikable Systeme zu bilden. Der hier vorgestellte Ansatz zur systematischen Erzeugung kombinatorischer Möglichkeiten und deren Untersuchungen brauchbarer Kombinationen, insbesondere von verschiedenen Technologien, sollte für Designer von Interesse sein.

Die Gestaltung eines neuen Autos soll als Beispiel für die mögliche Verwendung der Kombinatorik dienen. Ein Auto ist Teil des Verkehrssystems und besteht seinerseits aus einer Reihe von Subsystemen wie Motor, Räder, Bremsen, Übersetzungsgetriebe, Lenkrad, Elektronik und Fahrgastzelle. Das umfassendere System, zu dem das Auto gehört, wird als gegeben vorausgesetzt. Seine eigene konzeptionelle Zergliederung spiegelt das wider, was ein Designer für wichtig hält. Ingenieure, die sich der Methode der Kombinatorik bedienen, listen zunächst alle bekannte Arten von Motoren, Radsystemen und Bremsen auf, möglicherweise in Form einer Kreuztabelle, die es ihnen anschließend ermöglicht, systematisch alle möglichen Kombinationen in Bezug auf realisierbare Anordnungen zu untersuchen. Die Liste alternativer Subsysteme muss sich aber

---

2 Aufgelistet von Robert M. Dickau, Math Forum der Drexel University, Philadelphia. http://mathforum.org/advanced/robertd/catalan.html (aufgerufen 20. Juli 2011).

nicht auf das beschränken, was bereits existiert. So kann man über die Kombinatorik zu Autos mit einer größeren Zahl von Rädern kommen, die auch seitlich fahren können, ökologische Treibstoffe benutzen, sich klein verpacken lassen und auch andere Nutzungen haben. Das iPhone kombiniert eine Vielzahl von Affordances die bisher in separaten Artefakten vorhanden waren.

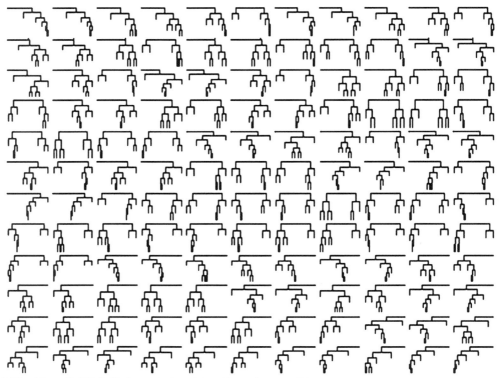

7.2 Kombinatorik: Möglichkeiten zwischen sieben Alternativen zu wählen.

Kombinatorik eröffnet Designern die Möglichkeit, Kombinationen zu finden, auf die sie ohne diese Methode möglicherweise nicht gekommen wären, und diese dann im einzelnen und in größeren Gruppen bewerten können. Häufig ist der kombinatorische Raum zu groß, um vollständig erkundet zu werden; in welchem Fall sich Designer Computersimulationen bedienen könnten oder sich mit suboptimalen Bewertungsmethoden zufriedengeben müssen, die Simon (1969/2001, S. 25–49) als «satisficing» beschrieb. Der Schlüssel zu kombinatorischen Innovationen ist die Überwindung möglicher Unvereinbarkeiten zwischen den Subsystemen, die in einer neuen Kombination vorkommen oder miteinander arbeiten sollen.

Genrich Altshuller (Altshuller et al. 1967), Begründer von TRIZ, dem russischen Akronym für eine Theorie des erfinderischen Problemlösens, gelangte zu seinen Erkenntnissen, nachdem er weltweit Tausende von Patenten analysiert hatte. Er unterschied fünf Niveaus von Erfindungen:

Niveau 1: Einfache *Verbesserungen* von Artefakten. Hierbei handelt es sich um Veränderungen einiger Dimensionen einer bekannten Kategorie von Artefakten, die derzeit im Gebrauch ist.

Niveau 2: Innovationen, die technische Eigenschaften verschiedener Aspekte eines Artefaktes *neu kombinieren* und technische Konflikte in neuen Kombinationen lösen. Ein technischer Konflikt ergibt sich, wenn die Verbesserung eines charakteristischen Merkmals oder eines Parameters die Verschlechterung von anderen verursacht. Erhöht man beispielsweise die Leistung eines Benzinmotors, kann dieser schwerer werden und benötigt mehr Treibstoff. Technische Konflikte werden meistens durch Kompromisse gelöst.

Niveau 3: Erfindungen, die Wissen aus verschiedenen Gebieten miteinander kombinieren, in denen ein Artefakt eingesetzt werden soll, und physikalische Widersprüche lösen. Letztere liegen zum Beispiel dann vor, wenn ein Teil oder eine Funktion sowohl an- als auch abwesend sein müssen. Physikalische Widersprüche lassen sich nicht mit Kompromissen lösen. Das Fahrwerk eines Flugzeugs etwa wird sowohl benötigt wie es auch im Wege ist. Eine mögliche Lösung besteht darin, die beiden im Widerspruch zueinander stehenden Zustände zu trennen, also das Fahrwerk während des Starts und der Landung auszufahren und es während des Flugs eingezogen zu halten. Bei einem Taschenmesser wird diese Notwendigkeit gelöst, indem die Klinge dann ausgeklappt wird, wenn man sie benötigt und sie einklappt, um den Besitzer zu schützen. Die beiden Zustände werden physikalisch getrennt.

Laut Altshuller handelt es sich bei Niveau 1 noch nicht um eine technische Innovation, auch wenn dieser Ansatz ein gängiges Ziel des Designs ist. Niveau 2 und 3 präsentieren Lösungen von Widersprüchen, die es vorher nicht gab, deren Auflösung per definitionem Innovationen darstellen und die dem Raum der Möglichkeiten, den ein Designer weiter erkunden mag, etwas hinzufügen.

Niveau 4: Innovationen, die eine bahnbrechende Technologie einführen, erfordern Kenntnisse aus verschiedenen Feldern der Wissenschaft. Dieses Niveau schließt auch bloße Verbesserungen ein, indem es Analogien zwischen einer vorhandenen Technologie und einer neuen herstellt. Radioempfänger, in denen die Vakuumröhren durch Transistoren ersetzt wurden, wurden dadurch strukturell nicht wesentlich verändert, sie wurden aber wesentlich kleiner und zuverlässiger. Auch der Übergang von der Schreibmaschine zur Textverarbeitung mit Computern machte schriftliche Botschaften nicht überflüssig, er vereinfachte aber den Editionsprozess und ermöglichte neuartige Kommunikationsverbindungen über Netzwerke und Kooperation mit anderen Informationsverarbeitungssystemen.

Niveau 5: Erfindungen eines strukturell neuen Phänomens, die eine vorhandene Technologie auf ein höheres Niveau heben. Nach ENIAC, dem ersten funktionierenden Computer an der University of Pennsylvania, der noch von Hand programmiert werden musste, schlug John von Neumanns vor, Computerprogramme im selben Computerspeicher unterzubringen als die Daten, auf die sie angewendet wurden. Dies war der Schlüssel zur Unterscheidung zwischen Software, Hardware und Daten und bewirkten eine Revolution in der Computertechnologie.

Altshuller und seine Mitarbeiter entwickelten vierzig Prinzipien für technologische Entwicklungen, die Designer zu Rate ziehen können, um selbst konzeptionelle Probleme zu lösen und ihren Designraum zu erweitern. Die meisten von ihnen basieren auf der Methode der Kombinatorik. Im Folgenden seien die wichtigsten genannt, auch wenn sie nicht mit TRIZ-Begriffen beschrieben sind.

- Vorhandene Artefakte leichter, kleiner, schneller, effizienter, billiger oder brauchbarer machen.
- Die Funktionalität vorhandener Artefakte erweitern, indem sie mit korrelierten Funktionen verbunden werden. Einen Radiergummi am Ende eines Bleistifts anzubringen, ist ein einfaches Beispiel. Das Telefon um Funktionen wie Wiederwahl, Konferenzschaltung, Aufnahme, Abhören und Weiterleitung von Mitteilungen zu erweitern, ist ein weiteres Beispiel um Funktionen, die parallel, vor oder nach der Benutzung stattfinden, zu kombinieren.
- Verschiedene Technologien mit kombinierbaren Merkmalen zu neuen Artefakten verschmelzen. Das Zusammenführen verschiedener mit der Hand gehaltener Geräte, wie Telefon, Notizblock, Adressbuch, Anrufbeantworter, E-Mail, Persönlicher Organisator und Digitalkamera, in einem Artefakt, dem iPhone etwa, veranschaulicht dieses Prinzip. Gemeinsam ist den hier verschmolzenen Technologien die Notwendigkeit elektronischer Speicher, kleiner Rechnereinheiten und ähnlicher Interfaces.
- Ermöglichen, dass sich das Verhalten eines Artefakts verschiedenen Situationen anpassen kann, statt nur für eine relevant zu sein. Software, die die Wiederholung von Praktiken der Computernutzern benutzt, um Interfaces im Verlauf des Gebrauchs zu vereinfachen (etwa indem sie lernt, die Stimmen des Benutzers zu erkennen, Suchzeiten und Klickanzahlen minimiert oder persönliche Daten, wo gefragt, automatisch einfügt), verfügt über Anpassungsfähigkeiten.
- Verwandelung eines repetitiven Vorgangs in einen kontinuierlichen Prozess. Statt alle vier Phasen eines Kolbenmotors in zwei Kurbelstangenumdrehungen zu durchlaufen (Ansaugen, Verdichten, Verbrennen und Auslassen), um in rascher Abfolge kalte Gase aufzunehmen und heiße, expandierte Gase von sich zu geben, ergibt die Neukonzeption dieser Schritte in einem kontinuierlichen Prozess eine Turbine.
- Automatisierung von Dingen, die Benutzer nicht gerne tun, leicht vergessen oder bei denen sie für Bedienungsfehler anfällig sind und Verbergen irrelevanter Merkmale hinter relevanten. Ein gutes Beispiel ist das Beenden des Blinkers in einem Auto, das an die notwendige Zurückbewegung des Lenkrades nach der Richtungsänderung gekoppelt ist. PC-Interfaces sind voller Beispiele solcher Art.

Laut TRIZ «Gesetz der Idealität» werden alle technischen Artefakte im Verlauf ihrer Entwicklung zuverlässiger, einfacher, billiger, effektiver, kleiner, mit anderen Worten, idealer. Dieses Gesetz lässt sich in der Trajektorie der Artefaktualität nachweisen (Abschnitt 1.2). Der TRIZ-Forscher Lev Shuljak (undatiert) stellt die Frage: «Was geschieht, wenn ein System seinen Idealzustand erreicht?» und beantwortet sie folgendermaßen: «Der Mechanismus verschwindet, während die Funktion ausgeführt wird.» […]«Die Kunst des Erfindens besteht in der Fähigkeit, Dinge, die der Idealität im

Wege stehen, zu entfernen, um so technische Systeme qualitativ zu verbessern.» Unter semantischen Gesichtspunkten ist die Entwicklung von Artefakten auf ihren Idealzustand hin ein Schritt in die Richtung von Systemen, die zunehmend sprachähnlich sind, die ganz natürlich gehandhabt und von Nichtbenutzern als Selbstverständlich verstanden werden können. Man sollte sich aber darüber im Klaren sein, dass Idealität keine Eigenschaft einer Technologie ist, sondern die einer Beziehung zu Benutzern und deren Gemeinschaften.

Altshullers Untersuchung der Patente brachte eine interessante Statistik zutage. Die große Mehrheit aller untersuchten Erfindungen, so seine Beobachtung, bestand aus Lösungen für Probleme, die anderswo bereits gelöst worden waren, also in einem empirischen Bereich in dem der Erfinder nicht zuhause war. Diese sogenannten Erfindungen überkamen lediglich das Problem Lösungen eines gegenwärtigen Problems aus einem anderen Gebiet in das eigene zu importieren. Projektforschung, die Suche nach Lösungen für bestehende Designaufgaben in Zeitschriften, Abbildungen und den Artefakten von Bereichen die dem gegenwärtigen Problem eigentlich fremd sind, ist weit verbreitet. Sie basiert auf Metaphern, Analogien und Metonymien und erweiterte Räume für den Designprozess. Erfindungen auf Niveau 3 und 4 überwinden kombinatorische Unvereinbarkeiten. Sie sind also nicht das Ergebnis systematischer Recherchen.

Zusammenfassend lässt sich sagen: Kombinatorik ist ein Bündel von Methoden, mit denen Anordnungen von Merkmalen, Kombinationen von Verhaltensweisen und Interaktionen mit Benutzern erstellt und auf ihre Brauchbarkeit untersucht werden und damit zu neuen Artefakten gelangen. In der Arbeit von Ingenieuren bezieht sich TRIZ auf technologische Entwicklungen. Sein Gesetz der Idealität ist hierfür bezeichnend. Es bezieht sich wesentlich auf messbare Eigenschaften von Artefakten, Funktionalität und Effektivität etwa, obwohl Begriffe wie Zuverlässigkeit, Einfachheit, Erschwinglichkeit nicht ohne menschliche Wahrnehmung festgestellt werden können. Außerdem ist das hierarchische Funktionskonzept von TRIZ Ausdruck eines Konservatismus, den human-centered Designer überwinden sollten. Aus TRIZ-Sicht zeigen sich ‹Probleme› stets als Teil eines größeren Systems und werden dadurch gelöst, dass man sich der problematischen Teile in Bezug auf den größeren Zweck annimmt. Wenn man mit dem Konzept eines Autos beginnt und lediglich dessen bekannte Komponenten variiert, kommt zum Schluss stets ein Auto heraus ein neues vielleicht, aber trotzdem ein Auto.

Viele Designfragen beginnen jedoch damit, dass Stakeholder mit gegebenen Lebensbedingungen nicht zufrieden sind, unerwünschte Erfahrungen haben, die den Designer motivieren, Verbesserungsvorschläge auszuarbeiten. Die ‹Probleme› mit denen sich Designer beschäftigen sind wesentlich verzwickte («wicked» – siehe Rittel und Webber 1984) Probleme, die das menschliche Verständnis dieser Probleme konstitutionell einschließen. Nichtsdestoweniger ist die Kombinatorik ein leistungsfähiges Werkzeug Möglichkeiten systematisch zu erzeugen und zu untersuchen. Die Tatsache, dass sie einem Verständnis erster Ordnung entsprang und sich ursprünglich auf das Lösen technischer Probleme beschränkte, hat sicher mit ihrer Ableitung aus der Mathematik zu tun, braucht dieser Tradition jedoch nicht zu folgen. *Reframing*, Brainstorming und Kombinatorik sind drei beispielhafte und erprobte Methoden die Räume möglicher Interfaces mit Artefakten zu erweitern, Alternativen zu erzeugen, die ohne methodisches Überwinden allzu menschlicher Begrenzungen von Kreativität kaum untersuchbar wären und damit Designern ermöglichen, ihren Stakeholdern größere Auswahlmöglichkeiten anzubieten. *Wie* man auf die Stimmen interessierter anderer am besten hören kann, ist das Thema des nächsten Abschnitts.

7.3 Methoden zur Untersuchung von Stakeholder Konzepten und Motivationen

Wie oben ausgeführt, können Designer nur dann erfolgreich sein, wenn ihre Vorschläge verständlich sind, wenn die verschiedenen Stakeholder ihrer Entwürfe genügend inspiriert werden, sich an deren Realisation zu beteiligen und sie zu nutzen. Für Designer heißt das zu verstehen, wie ihre Stakeholder verstehen. Das schließt unter anderem ein:

- Zu verstehen, welche technologischen Entwicklungen die Stakeholder für wünschenswert halten, vor welchen sie sich fürchten oder welche gegenwärtigen Lebensbedingungen sie bereit sind abzugeben.
- Zu verstehen, welche Begrifflichkeiten, Bedeutungen, Vorstellungen und Ressourcen die Stakeholder für oder gegen eine Entwicklung mitbringen, was es ihnen ermöglicht mit ihr umzugehen, tatsächlich oder sprachlich, und was sie gewillt sind, gegen eine Entwicklung aufzubringen.
- Zu verstehen, wie die Stakeholder im Umgang mit Artefakten lernen, wie sich die Interfaces mit den vorzuschlagenden Artefakten entwickeln könnten, welche Evolutionen sie auch mit anderen Artefakten in Gang setzen und wie das ihre Benutzergemeinschaften neu definieren könnte.

7.3.1 Narrative idealer Versionen der Zukunft

Menschen sind in der Sprache zu Hause, in der sie zu sprechen und zu handeln gewohnt sind. Folglich benutzen sie Konzepte für Dinge, über die sie sprechen und die sie problemlos erklären können. Neues entsteht vor allem in der Sprache in der Art und Weise, wie man neue Ideen beschreibt und von zukünftigen Welten erzählt. Das gilt nicht nur für Designer, sondern genauso für diejenigen, von denen die Realisierung und der Gebrauch eines Designs letztlich abhängt. Die wichtigsten Quellen alternativer Versionen der Zukunft dürften Mythen und die Literatur sein. Sie sind nur durch die Grenzen der menschlichen Einbildungskraft beschränkt. So entstammt der Traum vom Fliegen beispielsweise der griechischen Mythologie. Das Wort «Roboter» tauchte erstmals in einem Theaterstück auf, das 1920 in Prag uraufgeführt wurde, welches wiederum auf dem aus dem sechzehnten Jahrhundert stammenden Mythos vom Golem beruhte. Dieser menschgestaltige Golem wurde gefürchtet. Intelligente Maschinen waren also schon viele Jahrhunderte, bevor Isaac Asimov seine Vorstellung vom Roboter entwickelte, in Narrationen zu Hause. Sie hat Forschung und Entwicklung der künstlichen Intelligenz (KI) wesentlich beeinflusst und dazu beigetragen, der akademischen Beschäftigung mit solchen Maschinen die nötige gesellschaftliche Akzeptanz zu verschaffen. Stimmerkennung durch Computer und Kommunikation über Computer sind lediglich Teile des Spektrums. Obwohl moderne Roboter in der Industrie, als Autopiloten in Flugzeugen und Handelsagenten an der Börse nicht aussehen wie die, die Isaac Asimov in seinen Romanen beschrieb, erfüllen sie in zunehmendem Maße Aufgaben, die Menschen ungern selbst oder weniger effizient ausführen. George Orwell beschreibt in seinem Science-Fiction-Roman *1984*, einem inzwischen lange verstrichenen Jahr, eine mögliche Version der Zukunft, die vielen Menschen Angst einflößte und anderen eine Mahnung war. Heute ist George Orwells «Neusprech» («Newspeak») in Regierungskreisen und der Politik insgesamt ein allgemein übliches Phänomen, was auch in der Sozialgesetzgebung seine Spuren hinterlassen hat. Unterhaltungsfilme präsentieren Autos, die fliegen können, Personen, die sich von einem Ort an einen anderen ‹beamen› lassen, Laserkanonen und Lichtschwerter die in den Vereinigten Staaten die Idee des Star-Wars-Abwehrsystems beflügelt haben. In seinem futuristischen Roman *Neuromancer* prägte Gibson (1995) das Wort «Cyberspace» und verlieh ihm Bedeutungen, die die Entwicklung des Internets und verschiedener «virtual reality» Anwendungen antrieben. Die «Informations-Superhighway» ist ein politisches Thema geworden.

Diese Ideen waren ihrer Zeit weit voraus, sie wurden von Literaten und Futuristen formuliert und eroberten die Imagination von Lesern, Schriftstellern und Technologen, Politiker inbegriffen. So entstanden Zukunftsvisionen, deren Umsetzung sich teilweise als realistisch herausstellte. Aber sie stimulierten auch Diskussionen, die ihre Wünschenswertigkeit infrage stellten. Diejenigen, die sich attraktive Welten vorstellen können und die Fähigkeit besitzen, sie zu popularisieren, können jene Begeisterung schaffen, die ihrerseits viele andere beflügelt, sie Wirklichkeit werden zu lassen, beginnend mit den Artefakten, die in diese Richtung führen.

Das Analysieren von Science-Fiction-Welten und Spekulationen zukünftiger technologischer Entwicklungen ist eine wichtige Quelle für die Vorstellung möglicher Formen der Zukunft. Und zwar nicht, weil Schriftsteller sie beschreiben, sondern weil deren Werke Leser inspirieren können und eine Fülle neuer Wörter in den Umlauf bringen, die schließlich auch diejenigen erreichen, die sich von diesen Visionen leiten lassen.

7.3.2 Erhebungen und strukturierte Befragungen

Strukturierte Interviews sind vermutlich die am wenigsten ergiebigen Erhebungsmethoden, um einen Einblick in die verschiedenen Vorstellungen der Stakeholder zu gewinnen. Sie werden in der Regel mit einer großen Zahl von Befragten durchgeführt – potenzielle Käufer, Benutzer oder Wähler. Ihre Fragen und möglichen Antworten sind standardisiert, sodass sie für alle Befragten identisch und deshalb statistisch vergleichbar sind. Unter diesen Bedingungen sind die Fragen stets diejenigen, die der Gestalter des Fragebogens – der Markt- oder Wahlforscher oder ihr Auftraggeber – beantwortet haben möchte, nicht aber darüber Aufschluss geben können, was die Befragten tatsächlich denken und worüber sie gerne sprechen würden. Die Meinungen der Befragten erscheinen lediglich in den Häufigkeiten ihrer vorkonzipierten Antworten. Abgesehen von diesen Häufigkeiten können Erhebungen dieser Art zu keinen neuen Erkenntnissen führen. Natürlich sollte es Designer beunruhigen, wenn nur wenige Befragte einen bestimmten Entwurf attraktiv finden oder erkennen können, um was es sich handelt, doch sagt ein solcher Befund einem Designer wenig über die tatsächlichen Vorstellungen der Stakeholder oder welche neue Wege sie gewillt sind mitzugehen.

Abgesehen davon, dass strukturierte Interviews verhindern, Befragte in ihren eigenen Worten antworten zu lassen, haben sie weitere Nachteile. Häufig antworten die

Befragten nicht mit dem, was sie wissen oder glauben, sondern auf das, was der Frage-steller ihrer Meinung nach von ihnen hören möchte. Oft wollen sie sich nicht blamieren eine Frage nicht zu verstehen oder nicht beantworten zu können, in welchem Fall die gegebene Antwort nichts bedeutet. Jedoch wenn die Befragten tatsächlich wohlüber-legte Antworten geben, die nicht in die vorgegebenen Antwortkategorien fällt, dann können diese Antworten nicht aufgezeichnet werden, zählen also nicht und haben keine Chance eine Entwicklung zu beeinflussen. Designer, die mit den Resultaten von struk-turierten Interviews konfrontiert werden, dürfen sich nicht von ihnen täuschen lassen und sollten sie zu interpretieren wissen.

7.3.3. Unstrukturierte Befragungen

Unstrukturierte Befragungen versuchen, die obengenannten Zwänge strukturierter Interviews mit standardisierten Fragen und Antworten zu vermeiden, indem die Inter-viewer mit den Befragten ein zielgerichtetes, aber im Übrigen natürliches Gespräch führen. Die Interviewer orientieren sich an in groben Umrissen definierten Fragen, mit denen sie sich gerade beschäftigen und versuchen, das Gespräch in die für sie relevante Richtung zu lenken, bleiben aber offen für unerwartete Wendungen. Solche Befragun-gen können zeitaufwendig sein, die Anzahl der Befragten hat praktische Grenzen und die Fülle von unstrukturierten Antworten sind nicht so leicht auswertbar. Möglicher-weise können die aufgezeichneten Gespräche und Beobachtungen, die sich aus den Interviews ergeben, einer Inhaltsanalyse unterzogen werden (Krippendorff 2004a).

Aber welche Fragen sind es, die zu einem Inventar vorhandener konzeptioneller Modelle führen können? Wenn ein Designer nach Anregungen oder Grenzen für die Entwicklung eines neuen Produkts sucht, dann sind Fragen bezüglich Benutzerpräfe-renzen die unergiebigsten. Antworten auf Fragen, was ein Befragter an einem Produkt gefällt, wie er es sich idealerweise vorstellt, welche Merkmale es haben sollte oder was es leisten sollte, beziehen sich in der Regel nur auf bereits existierende Artefakte, die ein Befragter bereits benutzt, durch die Medien kennt, oder im Gebrauch anderer beob-achten konnte. Diese Fragen mögen über die Aufmerksamkeit, den Kenntnisstand und die Wünsche der Befragten informieren aber auch sie sagen nichts was Designer bereits wissen sollten. Kreative Antworten sind selten. Insbesondere werden Artefakte, die gut funktionieren, in der Regel für selbstverständlich genommen, nicht weiter beachtet und daher nur selten thematisiert. So können erfahrene Fahrradfahrer kaum beschreiben wie sie ihr körperliches Gleichgewicht verbessern könnten. Oder schwieriger noch, ist es fast unmöglich von kompetenten Lesern eine reproduzierbare Beschreibung zu erhalten, wie sie Schriftzeichen erkennen und einen Text in Worten und Sätzen verstehen. Chir-urgen können selbstverständlich erläutern, wozu ihre Instrumente dienen, doch sie kön-nen nicht unbedingt beschreiben, wie sie sie während einer Operation handhaben, also genau das, was die Designer solcher Geräte gerne wissen wollen.

Die produktivsten Fragen sind die nach jenen Problemen, die die Befragten im Umgang mit ihren Artefakten erlebt haben. Störungen des zuverlässigen Gebrauchs sind das, worüber sich Menschen ohne Anleitung bewusst werden, woran sie sich leicht erinnern und worüber sie mit anderen sprechen, sei es, sich zu beschweren, um Rat zu bitten oder sich zu rechtfertigen warum sie eine bestimmte Praxis aufgegeben haben.

Für Designer sind die Berichte darüber, was Menschen in Schwierigkeiten gebracht hat, genau jene Geschichten durch die unbrauchbare UCMs, konzeptionelle Modelle der Benutzer oder Grenzen der Affordances existierender Artefakte zutage treten. Dies sind Geschichten, die den Widerspruch zwischen den Bedeutungen der Benutzer und den Affordances eines Artefaktes beschreiben. Diese Widersprüche sind für human-centered Designer außerordentlich aufschlussreich.

Problem und Lösung sind ein Begriffspaar. Wenn Menschen von Problemen erzählen, deuten sie bereits in eine Richtung, in der Lösungen liegen könnten. Das zeigt auch die Bereitschaft der Befragten, etwas in ihrem Leben zu verändern, etwas Neuem eine Chance zu geben. Berichte von Schwierigkeiten, welche die Befragten mit bestimmten Artefakten erfahren haben, vermitteln Designern fast alle Informationen, die sie benötigen, um existierende Artefakte zu verbessern oder neue einführen zu können. Befragte kennen ihre Probleme, aber selten deren Lösungen. Letzteres ist die Domäne des Designs. Eine wesentliche Vorbedingung dafür, dass solche Geschichten erzählt werden, ist das Vertrauen des Befragten zu erlangen, nicht für Probleme beschuldigt zu werden – selbst wenn sie sie hätten vermeiden können. Den Befragten die Gewissheit zu geben, dass man ihnen zuhört, statt sie zu verurteilen, entspricht der Prämisse des Dialogs und des Verstehens zweiter Ordnung.

7.3.4 Fokusgruppen

Fokusgruppen erfreuen sich großer Beliebtheit in der Marktforschung, vor allem dann, wenn Produktentwickler wissen möchten, wie unterschiedlich ihre eigenen Produkte und die ihrer Konkurrenten wahrgenommen werden. Eine Fokusgruppe besteht meist aus acht bis zehn Personen, die eingeladen und dafür bezahlt werden, über verschiedene Produkte, Problemdefinitionen, oder Werbemitteilungen zu sprechen. Ähnlich wie bei unstrukturierten Befragungen ist auch hier die Diskussion wesentlich offen, beschränkt nur durch einen Moderator, der eine bestimmte Agenda verfolgt. Sitzungen von Fokusgruppen dauern in der Regel einige Stunden werden möglicherweise durch einen Einwegspiegel beobachtet, aber sicher aufgezeichnet, um die Daten später analysieren zu können.

Der Vorteil von Fokusgruppen liegt in der gegenseitigen Stimulierung ihrer Teilnehmer, ähnlich dem Brainstorming. Ein Interview entsteht aus der Beziehung zwischen einem Interviewer und einem Befragten. Die Resultate von Fokusgruppen reflektieren die Gespräche innerhalb einer Gruppe, was sich viel natürlicher aber auch in unerwartete Richtungen entwickeln kann.

Fokusgruppen verbergen die bekannte Gefahr Meinungsäußerungen zu provozieren, die realiter wenig Relevanz besitzen. Meinungen sind billig. Falls die Fokusgruppenteilnehmer nicht tatsächliche Stakeholder sind, also kein wirkliches Interesse an dem Thema haben (außer bezahlt zu werden), wenige Erfahrungen mit den diskutierten Themen haben, kann man von geäußerten Meinungen meist wenig Rückschlüsse darüber ziehen, wie die Teilnehmer denken und handeln würden. Darum ist wichtig, tatsächliche Stakeholder zur Teilnahme in Fokusgruppen einzuladen und das Thema mit Hilfe sichtbarer, berührbarer und benutzbarer Artefakte zu definieren, sodass sich die geäußerten Meinungen und Vorschläge auf konkrete Dinge beziehen.

Da Fokusgruppen klein sein müssen, besteht ein wiederkehrendes Problem darin, sicherzustellen, dass sie die jeweils relevante Gemeinschaft ausreichend repräsentieren. Designforscher, die mit Fokusgruppen arbeiten ziehen es vor, sogenannte «lead user» (trendführende Nutzer) einzuladen, also diejenigen, die sich eine in der Entwicklung befindliche Technologie höchstwahrscheinlich vor anderen zu Eigen machen würden. Ein weiteres Problem besteht darin, dass die Daten, die Fokusgruppen erzeugen, leicht durch den Moderator beeinflusst werden können und daher nicht immer auf eine Zielgruppe verallgemeinert werden können. Der beste Nutzen von Fokusgruppen ist wohl der, falschen Vorstellungen, die Designer von Benutzern haben, zu beseitigen und unbeabsichtigten Gebrauchsweisen durch verschiedene Stakeholder nachzugehen.

7.3.5 Beobachtungsmethoden

Während Erhebungen, Befragungen und Fokusgruppen sich vor allem der Sprache bedienen, spricht vieles dafür, den Umgang mit Artefakten an den Arbeitsplätzen ihrer Benutzer zu beobachten, um ihr Repertoire von insbesondere routinemäßig ausgeführten Arbeitsweisen zu erfahren – bevor ein neues Artefakt entworfen wird, sowie nachdem es eingeführt wurde, um Anpassungsschwierigkeiten kennen zu lernen und möglicherweise zu erleichtern. Die Benutzung von Videokameras ist besonders zu empfehlen, da Arbeitsabläufe häufig so schnell ablaufen, dass unmittelbare Beobachter kaum alles bemerken oder aufzeichnen können, was vor sich geht.

So lieferten die Videoaufzeichnungen der Abläufe an einem Arbeitsplatz, für den eine Computersoftware entwickelt werden sollte, den Designern unerwartete Einsichten in die Art und Weise, wie die Büroarbeiter ihren Arbeitsplatz organisierten, ihren Arbeitsfluss in Schritte auflösten, verschiedene Hilfsmittel benutzten, von Adresskarteien bis zu Handbüchern, und Dokumente bearbeiteten und ablegten. Den Designern war es so möglich, sich wiederholende Szenarien zu identifizieren. Von besonderer Wichtigkeit waren offensichtliche Unterbrechungen des Arbeitsflusses durch Telefonanrufe, eigene Fehler (siehe Abschnitt 3.2), Anweisungen von Vorgesetzten, Gespräche mit Mitarbeitern und persönliche Notwendigkeiten. Die Videoaufzeichnungen konnten die hinterlassenen physischen Spuren der voranschreitenden Büroarbeit – wie fertiggestellte Dokumente, Eintragungen in Dokumentenmappen, Listen abgeschlossener Fälle und so weiter – wesentlich bereichern.

Die Analysen gegenwärtiger Vorgehensweisen gaben den Designern hinreichende Informationen, um eine Software zu entwickeln, welche die Arbeitsschritte deutlicher machte, neue Büroeinrichtungen bereitstellte und Papier weitgehend durch Computertexte ersetzte. Ethnografische Beobachtungen dieser Art sind enorm aufschlussreich, aber meistens auf eine kleine Zahl von Fällen beschränkt.

7.3.6 Protokollanalyse

Bei dem frühen Versuch, menschliche Kognition mit der «information processing theory» (Informationsverarbeitungstheorie) zu beschreiben, wiesen Newell und Simon (1972) ihre Versuchspersonen an, jene Gedankenvorgänge zu artikulieren, die sie während der Lösung eines Problems benutzten. Dabei entstand ein Protokoll, das man untersuchen konnte. Seitdem ist die Protokollanalyse, weiterentwickelt von Ericsson und Simon (1984), bekannt und weit verbreitet. Ihre Erkenntnisse waren paradigmatisch für spätere KI-Arbeiten, vor allem bei der Entwicklung von Expertensystemen.

Heute stellt sie eine Methode dar, mit der sich besser erkennen lässt, wie Benutzer ihre dynamischen Interfaces mit Artefakten verstehen. Die Benutzer werden gebeten, ‹laut zu denken›, während sie eine Aufgabe durchführen. Die so gewonnenen Artikulierungen geben einem Beobachter von Interaktionen (die er in eigenen Kategorien sehen mag) zusätzliche Einsichten, wie die Benutzer sie sehen, warum sie so handeln, wie sie handeln (Motivationen), welche operationellen Bedeutungen sie ihren Handlungen zuschreiben und was sie in jedem Moment beabsichtigen (Szenarien). Damit werden die ansonsten «bedeutungsfreien» Beobachtungsaufzeichnungen um solche Bedeutungen bereichert, mit denen ein Benutzer arbeitet.

Die Artikulation dessen, was man gerade tut, hat bekannterweise Grenzen, weil sie zwei normalerweise getrennte Interaktionsmodi miteinander verbindet. Wir reden zwar häufig, während wir etwas tun, etwa wenn wir Auto fahren oder mit einem Partner joggen, doch selten über die Details dessen, was wir gerade tun. Bei Menschen, die bestimmte Tätigkeiten fachmännisch ausführen, seien es Pianisten, Segler, Jongleure oder erfahrene Computerbenutzer, geht man davon aus, dass sie dabei konzeptionelle Modelle umsetzen, aber man weiß auch, dass die Verbalisierung dieser Handlungen in der gewünschten Spezifizität nicht immer einfach ist. Bittet man beispielsweise Pianisten zu erklären, mit welchen Fingern sie welche Tasten anschlagen, während sie Klavier spielen, so werden sie langsamer oder kaum fähig sein zu spielen. Bei ihren Untersuchungen zur Logik des menschlichen Problemlösens stießen Simon und Newell wohl auf die Bedeutung, die die Intuition für Experten hat. Rein intellektuelles Verhalten wird wahrscheinlich leichter über die Protokollanalyse verständlich. Das sollte Designer nicht davon abhalten, die Protokollanalyse zu verwenden, wenn es darum geht konzeptuelle Modelle (UCMs) empirisch zu erstellen.

7.3.7 Ethnografie

Die Ethnografie ist eine eklektische, von Anthropologen entwickelte Methode, empirische Daten zu erlangen. Wörtlich: die systematische Beschreibung einer Kultur, sie besteht auf einer naturalistischen Perspektive, indem sie sich auf direkte Erfahrungen von Sozialwissenschaftlern in natürlichen Kontexten stützt. Sie benutzt weder statistische Umfragen noch kontrollierte Experimente, sondern verlässt sie sich auf Beobachtungen und Informanten, die sie als ‹Experten ihrer eigenen Welt› ansehen. Epistemologisch ist die Ethnografie verpflichtet, Menschen, ihre Artefakte, kulturellen Praktiken und jeweilige Umgebungen aus Sicht derjenigen darzustellen, die diese Umgebungen bewohnen, also ein Verständnis zweiter Ordnung kultureller Praktiken zu erlangen. Damit sind die Aktivitäten der Ethnografen, die zum Verständnis ihres Forschungsgegenstandes führen, immer Teil ihrer ethnografischer Forschungsberichte. Sie müssen sich also über den Einfluss ihrer Gegenwart auf das, was sie beobachteten bewusst sein. Die Ethnografie benutzt mehrere Analyseeinheiten, die von Mikro-Handlungen in alltäglichen menschlichen Interaktionen mit Artefakten bis zu ganzen Weltanschauungen reichen. Um mit ihrem Forschungsgegenstand vertraut zu werden, verbringen Ethnografen häufig sehr viel Zeit an einem Studienort, im ‹Feld›. Ihre Beziehung zu den von ihnen untersuchten Kulturen ist kooperativ und in starkem Maße von der Beziehung abhängig, die sie zu ihren Informanten entwickeln können.

Für human-centered Designer ist der ethnografische Ansatz deshalb wichtig, weil er die sozialen Qualitäten der physischen Gegenstände einer Kultur sichtbar macht, die ‹soziale Welt› als physisch untermauert oder hinsichtlich ihrer Affordances darstellt. Die Ethnografie arbeitet mit sprachlichen Ausdrücken, kulturellen Praktiken, Skripten, Plänen, Konzepten, Motivationen und Mythen, die eine Kultur reproduziert, und bietet Beschreibungen dessen, wie die Artefakte einer Kultur in den alltäglichen Gebrauch eingebunden sind. Ethnografische Methoden sind besonders erfolgreich, wenn Praktiken sich in bestimmten Grenzen bewegen, wie an öffentlichen Plätzen, Flugsicherungsräumen, medizinischen Operationssälen, Feierlichkeiten und therapeutischen Interaktionen. In solchen Situationen ist die Aufmerksamkeit in der Regel auf wenige zusammenarbeitende Teilnehmer fokussiert, deren Artefakte Bedeutungen in Bezug auf diese Praktiken, aber auch zu den größeren Zusammenhängen eines sozialen Systems haben.

Ethnografische Untersuchungen sind begrenzt auf gegenwärtige Beobachtungen. Der wichtigste Beitrag, den die Ethnografie dem Design liefern kann, ist eine Methode, kulturelle Interfaces mit Artefakten sowie zwischenmenschliche Praktiken detailliert darzustellen, sowie zu untersuchen, welche Probleme innerhalb eines sozialen Ganzen, sprich in einer Kultur, reproduziert werden, worauf Menschen zu verzichten bereit sind, wo sie offen für Neues sind, oder welche Widerstände bestehen, warum und was es zu überwinden gilt, um Innovationen einzuführen. Kultur ist ein Prozess kontinuierlichen Lernens und des Erfindens neuer Artefakte, die ihrerseits die Auffassungen von der Welt verändern, deren Teil sie geworden sind.

7.3.8 Triangulierung verschiedener Methoden[3]

Es gibt keine einzelne Methode, mit der man alles in Erfahrung bringen könnte, was Designer über ihre Stakeholder wissen möchten. Die Protokollanalyse ist ein aussagekräftiges Verfahren, um herauszufinden, wie sich Benutzerkonzepte Schritt für Schritt zu Interfaces mit Artefakten entfalten. Meistens entwickeln sich jedoch Interfaces schneller, als Menschen denken und sich selbst erklären können. Videoaufnahmen können veranschaulichen, wie verschiedene Artefakte in einem Arbeitsplatz zusammengebracht werden, sie sagen aber nichts über die Konzepte aus, die die Arbeiter dabei anwenden. Fokusgruppen müssen etwas Gemeinsames vor Augen haben, um darüber sprechen zu können. Häufig glauben Beobachter sie könnten sehen, was die Beobachteten sehen und was es für letztere bedeutet. Das ist aber eine Illusion der die Ethnografie entgegenarbeitet. Verständnis zweiter Ordnung zu erlangen bedarf mehr als nur beobachten. Wie in der Geometrie, in der die Ortsbestimmung eines Punktes mindestens dreier Maße bedarf, können entscheidende Fragen der Designforschung im Allgemeinen nur mithilfe mehrerer sich gegenseitig ergänzenden Methoden beantwortet werden.

So hätte etwa eine Untersuchung der Praktiken von Hebammen von einer Protokollanalyse der Interaktionen zwischen den Hebammen und ihren jeweiligen Klientin-

---

3 Siehe Krippendorff (1990).

nen profitiert. Doch das ‹laute Denken› hätte mit Sicherheit eben jene Kommunikation mit werdenden Müttern beeinträchtigt, auf der die Arbeit der Hebammen wesentlich beruht. Deshalb wurden die Interaktionen auf Video aufgenommen und, statt diese Aufzeichnungen inhaltsanalytisch zu untersuchen, wie es von den Forschern geplant war, baten sie die Hebammen, ihr jeweiliges Band zu kommentieren, zu erklären, welche Absichten sie mit ihren Handlungen von Augenblick zu Augenblick verfolgten, was sie beobachteten und warum sie sagten, was sie sagten, was sie damit zu erreichen hofften und tatsächlich erreichten. Dank der Zeitlupenfunktion erstand ein detailliertes visuell-verbales Protokoll. Unter anderem wurden die Hebammen gelegentlich von Dingen überrascht, die sie auf dem Video sahen, aber in der Gegenwart ihrer Klientinnen nicht bemerkt hatten oder nun erkannten, dass eine andere Reaktion besser gewesen wäre. Die Auswertung der so gewonnenen Daten führte zu mehreren UCMs der praktizierenden Hebammen, die es zu verstehen und verbessern galt. Hier war es die Kombination von Videoaufzeichnungen und verbalen Erklärungen, die sowohl Verbesserungsmöglichkeiten der Ausbildung von Hebammen hervorbrachten als auch sichtbar machten, wie weit Hebammen bereit waren, sich mit neuartigen Hilfsmitteln für sich wiederholende Interaktion anzufreunden.

Ein weiteres Beispiel ist die Korrelation zwischen dem Verhalten von Computern und den Problemen, die ihre Benutzer beschreiben, wenn sie mit einer Internetkundenhilfe kommunizieren. Die Verbalisierung von Problemen sagt viel über die Begrifflichkeiten aus, mit denen ein Computerbenutzer nicht klar kommt. Und eine Hilfe, die sich als erfolgreich herausstellt, sagt viel darüber aus, an welchen Schlüsselbegriffen es den Benutzer mangelt, beziehungsweise welche er leicht lernen konnte. Auch hier, wie im Abschnitt 7.3.3 beschrieben, erweist sich die Unfähigkeit, die Ursachen von Unterbrechungen selbst zu erkunden, als die aufschlussreichste Informationsquelle für Designer.

7.3.9 Stakeholderbeteiligung am Designprozess (auch Co-Design genannt)

Eine gravierende Grenze der vorgestellten Methoden ist deren Beschäftigung mit dem, was über existierende Interfacepraktiken bereits bekannt ist, unabhängig davon, ob sich der Forscher dabei auf Unterbrechungen oder Probleme konzentriert, oder Kommentare zu konkurrierenden Produkten, Modellen oder Prototypen neuer Artefakte bewirkt. Untersuchungen dieser Art können auf Probleme hinweisen und Erwartungen bestätigen oder enttäuschen. Doch sie bieten wenig Orientierung hinsichtlich der Fragen, wie man von einer Praktik zu einer anderen, vom Umgang mit einer vorhandenen Technologie zur Handhabung einer avancierteren oder von gewohnten Interfaces zu neuen übergeht.

Für Designer aufschlussreicher wäre die Beantwortung der Fragen, wie sich zukünftige Benutzer entwickeln würden, wie viel Energie gegenwärtige Benutzer zu investieren bereit wären, um etwas Neues zu erlernen, wie radikal ein Design von bekannten Interfaces abweichen darf. Denn über wünschenswerte Lebensweisen zu sprechen, ist etwas anderes, als aktiv an ihrer Herbeiführung beteiligt zu sein. Wenn Ethnografen untersuchen, wie eine Technologie erworben wird und welche sozialen und kulturellen Auswirkungen das hat, so können sie dies doch nur dann beschreiben, wenn diese Technologie, zumindest für ihre Informanten, bereits zur Verfügung steht. Das ist eine fundamentale Begrenzung aller naturalistischen Untersuchungsmethoden, die eine Wissenschaft für das Design anerkennen und überwinden muss.

Eine Möglichkeit aus den vorher beschriebenen Methoden zu schöpfen besteht darin, die Stakeholder eines Designs in seinen Entwicklungsprozess einzubeziehen und parallel zur Arbeit der Designer auch von deren Lernprozessen im Entwurf zu profitieren. Selbst wenn die Einbeziehung der Stakeholder in Designprozesse als höchst wünschenswert bewertet wird, wird sie nur selten praktiziert. Es gibt mehrere Modelle, die als Stakeholder-Teilnahme bezeichnet werden. Die meisten von ihnen weisen jedoch Mängel auf.

- *Simultane Marketingforschung:* Diese Technik kann den Designern zwar ein Feedback verschaffen, doch nur im Sinne dessen, was die Marktforscher für relevant halten. Sie benutzt die Befragten buchstäblich, ohne ihnen eine eigene Stimme zu geben (Abschnitt 7.3.2), und da der Marktforscher vorgibt, was von Interesse ist, werden enthusiastische und informierte Stakeholder zu bloßen Antwortgebern reduziert. Marktforschung repräsentiert die Bedürfnisse ihrer Kunden, die aber nur selten den Wünschen der Stakeholder entsprechen. Wie bereits im Abschnitt 7.3.2 erläutert, sind die strukturierten Interviews der Marktforschung ungeeignet, die eigenen Stimmen der von ihnen Befragten zu registrieren, und sie beschränken sich im Allgemeinen auf einen kurzen Moments im Leben eines Artefaktes: den des Kaufens. Die Marktforschung informiert ihre kommerziellen Kunden, aber nur selten die Designer, die umfassendere Vorstellungen ihrer Entwürfe im Blick haben.
- *Betriebsinterne Brauchbarkeitslabore:* Organisatorisch ist die Einrichtung von Brauchbarkeitslaboren ein einfaches Mittel, um Fragen zur Brauchbarkeit zu beantworten. Solche Labore sind aus der Tradition der Ergonomie entstanden und bringen sogenannte Brauchbarkeitsexperten in eine Abteilung, die die Produkte eines Unternehmens hinsichtlich ihrer Benutzer bewerten sollen. Benutzerexperten mögen zwar aufgeschlossen sein, können aber die Vielfalt von Benutzern lediglich durch Verallgemeinerungen von Testergebnissen kennen. Dadurch dass Brauchbarkeitsexperimente betriebsintern durchgeführt werden, Experten und Versuchspersonen angestellt sind oder bezahlt werden, um die Fragen eines Herstellers zu beantworten, besteht die Gefahr, dass solche Labore unerwartete und abweichende Bedeutungen nicht zur Kenntnis nehmen, was dem Aufsetzen von Scheuklappen gleicht.
- *Auswärtige Berater:* Man hat Berater engagiert, um herauszufinden, was Stakeholder über kritische Designentscheidungen zu sagen haben. Der Einsatz von Fokusgruppen, Beobachtungstechniken oder ethnografischen Feldforschungsmethoden, ist eine Möglichkeit zu verhindern, dass oben erwähnte Scheuklappen die Entwicklungspolitik eines Unternehmens bestimmen. Es wurde jedoch festgestellt, dass Berater, die nicht in ein Designteam eingebettet sind und deshalb nur über ein teilweises Verständnis der in Entwicklung begriffenen Produkte verfügen, zwar neue Perspektiven in die Diskussion einbringen können, aber wenig Einfluss auf Designprozesse haben. Da sie außerdem andernorts angesiedelt sind und nur bei Bedarf eingeladen werden, sind externe Berater nicht immer erreichbar (Butler und Ehrlich 1994), wenn man sie gerade braucht.

- *Benutzerunterstützte Designgruppen:* Im Gegensatz zu den drei traditionellen Ansätzen, kam Apple bei der Entwicklung seines Notebooks auf einen anderen Ansatz, eine benutzerunterstützte Designgruppe zu installieren.

Apple hatte die Idee, eine kleine Gruppe von Beratern an Bord zu holen, die praktische Erfahrungen mit jenen Produkten hatte, die Apple gerade entwickelte. Diese Berater konnten über längere Zeiträume zusammenarbeiten und den Gebrauch der neuen Technologie während des Entstehungsprozesses kennenlernen. Die Gruppe bestand aus Personen mit Fertigkeiten in verschiedenen Disziplinen, mit einem hinreichend hohen Bildungsniveau, Erfahrungen im Testen von Gebrauchsgegenständen, der Fähigkeit zu beobachten und der Fähigkeit an Untersuchungen von Interfaces und teilzuhaben, die Apple mit seinen Stakeholdern verbinden (Gomoll und Wong 1994).

In einem Entwicklungsprojekt für Philips, Eindhoven, dehnte das Exploratory Design Laboratory (EDL), das bei der damaligen Firma RichardsonSmith angesiedelt war, den benutzerorientierten Designprozess auf die Beteiligung verschiedener Stakeholder aus, indem es Software-Ingenieure, Marketingforscher, Geschäftsführer und Experten, die den Benutzern am nächsten kamen, mit einbezog. EDL bereitete Fragen vor und organisierte Workshops, in deren Verlauf Designentscheidungen gemeinsam getroffen wurden.

Die intensive Stakeholder-Beteiligung am Designprozess soll nicht nur die Distanz zwischen unbeirrbaren Designern oder Designteams und denjenigen, die von einer Entwicklung betroffen werden, reduzieren, sondern auch die Lernprozesse modellieren, durch die die Stakeholder eine neue Technologie meistern. Tatsächlich wachsen die technologischen Kompetenzen von Stakeholder-Gemeinschaften ununterbrochen. Eine wirklich neue Technologie bedarf allerdings neuer Begrifflichkeiten und Benutzerkompetenzen, die eine gegenwärtigen Stakeholder-Gemeinschaft noch nicht artikulieren kann und erst erwerben muss. Die Teilnahme von Stakeholdern am Designprozess ermöglicht es idealerweise, diese Begrifflichkeiten und Kompetenzen parallel mit der Entwicklung eines Designs zu erarbeiten, also im Voraus zu den gegenwärtig üblichen Interfaces. Diese Zusammenarbeit ermöglicht insbesondere die Entwicklung neuartiger Artefakte in Korrelation mit dem Wachsen entsprechender Benutzerkompetenzen.

7.4 Human-centered Designmethoden

Die im Folgenden skizzierten Methoden haben drei gemeinsame Merkmale.

- *Es sind Designmethoden,* das heißt sie erweitern Möglichkeitsräume für ein Design und verdichten diese anschließend zu diskutierbaren Vorschlägen für Artefakte, die wünschenswerte Versionen der Zukunft hervorbringen oder unerwünschte verhindern.
- *Sie befassen sich damit, wie Stakeholder einem Design Bedeutungen zuschreiben.* Da Bedeutungen im Gebrauch erworben und nicht gestaltet werden können, *muss man Entscheidungen über Bedeutungen letztlich denjenigen überlassen, die von einem Design betroffen sind,* nämlich den Stakeholdern. Human-centered Designmethoden weben Kenntnisse der Art und Weise, wie Bedeutungen innerhalb relevanter Stakeholder-Gemeinschaften entstehen, in den Designprozess, um sicherzustellen, dass ein

Design *den Bedeutungen Vorschub leistet, die zu zuverlässigen Interfaces führen* und diejenigen verhindert, die Unterbrechungen, Enttäuschungen, Ausfälle und Schaden verursachen.

- *Sie erarbeiten Designvorschläge, die im Prinzip, empirisch überprüfbar sind.* Da man eine projektierte Zukunft noch nicht beobachten kann, *liefern sie idealerweise gültige Argumente,* überzeugende Demonstrationen *oder nachvollziehbare Tests der projektierten Wirklichkeit eines Designs.* Die Abfolge, Ideen zu generieren, zu Vorschlägen zu entwickeln und dann zu bewerten ist allgemein und unterliegt den folgenden Designmethoden.

Designer müssen sich bewusst sein, dass sie Bedeutungen nicht in Artefakte ‹einbauen› oder andere Menschen dazu ‹zwingen› können, Bedeutungen so zu sehen, wie sie es möchten. Es geht nicht darum, einem Artefakt ‹Inhalt hinzuzufügen›, damit die Benutzer verstehen, was der Designer beabsichtigt hatte. Genausowenig geht es darum Bedeutungen zu ‹vermitteln›. Es wäre auch ein epistemologischer Fehler, Bedeutungen als subjektiv und die Materialität von Artefakten hingegen als etwas Objektives zu behandeln. Die genannten Konzeptionen privilegieren die Wirklichkeit der Designer und werten die ihrer Stakeholder ab, als ob Designer die Wirklichkeit richtig wahrnehmen könnten, während Stakeholder nur über minderwertige Wahrnehmungen verfügten (Siehe Abschnitt 2.5).

Wie in Abschnitt 2.3 besprochen, entstehen Bedeutungen im Gebrauch und entfalten sich in Interfaces mit Artefakten. Designer haben jedoch die unbezweifelbare Möglichkeit, Affordances zu schaffen oder zu verhindern, dass Bedeutungen ausgelöst werden, die zu Fehlern führen können (Abschnitt 3.4.2). Gebrauch kann zweckmäßig eingeschränkt werden, um Benutzer vor Unfällen zu schützen, zum Beispiel sich aus ihrem Auto auszuschließen, Kinder davor zu bewahren, Arzneimittelflaschen zu öffnen, oder Elektrostecker so zu gestalten, dass elektrische Geräte nicht durch höhere Spannungen (220 Volt anstelle von 110) durchbrennen. Computerinterfaces sind voller nützlicher Beschränkungen und Warnungen. Ein Hammer hingegen kann auf höchst unterschiedliche Weise benutzt werden, etwa um Nägel einzuschlagen oder jemandem zu schaden. Da, wo der Gebrauch eines Artefakts sich nicht physikalisch beschränken lässt, können sich Designer nur auf die Bedeutungen verlassen, Warnungen etwa, die innerhalb einer Stakeholder-Gemeinschaft bekannt sind. Es gibt drei allgemeine Prinzipien der Designsemantik:

Erstens: Die Bedeutungen, die ein Design in einer Stakeholder-Gemeinschaft aufruft, sollten mit den Affordances des gestalteten Artefakts übereinstimmen. Ein Artefakt sollte semantisch nicht mehr versprechen, als es unterstützen kann.

Zweitens: Wie auch in der zwischenmenschlichen Kommunikation, in Werbebotschaften, in architektonischen Räumen und in Systemen von Straßen- und Verkehrsschildern, sollten Artefakte nicht nur Bedeutungen Vorschub leisten, die Stakeholder ihren Zielen (ihrer jeweiligen wünschenswerten Zukunft) näherbringen. Gleichzeitig sollten sie Deutungen verhindern, die Stakeholder in Schwierigkeiten bringen, falsche Richtungen einzuschlagen oder zu Schaden zu kommen. Die Designsemantik sollte also nicht nur die Aufmerksamkeit der Benutzer lenken, sondern auch verhindern, in Fallen gelockt zu werden oder Schwierigkeiten zu erfahren.

Drittens: Lernen gehört zum Menschsein. De facto verändern sich Bedeutungen im Gebrauch kontinuierlich. Benutzerkonzepte sind nie so stabil wie Mechanismen. Daraus folgt, dass sich die Designsemantik, anders als im Ingenieurswesen, nicht auf Bedeutungen beschränken kann, die aufgerufen und innerhalb von Stakeholder-Gemeinschaften auf stereotype Weise in Interaktionen umgesetzt werden. Vielmehr muss sie einen hinreichend großen Spielraum schaffen, in dem neue Interpretationen möglich sind, neuartige Interfaces entstehen können und konzeptionelle Dynamiken sich entfalten können, die ein Designer nicht im Detail vorausahnen konnte.

Die folgenden Abschnitte behandeln fünf bewährte Methoden, außer ihnen gibt es noch andere, die noch ausformuliert und erprobt werden müssen.
- (Um-)Gestalten der Charaktere von Artefakten.
- Gestalten von Artefakten, die ihre Arbeitsweise ausdrücken
- Gestalten originaler Artefakte mithilfe von Narrativen und Metaphern
- Gestalten von Designstrategien
- Dialogische Wege zu einem Design

7.4.1 (Um-)Gestalten der Charaktere von Artefakten

Die Methode, Charaktere von Artefakten (um)zugestalten, wurde an der Ohio State University (OSU) entwickelt. Ihr Hauptvertreter ist Reinhart Butter (1989, 1990). Per Definition besteht der Charakter eines Artefakts aus verschiedenen Charakterzügen, die jeweils einem Adjektiv oder Adjektivpaar entsprechen. Letztere beschreiben die Wahrnehmungen oder Empfindungen individueller Dimensionen von Artefakten. Charaktere sind nicht mit Affordances zu verwechseln. Charaktere unterscheiden zwischen Artefakten innerhalb einer Kategorie. Affordances implizieren Handlungsmöglichkeiten. Man kann Charaktere in den Räumen semantischer Differentialskalen (Osgood et al. 1957) (Abschnitt 4.3) darstellen und darin erkennen, welche Unterscheidungen die Stakeholder innerhalb einer Kategorie von Artefakten treffen.

Die Methode
- ist auf eine konzeptionell unproblematische Kategorie von Artefakten oder Konzepte eines zumindest dem Namen nach bekannten Phänomens anwendbar (Autos, das Innere von Lkw-Fahrerhäusern, Armbanduhren, Parfümbehälter, Motive von Handelsmarken, aber auch Politiker, die alle jeweils eine eigene Kategorie bilden).
- erfordert eine Klärung der angestrebten sowie der unerwünschten Charakterzüge des zu gestaltendes Artefakts. Diese Charakterzüge können von ästhetischen Qualitäten, der Fähigkeit bestimmte Gefühlen zu erwecken, bis zu den Gruppenidentitäten ihrer Benutzer reichen, sie sind in jedem Fall in der Form von Adjektiven formuliert. Wünschenswerte und unerwünschte Adjektive sind meist vom Auftraggeber erhofft, sollten jedoch auch in Zusammenarbeit mit Stakeholdern erarbeitet werden. Im Allgemeinen lassen sich die erwünschten Charakterzüge leicht benennen. Man möchte beispielsweise, dass ein Auto beeindruckend, ein Weinglas elegant, ein Abendkleid herausragend, ein Geschenk persönlich und ein medizinisches Instrument sauber aussieht. Charakterzüge, die zu vermeiden sind, sind diejenigen, die Benutzer häss-

lich, abschreckend oder widerwärtig finden. Es können aber auch die Eigenschaften eines Konkurrenzproduktes sein, von denen sich das umzugestaltende Artefakt unterscheiden soll, oder solche, die einen Kandidaten für ein politisches Amt nicht wählbar erscheinen lassen. Die Motivation, Charakterzüge umzugestalten, kann aber auch eine Folge der Einsicht sein, dass ein existierendes Produkt im Zeitverzug Attribute angenommen hat, die ihm gegenwärtig abträglich sind. So verlangt etwa die Mode dauernd Umgestaltungen.

- verlangt eine Identifizierung der ermittelten Benutzer- und Stakeholder-Gemeinschaften. Charakterzüge sind keine universellen Phänomene. Sie ergeben sich aus den Sprachgewohnheiten und Wahrnehmungen bestimmter Gemeinschaften und beziehen sich auf die Art und Weise, wie man in solchen Gemeinschaften mit Artefakten sprachlich und tatsächlich umgeht, insbesondere welche Attribute man welchen Wahrnehmungen zuspricht.

Die Methode besteht aus fünf grundsätzlichen Schritten[4]:

1. Die beiden kontrastierenden Mengen der eingangs genannten verbalen Attribute *erläutern oder* um Synonyme oder Adjektive mit ähnlichen Bedeutungen *erweitern,* sodass sie idealerweise alle Attribute umfassen, die die Stakeholder der Kategorie des Artefakts, das umgestaltet werden soll, üblicherweise zuschreiben. Dazu können Designer Synonymenwörterbucher verwenden, Fokusgruppen einsetzen, mit Linguisten oder Experten arbeiten, kompetente Praktiker interviewen oder relevante Literatur, Produktbeschreibungen, Konsumentenberichte, Werbeanzeigen oder Kritiken konsultieren.

2. *Analysieren und Gruppieren* der beiden so erweiterten Attributgruppen. Ordnen derselben nach dem Grad ihrer Vertrautheit in der anvisierten Stakeholder-Gemeinschaft (Aussortieren unvertrauter oder idiosynkratischer), Zusammenfassen ähnlicher oder synonymer Attribute unter einem Nenner, Identifizieren der zentralen Attribute (Vernachlässigen der peripheren) und Extrahieren der den Gruppen zugrundeliegenden Dimensionen (beispielsweise unter Verwendung der multidimensionalen Skalierung, MDS-Techniken oder Faktorenanalysen [Osgood und Suci 1969]). Um unklare und doppeldeutige Attribute auszuschließen, muss immer an dem Gegensatz zwischen den Attributen festgehalten werden, die Stakeholder für wünschenswert halten und auf die Designer abzielen, sowie denjenigen, die vermieden werden sollen (beispielsweise mittels einer Diskriminanzanalyse). Im Zweifelsfall Überprüfen der Eindeutigkeit der Unterscheidung mithilfe kompetenter Benutzer der fraglichen Artefakte. Die überlebenden Attribute leiten Schritt 3 und liefern die Kriterien für Schritt 5.

3. *Erzeugen von Manifestationen von Charakterzügen aller relevanten Attribute.* Diese Manifestationen können aus Abbildungen existierender Artefakte oder materieller Objekte bestehen, die das Attribut des Charakterzuges so deutlich wie möglich

---

4 Butter (1989) hat die Gestaltung von Charakterzügen in acht Schritten beschrieben. Seine Schritte sind kleiner als die hier beschriebenen, doch sie decken im Wesentlichen dieselben Bereiche ab, angefangen mit den Spezifikationen erwünschter Charakterzüge und endend mit der semantischen Überprüfung der Manifestationen des resultierten Designs, hier Schritt 4.

ausdrücken. In diesem Schritt werden sämtliche vorstellbaren Manifestationen aller wünschenswerten und aller zu vermeidenden Attribute gesammelt. Geht es etwa um ein Erscheinungsbild für Schnelligkeit, sucht man nach Möglichkeiten, das Adjektivpaar ‹schnell› und ‹langsam› zu visualisieren. Geht es um das Geschlecht, trägt man Formen zusammen, die ‹Weiblichkeit› im Gegensatz zu ‹Männlichkeit› signalisieren, und wenn Dauerhaftigkeit gewünscht wird, sammelt man beispielsweise Fotos, von robusten Gegenständen im Gegensatz zu solchen, die nur von flüchtiger Existenz sind. Eine Quelle solcher Manifestationen können unterschiedliche Stakeholder sein, die einerseits Objekte, Bilder oder Beispiele beisteuern, die die fraglichen Attribute am besten manifestieren, oder andererseits die von Designern ausgesuchten Manifestationen bestätigen oder infrage stellen. Konkurrenzprodukte, Warenproben, Ausschnitte aus Zeitschriften, Skizzen und Zeichnungen eignen sich als Manifestationen und werden weithin genutzt. Attribute von Geräuschen und Gerüchen sind zwar schwerer darstellbar, aber deshalb nicht ausgeschlossen. Die Manifestationen der erwünschten Attribute müssen klar sein (das heißt sie müssen sich ausreichend von den Manifestationen der unerwünschten Attribute unterscheiden). Mehrdeutige Manifestationen (also solche, die mehrere relevante Attribute gleichzeitig darstellen,) sollten vermieden werden. Die Aufgabe dieses Schrittes besteht darin, eine möglichst große Sammlung von Manifestationen zu finden, die den semantischen Raum möglicher Umgestaltungen darstellen und dem Designer genügend Auswahlmöglichkeiten bieten[5].

4. *Scheinbare Unvereinbarkeiten in Einklang miteinander bringen.* Der kreative Teil der Methode und der wohl am schwierigsten beschreibbare, besteht darin zu erkunden, welche Manifestationen miteinander kombinierbar sind ohne die gewünschten Attribute der Erscheinungsweise des Designs zu kompromittieren. Einige Manifestationen können unabhängig voneinander existieren, etwa Oberflächen (wie kühle Farben) oder Gerüche (zum Beispiel Ledersitze in einem Auto). Voneinander unabhängige Manifestationen stellen keine ernsthaften Designprobleme dar. Andere können zu neuen Anordnungen führen (zum Beispiel verschiedener Steuerelemente) oder Stile (wie Hightech, Art Nouveau, Punk, japanischer Stil). Wenn eine Manifestation eine andere ausschließt, beide aber wünschenswerte Charakterzüge repräsentieren, besteht das Problem darin, diese Unvereinbarkeiten zu beheben (7.2.3). Designer können dann die Liste alternativer Manifestationen der wünschenswerten Attribute durchgehen und nach miteinander vereinbaren suchen und sie zu einer neuen Einheit zusammenfügen, die den entsprechenden Attributen nicht widersprechen. Unvereinbare Manifestationen sind häufig und fordern die Kreativität des Designers heraus.

Das Ergebnis dieses Schritts ist ein Entwurf in der Form von Skizzen, Modellen oder Prototypen des umgestalteten Artefakts, der hinreichend realistisch sein muss, um

---

5 Es ist üblich, sich mit sogenannten «Mood boards» zu umgeben, die aus anregenden Bildern bestehen. Der Zweck dieser Methode besteht jedoch nicht darin, Designer in eine kreative Stimmung zu versetzen, sondern eine möglichst klare Korrelation zwischen verbalen Attributen und visuellen Manifestationen zu schaffen.

getestet zu werden, inwiefern er den für die relevanten Stakeholder-Gemeinschaften wünschenswerten Charakterzügen nahekommt und die unerwünschten vermeidet.

5. *Testen* des Charakters des Designs, das sich in Schritt 4 ergeben hat, für jeden Charakterzug im Vergleich zu den in Schritt 2 entwickelten Attributen. Der Charakter des vorgeschlagenen Designs sollte so wenig wie möglich von dem erwünschten Charakter abweichen und so weit wie möglich von dem unerwünschten Charakter entfernt sein. Geeignete Beweise hierfür lassen sich auf unterschiedliche Weise erlangen. Erstens: Mehrere Stakeholder sollen den Entwurf in eigenen Worten beschreiben, und Erstellen einer Inhaltsanalyse ihrer Antworten unter dem Gesichtspunkt der Attribute, die die Beschreibungen enthalten, verglichen mit den in Schritt 2 erarbeiteten Attributen. Zweitens: Verwenden von semantischen Differenzialskalen, die jeden Charakterzug in einem Attributspaar darstellen. Einstufen des Designs durch Probanden unter dem Gesichtspunkt seiner polaren Adjektive und Vergleichen der gegebenen Antworten mit den wünschenswerten Antworten.

Schritt 1 klärt die Attribute, mit denen ein Entwurf wahrgenommen werden sollte. Schritt 2 verankert diese Attribute in einer Stakeholder-Gemeinschaft. In Schritt 3 wird der kombinatorische Raum von Designoptionen erweitert, indem Designer oder Stakeholder eine Vielzahl von Manifestationen gewünschter und unerwünschter Charakterzüge erstellen. Dies ist ein Raum, in dem die Charaktere verschiedener Artefakte vergleichbar dargestellt werden können. In Schritt 4 suchen Designer eine Gestalt, deren Charakter sich aus der Vielzahl von Manifestationen einzelner Charakterzüge ergibt. In Schritt 5 wird überprüft, wie die Stakeholder den Entwurf wahrnehmen, wieweit die von ihnen benutzten Attribute sich den gewünschten nähern und sich von den unerwünschten absetzen.

Diese Methode wurde in verschiedenen Situationen erfolgreich angewendet. Sie sorgt für eine systematische Ausweitung der Imagination, Kreativität und Sensibilität des Designers in jene Richtung, in der die Stakeholder über die Kategorie des zu gestaltenden Artefakts sprechen, was den Raum angemessener Attribute bestimmt, und zielt auf einen realisierbaren Charakter. Human-centeredness wird dadurch gewahrt, dass man sich auf die Wahrnehmung von Stakeholdern, einschließlich von Linguisten, Psychologen, Soziologen sowie mögliche Kritiker des umzugestaltenden Artefakts und deren Fähigkeit, darüber miteinander zu sprechen, stützt. Hier sei wiederholt, dass der Charakter eines Designs sich immer in sprachlichen Äußerungen manifestiert, die Wahrnehmungen, Gefühle oder ästhetische Eigenschaften beschreiben.

Ein gutes Beispiel ist das an der OSU entwickelte Design des Innenraums eines LKW-Fahrerhauses (Butter 1989). Abbildung 7.3 zeigt vier Ergebnisse. Der Hersteller, Freightliner, lieferte die spezifischen Vorgaben für das Fahrerhaus eines 40-Tonnen-Trucks. Butters Studenten bauten ein originalgroßes Gestell des Innenraums, um begehbare Modelle zu erstellen und vergleichen zu können. In Absprache mit dem Hersteller zielte jedes der fünf Teams auf einen anderen Charakter für das Fahrerhaus: hightech, lowtech, zeitgenössisch, funktional und futuristisch. Schritt 1 und 2 umfasste das Zusammenstellen der Adjektive für die Charakterzüge des jeweils gewünschten Charakters. Zur Vereinfachung der Aufgabe sollten all jene Charakterzüge vermieden werden, die von den anderen vier Teams angezielt wurden. Auf diese Weise sollte erreicht werden, dass die fünf angestrebten Charaktere möglichst unterschiedlich waren und es zu keinen Verwechslungen zwischen den Teams kam. Das erklärt die Abwesenheit explizit unerwünschter Attribute in den folgenden Listen.

Für den *Hightech*-Innenraum des Fahrerhauses ergaben sich aus Schritt 2 die folgenden Attribute:
elektronisch
modular
interaktiv
leise
im Detail erkennbar

Die Manifestationen, die sich in Schritt 3 für diese Attribute fanden, waren zu zahlreich, um hier aufgezählt zu werden, sie fielen unter die folgenden Kategorien:
transparente Technologien
Baukasten-Architekturen
anpassbare Komponenten
geradlinige Geometrien
ergonomische Farbschemata

Das Ergebnis der Integration kompatibler Manifestationen, Schritt 4, ist in dem testbaren Vorschlag Abbildung 7.3a zu sehen. Dieses Fahrerhaus erinnert an ein mobiles elektronisches Büro oder an das Kontrollzentrum eines Verkehrssystems, dessen Teil der Fahrer ist.

Die Attribute des *funktionalen* Fahrerhauses, die aus Schritt 2 resultierten, waren:
einfach
solide
industriell
hygienisch
reagierend

Die zahlreichen Manifestationen der Attribute, die sich aus Schritt 3 ergaben, wurden den folgenden Begriffen zusammengefasst:
topmoderne Technologie
versteckte Raffinesse
hydrophobe Form
geräumige Dimensionen
schmutzunanfällige Farben

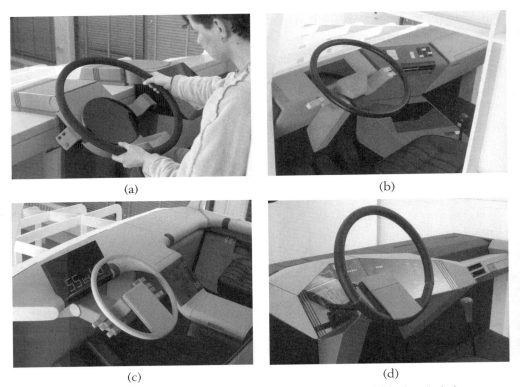

(a)   (b)

(c)   (d)

7.3 Unterschiedliche Charaktere von Lkw-Fahrerhäusern: (a) hightech, (b) funktional, (c) zeitgenössisch, (d) futuristisch.

Das Ergebnis von Schritt 4 findet sich in Abbildung 7.3b. Es zeigt den technisch-zweckgerichteten Charakter des LKW-Fahrerhauses und hebt die Einfachheit und Robustheit hervor, ohne die elektronische Raffinesse des Hightech-Designs auszuspielen. Die Abbildung selbst vermittelt wenig von der Geräumigkeit des Entwurfs. Interessanterweise trat im Laufe von Schritt 4 ein unerwarteter Charakterzug zu Tage, übrigens auch in dem hier nicht abgebildeten *Lowtech*-Charakter: Einige Manifestationen kamen aus dem militärischen Bereich, wie Robustheit, monotone Farbigkeit, fehlendes Komfortbewusstsein und mechanische Steuerelemente. Um eine Verwechslung mit den hier angestrebten funktionalen Charakter zu vermeiden, fügten die Designer diese der Liste unerwünschten Adjektive hinzu und gelangten so schließlich zu einem weniger einschüchternden, vertrauten, leicht zu handhabbaren, aber auch doch attraktiven Design.

Die Analyse der Charakterzüge des *futuristischen* Fahrerhaus-Innenraums erbrachte folgende Adjektive:
raffiniert
präzise
organisiert
aufgeweckt
seriös

Das erzeugte Manifestationen wie:
Ingenieurstechniken des Raumzeitalters
Cockpit-Layouts
büroähnliche Hardware
kristalline Formen
materielles karges Farbschema

Das Zusammenführen dieser Manifestationen in Schritt 4 führte zu einer erstaunlichen Skulptur mit ungewöhnlichen Eigenschaften, sauberen und einfachen Oberflächen, auf denen sich ein natürliches Interface entwickeln konnte und die sowohl den Fahrer als auch den Fahrgast vollständig umgaben, wie Abbildung 7.3d andeutet.

Obwohl keiner dieser Vorschläge formell getestet wurde, führte eine Befragung von Probanden zu Listen mit Attributen, die man anschließend mit denen des beabsichtigten Charakters korrelieren konnte. Das futuristische Design kam dem intendierten Charakter am nächsten (Butter 1989).

Abbildung 7.4 zeigt eine mehrdimensionale Analyse der Manifestationen der sieben charakteristischen Merkmale, hier von Autos (Chen und Liang 2001, S. 533). Die von den Probanden benutzten Adjektive wurden einer Faktorenanalyse unterzogen, um die den Zuschreibungen zugrunde liegenden Dimensionen zu ermitteln. Die Technik wurde hier angewendet, um die semantischen Unterschiede zwischen existierenden

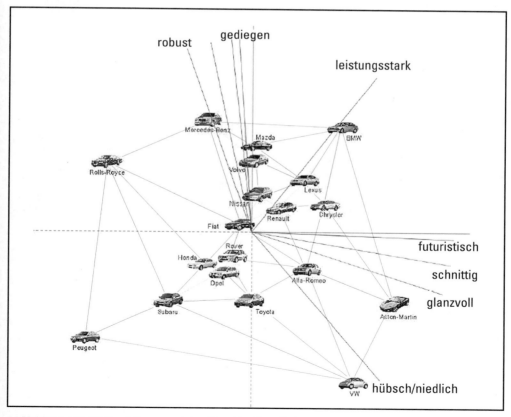

7.4 Multidimensionale Darstellung von sieben Charakterzügen für Autos.

Autos auszumessen. Sie kann aber auch in Schritt 2 zum Einsatz kommen, um eine größere Anzahl von Attributen auf die wichtigsten zu reduzieren, oder um zu messen, wie ein vorgeschlagener Entwurf von den auf dem Markt vorhandenen Modellen abweicht.

Zwei zusätzliche Beispiele mögen die Vielfalt demonstrieren, die diese Methode erzeugt. Abbildung 3.10 zeigt wünschenswerte Innenräume von Fahrstühlen mit Hilfe von Metaphern. Ziel war es, die Platzangst zu reduzieren, die einige Leute erleben, wenn sie sich in engen Räumen befinden. Auch diese Beispiele wurden durch angemessene Attribute erzeugt und bewertet.

Abbildung 7.5 zeigt die Anwendung dieser Methode auf ein grafisches Problem. In diesem Fall hatten Butters Studenten an der OSU Schwimmbretter entwickelt, sechzig bis neunzig Zentimeter lange Schwimmhilfen für Sport- und Freizeitzwecke. Ein Exemplar verwendeten die Studenten von Hans-Ruedi Buob an der Schule für Gestaltung in St. Gallen, der über semantische Prinzipien forschte. Das Bild zeigt, wie der Charakter ‹leichtgewichtig›, der in Abbildung 7.5a anfangs in Form einer Feder ver-

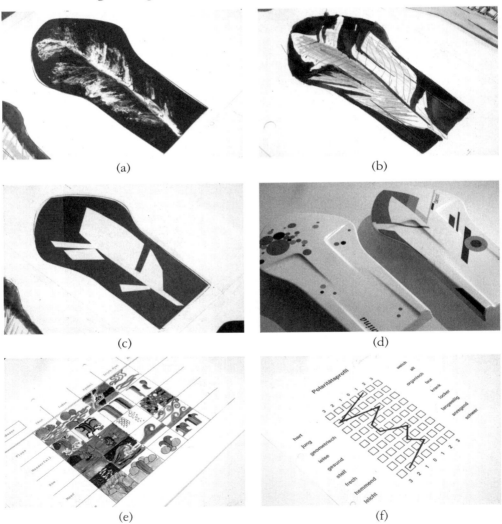

(a)

(b)

(c)

(d)

(e)

(f)

7.5 Sondieren alternativer Charaktere mit grafischen Mitteln.

anschaulicht wurde, in Abbildung 7.5b und c zunehmend abstrakter wurden. Abbildung 7.5d zeigt die endgültige Version im Vergleich mit einer früheren Lösung. Abbildung 7.5e bildet einige der Manifestationen ab, die systematisch erkundet wurden, und Abbildung 7.5f zeigt neun semantische Differentialskalen mit denen die Charakterzüge gemessen wurden. Darin kann man sehen, dass Leichtgewichtigkeit ziemlich klar dargestellt wurde, was zusätzlich mit der Dimension ‹jung›/‹alt› positiv korrelierte. Die anderen Attribute liegen eher in den mittleren Werten; sind also mehrdeutig, ohne das Ziel dieser Übung zu beeinträchtigen.

Die (Um-)Gestaltung des Charakters von Artefakten ist auch das Ziel eines japanischen Systems, das sich «Kansei-Engineering» nennt. Es befasst sich ebenfalls mit den Attributen und deren Manifestationen und benutzt auch die bekannten semantische Differentialskalen. Es bedient sich zwar einer anderen, aber größtenteils übertragbaren Terminologie, macht jedoch unterschiedliche epistemologische Annahmen (dass die Attribute einem Produkt innewohnen) und sagt nichts aus über den hier entscheidenden Schritt, nämlich Schritt 4 (das wesentliche Gestaltungsproblem, die Unvereinbarkeit von Manifestationen zu überwinden). Das japanische Wort «kansei» hat mehrere Bedeutungen, unter anderem Empfindlichkeit, Sinn, Sinnlichkeit, Gefühl, Ästhetik, Emotion, Zuneigung und Intuition, die offenbar im Japanischen allesamt als mentale Reaktionen auf äußere Reize begriffen und häufig zusammenfassend als Gefühle bezeichnet werden. Im Japanischen stehen sich «kansei», (Gefühle) und «chisei» (die Kenntnis äußerer Tatsachen) gegenüber (Lee und Stappers 2003).

Laut Mitsuo Nagamachi (1995, 1956), dem Begründer des Kansei-Engineering, umfasst die Methode vier Schritte. Zunächst sammelt man geeignete Kansei-Worte oder eine bestimmte Klasse von Adjektiven von den Benutzern der Technologie. Zweitens werden Korrelationen zwischen Produktmerkmalen und Kansei-Worten hergestellt, oder es werden die Manifestationen relevanter Attribute gefunden. Drittens wird eine Datenbank dieser Korrelationen nach geeigneten Kansei-Worten, zu deren Darstellung man semantische Differentialskalen benutzt, durchsucht und analysiert. In der Regel bedient man sich dabei der Faktorenanalyse, um die häufig hohe Anzahl von Korrelationen auf eine überschaubare Menge zu reduzieren. Dieser computerunterstützte Schritt steht im Mittelpunkt des Kansei-Engineering. Viertens beurteilen wahrscheinliche Benutzer das neue Design bezüglich der Kansei-Worte, um festzustellen, wie nahe sie dem Ideal kommen. Das entspricht dem obigen Schritt 5.

Dementsprechend geht Kansei Engineering von einer engen Beziehung zwischen Produktmerkmalen und Gefühlen aus. Wenn sich, so das Argument, die Produktmerkmale kontrollieren lassen, was von Kansei-Designern erwartet wird, und wenn die Gefühle der Benutzer aufgrund der Merkmale, mit denen sie konfrontiert werden, vorhersagbar sind, dann können die Gefühle manipuliert werden, um Verkaufszahlen, Brauchbarkeit und Benutzerzufriedenheit zu verbessern. Tatsächlich kann das Kansei-Engineering Gefühle weder vorhersagen noch beobachten. Kansei-Worte beziehen sich auf viel zu viele, höchst verschiedenartige und größtenteils sozial konstruierte Phänomene. Kansei-Engineering, wie die oben beschriebene Designmethode, beginnt mit dem Sammeln von Worten und endet mit der Bewertung in Worten, die die Probanden für die Wahrnehmung vorgestellter Entwürfe und Benutzer-Interfaces passend finden. Sie bleiben daher ganz und gar in der Sprache verhaftet. Kansei-Engineering mag in der Lage sein, den *Gebrauch* von Kansei-Worten in bestimmten Situationen vorherzusagen, in Situationen, die zweifelsohne Wahrnehmungen, Begriffe, Erwartungen und Gefühle beinhalten, aber nur dann, wenn die Benennungskonventionen unverändert bleiben. Gefühle spielen bei diesem Sprachgebrauch rein implizite Rollen.

Die Wahrnehmung von Artefakten und Kategorien von Gefühlen sind also weder universell gültig (Sprach-, Kultur-, Sozial-, oder Situationsunabhängig) noch können sie durch Produktformen verursacht oder erklärt werden (siehe das Axiom der Bedeutung im Abschnitt 2.2). Obwohl das Wort «kansei» in Japan eindeutig sein mag, lässt es sich nur schwer auf die in indoeuropäischen Sprachen üblichen Konzepte übertragen. Human-centeredness muss kulturelle Relativität respektieren.

7.4.2 Gestalten von Artefakten, die ihre Arbeitsweise ausdrücken

Diese Designmethode zielt auf Artefakte, die ihre Arbeitsweise, Komposition und die Funktionalität ihrer Bestandteile verständlich, idealer Weise selbstverständlich machen. Sie zeichnet sich durch folgendes aus:

- Sie ist auf Artefakte anwendbar, deren Technologie relativ unproblematisch darstellbar ist, und die aus der Ingenieurperspektive zwar als gelöst gelten, wie etwa Luftentfeuchter, Espressomaschinen, PCs, Telefone, sogar chemische Prozesse, aber:

  - deren Technologie sich dem genauen Verständnis der Benutzer entzieht; also dem Designer gewisse Freiheiten gibt, den Benutzervorstellungen nachzukommen;
  - denen eine neue Technologie zugrunde liegt oder neue Merkmale hinzugefügt wurden, und es wünschenswert ist, diese von existierenden Artefakten zu unterscheiden;
  - deren gegenwärtige Erscheinungsweisen derart ausdrucksfrei sind, sodass die bewusste Betonung ihrer funktionalen Zusammensetzung eine Quelle visueller Freude wäre. So sind etwa Bürogeräte wie Faxmaschinen, Kopierer, Drucker und Aktenvernichter in Form und Farbe so ähnlich geworden, dass man sie kaum voneinander unterscheiden kann. Ihre Umgestaltung könnte Unterscheidungen einführen, die darüber hinaus zeigen, wie sie welche Aufgabe erledigen können.

- Es muss irgendeinen Vorzug haben, die Arbeitsweise eines Artefakts in den Vordergrund zu stellen – Verständlichkeit des Gebrauchs. Ästhetik, Markenname, Benutzeridentität –, statt sie mit dem Hintergrund verschmelzen zu lassen.
- Wie jede human-centered Methode erfordert sie ein Verständnis zweiter Ordnung, hier jedoch nicht nur des Gebrauchs der Stakeholder-Gemeinschaften, sondern zusätzlich davon, wie ein Artefakt funktioniert und wie es entstand. Es wird erwartet, dass man Vergnügen an der Offenbarung seiner Technologie hat.

Obwohl Peter Stathis und ich diese Schritte formuliert, an der University of the Arts in Philadelphia gelehrt und angewandt haben, ist Michael McCoy ihr wichtigste Befür-

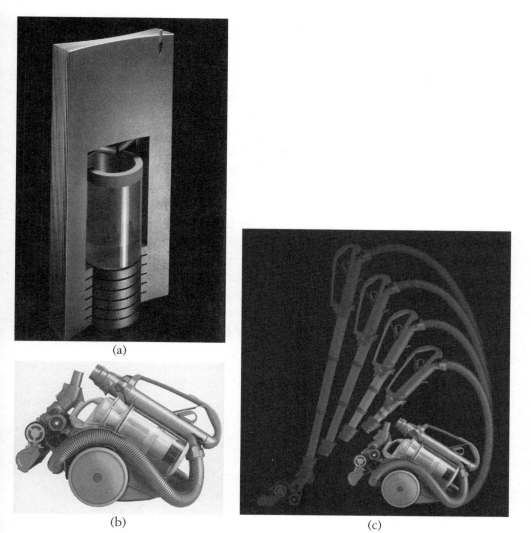

(a)

(b)

(c)

7.6 Design, das seine Arbeitsweise deutlich macht. (a) Raumentfeuchter von Paul Montgomery, 1987, (b) und (c) der Staubsauger von Dyson.

worter. Als Leiter des Design Department an der Cranbrook Academy for Art (1972–1995), ging es ihm darum, die Bedeutungslosigkeit universellen Designs zu überwinden. Er wollte nicht zur funktionalistischen Technologieverherrlichung zurückkehren. Wie in den 1960er Jahren die Armbanduhr Accutron dokumentiert, deren neuartige Technologie durch ein durchsichtiges Ziffernblatt betrachtet werden konnte, was gleichzeitig aber das Ablesen der Zeit erschwerte, oder die Zurschaustellung der sonst verborgenen Infrastruktur beim Centre Georges Pompidou in Paris. McCoy suchte nach einem Mittelweg zwischen der Reduzierung eines Artefakts auf sein Interface und der Bereitstellung ästhetisch ansprechender Formen, indem er vorschlug, Produkte, so wie man sie verstehen und gebrauchen kann, ikonisch zur Geltung zu bringen. Ein Beispiel aus seiner Zeit in Cranbrook ist Lisa Krohns Phonebook in Abbildung 3.8. Die Seiten dieses ‹Telefonbuchs› lassen sich wenden wie bei einem richtigen Buch. Dabei verändern sich jeweils die Funktionen der Tasten, so dass es abwechselnd als Tastentelefon, Telefonbuch, Diktiergerät mit Wiederholfunktion, Nachrichtenspeicher und anderes fungiert. Seine Komponenten veranschaulichen seine Brauchbarkeit.

Auch diese Methode funktioniert in fünf Schritten.

1. *Zerlegen der Funktionsweise eines zu entwickelnden Designs in Netzwerke begreifbarer Komponenten*, deren Beziehungen untereinander für das Verständnis des Artefakts insgesamt hilfreich erscheinen. Ein Schaltplan ist ein Beispiel dafür, wie sich eine komplexe Funktion in ein Netzwerk aus Teilfunktionen zerlegen lässt. Selbst in der Elektrotechnik gibt es meist mehrere Möglichkeiten, dieselbe Funktion in begrifflich fassbare Teile zu zerlegen. Designer sollten so viele Zerlegungen wie praktisch möglich erkunden, bevor sie sich auf bestimmte Komponenten festlegen. Einige Netzwerke mögen aus rein technisch definierten Bestandteilen bestehen, die Benutzer möglicherweise nicht verstehen (müssen oder können) und die deshalb vermieden werden sollten. Andere wiederum können schließlich aus so vielen Teilen bestehen, dass die Benutzer von der Komplexität, mit der sie konfrontiert werden, verwirrt oder gar verängstigt werden, was ebenfalls zu vermeiden ist. Entscheidend ist es, Netzwerke zu bilden, deren Bestandteile man unabhängig voneinander verstehen kann, und es der Anordnung derselben zu überlassen, dem Benutzer verständlich zu machen, wie sie miteinander zusammenhängen.

   Man kann sich nur vorstellen, welche Netzwerke von Komponenten den Designern des Dyson-Staubsaugers in Abbildung 7.6b, c seinerzeit vorgeschwebt haben. Klassische Staubsauger verbinden austauschbare Saugaufsätze und Schläuche mit einem Behälter, der alles andere ausdruckslos beinhaltet. Letzterer hat Griffe, mit denen sich das Gerät tragen lässt, An-/Aus-Schalter und Stromkabel. Diese Komponenten sind offenkundig. Ihre Namen finden sich im Wörterbuch, doch gibt es verschiedene Möglichkeiten, sie zu einem Ganzen zu verbinden. So gibt es senkrechte, mit der Hand zu haltende, Kanister-, Roboter-, Zentral- und Industrie-Staubsauger. Dyson verwendete eine Technologie, bekannt in der Industrie, aber neu in Haushalten. Hier werden der Schmutz und die Luft mittels eines Wirbelmechanismus getrennt, statt durch Filtertüten, was einer neuen Anordnung der Bestandteile Vorschub leistete. Ein anderes Beispiel: Stühle haben eine längere Geschichte und ihre Bestandteile sind bekannter als diejenigen von Computern. Obwohl die Zahl der Einzelteile, aus denen Stühle bestehen, im Vergleich zu der von Computern gering ist, gibt es wesentlich mehr Anordnungen der Bestandteile von Stühlen als von Computern, was sich natürlich in Zukunft ändern könnte.

   Bei diesem Schritt geht es darum, möglichst viele Komponenten-Netzwerke zusammenzutragen, deren Darstellung sich lohnt. Es gibt eine nicht allzu wörtlich zu nehmende Faustregel, die eine kognitive Grenze beschreibt: Auf jeder einzelnen Zerlegungsebene sollte die Zahl der Einzelteile sieben plus oder minus zwei nicht über- oder unterschreiten (Miller 1956).

2. *Erstellen von Listen möglicher Formen einzelner Komponenten, die zu realisieren sind und über eine gewisse Vertrautheit verfügen.* Während das Zerlegen eine analytische Arbeit

ist, erweitert das Erstellen von Listen bereits realisierter und vertrauter Objekte die kombinatorisch zur Verfügung stehenden Optionen. Alternative Technologien zu erkunden, ist ein wichtiger Teil dieses Schrittes. Um Vertrautheit für zukünftige Benutzer abzusichern, können Designer auch die Welt existierender Artefakte darauf durchsuchen, wie häufig sie im Leben der Benutzer vorkommen, welche benutzer-konzeptionellen Modelle (UCMs) für deren Handhabung ihnen zur Verfügung stehen, oder ob es visuelle Metaphern gibt, welche die Arbeitsweise der Komponenten verdeutlichen kann. Eine Komponente etwa, die zu heiß ist, um angefasst zu werden, lässt sich mit Schutzabdeckungen darstellten. Eine, die Flüssigkeit enthält, kann hingegen als ein zylindrischer, wasserglasähnlicher Behälter konzipiert werden. Das Gehäuse für nötige Batterien kann dessen Energieleistung darstellen. Das soll nicht heißen, dass jeder Teil eines Geräts hervorgehoben werden muss. Nicht alle Komponenten sind gleich bedeutsam, attraktiv oder unterscheidend. So empfiehlt es sich, einen Bestandteil mit einer schwer verständlichen oder abstoßenden Technologie in einem anderen zu verpacken, der weder das eine noch das andere ist. Dysons Staubsauger hob die ungewöhnliche Technologie hervor, welche die Firma als Unterscheidungsmerkmal betonen wollte. Entscheidend bei diesem Schritt ist, dass einem eine große Zahl von Komponenten zur Verfügung steht, von deren Arbeitsweise sich Benutzer einen Begriff machen können.

3. *Untersuchen,* wie *sich das Design in die Umgebung der anderen Artefakte der Benutzer einfügen kann.* Die Umgebung weist vielleicht Eigenschaften auf, die das Design unterstützen: eine Oberfläche etwa, auf der es stehen kann, andere Geräte, mit denen es zusammen arbeiten sollte, oder umgekehrt nicht in Berührung kommen darf, Transportmöglichkeiten, Aufbewahrungsplätze, wenn es sich nicht gebraucht wird, semantische Schichten. Man kann die relevanten Merkmale der Umgebung eines Designs als zusätzliche Komponenten, vergleichbar mit denen in Schritt 2, betrachteten, und wenn sie nicht gegeben sind, auch als Ziel des Designs integrieren. Entscheidend bei Schritt 3 ist, die Kontexte für den jeweiligen Gebrauch eines Artefakts zu eruieren und auf deren Basis die Zahl der in Schritt 2 ins Auge gefassten Versionen zu begrenzen. Paul Montgomerys gefeierter Luftentfeuchter (Aldersey-Williams et al. 1990, S. 94) in Abbildung 7.6a soll freistehend sein, eine Skulptur in einer eleganten Wohnung. Dysons Staubsauger hingegen sollte rollbar sein und sich in einem kleinen Raum verstauen lassen.

4. *Scheinbare Unvereinbarkeiten,* die sich aus dem Arrangement der Komponenten ergeben (die in Schritt 2 gemäß den in Schritt 1 entwickelten begrifflichen Netzwerken vorentworfen wurden und die Kriterien von Schritt 3 erfüllen), *werden miteinander in Einklang gebracht.* Zusammenfügen derselben zu einer *kohärenten Komposition.* Das erste und wesentliche Problem dieses Schrittes besteht darin, die technische Realisierbarkeit der bis dahin nur begrifflichen Zerlegungen zu bewerten. Flüssigkeiten lassen sich nicht mit Geräuschen verbinden, und Sitzflächen benötigen etwas, das sie hochhält. Damit Bestandteile verständlich bleiben, empfiehlt es sich beispielsweise, Übergangsformen zwischen ihnen zu schaffen oder eine übergreifende Metapher zu finden, die schlüssige Interpretationen für eine Mehrheit der Komponenten nahelegt. Eine Übergangskomponente ist etwa ein Balg zwischen dem Sitz eines Stuhles und

seinem Fußteil, der die Höhenverstellbarkeit des Sitzes ausdrückt. Beispiele für den Gebrauch übergreifender Metaphern finden sich in Krohns Phonebook in Abbildung 3.8a oder Montgomerys Luftentfeuchter in Abbildung 7a. Letzterer besteht aus einer Lufteinlassöffnung, einem Behälter zum Sammeln des extrahierten Wassers, dem Kühlaggregat und dem An-/Aus-Schalter. Die dominante Form legt nahe, dass feuchte Luft seitlich in das Gerät einströmt und in der Mitte kondensiert wird, wonach das Kondenswasser in den darunterstehenden Behälter läuft. Die Form führt auf metaphorische Weise vor, was der Luftentfeuchter macht. Dabei spielt es keine Rolle, dass Luftentfeuchtung technisch ganz anders funktioniert. Doch die Idee, dass dabei Wasser aus der Luft ‹gepresst› wird, ist verständlich und deren Umsetzung erleichtert dem Benutzer die Bedienung. Der Designer von Dysons Staubsauger verfolgte eine andere Richtung. Er legte mehrere funktionale Teile offen, die während des Gebrauchs beobachtet werden können, und packte sie in den kleinstmöglichen Raum. Hier veranschaulicht jedes Teil, wofür es steht, und hat seinen Platz, auch wenn es gerade nicht in Gebrauch ist. In Abbildung 7.8c ist gut zu sehen, wie die biegsame Röhre an den Rädern befestigt wird und der Griff sich teleskopartig ausfahren lässt.

In Schritt 4 spielt Kreativität die zentrale Rolle, hier können Designer mit ihren Fähigkeiten glänzen. Die Methode bietet lediglich den Weg, viele Kompositionen zu erkunden, bevor man sich für diejenige entscheidet, die die Arbeitsweise eines Artefakts am besten zum Ausdruck bringt. Abbildung 7.7 zeigt einen Studenten von Reinhart Butter, der nach alternativen Bedienungsmöglichkeiten für einen Trinkwasserspender mit ausschließlich kaltem Wasser – durch Eiswürfel angedeutet – suchte.

5. *Testen,* ob und wie leicht es für Benutzer ist, (a) die Bestandteile des Designs voneinander zu unterscheiden, beispielsweise durch Benennen derselben oder durch Erläutern, welche Aufgaben die Teile des Artefakts erfüllen; (b) auf der Basis des Arrangements herausfinden, was mit dem Ganzen getan werden kann; (c) Umgebungen nennen, wo das Design ‹natürlich› hingehört; und (4) Klären, in welchen Dimensionen sich das Design von bereits existierenden Artefakten unterscheidet. Solche Tests können sich auf Beobachtungen stützen, wie Benutzer das Artefakt ohne Anleitung handhaben, oder auf Narrative von Benutzern, die erklären, was welches Teil wann und wo macht. Das Testkriterium ist ganz unmittelbar: Das Artefakt muss alle Handlungen ermöglichen, die sich aus der ‹Lesart› des Benutzers ergeben und zugleich die Essenz des Artefakts zum Ausdruck bringen.

Abermals unterstützen die Schritte 2 und 3 die Erzeugung eines Möglichkeitsraums, der über die unmittelbare Imagination des individuellen Designers hinausgeht. In Schritt 4 soll diese Vielfalt auf etwas Neues oder Besseres reduziert werden. Beim Testen der Prototypen oder Modelle in Schritt 5 sind Stakeholder unverzichtbar. Sie können aber auch an Schritt 2 teilhaben und alternative Möglichkeiten der Realisierung verständlicher Komponenten generieren, sowie in Schritt 3 die jeweilige Umgebung erkunden, in der dieses Design zum Einsatz kommt.

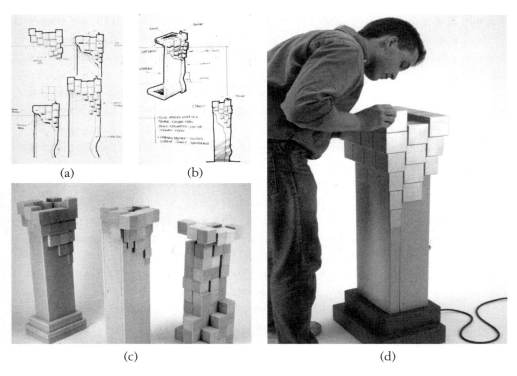

(a) (b)

(c) (d)

7.7 Erforschung von möglichen Manifestationen für einen Wasserspender.

Mit der Beschreibung dieser Methode ist weder gesagt, dass die obengenannten Beispiele durch sie entstanden sind, noch dass McCoy mit ihrer Formulierung einverstanden wäre. Sie hat sich jedoch als sinnvolles pädagogisches Mittel erwiesen und kann als Anleitung zur Gestaltung von Artefakten dienen, die etwas über ihre Arbeitsweise aussagen und welche Aufgaben sie in einer von den Benutzern gewählten Umgebung erfüllen können. Es steht außer Frage, dass Designer, die solche Ziele verfolgen, zumindest einige dieser Schritte intuitiv durchführen.

7.4.3 Gestalten originaler Artefakte mithilfe von Narrativen und Metaphern

Für Designer sind ‹frische› Ideen gleichbedeutend mit Innovation und die Triebfedern technologischer Entwicklung schlechthin. Das mag durchaus der individuellen Erfahrung entsprechen, doch mentale Phänomene, Ideen, Intentionen, Vorstellungen und Visionen können Mitmenschen nicht inspirieren, solange sie nicht artikuliert, erzählt, skizziert, oder demonstriert wurden. Ohne ‹frische› Ideen anderen mitzuteilen, können Designer sie unmöglich in Teams ausarbeiten, Mitarbeiter begeistern, Kunden überzeugen oder Stakeholder in ihr Projekt einbinden. Außerdem entstehen neue Ideen meistens in Gesprächen, etwa während einer Brainstorming-Sitzung, in Fokusgruppen, offenen Interviews oder auch durch Kontakt mit Literatur, Zukunftsromanen. Darüber hinaus etablierte Kapitel 4 die zentrale Rolle, die Sprache dabei spielt, Artefakten Bedeutung zu verleihen. Wenn man das alles beherzigt, muss man zum Schluss kommen, dass ein Großteil dessen, was als Design verstanden wird, was es hervorbringt, durch Artikulationen und in Gesprächen entsteht, also mithilfe von Sprache zustande kommt, zu der man auch visuelle Hilfen, Darstellungen, Modelle und Präsentationen zählen muss. So gesehen organisieren Designer ihre Arbeit in der Sprache *und* schließen sie mit Vorschlägen, die zum Großteil auch sprachlich formuliert und übermittelt werden.

Die vorgestellte Methode nimmt die Rolle der Sprache im Design besonders ernst. Sie fordert ein Bewusstsein für Arbeitsweise mit verbalen Metaphern (Abschnitt 4.5) und Narrativen (Abschnitt 4.6), macht sich die immense Kreativität von Sprache zunutze und bettet Design in zwischenmenschliche Kommunikation ein. Die Methode hat John Rheinfrank viel zu verdanken. Er inspirierte Designteams, indem er in die gemeinsamen Überlegungen immer wieder ziemlich vage metaphorische Begriffe einfließen ließ, die die Eigenschaft besaßen, sprachliche Auseinandersetzung auf verschiedenen Ebenen zu provozieren. Ich arbeitete mit ihm an mehreren Projekten im bereits erwähnten EDL zusammen, das neue Interfaces für Multiuser-Systeme, Designstrategien für Unternehmen, erweiterbare Systeme neuartiger Produkte und neue Bildungsgelegenheiten entwickelte. Rheinfrank war zwar von Christopher Alexanders et al. *Pattern Language* (1977) beeinflusst, dessen Methode von Beispielen in einer ‹Protosprache› zu Gebäuden und Städten führen sollte, war aber zudem mit dem Einsatz von Metaphern vertraut und fühlte sich offenen Diskusionen verpflichtet. Die hier behandelte Vorgehensweise wurde zwar nicht von Rheinfrank formuliert, doch die beschriebenen Schritte sind sehr wohl seine. Sie haben sich in mehreren Situationen als erfolgreich erwiesen. Vier Voraussetzungen kann man für diese Methode nennen.

* *Implizites Verständnis.* Die human-centeredness der Methode beruht auf der im Grunde universellen Tatsache, dass alles Gesagte, in der Erwartung ausgesprochen wird, verstanden zu werden. Es ist schwierig, etwas zu erzählen, wenn niemand zuhört, wenn sich die Anwesenden mit etwas anderem beschäftigen oder die Sprache des Erzählenden nicht verstehen, so wie es umgekehrt auch schwierig ist, jemandem zuzuhören, ohne zu verstehen, was er sagt. Beim Artikulieren von Artefakten geht es nicht anders. Geschichten, in denen Artefakte vorkommen, werden stets erzählt, in der Annahme verstanden zu werden. Verständnis wird dann deutlich, wenn die Zuhörer das Gehörte in eigenen Worten weitererzählen oder etwas aus ihnen machen, Fragen angemessen beantworten und mit praktischen Handlungen korrelieren (sprich Ratschlägen folgen). Das Artikulieren von Artefakten in der Gegenwart anderer impliziert ein Verständnis zweiter Ordnung.
* *Variabilität und Kreativität.* Narrative von etwas Gehörtem führen nur selten zu perfekten Kopien. Das beklagen aber nur technologie-fixierte Theoretiker, für die das reproduzieren von Narrativen idealerweise dem eines Kassettenrekorders gleicht. Im Nacherzählen von Narrativen können Menschen es kaum vermeiden, ihr eigenes Vokabular zu verwenden, eigene Sichtweisen und Kenntnisse einzufügen in der Hoffnung, dass deren Zuhörer in der Lage sind, sie zu verstehen und reproduzieren zu können. Nacherzählen führt also verständliche Variationen ein, ist ein der Sprache innewohnender kreativer Prozess, der lediglich von der Notwendigkeit verständlich zu bleiben eingeschränkt ist. Das ist der Kern der narrativen Designmethode.

- *Koordination, aber kein Teilen.* Aus den ersten beiden Punkten folgt, dass sich Artefakte, sofern sie in der Sprache vorkommen, also von Situation zu Situation in
Variationen reproduziert werden, interaktiv, sozial, oder kulturell definiert und verstanden werden. Verstehen kann zwar koordiniert nicht aber geteilt werden. Somit
wird ein Design umso stärker human-centered, je mehr es sich auch im zwischenmenschlichen Gebrauch der Sprache bewährt.
- *Innerhalb von Sprachgemeinschaften.* Koordination von Verstehen kann natürlich nur
soweit reichen, wie man an Gesprächen teilnimmt. So mögen die Konversationen
zwischen Ingenieuren über technische Dinge fruchtbarer für die Mitglieder eines
Ingenieurteams sein als für solche, die deren Fachsprache nicht genügend beherrschen. Das gilt auch für Designer und deren Stakeholder. Die Verständlichkeit von
Artefakten kann abgesichert werden, wenn Designer sich der Begrifflichkeiten der
angezielten Stakeholder-Gemeinschaft bedienen, noch besser, wenn sich Mitglieder
einer Stakeholder-Gemeinschaft an den Entwicklungsgesprächen, an der Umsetzung
von Narrativen in materielle Artefakte, beteiligen. Daher kann man davon ausgehen,
dass das Verständnis von Artefakten zwar in Sprachgemeinschaften koordiniert wird,
nicht aber in allen Stakeholder-Sprachgemeinschaften gleich ist.

Die hier beschriebene Methode stützt sich also einerseits auf die in der Sprache woh-
nende kombinatorische Freiheit und natürliche Kreativität; und andererseits auf die
ebenfalls natürliche Tendenz von Gesprächen, ihre Gegenstände, hier die zu entwickelnden Artefakte für die Beteiligten zunehmend verständlich, annehmbar, nützlich
und möglicherweise realisierbar zu machen.
Diese Methode:
- lässt sich auf das Design neuartiger Artefakte, Systeme, Verfahren, Dienstleistungen
oder Strategien anwenden, für die es noch keine funktionsfähigen Konzepte oder
zuverlässigen Exemplare gibt;
- wird motiviert durch die natürliche Variabilität in der Artikulation von Narrativen,
durch Erzählungen wünschenswerter Wirklichkeiten, also durch Ideen, die sich in
Gesprächen als fruchtbar oder faszinierend herausstellen und möglicherweise durch
wiederholtes Erzählen Realität werden können;
- erfordert von ihren Benutzern nicht nur gewisse technologische Kenntnisse, damit
die noch flüchtigen Geschichten tatsächlich zunehmend realer artikuliert werden
können, aber vor allem ein Verständnis für die Art und Weise wie Narrative, Metaphern, Kategorien, Attribute und andere sprachliche Begriffe mit den Interfaces mit
Artefakten korrelieren.

Die fünf Schritte der Methode finden nicht immer unbedingt in der folgenden Reihenfolge statt.

1. *Sammeln oder Generieren relevanter Narrative.* Dieser Schritt soll die narrativen Hori-
zonte der Designer erweitern, um möglichst viele Quellen für neue Konzepte
nutzbar zu machen. Die Auftraggeber eines Designers sind hierfür möglicherweise
die ersten Ansprechpartner. Meist erzählen sie dem Designer, welche Probleme sie

haben, was ihnen vor Augen schwebt, wie unrealistisch es auch immer sein mag. Um von diesen Äußerungen zu profitieren und sie weiter zu entwickeln, können Designer sich mit entsprechender fiktionaler Literatur beschäftigen (Abschnitt 7.2.1) oder sich mit kreativen Autoren austauschen. Um beispielsweise Terrorismus zu bekämpfen, stellte das Militär der Vereinigten Staaten Hollywoodautoren an, damit diese ihnen halfen, Szenarien zu entwerfen, auf die sie von sich aus nicht gekommen wären. In jeder Kultur gibt es versteckte und ergiebige, aber noch nicht realisierte Geschichten. In der westlichen Welt ist die Science-Fiction eine der Antriebsquellen neuer Technologie. Aber es gibt auch Literatur über neue technische Entwicklungen, Voraussagungen von Zukunftsforschern und Äußerungen von Industriellen, denen man zwar nicht unbedingt Glauben schenken muss, aber mit deren Ideen man weiter arbeiten kann. Auch das Gespräch mit führenden Vertretern verschiedener technischer Disziplinen, die dasselbe Phänomen aus ihrer jeweiligen Sicht und in ihren eigenen Worten schildern können, ist eine Möglichkeit, an alternative Narrative zu gelangen. Ein allerdings konservativerer Ansatz ist es, Geschichten zu sammeln, die über Möglichkeiten und Probleme existierender Artefakt berichten. Das Entscheidende dieses Schrittes ist nicht, in den Narrativen bestehender Technologien steckenzubleiben, sondern Alternativen zu bereits Bekannten zu finden, die zusammengenommen die Aufmerksamkeit von Designern auf neue noch nicht begangene Wege lenken könnten.

2. *Zerlegen der Narrative in Komponenten und Szenarien und Suche nach alternativen Metaphern für sie.* Ein Ordnungsprinzip von Narrativen ist die narrative Sequenzierung von Ereignissen. Wenn man A vor B beschreibt, impliziert es meistens, dass A vor B geschah. Geschichten, die Artefakte beinhalten, beschreiben Letztere meistens in der Reihenfolge, in der man sich ihnen näherte, sie benutzte, sie erfuhr, oder ihrer kausalen Zusammenhängen. Dieses Prinzip rechtfertigt, Geschichten als Szenarien abzubilden (Abbildung 3.16), die schließlich in verständliche Interfaces übersetzt werden können.

Typisch für indoeuropäische Sprachen ist es, Objekte mit Substantiven und Beziehungen zwischen ihnen mit Verben zu beschreiben: «A verursacht B», oder «A treibt B an». Die Substantiv-Verb-Struktur einer Erzählung kann daher einen Hinweis auf verständliche, aber auch physisch realisierbare Zusammensetzungen der Teile eines Artefakts geben – nicht wie es tatsächlich funktioniert, sondern wie es verstanden und beschrieben wird. Jedoch sind Substantive nicht immer einfache Repräsentationen materieller Komponenten. Viele sind abstrakt, andere beschreiben psychologische Zustände. Beide sind hier weniger wichtig. Worauf es gegenwärtig ankommt, ist Narrative zu suchen, die sich als semantische Netze beschreiben lassen, welche die Beziehungen zwischen den Komponenten narrativer Darstellungen von Artefakten verständlich machen.

Sprache steckt voller populärer Schemata, die man sich zunutze machen kann. Anthropologen haben sie seit Jahren (zum Beispiel Thompson 1932) in Märchen und Mythen studiert. In der westlichen Kultur ist das Akteur-Aktion-Ziel-Mittel-Wirkungs-Schema weit verbreitet. Es beschreibt den instrumentellen Gebrauch von

Gegenständen. In der Kommunikationsforschung ist das «wer sagt was zu wem mit welcher Wirkung»-Schema (Lasswell 1960) üblich. Das Produzent-Produkt-Schema, «wer was wann macht» hat Vorstellungen von Design lange dominiert, wie im Abschnitt 1.2.1 kritisch erläutert. Es gibt andere grammatische Schemata unserer Sprache, denen zufolge materielle Dinge dimensionierte Eigenschaften besitzen (worauf die Methode in Abschnitt 7.4.1 abzielt) und Merkmale, die sie haben oder nicht haben können (worauf sich die Methode in Abschnitt 7.4.2 spezialisiert). Rein abstrakt-begriffliche Beziehungen, etwa Ähnlichkeiten oder Zugehörigkeiten zu Kategorien sind jedoch schwer physisch interpretierbar. Die für diesen Schritt nützlichsten Beziehungen sind kausaler Natur, etwa wenn eine Komponente als die Ursache des Verhaltens einer anderen beschrieben wird, wenn Komponenten sich gegenseitig beeinflussen also interaktiv sind, oder wenn sie sich zusätzlich in solchen Interaktionsprozessen verändern, also transaktiv verbunden sind. Kausale Beziehungen lassen sich leicht physisch realisieren.

Selbst diese nicht sonderlich poetischen Beschreibungen können voller Metaphern stecken, etwa die, dass materielle Dinge Eigenschaften ‹besäßen›, «A hat B» – als ob A in der Lage wäre, B an sich zu nehmen –, dass Artefakte Handlungsfähigkeiten hätten, «A beeinflusst B» – als ob es A frei stünde, etwas mit B zu tun oder nicht zu tun oder als ob Artefakte persönliche Haltungen gegenüber seinem Benutzer haben könnte, «A macht mir Schwierigkeiten, kann mich nicht leiden». Doch am aufschlussreichsten für die Beantwortung der Frage, wie Menschen Technologie verstehen, ist der Gebrauch von Metaphern, die sich auf komplexe konzeptionelle Modelle anderer Erfahrungsbereiche berufen. Wenn etwa einem Computer Intentionen zugeschrieben werden, finden es Benutzer ganz natürlich, sich über ihren Computer zu ärgern, ihn mangelnder ‹Kooperation› zu beschuldigen. Oder wenn gesagt wird, eine Software «schürfe» im Internet nach Informationen, dann wird dieser Software der Status eines Akteurs zugeschrieben und den Informationen die sie suchen physische Eigenschaften angedichtet.

Metaphern (siehe Abschnitte 3.3.2 und 4.5) bringen reiche Erfahrungen aus anderen Gebieten in die Narrative eines Artefakts ein. Obwohl diese Erfahrungen häufig schwer erkennbar sind und damit mögliche Realisationen verhindern können, ist es eine Aufgabe dieses Schrittes, Metaphern als solche zu identifizieren, ihre semantischen Konsequenzen zu untersuchen und systematisch nach Alternativen zu suchen, um herauszufinden, welche brauchbar sind und zu neuen Verständnissen führen.

3. *Erforschen technischer Realisationsmöglichkeiten.* Die bis dahin aus Narrativen erstellten semantischen Netzwerke begrifflicher Komponenten und Szenarien müssen mindesten im 4. Schritt realisiert werden. Hier kommt es darauf an, Technologien zu suchen, die geeignet sein könnten, die Begriffe in den semantischen Netzwerken zu realisieren, also materiell zu unterstützen. Was das Mapping narrativer in materielle Strukturen erschwert, ist ein anderes narratives Prinzip: die kognitive Glättung. Eine gute Erzählung verzichtet auf offenkundige Details, die der Zuhörer selbst und meistens zuverlässig einfügen kann. Zukunftsromane scheinen häufig realistisch zu sein, weil man von jenen unbewusst hinzugefügten Details annimmt, sie seien

Tatsachen. Artefakte müssen jedoch in allen Details und ausnahmslos funktionieren. Das, was nicht in einer Erzählung enthalten ist, weist auf Details, die von Designern hinzugefügt, aber nicht unbedingt dargestellt werden müssen. Beispielsweise sagt die Beschreibung, dass «das Anklicken eines bestimmten Ikons ein Fenster öffnet», nichts über den diesem Vorgang zugrunde liegenden Mechanismus aus. Er kann verschiedenartig realisiert werden, solange dessen Beschreibung gültig bleibt. Einen Mechanismus zu erfinden, der mit der narrativen Struktur einer plausiblen Erzählung übereinstimmt, mag nicht immer möglich sein.

Nicht alle Erzählungen sind realisierbar – doch sollte man an dieser Stelle mit abschließenden Entscheiden vorsichtig sein. Fliegende Autos, Zeitmaschinen, Geräte, mit denen man über Sprachgrenzen hinweg kommunizieren oder Menschen von einer Stelle zu einer anderen Stelle beamen kann, kalte Fusion und Perpetua mobilia sind die Stoffe für Erzählungen. Die Vergangenheit hat gezeigt, dass Mythen Wirklichkeit werden können, wie der uralte Traum des Menschen fliegen zu können – wenn er auch nicht so umgesetzt wurde, wie er in griechischen Mythen beschrieben wurde. Es dauerte zwar lange, doch fliegen wir tatsächlich. Der mittelalterliche Traum von Maschinen, die denken und Schach spielen können – einst als Zaubertrick belächelt, da ein Mensch unter einem Schachtisch sitzen musste – ist heute Wirklichkeit. Die Kluft zwischen fantastischen Erzählungen und funktionierenden Artefakten kann in der Tat und mit der Zeit verringert werden.

4. *Synthetisieren und Realisieren.* Dieser Schritt bezweckt einerseits die im Schritt 3 gefundenen Realisationsmöglichkeiten für die Bestandteile plausibler Erzählungen in arbeitende Artefakte umzusetzen und andererseits die Erzählungen, von denen man ausging, weiter zu entwickeln, bis ein idealerweise kohärent funktionierendes Artefakt damit beschrieben werden kann. Die Realisation von erzählten Artefakten ist aus obengenannten Gründen nicht einfach. Narrative folgen einer Gesprächslogik, Artefakte werden zwar auch mittels Sprache verstanden, müssen aber mechanisch komplett sein, also in allen Details arbeiten, selbst wenn sie sich dem Verständnis deren Nutzer entziehen. Das gibt Designern die Lizenz, Vorgänge, die nicht von narrativer Bedeutung sind, frei zu realisieren und zu verstecken. Dieser Schritt entscheidet, ob und wie sich vorhandene Narrative realisieren lassen, mindestens mit gegenwärtigen Mitteln, und welche Erzählungen weiterhin als fiktiv bezeichnet und zukünftigen Generationen von Designern überlassen werden müssen. So wird die Idee, durch kalte Fusion Energie zu gewinnen, von vielen Physikern als fiktiv bezeichnet. Das hat aber nicht verhindert, dass sich viele um deren Realisation bemühen.

Realisierbare Synthesen sollten mehrere gleichzeitig plausible Narrative zulassen. Diese Einsicht entstammt der im Kapitel 5 beschriebene Bedingung, dass Artefakte in der Lage sein sollten, Lebenszyklen zu durchlaufen, die sie durch verschiedene Stakeholder-Gemeinschaften führen können, in denen sie verständlich sein, also in verschiedenen Diskursen überleben können. Es sollte also möglich sein, dass ein Artefakt nicht nur für einen Benutzer erzählbar ist, sondern auch von Ingenieuren,

Produzenten, Verkaufspersonal und Servicepersonal in ihren unterschiedlichen Weisen erklärbar ist. Wenn es auf einem kompetitiven Markt verkauft werden soll, sollte es möglich sein, die Vorzüge des Artefaktes denjenigen plausibel zu machen, die über sein Schicksal entscheiden. Wenn es sich um ein öffentliches Denkmal handelt, sollte man seine Geschichte erzählen können, aber auch Gegengeschichten zulassen. Wenn es sich um das Büro einer Organisation handelt, sollten die Büroarbeiter einander erklären können, wer, wo, was und wie tut. Außer von höchst einfachen Artefakten, ist es kaum zu erwarten, dass die gleiche Erzählung für alle relevanten Stakeholder ausreicht, ein Artefakt am Leben zu erhalten.

5. *Testen,* ob das aus den vorhergehenden Schritten entstandene Design – als Modell, Prototyp, oder Demonstration – seinen Stakeholdern Narrative entlockt, die den tatsächlichen Affordances dieses Designs entsprechen. Ein Mittel zu solchen Narrativen zu kommen ist, Stakeholder zu bitten das Design, seine Arbeitsweise, seine Anwendungsmöglichkeiten, seine Handhabungen einander zu erklären. Eine andere Möglichkeit besteht darin, sie zu bitten Benutzeranweisungen zu entwerfen. Eine dritte ist, sich der obengenannten Protokollanalyse zu bedienen. Der entscheidende Test besteht darin, Stakeholdern die Möglichkeit zu geben, ein Design miteinander zu benutzen und zuzuhören, wie sie Interfaceprobleme einander erklären und die Ergebnisse ihrer Erkundungen erläutern, wodurch insbesondere unpassende Erzählungen zutage treten.

Zwei Beispiele illustrieren diese Methode. Das erste ist ein von EDL entwickeltes Computersystem für Versicherungsunternehmen. Dieser Auftrag folgte einem längeren Gespräch, das sowohl die Idee des Systems als auch eine revolutionäre, vom Auftraggeber entwickelte Bildverarbeitungstechnologie vorstellte. Der Designprozess begann mit der Sammlung von Narrativen der Sachbearbeiter und Sachbearbeiterinnen: Geschichten über ihr alltägliches Vorgehen, über die Unannehmlichkeiten, Schwierigkeiten, Störungen und Pannen, die sie erlebten; Beziehungen zu Vorgesetzten, Analyse der Akten, die die Aufzeichnungen, Formulare und Dokumente für die Arbeit an Versicherungsfällen protokollierten; hinzu kamen Videoaufnahmen von Sachbearbeitern an ihren Arbeitsplätzen.

Die Analyse dieser Narrative in Szenarien, der zweite Schritt, war nicht besonders schwierig, da es außerdem noch Verhaltungsvorschriften gab, einige gesetzlich verankert, andere von der Versicherungsgesellschaft eingeführt. Es gab aber auch viele gewohnheitsmäßige Abläufe, die mit Berufserfahrung und individuellen Idiosynkrasien erklärt werden konnten. Man unterschied zwischen regulären Vorgängen, die sich automatisieren ließen, und ungewöhnlichen Fällen, die die routinierten Vorgänge vorübergehend unterbrachen und intelligentes Handeln erforderten. Grafische Darstellungen der vernetzten Routinen machten Redundanzen und mögliche verwaltungstechnische Abkürzungen sichtbar.

Die Erforschung verfügbarer Technologien (Schritt 3) beinhaltete auch die Technologie, die der Kunde zu vermarkten hoffte. Sie wurde jedoch bald auf das umfassende Gebiet der Informationstechnologie ausgedehnt. Am Ende dieses Schritts herrschte weitgehend Einigkeit über das Gewünschte, also über den Raum der Möglichkeiten, aber noch nicht darüber, wie sich das System zusammenfügen ließ.

Schritt 4 wurde durch die Suche nach einer Leitmetapher dominiert, unter der sich sämtliche Arbeitsabläufe der Sachbearbeiter zusammenfassen ließen, nun allerdings in einer neuen informationsreichen Umgebung. Das Interface sollte für die Benutzer des Systems plausibel sein. Der Kunde war ein holländisches Unternehmen, dessen Arbeitsleitbild eine Windmühle war, die sich ununterbrochen drehte und immer wieder dasselbe tat. Wäre diese Metapher grundlegend für das zu gestaltende Interface geworden, wären die Sachbearbeiter zu unbedeutenden Maschinenteilen reduziert worden, die wie in großen Bürokratien immer wieder die gleichen Formulare in derselben Reihenfolge ausfüllen sollten. Die Geschichten, die die Sachbearbeiter über ihre Arbeit erzählten, waren größtenteils uninspirierend. Doch wurden sie dramatisch, wenn sie besondere Fälle betrafen. Das führte zur Unterscheidung von Verfahren die automatisiert werden konnten und solchen die besondere Aufmerksamkeit erforderten. Zu den Metaphern, die untersucht wurden, um die Erzählungen möglichst sinnvoll zu organisieren, gehörte der Gang durch die verschiedenen Räume eines Hauses. Jedem dieser Räume war eine bestimmte Aufgabe zugeordnet, und er war dementsprechend unterschiedlich ausgestattet. Eine andere Metapher war ein Hindernislauf, bei dem man verschiedene Stationen absolvieren musste, oder eine Ozeanfahrt mit mehreren Häfen, die man anlaufen sollte, um dort verschiedene Geschäfte zu erledigen. Das Team beschäftigte sich aber auch mit Konzepten aus der Kommunikationstheorie, mit alten Landkarten, Brettspielen, architektonischen Konstruktionen, die hinreichend bekannt waren, bis schließlich die Metapher der Detektivarbeit auftauchte. Diese erwies sich als eine höchst inspirierende Neuformulierung der Tätigkeit der Sachbearbeiter: das Bewerten der Dokumente im Hinblick auf ihre Authentizität, die Suche nach versteckten Hinweisen auf Betrug, die Verifikation von Sachverhalten, die Unterstützung der Opfer von Verkehrsunfällen, bis die Faktenlage klar war, und der Anspruch fair zu allen Beteiligten geregelt werden konnte. Diese Metapher machte die Sachbearbeitung anregend und zu einer intellektuellen Herausforderung. Es macht Spaß, bei der Arbeit Sherlock Holmes zu spielen – so die Sachbearbeiter. Diese Metapher prägte das Interface, das EDL zum Schluss vorschlug. (In Abschnitt 7.4.5 findet sich mehr zu dieser Geschichte.)

Das zweite Beispiel entstand während eines vom mir geleiteten Workshops am Design Science Department der Musashino Art University in Tokio. Die Aufgabe lautete, «einen neuen Wasserhahntyp zu entwerfen, der keinem der derzeit verfügbaren ähnelte, aber im Kontext seines Gebrauchs völlig verständlich sein sollte». Die Studenten wurde in 13 Gruppen mit jeweils 6 oder 7 Mitgliedern unterteilt. Schritt 1 bestand darin, alle denkbaren Möglichkeiten zu finden und aufzulisten, wie Menschen den Fluss von Wasser kontrollieren können. In Japan hat der Umgang mit Wasser eine lange Geschichte und daher ein reiches Vokabular hervorgebracht, das Teil des kulturellen Erbes des Landes ist und nun nutzbar gemacht werden sollte. Die meisten Studenten trugen eine umfangreiche Sammlung entsprechender Tätigkeiten zusammen: einen See aufstauen; einen Fluss kanalisieren; auf einen Gartenschlauch treten, den Fuß wieder herunter nehmen oder den Gartenschlauch abknicken; Tee aus einem Kessel gießen; duschen; eine mit Wasser gefüllte Flasche oder einen mit Wasser gefüllten Eimer umkippen; ein Fass öffnen oder mit einem Korken verschließen; Barrieren benutzen,

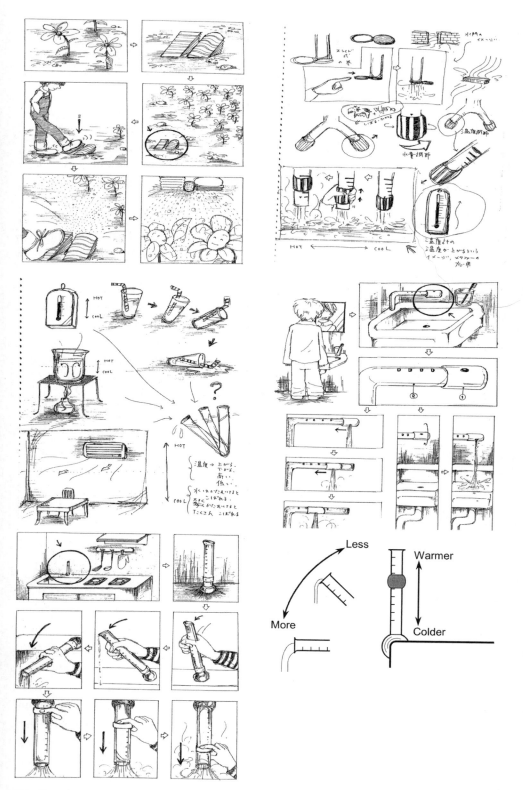

7.8 Von Narrativen über Metaphern zu Innovationen: ein Wasserhahn.

um einen Strom umzulenken; Wasser aus einem offenen Behälter schöpfen; an einem Wasserspender trinken; einen Schwamm auspressen; ein nasses Tuch auswringen; das Wasser am Zusammenfluss zweier Bäche mischen und natürlich das Drehen eines Wasserhahns, das hier vermieden werden sollte. Jedes Beispiel brachte sein eigenes Vokabular in die Narrative, die den Designprozess beflügelten.

Schritt 2 bestand darin, die am besten geeigneten Beispiele zu analysieren und in Szenarien anzuordnen. Aus welchen Gründen auch immer taten die Studenten sich schwer damit, den Begriff des Narrativs zu verstehen und die metaphorischen Räume zu erstellen und zu analysieren. Doch alle Studenten waren mit Comics vertraut, die ja eine Form der Bilderzählung und visueller Szenarios sind, und vor dem Hintergrund dieser Erfahrungen fiel es den Studenten nicht schwer, verschiedene Möglichkeiten, fließendes Wasser zu kontrollieren, in einem Kontext ihrer Wahl — etwa Ritualbäder, Duschen, Küchen, öffentliche Parks — zu verorten. Die Erkundungen einer Gruppe sind in Abbildung 7.8 zu sehen. Sie lässt die Bandbreite der von ihnen untersuchten Möglichkeiten nur erahnen.

Da Wasserhähne eine relativ einfache Technologie darstellen, bei der Rohrleitungen, Wärmesensoren und Wärmeregulierung zum Einsatz kommen, und die mechanischen Verbindungen relativ unproblematisch sind, wurden die Studenten aufgefordert, Schritt 3 zu überspringen und stattdessen überprüfbare Modelle ihrer Entwürfe zu bauen. Zu Schritt 5, dem Verständlichkeitstest, gehörte auch, die Modelle einer Reihe von Nicht-Designern vorzuführen und jedem drei Fragen zu stellen: «Wozu dient das?», «Wie würden Sie damit umgehen?» und «Würden Sie es dem vorziehen, was Sie bereits kennen?» Die Antworten auf diese Fragen entschieden über den Erfolg der Entwürfe, auch wenn die Befragungen nicht immer systematisch durchgeführt waren.

Aus den vielen höchst innovativen Vorschlägen, die in diesem Workshop entstanden, zeigt Abbildung 7.8 den Vorschlag einer Gruppe[6] und einige ihrer vorbereitenden Entwurfsschritte. Die erste Zeichnung analysiert eine Möglichkeit, Wasser zu kontrollieren, in Form einer Abfolge cartoonartiger Bilder, ein mögliches Szenario darstellend. Die zweite untersucht alternative Möglichkeiten, eine Rohrleitung, aus der kaltes oder warmes Wasser kommt, zu öffnen oder zu schließen, hier findet sich bemerkenswerterweise bereits ein Thermometer als Metapher für die Temperaturregelung. Die dritte widmet sich dem Eingießen von Wasser als Idee zu einem neuen Hahn, was schließlich in den beiden letzten Zeichnungen in einer genial einfachen Vorrichtung mündete. Diese zeigen einen offenen Zylinder auf einer Kugel, der dazu auffordert, ihn in verschiedene Richtungen zu drehen. Bei dieser Lösung kommt das kulturell etablierte Konzept des Ausgießens aus einem Glas oder einem Teekessel zum Einsatz; je stärker sich der Zylinder neigt, desto größer ist die Menge des durchlaufenden Wassers. Indem der Benutzer den Zylinder zu sich schwenkt, wird diesem das Wasser metaphorisch entgegengebracht. Skalenartige Einkerbungen an dem Zylinder legen nahe, dass sich der Ring um den Zylinder in unterschiedliche Positionen bringen lässt. Das Bewegen des Rings ist sprachlich und metaphorisch mit der Temperaturanzeige von Thermometern korreliert:

---

6 Gruppe 9, deren Arbeiten hier gezeigt werden, bestand aus Syugo Yamamoto, Mizuri Sekiguchi, Etsuko Hikiche, Satomi Usuki, Takeo Saito und Akiko Hara.

je höher desto wärmer, je niedriger desto kälter. Die Farbe des Rings war braun. Rot hätte ihn stärker in die Nähe vertrauter Thermometer gerückt, deren Alkoholsäulen meist rot sind, aber in Konflikt gebracht mit der Konvention Rot mit warm und Blau mit kalt zu korrelieren. Tests zeigten, dass die Verwendung dieses ziemlich ungewöhnlichen Wasserhahns offenkundig und selbstverständlich ist. Aufgrund der metaphorischen Beziehung zu der Art und Weise, wie man über das Ausgießen von Flüssigkeiten und Temperaturen redet, gab es keine Verwirrung.

Völlige Neuheit und Offensichtlichkeit scheinen gegensätzliche Benutzerattribute für Artefakte zu sein. Wenn neuartige Artefakte aber auf vertraute Begriffe zurückgreifen und sich Metaphern bedienen, die sich auf das kulturelle Erbe einer Sprachgemeinschaft von Stakeholdern beziehen, dann können sie die Bedeutungen erhalten, die den Affordances unmittelbar und zuverlässig entsprechen und damit den Widerspruch zwischen Neuem und Gewöhnlichem überwinden.

7.4.4 Der Entwurf von human-centered Designstrategien

Der Entwurf von Designstrategien zielt auf die Bedingungen, unter denen human-centered Artefakte auf effektive Weise entstehen können. Dieses Anliegen ist nicht zu verwechseln mit Meta-Design, bei dem es um Abstraktionen und Verallgemeinerungen geht. Vielmehr handelt es sich hier um die Institutionalisierung der organisatorischen, wirtschaftlichen oder kulturellen Kontexte, die einer Designkultur förderlich sind. Einige typische Beispiele solcher Designbemühungen sind:

- *Designmanagement.* Das Managen einer Designabteilung, deren Personal und die logistischen Probleme sowie das Verhältnis der Designabteilung mit den strategischen Zielen eines Unternehmens (wie bereits in Abschnitt 1.3.5 erwähnt) zu organisieren ist, ist eine Designaufgabe. Im Kern verfolgt Designmanagement das Ziel, alle Designaktivitäten effizienter und zielgerichteter durchzuführen und in die Zielsetzungen eines Unternehmens zu integrieren.
- *Gestalten intuitiv offenkundiger Designkonventionen* für eine größere Klasse von Artefakten. So entwickelte EDL in den 1980er Jahren einen Katalog von Konventionen, eine sogenannte Designsprache für Xerox. Dazu gehörten bevorzugte Metaphern, ein System von Icons, eine Farbpalette und Regeln für das Design verschiedener Kopierer. Diese Konventionen basierten auf Kenntnissen der sich in Entwicklung befindenden Kopiertechnologien und berücksichtigten vorhersehbare zukünftige kulturelle Trends. Sie ließen aber auch viel Spielraum für Innovationen. Zu den Empfehlungen gehörte eine Ausarbeitung der schon besprochenen Arbeitstisch-Metapher für den Umgang mit Dokumenten. Sie ermöglichte, wie bereits erläutert, den Benutzern, den Weg des Papierflusses zu verfolgen, Papierstaus selbst zu beheben, und schuf ein System von Symbolen, mit denen die Aufmerksamkeit der Benutzer auf mögliche Handlungsoptionen gelenkt werden konnte. Diese Konventionen sparten Designern Zeit, da neue Kopierer auf ihnen aufbauen konnten ohne jedes Mal neue Zeichen erfinden zu müssen. Sie verliehen den Xerox-Produkten eine gewisse Einheitlichkeit, die wiederum der Wiedererkennbarkeit der Firma auf dem Markt zugutekamen. Ihre Anwendung über

eine längere Zeit erleichterte den Benutzern, ihre Interface-Praktiken von einer Generation von Kopierern auf die nächste zu übertragen, wodurch sich die Kundenbindung an XEROX erhöhte. Diese Designsprache war so erfolgreich, dass sie von praktisch allen späteren Herstellern mit kleinen Variationen übernommen wurden; siehe das Beispiel eines Canon-Kopierers in Abbildung 3.15.

- *Gestalten kombinatorisch reicher (Interface-)Standards.* Hochintegrierte Systeme bestehen häufig aus einzigartigen Teilen mit jeweils charakteristischen Interaktionen, die wie bei einem Lebewesen, spezialisierte Funktionen ununterbrochen erfüllen. Eine größere Funktionsstörung in einem dieser Teile führt in der Regel zum Ausfall des Ganzen. Sich selbst organisierende Systeme hingegen verfügen über genügend unabhängige Vielfalt (auch Redundanz genannt), um sich selbst zur Wahrung ihrer Identität neu zu organisieren. Ein entscheidendes Merkmal solcher Systeme ist der Einsatz von Standards, um Komponenten zu ersetzen, oder um viele ähnliche Komponenten in verschiedene Arten von Teilen zu vernetzen.

Lego etwa basiert auf einem einfachen Standard für das Zusammenstecken von Bausteinen. Man kann mit ihnen zahlreiche Kombinationen realisieren, ohne diese im Detail vorwegnehmen zu müssen.

In den 1970er Jahren begannen Autohersteller die Modulbauweise einzuführen. So ließen sich neue Modelle mit leichter kombinierbaren und separat hergestellten Komponenten entwerfen. Dies steigerte die Effizienz des Designprozesses, kürzte die Zeit für das Umprogrammieren von Fließbändern und ermöglichte es den Autoherstellern, schneller auf Marktschwankungen zu reagieren.

— Das Internet, das im Wesentlichen auf einem Protokoll für die Übertragung elektronischer Datenpakete («Internet Protocol Suite», TCP/IP) aufbaut, ist ein Beispiel für die generativen Fähigkeiten von Interface-Standards. Es ermöglicht unabhängigen Entwicklern, zahlreiche Technologien zu kombinieren, die das Vorstellungsvermögen der IP-Designer weit überstiegen haben. Genau das ist der Grund für seine enorme Nützlichkeit und die rasante Verbreitung.

— Die grammatischen Regeln der natürlichen Sprache – auch wenn Sprache sich entwickelt hat und nicht entworfen wurde – ermöglichen die Bildung einer nahezu unbegrenzten Zahl von Ausdrücken.

Der Entwurf kombinatorisch reicher Standards ermöglicht es, Designprozesse zu delegieren, die unvorhersehbaren Vorstellungen anderer einzubeziehen, die Organisation des Ganzen zu verstärken, als Grundlage für die Entwicklung technologischer Kooperative (siehe Abschnitt 6.4) zu fungieren, das, wie erwähnt, die Vorstellungskraft einzelner Designer bei Weitem übersteigen kann.

- *Neugestalten von Organisationskulturen die inspirieren.* Wie im Abschnitt 7.2.1 bereits zur Kenntnis genommen, entsteht Kreativität, wenn Hemmungen durch bürokratische Strukturen und Autoritäten, mit offenen Gesprächen ersetzt, überwunden werden. Es inspiriert Menschen, wenn sie sehen können, dass ihre Arbeit zu etwas beiträgt, das über die reine Erfüllung einer Funktion oder das Erledigen eines Jobs hinausgeht. Kultur wird dadurch geprägt, wie ihre Mitglieder miteinander handeln und über ihre Beiträge reden. Die Kultur einer Organisation oder eines Unternehmens verleiht der Arbeit der Mitarbeiter Bedeutung, und das kann dem Design wie auch dem Wohlergehen einer Organisation nur zugutekommen. In den 1960er Jahren war die Braun AG ein Pionier auf dem Gebiet des Designs, und Designer waren begeistert, wenn sie dort arbeiten durften. EDL war eine Quelle human-centered Überlegungen, die durch ein Klima wechselseitigen Respekts viele ungewöhnliche Ideen hervorbringen konnte. Es gibt keine fertigen Rezepte für die Veränderung einer Organisationskultur, außer dass man beginnt, mit neuen Begriffen, mit neuen Metaphern zu sprechen, von Möglichkeiten statt von Schwierigkeiten zu reden; sich anders aufeinander zu beziehen, sich gegenseitig zu respektieren, anstatt Autorität zu spielen, andere Stimmen einzubeziehen, statt sie zu verwerfen; oder sich von der Vision eines Projekts inspirieren zu lassen, statt auf Arbeitsanweisungen zu bestehen. Zur Schaffung eines kreativen Klimas rief Xerox das Palo Alto Research Center (PARC) ins Leben, um dort bahnbrechende interdisziplinäre Forschung auf den Gebieten der Physik, Informatik und in den Sozialwissenschaften zu betreiben. Es wurde zur Geburtsstätte mehrerer human-centered Technologien. Die Computerfirma Apple schuf innerhalb des Unternehmens ein Brauchbarkeitslabor (Gomoll und Wong 1994) und gab diesem so viel Einfluss, dass sich die ganze Organisationskultur dort änderte.

- *Der Entwurf anpassungsfähiger Strategien für die Produktentwicklung.* Wie im Kapitel 5 behandelt, macht das Produkt-Sein nur eine kurze Phase im Lebenszyklus von Artefakten aus. Sobald ein Artefakt zu einer öffentlichen Angelegenheit geworden ist, wird es Gesprächsgegenstand der Benutzer und Kritiker, wird beeinflusst von Werbekampagnen und den Konkurrenzprodukten, von Argumenten und Gegenargumenten der verschiedensten Stakeholder und den unterschiedlichsten Forderungen, die Interessengruppen an ihn stellen, sodass sich seine Bedeutungen notwendigerweise in komplexen Interaktionen finden, die schwer vorhersehbar sind. Unter diesen Umständen sind Hersteller, um im Geschäft zu bleiben, gezwungen, sich mit neuen oder verbesserten Produkten an diesen Interaktionen zu beteiligen, denn nur so können sie die Entwicklung günstiger Bedeutungen beeinflussen. Doch da die Konkurrenten das gleiche tun, muss jede Produktentwicklung, -einführung und -abberufung nicht nur eine bestimmte Strategie verfolgen, sondern auch versuchen, die der Konkurrenten in ihrer eigenen zu berücksichtigen. Hinzu kommen eine Reihe von unkontrollierbaren kulturellen, gesellschaftlichen, ökonomischen und politischen Einflüssen auf die Bedeutung von Artefakten in der Öffentlichkeit, an die sich eine Produktentwicklungsstrategie anpassen sollte.

Eine anpassungsfähige Produktentwicklungsstrategie wäre eine, die den gegenwärtigen Wissensstand mit den Visionen mehrerer Stakeholder verbindet: also beispielsweise, wie das Design einer Spezies von Artefakten – Produkte, Dienstleistungen, Handlungen oder Systeme – etwa in 20 Jahren aussehen könnte, sowie die notwendigen Zwischenstufen, die zu einer allmählichen Annäherung an diese Visionen führen. Kulturelle, wirtschaftliche und politische Kräfte, die sich der Kontrolle des Unternehmens entziehen, sowie die von Konkurrenten verfolgten Strategien tragen dazu bei, dass sich die Bedeutungen nicht wie vorgestellt verhalten. Sobald sich herausstellt, dass sich die Bedeutungen der eigenen Produkte nicht mehr entlang der

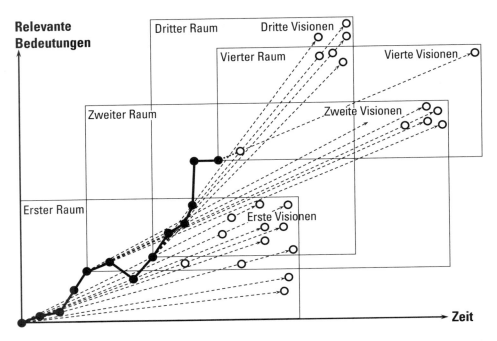

Relevante Bedeutungen

Dritter Raum · Dritte Visionen
Vierter Raum · Vierte Visionen
Zweiter Raum · Zweite Visionen
Erster Raum · Erste Visionen

Zeit

7.9 Re-Visionen wünschenswerter Zukünfte und Schritte, die zu verschiedenen Zeitpunkten vollzogen werden.

längerfristigen Visionen entwickeln, muss die gegenwärtige angewandte Strategie überprüft und überarbeitet werden. Solche Re-visionen betreffen nicht nur die Visionen der Ziele, sondern auch die Wege, sie zu erreichen. So entsteht eine sich Schritt für Schritt anpassende Produktentwicklungsstrategie, deren Visionen über die vorhersehbare Zukunft hinausgeht. Abbildung 7.9 skizziert den Verlauf von vier Revisionen eines solchen Produktentwicklungsprozesses.

Um zu testen, ob Visionen zukünftiger Produkte für die Öffentlichkeit bedeutsam sind, entwickeln Automobilhersteller Konzeptautos für Automessen und registrieren die Publikumsreaktionen. Einige arbeiten auch mit Think Tanks (privaten Denkfabriken) oder Skunk Works (innerbetrieblichen Geheimprojekten), um zukünftige Technologien zu konzipieren, zunächst ohne Beschränkungen der Fantasie, dann jedoch mit konkreten Schritten in der gewünschten Richtung. Andere fördern Entwicklungsprojekte an Universitäten. Die Gestaltung von Fahrstuhlinnenräumen für Kohne (Abbildung 3.10) und der Entwurf für ein Lkw-Führerhaus für Freightliner (Abbildung 7.3) kamen so zustande. Interessant ist auch ein Projekt für IBM, Formen für eine neue Generation von Supercomputern (massiven Parallelrechnern) zu entwickeln. Obwohl die Technologie noch in Entwicklung begriffen war, kannte man ihre Rechenleistung, wusste um ihre kompakte Größe, ihre modulare Bauweise sowie die speziellen Kühlbedürfnisse und ihren wahrscheinlichen Standort im Bürokontext. Es ist Bemerkenswert dass IBM sich nicht nur mit der Technologie beschäftigte, sondern sich auch über mögliche Erscheinungsweisen beraten ließ. Butters Studenten entwickelten mehrere Vorschläge, von denen drei in Abbildung 7.10 zu sehen sind. Jeder von ihnen könnte als Leitvision für zukünftige technologische Entwicklungen fungieren.

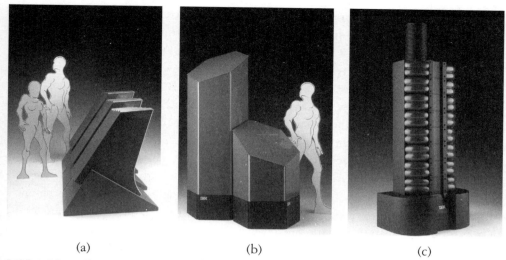

(a)   (b)   (c)

7.10 Entwürfe von Supercomputern für IBM, die Modularität und Rechenleistung zum Ausdruck bringen.

Die Methode, anpassungsfähige Designstrategien zu entwickeln, deren Schritte variabel konzipiert sind, teilen mit anderen Designmethoden die Suche nach dem, was sich um der Wirkung willen verändern lässt. An jedem Zeitpunkt sind die Variablen über den zu schaffenden Möglichkeitsraum, in denen Designer den gegenwärtigen Wissensstand entsprechende Entscheidungen treffen können, mit den Zukunftsvisionen verbunden. So werden neue Wege erarbeitet die Zukunftsvisionen zu realisieren oder ihnen mindestens näherzukommen. Der folgende Abschnitt zeigt, wie man zu solchen Strategien gelangen kann.

7.4.5 Dialogische Wege zu einem Design

Die bisher vorgestellten Methoden arbeiten vielfach mit Stakeholdern, allerdings fungieren letztere im Wesentlichen als wissenschaftlich Befragte, als Informanten in Gesprächen, als Mitglieder von Fokusgruppen, als Probanden in Experimenten oder als Benutzerexperten. Diese Methoden formalisieren und begrenzen die Stimmen der Stakeholder. Eine meiner erfreulichsten Erfahrungen am EDL war die Zusammenarbeit mit Designern und Auftraggebern in multidisziplinären Entwicklungsteams, die ihre Arbeit stark auf «dialogischen Wegen» durchführten.

Dialogen (Bakhtin 1988, Buber 1958, Shotter 1993) inhärent ist, dass ihr Fortschreiten von unbeteiligten Beobachtern nicht vorhersehbar ist; Teilnehmer eines Dialogs können seine Richtung nur dann vorhersehen, wenn sie sich mit ihren Beiträgen beteiligen. Teilnehmer mögen unterschiedliche Hintergründe haben und über unterschiedliches Wissen verfügen, doch während eines Dialogs sprechen sie auf gleicher Augenhöhe miteinander. Ihre Beiträge werden ernst genommen, indem auf sie reagiert wird. Keine Stimme wird unterdrückt, solange sie nicht die dialogische Ebenbürtigkeit der anderen Teilnehmer verletzt. Sich mit jemandem in einem Dialog zu befinden, schließt das Debattieren aus. Debatten implizieren Wettstreit, der darauf abzielt, die Beteiligten entweder zu Gewinnern oder Verlierern zu erklären. Auch ist die Absicht, jemanden zu überzeugen oder zu überreden, mit Dialogen unvereinbar, denn es würde bedeuten, dass einer sich den Ansichten eines anderen fügen muss. Auch wenn etwas dialogisch untersucht wird, in Teile zerlegt und neu konstruiert wird, muss man nicht erwarten, dass alle Teilnehmer dieser Analyse folgen. Laut David Bohm (1996, S. 26) heißt Dialog, die an ihm Beteiligten nicht zu beurteilen sowie keine rechthaberischen Ansprüche zu erheben, stattdessen zuzuhören und auf den Beiträgen anderer konstruktiv aufzubauen. So verstanden ist der Dialog ein inhärent kreativer Gemeinschaftsprozess, der weder einem einzelnen Individuum zuschreibbar ist noch irgendeinen Teilnehmer ausschließt. Dialog kann man als ein Modell partizipatorischen Designs betrachten.

EDL wurde, wie bereits erwähnt, damit beauftragt, ein neues Computersystem zu entwickeln, das die vom Auftraggeber entwickelte Bildverarbeitungstechnologie benutzen sollte. Dabei sollten die Ingenieure im Team mitarbeiten. Marktchancen und Benutzerfreundlichkeit sollten die wichtigsten Affordances sein. Die Technologie war so flexibel, dass sie sich in verschiedenen Richtungen anwenden ließ. EDL organisierte eine Reihe von Workshops, zunächst mit offiziellen Vertretern des Auftraggebers, die rasch davon überzeugt werden konnten, alle einzuladen, die etwas mit der Entwicklung zu tun hatten. In diesem Fall zählten zu den Teilnehmern Projektleiter, Hardware- und Softwareingenieure, ein Repräsentant der daran interessierten Industrie und zu einem bestimmten Zeitpunkt auch Vertreter des Marketings und Vorstandsmitglieder der Firma, die sich für den Entwicklungsprozess interessierten und mitreden wollten. Auch wenn zunächst natürlich die Designer vom EDL am Zug waren, neue Herangehensweisen demonstrierten, sprich neue Metaphern, Konzepte, Ansätze in die Gespräche einbrachten und sie in der Form von Berichten, Diapräsentationen und Fragen vortrugen, war deren Agenda weitgehend offen – nicht zuletzt weil die eingeladenen Teilnehmer mehr als die Designer über die Technologie des Projekts wussten. Eine vorgeschlagene Agenda formulierte Fragen, um deren Klärung sich der Workshop kümmern sollte. Der Ablauf des Workshops war zwar fokussiert, blieb aber offen für unerwartete Beiträge. Methodisch stützte er sich auf die obengenannten Merkmale von Dialogen in gegenseitigen Beratungen und verlief etwa wie folgt.

- Einführung eines *Narrativs* der zukünftigen Technologie, innerhalb dessen das noch nicht vorhandene Design entstehen könnte (ohne Vorurteile darüber, was es sein und wie es aussehen könnte). Natürlich sprechen wir *von* Tatsachen oder Gegenständen, ohne das Sprechen selbst zu reflektieren. Hier kam es darauf an, ein Vokabular ins Gespräch zu bringen, das schnell übernommen werden konnte, das die Teammitglieder ermutigte, bestimmte bisher nur in Begriffen existierende Details herauszuarbeiten, und zwar Details, deren Handhabung sie verstanden und über die sie aus eigener Erfahrung sprechen konnten. Jeder Teilnehmer hatte Gelegenheit, seine Vorstellungen beizutragen, und alle anderen hörten zu. Die dialogische Art des Workshops verhinderte, dass die Teilnehmer sich in den vertrauten Autoritätsbeziehungen bewegten und sich in ihren Expertenkenntnissen einschlossen. Letzteres war der Grund gewesen, aus dem die Entwicklung innerhalb der Firma ins Stocken gekommen war, bevor man EDL eingeladen hatte. Dazu sei erwähnt, dass EDL die Autoritätsstrukturen, welche die Teilnehmer aus der Firma in den Workshop brachten, nicht kannte und so den Vorteil hatte, sie zu ignorieren und alle Beteiligten mit gleichem Respekt zu behandeln.

- Generieren *einer breiten Palette optionaler Narrative*, um die Vor- und Nachteile möglicher Wege unvoreingenommen in Erwägung ziehen zu können. Das EDL sah es als seine Aufgabe, sicherzustellen, dass die Teilnehmer gewohnte Denkmuster verließen und die Beschreibung neuer Wege hinreichend anregend für sie waren, denn nur so würden sie ihr Bestes beitragen und selbstständig weiterentwickeln. Im Durchsprechen möglicher Wege wurden die positiven gegenüber den sogenannten dunklen (negativen) Szenarien abgewogen. Da es sich um eine neue Technologie handelte, die sowohl Möglichkeiten als auch Unsicherheiten beinhaltete, fand zwischen und parallel zu den Workshops ein reger Austausch unter den verschiedenen Arbeitsbereichen und auf unterschiedlichen Niveaus statt, den die Teilnehmer zuvor nicht erlebt hatten. Die Teilnehmer verfolgten einige der Wege selbstständig, die die Narrative des Artefakts mit den für ihr Funktionieren erforderlichen technischen Details ausfüllten.

- Schließlich führten die gegenseitigen Beratungen zu *Entscheidungen* darüber, welche Narrative der Entwicklung eine klare Richtung geben und zu breiter Beteiligung einladen würden und wie man untergeordnete Narrative oder Teilaufgaben unterscheiden und an die verschiedenen *Stakeholder delegieren* könnte. Für EDL war es klar, dass der Erfolg des Projekts jenseits der dialogischen Begrifflichkeiten der Designer davon abhing, wie es ihre Stakeholder auch mit Fachleuten, die nicht an den Workshops teilgenommen hatten, alleine fortsetzen würden. Letztlich muss ein lebensfähiges Projekt von den Stakeholdern in Besitz genommen und zu seinem eigentlichen Ende geführt werden. Die Aufgabe dialogisch arbeitender Designer ist es, sich selbst überflüssig zu machen (siehe Abschnitt 3.6.12).

Eine wichtige Eigenschaft des dialogischen Vorgehens ist, dass niemand genau identifizieren kann (oder Wert darauf legt herauszufinden), wer welchen Beitrag geleistet hat. Das mag ein Problem für Designer mit sehr individuellem Selbstverständnis sein, die für ihre Arbeit ein Autorenrecht erwarten und zumindest durch die Nennung ihres Namens belohnt werden möchten. Natürlich wurde EDL bezahlt. Doch es versicherte seinen Designern gegenseitigen Respekt und verstand, das auch auf die Workshopteilnehmer seines Auftraggebers auszudehnen. Obwohl der Auftraggeber der oben beschriebenen Designbemühung Beobachter entsandte, um die interne Vorgehensweise de EDL zu erlernen und damit die Führungsrolle von EDL bei dem genanntem Entwicklungsprozess durchaus anerkannte, warf einer der Teilnehmer nach einer Reihe von Workshops die Frage auf, welche Rolle EDL denn spiele, er habe das Gefühl, die Teilnehmer des Workshops «hätten die ganze Arbeit eigentlich selbst gemacht!» Diese Bemerkung ist ungeachtet ihrer Naivität das beste Kompliment für die dialogische Arbeitsweise der Designer. Die Erwartung, Anerkennung zu finden, und die Annahme, für alle Ideen entlohnt zu werden, begrenzt Ideenentwicklung auf die Fähigkeiten individueller Designer. Dialog ist ein Prozess, der sich zwar der individuellen Fähigkeiten von Designern und Repräsentanten der Stakeholder bedient, aber fundamental interaktiv vorgeht und damit die Chance erhöht, nicht nur zu Lösungen zu kommen, die über die individuellen Fähigkeiten der Beteiligten hinausgehen, sondern auch, dass ein Projekt weiter fortgesetzt wird, wenn die Designer nicht mehr dabei sind.

Zwei Probleme der dialogischen Vorgehensweise bestehen darin, den richtigen Augenblick zu bestimmen, in dem andere Stakeholder eingeladen werden und wann sich die Designer zurückziehen sollten. Das erste Problem betrifft sowohl deren Anzahl als auch deren Zusammensetzung. Ein faszinierendes Designprojekt für ein zukunftsorientiertes Büroumfeld und -mobiliar, das EDL entwickeln sollte, gelangte nie über das Team, das daran arbeitete und die Kontaktperson des Auftraggebers hinaus. EDL stellte erstaunlich wirklichkeitsnahe Modelle vor, erhielt aber keine Gelegenheit zu einem Dialog mit den Personen, auf die es letztlich ankam. Dialogische Wege zu einem Design verlangen Offenheit im Gespräch und Einbeziehung aller wichtigen Stakeholdern, bis Letztere ihre eigenen Wege gehen können.

7.5 Bestätigung semantischer Aussagen

Auch wenn das Ideal des human-centered Design darin besteht, Artefakte zu entwickeln, die metaphorisch ‹für sich selbst sprechen›, also keiner Erklärungen oder Rechtfertigungen bedürfen und den Benutzern zuverlässige, effektive und ungebrochene Interfaces mit Artefakten ermöglichen, kann sich eine Wissenschaft für das Design nicht ausschließlich auf Selbstverständlichkeit verlassen. Immerhin ist ein Design lediglich ein Entwurf oder ein an Stakeholder gerichteter Vorschlag, etwas zum Nutzen anderer zu realisieren. Wenn ein Design nicht offensichtlich ist, muss es begründet werden. Dann müssen Designer überzeugende Beweise für ihre Aussagen liefern.

Da Entwürfe per definitionem Vorschläge für Artefakte sind, die noch nicht in der vorgeschlagenen Form existieren, sind Designer gezwungen ihre Aussagen grundsätzlich anders zu untermauern, als es Naturwissenschaftler tun. Naturwissenschaftliche Beweise beziehen sich auf systematisch zusammengetragenen Daten aus der unmittelbaren oder historischen Vergangenheit und können nur mit der Annahme auf die Zukunft verallgemeinert werden, wenn sicher ist, dass die beobachteten Verhältnisse sich nicht wesentlich verändern oder niemand sie als veränderbar ansieht. Im Gegensatz hierzu geht es bei Begründungen von Entwürfen (a) um Artefakte in einer noch nicht beobachtbaren Zukunft und darüber hinaus (b) um Wahrnehmungen und Bedeutungen gegenwärtiger und zukünftiger Stakeholder sowie (c) deren Fähigkeit, die ihnen entspringenden Handlungsmöglichkeiten zu realisieren. Naturwissenschaftler befassen sich also damit, beobachtbare Welten zu erklären, während Designer versuchen, Welten zu erschaffen, die für andere wünschenswert und lebensfähig sind. Aussagen über diese beiden Welten machen daher methodisch höchst unterschiedliche Bewertungen erforderlich.

Wie in der Einleitung zu diesem Kapitel angedeutet, sind Ansprüche, die Designer im Hinblick auf ihre künstlerische Sensibilität oder ihre kulturellen Voraussichten erheben und ihren Stakeholdern als unzweifelbare Zukunft glaubhaft zu machen suchen, kaum nachweisbar und ohne weitere Begründung ethisch suspekt. Tatsächlich hängen solche Ansprüche von der dem jeweiligen Designer zugeschriebenen Autorität ab. Ohne eine solche Zuschreibung reichen solche Ansprüche selten aus, skeptische Stakeholder von den Vorzügen eines Designs zu überzeugen, insbesondere wenn sie mit wissenschaftlichen Experimenten und statistisch untermauerten Aussagen, etwa solchen, die die Marktforschung ins Spiel bringt, verglichen werden. Um human-centered

Designer in die Lage zu versetzen, zukünftige Interfaces zwischen Benutzern und Artefakten zu begründen, wurden in den Kapiteln 3 bis 6 vier Bedeutungskonzepte entwickelt, die Designern ein Vokabular und eigenes Fachwissen zur Verfügung stellen, um Phänomene zu behandeln, mit denen man arbeiten kann, deren Effekte man beobachten und zum Teil auch messen kann.

• *Bedeutungen von Artefakten im Gebrauch* zeigen sich in der Art, wie Benutzer ihnen begegnen, in eine Interfacebeziehung mit ihnen treten und Kompetenzen erwerben, bis sie sich schließlich auf sie verlassen zu können.
• *Bedeutungen von Artefakten in der Sprache* manifestieren sich darin, wie Artefakte in der Kommunikation zwischen Stakeholdern teilnehmen, also welche Kategorien sie erwerben, wie sie beschrieben und erklärt werden, welche Benutzeridentitäten sie unterstützen, welche Attribute ihnen zugeschrieben werden, welche emotionalen Äußerungen sie hervorrufen, welche Rolle sie innerhalb einer Sprachgemeinschaft spielen und wie diese anderen gegenüber geschildert werden – mit anderen Worten, wie sich Artefakte in der Sprache, im Gespräch und im Diskurs verhalten.
• *Bedeutungen von Artefakten in ihrem Lebenszyklus* zeigen sich darin, wie Entwürfe für Artefakte Stakeholder in ein Projekt einbinden, Stakeholder-Netze durchlaufen, in denen sie von einer ihrer Manifestationen in andere transformiert, stufenweise realisiert und auf ihren Lebensweg gebracht werden. Sie erklären, wie überzeugende Vorschläge Ressourcen mobilisieren, Skizzen in Produkte verwandelt werden, Werbeanzeigen Wünsche erwecken und den Gebrauch von Artefakten erklären und schließlich in der Umwelt als etwas anderes aufgehen.
• *Bedeutungen einzelner Artefakte in einer Ökologie von Artefakten* manifestieren sich in der Art und Weise, wie Spezies solcher Artefakte miteinander in Wechselbeziehungen treten und sich in ihnen bewähren oder untergehen. Im Unterschied zu einer Ökologie von Lebewesen werden die kooperativen oder kompetitiven Interaktionen zwischen Spezies von Artefakten durch die Bedeutungen hergestellt, die die Benutzer von Artefakten veranlassen, sie miteinander zu größeren kulturellen Komplexen zu verknüpfen.

Keine dieser Bedeutungen ist ein ausschließlich kognitives Phänomen. Sie sind ihrer Natur nach weder subjektiv oder individuell erklärbar, noch manifestieren sie sich objektiv, also auf der messbaren Oberfläche eines Artefakts. Wenngleich man Bedeutungen nicht unmittelbar beobachten kann, erklären sie jedoch die Handlungsweisen ihrer Besitzer, beziehungsweise der Interfaces. Deshalb können Bedeutungen selbst von denjenigen, die auf ‹objektive› Fakten bauen, die human-centered Darstellungen als ‹subjektiv› abtun oder ‹harte› quantitative Daten gegenüber ‹weichen› in der Sprache übermittelten Daten bevorzugen, nicht einfach abgetan werden. Trotzdem geht es hier nicht um den Gegensatz zwischen objektiven und subjektiven Beweisen. Selbst in der Physik ist das grundlegende und bekannte Konzept der Energie als solches nicht beobachtbar. Energie manifestiert sich in ihren Folgen. Sie besitzt keine Wirklichkeit ohne einen analysierenden Beobachter, ohne das Interesse eines Physikers an den Erklärungen für kausale Zusammenhänge. Die hier formulierten Bedeutungen befinden sich also in guter Gesellschaft. Es sind Erklärungskonstrukte, mit denen wir leben, die offenkundig werden in dem, was wir tun. Die semantische Wende ersetzt die Kausalmodelle naturwissenschaftlicher Erklärungen durch soziale oder linguistische Modelle für das Design von Interfaces mit Artefakten, die für andere hergestellt sind. Sie bedeutet ein Paradigmenwechsel zu einer human-centered Wissenschaft die das Design in neuen Dimensionen begreift, in Dimensionen die bislang ignoriert oder zumindest nicht hinreichend herausgearbeitet waren. Mit ihren verschiedenen Bedeutungskonzepten stellt die Wissenschaft für das Design eine empirische Grundlage bereit, die Designern dort, wo sie bislang auf subjektivem, schwankendem Grund standen, eine solide Basis anbietet.

Im Gegensatz zu den idealerweise universellen Aussagen der Naturwissenschaftler müssen Designer mannigfaltige Beschreibungen von Artefakten berücksichtigen und gegeneinander abwägen (siehe Abbildung 2.8, aber auch Krippendorff 2005): zumindest die der Designer, diverser Stakeholder wie Hersteller, Benutzer und politischer Interessengruppen. Designer bedienen sich also verschiedener Perspektiven, unter denen man ein Artefakt sehen kann. Jede Perspektive offeriert andere Begrifflichkeiten für ein Design und andere Wege einen Entwurf zu begründen. Einige der Fragen, die Gestalter ihren Auftraggebern beantworten müssen, verlangen ein Verständnis zweiter Ordnung, also ob Artefakte für ihre Stakeholder in der Lage sind:

- die Handlungen zu ermöglichen, zu denen ihre Bedeutungen ermutigen;
- die beabsichtigten Kategorien und charakteristischen Eigenschaften zu erwerben;
- das zu erreichen, was ihre Benutzer von ihnen erwarten;
- wünschenswerte kulturelle Rollen in bestimmten Gemeinschaften zu spielen;
- ein Stakeholder-Netzwerk anzuregen, zu unterstützen und zu durchlaufen;
- wünschenswerte ökologische Beziehungen zu anderen Artefakten einzugehen usw.

Antworten auf solche Fragen sind ‹semantische Aussagen›, nicht physikalischer Natur. Sie machen geltend, *was Entwürfe vorgeschlagener Artefakte in bestimmten Gemeinschaften mit hinreichender Wahrscheinlichkeit bedeuten und bewirken.* Semantische Aussagen sind nicht von anderen Diskursen abhängig. Man kann sie nicht geometrisch, ästhetisch, psychologisch oder ökonomisch erklären. Semantisch Aussagen rechtfertigen eine selbstständige Wissenschaft für das Design.

Die Aussagen, mit denen sich die Naturwissenschaften nicht befassen können, aber die das Ingenieurswesen mit dem Design gemeinsam haben, betreffen *Spielarten der Zukunft, die nicht durch natürliche Ursachen zustande kommen können.* Die Aussagen beider erweisen sich erst dann als richtig (oder falsch), wenn ein Entwurf realisiert und in die Tat umgesetzt wurde; im Fall des Ingenieurwesens in der Form funktional zusammenarbeitender Mechanismen und im Fall des Designs in der Form zuverlässiger Interfaces, sozialer Praktiken und zwischenmenschlicher Kommunikation, die durch Artefakte unterstützt werden oder das Leben ihrer Stakeholder konstituieren.

Ingenieurentwürfe lassen sich in der Regel durch Theorien, Prinzipien aus der Mechanik, Aerodynamik, Hydraulik, Chemie und Materialkunde und durch kontrollierte Experimente rechtfertigen. Ingenieure erhärten ihre Aussagen, indem sie mithilfe etablierter Theorien die Details ihrer Entwürfe bezüglich gegebener Kriterien berechnen und zeigen, wie die Funktionsweise der Teile die beabsichtigte Funktionsweise des Ganzen bestimmen. Im human-centered Design kommen Berechnungen zwar selten vor, aber die Art zu argumentieren ist analog: Mathematische Theorien einer Technologie verhalten sich zum Ingenieurwesen wie Stakeholder-Gemeinschaften, in denen Artefakte eine Rolle spielen, zum Design. Doch Gemeinschaften, wie die individuellen Mitglieder, lassen sich nur selten theoretisieren. Die Mitglieder von Gemeinschaften beeinflussen sich gegenseitig durch Partizipation, sie erwerben Bedeutungen von Artefakten im Verlauf von Interaktionen mit ihnen, koordinieren ihr Verständnis miteinander durch sprachliche Kommunikation und verursachen daher eine Dynamik, die sich kaum in mathematisch-deterministischen Begriffen fassen lässt.

Hinzu kommt noch ein, vielleicht besonders wesentlicher, Unterschied zwischen den Bestätigungsbemühungen im Ingenieurwesen und im Design. Während sich die technisch-funktionalen Argumente der Ingenieure auf ein Verständnis erster Ordnung beschränken, können die Argumente von Designern die Wahrnehmungen, Stimmen und Praktiken ihrer Stakeholder nicht ignorieren, sie sind daher zwangsläufig auf Argumente zweiter Ordnung angewiesen. Außerdem müssen die Argumente für ein Design nicht nur Techniker überzeugen, sondern sich in Netzwerken von Stakeholdern bewähren. Bei der Gestaltung eines Fernsehapparates etwa, beschränken sich die Ingenieure auf die Schaltkreise, die die fehlerfreie Übertragung der Radiosignale auf den Bildschirm und Lautsprecher garantieren sollen, während Designer sich gezwungen sehen, ein ganzes Netzwerk anderer Stakeholder, einschließlich der Benutzer, davon zu überzeugen, dass ihr Entwurf so funktioniert, wie es deren Erscheinung verspricht und darüber hinaus in die Welt seiner Stakeholder passt sowie deren Lebensweise verbessert. Während Ingenieure den Vorteil haben, Funktionalität an beständigen Prototypen von Produkten zu testen, sind human-centered Designer gezwungen, sich auf Stakeholdererwartungen zu stützen, die sich verändern und in verschiedenen Richtungen entwickeln können. Beim human-centered Design lassen sich die semantischen Aussagen nicht von den Interessen und der Kommunikation zwischen den jeweiligen Stakeholdern trennen.

Die folgenden Wege, die Gültigkeit semantischer Aussagen empirisch zu unterstützen, beschreiben drei gängige und zwei weniger gebräuchliche, die dem Design vorbehalten sind. Sie sind nach zunehmender Wichtigkeit geordnet.

- *Demonstrative Gültigkeit* bedeutet, etwas augenscheinlich zu beweisen, das heißt, überzeugend vorzuführen oder beobachtbar zu machen, worum es geht. Wenn sich semantische Aussagen auf die Effektivität von Interfaces mit Artefakten beziehen, so sollte eine Demonstration anschaulich machen, wie Benutzer tatsächlich mit dem vorgeschlagenen Artefakt umgehen können. Demonstrationen dieser Art verlangen Prototypen, Modelle, die dem vorgeschlagenen Artefakt mehr oder weniger entsprechen, aber mindestens die Eigenschaften aufweisen, auf die es ankommt.
So sind überzeugende Demonstrationen häufig erkauft mit dem, was sie außer Acht lassen. Videoaufzeichnungen oder CAD-Zeichnungen etwa eines Mobiltelefons liefern keinen Hinweis darauf, wie schwer dieses Gerät ist, wie es sich anfühlt und ob die akustische Verbindung akzeptable ist. Visuelle Darstellungen eines Autoinnenraums können nicht zeigen, wie bequem die Sitze sind oder wie sie riechen, obwohl

beides semantisch erwünschte Charakterzüge sein könnten. Die Gültigkeit semantischer Aussagen können nur für die Sinne demonstriert werden, die sie ansprechen. Außerdem ist dieser Gültigkeitsbeweis beschränkt auf die Gegenwart der zu überzeugenden Klienten, Stakeholder oder Benutzer und schließt die Gültigkeit für künftige Stakeholder aus. Schließlich tendiert diese Beweisform dahin, die gegenwärtigen Personen in eine Zuschauerposition zu versetzen. Das ist zwar typisch, muss aber nicht so sein. Computersimulationen der Innenräume eines Gebäudes etwa können es zukünftigen Bewohnern erlauben, virtuell durch sie zu gehen und sich Vorstellungen davon zu machen, die keine Zeichnung hervorrufen könnte. Ähnlich kann die Computersimulation des Inneren des menschlichen Körpers Chirurgen unvorhergesehene Ansichten vermitteln, bevor sie anfangen zu operieren. Das Maß demonstrativer Gültigkeit hängt davon ab, wie realistisch die vorgestellte prototypische Situation ist. Demonstrative Bestätigungen semantischer Aussagen sind immer dann von Vorteil, wenn verbale Berichte nicht ausreichen oder zu umständlich sind.

- *Experimentelle Gültigkeit.* Kontrollierte Experimente sind ein üblicher Weg, empirische Belege für einen Entwurf zu sammeln, auch im Ingenieurwesen. Hier jedoch gilt es, die Frage zu beantworten, ob ein vorgeschlagenes Artefakt die Bedeutungen, Gewohnheiten und Handlungen die potenzielle Benutzer an ihn herantragen könnten, tatsächlich in Interaktionen umsetzen kann. Experimentelle Gültigkeit ist häufig statistischer Natur, begrenzt sich auf Versuchspersonen, die vorhanden sind oder herangezogen werden können, und kann sich auf die innovativen Teile eines Designs, über die sich Designer und ihre Stakeholder unsicher sind, beziehen. Die Teilnehmer an solchen Experimenten sollten so ausgewählt werden, dass sie alle denkbaren Stakeholder einbeziehen, die mit dem fraglichen Teil wie auch immer umzugehen haben. Auch Experimente bedürfen Prototypen mit deren Hilfe Fragen beantwortet werden können, etwa ob und wie etwas erkennbar und erkundbar ist, wie viele Schwierigkeiten Benutzer in ihrem Interface mit dem vorgeschlagenen Artefakt erfahren, welche Charaktereigenschaften sie ihm zuschreiben und welche Benutzeridentitäten es mutmaßlich unterstützt. Experimentelle Bestätigungen zielen über das Kriterium demonstrativer Gültigkeit hinaus, indem sie Personen außerhalb der an einer Demonstration gegenwärtigen Stakeholder in den Gültigkeitsbeweis für ein vorgeschlagenes Artefakt einbeziehen können.

  Dennoch haben auch experimentelle Bestätigungen ihre Grenzen. So kann sie sich nur auf vorhandene Probanden stützen, kaum über zukünftige Stakeholder sprechen. Auch ist sie begrenzt auf die Bestätigung semantischer Aussagen über Artefakte, die in kleinen Benutzergruppen eine Rolle spielen sollen. Für größere Multiuser-Artefakte wie organisatorische Innovationen, Wahlkampagnen, computerunterstützte soziale Netzwerke oder ökonomische Maßnahmen sind experimentelle Bestätigungen zu teuer, beeinflussen das System, in dem sich ein Artefakt beweisen muss oder bringen es durcheinander. Große Systeme kann man nicht im Labor testen.

- *Interpretative Gültigkeit* wird durch Bezüge auf etablierte Theorien bewiesen. Designer können sich selten auf mathematischen Theorien stützen, mit denen Ingenieure ihre Vorschläge beweisen, doch auch sie argumentieren mithilfe von Theorien und

Forschungsergebnissen, zum Beispiel bezüglich der Wahrnehmung (Psychologie und Kognitionswissenschaft), Ergonomie, Soziolinguistik, Politik, Marketing, Anthropologie, Ökonomie oder natürlich auch aus dem Ingenieurwesen. Solche Theorien sind selten gebrauchsfertig, müssen also interpretiert und den gegebenen Umständen angepasst werden. UCMs etwa gehen auf Theorien kognitiver Modelle der linguistischen Semantik und der Schema-Theorie aus der Psychologie zurück. Erstere stellen Propositionen begrifflicher Beziehungen in sprachlichen Ausdrücken bereit und Letztere fügen solchen Propositionen Verhaltensweisen hinzu. Mithilfe von Forschungsresultaten beider Gebiete ist es denkbar, Entwürfe zu begründen, die auf Kenntnisse der UCMs potenzieller Benutzer aufbauen, und Argumente zu entwickeln, welche UCMs zu welchen Interfaces führen könnten. Keine dieser Disziplinen interessiert sich jedoch für Designüberlegungen. Um deren Forschungsergebnisse zu benutzen und semantische Aussagen zu bestätigen, müssen sie gegeneinander auf ihre Gültigkeit und bezüglich ihrer Relevanz für die gegenwärtige Situation geprüft und dann schlüssig interpretiert werden.

Semantische Aussagen interpretativ zu beweisen, hat mindestens vier Grenzen, deren sich Designer bewusst sein sollten. Erstens kommen die meisten der Forschungsergebnisse unter fachspezifischen Zielvorgaben zustande, die nicht ohne Weiteres auf die spezifischen Umstände eines Designs verallgemeinert werden können. Wenn Designer diese Ergebnisse verwenden, müssen sie sich über deren epistemologische Tendenzen im Klaren sein. Zweitens sind wissenschaftliche Daten Aufzeichnungen von Beobachtungen aus der (vielleicht unmittelbaren, jedoch immer nur aus der) Vergangenheit. Es bedarf eines Vertrauensvorschusses, wenn man davon ausgeht, dass solche Untersuchungsergebnisse auch in der Zukunft, in der ein Entwurf sich ja letztlich beweisen muss, noch gültig sein werden. Obwohl es viele Erkenntnisse gibt, die sich möglicherweise nicht ändern, muss man sich darüber klar sein, dass wirkliche Innovationen per definitionem keine Vorläufer haben, auf die sie sich stützen könnten. Drittens sind wissenschaftliche Theorien Verallgemeinerungen, die die Details zugunsten abstrakt-theoretischer Verhältnisse ignorieren. Beim Design hingegen geht es weniger um Verallgemeinerungen als um Details. Ein Design muss in allen Details funktionieren und der Vielfältigkeit der Stakeholder-Konzeptionen gerecht werden. Schließlich neigen viertens empirische Forschungen dazu, sich mit einzelnen messbaren Variablen zu befassen. Wenn Designer ihren Entwurf interpretativ bestätigen, müssen sie ihre Vorschläge in vollständigen Narrativen vortragen. Üblicherweise funktioniert ein Ganzes anders als die Summe seiner Teile.

- *Methodologische Gültigkeit.* In den Naturwissenschaften haben Forscher die Freiheit, Hypothesen aufzustellen, Experimente zu machen und Messinstrumente zu ersinnen, die ihre Theorien unterstützen, sie sind aber verpflichtet ihre Vorgehensweise so offenzulegen, dass qualifizierte Fachkollegen die Schritte, die zu den Untersuchungsergebnissen führten, überprüfen oder wiederholen können. Das setzt voraus, dass sich das Objekt wissenschaftlicher Untersuchungen nicht verändert und in wiederholten Experimenten auf gleiche Weise reagiert. Auf die Resultate eines Designs trifft dies kaum zu.

Eine Wissenschaft für das Design kann sich jedoch auf eine analoge Form dieser Beweismethode stützen, nämlich auf jene Designmethoden, die zu einem Design führten, wobei es jedoch drei offenkundige Unterschiede gibt. Erstens befassen sich Designmethoden nicht mit dem, was ist oder war, sondern mit dem, was veränderbar, denkbar und wünschenswert ist und wie es erreicht werden könnte. Für die Zukunft von Vorschlägen, die ein Designer erarbeitet, gibt es keine Daten. Zweitens ist das Ziel von Designmethoden nicht die objektive Beschreibung natürlicher Phänomene, sondern die Antizipation der Art und Weise, wie die Stakeholder Designvorschläge begreifen, wie sie in eine Interfacebeziehung mit den projektierten Artefakten treten, und was die gesellschaftlichen Folgen ihrer Benutzung für zukünftige Stakeholder sein könnten. Dieses Ziel betrifft also die sozialen Konsequenzen. Drittens müssen die semantischen Aussagen der Designer ihre Stakeholder-Gemeinschaften nicht nur von ihrer Gültigkeit überzeugen, sondern sollen sie auch dazu inspirieren, sich an der Realisation eines Designs zu beteiligen – während naturwissenschaftliche Aussagen nur den empirischen Bewertungen durch wissenschaftliche Kollegen standhalten müssen. Designer und ihre Stakeholder können durchaus in verschiedenen Welten zuhause sein, das Netzwerk ihrer Kommunikation muss jedoch etwas noch nicht Dagewesenes hervorbringen.

Bisher wurde erläutert, dass Designmethoden auf einer systematischen Ausdehnung des Raums von Möglichkeiten beruhen, der in einem folgenden Schritt bewusst auf diskussionswürdige Vorschläge für Artefakte reduziert wird. Der zweite Schritt ist analog zum Testen wissenschaftlicher Hypothesen zu sehen. Der erste hat jedoch kein methodologisches Äquivalent in den Naturwissenshaften, es kann jedoch die Gültigkeit semantischer Aussagen entscheidend beeinflussen. In Bezug auf Shannons (Shannon & Weaver 1949) Informationstheorie kann man sagen, dass die methodologische Gültigkeit semantischer Aussagen umso größer ist, je mehr Alternativen untersucht wurden.

Man kann daher drei Wege zur methodologischen Gültigkeit semantischer Aussagen unterscheiden, wobei man nicht häufig genug betonen kann, dass die zu begründenden Entwürfe sich tatsächlich immer erst in der Zukunft beweisen und methodologische Begründungen also nie endgültig sein können. Sie können sich jedoch stützen:

— auf die *Anzahl und Verschiedenartigkeit erwogener Zukunftsformen,* also die Anzahl der Visionen, die mit den Stakeholdern erkundet und dann in Betracht gezogen wurden, um zu einem Design zu kommen. Die bloße Zahl von Alternativen, die ein Designer ernsthaft untersucht hat, kann beeindrucken und auch zeigen, in welcher Breite ein Sachverhalt bearbeitet wurde. Einem vorgestellten Entwurf allein kann man aber noch nicht entnehmen, welche und wie viele Möglichkeiten systematisch eliminiert worden sind und welche übersehen wurden – eine Entwurfspräsentation, die auf die Darstellung der Alternativen verzichtet, erscheint weniger gültig.

Alle Technologien verbessern etwas auf Kosten von etwas anderem. Die methodologische Gültigkeit hängt also auch davon ab, wie Designer die Vorteile und Begrenzungen von Alternativen gegenseitig bewertet haben. Telefonieren dehnt zwar die Reichweite der menschlichen Stimme auf große Entfernungen aus, verhindert aber die Übertragung visueller, haptischer und olfaktorischer Erfahrungen. Die meisten Artefakte unterstützen sowohl wünschenswerte als auch dunkle Szenarien. So kann dieselbe Pistole, die ihren Besitzer vor Eindringlingen schützen sollte, auch dessen Familienmitglieder töten. Der Weg zur methodologischen Gültigkeit muss nicht nur zeigen wie viele Möglichkeiten erdacht worden sind, sondern auch offenlegen, wie viele und welche Gegenargumente untersucht wurden.

— auf die *Anzahl und Realisierbarkeit der untersuchten Wege* von der Gegenwart zu den von verschiedenen Stakeholdern vorgestellten Zukunftsformen. Untersuchungen dieser Wege müssen die verschiedensten Ressourcen berücksichtigt haben, die nötig sein könnten, Entwürfe durch ihre Lebenszyklen laufen zu lassen, auf wessen Kosten und zu wessen Gunsten dies geschähe.

Im human-centered Design müssen realisierbare Vorschläge also nicht nur technisch machbar sein, sondern auch von gegenwärtigen und zukünftigen Stakeholdern realisiert werden können, also in jedem ihrer Manifestationen lebensfähig sein. Die Realisation einer Technologie kann durchaus einer Stakeholder-Gemeinschaft zum Vorteil und einer anderen zum Nachteil sein. Verzögerte Befriedigung, die Vorteile der Ziele über die der benötigten Kosten zu stellen, bezieht sich auf eine analoge Diskrepanz in der Zeitdimension. So kostete die Durchsetzung des Kommunismus in China Millionen von Unternehmern das Leben, und im industrialisierten Westen wurde aus kurzsichtigen Profitgründen das Outsourcing industrieller Produktion auf Kosten der Arbeitskräfte betrieben, die andernorts hergestellte Produkte kaufen müssen. Hätte man die Stimme derjenigen, die einen vorgeschlagenen Weg beschreiten sollen, berücksichtigt, wäre es wahrscheinlich nicht zu solchen Exzessen technologischer Rationalität (siehe Simon 1969/2002) gekommen. Aussagen über Entwürfe, die keinen Weg zur Realisation eines Artefaktes beinhalten und nur wenige Wege aufzeigen oder sie ohne vorsorgliche Abwägung ihrer Vorteile und Kosten vorstellen, kann man aus diesen Gründen kaum methodologische Gültigkeit zusprechen.

— auf die *Anzahl und die Arten der Stakeholder, die bei der Entwicklung eines Designs zurate gezogen* wurden. Semantische Aussagen, die sich nicht auf angemessene Stakeholder-Gemeinschaften beziehen, können aus methodologischen Gründen bedenkenlos angezweifelt werden. Selbst experimentelle Gültigkeit ist davon abhängig, dass Versuchspersonen die Stakeholder eines Artefakts quantitativ und qualitativ repräsentieren. Das Prinzip ist jedoch allgemeiner, je mehr kulturelle Hintergründe, soziale Unterschiede, kognitive Fähigkeiten und Ambitionen möglicher Stakeholder-Gruppen in den Gestaltungsprozess eingeflossen sind, desto größer ist die Wahrscheinlichkeit, dass ein Entwurf akzeptiert, weiterentwickelt und schlussendlich benutzt wird. Der Nachweis, dass eine genügende Anzahl relevanter Stakeholder in einem Design berücksichtigt wurde, erhöht die methodologische Gültigkeit semantischer Aussagen.

Methodologische Gültigkeiten semantischer Aussagen sind besonders anfällig für Gegenargumente, die zeigen, dass wichtige Alternativen – zukünftige Lebensweisen, Wege sie zu erreichen und Stakeholder – nicht untersucht wurden.

- *Pragmatische Bestätigung.* Wenn sich die gegenwärtigen Stakeholder eines Designs verpflichtet haben, es zu realisieren, andere zur Mitarbeit rekrutieren und es zu verwenden, ist das mit Sicherheit ein Beweis dafür, dass die semantischen Aussagen plausibel und akzeptiert sind und keiner weiteren Begründungen bedürfen. Die pragmatische Gültigkeit liegt ausschließlich in den Händen der Stakeholder, und genau so soll es sein. Sie ist das Ideal, ob es sich dabei um einen ‹selbstverständlichen› Vorschlag handelt, oder ob sich die Stakeholder nach langen Verhandlungen so verpflichtet haben. Das folgende Beispiel stammt von Robert Blaich.[7] Die Marktforschung der Firma Philips kam zu dem Ergebnis, dass für das Roller Radio, das 1984 aus einem frühen Workshop zur Produktsemantik in Eindhoven entstanden war, kein Markt existierte. Kurz darauf sah ein italienischer Freund von Blaich das Design und bestellte eine große Anzahl davon. Aufgrund dieser Bestellung, entgegen sogenannter wissenschaftlicher Marktforschungsergebnisse, wurde das Roller Radio 1985 erstmals hergestellt und bald zu einem großen Erfolg und von vielen Konkurrenten kopiert und weiterentwickelt.

Pragmatische Gültigkeit, so ideal sie auch erscheinen mag, kann auch fehlschlagen, zum Beispiel wenn das Engagement der Stakeholder für ein bestimmtes Design auf übertriebenem Enthusiasmus beruht oder nicht alle entscheidenden Stakeholder einschließt. Unter Berücksichtigung des wissenschaftlichen Prinzips, stets nach Gegenaussagen zu suchen, verlangt eine Wissenschaft für das Design von den Gestaltern, auch die Gegenprobe zu machen. Sie müssen sich kritisch mit ihren eigenen Ideen und den Motiven ihrer Stakeholder auseinandersetzen, um sicherzustellen, dass ihr Enthusiasmus nicht auf unrealistischen Erwartungen basiert. Dass ein Design zu leisten vermag, was eine ausgewählte Stakeholder-Gemeinschaft davon erwartet, ist der leichte Teil der pragmatischen Bestätigung. Die Gefahr, dass ein Design einer begeisterten Stakeholder-Gemeinschaft auf Kosten des Wohlergehens einer unbeteiligten anderen zugutekommt, oder die Gefahr, dass kurzfristige Befriedigungen durch ein Design langzeitliche Entwicklungen einschränken, ist schwieriger zu umgehen. Kosteneffizient arbeitende Kaufhäuser, die die kleinen Händler in den Bankrott treiben, sind ein Beispiel für die erste Gefahr. Die zunehmende Ausbeutung erschöpfbarer Rohstoffquellen ist ein Beispiel für die zweite.

Die Post-Factum-Bestätigung semantischer Aussagen ist der eigentliche Beweis für den Erfolg eines Designs, das von seinen Stakeholdern angenommen und verfolgt wurde, seinen Lebenszyklus durchlief und sich in der Ökologie anderer Artefakte durchsetzen konnte. Diese Bestätigung muss nicht unbedingt den Absichten der Designer entsprechen. Entscheidend ist, dass aus deren Entwurf etwas wurde und im Leben der Stakeholder einen Platz fand. Dies ist das Ziel eines jeden Designs, doch da das Gestalten den vollendeten Tatsachen stets vorausgeht, können Post-Factum-Beweise die semantischen Aussagen eines gegenwärtigen Designvorschlages nicht beeinflussen, wohl aber zukünftige Entwicklungen informieren (siehe Abschnitt 7.6.1).

---

7   Robert Blaich. Persönlicher Bericht, 1989. Siehe auch Robert Blaich (1989, 1993).

Zusammenfassend sei gesagt, dass die Aufgabe einer Wissenschaft für das Design nicht darin besteht, Systematik oder methodisches Vorgehen um ihrer selbst willen zu propagieren, sondern Designern ein ergiebiges Betätigungsfeld abzustecken – human-centered design – und praktische Begriffe zu erarbeiten, durch die Designer, erstens die notwendige rhetorische Stärke erwerben können, um ihren gesellschaftlichen Beitragen Überzeugungskraft zu verleihen, zweitens die ihnen ermöglichen, hinsichtlich verschiedener Aspekte eines Entwurfs mit anderen Disziplinen auf gleicher Augenhöhe zusammenarbeiten zu können und drittens ihren Beruf zukunftsorientiert zu entwickeln, was im folgenden Abschnitt erläutert wird.

7.6 Die Förderung des Designdiskurses

Kein Beruf, keine akademische Disziplin kann bestehen, ohne ihren Angehörigen die Fähigkeit zu vermitteln, sich anderen Berufen und Disziplinen gegenüber zu erklären, ohne die gesellschaftliche Stellung ihres eigenen Berufs kontinuierlich zu verbessern und ohne aufzuzeigen, was der Beruf oder die Disziplin zum Leben anderer beitragen können. Vermittlungen dieser Art bedienen sich hauptsächlich der Sprache und sie effektiv zu verwenden ist eine der Aufgaben des Diskurses einer Diskursgemeinschaft.

Eine Diskursgemeinschaft von Designern besteht aus sehr verschiedenen institutionellen Praktiken: Akademische Ausbildungen im Fach Design einschließlich der Anerkennung erworbener Titel, Berufsverbände, die professionelle Interessen der Designer vertreten, Veröffentlichungen in Designzeitschriften, Mitarbeit in einem Designbüro oder einer Designabteilung in einem Unternehmen und Teilnahme an Jurys für Designpreise, Ausstellungen und Museumskollektionen. Der Diskurs, in den Designer mit ihrer Ausbildung beginnend eintreten und an dem sie im Laufe ihres Berufslebens teilhaben, der die vielfältigen Institutionen einer lebendigen Designgemeinschaft koordiniert, ist wohl die wichtigste, wenngleich am wenigsten erkannte Quelle ihrer Identität.

Wenn Designer einen Vertrag mit einem Kunden aushandeln, dann sprechen sie *als* Mitglied der Designgemeinschaft und rufen damit die gesamte Geschichte des Designs auf. Dabei spielt es keine Rolle, ob diese Geschichte dem Kunden detailliert bekannt ist. Bezugspunkte sind Beispiele erfolgreichen Designs, prominente und maßgeblichen Schulen, prominente Designer, typische Designpraktiken und Erzählungen von Erfolgen und Misserfolgen. Die Tatsache, dass sich Designer der rhetorischen Kraft eines Diskurses bedienen, geht mit der Verpflichtung einher, zu ihrem eigenen Diskurs beizutragen, ihn zu fördern, denn nur durch ihn wird eine Designgemeinschaft zusammengehalten. Letztbezüglich sind Designer bisher weniger erfolgreich gewesen.

Die Medizin könnte Designern ein gutes Vorbild sein. Beide sind sie praktische Berufe, die ihrer eigenen Wissenschaft bedürfen, um etwas ‹in Ordnung zu bringen›. Mediziner versuchen, die biologischen «Normalzustände» ihrer Patienten wieder herzustellen, Designer arbeiten Verbesserungsvorschläge für das Leben ihrer Stakeholder aus. Die Medizin verdankt ihre rhetorische Kraft nicht nur der erfolgreichen Behandlung von Patienten, sondern vor allem der Entwicklung eines Diskurses, der aus medizinischen Begriffen und Praktiken bestehend, der strengen Ausbildung von Ärzten zugrunde liegt, Erforschung von Behandlungspraktiken anregt, sowie die Weiterentwicklung medizinischer Technologie fördert. Ärzte und ihre Mitarbeiter wissen medizinische und nicht-medizinische Anliegen klar zu unterscheiden. In der Öffentlichkeit ist der medizinische Diskurs hoch angesehen. Patienten haben gewaltigen Respekt vor ihm, insbesondere wenn sie auf die Kenntnisse von Ärzten angewiesen sind.

Wie in Abschnitt 1.4.3 erläutert, könnte der Designdiskurs ein vergleichbares Ansehen erlangen, angefangen mit dem Ziehen einer leicht erklärbaren und produktiven Grenze zwischen dem, was Designer tun und was sie anderen überlassen. Mit dieser Absicht formulierte die semantische Wende das Axiom, dass Menschen nicht aufgrund von physikalischen Eigenschaften handeln, sondern aufgrund dessen, was sie ihnen bedeuten (Abschnitt 2.2). Ein Hauptanliegen dieses Buches ist die Ausdifferenzierung der damit verbundenen Theoreme als Grundlage für berufliche Designpraktiken sowie einer Wissenschaft für das Design. Das Fehlen von Gegenbeispielen für dieses Axiom legt nahe, dass es eine grundlegende epistemologische Wahrheit in ihm verbirgt. Ein Vokabular, das sich sorgfältig im Rahmen dieses unbezweifelbaren Axioms entwickelt und Institutionen, die die Identität des Designdiskurs und seine Begrifflichkeiten kommunizieren und erweitern, kann Designern, rhetorische Kräfte verleihen, die einigen anderen Diskursen fehlen.

Erstaunlicherweise ist sich der medizinische Diskurs seiner sozialen Natur kaum bewusst. So ist Gesundheit etwa eine weitgehend sozial oder kulturell konstruierte Norm, was sich schon dadurch zeigt, dass sich Krankheiten ständig (neu) entwickeln und Krankheit zuweilen neu definiert wird. Medikamente werden von Pharmaunternehmen nicht ohne Profite entwickelt und sind gesetzlichen Vorgaben seitens der Regierung unterworfen. Krankheiten werden zumindest teilweise dadurch definiert, wie Versicherungsunternehmen für sie bezahlen, und Forschungsvorhaben, für die keine finanziellen Mittel bereitgestellt werden, führen charakteristischerweise nicht sehr weit. Dennoch hat die Medizin eine wirksame Grenze gezogen. Das medizinische Wissen wird innerhalb dieser Grenze vermehrt, das Fachvokabular kontinuierlich verfeinert und überholt. Informationen über die Art von Problemen, die zu lösen die Medizin für sich in Anspruch nimmt, werden der Öffentlichkeit jenseits dieser Grenze mitgeteilt, um auf diese Weise Medizinstudenten, Patienten und Forschungsgelder anzulocken. Das beruht auf der rhetorischen Stärke des medizinischen Diskurses, der sich in großer Unmittelbarkeit auf das Leben der Stakeholder bezieht.

Die semantische Wende gibt dem Designdiskurs eine neue Klarheit, die die Grundlage der Wissenschaft für das Design legt. Neben den oben skizzierten Methoden, die im Wesentlichen den Designpraktiken gewidmet sind und in Wegen, semantische Aussagen plausibel zu machen, endeten, ist es unabdingbar, dass Designer zu ihrem eigenen Diskurs beitragen. Die folgenden vier Aktivitäten fördern den Designdiskurs und stärken die im Entstehen begriffene Wissenschaft für das Design.

7.6.1 Postdesign-Forschung
Für kurzsichtig marktorientierte Designer mag es vernünftig scheinen, den Designdiskurs zu vergessen, sobald sie ihren Entwurf einem Kunden übergeben konnten. Auf diese Art verödet aber ihr beruflicher Lernprozess. Abbildung 5.1 zeigt Gestalter als Teil eines rekursiven Prozesses. Sie legt Designern nahe, zusätzliche Anstrengungen zu

unternehmen, ihre eigenen Erfolge und Misserfolge zu untersuchen und diese Erkenntnisse auszuwerten. Eine Wissenschaft für das Design schlägt vor, das nicht nur sporadisch, sondern systematisch zu tun. Postdesign-Forschung befasst sich mit dem, was geschieht, nachdem ein Design in die Hände von Stakeholdern gekommen ist, möglicherweise unbeabsichtigte Bedeutungen annimmt und in jedem Fall seine eigenen Wege findet. Untersuchungen über die Art und Weise, wie ein Entwurf das Netzwerk seiner Stakeholder durchläuft, ist eine Fundgrube, aus der die Designgemeinschaft lernen kann, nicht nur um Fehler zu vermeiden, sondern auch der Gesellschaft besser dienen zu können. Postdesign-Forschung bedient sich anthropologischer, soziologischer, politischer, ökonomischer und ökologischer Mittel, um zu dokumentieren, was mit Entwürfen geschieht. Sie zielt nicht darauf, erfolgreiche von nicht erfolgreichen Designern zu unterscheiden, sondern ihren eigenen Diskurs um das Wissen dessen, was nach einem Designprozess geschieht, zu bereichern, also seine Human-centeredness zu stärken, Misserfolge zu verringern und schließlich ermöglicht es Designern, künftig effektiver argumentieren zu können. Entwürfe, die als herausragend galten, sogar Preise gewannen, ohne jemals auf den Markt gekommen zu sein, sind dabei ebenso wichtig wie diejenigen, die schlecht oder überhaupt nicht gestaltet und dennoch überragende kommerzielle Erfolge waren. Sicherlich ist die Korrelation zwischen dem, was Designer für gut befinden, und dem, was tatsächlich erfolgreich war, klein oder zumindest kompliziert, was die Notwendigkeit für Postdesign-Forschung bestätigt.

7.6.2 Designliteratur

Der schriftliche Designdiskurs ist das konsultierbare Archiv des Wissens über Gestaltung. Gegenwärtig besteht die Designliteratur größtenteils aus kunstgeschichtlichen Beiträgen, kuratierten Museumsausstellungen und Selbstdarstellungen von Designern. In den letzten Jahren haben sich hierzu Dissertationen und Forschungsberichte gesellt, die sich mit organisatorischen, kulturellen, kognitiven und designtheoretischen Themen auseinander setzten. Die Vorschläge des eingangs erwähnten NSF-Berichts über das Design im Informationszeitalter (Krippendorff 1997) verstärken diese Bemühungen. Er schlug unter anderem vor, visuelle Datenbanken zu erstellen und diese mit solchen für Texte zu verbinden. Eine lehrbare Wissenschaft für das Design, also ein schriftlicher und bildunterstützter, nicht bloß mündlich übertragener Designdiskurs, ist eine politische Notwendigkeit für das Design. Es könnte das abermalige Erfinden von praktischen Vorgehensweisen und die Wiederholung von Fehlern verringern, jedoch nur dann, wenn Designer willens sind, ihre eigenen Vorgehensweisen – Erfolge und Misserfolge – zu dokumentieren. Zugang zu einem Archiv solcher Aufzeichnungen und begrifflicher oder theoretischer Beiträge würde das Design auf ein höheres intellektuelles Niveau bringen. Auch wenn die Analyse von Texten und Bildern (Krippendorff 2004a) und das Suchen im Internet inzwischen große Fortschritte gemacht haben, wurde dabei bislang noch nicht jenes Selbstdarstellungs- und Selbstreflektionsniveau erreicht, das für eine Wissenschaft für das Design erforderlich ist. Lehrbücher und Doktorarbeiten, die Designliteratur auswerten, Empfehlungen erarbeiten, Designmethoden testen und kanonische Beispiele identifizieren, warten noch darauf, publiziert zu werden.

7.6.3 Institutionalisierungen

Wissenschaftliche Disziplinen benötigen Institutionen, um die zuverlässige Reproduktion und das Wachstums ihres Diskurses zu gewährleisten. Universitäten sind die offenkundigsten Stellen für Lehre, Grundlagenforschung und die Quelle intellektueller Ausweitung jeglicher Wissenschaften. In den Vereinigten Staaten wird die höhere akademische Ausbildung im Fach Design unterbewertet. Doktorarbeiten, geschrieben von Designern und über Designfragen, sind selten. Doktorarbeiten, die ausgewählte Aspekte des Design zum Objekt ihrer Untersuchungen machen, kommen im Wesentlichen aus anderen Disziplinen: Kunstgeschichte, Pädagogik, Werbung und Wirtschaftswissenschaft. Seit mehreren Jahren gibt es jedoch eine lebhafte (Internet-)Diskussion über das Designstudium und Promotionsmöglichkeiten (Ph.D.) im Design.[8] Unabhängig davon, akademische Titel verleihen zu dürfen, bleibt es wohl die Aufgabe von Universitäten, wissenschaftliche Beiträge zu fördern. In Designabteilungen lehren Professoren, die über ausgezeichnete pädagogische Fähigkeiten verfügen, ihr Gebiet zu begreifen und zu kommunizieren. Dort lernen Designstudenten professionell zu denken, zu sprechen und später so zu handeln, Designforscher lernen, ihre Untersuchungsobjekte zu definieren und zu studieren, Designprofessoren lernen, den Designdiskurs zu erweitern und zu vermitteln sowie ihre ganze Energie darauf zu konzentrieren, die Wissenschaft für das Design vorwärtszutreiben. Darüber hinaus bedarf es Forschungsinstitute, finanzielle Mittel für Grundlagenforschung, Literaturrecherchen, Aufgaben, die die verschiedenen Wissensgebiete zusammenzubringen, und Publikationen, die akademische Arbeiten veröffentlichen. Die Industrie würde von diesen Bemühungen erheblich profitieren. Die Institutionalisierung human-centered Designforschung kann das Risiko von Misserfolgen nur verringern. Professionelle Verbände für Designer existieren zwar, doch konzentrieren sie sich häufig auf das Teilen von Berufserfahrungen statt die Wissenschaft für das Design voranzubringen. Forschungen gibt es in den Bereichen der Ergonomie und der *Human Factors,* von denen in Kapitel 8 noch die Rede sein wird. Die obengenannte NSF-Konferenz war beauftragt, Vorschläge zu machen, wie die Regierung der Vereinigten Staaten das Design im Informationszeitalter unterstützen könnte. Einige ihrer Vorschläge bezogen sich auf Wege, die Wissenschaft für human-centered Design institutionell zu verankern.

7.6.4 Selbstreflexion

Jeder Diskurs bedarf einer gewissen Autonomie, ohne sich dabei gegenüber anderen Diskursen abzuschotten. Wie an verschiedenen Stellen in diesem Buch ausgeführt, birgt die unkritische Übernahme von Methoden aus anderen Disziplinen, die mit anderen Forschungsparadigmen und erkenntnistheoretischen Ansätze arbeiten, die Gefahr, dass sie den Designdiskurs unterwandern, ihn für sich in Beschlag nehmen, ihn kolonisieren und letztlich ersticken. Ist man sich des eigenen Diskurses bewusst, so wird man sich dieser Kapitulation vor anderen Disziplinen ernsthaft widersetzen. Wie gesagt, schlägt die semantische Wende einen neuen Gegenstand vor, über den andere Disziplinen wenig zu sagen haben, und sie schlägt Designmethoden vor und zeigt Möglichkei-

---

8   Phd-Design@jiscmail.ac.uk (Stand September 2010).

ten, Aussagen zu begründen, die einzigartig für das Design sind. Doch die kontinuierliche Lebensfähigkeit und die Weiterentwicklung eines Designdiskurses verlangt eine strenge Selbstüberprüfung ihrer Wissenschaft und ihrer Praktiken.

In den Naturwissenschaften übernimmt die Wissenschaftsphilosophie die Aufgabe, die Praktiken einer Naturwissenschaft zu untersuchen. Doch verhindert deren Verpflichtung zu einem repräsentativen Sprachbegriff die konstitutiven Folgen von Sprachgebrauch zu erkennen, weshalb es kaum Verbindungen zwischen dem Wissenschaftsphilosophischen Diskurs und den untersuchten Diskursen gibt. Aktive Wissenschaftler müssen nichts über die Philosophie ihrer Wissenschaft wissen, um ihre eigene Wissenschaft zu betreiben. Für den Designdiskurs wäre diese Trennung jedoch unfruchtbar. Sicherlich neigt der Designdiskurs mehr zur Selbstreflexion, als andere Diskurse es tun, weil das Verstehen zweiter Ordnung ein zentraler Bestandteil des human-centered Design ist. Vom Verstehen des Verstehens der Stakeholder ist es nur noch ein kleiner Schritt, auch den Stakeholdern die Fähigkeit eines Verstehens zweiter Ordnung zuzugestehen. Das führt Designer zu einem Verstehen des Stakeholderverstehens des eigenen Verstehens, also zu einem Selbstverständnis, das über die Stakeholder der Designer erreicht wird. Selbstreflexion dieser Art ist nicht solipsistisch, da sie stets der Kooperation anderer bedarf. Ein Wissenschaftsphilosoph, der sich die Wissenschaft für das Design zum Objekt macht, ist dazu verurteilt, außerhalb des Designdiskurses zu bleiben. Dagegen muss sich eine Wissenschaft für das Design selbstkritisch erneuern und bewusst sein, dass Sprache nicht nur beschreibt, sondern auch erzeugt, und indem Designer ihren Designdiskurs auf sich selbst anwenden, ihre Rollen und die ihrer Stakeholder ununterbrochen umgestalten. Das ist die erkenntnistheoretische Grundlage einer human-centered Wissenschaft für das Design. Sie wird nicht von einer entkörperten Theorie oder einem disziplinären Monolog angetrieben, sondern geht aus einem verkörperten Dialog hervor, der alle diejenigen einschließt, die sich des Designdiskurses bewusst sind und ihn kooperativ weiterzuentwickeln bereit sind. Das ist eine Wissenschaft, die sich permanent reflektiert und zum Ziel hat, die Identität des Designdiskurses zu schärfen, seine Grenze zu erweitern, aber auch ihn vor Eingriffen anderer zu schützen.

Der einer Wissenschaft für das Design innewohnende Dialog ist wahrscheinlich der beste Garant ihrer anhaltenden Lebensfähigkeit, er muss aber auch als solcher praktiziert werden.

8. Distanzierungen

Dieses Kapitel untersucht Ähnlichkeiten, Unterschiede und epistemologische Unvereinbarkeiten zwischen der semantischen Wende im Design und anderen Disziplinen und Ansätzen, gegen die man sie abgrenzen muss.

8.1 Semiotik

Die Konzeptionen der Semiotik werden am häufigsten mit denen der semantischen Wende verwechselt. Für diejenigen, die bereits mit der semiotischen Zeichentheorie vertraut sind, evoziert das Adjektiv «semantisch» – etymologisch «das Studium von Bedeutungen» – ein aufwändiges semiotisches Fachvokabular, mit dem das Studium der Zeichen in drei Zweige unterteilt wird: Syntaktik, Semantik und Pragmatik (Morris 1955). Werden semiotische Theorien auf das Design angewandt, so lenken sie die Aufmerksamkeit von der Bedeutung der Artefakte auf die Beziehung zwischen Zeichen und ihren Referenten, zwischen Signifikanten und Signifikaten und zwischen Formen und deren Inhalten. Mit diesen Unterscheidungen werden leicht übersehbare epistemologische Annahmen in Auseinandersetzungen über Bedeutung hineingetragen, die dem Design fremd und generell unhaltbar sind. Man betrachte fünf Aspekte der Semiotik, die in diesem Zusammenhang abzulehnen sind.

1. *Die Semiotik gründet in einer Zwei-Welten-Ontologie,* wie John Stewart (1995) das treffend beschrieben hat, das heißt in der Idee, dass es eine Welt der Zeichen und eine Welt der Referenten gibt, eine Welt der Signifikanten und eine Welt der bezeichneten Gegenstände,[1] oder eine Welt der Zeichenträger und eine Welt

---

[1] Das kommt bereits in dem Wort «Semi-otik» zum Ausdruck. Das Präfix «Semi» («halb») wurzelt in dem griechischen Wort «sema», das nahelegt, dass ein Zeichen die zugängliche Hälfte einer Beziehung zwischen diesem und etwas anderem ist. Man mutmaßt, dass diese Interpretation auf den Brauch zurückgeht, beim Abschied zweier Freunde eine Münze entzweizubrechen und jedem von ihnen eine Hälfte mitzugeben, in der Hoffnung, dass sie sich auf diese Weise eines Tages wiederbegegnen. So betrachtet sollte eine Zeichentheorie auf der Metonymie basieren, also auf der Beziehung von Teilen und Ganzem, nicht auf der Referenz.

der Inhalte, die sie angeblich vermitteln. Diese Ontologie war grundlegend für Charles Sanders Peirces (1931) Semiotik, Ferdinand de Saussures (1916) Semiologie, und sie setzte sich fort in Charles Morris' (1955) gescheitertem Versuch, verschiedene Theorien von Logik, Wissenschaftstheorie, Literatur und menschlichem Verhalten in eine Einheitswissenschaft zu integrieren. Dass diese beiden Welten sich nicht überschneiden, wurde logisch zwingend in Bertrand Russells *Theory of Logical Types* (Whitehead und Russell 1910/1958) begründet, der zufolge Zeichen nicht Teil dessen werden können, was sie beschreiben. Die Zwei-Welten-Ontologie bleibt das Rückgrat der zeitgenössischen Semiotik, wie sie in Thomas Sebeoks (1986) *Encyclopedic Dictionary of Semiotics* kodiert und in Umberto Ecos Forschungen (1976, 1980, 1984) fortgesetzt wurde. Französische Versionen der Semiotik von Roland Barthes (1985) und Jean Baudrillard (1983) etwa haben den materiellen oder objektiven Teil dieser Zwei-Welten-Ontologie heruntergespielt. Stattdessen privilegieren sie Repräsentationen und setzten sich theoretisch mit der Frage auseinander, was Repräsentationen, darunter auch Repräsentationen von Repräsentationen, in der Gesellschaft tun, ohne freilich die ontologische Schizophrenie der Semiotik dadurch zu überwinden.

Würden Designer die Bedeutungen von Artefakten in semiotischen Begriffen definieren, dann müssten sie Artefakte vermutlich als *Repräsentationen* von etwas anderem bezeichnen. Dies verleitet, wie man weiß, zu «vortäuschenden Semiotisierungen», zur Täuschung der Benutzer hinsichtlich der Natur ihrer Artefakte. Hierzu zählen die Benutzung von Formen, die ein Produkt wertvoller erscheinen lassen als es ist, die Verwendung von schwer zu unterscheidenden, aber billigeren Ersatzstoffen, etwa Vinyl statt Leder, bedrucktem Resopal statt Tropenholz, Plastik statt Chrom, eloxiertem Aluminium statt Edelmetallen oder das irreführende Suggerieren bestimmter Funktionen, die tatsächlich nicht zur Verfügung stehen, etwa nicht funktionsfähige Drucktasten bei Telefonen oder eindrucksvolle, doch nicht funktionierende Klangregler bei Verstärkern. Die Praxis, das Innenleben von Artefakten mit Hüllen zu umgeben, die einen anderen Inhalt nahelegen, oder verbale Anleitungen zu benutzen, um die Folgen irreführender Formen zu verhindern, zeugt von demselben Phänomen.

Wir erwähnten bereits Umberto Ecos (1976, S. 7) Definition der Semiotik als Disziplin, die all das untersucht, mit dessen Hilfe man lügen kann. Die oben genannten Beispiele für «vortäuschende Semiotisierungen» sind nicht nur Möglichkeiten sondern weitverbreitete Praktiken. Indem die semantische Wende den Gebrauch von Artefakten nicht von seinen Bedeutungen trennt, verfolgt sie ein nicht-repräsentatives in einer Kreisabfolge von Interaktionen eingebettetes Bedeutungskonzept (Abbildung 2.4). Sie impliziert die Gestaltung von Artefakten, die sich ihren Benutzern idealerweise von selbst erklären und natürliche, offensichtliche und zuverlässige Interfaces mit ihnen ermöglichen. Die in der semantischen Wende bereitgestellten Konzepte ermutigen, semiotische Täuschungen zu vermeiden.

2. *Die Semiotik schließt eine aktive menschliche Beteiligung* bei der Erzeugung von Bedeutungen aus. Pierce und praktisch alle Semiotiker nach ihm konstatieren, dass die

Beziehung zwischen Zeichen und Referenten sich entweder in der Natur findet, wie bei Indizes, auf vorhandenen Ähnlichkeiten basiert, wie bei Ikonen, oder auf Konventionen beruht, wie bei Symbolen. Entsprechend sind die Bedingungen dessen, was etwas zu einem Zeichen macht, nicht als von einem Zeichenbenutzer abhängig konzipiert. Auch wenn diese dreiteilige Unterscheidung Konventionen, und damit Symbole, als menschliche Artefakte anerkennt, lässt sie den sozialen Prozess ihrer Entstehung trotz der Tatsache, dass de facto alle Zeichen Artefakte, also von Menschen hergestellt sind, außer Acht. Selbst kausal konzipierte Indizes haben gesellschaftliche Ursprünge und ihr aktueller Gebrauch geht häufig auf lange Geschichten zurück. So wurden etwa alle medizinischen Symptome diverser körperlicher Gebrechen irgendwann einmal erfunden, formuliert, dann über lange Zeiträume hinweg durch systematische Experimente und Behandlungen verfeinert und schließlich in medizinischen Texten und Praktiken institutionalisiert. Die Annahme, Symptome hätten natürlich-kausale Ursachen, was sie per definitionem zu Indizes machen, verführt Semiotiker zu dem Schluss, dass Symptome ohne menschliche Beteiligung existierten, dass man sie in der Natur suchen und finden könnte, ohne sich der Sprache bewusst zu sein, mit der menschliche Beobachtungen gelenkt und konzipiert werden. Diese Annahme, und nur sie, leugnet somit die soziale Konstruktion aller Zeichen. Die Medizin ist ein lebendiger Diskurs, der seine Diagnose- und Behandlungspraktiken ständig überprüft und neu deutet. Ein medizinisches Symptom wird durch die Institutionen der Medizin stabilisiert und zwar nur so lange, wie es diesen Institutionen dienlich ist.

Man betrachte die grundlegende semiotische Unterscheidung zwischen Zeichen und ihren Referenten. Zunächst einmal müssen wir uns darüber im Klaren sein, dass alle Unterscheidungen von Menschen getroffen werden. Die Natur kann sich entwickeln, aber sie besitzt nicht die Fähigkeit, Unterscheidungen zu treffen. Unterscheidungen erzeugen genau die Differenzen, die diejenigen, die sie treffen, schließlich auch als solche wahrnehmen. Die Natur kennt auch keine Differenzen. Es bedarf eines Beobachters sie zu benennen. Auch die Semiotik kann auf eine lange Geschichte begrifflicher Auseinandersetzungen verweisen, die bis ins Griechenland der Antike zurückreichen. Doch indem sie ihre Theorien auf angeblich «bestehende» Unterschiede zwischen Zeichen und ihren Referenten aufbaut, statt auf menschlichen und revidierbaren Unterscheidungshandlungen, entziehen sich Semiotiker jeder Verantwortung für ihre eigenen begrifflichen Konstruktionen, was zu der trügerischen Vorstellung führt, man befasse sich mit objektiven, vorgegebenen oder beobachterunabhängigen Fakten. Semiotiker scheinen sich der Tatsache nicht bewusst zu sein, dass es ihr Vokabular ist und zwar nur dieses, also nicht die Natur, die die Welt der Zeichen von der Welt ihrer Bedeutungen trennt und in menschunabhängige Beziehungen bringt. In scharfem Gegensatz hierzu ist sich die semantische Wende dessen bewusst und baut ihre Terminologie auf der Tatsache auf, dass die Welt des Menschen durch die Beteiligung des Menschen, einschließlich durch das menschbezogene Design, geschaffen wird, um sie wahrzunehmen und darin leben zu können.

Die Art und Weise, wie Menschen in semiotischen Theorien vorkommen, zeigt sich in folgenden Kommentaren der exakt wiedergegebenen semiotischen Definitionen ihrer drei primären Unterdisziplinen[2]:

- *Die Syntaktik* (in semiotischer Terminologie die Untersuchung der *Beziehungen zwischen Zeichen* [Signifikanten oder Zeichenträgern]) konstruiert eine Wirklichkeit, in der Menschen überhaupt nicht vorkommen, weder als deren Konstrukteure noch als von ihrer Wahrnehmung abhängig. Geometrie, Grammatik, Harmonie, Symmetrie, Proportionen, Wiederholungen und Naturgesetzlichkeiten beschreiben Beziehungen zwischen Zeichen, die für Semiotiker entweder existieren oder nicht.

- *Die Semantik* (in semiotischer Terminologie die Untersuchung der *Beziehungen zwischen Zeichen und den Objekten, auf die sie sich beziehen*) konstruiert eine Wirklichkeit, die unabhängig von der begrifflichen oder sprachlichen Beteiligung der Zeichenbenutzer existiert. Semantische Propositionen der Form «X ist ein Zeichen von Y» oder «X steht für Y», manchmal modifiziert durch den Zusatz «im Kontext von Z» (von Situationen, Zeitpunkten, Kulturen), sind ebenfalls entweder wahr oder falsch. Zwar erkennen Semiotiker an, dass Zeichenbenutzer die Verbindung zwischen Zeichen und ihren Referenten erlernen, aber auch falsch interpretieren können. Sie sind aber völlig blind für die Möglichkeit, dass Zeichenbenutzer Zeichen in ihrem eigenen Sinne, also unterschiedlich von einem Semiotiker interpretieren könnten. Mit solchen Propositionen beschränkt sich das Lernen von Zeichen auf die Beziehung zwischen X und Y. In Peirces Semiotik ist die Beziehung zwischen X und Y, zwischen Signifikat und Signifikant und zwischen dem Träger und Inhalt eines Zeichens durch einen sogenannten «Interpretanten» hergestellt. Für ihn ist ein Interpretant jedoch nicht ein Zeichenbenutzer mit Lebenserfahrungen und Absichten, sondern eine logische Konstruktion von einem von drei möglichen Ursachen einer Zeichenfunktion: Kausalität, Ähnlichkeit und Konventionen. Diese Ursachen führen ihn zu seiner bekannten und oben erwähnten Unterscheidung zwischen drei Arten von Zeichen: Index, Icon und Symbol. In dieser Konstruktion sind Menschen bei der Bestätigung der Gültigkeit semantischer Aussagen irrelevant.

- *Die Pragmatik* (in semiotischer Terminologie die Untersuchung der *Beziehungen zwischen Zeichen und ihrem jeweiligen Gebrauch*) konstruiert eine Wirklichkeit, in die die Syntax und Semantik von Zeichen als die Ursachen psychologischer Effekte, Auslöser sozialer Verhaltensweisen, einschließlich deren Reproduktion oder Kommunikation, in Erscheinung tritt. Die Pragmatik untersucht also, wie Zeichenbenutzer mit den von Semiotikern sachkundig identifizierten Zeichen umgehen. In der semiotischen Pragmatik werden Zeichenbenutzer zwar erwähnt, doch dadurch, dass Zeichen als unabhängig von ihren Benutzern existierend vorgegeben sind, also für alternative Wahrnehmungen unterschiedlicher Beteiligter, für deren sprachliche, konstruktive und situative Beteiligung an der Entstehung von Bedeutungen keinen Platz haben, kann die Vielfalt der, sagen wir Zeichenersteller, in den Verallgemeinerungen der semiotischen Pragmatik nicht behandelt werden.

---

2   Ich übernehme die Standarddefinitionen dieser Unterdisziplinen von Morris (1955). Sie sind weithin akzeptiert.

Dies ist ein düsteres Bild. Das Vokabular der drei Bereiche der Semiotik geht auf ontologische Annahmen zurück, auf die Vorstellung einer beobachterunabhängigen Welt, in der semiotisch-objektive Gegebenheiten existieren, mit denen sich die Menschen abfinden müssen. Dieses Bild reduziert die Vorstellung des Menschen auf eine Farce. Die Semiotik läuft auf ein geschlossenes System von Erklärungen hinaus, das keinen Raum für alternative Begrifflichkeiten zulässt. Sie hat nur wenig zu dem beizutragen, was menschbezogene Designer anstreben, nämlich Artefakte vorzuschlagen, die ihren Stakeholdern Möglichkeiten bieten, auf individuell bedeutsame Weise mit ihnen in Interfacebeziehungen zu treten.

3. *Polysemie ist ein unlösbares Problem für die Semiotik.* Polysemie tritt auf in der geläufigen Erfahrung vieler gültiger aber unterschiedlicher Interpretationen, etwa von einem Text durch verschiedene Leser. Wenn also die Referenzen von einem Zeichen von verschiedenen Personen unterschiedlich wahrgenommen werden oder sich im Verlauf der Zeit verändern, dann ist der Wahrheitsgehalt semiotischer Propositionen in der Form «X steht für Y» oder «X hat die Bedeutung Y» nicht mehr eindeutig feststellbar, was für semiotische Aussagen über die menschenunabhängige Bedeutung von Zeichen höchst problematisch ist.

In seiner Untersuchung des Modesystems schlug Roland Barthes (1985) eine überzeugende Lösung für dieses, im Übrigen rein semiotische Problem vor. Er formulierte die These, dass Zeichen alles bedeuten können und inhärent polysemisch sind, außer dann, wenn in einer Gesellschaft soziale Techniken operieren, die in der Lage sind, die Vielfalt möglicher Bedeutungen einzuschränken und von deren Benutzern die Einhaltung bestimmter Verhaltensweisen zu verlangen. Er konstatierte, was jeder, der einmal einen Strafzettel erhalten hat, weiß, dass es nichtignorierbarer Institutionen bedarf, etwa der Polizei, um zu verhindern, dass Verkehrszeichen und -regeln mit der Zeit nicht polysemisch und arbiträr werden, und der Straßenverkehr im Chaos versinkt.

Daraus folgt, dass die Gültigkeit semiotischer Theorien, die die Beziehungen von Zeichen und deren Referenzen beinhalten, von der Effektivität sozialer Institutionen, Michel Foucault (1980, 1990) nennt sie «Machtdispositive», abhängt, die ein Interesse daran haben, die Bedeutungen von Zeichen in ihrem Sinne zu erhalten. Aus der Korrelation zwischen der Abwesenheit von Polysemie und der Gegenwart sozialer Kontrollmechanismen folgt, dass die Wahrheit semiotische Propositionen der Art «X bedeutet Y im Kontext von Z» nur bestimmbar ist, wenn starke Institutionen den Gegenstand der Semiotik stabilisieren. Ohne dies wahrzunehmen, hängt also das Projekt der Semiotik einerseits von der Existenz sozialer Zwänge ab und unterstützt andererseits die Machtdispositive, die von den Zeichenbenutzern verlangen, sich bestimmten Interpretationen zu fügen. Diese unbewusste Einbettung in Machtdispositive zeichnet ein wenig attraktives Bild von der Semiotik.

4. *Die Semiotik gibt sich mit Klassifikationen und Taxonomien zufrieden und ist empirisch kaum zugänglich.* Obwohl Pierce das Wort «Semeiosis» prägte, mit dem er sich auf den Prozess bezog, durch den etwas zu einem Zeichen wird – wahrscheinlich durch das Erlernen existierender Zeichenrelationen – gibt sich die zeitgenössische Semiotik damit zufrieden, Zeichen zu kategorisieren, als ob die Kompetenz von Zeichen-

benutzern in der Fähigkeit zum Ausdruck käme, Zeichen in die konzeptionellen Schubladen der Semiotiker zu legen, und als ob diese Kategorien frei von unterschiedlichen kulturellen Vorstellungen, Veränderungen, ja Umgestaltungsprozessen wären. Bereits Pierce (1931) stellte ausführliche logische Taxonomien auf, die als analytisch galten und nicht für empirische Untersuchungen gedacht waren. Die zeitgenössische Semiotik hat diese Tradition fortgesetzt und damit die Möglichkeiten empirischer Untersuchungen der benutzerinitiierten Semeiosis eingeschränkt. Während die semantische Wende anerkennt, dass es der Gespräche mit den Benutzern von Artefakten, auch über Zeichen, bedarf, um zu verstehen, wie Bedeutungen für sie entstehen und deren Interfaces sie informieren, verwechseln Semiotiker das, was ihr Vokabular unterscheidet, mit vorhandenen Unterschieden und versuchen zu erklären, ob die von ihnen definierten Zeichen «richtig oder falsch» verstanden oder benutzt werden. Es ist zunehmend klar, dass semiotische Zeichenkategorien monologische Konstruktionen (einer Stimme und einer konsistenten Logik) sind. Für die semantische Wende entstehen Bedeutungen dagegen im Dialog (auf Interaktionen verschiedener Stimmen, polyphonisch und auf mindestens zwei verschiedenen «Logiken» beruhend – siehe das Verstehen zweiter Ordnung) und in menschlichen Interfaces mit technologischen Artefakten (ebenfalls auf mindestens zwei unterschiedlichen Arten von Logik beruhend).

5. *Die Semiotik ist in einem rationalen Konsens gegründet.* Es gibt einen weiteren semiotischen «Haken», den es zu hinterfragen gilt und der unmittelbarer mit dem Design zusammenhängt, nämlich die Überzeugung der Semiotiker, es gäbe gemeinsame Zeichenrepertoire und -verständnisse. Max Bense (1971) und Elisabeth Walther (1974) haben die Instrumentalität in ihre Triade aus «Material», «Form» und «Funktion», die von ihnen als allen Zeichen gemeinsam aufgefasst wird, eingebaut. Prieto (1973) artikulierte sein Konzept von Artefakten in der triadischen Beziehung zwischen dem «Werkzeug», seiner «Nützlichkeit», das heißt der Menge der Operationen, die sich mit diesem Werkzeug ausführen lassen, und seinem «Operanden», den Operationen, die der jeweiligen «Nützlichkeit» einer Menge ähnlicher Werkzeuge gemeinsam ist. Martin Krampen (1979) hat sich mit diesen Ansätzen auseinandergesetzt, bevor er seine eigenen instrumentellen Architekturideen daraus entwickelte. Gui Bonsiepe (1993) erweckte Tomás Maldonados Triade aus dem materiellen «Werkzeug», dem zu lösenden «Problem» und dem «Agenten», der die Operationen, die die beiden miteinander verbindet, ausführt, zu neuem Leben. Obwohl es nicht immer klar ist, was diesen triadischen Konzepten gemeinsam ist und wie sie mit der Semiotik zusammenhängen, ist das Engagement für eine instrumentelle Auffassung von Artefakten, sprich der rein zweckgerichtete Einsatz von Technologie, heute weit weniger verbreitet als im Industriezeitalter. Technologie umfasst viel mehr als ihren zweckgerichteten Einsatz, und es hat sich gezeigt, dass die Verfolgung bewusster Zwecke katastrophale ökologische Folgen hat (Bateson 1972). Auch wenn die semantische Wende die Instrumentalität keinesfalls verleugnet, können Artefakte auch Bestandteile ritueller Praktiken (ohne Grund) sein, Emotionen (eine bedeutsame körperliche Beteiligung) aufrufen, intrinsisch motiviert sein (Prozesse verfolgen statt Ziele oder Resultate) und in Ökologien konstituierend

teilnehmen (was über das rationale Begreifen hinausgeht). Wenn Rationalität universell und von allen geteilt wäre, dann wären alle Menschen Maschinen, die lediglich ihre Chancen berechnen würden, vorgegebene Ziele zu erreichen.

8.2 Kognitivismus

Die durchaus vernünftige Aussage, dass das menschliche Nervensystem eine Rolle dabei spielt, wie Menschen in eine Interface-Beziehung zu ihrer Außenwelt treten, kann eine Wissenschaft für das Design dennoch nicht als eine der Kognitionswissenschaft untergeordnete Disziplin deuten. Letztere entstand aus dem Behaviorismus und ist ein zunehmend populärer Überbegriff für Computerlinguistik, Psychologie, Ergonomie und künstliche Intelligenz geworden. «Der Kognitivismus ist», Lucy Suchman zufolge, «die allgemeine Doktrin, dass sich Verhalten unter Bezugnahme auf kognitive oder mentale Zustände erklären lässt. Die Kognitionswissenschaft (Theorie) ist die spezifische Form des Kognitivismus, die versucht, Verhalten mithilfe von Begriffen zu erklären, die der Informatik entlehnt sind. Die Kognitionswissenschaft bedient sich also eines Modells menschlichen Handelns, das [...] jetzt in Form neuer rechnergestützter Artefakte verdinglicht wird» (Suchman 1985).

Bevor man die Relevanz kognitiver Theorien im Design in Erwägung zieht, ist es wichtig, sich darüber klar zu werden, wie ihre Vertreter vorgehen.

- Kognitionswissenschaftler können mentale Aktivität nicht direkt beobachten, auch wenn einige von ihnen auf Bilder aus der Kernspinresonanztomografie zurückgreifen und dabei zu ungewissen Ergebnissen gelangen.
- Der Begriff der mentalen Aktivität wird im Diskurs (der Fachsprache) der Kognitionstheoretiker konstruiert. Belege für die Geistestätigkeit werden jedoch größtenteils aus sprachlichen Berichten von Individuen darüber gewonnen, wie sie denken, sehen, verstehen und entscheiden; gelegentlich ergänzt durch Beobachtungen menschlichen Verhaltens, das als das Ergebnis kognitiver Aktivitäten begriffen werden kann.
- Wie es Suchman oben hervorhob, ist die Verpflichtung, mentale Prozesse mit Computeranalogien zu erklären, mit Wissenschaftlichkeit gleichgesetzt. Kognitionswissenschaftler gehen davon aus, dass die neurophysiologischen Mechanismen des Gehirns Berechnungen durchführen. Ohne diese Mechanismen jedoch zu untersuchen, wird die bloße Annahme, dass alle Menschen von Geburt her mit den gleichen kognitiven Fähigkeiten ausgestattet sind, auf die Annahme ausgedehnt, dass die kognitiven Mechanismen allen Menschen mehr oder weniger gemein sind.[3]

---

3 Ein gutes Beispiel für diese Auffassung ist Noam Chomskys Begriff einer universellen Sprache (UL) oder Universalgrammatik, mit der angeblich alle Menschen genetisch ausgestattet sind. Alle natürlichen Sprachen würden demnach Spezialfälle dieser universellen Sprache sein. Diese formale Abstraktion postuliert, dass Sprache (eigentlich nur Syntax) und Kognition unabhängig von menschlichen Lebenspraktiken, ihrer Verkörperung in Individuen, Kommunikation oder Interaktion und kulturellen Bedeutungen sind, wozu man auch Prozesse der Gestaltung physikalischer Realitäten hinzufügen könnte, mit denen Menschen interagieren. Im Gegensatz dazu wird hier die Ansicht vertreten, dass Sprache und zwischenmenschliche Kommunikation, ganz ähnlich wie in einer Ökologie technologischer Artefakte, sich ständig durch eine Fülle interagierender und mehr oder weniger kreativer Sprecher umstrukturiert, durch Sprechen und Handeln verändert. Artefakte lassen sich nicht durch individuelle Kognition und eine Theorie der Sprache erklären, die unabhängig davon ist, wie Sprache an der Konstruktion und Rekonstruktion der Wirklichkeit derjenigen, die sie sprechen, beteiligt ist.

- So wie Kognitionswissenschaftler mentale Prozesse theoretisieren, sind sie ihren sozialen Variablen (Coulter 1983), ihrer situativen Natur (Suchman 1987), ihres dialogischen Charakters und ihrer Eigenschaften zweiter Ordnung entkleidet.
- Kognitionstheorie ist fundamental individualistisch und mono-logisch, das heißt sie neigt zu einer einzigen, in sich schlüssigen (Computer-)Logik. In ihr ist kein Platz für dialogische Vorgänge (Bakhtin 1984; Bohm 1996; Buber 1923; Shotter 1993), welche die Dynamik von Interfaces mit Artefakten prägt.

Benutzerkonzeptionelle Modelle (UCMs) kommen dem, was Kognitionswissenschaftler zu konstruieren beabsichtigen, am nächsten. Doch die semantische Wende benutzt UCMs, um zu erklären, wie zirkuläre Prozesse der sinnlichen Wahr-nehmung, der Invokation von Bedeutungen, des Handelns sowie ihre wahrnehmbaren Folgen sich dem anpassen, und was Artefakte ermöglichen (ihre Affordances) (Abschnitt 3.4.1), aber nicht, wie menschliches Denken funktioniert oder die Außenwelt abbildet. Auf Sprachgebrauch und auf Interfaces ihrer Benutzer mit Artefakten aufbauend, bestehen UCMs aus aktiven Beiträgen, Plänen und situationsbedingten Handlungen von Stakeholdern bezüglich ihrer Artefakte. Sie beschreiben also Faktoren, die der den Computermodellen inhärente Determinismus nicht berücksichtigen kann. Kognitionstheorien können durchaus zu den Erklärungen von Interfaces zwischen individuellen Benutzern und Artefakten beitragen, etwa wie diejenige, die in Kapitel 3 zu einer Theorie der praktischen Bedeutung von Artefakten im Gebrauch entwickelt wurde, aber sie vermögen nur dort Beiträge zu leisten, wo die Interaktion zwischen Mensch und Maschine unkreativ, repetitiv und gleichbleibend ist.

Dagegen befasst sich die semantische Wende im Design mit verschiedenartigen Bedeutungen, doch keine davon beruht auf mentalen Repräsentationen. Ihre Bedeutungskonzepte sind mit alternativen Sichtweisen und multiplen Beschreibungen verknüpft und stets mit Handlungsmöglichkeiten verbunden, die Menschen als Akteure implizieren und nicht als kausale Reaktionsmechanismen beschreiben. Bedeutungen entstehen in menschlichen Interfaces mit Artefakten, sie dienen deren Koordination, nehmen an zwischenmenschlicher Kommunikation innerhalb von Stakeholder-Gemeinschaften teil und unterstützen soziales Verhalten. Ungeachtet seiner Universalitätsansprüche hat der Kognitivismus nichts über die sprachlichen Bedeutungen von Artefakten, über die genetischen Bedeutungen von Artefakten im Prozess ihres Entstehens und deren ökologische Bedeutungen zu sagen. Die semantische Wende distanziert sich von solchen mono-logischen Theorien und vermeidet eine Mentalisierung oder Kognitivierung sprachlicher, kulturpolitischer und technologischer Phänomene. Sie legt nahe, dass Bedeutungen entstehen, wenn mindestens zwei «Logiken» aufeinandertreffen und als solche respektiert werden (Krippendorff 2003).

8.3 Ergonomie

Die Ergonomie entstand in den 1960er Jahren als eine Disziplin, die auf die Verbesserung der Effizienz, Ökonomie und Sicherheit von Arbeitsplätzen abzielte. Ihr ging es beispielsweise darum, das Sitzen auf Stühlen weniger ermüdend zu machen, die beste Position und Form von Handgriffen herauszufinden, optimale Beleuchtungsbedingungen für verschiedene Arbeiten zu ermitteln, die Fehlerrate bei der Benutzung komplexer Maschinen, etwa im Cockpit von Jagdflugzeugen zu verringern. Heute schlägt sie auch Anleitungen für die Gestaltung brauchbarer Computerinterfaces vor, die sich leicht erlernen und effizient bedienen lassen und ein Minimum an Fehlern verursachen (Nielson 1993). Die Ergonomie setzt sich zum Ziel, wissenschaftliche, das heißt objektive und allgemeine Standards für die Gestaltung technologischer Artefakte, Systeme und Räume für den menschlichen Gebrauch zu entwickeln und zu verallgemeinern. Einer der frühesten Beiträge der Ergonomie war die Veröffentlichung der Körpermaße von Menschen in verschiedenen Positionen (Dreyfuss 1960), die vornehmlich aus militärischen Untersuchungen stammten und Gestaltern bis heute noch als Standardreferenz dienen.

Oberflächlich gesehen, scheinen die Ziele der Ergonomie und die des menschbezogenen Designs verwandt zu sein. Immerhin wird Ergonomie auch «human factors research» genannt. In der Tat, beschäftigen sich beide Ansätze mit menschlichen Beziehungen zur Technologie. Abhandlungen zur Produktsemantik werden zunehmend in Konferenzen zur Ergonomie präsentiert und menschbezogene Designer können sich durchaus ergonomischer Tests bedienen. Doch gibt es entscheidende Unterschiede, die im Folgenden beginnend mit ihrem jeweiligen Ursprung erörtert werden.

1. *Die Ergonomie wurde in Hierarchien mit klar geregelten Verantwortlichkeiten geschaffen und ist dort weitgehend beheimatet.* Ergonomische Forschung wurde ursprünglich vom Militär finanziert, später dann von der Industrie und großen Bürokratien übernommen. Die Auftraggeber für ergonomische Forschungen sind im Wesentlichen streng hierarchische Organisationen und die unter diesen Umständen erhobenen Daten, die Methoden die zur Anwendung kamen, sowie die Designempfehlungen, die sie erarbeiteten, reflektieren die Interessen und sozialen Strukturen ihrer Auftraggeber. So wurden etwa Kampfjetpiloten, Panzermannschaften, Astronauten, die in engen Räumen operieren, Arbeiter am Fließband und das Kontrollpersonal in Atomkraftwerken untersucht, deren Fehler in der Regel katastrophale Folgen nach sich ziehen könnten. Die Daten der ergonomischen Untersuchungen stammten von Soldaten, Fabrikarbeitern oder Angestellten, die für die Ausübung bestimmter Tätigkeiten verantwortlich waren, darin unterrichtet oder zu diesem Zweck trainiert wurden, sowie entlassen werden konnten, wenn sie nicht in der Lage waren, sie richtig auszuführen. Es sollte nicht überraschen, dass die bevorzugte Methode ergonomischer Untersuchungen kontrollierte psychophysiologische Experimente sind, die sich mit physischen und sozialen Einschränkungen zufriedengeben, ähnlich denjenigen, die Arbeiter an Fließbändern und Soldaten im Dienst erfahren. Hier bestimmen Ergonomen, welches menschliche Verhalten es zu beobachten gilt, instruieren ihre willfährigen Subjekte darüber, was von ihnen erwartet wird und definieren die psychophysiologischen Effizienzmaße, die ihre Auftraggeber interessieren. Menschbezogenes Design hingegen entstand in dem Bemühen, Produkte zu entwickeln, deren Stakeholder aus freien Stücken in Erscheinung treten. Produzenten, Käufer, Benutzer und politische Aktivisten haben die Wahl, sich an einer Entwicklung zu beteiligen, sie bestimmen die Kriterien ihrer eigenen Teilnahme sowie die

Ressourcen, die sie gewillt sind beizusteuern, entgegenzusetzen oder für ihre Teilnahme erwarten. So können Unternehmer entscheiden, ob sie einen Entwurf annehmen und weiterverfolgen wollen, Käufer können abwägen, ob und was sie erwerben wollen, Benutzer bestimmen, für welche Zwecke sie etwas handzuhaben gedenken, Kritiker und politische Interessengruppen können sich frei über Natur, kulturelle Bedeutung und ökologische Unverantwortlichkeit von Produkten äußern. Offenkundig geht es bei der Ergonomie und der semantischen Wende um sehr unterschiedliche Welten. Angesichts ihrer Auftraggeber, war es für Ergonomen durchaus sinnvoll, die Aufgabenstellungen und erwünschten Leistungskriterien ihrer Kunden zu übernehmen und sie deren Angestellten, dann Versuchspersonen, aufzuerlegen, insbesondere da sie in der Regel für teure Artefakte zuständig waren. Doch solche Situationen reduzieren Menschen auf reine Funktionsträger, für die sie angestellt und für deren Konformität sie bezahlt werden. Ergonomische Daten, die unter diesen Bedingungen zustande kommen, reflektieren das Ausmaß, an dem Subjekte die Erwartungen, die an sie herangetragen werden, erfüllen können.

Auf Märkten, in der Öffentlichkeit und im Alltag gibt es jedoch kaum ähnliche Autoritäten, die jemandem sagen könnten, wie sie was zu tun haben. Designer sehen sich von Stakeholdern umgeben, die ihre Wahlmöglichkeiten zu schätzen wissen und die ihre Fähigkeiten ausnützen, um Artefakten die ihren eigenen Interessen gemäßen Bedeutungen zuzuschreiben, die sie möglicherweise umgestalten und die in jedem Fall ihren eigenen Erfolgskriterien folgen. Ergonomische Leistungskriterien werden dagegen von einer den Benutzern übergeordneten Autorität, Wissenschaftler inbegriffen, aufgezwungen. Alltägliche Bedeutungen entstehen stets unter weniger zwangvollen Bedingungen. Für menschbezogene Designer ergibt sich daher nur sehr begrenzter Sinn, sich auf Daten zu stützen, die unter streng beschränkten, wenn nicht gar repressiven Bedingungen, vorgeschriebenen Leistungskriterien und aufoktroyierten Pflichten erhoben wurden.

Außerdem sind die Bedeutungen, die für die semantische Wende von Interesse sind, nicht allein auf individuelle Benutzer einzelner Artefakte beschränkt. Obwohl sich Kapitel 3 mit dem Thema des Gebrauchs so auseinandersetzt, gibt es auch sprachliche, genetische, also sich auf Prozesse ihres Entstehens beziehende und ökologische Kontexte, in denen sich Artefakte bewähren müssen. Dort beziehen sie sich auf Gemeinschaften, Sprachgemeinschaften, Stakeholder-Netzwerke oder größere soziale Organisationen, in denen sich Stakeholder frei bewegen. Wenngleich die Ergonomie in einem hierarchisch strukturierten Umfeld gedeiht, ist die Idee, dass Bedeutung eine Rolle spielt, zumindest durch die kritischen Äußerungen zweier ihrer Vertreter (Flach und Bennet 1996) auch bis zu ihr vorgedrungen und unterminiert die bequeme Stabilität, deren sich die Ergonomie bis dato erfreut hatte (Krippendorff 2004b). Menschbezogene Designer müssen ergonomische Daten und die Theorien, die ihnen entspringen, mit größter Vorsicht behandeln.

2. *Die Ergonomie konzipiert Menschen als unzuverlässige Komponenten technischer Systeme.* Die Ergonomie, die man im Englischen auch unter ihrem älteren und weniger wissenschaftlich klingenden Namen «human engineering» kennt, wird nach wie vor in Zusammenarbeit mit Ingenieuren und mit technologie-getriebenen Begriffen (Abb.

2.1) praktiziert. Das legt nahe, Präzision, Effizienz und den Determinismus technischer Systeme hochzuhalten und menschliche Besonderheiten als Manko zu sehen. Folglich konzentriert sich die ergonomische Forschung darauf, technische Systeme gegen die Folgen menschlichen Versagens, unvollständig ausgeführte Instruktionen und Voreingenommenheiten zu schützen – aus der Befürchtung, Benutzer könnten den Systemen, die sie bedienen oder sich selbst Schaden zufügen. Der Paternalismus, der diesem Ziel zugrunde liegt, dürfte offenkundig sein. Praktisch alle ergonomischen Spielarten, menschliche Leistungen zu messen, quantifizieren Abweichungen von mechanischen Idealleistungen, wie unbedingter Gehorsam, Vorhersagbarkeit, objektive Effizienz und absolute Zuverlässigkeit. Als Ergonomie-Insider konstatierte der oben erwähnte John Flach, dass mit dem Messen menschlicher Leistungen letztlich die menschliche Verantwortung für Systemversagen gemessen wird, was auf eine Verunglimpfung menschlicher Fähigkeiten (siehe Abbildung 2.1) hinausläuft, die jeweilige Apparatur bedienen zu können (Flach 1994).

Im Einklang mit ihrer Herkunft aus dem Ingenieurswesen bevorzugt die ergonomische Forschung objektive, also beobachterunabhängige Maße menschlicher Funktionserfüllung, etwa indem die Zeit gemessen wird, die für die Durchführung eines vorgeschriebenen Arbeitsvorgangs benötigt wird, indem Energieausgaben oder -aufwendungen festgestellt, die Schritte gezählt, deren es bedarf eine Aufgabe zu erfüllen, Bequemlichkeitsstufen beobachtet und vor allem Fehlerraten und deren Kosten berechnet werden. Die Ergonomie wird von der Annahme beherrscht, dass Phänomene, die nicht quantitativ ausgedrückt werden können, subjektiv und unwissenschaftlich sind. Quantifizierungen versuchen – absichtlich, vorzugsweise oder zumindest implizit – Benutzervorstellungen, sprachliche Urteile oder soziale Artefakte gar nicht aufkommen zulassen, indem Arbeiter angeleitet werden, quantifizierbare Aufgaben auf vorgeschriebene Weise auszuführen, ohne sie an der Bewertung ihrer eigenen Arbeit zu beteiligen. Bei eventuellen Befragungen mit standardisierten Fragen verlangt man von ihnen, auf vorgefasste Antworten zurückzugreifen, die die Vorstellungen und Interessen der Ergonomen widerspiegeln, aber nicht die der Befragten. Individuelle Vorstellungen der Arbeiter oder Benutzer von Artefakten stehen in dieser Forschungstradition nicht hoch im Kurs und ein Verstehen zweiter Ordnung ist so gut wie unbekannt.

Die Produktsemantik, der Vorläufer der semantischen Wende, erkannte schon früh, dass Menschen sich nicht nach physikalischen (und von Experten quantifizierbaren) Eigenschaften richten, die von den Produzenten ihrer Artefakte möglicherweise intendiert waren, sondern nach dem, was sie ihnen bedeuten. Stühle etwa, ein beliebter Gegenstand ergonomischer Untersuchungen, werden selten ausschließlich aus ergonomischen Gründen erworben. Menschen umgeben sich mit Möbeln, die ihnen etwas bedeuten, sei es, dass sie bestimmte Erinnerungen erwecken, zum vorhandenen Mobiliar passen oder Qualitäten aufweisen, mit denen man Freunde beeindrucken kann. Selbst wenn Stühle zum Sitzen verwendet werden, sind deren Besitzer durchaus bereit, ergonomische Effizienz zugunsten anderer Kriterien zu opfern, und zwar Kriterien, die sie verstehen, die ihnen wichtig sind und über die sie mit Mitmenschen sprechen können. Ergonomische Überlegungen treten nur für diejenigen in den Vordergrund, die sie als wichtig empfinden oder, wie oben erwähnt, die darin unterwiesen oder dafür bezahlt werden, sie nicht zu übersehen. Zweifelsohne gibt es eine große Anzahl industrieller und militärischer Anwendungen, bei denen die Ergonomie eine Rolle spielt, aber in der postindustriellen Markt- und Informationsgesellschaft sind ergonomische Befunde immer nur ein Teil angemessener Verkaufsargumente.

3. *Die Bedeutungsfindung geht ergonomischen Erwägungen voraus.* Im Alltag nähert man sich Artefakten, indem man zunächst versucht zu erkennen, um welche es sich handelt und was man mit ihnen machen könnte. Anschließend erkundet man, wie man sie handhaben kann, in der Hoffnung, sich durch die Interfaces mit ihnen auf sie verlassen zu können (Abschnitt 3.2, Abb. 3.4). Ulrich Burandt, langjähriger Professor für Ergonomie, der ein von Designern vielfach rezipiertes Buch zu diesem Thema verfasst hat (Burandt 1978), stellte fest, dass semantische Überlegungen den ergonomischen stets vorausgehen. Die Bedeutungen technischer Artefakte müssen verstanden werden, *bevor* ergonomisch Untersuchungen der Interfaces mit ihnen einen Sinn ergeben, wenn Letzteres überhaupt möglich ist.[4] Für etwas, das nicht als Handgriff erkennbar ist, kann seine ergonomische Effizienz kein Thema werden, und selbst wenn es als Griff erkannt und benutzt wird, sind ergonomische Kriterien möglicherweise für den Benutzer zweitrangig zu anderen Kriterien. Wenn man jemandem erst erklären oder beibringen muss, wie er mit einem Artefakt umgehen sollte, bevor man seine Effizienz bewertet, so lassen sich die daraus resultierenden ergonomischen Maße kaum auf Situationen verallgemeinern, in denen es keine Unterweisung gibt und in denen man es den Benutzern überlässt, eigene Interfaces zu entwickeln, die möglicherweise von den Gestaltern oder Ergonomen nicht antizipiert waren. Offensichtlich setzt die Ergonomie entweder genaue Anweisungen oder bekannte Bedeutungen voraus. Falls die Ergonomie etwas zum menschbezogenen Design beitragen will, dann müssen ihre Daten mit den Bedeutungen verknüpft sein, gemäß denen die Mitglieder von Benutzergemeinschaften ihre Umwelt verstehen, was sie dazu motiviert, in eine Interface-Beziehung mit bestimmten Artefakten zu treten und ergonomische Untersuchungen für wichtig zu halten. Die Ergonomie müsste sich des Verstehens zweiter Ordnung bedienen.

8.4 Ästhetik

Das Design, von Kunsthistorikern als angewandte Kunst bezeichnet, stand schon immer mit einem Fuß im Bereich der Künste und mit dem anderen in der Technologie. Heute werden Designer noch häufig aufgrund ihres ästhetischen Empfindens zu Rate gezogen, sehen sich dann aber gezwungen, umfassendere Probleme zu lösen. Die semantische Wende berührt die Ästhetik an mehreren Punkten, schlägt aber einen entschieden eigenen Weg vor (Abschnitt 4.3).

4 Ulrich Burandt, persönliche Mitteilung, April 1994, Essen.

Zunächst einmal bestand das klassische Projekt der Ästhetik[5] darin, eine Theorie zu finden, mit der sich das Schönheitsgefühl erklären ließ. Doch schon bald versuchte sie, derartige Erklärungen in den objektiven Eigenschaften zu finden, die Artefakte, aber auch Gegenstände der Natur, angenehm, attraktiv oder anmutig erscheinen lassen, etwa Proportionen, geometrische Merkmale, Farbkombinationen, Harmonien, Bewegungen, Metren, Melodien und Gestaltungen. Seit Aristoteles gilt die Ästhetik als Zweig der Philosophie, doch schon immer hat sie das Interesse von Künstlern, Designern und Architekten geweckt, die dort, wo rationale Überlegungen offenbar nicht weiterführten, Orientierung suchten. Über die Jahre haben verschiedene ästhetische Theorien einander abgelöst und Zweifel aufkommen lassen, ob eine allgemeine Theorie der Ästhetik überhaupt möglich sei.

1. *Theorien zur Ästhetik führen dazu, den gesellschaftlichen Gebrauch ästhetischer Objekte zu verfestigen.* Einige Theorien zur Ästhetik haben sich über längere Zeiträume gehalten, und ihr jeweiliges Vokabular hat manche Künstler, Connaisseure, Designer und Kritiker stärker inspiriert, als andere dies taten. Doch bei näherem Hinsehen zeigte sich, dass sie nicht deshalb Bestand hatten, weil sie wahr waren, sondern weil bestimmte soziale Institutionen ein Interesse an ihnen hatten und über die Mittel verfügten, ihren normativen Gebrauch zu propagieren (Abschnitt 9.4). Das, was wir weiter oben über die Polysemie in der Semiotik sagten (Abschnitt 8.1, Punkt 3), gilt auch für die Stabilität ästhetischer Theorien. Der Konnex der Kunstwelt – Künstlergemeinschaften, Kunstmuseen, Kunsthändler, Sammler, Bildungseinrichtungen, darunter auch philosophische Schulen – kann den Veränderungen eines vorherrschenden ästhetischen Konsenses erheblichen Widerstand entgegensetzen. Doch stets gibt es Künstler, Designer und Kulturkritiker, welche die ästhetischen Konventionen ihrer Zeit oder ihres Genres herausfordern, nicht nur, indem sie ungewöhnliche Artefakte schaffen, sondern auch, indem sie auf neuartige Weise über sie sprechen. Das Herausfordern und Destabilisieren der herrschenden ästhetischen Übereinkunft oder das Vorschlagen neuer Gepflogenheiten ist ein kulturpolitischer Prozess. Theorien bleiben im Umlauf, weil sie überzeugend und für die daran Beteiligten von Nutzen sind. Während Theorien zur Ästhetik also behaupten, sie würden bestimmte Eigenschaften von Artefakten beschreiben und erklären, legen sie tatsächlich die Definitionen ästhetischer Objekte fest und verschlüsseln den Gebrauch des entsprechenden Vokabulars zu «gültigen» Propositionen, die den ganzen Nexus in der Gesellschaft selektiv stabilisieren. Auch wenn ästhetische Theorien für eine Weile Künstlern und Designern innerhalb ihrer Grenzen Freiräume zugestehen, kann ihr normativer

---

5 Tatsächlich wurde der Begriff «Ästhetik» am Ende des 17. Jahrhunderts von dem deutschen Philosophen Alexander Baumgarten geprägt, der ihn aus dem griechischen Wort «aisthetikos» ableitete, das sich auf die Sinneswahrnehmung bezieht. Mit diesem Ausdruck wollte er einen Bereich der wissenschaftlichen Erkundung bezeichnen, der keiner streng logischen Beweisführung folgt. Dieses Projekt geht mit dem Paradox einher, nach einer Logik (einer Syntax) ästhetischer Objekte zu suchen, die sich dadurch auszeichnet, dass sie der sprachlichen Logik trotzt. Unglücklicherweise wurde dieses Paradox im Verlauf der Geschichte der Ästhetik zugunsten der sprachlichen Logik, sprich der Theorie, und des Feststellens ästhetischer Eigenschaften ihrer Objekte entschieden, von denen man annehmen musste, sie würden von allen sensiblen Menschen gleichartig wahrgenommen werden. Damit traten Untersuchungen menschlicher Wahrnehmung und deren kultureller Ursprünge in den Hintergrund. Noch heute lastet der Fluch dieser Wende auf der zeitgenössischen Ästhetik.

Gebrauch die kreative Praxis doch erheblich einschränken. In scharfem Gegensatz hierzu gehen menschbezogene Designer davon aus, dass Designer in Stakeholder-Netzwerke eingebettet sind, die inhärent dialogisch und kulturpolitisch sind und sich nicht von einer allumfassenden Theorie also auch nicht des Schönen beherrschen lassen.

2. *Theoretiker zur Ästhetik ignorieren die sprachliche Natur ihrer Theorien.* Das Stabilisieren eines Vokabulars, das Festlegen ästhetischer Attribute und die Verhinderung, das zu reproduzieren, was die dominanten Netzwerke von Institutionen herausfordern könnte, bindet Theorien zur Ästhetik an vorherrschende sprachliche Konventionen. Die Klasse der Adjektive, mit denen sich die Theoretiker zur Ästhetik theoretisch auseinandersetzen, variiert von Genre zu Genre, enthält aber unweigerlich die Synonyme und semantischen Verwandten des Wortes «Schönheit» sowie ihr jeweiliges Gegenteil. Ästhetische Theorien systematisieren dieses Vokabular und sind bei diesem Bemühen an das gebunden, was ihre Benutzer – Philosophen, Künstler, Kulturkritiker, sprich ihre Diskursgemeinschaft – verstehen und anwenden können. Theorien zur Ästhetik können sich also der Sprache, in der sie formuliert sind, nicht entziehen. Aber indem Theoretiker zur Ästhetik ihre Aufmerksamkeit auf die *Eigenschaften von Artefakten* richten und nicht auf den *Prozess ihrer Aufmerksamkeit*, neigen sie dazu, die sprachliche, kulturpolitische und gesellschaftliche Natur ihrer Theorien zu verkennen.

Die semantische Wende hingegen refokussiert die Aufmerksamkeit der Designer auf die Art und Weise, wie Menschen ihre sinnlichen Wahrnehmungen, Erfahrungen und aktive Beteiligung an Interfaces mit Artefakten miteinander sprachlich koordinieren. Menschbezogene Designer werden dann erfolgreich sein, schöne Artefakte geschaffen haben – sollte dies ihr Ziel sein –, wenn ihre Stakeholder in Worten oder Taten *zum Ausdruck bringen*, dass sie diese Artefakte als «schön» empfinden. Was auch immer der intendierte Charakter eines Artefakts sein sollte, verbale Bestätigungen durch ihre Stakeholder, dass dieses Ziel erreicht wurde, sind das Äußerste, was man erhoffen kann.

3. *Die Objektivierung der Gegenstände von Theorien zur Ästhetik schließt Menschen aus.* Durch die Objektivierung dessen, was als ästhetisch gilt, seien es Proportionen, Strukturen, Farbkombinationen, Tonfolgen oder Gestaltungen, werden menschliche Wahrnehmungen, die diese Eigenschaften mit dem Begriff von Schönheit verbinden, scheinbar überflüssig, was Theoretiker zur Ästhetik zum Anlass nehmen, Menschen von ihrem Untersuchungsobjekt auszuklammern. Dieser fatale Schritt kann zu sehr seltsamen Konstruktionen führen. So sucht das «Kansei engineering» (Abschnitte 4.3, 7.4.1) etwa, Gefühle in den Formen von Produkten zu entdecken. Aus menschbezogener Sicht können Gegenstände jedoch weder Gefühle haben, noch Schönheit verkörpern, wohl aber kann man sich sprachlich über Wahrnehmungen dieser Art verständigen. Der Textualismus, diskutiert im Abschnitt 8.7, macht bezüglich anderer durch Wahrnehmung zugänglicher Phänomene den gleichen Fehler. Da die semantische Wende jedoch die Koordination von Wahrnehmungen durch Sprache thematisiert, kann sie sich mit körperlichen Wahrnehmungen, Gefühlen, Handlungen und Affordances beschäftigen, solange sie sich zwischenmenschlich manifestie-

ren. Sie hat auf dieser Basis eine zuverlässige Designmethode für die Umwandlung ästhetischer Attribute in ästhetisch bewertete Artefakte vorgestellt (Abschnitt 7.4.1), die nicht den epistemologischen Fehler begeht, ästhetische Urteile zu objektivieren.

8.5 Funktionalismus

Der Funktionalismus ist ein Teil der Agenda des Rationalismus. Rationalismus nimmt an, dass menschliches Wissen und Handeln durch die Vernunft und aufgrund von Zwecken zustande kommt, was laut Descartes letztlich eine angeborene Eigenschaft des Geistes ist (im Unterschied zu religiösen Überzeugungen). Der Rationalismus steht im Kontrast zum Empirismus, demzufolge Wissen auf Erfahrungen basiert und sich nicht völlig auf die Vernunft reduzieren lässt. Dieser Gegensatz wird hier erneut in dem Unterschied zwischen technologie- und menschbezogenem Design (Kapitel 2) deutlich. In der Geschichte des Designs kommt das Bekenntnis zum Funktionalismus in dem bekannten Satz «form follows function» zum Ausdruck. Als Proposition beharrt dieser darauf, dass die Form von Artefakten logisch von einem klaren Verständnis seiner Funktion ableitbar und dieser daher untergeordnet ist. Häufig genannte Beispiele für die klare Beziehung zwischen Form und Funktion sind die aerodynamische Formen von Flugzeugen, die durch Experimente im Windkanal verifiziert wurden, Brücken, deren Träger mathematisch berechneten Spannungslinien folgen, oder auch die Architektur zweckmäßig angeordneter Rohrleitungen in Chemiefabriken. Der Allgemeingültigkeitsanspruch des Funktionalismus äußert sich in der Überzeugung, dass arbiträre Formen von Artefakten auf dem mangelnden Verständnis ihrer Funktion beruhen, die ein Entwurf zu erfüllen hat. Macht man sich solche Aufgaben zu Eigen, so schlägt man damit eine Richtung ein, die Designern fragwürdig erscheinen sollte. Im Folgenden beschreiben wir drei der damit verbundenen Begleiterscheinungen und erläutern, warum menschbezogene Designer Funktionen nicht unkritisch verfolgen sollten.

1. *Funktionen sind das Ergebnis einer Logik konzeptioneller Unterordnung.* Funktionen verfügen über keine eigene Realität. Man findet sie in Propositionen wie «Die *Funktion* von A ist B», «A dient der *Funktion* B» oder «A *funktioniert* nicht wie beabsichtigt (B)». Funktionen setzten ein normatives Ganzes voraus, innerhalb dessen A die spezifische Aufgabe B *erfüllen muss*. Innerhalb eines Betriebes etwa, beurteilt man die Leistung einer Angestellten anhand ihres Beitrages zur Wettbewerbsfähigkeit des Betriebes. Es zählt nicht, wer die Angestellte ansonsten ist, sondern nur wie gut sie ihre Identität der Rolle unterordnen kann, die sie spielen soll. In biologischen Theorien bezeichnet eine Funktion das spezifische Verhalten eines Organs, das einem Organismus ermöglicht zu leben. Für Ingenieure ist die beabsichtigte Funktion eines Artefakts der entscheidende Grund, dieses Artefakt zu konstruieren. Funktionale Beschreibungen implizieren, häufig stillschweigend, die normative Gegebenheit eines größeren Ganzen, in dem das so beschriebene Artefakt seinen festen Platz hat oder finden sollte. Dies gilt unabhängig davon, ob man von der Funktion eines Schraubenziehers spricht, der Teil des Systems von Befestigungspraktiken und diesen untergeordnet ist, von der Funktion einer Brücke redet, die Teil eines Verkehrs-

systems ist und das Überqueren von Flüssen und Tälern ermöglichen sollte, oder von der Übermittlungsfunktion eines Signalübertragungssatelliten, der Teil eines Kommunikationssystems ist und innerhalb dessen er die ihm zugewiesene Aufgabe erfüllt oder diesbezüglich versagt.

Beziehungen zwischen Teilen und Ganzen werden auf viele Systeme angewandt: auf hierarchisch konzipierte biologische Formen: Organismen > Organe > Zellen > Makromoleküle > organische Verbindungen, auf mechanische Strukturen: ein übergeordnetes System > Systeme > Subsysteme, aber auch auf soziale Gebilde. Simon (1973) hat auf die ökonomischen Vorteile hingewiesen, einzelne Elemente zu Teilen, Baugruppen und größeren Einheiten zu kombinieren, die schließlich Teil eines wünschenswerten Ganzen werden. Er demonstrierte den Wert sogenannter Komplexitätshierarchien: In Systemen, die aus verschiedenen Komponenten bestehen, ist es in der Regel einfacher, ein defektes Teil zu ersetzen, als das Ganze neu zu erstellen. Aus ähnlichen Gründen werden zumindest traditionelle bürokratische Organisationsformen streng hierarchisch strukturiert. Jedes Teil ist einem größeren Ganzen untergeordnet, außer dessen Spitze. Wo Menschen eine Rolle spielen, werden funktionalistische Betrachtungsweisen jedoch problematisch. Die funktionale Soziologie Parsons (Parsons et al. 1961) etwa, die ein Begriffssystem bereitstellt, das auf der Unterscheidung zwischen funktionalen oder dysfunktionalen Handlungen individueller Akteure in gesellschaftlichen Systemen basiert, wurde zu Recht dafür kritisiert, dass sie soziale Entwicklung bremst, indem sie alle sozialen Aktivitäten der Aufrechterhaltung des bestehenden Systems, also den regierenden Eliten, unterordnet.

Funktionen, dessen muss man sich bewusst sein, lassen sich weder messen noch fotografieren. Sie können jemandem *erklären,* wie die sprachlich unterschiedenen Teile eines Ganzen dieses Ganze erhalten, oder, wie oben ausgeführt, *ökonomische Vorteile* für das *Design* komplexer Systeme anbieten. Der Funktionalismus ist jedoch ein illusorischer Glaube an die von Menschen unabhängige Realität dieser Erklärungen und an die Objektivität der Norm des Ganzen in Bezug auf die ihm untergeordneten Teile. Systeme konzeptioneller Unterordnungen mögen beim Bau von Maschinen nützlich sein, auch können biologische Metaphern Managern helfen, mit der Komplexität einer Organisation umgehen zu können. Sie werden aber von der Idee des mehr oder weniger selbstständig handelnden Stakeholders unterminiert, die den funktionalen Determinismus umdreht und die menschlichen Teilnehmer an größeren sozialen Formationen für diese Formationen verantwortlich macht.

Ein Artefakt so zu gestalten, dass es eine bestimmte Funktion erfüllt, heißt das größere Ganze, dem das Artefakt dienen soll, nicht zu hinterfragen und größere Verantwortung für einen Entwurf abzulehnen. Für menschbezogene Designer ist das problematisch, nicht nur weil sie sich damit der Autorität derer unterwerfen, die die zu erreichende Funktion bestimmen, sondern weil sie diese Unterwerfung auch noch an die Benutzer funktional definierter Artefakte weitergeben müssen, denen dann nichts anderes übrig bleibt, als sich korrekt zu verhalten. Es überrascht nicht, dass sich der Funktionalismus des Industriezeitalters in totalitären politischen Systemen[6] großer Beliebtheit erfreut.

2. *Heute werden funktionale Hierarchien von politischen Heterarchien unterwandert.* Beim Übergang vom technologischen Determinismus des Industriezeitalters zu einer Designkultur (Abschnitt 2.6) werden mono-logische, funktionale und organisatorische Hierarchien durch Netzwerke weitgehend entkräftet, also durch dialogische, interaktive, relativ flexible, heterarchische, also flache Organisationsformen ersetzt wie Märkte, das Internet und demokratische Formen der Mobilisation. Wie oben erwähnt, können komplexe technologische Systeme durchaus nach funktionalen Kriterien entworfen werden. Menschbezogene Designer kümmern sich jedoch um die menschlichen Interfaces mit technologischen Systemen, für deren Design funktionale Kriterien höchst unerwünschte soziale und kulturelle Folgen haben können. Karmasin und Karmasin (1997) korrelierten verschiedene Gesellschaftsformen mit den in ihnen herrschenden Designkonzepten. Im kommunikations- und marktbeherrschten postindustriellen Zeitalter etwa werden funktionale Hierarchien zunehmend zu einem Anachronismus. Dabei ist es durchaus nicht sicher, ob die Gesellschaftsformen Designansätze so bestimmen, wie es die Autoren annehmen, oder ob umgekehrt, das Design bestimmter Technologien bestimmte Gesellschaftsformen unterstützt und andere erschwert. Zur letzten These sei die Kybernetik erwähnt. Sie erstellte neue Theorien zirkulär kausaler Zusammenhänge, wie Feedback, rekursive Prozesse, Selbstorganisation und Autopoiesis, in denen die *Entstehung eines Ganzen* durch heterarchische *Netzwerke von Interaktionen zwischen seinen Teilen* erklärt wird. Mit diesen Theorien befruchtete die Kybernetik revolutionäre Technologien: zweckorientierte Automaten, Computer, informationsverarbeitende Maschinen und das Internet, deren Arbeitsweise nicht im Dienst größerer Ganzheiten steht, sondern diese erzeugt. Das Internet etwa ließe sich weder als Ganzes konzipieren und schon gar nicht so gestalten, wie es sich gegenwärtig entwickelt hat. Seine Entwicklung verdankt sich Millionen kreativer Personen, die dazu mit den verschiedensten Vorstellungen ihres Nutzens beitragen. Es ist ein heterarchisches Netz, dessen Popularität sich seiner nicht-hierarchischen und unterordnungsfreien Natur verdankt. Auf ähnliche Weise unterminieren die interaktiven Medien die bislang vorherrschenden, durch Einwegkommunikation gekennzeichneten Massenmedien, die ihren Zuschauern oder Lesern die Funktion von Rezipienten verringerter Intelligenz zusprechen. Spontan oder zumindest freiwillig entstehende Stakeholder-Netzwerke im Design sind bewusste Maßnahmen gegen das funktionalistische Dogma.

3. *Selbst wissenschaftliche Methoden können leicht in einem pseudo-wissenschaftlichen Funktionalismus enden.* Wissenschaftliche Problemlösungstechniken gehen von einer Zielfunktion aus und benutzen gut definierte Methoden, idealerweise Algorithmen, die

---

6   Herbert Brün (persönliche Mitteilung) charakterisiert den Faschismus als den Glauben, Menschen seien sozialen Systemen nicht nur untergeordnet, sondern auch zugunsten des Systems verzichtbar. Im sozialen Bereich kommt der Funktionalismus tyrannischen Regimen in der Tat sehr nahe, wenn er nicht sogar ein integraler Bestandteil derselben ist. Er manifestiert sich in sprachlichen Äußerungen, die abstrakten Zwecken den Vorrang vor unterschiedlichen Lebenspraktiken geben. Solange Artefakte so gestaltet werden, dass sie die Affordances menschlicher Interfaces mit einer Vielzahl aktiver Stakeholder in deren Begriffen bereitstellen, kann menschbezogenes Design verhindern, dass der Funktionalismus in den menschlichen Bereich eindringt und Unterdrückung Vorschub gibt.

entweder die beste oder eine optimale Lösung aus den berechenbaren Lösungen ermitteln (Simon 1969/2001). Die mathematische Methode selbst schließt menschliches Urteilen aus. Das besagt jedoch nicht, dass die durch Berechnung gefundenen funktionalen Artefakte Bedeutungen erwerben können, sobald sie von Stakeholdern als Lösungen akzeptiert und in größeren Zusammenhängen bewertet werden. Für technologie-getriebene Designer können wissenschaftlich gefundene Realisierungen von vorgegebenen Funktionen häufig zu engen und damit irrelevanten Argumenten führen. So berufen sich Autodesigner seit den 1940er Jahren auf die Aerodynamik. Zunächst bezeichnete man Formen als «aerodynamisch», die den damals beeindruckenden Fotografien von Wassertropfen ähnelten. Sie führten zu stromlinienförmigen Produkten, die mit Geschwindigkeit und Sport assoziiert werden sollten, damit aber eigentlich nichts zu tun hatten. Als dann Automobile tatsächlich in Windkanälen untersucht wurden, stellten sich aerodynamisch aussehende Automobile als aerodynamisch ineffizient heraus. Wissenschaftliche Windkanaluntersuchungen hatten jedoch keinen wesentlichen Einfluss auf die Vielzahl produzierter Formen von Automobilen. Anstelle aerodynamischer Effizienz begann man dann, sich anderen Problemen zu widmen, etwa dem, unmittelbar wahrnehmbare Fahrgeräusche zu reduzieren. Heute erscheinen Behauptungen aerodynamischer Effizienz in pseudo-wissenschaftlichen Werbeanzeigen. Die als aerodynamisch angebotenen Spoiler an Autos beispielsweise, erweisen sich als ein modisches Statement von zweifelhaftem aerodynamischem Wert. Ähnlich geht es «ergonomisch» entworfenen Stühlen, die zwar «ergonomisch» aussehen, möglicherweise tatsächlich ergonomisch untersucht wurden, aber kaum der Vielzahl der physiologischen Konstitutionen einzelner Büroarbeiter genügen. Weil sich einerseits die wissenschaftliche Grundlagen eines Designs kaum erkennen lassen, also Argumenten bedürfen, sehen sich Benutzer andererseits weniger funktionalen Zwängen unterworfen, sodass selbst begründbare funktionale Argumente an Bedeutung verlieren.

8.6 Marketing

Marketing befasst sich mit dem Verhalten und den Beeinflussungsmöglichkeiten von Märkten, mit dem Umsatz von Waren und Dienstleistungen, der Voraussage von Trends sowie der Entwicklung von Strategien, neue Produkte auf den Markt und zu einer Zielbevölkerung zu bringen. Marketing kommt aber auch bei anderen Anlässen zum Einsatz: in Wahlen für politische Ämter oder in Informationskampagnen, die eine Bevölkerung über gesundheitsschädliche Praktiken unterrichten sollen. Indem sich Marketing mit Aggregaten sehr vieler individueller Transaktionen beschäftigt, kann es nicht umhin, sich auf statistische Daten zu stützen, die manchmal auch angereichert sind mit den Resultaten von Fokusgruppen und psychologischen Experimenten. Da sich Marketing um die Schnittstelle zwischen industrieller Produktion und Erwerb von Produkten, also um den Punkt, wo finanzielle Mittel generiert werden, kümmert, galt es ursprünglich als eine Aufgabe der Industrie, wurde doch später zu einer eigenständigen Institution, die die Industrie heute eher antreibt, als ihr zu dienen. Weil die Gestaltung von Produkten deren Verkaufszahlen beeinflussen kann, versucht das Marketing Design als Anhängsel der eigenen Bemühungen zu sehen (Abschnitt 1.3.6). Im Folgenden werden drei Punkte beschrieben, hinsichtlich derer die Ziele des Designs, vor allem des menschbezogenen Designs und des Marketings voneinander abweichen.

1. *Marketing konzentriert sich auf ein kurzes Moment im Lebenszyklus von Artefakten,* nämlich auf den Verkauf. An dieser Stelle sind Artefakte Waren, die von einem Produzenten in das Eigentum eines Käufers, nicht notwendigerweise eines Benutzers, übergehen. Das Marketing ermutigt diese ökonomische Transaktion, indem es Erwartungen erzeugt, die sich auf das Vertrauen in bestimmte Marken, auf die Fähigkeit sich mit einem Produkt zu identifizieren, auf dessen Nützlichkeit, Sicherheit, Reparaturunanfälligkeit und ökologische Auswirkungen stützen können. Bei der Rechtfertigung ihrer Entwürfe müssen sich menschbezogene Designer in der Regel mit diesen Transaktionen befassen – aber nicht ausschließlich.

   Aus der Sicht des Marketings ist die «Ware» die einzige interessante Manifestation eines Artefaktes. Für die Marktforscherin Karmasin (2004) besteht der Zweck des Designs lediglich darin, Produkten einen «Mehrwert» und «Unterscheidbarkeit» hinzuzufügen. Doch aus der wesentlich umfassenderen Perspektive, die wir hier einnehmen, sind alle Bedeutungen wichtig, die Artefakte in ihrem Lebenszyklus vorwärtsbringen (Kapitel 5). Für Gestalter ist der Verkauf ein ebenso wichtiger Engpass wie jeder andere Übergang von einer Manifestation eines Artefaktes in eine andere. Die semantische Wende stellt zahlreiche Begriffe und Designmethoden zur Verfügung, die ein Design über die enge Perspektive des Marketings hinausführen. Die Bedeutungen, die einen Käufer zur Anschaffung eines Artefaktes anregen, in den Vordergrund von Designüberlegungen zu stellen, bewirkt häufig, den Kaufwert von Artefakten durch ihre äußeren Erscheinungsbilder aufzublasen, nicht überprüfbare Versprechungen zu machen und kurzlebigen Produkten Vorrang zu geben, nur um Marktaktivitäten zu optimieren. Menschbezogene Designer sind in der Lage, größere kulturpolitische Verantwortung zu übernehmen, die dem Marketing fremd ist.

2. *Marketing marginalisiert nicht-gewinnträchtige Bevölkerungsgruppen.* In der Ökonomie ist ein Markt eine weitverbreitete Metapher für statistische Angebote und Nachfragen, die aus einer Vielzahl beobachteter oder antizipierter Transaktionen abstrahiert sind. Als Metapher existiert der Markt in der Sprache der Marktforscher. Ein positiver Beitrag des Marketings zum Design lag darin, den Mythos des typischen Käufers – für Designer des typischen Benutzers (Abschnitt 2.4) – in Frage zu stellen und durch Häufigkeitsverteilungen unterschiedlicher Käufer- oder Benutzereigenschaften zu ersetzen. Solche Verteilungen gleichen gewöhnlich einer Normalkurve, deren Mitte durch eine hohe Anzahl von ähnlichen Benutzern bestimmt ist, die umso weniger wird, je weiter sich die Käufer- oder Benutzereigenschaften von diesem Mittelwert entfernen und im Extrem auf null konvergiert.

   Eine der Aufgaben des Marketings besteht darin, die Eigenschaften profitabler Waren zu identifizieren. Bezüglich der Normalkurve heißt das, sich auf die Majorität von Käufern um die Mitte der Kurve zu konzentrieren, um mit den niedrigsten Werbekosten die höchsten Verkaufszahlen zu erreichen. Ökonomisch ist das sinnvoll. Die Folge ist jedoch, dass finanziell weniger attraktive Minoritäten, Käufer, die sich am Rande der Normalkurve finden, die schwer erreichbar sind, über weniger Ressourcen verfügen, besondere Bedürfnisse haben, seltene Tätigkeiten ausüben oder körperlich verhindert sind, als unprofitabel bezeichnet und damit ausgeschlossen werden. Menschbezogene Designer sollten weniger Interesse daran haben, Bevölkerungsschichten ein- oder auszuschießen, als vielmehr kennenzulernen, wo welche Stakeholder zu finden sind. Auch sollte es ihnen nicht genügen, Stakeholdergemeinschaften in ausschließlich ökonomischen Begriffen zu verstehen. Vielmehr ist es wichtig herauszufinden, wie die Bedeutungen, die einem Artefakt verliehen werden könnten, in der Bevölkerung verteilt sind. Genauso spielen die *Häufigkeiten* von Bevölkerungsmerkmalen (Bedeutungen und Fähigkeiten) eine der *Vielfalt* dieser Merkmale untergeordnete Rolle. Ob ein Artefakt von einem Benutzer oder vielen gehandhabt wird, ist für dessen Design weniger wichtig.

3. *Marktstatistiken sind blind für Innovationen.* Die Ermittlung gewinnträchtiger Märkte für vorhandene Produkte ist das häufigste Problem der Marktforschung. Die Vorhersage von Verkaufserfolgen ist eine ihrer weniger häufig erfüllten Hoffnungen. Statistische Erhebungen bedürfen standardisierter Fragen und Antworten. Solche Erhebungen bringen nichts zutage, was von Marktforschern nicht antizipiert war: keine Daten über Personen mit ungewöhnlichen Meinungen, Haltungen und Begrifflichkeiten, über Experten, Minoritäten, Personen mit ausgefallenen Präferenzen oder über Visionäre, die möglicherweise über reichere Vokabulare verfügen als eine Befragung erschließen kann. Genauso muss man sich darüber im Klaren sein, dass die Daten statistischer Erhebungen sich immer auf die unmittelbare Vergangenheit beziehen. Man kann zwar gegenwärtige Zukunftsvorstellungen erfragen, nicht aber, wie sich gegenwärtig erfragte Haltungen, technologische Fähigkeiten, Moden und Zukunftsvorstellungen entwickeln. Menschen lernen dauernd voneinander. Die technologischen Kompetenzen erweitern sich mit neuen Artefakten. Es gibt Trendsetter, Meinungsführer, bahnbrechende Künstler und natürlich auch Designer, die mit einem Bein in der Zukunft stehen.

Die Geschichten der Fälle, in denen statistische Mehrheiten ein Design entschieden haben, sind Geschichten des Scheiterns. Wie die Marktforschung die Vorzüge eines revolutionären Designs, nämlich des Roller Radios von Philips, verkannte, wurde in Abschnitt 7.5 (Blaich 1989) hinreichend beschrieben. Das berühmteste Beispiel eines kompletten Marketingflops war die Entwicklung des Ford Edsel von 1957. Dieses Automobil, das nach der aufwändigsten Konsumentenforschung jener Zeit entworfen wurde, stellte sich als ein völliger Misserfolg heraus. Als er endlich auf den Markt kam, hatten sich die Vorstellungen der Käufer bereits weiterentwickelt. Kurz nachdem die ersten Computer im Einsatz waren, am Ende der 1950er Jahre, soll eine Regierungserhebung in den Vereinigten Staaten ergeben haben, dass in der Welt allenfalls fünf Computer benötigt würden. Marktforscher sagen heute, dass man die Anwendungsmöglichkeiten von Computern damals nicht erkennen konnte. Viel richtiger wäre es zu erkennen, dass man nicht die richtigen Leute befragte und die Fähigkeit von Designern unterschätzte, vorhandene Visionen zu realisieren. Tatsächlich bedurfte es zweier Designer, Steven Wozniak und Steven Jobs, die die damals unvorstellbare Idee verfolgten, dass jedermann einen Computer haben sollte. Sie bastelten in einer Garage in Kalifornien einen benutzerfreundlichen Computer zusammen, der 1976 als Apple I auf den Markt kam und – ohne Marktforschung – die Welt eroberte. Marktstatistik ist immer konservativ. Die Kunst des Designs beruht darauf, menschbezogene Ideen zu verfolgen, mit Stakeholdern in Kontakt zu bleiben und Statistiken kritisch bewerten zu können.

Daten aus Massenerhebungen kommen in der Regel zu anderen Schlussfolgerungen hinsichtlich der Richtung, die eine Produktentwicklung einschlagen sollte, als Kooperationen zwischen Designern und kleineren Zahlen von Stakeholdern an einem Design, unabhängig davon, ob man sich Fokusgruppen bedient oder Stakeholder in einen Entwicklungsprozess einbezieht. Die Methode partizipatorischen Designs (Abschnitt 7.4.2) bringt Stakeholder und Designer ohne statistische Umwege und Befragungen zusammen. Der Fairness halber muss man einräumen, dass sich die Marktforschung auch anderer, insbesondere experimenteller Methoden bedient, um auf Neues einzugehen. Eine Methode besteht darin, sogenannte Versuchsballons zu starten, indem man etwa futuristische Designs von einer anscheinend fremden Firma anbieten lässt und deren Entwicklung verfolgt, oder neu konzipierte Autos, ohne die Verpflichtung sie zu produzieren, auf Automessen zeigt, um öffentliche Reaktionen zu erhalten. Auch kann man, wie in der Mode üblich, schrittweise vorgehen, indem man neue Ideen von prominenten Meinungsführern kommentieren lässt, deren Engagement benutzt, um sie in verbesserter Form mit weiteren Persönlichkeiten in Verbindung zu bringen, sie dann weiter modifiziert, bis man sich eines ausreichenden Absatzes sicher ist.

8.7 Textualismus

Auf der Suche nach Metaphern, die den technologischen Determinismus überwinden und Bedeutungen in den Vordergrund bringen, ohne den Unterschied zwischen ausschließlich technologischen und den bisher vernachlässigten menschbezogenen Designanliegen zu vergessen, hat die Metapher «Artefakte sind Texte» zunehmend an Beliebtheit gewonnen. Texte werden von Autoren verfasst, die für sich oder im Namen sozialer Institutionen sprechen. Texte besitzen Materialität, man kann sie beispielsweise fotografisch reproduzieren. Aber sie sind bedeutungslos, solange sie niemand liest – außer für deren Autoren, die grundsätzlich die ersten Leser ihrer Texte sind. Obwohl Schriftsteller ihre Texte in der Hoffnung verfassen, von anderen gelesen zu werden, haben sie jedoch keine unmittelbare Möglichkeit sicherzustellen, dass Texte so gelesen werden, wie sie es beabsichtigen. Diese Hoffnung ist in der Annahme verwurzelt, Mitglied der gleichen Sprachgemeinschaft zu sein. Im Rahmen situativer Beschränkungen lassen die meisten Texte jedoch zahlreiche Lesarten zu, sie sind also polysemisch. Auch in der sozialwissenschaftlichen Literatur bedient sich eine zunehmende Zahl von Publikationen bereits der Metapher des Lesens von Texten.[7] Der Textualismus geht über die spielerische Anwendung der Textmetapher – etwa Knotek (2010): *Intimacy as Text; Twitter as Tongue* – hinaus und nimmt an, dass sie etwas Reales beschreibt. Für menschbezogene Designer kann dieser Ansatz aber in folgenden Hinsichten irreführend sein:

---

7 Etwa Brown (1987), Grint und Woolgar (1997), Silverman und Rader (2002), Widdowson (2005) sowie Franko (1993) oder Spiegel (1997).

1. *Der Textualismus sucht Bedeutungen in der Interpretation von Artefakten unter Ausschluss von Interfaces mit ihnen.* Sicher werden Texte sowie auch technologische Artefakte von Autoren oder Designern und Produzenten erstellt und ihre Kompositionen gehen mit den Möglichkeiten einher, die ihren Teilen innewohnen. Doch die Affordances von geschriebenen Texten und technologischen Artefakten unterscheiden sich wesentlich. Technologische Artefakte werden nicht nur richtig oder falsch gelesen, ihre Benutzungsmöglichkeiten werden nicht nur visuell erkannt oder verkannt und sprachlich interpretiert, ein praktisches Verständnis derselben kann nur durch tatsächliche Interfaces mit ihnen verifiziert werden.

   Der Textualismus beschränkt sich also auf Lesarten, sprachliche Interpretationen von Texten, insbesondere, und darin ist er mit der Literaturwissenschaft einig, von Fachleuten. So bedarf es der Literaturwissenschaftler, die Intentionen eines Autors zu eruieren, ohne gewöhnliche Leser befragen zu müssen. Damit zeigt der Textualismus wenig Offenheit für empirische Untersuchungen verschiedener Lesarten. Auf korrektes Lesen von Texten bestehend blendet er das Verstehen aus, das sich in Interfaces mit Artefakten entwickeln kann. Dagegen konzipiert die semantische Wende, Heidegger folgend, drei Arten des Verstehens von Benutzern: Erkennen, Erkunden und Vertrauen (Abb. 3.4). Die semantische Wende geht einher mit der individuellen Fähigkeit, an Interfaces mit Artefakten teilzunehmen, sie stützt sich also nicht nur auf ein rein sprachliches Verstehen, das Lesen, sie schließt alle Formen des Interagierens, auch das Reparieren, Rekonfigurieren, Programmieren und Gestalten von Artefakten nach eigenen Vorstellungen, ein. Der Gebrauch von Artefakten geht weit über das «korrekte» Interpretieren von Texten hinaus und Bedeutungen sind nicht nur von Experten bestimmbar. Wie in Abschnitt 8.1 erwähnt, sollten Designer sich um die Vielheit von Bedeutungen bemühen und nicht nur ihren eigenen folgen.

2. *Die Sprach-Metapher in der Theorie der Produktsprache.* Eine textuelle Form, Bedeutungen im Design zu interpretieren, wurde an der Hochschule für Gestaltung in Offenbach vorgeschlagen. Dieser Ansatz geht wahrscheinlich auf dieselbe Unzufriedenheit zurück, die auch die frühe Produktsemantik (Krippendorff 1961a, b, c; Krippendorff und Butter 1984) motivierte. Die «Theorie der Produktsprache» (Steffen 2000), wie ihre ursprünglichen Autoren Richard Fisher und Jochen Gros sie genannt haben, definiert einige Begriffe, die auch im Kapitel 3 zu den praktischen Bedeutungen von Artefakten im Gebrauch vorkommen. Sie unterscheidet sich jedoch von der semantischen Wende in mehrfacher Hinsicht. Zu den Übereinstimmungen zählt, dass beide Ansätze ihr Augenmerk auf die Bedeutungen von Artefakten richten und die Formel «form follows function», die geometrische Formen hervorbrachte und Bedeutungen ignorierte, ablehnen (Gros, S. 12ff in Steffen 2000). Auch teilen sie die Einsicht, dass die Semiotik nicht zum Verständnis der Bedeutungen von Artefakten beiträgt. Während die semantische Wende den Designbegriff wesentlich breiter versteht, sucht die Theorie der Produktsprache stattdessen den Schulterschluss mit hermeneutischen und phänomenologischen Bedeutungskonzepten herzustellen (Steffen, 2000 S. 23–26), zwei Begriffssysteme also, die sich aus der Textanalyse entwickelt haben.

Der Haupteinwand gegen die Theorie der Produktsprache betrifft die dem Textualismus unterliegende Auffassung von Sprache als Mittel der Repräsentation, als System von Zeichen und Symbolen[8] (Abschnitt 4.1) und der Prämisse, dass die Beschaffenheit und Zusammensetzung von Produkten so gestaltet werden könnten, dass sie ihre eigenen «Geschichten erzählen (können), induktive und deduktive, objektive und subjektive, funktionale und disfunktionale, physische und psychische, rationale und emotionale, soziale und kultureller, syntaktische und semantische, reale und fiktionale …» (Fisher in Steffen, 2000 S. 17–22). Selbst der Textualismus würde nicht so weit gehen, Texte sprechen zu lassen und technologischen Artefakten zuzugestehen Geschichten erzählen zu können: *Produkte sprechen nicht, Menschen hingegen schon.* Die Theorie der Produktsprache leidet also unter dem Gebrauch einer irreführenden Metapher, die die Aufmerksamkeit ihrer Autoren auf die Theorie geschriebener Sprache, also von Texten, lenkt, ohne dabei allerdings den menschlichen Sprachgebrauch – im Alltag, über Artefakte, in Kooperation mit Designern – in Erwägung zu ziehen. Aus der Sicht der semantischen Wende kann man über Artefakte sprechen, ja sie in der sprachlichen Kommunikation zum Leben erwecken, aber nicht ohne die Imagination ihrer Stakeholder zum Sprechen bringen. Fünf Punkte mögen den problematischen Textualismus der Theorie der Produktsprache veranschaulichen:

— In der Theorie der Produktsprache werden *Funktionen* unterschieden, die die zu entwerfenden Artefakte erfüllen sollen. Damit adoptiert die Theorie den Funktionalismus, der laut Abschnitt 8.5 zwar für das Design von technologischen Mechanismen angemessen, aber als Theorie konzeptioneller Unterordnung für den menschlichen Umgang mit Artefakten höchst problematisch ist.

— Die Theorie der Produktsprache übernimmt die in der Sprachtheorie bekannte Unterscheidung zwischen linguistischen Formen – Syntax, Morphologie und Phonologie – und deren Zeichencharakter. So unterscheidet die Theorie zunächst zwischen zwei Arten von Funktionen von Artefakten, und zwar *formalästhetische und Zeichen-Funktionen.* Erstere betreffen syntaktische Merkmale, Grammatikalität oder Textualität. Steffen richtet ihre Aufmerksamkeit daher einerseits auf visuell wahrnehmbare Formen und Gestaltprinzipien und andererseits auf das, worauf diese Formen hinweisen. Steffen (2000 S. 34–62) zeigt Beispiele für beide Funktionen. Doch hier treten bereits gravierende epistemologische Probleme auf: Es wird angenommen, dass Formen so erkannt werden, wie es die Theorie beschreibt. Ohne Wahrnehmungsexperimente gibt es jedoch keinen Grund, dieses zu unterstellen. Problematischer jedoch ist die Annahme, dass die abstrakten Formen als ästhetisch wahrgenommen werden. Wie in Abschnitt 8.4 diskutiert, sind solche Wahrnehmungen zumindest teilweise durch den Gebrauch von Spra-

---

8 Gros (1987 S. 8) übernimmt den abstrakten Objektivismus von Saussures (1916) Sprachwissenschaft, der ganz bewusst das Sprechen einer Sprache, ihre Verkörperung in Sprechern und Zuhörern aus dem Arbeitsgebiet der Sprachwissenschaft ausschließt, insbesondere alles, was Dichter zur Veränderung der Sprache beitragen. Bezüglich des Designs, zielt eine Theorie von Sprache als System von Zeichen und Symbolen darauf ab, endliche Vokabulare zu katalogisieren und formal-syntaktische Beziehungen zu untersuchen, ohne die menschliche Beteiligung daran zu beschreiben, ohne Interfaces konzeptualisieren zu können und ohne die fortwährenden Entwicklungen neuer Bedeutungen begreifen zu können.

che, einschließlich der gängigen Theorie zur Ästhetik (Abschnitt 9.4) bestimmt. Da selbst Theoretiker nicht wahrnehmen können, was andere wahrnehmen, weckt die Vorstellung, man könnte die in der Theorie definierten formalästhetischen Merkmale für die Wahrnehmung anderer verantwortlich machen, epistemologische Zweifel. Die Proponenten der Produktsprache sehen dieses Problem anscheinend nicht und auch nicht, dass ästhetisches Empfinden durch den insbesondere sprachlichen Umgang mit Gegenständen erworben werden kann – immerhin sind kulturelle Unterschiede dessen, was als schön empfunden wird, hinreichender Beweis gegen die Universalität ästhetischer Empfindungen. Die semantische Wende entgegnet diesen Zweifeln, indem sie Bedeutungen einerseits in den sich entfaltenden Interfaces verankert und sie andererseits in der zwischenmenschlichen Kommunikation zwischen Designern und Benutzern über diese Interfaces sucht (Abbildung 2.8; Kapitel 4; Krippendorff 2003). Letzteres besteht auf der sozialen Rolle ästhetischer Theorien, die zwar beabsichtigen, das Schöne generalisierend zu beschreiben, es aber im Wesentlichen konstituieren. (Abschnitt 9.4 führt diese Tatsache weiter aus.)

— Ferner unterscheidet die Theorie zwei Zeichen-Funktionen, *Indikatorfunktionen* (Fischer 1984) und *Symbolfunktionen* (Gros 1987). Fischers Indikatorfunktionen sollen die «praktischen Funktionen eines Produkts sichtbar und verständlich» machen. Die in Abschnitt 3.4.5 empirisch verifizierbar definierten Informative sind mit Fischers Indikatorfunktionen problemlos kompatibel. In ihrer Darstellung hat Steffen sie um zahlreiche aufschlussreiche Beispiele ergänzt. Gros' Symbolfunktionen betreffen die «kulturellen, sozialen, technologischen, ökonomischen und ökologischen Bedeutungen». Sie erklären nicht, wie ein Produkt gehandhabt oder benutzt werden könnte und verweisen stattdessen «auf die übergeordneten gesellschaftlichen Kontexte» der jeweiligen Produkte (Steffen 2000 S. 82).

Die Verfechter der Theorie legen nahe, dass die Symbolfunktionen für Zu- und Abneigung und für die Zuschreibung von Charakterzügen wie «bürgerlich», «modern» und «avantgardistisch» verantwortlich sind, welche die Zugehörigkeit zu bestimmten Produktfamilien anzeigen oder Stile identifizieren, seien es diejenigen von Perioden, Nationen, Unternehmen, Designern oder Zielgruppen (Steffen, 2000, S. 82–95). Der Umstand, dass die Symbolfunktionen im Hinblick auf die übergeordneten Kontexte eines Produkts definiert werden, zeugt von der funktionalistischen Vorliebe für die Unterordnung menschlichen Gebrauchs von Artefakten unter akzeptierte Hierarchien (Abschnitt 8.5). Vermutlich dient die Symbolfunktion dazu, Produkte in den gängigen Kategorien einer bestehenden Gesellschaftsstruktur zu gestalten, nicht aber diese Strukturen durch die Gestaltung neuer Artefakte zu verändern.

Obwohl die Autoren der Theorie der Produktsprache von der Annahme ausgehen, dass Produkte mit ihren Benutzern sprechen können, privilegieren sie jedoch ihre eigenen Interpretationen gegenüber denen ihrer uninformierten Benutzer. So ist für Fischer ein Stuhl zum Sitzen bestimmt, was ihn dazu bringt, andere Nutzungen, etwa als Kleiderständer oder Leiter, als ‹disfunktional› zu bezeichnen. Hier kommt sowohl die Antipathie für Polysemie wie auch die freiwillige Akzeptanz abstrakter Begriffssysteme zum Ausdruck. Gros' Fähigkeit, den Stil eines Produktes zu erkennen, mag von akademischem Interesse sein, aber es ist nicht klar, welchen Unterschied seine Identifizierung im Leben gewöhnlicher Benutzer machen könnte. Menschbezogene Designer sollten jedoch von der Beobachtung ausgehen, dass Stakeholder ihre eigenen, häufig vielseitigen und auf Veränderung gesellschaftlicher Strukturen hinauslaufenden Vorstellungen für den Gebrauch ihrer Artefakte haben und dass sie im Verlauf tatsächlicher Interfaces mit ihnen ihre eigenen Vorstellungen weiterentwickeln. Dazu bringt die semantische Wende mindestens vier Kontexte für Artefakte mit radikal unterschiedlichen Bedeutungen ins Spiel: praktische (Kapitel 3), sprachliche (Kapitel 4), genetische (Kapitel 5) und ökologische (Kapitel 6).

— Alle Theorien heben bestimmte Merkmale hervor und machen ihre Theoretiker blind für andere. Ein blinder Fleck der Theorie der Produktsprache ist das für menschbezogene Designer axiomatische *Verstehen zweiter Ordnung,* also die Bereitschaft Stakeholdern zuzuhören, mit ihnen zusammenzuarbeiten, deren Verstehen ihrer Artefakte zu verstehen, um die Interfaces mit Letzteren zu verbessern – ohne ihnen eine ihnen fremde Theorie vorzuschreiben.

— Schließlich ist die Theorie der Produktsprache, wie der Name besagt, *auf Produkte insbesondere nicht-interaktive Produkte beschränkt.* Die semantische Wende ist sich zwar ihres Ursprungs in der Produktsemantik bewusst, hat ihre Begrifflichkeiten jedoch weit über industrielle Produkte hinaus entwickelt, anfangend mit dem Design von Waren, Dienstleistungen und Identitäten, die seit den 1950er Jahren von Designinteresse sind, über Interfaces, die in den 1970er Jahren, insbesondere mit dem Umgang von Computern auftauchten und nahelegten, Artefakte neu zu begreifen, die aber in der Theorie der Produktsprache in keiner Weise vorkommen, hin zu Multiuser-Systemen, Dienstleistungen und Projekten, bis zu Diskursen. Das sind faszinierende menschbezogene Designaufgaben. Die Arbeit am Designdiskurs sollte ein fortwährendes Thema der beruflichen Designer sein.

3. *Die Container-Metapher* noch einmal betrachtet. Die von der Siemens AG in München entwickelten ursprünglich hausinternen Richtlinien (Käo und Lengert 1984), ein Ansatz, der ähnlich wie die Produktsprache mit Bedeutungen im Design umgeht, sollten nicht übersehen werden. Sie wurden aufgestellt, so die Autoren, um die innerbetriebliche Kommunikation zwischen Designern und ihren Partnern bei der Produktentwicklung zu verbessern. Sie sind hier von Interesse, weil sie eine weitverbreitete und an einigen Stellen bereits erwähnte Metapher für das Textverständnis benutzen, nämlich die Container- oder Behälter-Metapher. Ihr Gebrauch erklärt einen Großteil der akademischen Literaturanalysen, die Texte routinemäßig mithilfe der Form/Inhalt-Unterscheidung analysieren. So gehen auch die Siemens-Richtlinien davon aus, dass industrielle Produkte Formen und Inhalte haben. Form, so ihre Erklärung, ist das, was Designer, etwa unter dem Aspekt von Geometrie, Muster, Grammatik und Anordnung beschreiben, ohne auf Inhalte und Bedeutung zurückgreifen zu müssen. Der Inhalt ist das, was eine

Form den Benutzern eines Produkts vermittelt. Die Richtlinien unterscheiden ferner zwischen zwei Arten von Inhalten: *funktionalen Inhalten* (technische und den Gebrauch betreffende) und *Wertinhalten* (sich auf die Bedürfnisse, Erwartungen, den Stil und das Image des Produkts beziehende), die es zu vermitteln gilt. Die Ähnlichkeiten dieser Unterscheidung sowie der zwischen formal-ästhetischen und Zeichen-Funktionen oder zwischen Indikator- und Symbolfunktionen in der Theorie der Produktsprache sind verblüffend. Doch bedienen sich die beiden Ansätze unähnlicher Metaphern mit unterschiedlichen semantischen Folgen und führen daher zu andersgearteten Problemlösungen.

Alle Metaphern, das muss noch einmal betont werden, haben metaphorische Ableitungen (Abschnitt 3.3.2 und 4.5). Der Grund für diese Folgen bleibt meistens unbemerkt, wird aber ausagiert. Die Container-Metapher konzipiert Formen als an sich bedeutungslose Behälter für den Transport von Inhalten, sprich Bedeutungen, die laut den Siemens-Richtlinien über die Beschaffenheit, den Gebrauch und den Wert von Produkten vermitteln sollen. Sie behandelt Inhalte also als etwas, das die Designer in Formen eingeben müssen, die die Adressaten diesen Formen dann entnehmen können, um sich über die genannten Aspekte eines Produktes zu informieren. Die semantische Folge dieser Metapher greift auf einen volkstümlichen Physikbegriff zurück, demzufolge man einem Behälter nur das entnehmen kann, was jemand in ihn hineingelegt hat. Also, wo auch immer Bedeutungen und Erfahrungen herkommen, für diejenigen, die mit der Container-Metapher über sie sprechen, gewinnt die Form/Inhalt-Unterscheidung eine nicht anzweifelbare Realität. Die Container-Metapher lenkt die Aufmerksamkeit der Benutzer von Artefakten von der eigenen Wahrnehmung auf die sogenannten Inhalte von Produkten und auf das, was deren Autoren mit ihnen beabsichtigten (Abschnitt 8.5, Punkt 1), sie besteht also auf der Autorität von Designern und Produzenten. Diese Metapher ist es also, die dem Designer oder Hersteller eines Produkts einerseits das Recht verleiht, Bedeutungen zu bestimmen, und andererseits von den Benutzern ihrer Entwürfe verlangt, die Intentionen der Designer in den Produktformen als richtig zu erkennen. Außerdem erlaubt sie es, erfolglose Benutzer der fehlerhaften Entnahme von Inhalten zu beschuldigen, also die Unfähigkeiten der Designer das Verstehen anderer zu verstehen als Unfähigkeiten der Benutzer zu interpretieren. Ferner erschwert die Metapher Forschungsfragen semantischer Art zu stellen und empirisch zu beantworten.

Fairerweise muss man konstatieren, dass die Richtlinien von Siemens nicht für Forschungszwecke erstellt waren, die den zu erforschenden Benutzern von Artefakten die Initiativen hätten einräumen müssen, die sie im heutigen Alltagsleben tatsächlich haben. Sie waren durchaus dazu gedacht, Designern eine gewisse innerbetriebliche Autorität zu verleihen, wozu die metaphorisch hervorgerufene Illusion zählt, dass Designer Autoritäten für die Wahrnehmung anderer sein könnten, eine Autorität die sie tatsächlich nicht besitzen. Sicher gaben sie neuen Angestellten in der Designabteilung sprachliche Mittel, sich verständlich zu machen, waren aber sonst nicht pädagogisch motiviert, etwa Studenten in den Diskurs einer menschbezogenen Wissenschaft für das Design einzuführen. Diese

Richtlinien sollten, wie die Autoren anfangs gesagt haben, der innerbetrieblichen Kommunikation dienen, das heißt sie sollen anderen beteiligten Abteilungen die Intentionen der Designer an einer Produktentwicklung klar machen. Wenn sich alle Beteiligten der Container-Metapher bedienen, dann können solche Richtlinien durchaus ihren Zweck erfüllen. Wenn es jedoch darum geht, mit oder für verschiedene Stakeholder zu arbeiten, dann kann die Container-Metapher Blindheit für die Rolle der Sprache im Designprozess sowie für die Vielfalt von Bedeutungen hervorrufen, die von menschbezogenen Designern jedoch überwunden und durch empirische Untersuchungen ersetzt werden muss.

9. Wurzeln in der Ulmer Hochschule für Gestaltung?

Ursprünge lassen sich nur schwer beweisen und Antworten auf Fragen nach ihnen können im besten Fall strittige Rekonstruktionen bieten. Auch das Folgende bildet davon keine Ausnahme. Natürlich ist die semantische Wende keine bloße Erweiterung dessen, was an der Ulmer Hochschule für Gestaltung (1953–1968) (HfG) gelehrt wurde, an der ich von 1956 bis 1961 studiert habe. Zum einen stellte die damalige Technologiekultur keine so hohen Anforderungen wie heute. Das, was im Zentrum des Erkenntnisinteresses der HfG Ulm stand, ereignete sich im Schnittfeld zwischen dem deutschen Wiederaufbau nach dem Zweiten Weltkrieg und dem Übergang von einer industriellen zu einer postindustriellen Gesellschaft, was damals verständlicherweise noch nicht im gleichen Maße sichtbar war wie heute. Zum anderen hat sich die Wissenschaft, die man in Ulm auf fast naive Weise pflegte, vom damals herrschenden Positivismus wesentlich befreit. Ich persönlich setzte meine akademische Laufbahn anschließend mit dem Studium der Kommunikationswissenschaft in den Vereinigten Staaten fort, wurde Professor an der zur University of Pennsylvania gehörenden Annenberg School for Communication und kann nun kaum verhindern, meine Kenntnisse der menschlichen Kommunikation, die sich größtenteils außerhalb und nach Ulm entwickelt haben, mit dem Design zu verbinden. Obwohl ich mein Interesse und meine Mitwirkung an der Entwicklung der Kommunikationstheorie und -forschung letztlich auf Ulm zurückführen kann, wurde die Produktsemantik, die den theoretischen Teil meiner Diplomarbeit (Krippendorff 1961c) weiterführte, erst in den 1980er Jahren formuliert (Krippendorff und Butter 1984). Auch ist ihre Entwicklung zu der philosophisch begründeten und sozialwissenschaftlich zugänglichen semantischen Wende im Design ebenfalls jüngeren Datums. Im Folgenden möchte ich kurz würdigen, in wessen intellektueller Nachfolge ich stehe, aber auch andeuten, an welchen Stellen der Anspruch, den Ursprung gebildet zu haben, infrage gestellt werden muss.

Natürlich war die Ulmer Hochschule für Gestaltung eine intellektuell einzigartige und enorm kreative Institution. Außerdem war sie weit weniger monolithisch, als es von außen und im Rückblick von Historikern, die sie nicht selbst erlebt haben, erscheinen mag. Ihr Lehrkörper war verblüffend jung, bestand aus Vertretern verschiedener Länder und vertrat verschiedene Vorstellungen bezüglich des Designs. Dazu kam, dass zahlreiche Gäste nach Ulm kamen – Gestalter, Architekten, Kulturkritiker und Wissenschaftler anderer Institutionen, die die jeweils führenden Ideen ihrer Disziplinen repräsentierten – und Gelegenheit erhielten, sie in Ulm zu erläutern und dort häufig auch eine Weile mit Studenten zusammenarbeiten konnten. Dank dieser Gäste und einer kleinen, aber aktuellen Bibliothek wurde der Ulmer Diskurs durch ein frisches Vokabular belebt. Neue Begriffe wurden getestet, kritisch in Verbindung mit möglichen Designanwendungen untersucht und beeinflussten so das Lehrangebot auf unterschiedliche Weise.

9.1 Max Bills Funktionalismus

Der Funktionalismus war an der Ulmer Hochschule für Gestaltung der wahrscheinlich am tiefsten verwurzelte Diskurs. In Ulm, wie in den meisten Designkreisen jener Zeit, diente Louis Henry Sullivans 1896 Diktum «form follows function» als ein Prinzip für rationale Rechtfertigungen von Entwürfen. Es drückte die Überzeugung aus, dass sich die Form eines Artefakts automatisch ergab, wenn man seine Funktion erst einmal richtig verstanden hatte. Umgekehrt galt: Wenn die Form eines Artefakts sich nicht aus seiner Funktion, die es erfüllen sollte, ableiten ließ, dann war das ein Beleg dafür, dass man seine Funktion noch nicht richtig verstanden hatte.[1] Wir, der Lehrkörper und die Studenten an der Ulmer Hochschule, verließen uns massiv auf diese funktionalistische Logik und Tradition. Wir sprachen von der Funktion eines jeden Artefaktes, als ob es selbstverständlich war, dass alle Artefakte eine Hauptfunktion haben müssten oder andernfalls wertlos seien. Es wurde nicht kritisch hinterfragt, was eine Funktion war, welche sozialen oder kulturellen Vorstellungen mit dem Funktionsbegriff begünstigt oder verhindert wurden und wer oder was eine bestimmte Funktion zu einer Designaufgabe machen konnte. Außerdem gab es keine Diskussion über die Logik der Unterordnung, die der Annahme funktionaler Teil/Ganzes-Beziehungen zugrunde lag (Abschnitt 8.5), ja wir waren uns der Unterstützung hierarchisch-autoritärer Sozialvorstellungen dieser konservativen Haltung nicht bewusst, wenn wir funktionale Argumente auf Menschen anwandten.

Eine Funktion als Designziel zu akzeptieren, bedeutet das Ganze, dessen Teil gestaltet werden soll, nicht zu reflektieren und den größeren Kontext, dem ein Entwurf «dienen» soll, als gegeben anzunehmen. Entwirft man etwa ein Tafelgeschirr, so stellt man die Essgewohnheiten nicht infrage; bei der Entwicklung eines neuen Radios setzt man das System der Radioübertragung, der Programmgestaltung sowie die Hörgewohnheiten der Benutzer als gegeben voraus. Das größere Ganze als selbstverständlich vorauszusetzen mag den Vorteil haben, die Lösungsmöglichkeiten eines Designproblems zu

---

1   Wie in den Abschnitten 1.2 und 1.3 dargelegt und in Abb. 1.3 veranschaulicht, hat die Miniaturisierung und Digitalisierung dieses Diktum technologisch obsolet gemacht oder zumindest dafür gesorgt, dass es sich nicht auf elektronische Artefakte verallgemeinern lässt. Es gibt keine natürlichen Formen, die sich aus den winzigen Schaltkreisen ableiten lassen. Häufig schrumpft der Körper solcher Artefakte auf ein menschliches Interface zusammen oder wird von einem anderen Gerät absorbiert, von einem Computer beispielsweise.

begrenzen und weniger Entscheidungen treffen zu müssen. Es bedeutet aber auch, sich den übergreifenden Begrifflichkeiten, insbesondere den Auffassungen und Interessen von Auftraggebern zu unterwerfen.

In Ulm argumentierten wir mit diesem funktionalistischen Diktum, als hätte unser Diskurs nichts mit dem Obengenannten zu tun, als wäre die Welt tatsächlich so, wie wir sie beschrieben. Unser Diskurs, und nur dieser, ließ Funktionen als objektiv erscheinen und machte sie zum zentralen Thema rationaler Entscheidungen. Vor allem aufgrund des Einflusses von Max Bill (1952), des Gründers, ersten Rektors der Hochschule und Teil ihres Lehrkörpers bis 1957, verfeinerte sich das Vokabular des Funktionalismus zunehmend und unterschied schließlich vier Funktionen: Technik, Material, Produktion und Ästhetik.

1. *Die technische Funktion:* Von sämtlichen Entwürfen wurde erwartet, dass sie ihren jeweiligen mechanischen Zweck (in einem größeren Ganzen) erfüllten. Max Bill sah darin die primäre Funktion aller Produkte. Auch der Philosoph und langjährige Gastprofessor Max Bense verstand diese Funktion als die wichtigste, er sah aber in ihr, anders als Bill, eine von drei semiotischen Dimensionen, denen alle Designobjekte seiner Meinung nach gerecht werden mussten.[2] Reinhart Butter und ich (Krippendorff und Butter 1993) haben uns kritisch mit dem Funktionalismus auseinandergesetzt und die sozialen Implikationen dieser Teil/Ganzes-Logik (Abschnitt 8.5) untersucht. Wenn man in etablierten Kategorien denkt, erwartet man natürlich, dass eine Uhr die Zeit anzeigt, ein Stuhl das Gewicht des Sitzenden zu tragen vermag und ein Auto Menschen in die Lage versetzt, von einem Ort zum anderen zu fahren. Mögliche kulturelle Unterschiede dieser Vorstellungen waren nicht berücksichtigt.

2. *Die materielle Funktion:* Diese Dimension ging mit der Verpflichtung einher, Materialien angemessen zu verwenden, sprich Artefakte «materialgerecht» zu gestalten. Diese Verpflichtung verband Ulm mit der Designtradition des Kunsthandwerks, die mit William Morris an der Wende vom 19. zum 20. Jahrhundert begonnen hatte. Sie ermutigte Designer, Materialien auf jene Art und Weise zu verwenden, die ihrer Natur am meisten entgegenkam. Der Ulmer Hocker in Abb. 9.1 etwa zeigte nicht nur alle Materialien, aus denen er bestand – drei flache Kiefernbretter sowie die Querstrebe und Fußleisten aus Buchenholz – sondern er stellte auch, und das war wohl sein wichtigstes Merkmal, die fachgerecht verzahnten oder verkeilten Verbindungen seiner Einzelteile zur Schau. Wahlweise konnte man auf ihm auf zwei verschiedene Weisen sitzen, etwa an einem Schreibtisch oder um es sich bei Diskussionen, Partys oder Vorlesungen bequemer zu machen. Er ermöglichte aber auch das Ablegen persönlicher Gegenstände, diente als Bücherregal in einem Wohnraum, als Rednerpult auf einem Tisch stehend und als Traggestell für Werkzeuge, Modelle und Studienobjekte. Die handwerkliche Fertigkeit der Schöpfer zu zeigen, galt als Form der Aufrichtigkeit, im Gegensatz dazu, sie auf «unaufrichtige Weise» mit anderen Materialien, etwa Farbe, zu verdecken.

---

2   Bense (1971, S. 79, 81) betrachtet Designobjekte unter dem Gesichtspunkt von drei semiotischen Dimensionen, Form, Materialität und Funktion, und verband diese mit Peirces (1931) triadischen Unterteilungen.

9.1. In materialgerechter Form: der Ulmer Hocker von Max Bill und Hans Gugelot, 1954.

1. *Die Produktionsfunktion.* Diese Funktion ging mit der Verpflichtung einher, Formen zu finden, die sich speziell für die wirtschaftliche Massenproduktion eigneten, und gipfelte in der Forderung, Produkte sollten idealerweise ihre industrielle Herkunft und ihre Produktionsmittel zum Ausdruck bringen oder sie zumindest nicht verbergen. Diese Dimension ging noch über die Forderungen der Bauhaus-Manifeste der 1930er Jahre hinaus, die Designer darauf festlegen wollten, ihre Produkte jedermann zugänglich, sprich in Massenproduktion herstellbar zu machen. Doch der Ulmer Funktionalismus zielte weniger auf soziale Ideale ab als auf industrielle. Die Formen der zu gestaltenden Artefakte sollten den verfügbaren Mitteln der industriellen Produktion Rechnung tragen. Die Produktionsfunktion feierte flache, durchgehende Oberflächen, repetitive Muster, kombinatorische Systeme, etwa indem man den Modulcharakter einer Stereoanlage oder Fertigbau-Architektur zeigte, aber auch sichtbar kluge technische Lösungen. Abb. 9.2 zeigt den Entwurf eines Kunststoff-Schalenkoffers, dessen Schalen identisch sind, sich also mit einer Einspritzform herstellen ließen. Geschlossen, ergänzten sich die beiden Schalen und die Verschlüsse des Koffers in vollendeter Symmetrie.

2. *Die ästhetische Funktion:* Laut Bill (1952) umfasste diese Funktion all das, was nicht unter die technologische, materielle oder Produktionsfunktion fiel. Er verstand den Bereich der ästhetischen Entscheidungen als einen Raum aller Optionen, die die anderen drei Funktionen nicht ausschöpften. Sein Konzept einer ästhetischen Funktion verblieb also innerhalb des funktionalistischen Diskurses. In Bills Vision für das Design sollten die Formen alltäglicher Gebrauchsgegenstände nicht nur im industriellen-kulturellen Kontext, sondern auch ästhetisch funktionieren. In Ulm wurden der ästhetischen Funktion Charakterzüge wie Schlüssigkeit, Einfachheit, Symmetrie, Klarheit, Sauberkeit und Aufrichtigkeit zugeordnet.

9.2 Plastikschalen-Aktenkoffer von Peter Raake und Dieter Raffler für Hanning, Paderborn, 1966. Identische Schalen erleichtern die Massenproduktion.

Es ist wichtig anzumerken, dass Bill die ästhetische Funktion ex negativo definierte, als eine übriggebliebene Kategorie, als das, was noch Alternativen zuließ, nachdem die Bedingungen der drei anderen Funktionen auf zufriedenstellende Weise erfüllt waren. Diese Definition der ästhetischen Funktion ist bemerkenswert, da nun alle Designoptionen zum Ziel funktionaler Erklärungen werden konnten, womit Bills Funktionalismus sozusagen logisch «vollendet» wurde. Unter Bezugnahme dieser Argumente konnten wir nun jeden Entwurf erschöpfend untersuchen, rechtfertigen oder verwerfen, inklusive der für Ulm bekannten grauen rechtwinkligen Formen, selbst wenn deren gerade Oberflächen für die Hersteller eine große Herausforderung darstellten. Um zu einer «guten Form» im Billschen Sinne zu gelangen, mussten alle vier Funktionen erfüllt sein.

Ohne ästhetische Theorie und mit der damals vorherrschenden Verachtung von Willkür und intuitivem Vorgehen, also Formen, die einer rationalen, funktionalen Analyse und Rechtfertigung nicht standhielten, bediente sich Bill mathematischer Rechtfertigungen. Ursprünglich hatte er diese im Hinblick auf die «konkrete Kunst» formuliert, die nicht-repräsentierend, die Essenz der Kunst – Farben, Formen und Komposition – sichtbar machen sollten. So schrieb er 1949: «Das Ur-Element jeden Bild-Werks aber ist die Geo-Metrie, die Beziehung der Lagen auf der Fläche oder im Raum. Und so, wie die Mathematik eines der wesentlichen Mittel zu primärem Denken und damit zum Erkennen der Umwelt ist, so ist sie auch in ihren Grundelementen eine Wissenschaft der Verhältnisse, des Verhaltens von Ding zu Ding, von Gruppe zu Gruppe, von Bewegung zu Bewegung.» (Bill 1949, S. 88). In Ulm wurden mathematisch abgeleitete Formen, mit unbezweifelbarer Reinheit und höchster ästhetischer Qualität verbunden. Abb. 9.3 zeigt zwei Designbeispiele, die im Abstand von etwa zehn Jahren entstanden und von der Kontinuität dieser Geisteshaltung zeugen. In der Beschreibung beider Entwürfe ist die Handhabung buchstäblich zweitrangig doch ihre Ästhetik wurde hinter mathematischen Rechtfertigungen verborgen.

9.3 Mathematisch gerechtfertigte Formen – (a) Wanduhr von Max Bill für Junghans, 1957, (b) Straßenlaterne von Peter Hofmeister, Thomas Mentzel und Werner Zemp; Professor Walter Zeischegg, 1966.

Bills Wanduhr reduziert die Uhr auf ihr denkbar einfachstes grafisches Display, ihr weißes Ziffernblatt, heute würde man sagen: ihr (grafisches) Interface. Alle ihre Merkmale sind mathematisch gerechtfertigt. So entspricht die Länge des Stundenzeigers dem Radius des Ziffernblattes. Beide Zeiger reichen genau bis zu den Enden der Unterteilungen des Kreises in Stunden und Minuten. Die Form der Straßenlampen geht auf eine Minimierung des Verhältnisses der Oberfläche zum Volumen zurück, während die Lampen aus einer offenkundigen, funktionalen Notwendigkeit heraus mit dem Mast verbunden bleiben müssen. Zu Ehren der Designer muss man sagen, dass Bills Wanduhr nach über fünfzig Jahren noch immer auf dem Markt ist und die Straßenbeleuchtung von Zeischegg und Mitarbeitern noch heute problemlos Designwettbewerbe gewinnen könnte.

Bills negativ definierte ästhetische Funktion würde logischerweise auch die Produktsemantik umfassen. Doch da sie mathematische Formen feierte – Geometrie, Symmetrie, systematische Wiederholungen und formal-ästhetische Prinzipien (Abschnitt 8.6, Punkt 2) –, die inhärent kontextlos sind und keinen Platz für soziale Wahrnehmungen akzeptierten, hätten die weniger abstrakten Bedeutungen des human-centered Designs keinen Platz gefunden. Die semantische Wende wäre mit dem Ulmer Funktionalismus unvereinbar gewesen.

Fairerweise muss man zugestehen, dass Funktionen, so wie man sie gemeinhin versteht, als technologisch motivierte Bedeutungen betrachtet werden können. Für ganz schlichte und eindeutig benutzte Gegenstände wie Essbestecke, Fahrräder oder Regenschirme gibt es wahrscheinlich keinen großen Unterschied zwischen den intendierten Funktionen, denen sie dienen sollen, und dem, was sie für die meisten ihrer Benutzer bedeuten. Bei komplexeren Artefakten hingegen weichen die Funktionen, in denen Ingenieure denken müssen, in der Regel von den Bedeutungen ab, die diese Artefakte für deren Benutzer haben. Fahrstühle, Computer, Flugzeuge, Verkehrssysteme und das Internet etwa ließen sich kaum mit dem Wissen realisieren, das deren Benutzer von ihnen haben. Darüber hinaus besteht die semantische Wende auf der Möglichkeit, dass

Artefakte für verschiedene Stakeholder höchst verschiedene Bedeutungen haben können, sie also nicht eindeutig sind. Auch können Artefakte, wie in den Kapiteln 3 bis 6 ausgeführt, gleichzeitig praktische, sprachliche, genetische und ökologische Bedeutungen für ihre Benutzer haben, die ein Entwurf letzten Endes ermöglichen muss. In Ulm wurde durchaus anerkannt, dass Produkte verschiedenen Funktionen dienen können, wie das etwa beim Ulmer Hocker in Abb. 9.1 der Fall war. Doch alle diese Funktionen galten als allgemeingültig und nicht kulturellen, situationsspezifischen oder individuellen Bedingungen folgend. Die Universalität von Bedeutung ist utopisch und Utopisten waren wir in Ulm schon.

Eine weitere Anekdote soll den Unterschied verdeutlichen, wie man in Ulm mit diesen Fragen umging und auch anderen Orts bis in die Gegenwart umgeht. Als Antwort auf eine Aufgabe, bei der es darum ging, verschiedene semantische Charakterzüge von Artefakten (Abschnitt 4.3) an Beispielen anschaulich zu machen, präsentierte eine meiner Studentinnen der University of the Arts in Philadelphia, an der ich gelegentlich unterrichte, ein Slinky und belegte empirisch, dass es die mit «Flexibilität», «Leichtigkeit» und «intrinsisch motivierend» (Abschnitt 3.5.2) bezeichneten Charakterzüge für ihre Befragten besäße. Ihr Foto dieses Slinkys erinnerte an eines, das an prominenter Stelle in Max Bills bahnbrechendem Buch *Form* abgebildet ist, das seine Vorstellung von «guter Form» anhand einer Sammlung exemplarischer Entwürfe definierte. Bills Bildunterschrift des Slinky feierte dieses als ein «geniales» Spielzeug, dessen Bewegung und Klang «nicht beschreibbar» seien (Bill 1952, S. 108).[3] Offenkundig traf das damals zu. Doch inzwischen wurden Verfahren zur empirischen Erfassung der Charaktere von Artefakten entwickelt – wie Osgoods (1969) «semantic differential» Skalen – oder praktische Verfahren, mit denen sich sprachliche Attribute auf die Charakterzüge menschlicher Interfaces übertragen lassen (Abschnitt 7.4.1). Die Faszination für geometrische Formen (Slinky = eine perfekte Spirale) ging der Produktsemantik entschieden aus dem Weg.

Bill kommt das Verdienst zu, erkannt zu haben, dass sich ästhetische Qualitäten nicht auf technische, materielle und Produktionsfunktionen reduzieren lassen, wie sie in den 1960er Jahren zunehmend als Ursache des Versagens streng funktionaler Entwürfe erkannt wurden. Wenn sich funktionalistisch konzipierte Artefakte, die sich zudem als gesundheitsschädliche Massenprodukte herausstellen, im Markt nicht dursetzen, dann verschwinden sie einfach aus der Öffentlichkeit. Misserfolge von Artefakten mit einem längeren Leben werden häufig teuer oder unbezahlbar. So wurden funktionalistische Gebäude häufig durch unglaubliche Horrorgeschichten bekannt und funktionalistische Stadtpläne, die nicht wie beabsichtigt funktionierten, können hohe menschliche Kosten verursachen. Ohne menschbezogene Begrifflichkeiten zu entwickeln,[4] ohne für ein Verstehen zweiter Ordnung offen zu sein, konnten wir in Ulm die Grenzen unseres Diskurses nicht überwinden.

---

3 Die Bildunterschrift lautet wörtlich: «Diese Stahlfeder ist eines der genialsten existierenden Spielzeuge. Seine Bewegung in der Hand und sein Klang können nicht beschrieben werden. Diese Feder wandert, unter anderem, selbständig die Treppe hinunter.»

4 Damit will nicht gesagt sein, dass uns sozialpsychologische Begriffe etwa fremd waren. Soziale Wahrnehmung wurde gelehrt, doch hatten wir keine Hilfe oder Gelegenheit sie auf das Design anzuwenden.

9.2 Max Benses Informationsphilosophie

Eine Idee, die mein Interesse an der Semantik prägen sollte, ist Claude E. Shannons *Mathematical Theory of Communication* (Shannon und Weaver 1949), kurz Informationstheorie genannt. Max Bense präsentierte eine Fassung davon zwischen 1954 und 1958 in Vorlesungen sowie in seinen Büchern über Informationsästhetik (Bense 1954, 1956, 1958, 1960), gefolgt von Horst Rittel und schließlich Abraham Moles. Bense pflichtete der kartesischen Unterscheidung zwischen einer materiell-energetischen Realität und einer intelligenten «Korealität» bei. Aus der Perspektive der Informationstheorie konvergiert die thermodynamisch determinierte Realität auf einen Zustand der Entropie (Wahrscheinlichkeit), ein Maß der Unordnung. Die Korealität hingegen, der durch die menschliche Intelligenz Gestalt verliehen wird, bewirkt dieser Auffassung zufolge das Gegenteil, sie erhöht also das Maß der Negentropie (Unwahrscheinlichkeit) und der Ordnung. Für Bense waren beide Welten dynamisch und digital konzipiert. Die Realität war Naturgesetzen unterworfen und daher wahrscheinlich, die Korealität hingegen wurde von intelligenten Entscheidungen, Kreativität und Innovation beherrscht und daher unwahrscheinlich. Benses ästhetische Produktion war daher inhärent negentropisch und Ordnung schaffend. Mit diesen Erörterungen versuchte Bense, die Ästhetik von einer Philosophie des Schönen in eine Philosophie des Künstlichen, der kulturellen Produktion von Artefakten, Technologien, Kunstwerke und Texte zu verwandeln.

In der Informationstheorie wächst die Unwahrscheinlichkeit eines produzierten Werks mit der Anzahl unterschiedlicher Werke, aus denen es ausgewählt wurde. Die Wahrscheinlichkeit hingegen wächst mit der Vervielfältigung von Werken, mit der Massenproduktion einer Spezies von Artefakten, was wiederum zu einem Anstieg der Wahrscheinlichkeit jedes einzelnen von ihnen führt. Indem Bense die Negentropie kultureller Artefakte als das Maß des Ästhetischen auffasste, kann man seine Ästhetik als eine, wie ich sie beschreiben würde, quantendynamische Theorie der Kultur verstehen. Dieser Theorie zufolge erweisen sich die radikal neuen, höchst unwahrscheinlichen und überraschenden Produkte der Avantgarde zugleich als ästhetisch besonders informativ, wenngleich im Extremfall auch als unverständlich. Und da diese Produkte durch ihre massenhafte Reproduktion oder zunehmende Vertrautheit immer geläufiger werden, nimmt ihr Informationswert stetig ab, bis er schließlich jeglichen ästhetischen Reiz verliert. Natürlich griffen die Studenten und Lehrenden an der innovativsten und fortschrittlichsten Hochschule für Gestaltung jener Zeit Benses Ästhetik und intellektuelle Rechtfertigungen rückhaltlos als Theorie ihrer eigenen Rolle in einer Industriekultur auf.

Shannons Informationstheorie befasste sich jedoch nicht mit Bedeutungen. Das passte gut zu Bills Projekt der konkreten Kunst, einem anti-repräsentativen Programm, das auf das Bauhaus, Bills Alma Mater, zurückgeht. Ich bin überzeugt davon, dass es dieses Projekt war, das Bense nach Ulm zog. Eine Folge von Benses Informationsästhetik war, dass einige Studenten, insbesondere in der Informationsabteilung, zu zählen begannen und erlebten, wie problematisch dies tatsächlich war. Bei Texten, Kombinationen einzelner Buchstaben, ließ sich die Entropie relativ leicht ermitteln. Wollte man sie jedoch für Gemälde, selbst ungegenständliche, oder gar für Industrieprodukte ermitteln, die offensichtlich keine abzählbaren Elemente aufwiesen, konnten die quantitativen Ergebnisse ziemlich willkürlich werden.[5] Der Umstand, dass alles von Hand gezählt und berechnet werden musste, führte auch dazu, dass die Informationsmengen, die wir vergleichen konnten, sehr bescheiden waren. Angewandt wurde die Methode etwa auf ein avantgardistisches Gedicht, aber nicht auf umfangreichere Literaturgenres, auf ein Poster, auf die Presse. Doch die Idee von Information als einer relativen Menge, die mit der Wahrscheinlichkeit einer Spezies von Artefakten innerhalb einer Ökologie von verschiedenen Artefakten verbunden ist, lenkte unsere Aufmerksamkeit fast unbemerkt von der Ästhetik einzelner Artefakte (Kunstwerke oder Designs) auf eine Ästhetik der statistischen Verteilungen von Artefakten und auf eine Ästhetik, die die Dynamik der Massenkultur mit einbezog. Für mich war das Fehlen von repräsentativen Bedeutungen in dieser Theorie eine Einladung, die Zwei-Welten-Ontologie der Semiotik (Abschnitt 8.1) zu überwinden und sie durch Information, als Maß der Entscheidungsmöglichkeiten im Umgang mit Gegenständen, und Kommunikation, als Reproduktion solcher Möglichkeiten, zu ersetzen. In meinem Fall führte dies zu der Überlegung, wie Artefakte potenzielle Benutzer über ihren eigenen Gebrauch informieren könnten, ohne sich auf irgendwelche Referenten zu beziehen.

Im Anschluss an meine Zeit in Ulm hatte ich das Glück, bei dem Kybernetiker W. Ross Ashby an der University of Illinois studieren zu können. Shannons Theorie war Teil des Handwerkszeugs der Kybernetiker, und ich lernte sie nun gründlicher kennen. Außerdem steuerte ich selbst mehrere Aufsätze sowie ein Buch (Krippendorff 1986) zu diesem Thema bei. Im Rückblick auf die Art und Weise, wie die Informationstheorie in Ulm diskutiert wurde, muss man sagen, dass die Lehrenden und Studenten einen viel zu ambitionierten und vor allem qualitativen Begriff dieser quantitativen Theorie hatten. Mangelnde mathematische Kenntnisse, den Formalismus dieser Theorie zu durchschauen, das Nichtvorhandensein von Computern und die naive Gleichsetzung von Zählen und Wissenschaft verhinderten, dass wir etwas zu ihr beitragen konnten. Gleichwohl lenkte Bense unsere Aufmerksamkeit auf unsere eigene Rolle in der Dynamik der Kulturproduktion, auf eine, wie ich sie heute nenne, quantitative Theorie der Ökologie von Artefakten oder, weiter gefasst, auf die Gestaltung von Technologie schlechthin.

Letztendlich war Bense ein Taxonomist, der wenig Geduld hatte, seine Begriffe praktisch zu untermauern. In seinen Vorlesungen zur Wissenschaftsphilosophie etwa präsentierte er eine systematische Klassifikation aller Wissenschaften und füllte Lücken mit wissenschaftlichen Fächern, die es noch zu realisieren galt, er ignorierte damit einerseits die politischen Manöver, in deren Verlauf die Grenzen zwischen den wissenschaftlichen Disziplinen gekreuzt, verteidigt und neu gezogen werden und andererseits ignorierte er die Möglichkeit, dass sich die Welt durch Innovationen oder Paradigmenwechsel verändern könnte. Vielleicht war es das Fehlen von Bedeutungen in der Informationstheorie, das ihn dazu veranlasste, die Semiotik in seinen Ulmer Vorlesungen einzuführen. Nach seinem Weggang aus Ulm arbeitete er die Zeichentheorie von Charles S. Peirce weiter aus, führte immer feinere Unterscheidungen in Peirces triadischen Begriffen ein

---

5 Rolf Garnich (1979) ist ein Beispiel für diese Bemühungen. Seine Dissertation 1968 wurde von Max Bense als Promotion im Fach Philosophie an der Technischen Hochschule Stuttgart betreut.

und erzeugte so ein komplexes Begriffssystem. Obwohl der Titel dieser Ausdifferenzierungsbemühungen, *Zeichen und Design: Semiotische Ästhetik* (Bense 1971), darauf schließen ließ, dass sie vom Design handeln würden, trug sie wenig zur Klärung begrifflicher Fragen der Gestaltung bei. Bense war ein kreativer Philosoph, ein produktiver Autor, ein höchst effizienter Hochschullehrer und wahrscheinlich die einflussreichste intellektuelle Kraft in der Ulmer Anfangsphase. Allerdings bin ich mir nicht sicher, ob er bereit gewesen wäre, die hier beschriebene semantische Wende mit zu vollziehen. Ich erinnere mich nicht daran, von ihm jemals die Namen Giambattista Vico, Ludwig Wittgenstein, Michail Bachtin, James J. Gibson oder Jacob von Uexküll gehört zu haben, die mich auf diese Wende vorbereitet haben. Auch von Martin Heidegger, der nicht so weit weg von Ulm lehrte, war nicht die Rede. Womit allerdings nicht gesagt werden soll, dass Bense deren Werke nicht kannte. Die Idee, Artefakte, philosophische Begriffssysteme eingeschlossen, als soziale Konstruktionen zu verstehen, wäre für ihn gleichbedeutend mit einem Verzicht auf die kartesische «Philosophie als Spiegel der Natur» (Rorty 1979) gewesen. Obwohl er als Lehrer die Beiträge seiner Studenten mit Respekt begrüßte, war er als Philosoph immer zu öffentlichen Streitgesprächen bereit und ungewillt, sich mit weniger abstrakten, ja «irrationalen» Argumenten auseinanderzusetzen. Selbst solche zu verstehen, ist jedoch eine Voraussetzung für ein Verstehen zweiter Ordnung. Als ich ihn 1989 auf einem Kongress des Internationalen Forum für Design in dem Gebäude der ehemaligen Ulmer Hochschule für Gestaltung traf, wollte ich ihm von den aufregenden Entwicklungen der semantischen Wende berichten, über die er sich freute. Doch bevor ich dazu kam, verließ er kurz nach Beginn des Kongresses aus Verärgerung über den «philosophischen Quatsch» eines Redners den Saal. Er versprach, mich in Philadelphia zu besuchen, starb aber, bevor es dazu kam.

9.3 Tomás Maldonados Semiotik

1956 folgte Tomás Maldonado Max Bill im Amt des Rektors der Ulmer Hochschule. Ein Jahr später führte er die Semiotik offiziell in den Lehrplan ein. Bense hatte in seinen Vorlesungen und verschiedenen Veröffentlichungen (z. B. Bense 1956) über seine Theorie der Zeichen, vor allem im Dienst seiner Informationsästhetik, später mit dem Schwerpunkt auf den Peirceschen Unterscheidungen (Bense 1972) den Weg für ihre Aufnahme bereitet. Die Semiotik war Maldonados Versuch, seinen «wissenschaftlichen Operationalismus», wie er sein kulturpolitisches Lehrziel nannte, zur bestimmenden Kraft im Design zu machen. Dies geschah teilweise in Abgrenzung zu Bills Vision des Designers als einer Art ästhetischem Koordinator industrieller und kultureller Artefakte. Ulm war wohl die erste Hochschule für Gestaltung, die die Semiotik in ihr Vorlesungsprogramm aufnahm. Maldonado war vor allem von den politischen Auseinandersetzungen zwischen Semiotikern fasziniert. In seinem Seminar verfolgte er die Einflüsse, die die verschiedenen semiotischen Schulen aufeinander hatten, wer wessen Definitionen übernahm und so weiter. Im Verlauf dieser Erkundungen bekannte er sich zunehmend zum Neopositivismus, vor allem von Charles W. Morris (1955) und seinem Versuch mit der Semiotik alle Wissenschaften zu vereinen. Die etwas obskure «General Semantics» des Grafen Alfred Korzybski (1933) hielt in Ulm in Form von Gastvorlesungen von Warren Robbins Einzug, einem Kulturattaché an der Vertretung der Vereinigten Staaten in Stuttgart. Maldonados (1961) eigener Beitrag zur diesem Ansatz bestand in der Veröffentlichung eines handlichen Büchleins das 94 Definitionen semiotischer Begriffe vorstellte.[6] Diese waren als analytische Werkzeuge gedacht, sollten den semiotischen Diskurs für das Design kanonisieren, aber auch die Wissenschaften zumindest pädagogisch zusammenbringen. In der Folge fügten Maldonados Studenten weitere rhetorische Konzepte hinzu und wendeten sie deskriptiv vor allem auf die visuelle Kommunikation an (Bonsiepe 1996).[7]

Das Fehlen empirischer Untersuchungen dieser begrifflichen Unterscheidungen, sprich psychologische Experimente oder soziologische Erhebungen, sie mit der Wirklichkeit zu korrelieren, sowie kritischer Auseinandersetzungen mit den epistemologischen Konsequenzen des semiotischen Begriffsapparates sowie der Frage nachzugehen, wie das Vokabular der Semiotik dem Design dienen könnte, war Ausdruck von Maldonados Glauben an die Universalität der Semiotik und daran mit ihr den Schlüssel zu wissenschaftlicher Objektivität schlechthin in der Hand zu haben. Doch lassen Universalansprüche keinen Raum für alternative Konstruktionen von Wirklichkeit zu. Maldonado verstand seine Begriffe nicht als überprüf- und verwerfbare Hypothesen, sondern als zweifellose und kulturfreie ontologische Verallgemeinerungen, also dessen, was überall der Fall ist (Abschnitt 8.1). Indem er die verschiedenen in der semiotischen Literatur veröffentlichten Definitionen zu einer einzigen kohärenten Liste kondensierte, folgte Maldonado Benses taxonomischem oder klassifikatorischem Konzept von Wissenschaft, das sich gegenüber empirischen Bestätigungen im Wesentlichen abschottet.

Der Neopositivismus jener Zeit ließ kognitive Interpretationen nicht zu und hinderte Semiotiker daran zu erkennen, dass semiotische Unterscheidungen, ja alle Unterscheidungen, sich der Sprache bedienen und zwischen Menschen verhandelt werden, denen diese Unterscheidungen wichtig sind. Terminologische Unterscheidungen erzeugen Unterschiede. Sie konstituieren genau die Realität, die deren Verfechter zu beschreiben beanspruchen. Maldonados Semiotik stützt sich auf die Autorität von Philosophen wie Rudolph Carnap, I. A. Richards, Charles S. Peirce, John Dewey, insbesondere aber auf Charles W. Morris, den er am häufigsten zitierte, und auf seine eigene Autorität. Immerhin war er der Rektor der fortschrittlichsten Designhochschule in der Welt.

Natürlich führt jedes taxonomische Wissenschaftskonzept zu Auseinandersetzungen über dessen Brauchbarkeit und innerhalb der Ulmer Fakultät gab es viele solche Auseinandersetzungen. So arbeitete ich beispielsweise 1960–1961 am Ulmer Institut für Visuelle Wahrnehmung, das von Mervyn W. Perrine, einem empirischen Sozialpsychologen von der Princeton University, geleitet wurde. Eines unserer geförderten Forschungsprojekte betraf die Wahrnehmung von Farben. Das Projekt führte zu für uns höchst überraschenden Auseinandersetzungen zwischen Otl Aicher, Maldonado und Perrine, die so weit gingen die Existenz des Instituts zu bedrohen. Aicher beharrte darauf, dass empirische Forschungsergebnisse, die mithilfe von Versuchspersonen erzielt

---

6   Interessanterweise wird Max Bense in dieser Publikation nicht erwähnt, was sich wohl auf politische Spannungen zwischen den beiden zurückführen lässt.

7   Die Seiten 91–103 seines Buches enthalten einen überarbeiteten Artikel, der ursprünglich in der Zeitschrift der HfG Ulm, Ulm, 14/15/16, 1965 erschienen war.

worden waren, seinem eigenen Farbverständnis nicht widersprechen dürften, da Versuchspersonen unmöglich so viel Ahnung von Farbe haben könnten wie er. Als erfolgreicher Grafikdesigner war Aicher ein unbezweifelbarer Meister darin, mit Farben grafisch umgehen zu können – übrigens ganz im Gegensatz zu den Produktdesignern, die nur mit Grautönen spielten. Wie andere Leute Farben wahrnahmen, war ihm völlig egal, sodass empirische Untersuchungen für ihn und damit auch in der Hochschule nicht nur wertlos waren, sondern auch seine bewiesene Autorität hätten untergraben können. Genauso war Maldonado irritiert, wenn seine Versuchspersonen visuelle Reize auf eine in sich widersprüchliche und seinen eigenen Vorstellungen und Erwartungen widersprechende Weise ordneten. Für ihn sollten empirische Daten nicht einer wissenschaftlichen Theorie widersprechen.[8]

Zugegebenerweise führen statistische Verallgemeinerungen selten zu guten Designentscheidungen. Jedoch können sorgfältig durchgeführte empirische Studien durchaus ein Licht auf die Wirklichkeiten anderer Menschen werfen, eben jener Menschen, die mit gestalteten Artefakten in Berührung kommen. In Maldonados Ulm überraschte es schlussendlich nicht, dass dem Institut für Visuelle Wahrnehmung nur eine kurze Lebensdauer beschieden war. Empirische Studien, die verschiedene Arten von Bedeutungen hätten aufdecken können, konnten in Ulm nicht gedeihen. Die Arbeiten von Charles Osgood et al. (1957) (Abschnitt 4.3), von denen wir in Ulm hörten, beeinflussten einige Ulmer, allerdings erst, nachdem sie ihr Studium in Ulm abgeschlossen hatten.[9]

Das Unvermögen der Semiotik, die menschliche Fähigkeit anzuerkennen Bedeutung zu konstruieren und dementsprechend zu handeln (Abschnitt 8.1, Punkt 2), kommt auch in Maldonados Definitionen zum Ausdruck. Sie lassen keinen Raum für alternative Bedeutungsbegriffe (Kapitel 3–6) und unterschiedliche Versionen von Welt (Abschnitt 2.3.2). Peirces (1931) Begriff der «Semiosis» etwa, mit dem er den Prozess bezeichnete, in dem etwas für jemanden zum Zeichen wird und der einen Raum für den Einfluss der menschlichen Denkweisen hätte bieten können, wurde unter Bezugnahme auf Morris (1938) definiert als «Prozess, in dem etwas ein Zeichen für einen Organismus ist. Sie ist das Untersuchungsobjekt der Semiotik» (Maldonado 1961). Damit war die Peirceche Idee einer Genesis von Zeichen wegdefiniert. Morris war Behaviorist und seine sowie Maldonados Definitionen von Peirces pragmatischen Konzepten funktionierten nicht richtig. Sie ergaben keine Möglichkeit, die Semiotik zu reflektieren und sie als einen spezifischen Diskurs zu untersuchen. Immerhin sind Definitionen und Theorien sprachlicher Natur und unterwerfen sich damit dem Sprachgebrauch. Sie waren daher auch nicht in der Lage, ihren Inhalt soziologisch, als das Resultat sozialer Institutionen, zu sehen, die ein Interesse an der Erhaltung bestimmter Zeichenbeziehungen hatten, oder die Auseinandersetzungen zwischen Semiotikern zu theoretisieren in deren Zug terminologische Entscheidungen diskutiert und entschieden wurden. Die Idee, dass das Definieren, Veröffentlichen und Gebrauchen eines Vokabulars, genau jene Zei-

---

8 In der Wissenschaft ist die Beziehung zwischen Daten und Theorien genau umgekehrt: Theorien sollen empirischen Tatsachen (Daten) nicht widersprechen.

9 Zillmann (1964) etwa schrieb als Direktor der Forschungsabteilung einer Züricher Werbeagentur und lehrt heute in den Vereinigten Staaten.

chenbeziehungen erzeugen könnten, die man sehen wollte, sprich die Erkenntnis, dass die Semiotik auf der sprachlichen Semiosis ihrer eigenen Theorie beruhte, kam damals niemandem in den Sinn.

Das positivistische Verbot von Selbstreferenz (Whitehead und Russell 1910/1958), Morris und Maldonados Universalansprüche und das Fehlen rekursiver Denkfiguren machten einen zentralen Begriff der semantischen Wende, das Verstehen zweiter Ordnung – das Verstehen, wie die Stakeholder eines Designs oder die Benutzer von Zeichen ihre Welten verstehen – undenkbar (Abschnitt 2.5). Auch verhinderten sie es, Interaktionen zu konzipieren, die heute in Mensch-Computer- und anderen Interfaces erscheinen. Interfaces entwickeln sich dynamisch. Hier zielen die jeweils gegenwärtigen Bedeutungen, Handlungen und Wahrnehmungen seriell auf neue Bedeutungen, Handlungen und Wahrnehmungen. Die Hermeneutik des Lesens von Texten hätte unsere Aufmerksamkeit bereits vor der Ankunft von Computern auf Interfaces lenken können. Doch die von Maldonado vertretene Semiotik beschäftigte sich mit Zeichen, mit visuellen und akustischen Repräsentationen, die auf den Konzeptionen von Beobachtern, Empfängern von Mitteilungen und Kunstkritikern aufbaute, nicht aber auf den Konzeptionen aktiver Teilnehmer an diesen Interaktionen.

Für die Semiotik ist die bereits erwähnte Zweiwelten-Ontologie grundlegend, die Annahme einer Welt der Zeichen und einer Welt der bezeichneten Objekte (Abschnitt 8.1, Punkt 1). Eine Anekdote mag veranschaulichen, wie sich diese Ontologie manifestierte. Als ich meine theoretische Diplomarbeit in Angriff nehmen wollte, die später den Titel *Über den Zeichen- und Symbol-Charakter von Gegenständen* (Krippendorff 1961c) erhielt, lag es nahe, mich von Tomás Maldonado beraten zu lassen. Wie vorauszusehen, wenngleich auch nur im Rückblick, erklärte er mir, dass Zeichen sich auf Objekte beziehen, Objekte könnten Referenten nicht aber Zeichen für etwas anderes sein. Die Idee, Objekte könnten Bedeutungen haben, sei daher ein Kategorienfehler. Für ihn war Bedeutung eben nur eine semiotische Referenzbeziehung und das war alles, was es legitimerweise über die Objekte des Designs zu sagen gab. Mit diesem Bedeutungsbegriff wurden Grafiken, Fotografien und Texte natürliche Kandidaten für die in Ulm durchgeführten semiotischen Analysen, nicht aber die Produkte des Industriedesigns. Dieser blinde Fleck sorgte dafür, dass theoretische Konzeptionen der Semiotik über Alltagserfahrungen triumphierten. Ich schrieb meine Arbeit daher dann bei Horst Rittel.

9.4 Nikolai Tschernischewskis politisch-ökonomische Ästhetik

Beim Verfassen dieses Kapitels erinnerte ich mich an einen eher persönlichen Einfluss. In Ulm las ich das Werk über Ästhetik des russischen materialistischen Philosophen Nikolai Tschernischewski (1855–1953). Tschernischewski, der sich radikal von universalen Ansprüchen absetzte, begriff Ästhetik als eine eigennützige Schönheitstheorie der herrschenden Klasse. So fragte er sich etwa, warum hellhäutige Frauen mit rosigen Wangen als schöner gelten als Frauen mit gebräunten und faltigen Gesichtern. Seine Antwort fiel denkbar nüchtern aus. Frauen der herrschenden Klasse mussten nicht auf den Feldern arbeiten und konnten sich daher stattdessen ihrem äußeren Erscheinen, ihrer Kleidung, Kunst, Literatur und dem gepflegten Gespräch widmen. Er dekonstruierte, wie man es heute nennen würde, die vorherrschende Ästhetik, vor allem ihren

Universalanspruch, indem er zeigte, dass Ästhetik das Herrschaftsinstrument einer kulturellen Elite ist, die damit ihre eigenen Werte über die mittelloser anderer stellt. Seiner These zufolge hat Ästhetik weniger mit den von materiellen Artefakten abstrahierten Eigenschaften zu tun als mit der Art und Weise, wie eine kulturelle Elite diese benutzten und sich im Umgang mit ihnen etablierten. Eine Ästhetik ist daher weder wahr oder falsch, wie das bei den Theorien der Naturwissenschaften vorausgesetzt wird, sondern sie entsteht in bestimmten sozialen Praktiken. Ihre Dauerhaftigkeit hängt von ihrer stillschweigenden Durchsetzung durch mächtige Institutionen ab, darunter das Netzwerk etablierter Künstler, vermögender Sammler, Kenner und Kritiker, die davon profitieren, innerhalb der vorherrschenden Schönheitstheorie zu arbeiten. Tschernischewskis Ideen gingen den von Roland Barthes, Jean Baudrillard, Michel Foucault und vor allem Antonio Gramsci (1971) voraus, dessen Theorie der Hegemonie heute das Verständnis der postindustriellen Kultur prägt und der zu ähnlichen Schlüssen wie Tschernischewski gelangt.

Tschernischewskis Arbeit machte mir klar, dass Kunst mindestens so sehr auf das An- und Wiedererkennen von Kategorien (Marken) und Argumenten (Werbung von anerkannten Autoritäten) angewiesen ist, wie auf die öffentlichen Erklärungen bekannter Kritiker dazu, was als Kunst zähle und was nicht. Ästhetische Theorien kodifizierten diesen Prozess und konnten zugleich dessen Verlauf bestimmen.

Obwohl Kunst im Lehrplan der Ulmer Hochschule für Gestaltung ausdrücklich verbannt war, malten mehrere Studenten und einige Fakultätsangehörige nebenher. In der Stadt Ulm gab es verschiedene Möglichkeiten Kunst auszustellen und zu diskutieren. Max Bill etwa war ein bekannter Schweizer Maler, Bildhauer und Architekt, der auch auf das Kulturleben von Ulm, zumindest seit er Gründungsmitglied und erster Rektor der HfG in Ulm wurde, großen Einfluss hatte. Er sah sich als Mitglied einer internationalen Gruppe von Künstlern und Schriftstellern, die sich der «konkreten Kunst» widmeten. Sie konnte sich auf Manifeste, organisierte Gemeinschaftsausstellungen und Lesungen stützen, in denen sich ein Vokabular entwickelt hatte, mit dem sie unter anderem definieren konnte, was Kunst war oder erreichen sollte beziehungsweise was nicht zur konkreten Kunst gehörte. Die kulturelle Elite in Ulm diskutierte mittels dieses Vokabulars und privilegierte seine Vertreter. Künstlern, die ihre Arbeiten in den gängigen Begriffen erklären konnten, wurden Publizität gewährt und Ausstellungsräume zur Verfügung gestellt. Denjenigen, die sich nicht der gängigen Theorien bedienten oder annahmen ihre Arbeiten würden für sich selbst sprechen, war weniger Erfolg beschieden. Friedrich Vordemberge-Gildewart etwa, ein frühes Fakultätsmitglied an der Ulmer Hochschule mit eindrucksvollen Zeugnissen für seine Beiträge zur abstrakten Malerei und Typografie, schloss sich nicht dem herrschenden Diskurs an und fühlte sich dadurch an den Rand gedrängt.[10] Bill und Bense standen einander nahe, solange Bense Bills Werke in seinen informations-ästhetischen Texten behandelte. Nach einem Streit benutzte Bense Vordemberges Malerei. Für alle drei ging es wohl darum, wer in wessen Erklärungen vorkam. Für mich war die Erkenntnis wichtig, dass, von

---

10 Friedrich Vordemberge-Gildewart, persönliche Mitteilung bei verschiedenen Gelegenheiten. Selbst Lindingers (1987/1990) Ulmer Rückblick gibt wenig Auskunft über ihn.

persönlichen Vorteilen abgesehen, unterschiedliche ästhetische Wertschätzungen allesamt mit der Sprache kultureller Eliten erworben und durch ihren Gebrauch etabliert
wurden, und dass eine Ästhetik daher eine Variable sozialer oder politischer Prozesse
ist.[11] Indem man ästhetische Wahrnehmungen als psychologische Korrelate objektiver Eigenschaften von Gegenständen erklärt, – wie Bill (1949, 1952) dies im Vertrauen
auf mathematische Idealformen (Geometrie, Proportionen, Rhythmus oder Grammatik) tat, und Gros (1984) mit seinem Konzept einer formal-ästhetischen Funktion [von
Strukturen, Formen oder Gestalten, durch Ordnung und Komplexität gestaltpsycholo-
gisch differenziert, also explizit ohne Bedeutungen (Steffen 2000, S. 34–62)] vorschlug
(Abschnitt 9.7, Punkt 2) – unterstützt man unbewusst eine der herrschenden kulturellen Eliten eigene Beziehung zur Kunst: als Betrachter, Besitzer und Connaisseur, also
nicht als Schaffender, Designer oder sozial intervenierender Stakeholder. Tschernischewski hätte sich sicher auch Benses Informationsästhetik vorgeknöpft und gefragt, wem
die kulturelle Produktion unwahrscheinlicher (neuartiger) Kunstgegenstände tatsächlich dient.

Die Soziologie der Ulmer Ästhetik und der funktionalistischen Rhetorik kann man
kaum verstehen, ohne sie in dem Zeitraum zu situieren, in dem sie praktiziert wurde.
Als die Idee einer Hochschule für Gestaltung aufkam, wenige Jahre nach dem Zweiten Weltkrieg, lag Deutschland in Trümmern. Inge Aicher-Scholl, deren Geschwister Sophie und Hans 1943 hingerichtet wurden, weil sie gegen den Nationalsozialismus gehandelt hatten, wollte ein Denkmal für ihre Geschwister schaffen. Andere
hofften, das Bauhaus, dessen Lehrtätigkeit durch die erzwungene Schließung 1933
auf tragische Weise beendet worden war, zu neuem Leben erwecken zu können. Doch
Bill, der selbst ein Bauhausschüler gewesen war, sah ungeahnte Möglichkeiten durch
eine neuartige Hochschule für Gestaltung zur Industriekultur eines neuen demokratischen Deutschlands beizutragen. Seit ihrer Eröffnung im Jahr 1953 präsentierte die
HfG Ulm der Öffentlichkeit eine beeindruckende Anzahl von Industrieprodukten täglichen Gebrauchs mit radikal neuen Erscheinungsbildern und Ambitionen für größere
Projekte. Die Klarheit ihrer Entwürfe und die erstaunliche Produktivität der Schule
in vielen Bereichen (Produktformen, visuelle Kommunikationen, Industriearchitek-
tur, Journalismus, Radio und Film) begünstigten die im Wiederaufbau begriffene Kon-
sumindustrie in Deutschland, etwa die Braun AG, und erfreuten sich internationaler
Zustimmung.

Der Ulmer Erfolg verdankte sich nicht zuletzt der höchst effizienten Rhetorik der
HfG, einem Vokabular, mit dem sich ihre Entwürfe erklären ließen. Wir, Studenten und Fakultät, ließen uns schon allein aufgrund seiner rhetorischen Überzeugungskraft leicht vom Funktionalismus anziehen. Wir kritisierten gegenseitig unsere Entwürfe, lernten, jedes Detail zu rechtfertigen, und das, was erfolgreich war, konnte man
auch öffentlich verteidigen. Überdies waren unsere Entwürfe denen existierender Artefakte fast immer technologisch überlegen. Wir spickten unsere Argumente mit Begrif-

---

11 Sozialpsychologische Experimente hatten nachgewiesen, dass der soziale Hintergrund von Menschen deren Wahrnehmung
beeinflusst, also von ihren Positionen in Bezug auf kulturelle Eliten wesentlich abhängt. Dies zu untersuchen, war eine
meiner Motivationen, mich dem Institut für Visuelle Wahrnehmung an der HfG Ulm anzuschließen.

fen aus neuen Disziplinen wie Physiologie, Ergonomie, Semiotik, Kybernetik, Wissenschaftslehre und Informationsästhetik, um nur einige zu nennen. Wir wählten leicht bezwingbare Gegner – Vertreter des amerikanischen Styling und deren rein kommerzielle Anliegen, traditionelle, kunsthandwerklich orientierte Designer und geistlose Kitschproduzenten – und obsiegten ohne Zweifel in den Debatten, indem wir bewiesen, dass die Produkte unserer Gegner «unhaltbar», ihre Methoden «unwissenschaftlich», ihre Ideen «obsolet» waren oder aber, dass sie wesentliche Funktionen übersehen hatten. Über die sichtbaren Design-Innovationen hinaus spielten wir also ein erfolgreiches Sprach- und Machtspiel. Wir begriffen uns selbst als Herausforderer einer alten Ästhetik, aber, und hier kommt wieder Tschernischewski ins Spiel, wir erkannten nicht, dass das, was Ulm bereitstellte, den Bedürfnissen einer neuen kulturellen Elite diente, nämlich sich von der Generation derjenigen abzusetzen, die den Zweiten Weltkrieg durchlebt hatten und Werte vertrat, die sie selbst nicht mehr verteidigen wollten. Die Markterfolge der Entwürfe aus Ulm ermutigten auch die Industrie dazu, die Ulmer Rechtfertigungen ihrer Produktformen zu übernehmen und beschleunigten somit den Prozess, neue Eliten zu etablieren.

Teil des Erfolges der Ulmer Rhetorik war, dass die mit Universalansprüchen einhergehende kulturneutrale Glorifizierung von Technologie und Massenproduktion dem Bedürfnis der Nachkriegsindustrie, nicht nur in Deutschland, ihre Märkte international auszuweiten, unversehens entgegen kamen. Die Einordnung ästhetischer Argumente in den Funktionalismus und der Bezug auf Wissenschaftlichkeit, der in Ulm großgeschrieben wurde, hatten zur Folge, dass Kulturen, die an ihren eigenen Traditionen festhielten oder den Funktionalismus des industrialisierten Westens nicht bedingungslos übernahmen, als «rückständig» oder «unterentwickelt» abgetan wurden. Tschernischewskis kulturpolitisch/ökonomische Einsichten hätten unseren Universalanspruch und das Aburteilen Andersdenkender leicht in Frage stellen können, doch nur wenige von uns hatten sein Werk gelesen.[12] Wir sahen diese Zusammenhänge nicht, selbst die soziologischen Vorlesungen gingen diesen Zusammenhängen aus dem Weg.

Der Erfolg der Ulmer Rhetorik ließ uns taub für andere Stimmen werden. Wir «kannten» die Benutzer von Industrieprodukten nur durch Texte zur Ergonomie, gestaltpsychologische Wahrnehmungsprinzipien, typografische Regeln und fragwürdige Annahmen, aber nicht, weil wir auf die Anliegen von Benutzern, Bedürfnisse von Gesellschaftsschichten oder Gewohnheiten anderer Kulturen gehört oder diese durch Erhebungen in Erfahrung gebracht hätten. Die Ulmer Hochschule steuerte viele eigenständige Untersuchungen bei. Doch handelte es sich dabei hauptsächlich um überzeugende Demonstrationen, wie die Ames-Demonstrationen zur visuellen Wahrnehmung, und nicht um empirische Untersuchungen der Frage, wie Mitmenschen ihre eigene Welt konzipieren. Wir meinten es sei selbstverständlich, dass die Konsumenten in der neuen Industriekultur unterwiesen werden müssten, und hielten es nur für eine Frage der Zeit, bis diese unsere Ideen akzeptieren würden. An unseren eigenen Überzeugungen hegten wir wenig Zweifel. Das steht in scharfem Gegensatz zur semantischen Wende im Design, die mit der Anerkennung der Tatsache beginnt, dass Menschen

12 Dolf Zillmann etwa – obwohl er an politisch-ökonomischen Aspekten der Ästhetik wenig Interesse hatte.

(Designer, Konsumenten, alle Stakeholder) durchaus unterschiedlich denken können und sich ihre eigenen Bedeutungen für die Möglichkeiten schaffen, in Interface-Beziehungen mit technologischen Artefakten eigene Ziele zu verfolgen. Das mangelnde Interesse an vielleicht anderen, aber gleichermaßen gültigen Konzepten, hinderte uns daran, von Tschernischewskis sozialem Relativismus zu lernen und in Erwägung zu ziehen, dass Artefakte auch das Medium sozialer oder kultureller Auseinandersetzungen sind.

9.5 Horst W. J. Rittels Methodologie

In Ulm wurden, wie bereits betont, alle Gestaltungsverfahren und Produktformen hinterfragt und mussten funktional begründet werden. Produkte, für die man keine schlüssigen Rechtfertigungen fand, wurden als willkürlich verworfen. Wir praktizierten unbewusst das, was Kapitel 4 als ein Theorem der semantischen Wende postulierte, nämlich dass sich «das Schicksal der Artefakte in der Sprache entscheidet». Das Vokabular für solche Erwägungen wurde durch einen Lehrplan bereichert, der gemessen an anderen Hochschulen für Gestaltung, akademisch anspruchsvoll war und mehrere mit dem Design verwandte Disziplinen umfasste, insbesondere die Wahrnehmungsphysiologie, Ergonomie, Sozialpsychologie, Soziologie, Ökonomie, Politologie, Kulturanthropologie, Semiotik, Informations- und Kommunikationstheorie, aber auch traditionelle Themen von der Physik bis zur Kulturgeschichte der Kunst. Sie wurden alle im Hinblick auf ihre Relevanz für das Design behandelt und der intellektuelle Rahmen, der ihre Integration sicherstellen sollte, war die Wissenschaftsphilosophie, die ursprünglich von Bense unterrichtet wurde. Bense war ein abstrakter Denker und seine Präsenz trug wesentlich zur intellektuellen Qualität der Argumentationen bei, steigerte Ulms akademische Ambitionen, forderte aber das Design nicht heraus. Bense inspirierte als Philosoph.

1958 wurde Horst Rittel, von Hause aus Mathematiker, der Nachfolger von Bense und seiner Assistentin, Elisabeth Walther, an der HfG. Ich erinnere mich an seine erste Vorlesung, in der er die mathematischen Details von Shannons Informationstheorie erläuterte, die Bense nur flüchtig gestreift hatte. Sie überstieg das Verständnisvermögen der meisten Studenten. Doch unter dem Einfluss des viel jüngeren und sich rasch an die Bedürfnisse des Ulmer Lehrplans anpassenden Rittel gewann die Wissenschaftslehre, einschließlich der Informations- und Kommunikationstheorie, die er unterrichten sollte, für das Design zunehmend an Relevanz. Er entwickelte sie zu einer systematischen Heuristik, deren sich Designer bedienen konnten. Aufgrund seiner mathematischen Kenntnisse hatte Rittel Zugang zu zahlreichen Modellen, Theorien und Begriffssystemen, von denen gewöhnliche Gestalter kaum je gehört hatten. Es bereitete ihm größtes Vergnügen, abstrakten Ideen Relevanz zu verleihen, und das Echo, das er unter Studenten fand, hob den Designdiskurs auf eine höhere Ebene. Er führte Ideen der Ablaufs- und Planungsforschung, der mathematischen Entscheidungstheorie, Spieltheorie, Systemanalyse und Planungstechniken in den Designdiskurs ein und bereicherte auf diese Weise das Repertoire Design unterstützender Methoden. Wiederum war die HfG Ulm die erste und vielleicht bis heute einzige Designhochschule in der Welt, auf deren Lehrplan eine Fülle solcher Themen stand.

Während Bills Designer eine neue ästhetische Einheit zwischen der zeitgenössischen Kultur und massenproduzierter Formen finden sollte, ohne sich dem Kommerzialismus anzudienen oder sich auf sentimentalen Kitsch zu stützen, sollte Maldonados Designer mit den Instrumenten der Wissenschaft ausgerüstet sein, um von den Industriezentren aus Entscheidungsfindungen zu koordinieren. Unter dem Einfluss von Rittel veränderte sich das Konzept jedoch in Richtung auf einen Designer, der imstande war, heuristische Planungs- und Designmethoden zu handhaben, und als ebenbürtiger Partner in Produkt- oder Strategieentwicklungsteams arbeiten konnte.

Bruce Archer, Gastprofessor und Pionier für Designmethoden in Großbritannien, spielte ebenfalls eine wichtige Rolle bei der Einführung systematischer, also schrittweise voranschreitender Designmethoden in den Lehrplan der Industriedesigner, die später von Butter (1989) in seine produktsemantischen Überlegungen einbezogen wurden. Andere Fakultätsmitglieder, vor allem der Makrosoziologe Hanno Kesting, unterstützten Rittels Lehrtätigkeit ebenfalls. Einige der älteren Fakultätsmitglieder hingegen, Otl Aicher beispielsweise, fühlten sich durch das «Gerede von Designmethoden» bedroht. Obwohl seine Opposition vor allem auf Unkenntnis beruhte – er besuchte weder die Vorlesungen seiner Kollegen noch beteiligte er sich an der Anwendung und Überprüfung dieser neuen Ideen –, könnte der Grund für seine Ablehnung in seinem Interesse an der Grafik zu suchen sein, die zwar innovativ war, aber relativ einfache Probleme anging, die sich mit guter Intuition lösen ließen. Anfangs mochte Maldonado in Rittel jemanden gesehen haben, der zu seiner wissenschaftlichen Vision für die Hochschule beitrug. Doch Rittel war weder ein Taxonomist, der die Welt kategorisierte, noch ein Positivist, der Sicherheit für seine Theorien suchte. Rittel war ein Pragmatiker voller überzeugender Ideen. Die von ihm eingeführten Designmethoden bereiteten uns darauf vor, Entscheidungen auf der Basis ungewisser Informationen treffen zu können. Sie steigerten unser Bewusstsein, dass sich unsere Entwürfe eventuell mit Gegenentwürfen konfrontiert sehen können (Spieltheorie), dass Design auf größere Systeme (Architektur und Stadtplanung) anwendbar war, dass unsere Entwürfe in komplexen Systemen intervenieren, in denen nahezu alles mit allem verbunden ist und unerwartete Folgen haben können. Sie eröffneten die Möglichkeit empirischer Forschung und ermutigten uns, unsere Annahmen zu überprüfen. Die meisten Studenten erkannten bald, dass die Zukunft des Designs darin bestand, komplexe Designfragen mit vertretbaren Methoden zu beantworten. Das Entwerfen fotogener Produkte verlor an Attraktion. Studenten der Produktgestaltung begannen, sich mit Systemen auseinanderzusetzen. Architekturstudenten verlagerten ihr hauptsächliches Betätigungsfeld vom industrialisierten Bauen auf die Stadtplanung und Studenten der Informationsabteilung beschäftigten sich nicht nur mit dem Verfassen von Radioprogrammen und Feuilletonartikeln, sondern auch mit der Organisation von Werbekampagnen. Viele Autoren, die heute über Design-Methodologie schreiben (beispielsweise Cross 1984), haben den bedeutenden Beitrag der Ulmer Hochschule zur Design-Methodologie erkannt. Eine Wissenschaft für das Design, wie sie in Kapitel 7 vorgeschlagen wird, weist auch den Einfluss von Horst Rittel und Bruce Archer auf.

Indem Rittels heuristische Methoden allmählich Einzug in die Designentscheidungen der Studenten hielten, war es unvermeidlich, dass die Studenten begannen, nun nicht mehr die Funktionalität fotogener Produkte zu rechtfertigen, sondern die Designmethoden, die zu ihnen geführt hatten. Die Argumente, die mit diesem Wandel einhergingen, erwiesen sich als überzeugender als jene, die der Funktionalismus und die Semiotik hervorbrachten. Dies führte zu Spannungen zwischen dem «sichtbaren und dem unsichtbaren Ulm», wie es manche heute unterscheiden. Fakultätsmitglieder, die zunehmend profitablere Designstudios betrieben und in der Hochschule für Kunden aus der Industrie arbeiteten, überließen die Lehre weitgehend denjenigen, die keine solchen Studios hatten. Sie konnten nichts Positives in diesem Wandel des Designdenkens sehen, propagierten einen falschen Gegensatz zwischen Wissenschaft und Design und benutzten ihn als Deckmantel ihrer ökonomischen Interessen. Einige Historiker (wie Betts 1998) sind dieser Rhetorik verfallen und bezeichnen die Verwissenschaftlichung als wesentlichen Faktor dafür, dass die HfG Ulm schließlich geschlossen wurde. Dass dies nicht der Fall war, hat René Spitz (2002) in seiner faszinierenden politischen Geschichte Ulms gezeigt.

Rittels Planungsmethoden, die er weiterentwickelte, nachdem er Ulm verlassen hatte und an die Architekturfakultät der University of California in Berkeley ging, müssen hier skizziert werden, weil sie auf dem aufbauen, was er in Ulm unterrichtet und gelernt hatte. In Berkeley beschränkte sich Rittel nicht auf das Unterrichten von Designmethoden, sondern formulierte eine Theorie des strategischen Argumentierens unter der Bedingung widersprüchlicher Ziele (Cross 1984, S. 135–144, 317–328). Von dem offensichtlichen Punkt ausgehend, dass Planung stets zukünftige Bedingungen betrifft und Engagement (seitens der Stakeholder) erfordert, was wiederum Fakten (Kunst, Artefakte und soziale Wirklichkeiten) mit sich bringt, gelangte Rittel mit seinem Ansatz zu einem dialogischen Begriff von Sprache (Abschnitt 4.1). Er begann Entwürfe als Pläne zu charakterisieren (ich bevorzuge «Vorschläge», um anzudeuten, dass sie sich stets an bestimmte Stakeholder richten müssen), als Netzwerke vertretbarer Ansprüche, die sich zusammen mit den Rechtfertigungen gegen Widersprüche und abweichende Meinungen anderer durchsetzen können. Bezüglich der in Abschnitt 1.2 empfohlenen Trajektorie der Artefaktualität begann Rittel eine multiple Logik für Projekte zu entwickeln. Man könnte sagen, dass er die Stakeholdernetzwerk-Theorie voraussah, sich aber nicht mit Bedeutungen befasste. Ich nehme an, dass dies vor allem daran lag, dass er sich an großen öffentlichen Projekten und komplexen Architekturentwürfen beteiligte, deren Verlauf sich häufig von einigen wenigen Wirtschaftsakteuren und politischen Interessengruppen erklären ließ.

Bereits erwähnt wurde seine Formulierung der sogenannten «vertrackten» Probleme («wicked problems») (Abschnitt 1.4.2), die rationalen Überlegungen trotzen, da sie sich nur von ihren möglichen Lösungen her definieren lassen. Das steht völlig im Einklang damit, dass die semantische Wende Visionen wünschenswerter Spielarten der Zukunft den Vorzug gegenüber der traditionellen Problemlösung à la Simon gibt (1969/2001). Ich bin mir sicher, dass Rittel, hätte er sich ebenfalls mit Artefakten der Massenkultur und Informationssystemen befasst, die von bewusstem Gebrauch, Marktüberlegungen und Multi-User- und multikultureller Beteiligung angetrieben werden und von politischer Bedeutung sind, durch einige seiner Planungsmethoden, die postum in Rittel (1992) sowie Protzen und Harris (2010) veröffentlicht wurden, ebenfalls zur semantischen Wende gekommen wäre.

Während seiner Ulmer Zeit betreute Rittel den theoretischen Teil meiner Abschlussarbeit, der sich mit den kommunikativen Dimensionen gestalteter Gegenstände (Krippendorff 1961c), dem Vorläufer der Produktsemantik, auseinandersetzte. In ihr übertrug ich die Planungstheorie auf Interaktionen zwischen Benutzern und ihren Artefakten.

9.6 Hürden bei der Berücksichtigung der Bedeutung und einige Ausnahmen

Bedeutungen, wie sie in diesem Buch konzipiert wurden, hatten an der HfG Ulm keinen Stellenwert. Die Schirmherrschaft des Funktionalismus, unter dem die Form eines jeden Produktes der technischen, materiellen, Produktions- und universalen ästhetischen Funktion genügen sollte, ließ wenig Spielraum für die Berücksichtigung kultureller oder Stakeholderkonzepte zu. Dazu wäre zu bemerken, dass die Formen, die wir als funktional betrachteten, durchaus nicht immer so waren. Man musste Kompromisse machen. So waren die für Ulm als sachlich bezeichneten Formen häufig leichter zu zeichnen als herzustellen, nämlich: gerade Linien, rechte Winkel, geometrische Formen und unaufdringliche graue Farben. Solche Produktformen entstammten der Gleichsetzung von Ästhetik mit kulturfreien mathematischen Formen, ohne jedoch zu erforschen, wie diese erzeugt und wahrgenommen oder in welchem Kontext ihnen welche Funktionen zugeschrieben wurden. Die einzigen Kontexte, die wir beachteten, waren abstrakter Natur und weit entfernt von den täglichen Diskursen gewöhnlicher Benutzer von Artefakten. Sie betrafen einerseits unsere Vorstellungen moderner Gesellschaftsformen, technologischer Trends und die Kultur der Avantgarde und andererseits physiologische, ergonomische und vielleicht soziale Lehrbuch-Verallgemeinerungen von Benutzern.

Wenn jedoch das Axiom zutrifft, dass Menschen bezüglich der Bedeutungen von Gegenständen handeln, aber nicht aufgrund ihrer physikalischen Eigenschaften, und wenn man annimmt, dass berufliches Design schon immer für den Gebrauch durch andere Menschen gedacht war (Abschnitt 2.2), dann ist es nur folgerichtig, dass Designer sich schon immer auf die eine oder andere Weise mit Bedeutungen auseinandersetzen mussten. Ich bin der festen Überzeugung, dass dies in der Tat der Fall war, selbst in Ulm. Der Funktionalismus, so würde ich heute sagen, definierte eine bestimmte Art von Bedeutung, die allerdings technologisch und nicht human-centered motiviert war und unvermeidliche Intuitionen hinter der Fassade des herrschenden rationalen Konsens versteckte. Bills Idee einer ästhetischen Funktion, gefolgt von Maldonados semiotischem Szientismus stehen für das exemplarische Bemühen, Gebiete zu erobern, die für technologische Denkweisen verloren waren, ohne dass dies ganz gelungen wäre, weil es an einem Verständnis zweiter Ordnung mangelte. In Ulm gingen Bedeutungen in den Rissen vorherrschender Rechtfertigungen verloren. Es folgen sechs Beispiele, deren Semantik damals nicht als solche erkannt wurde und die auch nicht in dem von Herbert Lindinger (1987/1990) herausgegebenen Ulmer Rückblick beschrieben sind.

1. Das erste Beispiel ist Aribert Vahlenbreders Schukostecker, der in Abb. 9.4 zu sehen ist. Die Funktionsweise dieses Entwurfs ist für jedermann offenkundig, der jemals einen Stecker benutzt hat. Es bedarf keiner langen Überlegung, zu erkennen, um was es sich handelt. Auch sollte die Affordance des Lochs in diesem Stecker offen-

sichtlich sein. Es hat genau die richtige Größe, um einen Finger durchzustecken und den Stecker herauszuziehen.[13] Andererseits ist er flach und in einen Flansch übergehend, sodass er sich problemlos zwischen Daumen und Zeigefinger anfassen und einstecken lässt. Das Fehlen von Schrauben und die Tatsache, dass er aus Weich-PVC ist, vermittelt das Gefühl, man sei bei ihm vor einer unfreiwilligen Berührung mit elektrischem Strom sicher. Seine ungewöhnliche und doch offenkundige Form erfüllt damit das semantische Ideal problemloser Wahrnehmung aller Handlungs-möglichkeiten. Als Vahlenbreder seinen Entwurf vorstellte, wurde dieser mit den aufwändigeren, doch heute größtenteils vergessenen Vorschlägen seiner Kommi-litonen verglichen und als zu einfach abgelehnt. Vahlenbreder hatte verfügbare Materialien verwendet und seinen Entwurf erst in der Nacht vor der Präsentation fertiggestellt. Trotzdem wurde sein Gerätestecker zwar akzeptiert, veröffentlicht, doch nie produziert und vor kurzem in Japan neu erfunden.

Interessanterweise handelt es sich bei diesem Design um nur eines von zwei der ins-gesamt sechzig Produkte, welche der Ulmer Rückblick «im Gebrauch» zeigt. Alle anderen werden fotografisch ohne jegliche Person gezeigt. Selbst das Auto, das um des Kontrastes willen mit mehreren zeitgenössischen Modellen fotografiert wurde, ist in einer menschenleeren Straße zu sehen. Beim durchblättern dieses Rückblicks können sich die Leser des Eindrucks nicht erwehren, dass Ulm der Form der Arte-fakte den Vorrang gegenüber ihrem Gebrauch gab, ein Eindruck, der auch unabhän-gig von dieser Publikation untersucht und bestätigt wurde (Wachsmann 1991). In dem Rückblick erwähnt die Bildunterschrift für Abbildung 9.4 das Material, aus dem der Stecker hätte hergestellt werden sollen, doch nicht, dass es Vahlenbreder gelungen war, eine semantisch offensichtliche Form vorzuschlagen.

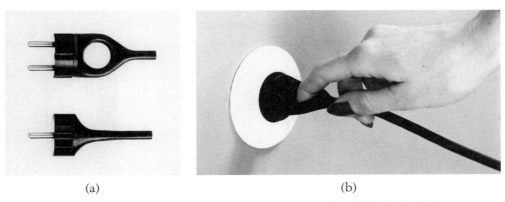

(a)   (b)

9.4 Schukostecker aus weichem PVC mit offenkundiger Handhabung von Aribert Vahlenbreder, 1959.

2. Das zweite Beispiel ist Reinhold Weiss' Bügeleisen, Abb. 9.5. Der Ulmer Rücklick lobt die ungewöhnliche und ergonomisch gerechtfertigte Position des Griffs. Doch er versäumt es, auf die erhebliche Anstrengung hinzuweisen, die Weiss unternahm, um den Teil, den die Benutzer sicher handhaben können, von dem, den die Benutzer

---

13 Man beachte, dass europäische Sicherheitsstecker sich wesentlich schwerer in die Steckdose stecken und aus dieser herausziehen lassen als diejenigen, die U.S.-amerikanischen Standards entsprechen.

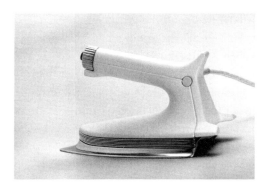

9.5 Bügeleisen, das heiße und anfassbare Bereiche unterscheidet, von Reinhold Weiss, 1959.

der hohen Temperatur wegen besser nicht berühren sollten, semantisch deutlich auseinander zu halten. Er erreichte das, indem er eine Diskontinuität (Abschnitt 3.4.5) in Gestalt mehrerer, anscheinend die Hitze abhaltender Rippen nutzte, um den Unterschied zwischen den beiden Teilen hervorzuheben. Als Zeuge dieses Projekts für den praktischen Teil seiner Diplomarbeit kann ich bestätigen, dass es Weiss dabei um diese nicht anerkannten Anliegen ging. Es gab damals eben keine brauchbaren Begriffe, die Bedeutungen dieser lamellenhaften Diskontinuitäten zu beschreiben.

3. In vielen Fällen konnten sich die Designstudenten in Ulm ihre eigenen Projekte auswählen. Außer Bruce Archer und Walter Zeischegg schrieben die in Ulm Lehrenden nur gelegentlich bestimmte Themen vor, und überließen die Kriterien, die zu erreichen waren, der Kritik und Diskussion. Bei der Gestaltung eines Präzisionstastmessgeräts Abb. 9.6, verfolgte ich weniger eine ästhetische Absicht, als die, dieses unvertraute Instrument möglichst offensichtlich benutzbar zu gestalten. Ich untersuchte die Handhabung zahlreicher vertrauter Werkzeuge, die man bedient, indem man sie zusammendrückt: Kneifzangen, Scheren, Büchsenöffner, Beißzangen etwa, ja selbst Schwämme, landete schließlich aber dabei, wie man Stoppuhren hält. Stoppuhren und Tastmessgeräte besitzen beide ein Ziffernblatt, auf dem man möglichst genaue Zahlenwerte ablesen können sollte. Ich benutzte zwei verschiedene Farben, um den Teil, den man anfassen sollte, von den Armen mit den aus-

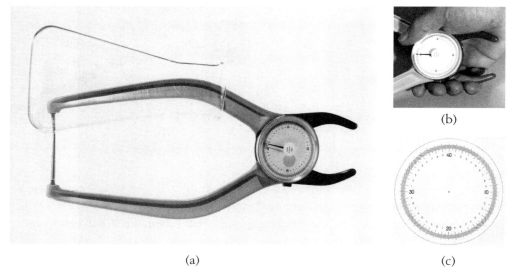

(a)   (b)   (c)

9.6 Präzisionstastmesser mit vertrauter und leicht erkennbarer Handhabung von Klaus Krippendorff, 1958 (a) Tastmesser im Gebrauch, (b) die gewünschte Handhabung anbietend, (c) seine Präzision hervorhebend.

tauschbaren Präzisonsfühlern zu unterscheiden, mit denen man idealerweise nicht in Berührung kommen sollte, um die Zuverlässigkeit der Messergebnisse zu gewähren. Außerdem untersuchte ich verschiedene Möglichkeiten, die Präzision dieses Instruments durch feine Unterteilungen auf dem Ziffernblatt zum Ausdruck zu bringen. Der Entwurf fand in Publikationen und Ausstellungen Beachtung, aber niemand sah oder fühlte sich bemüßigt darauf hinzuweisen, was mit seiner Form semantisch erreicht werden sollte und ob es dies gelungen war.

Ich erinnere mich auch an ein Beispiel, das in semantischer Hinsicht eine Katastrophe war: Mein Entwurf des Kopfes einer Zeichenmaschine. Er hatte einen leuchtend gelben Griff aus plastischem Material, den man zusammenpressen konnte und dessen Mechanismus zwei traditionelle Bedienungselemente im Griff vereinte, womit die Gesamterscheinung einfacher und die Winkeleinstellungen besser lesbar wurde. Der innovative Mechanismus führte zu einem Patent. Doch Kritiker unter uns Studenten assoziierten mit dem gelben Griff vor dem Hintergrund der weißen kreisförmigen Skalen ein Spiegelei. Hier war offenbar etwas schiefgegangen. Ein glitschiges Eigelb anzufassen und zusammenzudrücken hat sicher nichts Verlockendes. Wie hätten sich solche Bedeutungen vermeiden lassen? Die bekannten Farbtheorien waren zu abstrakt, um Bedeutungen zu berücksichtigen, und wurden in Ulm seit 1958 sowieso nicht mehr gelehrt. Semantische Kriterien für die Farbwahl waren einfach kein Thema. Die konventionelle Farbwahl war ein neutraler Grauton.

4. Das vierte Beispiel ist die Präzionswaage von Reinhart Butter, Abb. 9.7. Auch Butter folgte der allgemeinen Ulmer Vorliebe für ein klares, technisch sinnvolles Erscheinungsbild. Er erinnert sich, wie er die Entscheidung über die Farbe der beiden Freisetzungsknöpfe links und rechts der Waage traf. Normalerweise hätte man für eine dunkle Farbe plädiert, um mögliche Gebrauchsspuren zu verdecken. Doch Butter entschied sich stattdessen für Weiß, eine Farbe, die Sauberkeit suggerieren sollte und der fragilen Natur der Präzisionswaage besser gerecht war. Er fügt hinzu, dass es damals kein Vokabular gab, über Bedeutungen zu sprechen, keine Diskussion semantischer Fragen und schon gar keine Methoden, um selbige systematisch in Erwägung zu ziehen. Was seine Waage zu einer Präzisionswaage macht, blieb der Intuition oder subjektiven Eindrücken überlassen. Nur im Rückblick kann man sehen, wie Präzision, die wir heute als Charakterzug beschreiben (Abschnitt 4.3) zustande kam.

9.7 Präzisionswaage mit semantischen Anspielungen von Reinhart Butter, 1959.

5. Hans Gugelots 1956 Radio-Phono-Kombination SK4 für die Braun AG mag als fünftes Beispiel dienen. Abbildung 9.8 zeigt einen länglichen weißen Metallkasten, der links und rechts von Holzwangen eingefasst ist, und auf dem sich eine durchsichtige Abdeckung aus Plexiglas befindet, durch die man den Schallplattenteller und die Bedienelemente des Radios erkennen kann. Im Gegensatz zu traditionellen Radios sah SK4 von allen Seiten gut aus, musste nicht vor die Wand gestellt werden und zog die Blicke in einem Wohnzimmer auf sich. Als das SK4 erschien, war es sofort Gesprächsgegenstand, hatte einen schnellen Markterfolg und wurde zunehmend so etwas wie eine Ikone für das Ulmer Design. Bemerkenswert ist, das Gugelots Erklärungen dieses revolutionären Entwurf in dem Ulmer Rückblick (Lindinger 1989/1990, S. 75–77) nicht erwähnt sind, und ich erinnere mich auch nicht, jemals Erläuterungen gehört zu haben, außer dem üblichen Insistieren auf der Funktionalität, Reinheit und Einfachheit des Designs. Interessant ist auch, dass der technisch anmutende Name «SK4» den Käufern nicht sonderlich freundlich erschienen haben mag, weshalb das Gerät einen unbeabsichtigten, aber gewinnenden Spitznamen erhielt: «Schneewittchensarg». Die durchsichtige Abdeckung erinnerte an den Glas-Sarg aus dem Märchen der Brüder Grimm. Der unerwartete Name zeigt, dass Industrieprodukte nicht nur so verwendet werden, wie es ihre Designer oder Hersteller beabsichtigen, sondern dass sie auch in die Sprache eingehen (Kapitel 4), wo sie ein eigenständiges Leben führen und mit allen möglichen Bedeutungen, Geschichten und Mythen in Verbindung gebracht werden können, die ihrerseits ihre Wahrnehmungen prägen. Glücklicherweise war «Schneewittchensarg» liebevoll und positiv gemeint, denn Namen können ein Produkt auch ruinieren.

Am wichtigsten aber waren die ökologischen Bedeutungen des SK4. Das Gerät wurde bald ein wichtiges Teil der Ökologie der HiFi-Anlagen. In vielen Fällen ersetzte es die traditionellen Radioapparate aus Holz oder Bakelit mit ihrer charakteristischen Vorderseite: Einem verhüllten Lautsprecher, der Senderskala und Regler für Radiosender- und Lautstärke enthielt, sowie dem üblicherweise separaten Schallplattenspieler. Die ökologische Bedeutung von SK4 bestand darin, dass es als Massenprodukt das damals populäre Radioklischee infrage stellte, ja ersetzte und schlussendlich den Weg für spätere Entwürfe bahnte.

9.8 Die legendäre Radio- und Schallplattenspieler-Kombination SK4 für Braun mit dem Spitznamen „Schneewittchensarg" von Hans Gugelot, 1956.

Die Klangqualität von SK4 lag deutlich unter den damaligen Erwartungen. Aber die Käufer waren willens, technische Qualität für Bedeutung zu opfern. Der aufregende und kühne Universalismus, für den Ulm stand, erwies sich für jüngere Benutzer als eine günstige Gelegenheit, sich vom «Provinzialismus» und der «völkischen Kultur» der Eltern und der Vorkriegsgeneration zu unterscheiden. Der «Schneewittchensarg» erwarb, schon weil man es zuhause ganz anders präsentierte und es zu neuen und gemeinsamen Musikerfahrungen anhielt, völlig unerwartete sozio-politische Bedeutung. Zwar ist er nach wie vor ein Gesprächsgegenstand, über den man redet, den man unter anderem in Designmuseen sehen kann, im Privatbesitz von Kennern und Sammlern von Designobjekten findet sowie in Publikationen über Designgeschichte, wie es auch in diesem Buch einen Platz erworben hat. Heute können wir die Semantik dieser Radio-Phono-Kombination deutlicher erkennen. Der «Schneewittchensarg» hat nicht die funktionalen Beiträge geliefert, anhand derer die HfG Ulm gemessen werden wollte. In Ermangelung einer angemessenen Sprache, mit der man semantische Erwägungen hätte thematisieren können, wurden Bedeutungen dem Markt überlassen.

6. Das letzte Beispiel ist ein Satz Schachfiguren, den ich 1960 entworfen habe. Um den visuellen Charakter des Spiels schätzen zu lernen, begann ich während der Arbeit an dem theoretischen Teil meiner Diplomarbeit, die sich nicht zufällig mit der Frage befasste, wie Artefakte ihren Gebrauch anzeigen könnten (Krippendorff 1961a, c), täglich Schach zu spielen. Schach ist ein Spiel, das von den Spielern verlangt, eigene strategische Vorteile und Beschränkungen wahrzunehmen und entsprechend zu handeln. Es besteht aus Zügen und Gegenzügen, mit denen sich gegnerische Figuren bedrohen und eigene vor Verlust schützen lassen. Jeder Spieler muss seine eigene strategische Position gegenüber dem Gegenspieler zu verbessern suchen, um das Ziel zu erreichenn den gegnerischen König in die Enge zu treiben.

Die Geschichte der Schachfiguren ist eine Geschichte sich wandelnder kulturel-ler Bedeutungen. Schach soll im 7. Jahrhundert in Indien als Kriegsspiel entstan-den sein. Es benötigte dreihundert Jahre, um über Persien und die arabische Welt nach Europa zu gelangen. Im Verlauf dieser Reise passten sich seine Nomenklatur und die Gestalt der Figuren den kulturellen Kontexten ihrer neuen Spieler an. Im damaligen Indien setzte man im Krieg Elefanten, Pferde, Streitwagen und Infanterie ein, von denen in den frühesten Schilderungen des Schachspiels die Rede ist. In Per-sien drehte sich das Spiel um einen Schah und seinen treuen Berater und Botschaf-ter. In der arabischen Welt blieb der Name Schah erhalten, doch aus dem Berater wurde ein Wesir. Als das Schachspiel schließlich in Europa Einzug hielt, begannen die Namen der Figuren die damals herrschende Feudalhierarchie zu repräsentieren. Im Englischen wurde der Schah wörtlich als König übersetzt, doch aus dem Wesir wurde die Königin, aus den Elefanten wurden Bischöfe (Läufer), die die Kirche sym-bolisierten, aus den Reitern Springer, aus den Streitwagen Türme und aus den Fuß-soldaten Bauern. In Europa traten an die Stelle der abstrakten Formen der arabischen Schachfiguren immer differenziertere Darstellungen, die sich an den Namen der Figuren orientierten, statt an ihrer Rolle im Spiel. Das sagt eine Menge darüber aus, wie Sprache Artefakte im Gebrauch akkulturiert.

Ich bin Kriegsgegner und fand die Feudalstruktur, die in den traditionellen europä-ischen Schachfiguren zum Ausdruck kommt, unglücklich und für das Spiel an sich unnötig. Ich kannte das Bauhaus-Schach von 1924, das selbst mit seinen geomet-rischen Formen wie Kuben und Kugeln an der feudalen Hierarchie festhielt, des-sen Läufer die Form eines Kreuzes hat. Ich kannte auch Man Rays Spiel von 1917, dessen Figuren überhaupt keine offensichtliche Beziehung zum Schachspiel haben, sowie die vielen Versionen, die die Namen der Figuren visualisieren, aber praktisch nichts mit dem Verlauf des Spiels zu tun haben. Im Einklang mit meiner parallel hierzu entstehenden Diplomarbeit wollte ich, dass meine Schachfiguren den Spielern zeigten, wozu jede von ihnen imstande war, und die Bedrohungen offenlegten, die sie im Verlauf des Spiels für die anderen darstellten. Ich hoffte, dass man das Spiel dadurch leichter erlernen, die strategischen Optionen, die eine bestimmte Figurenkonstellation mit sich bringt, besser durchschauen und das strategische Denken fördern kann. Meine Analyse ergab, dass es im Schach drei richtungsorientierte Figuren gibt, die sich über eine beliebige Anzahl von Feldern in einer von mehreren Richtungen bewegen und dabei alles bedrohen können, was ihnen im Weg steht. Außerdem gibt es drei Figuren mit beschränkten Bewegungsmöglichkeiten. Zwei von ihnen kontrollieren Felder im unmittelbaren Umfeld ihres Standpunkts und die andere kann sich nur vorwärts bewegen aber seitliche Felder bedrohen. Es bot sich daher an, zwei einfache und offenkundige Regeln aufzustellen: Die richtungsorientierten Figuren sollten die Richtung ihrer Mobilität und Bedrohung gegnerischer Figuren veranschaulichen und die Figuren mit eingeschränktem Bewegungsmöglichkeiten die Grenzen ihrer Mobilität und Bedrohungen anzeigen.

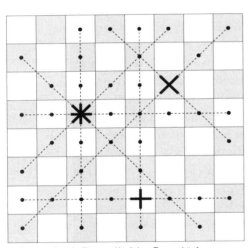

Richtungweisende Figuren: Königin = Turm + Läufer

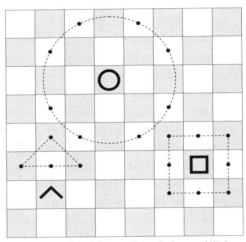

Begrenzunganzeigende Figuren: Bauer, Springer und König

9.9 Korrelationen zwischen Schachfiguren und dem Raum, den sie kontrollieren.

Diese Korrelation ist in Abb. 9.9 zu sehen. Natürlich waren alle Figuren gleich hoch. Der Bauhaus-Läufer ähnelte meinem, was nahelegte, dass seine wenn auch anders motivierte Semantik (der kreuzseitigen Bischofsmütze) hier ebenfalls einen Sinn ergeben konnte. Zu Beginn des Spiels schützt die Reihe der Bauern die hinter ihnen stehenden Figuren. Auch während des Spiels, wenn die Bauern typischerweise in «Vogelflugformation» erscheinen, bringen sie ihre defensive und gegenseitig unterstützende Rolle weiterhin zum Ausdruck, wie Abb. 9.10 zeigt. Der Springer bedroht acht Felder gleicher Entfernung von seinem Standort was durch einen Kreis dargestellt ist. Die Königin, die die Fähigkeiten des Läu-

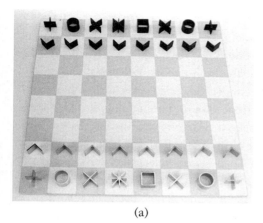

(a)   (b)

9.10 Schachfiguren, die mögliche Bewegungen visualisieren, von Klaus Krippendorff, 1960. (a) Startkonfiguration, (b) Zwischenkonfiguration.

fers und des Turms auf sich vereint, kombiniert auch deren Formen in visueller Hinsicht.

Die Figuren sollten aus stranggepressten nichtmagnetischen Metallprofilen abgeschnitten, versilbert oder geschwärzt werden. Damit sie in der Mitte der jeweiligen Felder auf dem Schachbrett stehen blieben und um zu verhindern, dass sich die mobileren Läufer nicht mit den schwerfälligeren Türmen verwechseln ließen, wurde vorgeschlagen ein System von vier positiven und vier negativen Magneten in die Felder des Schachbretts einzubetten, die sicherstellen sollten, dass die mit zwei Magneten versehenen Figuren während des Spiels in die korrekten Richtungen weisen. Als eine billigere Alternative wurde überlegt, diese Figuren aus Holzkuben herzustellen und die Richtungs- beziehungsweise Begrenzungsanzeichen als Intarsien in die Kuben einzulegen.[14] Um die Figuren gleich benutzen zu können, ließ ich mich jedoch auf einen Kompromiss ein. Das allseitig symmetrische + des Turms wurde durch ein teilweise symmetrisches ⊥ ersetzt.

Lange nachdem ich das Schachspiel fertiggestellt hatte, begriff ich, dass das Entwerfen dieser Schachfiguren mir, zumindest teilweise, bei der intellektuellen Klärung der Fragestellungen meiner Abschlussarbeit sehr geholfen hatte.

9.7 Schlussbemerkungen

Die sechs gerade erwähnten Beispiele sind nicht repräsentativ für die vielen Ulmer Beiträge zum Design. Sie wurden als in semantischer Hinsicht interessante Ausnahmen ausgewählt, die ausschließlich zum Produktdesign zählen und auch nur aus einem kurzen Zeitabschnitt der Geschichte der HfG Ulm stammen. Darüber hinaus handelt es sich um relativ kleine Artefakte, Handwerkzeuge, Haushaltsgeräte und Möbel, die schwerlich für die Art von Designproblemen stehen, die Rittel propagierte und mit

---

14 Diese Formen empfehlen sich aber dem zeitgenössischen Computerschach, das auf einem flachen Bildschirm gespielt wird. Die konventionelle zweidimensionale Darstellung der klassischen Schachfiguren steht in keiner Korrelation zu ihren jeweiligen Zug- und Bedrohungsmöglichkeiten.

denen sich die semantische Wende heute befasst. Computer-Interfaces gab es damals noch nicht und Multi-User-Systeme spielten nicht die Rolle, die ihnen heute zukommt. Große Projekte, die eine Zusammenarbeit in Teams mit Fachleuten verschiedener Disziplinen erforderten, wurden zwar besprochen, aber während meiner Zeit nicht in Angriff genommen. Auch ökologische Überlegungen gab es noch nicht. Die Informationsabteilung bediente sich zwar der Sprache um Radioprogramme und journalistische Arbeiten zu entwerfen, aber das Fehlen eines selbstreflexiven Sprachgebrauchs machte es schwer, Diskurs als einen möglichen Weg der Neugestaltung des Designs zu begreifen.

Am Schluss dieses Kapitels möchte ich die These wiederholen, dass der Designansatz, der in Ulm vertreten wurde, zwar von außerordentlicher Breite und weit in die Zukunft reichte, aber im Wesentlichen blind für systematische Überlegungen hinsichtlich der Bedeutungen von Artefakten war. Die oben genannten Design-Beispiele fielen durch die Risse im Funktionalismus. Maldonados Semiotik sah Bedeutung nur durch die Brille einer unproduktiven Zeichentheorie, als Repräsentationen, was dem Produktdesign nicht dienen konnte. Trotzdem haben die Ulmer Erfahrungen meinen eigenen Diskurs geprägt, selbst wo ich eigene Wege ging. Es mag überraschen, dass viele ehemalige Ulmer Studenten später, jeweils aus ihren eigenen Gründen, für Überlegungen zu den Bedeutungen von Gegenständen offen waren. Richard Fischer (1984), einer der Ko-Autoren der Theorie der Produktsprache (Abschnitt 8.7), brachte seine Unzufriedenheit mit dem Funktionalismus bereits als Student in Ulm zum Ausdruck und erweiterte ihn indem er die sogenannten Anzeichenfunktionen thematisierte. Jochen Gros (1987), der andere Ko-Autor dieser Theorie, studierte bei Martin Krampen, der seinerseits ein Student von Maldonado gewesen war. Krampen (1979, 1989) schrieb über die Bedeutung der städtischen Architektur und unternahm einiges, um menschliches Verhalten methodisch zu untersuchen. Während seines vorübergehenden Interesses an der Semantik fügte Dolf Zillmann (1984) einen neuen Skalentyp den «semantic differential» Skalen Osgoods hinzu. Gui Bonsiepe, der das Vermächtnis Maldonados am Leben erhält (Maldonado 2007), erkannte unlängst Mensch-Computer-Interfaces als eine neue Ontologie des Designs an (1996). Shutaro Mukai (1979, 1986, 1991, 2003) machte viel aus den Bedeutungen der japanischen Schrift, setzte sich für eine konkrete Poetik ein und unterrichtet Industriedesign vor diesem Hintergrund. Reinhart Butter ermutigte mich kontinuierlich, weiter an der Bedeutung von Bedeutungen im Design zu arbeiten – ein Thema, das mich, wie er wusste, seit unserer gemeinsamen Zeit in Ulm beschäftigt. Butter praktizierte die Produktsemantik, bevor sie einen Namen hatte, und dieses Buch steckt voller Beispiele von seiner Arbeit mit den Studenten an der Ohio State University. Hans-Jürgen Lannoch (Lannoch und Lannoch 1989) lieferte schon früh Beiträge zur Produktsemantik. Im Jahre 1989 war Sudhakar Badkarni Mitorganisator der ersten Konferenz zur Produktsemantik in Bombay, Indien, unter dem Titel «Arthaya», einem alten Hindu-Wort für «Bedeutung». Bernhard Bürdek (1991/2004, 1997) trug zur Theorie der Produktsprache an der HfG Offenbach bei und begann, sich mit Fragen des Computer-Interface-Designs zu beschäftigen. Für all diese zwar höchst verschiedenartigen Beiträge waren aber doch Ulmer Erfahrungen das gemeinsame Element. Die HfG Ulm ermöglichte ihren Studenten, später unerschrocken neue Wege einzuschlagen, die man damals nicht voraussehen konnte.

Trotz der blinden Flecke für die Bedeutungen von Artefakten, lehnt die semantische Wende die Ulmer Werte keinesfalls ab. Vielmehr könnte man sie als eine radikale Neuformulierung des moralischen Anliegens der HfG Ulm betrachten, durch die das Design heute in dem damals noch unartikulierten Bereich der Menschbezogenheit («human-centeredness») eine neue und klare berufliche Aufgabe findet: das Gestalten bedeutungsvoller Interfaces zwischen Menschen und den verschiedenartigsten Artefakten, materialen, sozialen, politischen und designberuflichen.

Einige der in Ulm geschätzten Tugenden kommen in den bekannten Qualitäten der menschlichen Kommunikation erneut zur Geltung: Klarheit, Ökonomie, Ausdruckskräftigkeit und Informativität, allerdings nun konzipiert in interaktiven und für die jeweilige Kultur sensiblen Begriffen. Darüber hinaus ermöglicht die semantische Wende Designern wesentlich erweiterte Verantwortungen zu übernehmen und mit einem empirisch begründeten und materiell intervenierenden Designdiskurs andere Stakeholder in ihre Projekte einzubeziehen, um damit zu einer sich laufend verbessernden Kultur beizutragen. Im Rückgriff auf das fraglich gewordene Prinzip «form follows function» bietet die semantische Wende Designern eine neue Grundwahrheit:

Interfaces folgen erkennbaren Bedeutungen.

Die semantische Wende erkennt die Praxis des Designs als ein grundlegendes Recht aller Menschen an, ihre jeweils eigenen Welten zu gestalten, um miteinander leben zu können. Berufliche Designer sollten darüber hinaus Artefakte empfehlen, die zur Ökologie von Artefakten beitragen, das Leben in Gemeinschaften sowie deren Kultur unterstützen, also ihren Mitgliedern möglichst ungehinderten Zugang dazu gewähren. Es ist ein ethisches Anliegen, die verschiedenen Stakeholder eines Designs zu respektieren und mit ihnen zur bewussten Verbesserung ihrer zukünftigen Lebensformen zusammenzuarbeiten. Doch für den Beruf des Designers ist es eine Überlebensfrage, den Designdiskurs – die Sprache, in der Möglichkeiten erarbeitet und kommuniziert, Vorschläge für zukünftige Artefakte ausgearbeitet und begründet sowie Stakeholder für die Realisation von Designprojekten geworben werden – auf eine solide menschbezogene Basis zu stellen, diesen Diskurs verständlich, produktiv und für alle diejenigen zugänglich zu machen, die von ihrem Recht auf Gestaltung Gebrauch machen wollen. In diesem Sinne versteht sich dieses Buch als eine Einladung zu einer neuen menschbezogenen Wissenschaft für das Design.

Bibliografie

Abend, C. Joshua (1973), «Product Appearance as Communication», in: *Special Technical Publication* 545, The American Society for Testing and Materials, Philadelphia/PA, S. 35–53.

Agre, Philip E. (2000), «Notes on the New Design Space», abrufbar unter: http://dlis.gseis.ucla.edu/pagre/design-space.html (aufgerufen 4. September 2012).

Aldersey-Williams, Hugh, Lorraine Wild, Daralice Boles, Katherine McCoy, Michael McCoy, Roy Slade und Niels Diffrient (1990), *Cranbrook Design: The New Discourse*, Rizzoli, New York.

Alexander, Christopher (1964), *Notes on a Synthesis of Form*, Harvard University Press, Cambridge/MA.

Alexander, Christopher (1979), *The Timeless Way of Building*, Oxford University Press, New York.

Alexander, Cristopher, Sara Ishikawa und Murray Silverstein, mit Max Jacobson, Ingrid Fiksdahl-King und Shlomo Angel (1977), *A Pattern Language*, Oxford University Press, New York.

Altshuller, Genrich und Lev Shulyak (1997), *40 Principles: TRIZ Keys to Technical Innovation,* Technical Innovation Center, Worchester/MA.

American Heritage Dictionary of the English Language, (1992), 3. Ausgabe, Houghton Mifflin Co., Boston, New York.

Andrews, Alison (1996), *Designing Intrinsically Motivating Interactivity: Interactive Technologies in Service to Their Users*, MA Thesis, The Annenberg School for Communication, University of Pennsylvania, Philadelphia.

Archer, L. Bruce (1984), «Systematic Method for Designers», in: Nigel Cross (Hg.), *Developments in Design Methodology*, John Wiley, New York, S. 57–82.

Argyris, Chris, Robert Putnam und Diana McLain Smith (1985), *Action Science,* Jossey-Bass, San Francisco.

Argyris, Chris und Donald Schön (1978), *Organizational Learning: A Theory of Action Perspective*, Addison Wesley, Reading/MA.

Aristoteles, *Poetik* (1982), übersetzt und hrsg. von Manfred Fuhrmann, Reclam, Stuttgart.

Ashby, W. Ross (1956), *Introduction to Cybernetics*, Chapman and Hall, London.

Asimov, Isaac (1974), *Foundation Trilogy: Three Classics of Science Fiction*, Avon, New York.

Athavankar, Uday A. (1987), «Web of Images Within», in: *ARTHAYA, Proceedings of a Conference on Visual Semantics*, Indian Institute of Technology, Industrial Design Center, Bombay, 20–22 Januar 1987.

Athavankar, Uday A. (1989), «Categorization: Natural Language and Design», in: *Design Issues* 5(2), S. 100–111.

Austin, John (1962), *How to Do Things with Words*, Oxford University Press, London.

Bakhtin, Mikhail (1984), *The Dialogical Principle*, herausgegeben von Tzvetan Todorov, University of Minnesota Press, Minneapolis.

Balaram, S. (1989), «Product symbolism of Gandhi and its Connection with Indian Mythology», in: *Design Issues* 5(2), S. 68–85.

Barthes, Roland (1985), *Die Sprache der Mode,* Suhrkamp, Frankfurt am Main. (Französische Originalausgabe von 1967: Système de la mode, Editions du Seuil, Paris).

Bateson, Gregory (1972), *Steps to an Ecology of Mind*, Ballantine, New York.

Bateson, Mary C. (2001), Address to the American Society for Cybernetics, Vancouver.

Baudrillard, Jean (1983), *Simulations*, Semiotext(e), New York. (Französische Originalausgabe von 1981: *Simulacres et Simulation*, Editions Galilée, Paris).

Bense, Max (1954), *Aesthetica*, Deutsche Verlags-Anstalt, Stuttgart.

Bense, Max (1956), *Ästhetische Information, Aesthetica II*, Agis-Verlag, Krefeld, Baden-Baden.

Bense, Max (1958), *Ästhetik und Zivilization, Aesthetica III*, Agis-Verlag, Krefeld, Baden-Baden.

Bense, Max (1960), *Programmierung des Schönen, Aesthetica IV*, Agis-Verlag, Krefeld, Baden-Baden.

Bense, Max (1971), *Zeichen und Design. Semiotische Ästhetik*, Agis-Verlag, Baden-Baden.

Berlin, Brent und Paul Kay (1969), *Basic Color Terms: Their Universality and Evolution*, University of California Press, Berkeley/CA.

Betts, Paul (1998), «Science, semiotics and society: The Ulm Hochschule für Gestaltung in retrospect», in: *Design Issues* 14(2), S. 67–82.

Bhavani, Suresh K., Bonnie E. John (1997), «Exploring the unrealized potential of computer-aided drafting», in: K. Krippendorff et al. (Hg.), *Design in the Age of Information. A Report to the National Sci-

ence Foundation (NSF), Design Research Laboratory, North Carolina State University, Raleigh/NC, S. 149–157.

Bill, Max (1949), «Die mathematische Denkweise in der Kunst unserer Zeit», in: *Das Werk* 36(3), S. 86–90.

Bill, Max (1952), *Form: eine Bilanz über die Formentwicklung um die Mitte des XX. Jahrhunderts*, Verlag K. Werner, Basel.

Blaich, Robert (1989), «Philips corporate design: a personal account», in: *Design Issues* 5(2), S. 1–8.

Blaich, Robert und Janet Blaich (1993), *Product Design and Corporate Strategy*, McGraw-Hill, New York.

Blumer, Herbert (1972), «Symbolic interaction», in: R. W. Budd und B. D. Ruben (Hg.), *Interdisciplinary Approaches to Human Communication*, Hayden, Rochelle Park/NJ, S. 135–153.

Blumer, Herbert (1990), *Industrialization as an Agent of Social Change. A Critical Analysis*, hrsg. von David R. Maines und Thomas J. Morrione, Aldine de Gruyter, New York.

Blumer, Herbert (2000), *Selected Works of Herbert Blumer. A Public Philosophy for Mass Society,* hrsg. von Stanford M. Lyman und Arthur J. Vidich, University of Illinois Press, Urbana.

Bohm, David (1996), *On Dialogue*, Routledge, New York.

Bonsiepe, Gui (1993), «Alles ist Design — der Rest verdampft», in: *Form* 144, S. 30–31.

Bonsiepe, Gui (1996), *Interface. Design neu begreifen,* Bollmann Verlag, Mannheim.

Bonsiepe, Gui (2009), *Entwurfskultur und Gesellschaft. Gestaltung zwischen Peripherie und Gesellschaft*, hrsg. von Ralf Michel et al., Birkhäuser, Basel, Boston, Berlin.

Boulding, Kenneth E. (1978), *Ecodynamics*, Sage Publications, Beverly Hills/CA.

Broadbent, Geoffrey, Richard Bunt und Charles Jencks (1980), *Signs, Symbols, and Architecture*, John Wiley, New York.

Brown, Richard Harvey (1987), *Society as Text. Essays on Rhetoric, Reason, and Reality*, University of Chicago Press, Chicago/IL.

Bruner, Jerome (1986*), Actual Minds, Possible Worlds*, Cambridge University Press, Cambridge.

Buber, Martin (1923), *Ich und Du*, Insel, Leipzig.

Buchanan, Richard et al. (Hg.) (1999), *Doctoral Education in Design 1998. Proceedings of the Ohio State Conference,* School of Design, Carnegie Mellon University, Pittsburgh/PA.

Bunt, Richard, Charles Jencks (Hg.) (1980), *Signs, Symbols, and Architecture*, John Wiley, New York.

Burandt, Ulrich (1978), *Ergonomie für Design und Entwicklung*, Otto Schmidt Verlag, Köln.

Burandt, Ulrich (Hg.) (1998), *Updating Ergonomics*, Die Gestalten Verlag, Berlin.

Bürdek, Bernhard E., (1991/2004). *Design, Geschichte, Theorie und Praxis der Produktgestaltung*, Springer, Berlin.

Bürdek, Bernhard E. (1997), «On language, objects and design», in: *Formdiskurs* 3, S. 6–15.

Butcher, Samuel J. (1951), *Aristotle's Theory of Poetry and Fine Arts*, 4. Ausgabe, Dover, New York.

Butter, Reinhart (1989), «Putting theory into practice: an application of product semantics to transportation design», in: *Design Issues* 5(2), S. 51–67.

Butter, Reinhart (1990), «The practical side of a theory — an approach to the application of product semantics», in: *Product Semantics '89,* hrsg. von S. Väkevä, University of Industrial Arts, Helsinki, S. b3–b17.

Buttler, Mary Beth, Kate Ehrlich (1994), «Usability engineering for Lotus 1-2-3 Release 4», in: M. E. Wiklund (Hg.), *Usability in Practice. How Companies Develop User-Friendly Products,* Academic Press, Cambridge/MA, S. 293–326.

Chen, Lin-Lin und Joseph Liang (2001), «Image interpolation for synthesizing affective product shapes», in: M. G. Helander, H. M. Khalid und T. M. Po, *Proceedings of the International Conference on Affective Human Factors Design*, ASEAN Academic Press, London, S. 531–537.

Chernyshevsky, Nikolai G. (1855), *Die Ästhetischen Beziehungen der Kunst zur Wirklichkeit*. Dissertation an der St. Petersburg University, S. 362–533, in: N. G. Tschernyschevsky (1953), Ausgewählte Philosophische Schriften Moskau: Verlag für fremdsprachige Literatur. Zitiert in: Kathryn Feuer (1986), «Introduction», in: Chernyshevsky's *What Is to Be Done?* Ardis, Ann Arbor/MI.

Cochran, Larry R. (1990), «Narrative as a paradigm for career research», in: R. A. Young, W. A. Borgen (Hg.), *Methodological Approaches to the Study of Career,* Praeger, New York, S. 71–86.

Cooper, Allan (1999), *The Inmates Are Running the Asylum. Why High Tech Products Drive Us Crazy and How to Restore the Sanity,* Sams Publisher, Indianapolis.

Coulter, Jeff (1983), *Rethinking Cognitive Theory*, Macmillan, London.

Cross, Nigel (Hg.) (1984), *Developments in Design Methodology*, Wiley, New York.

Cross, Nigel (2000), «Design as a Discipline», in: D. Durling, K. Friedman (Hg.), *Doctoral Education in Design. Foundations for the Future*, Staffordshire University Press, Staffordshire, UK, S. 93–100.

Csikszentmihalyi, Mihaly (1997), *Finding Flow. The Psychology of Engagement with Everyday Life*, Basic Books, New York.

Danto, Arthur C. (1985), *Narration and Knowledge*, Columbia University Press, New York.

Diaz-Kommonen, Lily (2002), *Art, Fact, and Artifact Production,* University of Art and Design, Helsinki.

Douglas, Mary (1986), *How Institutions Think*, Syracuse University, Syracuse/NY.

Douglas, Mary (1996), *Thought Styles. Critical Essays on Good Taste*, Sage Publications, London, & Thousand Oaks/CA.

Dreyfus, Hubert L. (1992), *Being-in-the-world. A Commentary on Heidegger's Being and Time, Division 1,* MIT Press, Cambridge/MA.

Dreyfuss, Henry (1960), *The Measure of Man, Human Factors in Design,* New York, 2. Ausgabe: Allan R. Tilley, Henry Dreyfuss Associates (Hg.) (2002), *The Measure of Man and Women, Human Factors in Design*, Wiley, New York.

Durling, David und Ken Friedman (Hg.) (2000), *Doctoral Education in Design: Foundations for the Future*, Staffordshire University Press, Staffordshire, UK.

Dykstra-Erickson, Elizabeth (1997), «Heuristics as Common Language for HCI Design and Evaluation», in: K. Krippendorff et al. (Hg.), *Design in the Age of Information. A Report to the National Science Foundation (NSF),* Design Research Laboratory, North Carolina State University, Raleigh/NC, S. 73–78.

Eco, Umberto (1976), *A Theory of Semiotics*, Indiana University Press, Bloomington/IN.

Eco, Umberto (1980), «Function and Sign. The Semiotics of Architecture», in: R. Bunt, C. Jencks (Hg.), *Signs, Symbols and Architecture*, Wiley, New York, S. 11–69.

Eco, Umberto (1984), *Semiotics and the Philosophy of Language*, Indiana University Press, Bloomington/IN.

Edwards, Cliff (1999), «Many Products Have Gone the Way of the Edsel», in: *Johnson City Press*, 23. Mai 1999, Vol. 28, S. 30.

Ellinger, Theodor (1966), *Die Informationsfunktion des Produktes*, Westdeutscher Verlag, Köln.

Enders, Gerdum (1999), *Design als Element wirtschaftlicher Dynamik,* Band 7 der Reihe *Design im Kontext, hrsg. vom* German Design Council, Verlag für Wissenschaft und Kunst, Herne.

Ericsson, K. Anders und Herbert A. Simon (1993), *Protocol Analysis — Verbal Reports as Data. Revised Edition,* MIT Press, Cambridge/MA.

Faber, Ingrid (1998), *Typografie im Desktop Publishing. Experten- und Laienwortschatz,* Peter Lang, Europäischer Verlag der Wissenschaften, Frankfurt/Main.

Feuer, Kathryn (1986), *Introduction to Chernyshevsky's 'What Is to Be Done?',* Ardis, Ann Arbor/MI.

Fischer, Richard (1984), *Grundlagen einer Theorie der Produktsprache*, Heft 3, *Anzeichenfunktionen*, HfG Offenbach, Offenbach.

Flach, John M. (1994), «Situation awareness: the emperor's new clothes», in: M. Mouloua und R. Parasuraman (Hg.), *Human Performance in Automated Systems. Current Research and Trends,* Lawrence Erlbaum, Hillsdale/NJ, S. 241–248.

Flach, John M. (1996), Kevin B. Bennet, «A theoretical framework for representational design», in: R. Parasuraman, M. Mouloua (Hg.), *Automation and Human Performance: Theory and Applications,* Lawrence Erlbaum, Mahwah/NJ.

Flach, John M., Peter Hancock, Jeff Caird und Kim Vicente (Hg.) (1995), *Global Perspectives on the Ecology of Human-Machine Systems*, Lawrence Erlbaum, Hillsdale/NJ.

Foerster, Heinz von (1981), On constructing a reality, in: Heinz von Foerster (Hg.), *Observing Systems*, Intersystems Publications, Seaside/CA, S. 288–309.

Foucault, Michel (1980), *Power/Knowledge. Selected Interviews and Other Writings*, hrsg. von C. Gorden, Pantheon Books, New York.

Foucault, Michel (1990), *The History of Sexuality*, Vintage Books, New York.

Franko, Mark (1993), *Dance as Text*, Cambridge University Press, Cambridge/MA.

Galuszka, Frank und Elizabeth Dykstra-Erickson (1997), «Society, Sensibility, and the Design of Tools for Collaboration», in: Klaus Krippendorff et al. (Hg.), *Design in the Age of Information. A Report to the National Science Foundation (NSF),* Design Research Laboratory, North Carolina State University, Raleigh/NC, S. 79–83.

Garnich, Rolf (1979), *Ästhetik, Konstruktion und Design. Eine strukturelle Ästhetik,* Otto Maier Verlag, Ravensburg.

Gates, Bill (1996), *The Road Ahead*, Penguin Books, New York.

Gibson, James J. (1979), *The Ecological Approach to Visual Perception,* Houghton Mifflin, Boston/MA.

Gibson, William (1984/1995), *Neuromancer (Remembering Tomorrow),* ACE Books, Penguin, New York.

Ginnow-Merkert, Hartmut (1997), «Beyond Cosmetics», in: Klaus Krippendorff et al. (Hg.), *Design in the Age of Information. A Report to the National Science Foundation (NSF),* Design Research Laboratory, North Carolina State University, Raleigh/NC, S. 171–174.

Glasersfeld, Ernst von (1995), *Radical Constructivism. A Way of Knowing and Learning,* Falmer Press, Washington, DC.

Goethe, Johann Wolfgang von (1810), *Zur Farbenlehre,* in: *Werke,* hrsg. von Erich Trunz, Band XIII, C. H. Beck, München 1988.

Goffman, Erwing (1959), *The Presentation of Self in Everyday Life,* Doubleday, Garden City/NY. (Deutsche Ausgabe von 1969: *Wir alle spielen Theater. Die Selbstdarstellung im Alltag,* Piper, München).

Gomoll, Tom und Irene Wong (1994), «User-Aided Design at Apple Computer», in: M. E. Wiklund (Hg.), *Usability in Practice. How Companies Develop User-Friendly Products,* Academic Press, Cambridge/MA, S. 83–109.

Gramsci, Antonio (1971), *Selections from the Prison Notebooks of Antonio Gramsci,* International Publishers, New York.

Green, William S. und Patrick W. Jordan (2002), *Pleasure with Products. Beyond Usability,* Taylor & Francis, London, New York.

Grint, Keith und Steve Woolgar (1997), *The Machine at Work. Technology, Work and Organization,* Polity Press, Cambridge/MA.

Gros, Jochen (1984), «Das zunehmende Bedürfnis nach Form», in: *Form,* 107, S. 11–25.

Gros, Jochen (1987), *Grundlagen einer Theorie der Produktsprache,* Heft 4, *Symbolfunktionen,* Hochschule für Gestaltung Offenbach, Offenbach.

Hargreaves-Heap, Shaun und Angus Ross (Hg.) (1992), *Mary Douglas. Understanding the Enterprise Culture,* Edinburgh Press, Edinburgh.

Heidegger, Martin (1949), «Über den Humanismus», Vittorio Klostermann, Frankfurt/Main 10., ergänzte Auflage 2000.

Heidegger, Martin (1977), *Basic Writings,* hrsg. von D. F. Krell, Harper & Row, New York.

Heidegger, Martin (1927), *Sein und Zeit,* Max Niemeyer Verlag, Tübingen 19. Aufl. 2006.

Helander, Martin G., Halimahtun M. Khalid und Tham Ming Po (Hg.) (2001), *Proceedings of the International Conference on Affective Human Factors Design,* ASEAN Academic Press, London.

Hirsch, E. D., Jr. (1967), *Validity in Interpretation,* Yale University Press, New Haven/CT.

Holquist, Michael (1990), *Dialogism. Bakhtin and His World,* Routledge, New York.

Holt, Michael (June 6, 2003). Good Designer = Good Design Teacher? PhDs in Design [PhD-Design@jiscmail.ac.uk].

Hubbard, Ruth (1990), *The Politics of Women's Biology,* Rutgers University Press, International Standards Organization, ISO 9241-11 (1998), New Brunswick/NJ.

Jastrow, Joseph (1900). *Fact and Fable in Psychology.* Boston: Houghton, Mifflin and Co. Kahneman, Daniel, Paul Slowic und Amos Twersky (Hg.) (1985), *Judgment under Uncertainty: Heuristics and Biases,* Cambridge University Press, Cambridge, UK.

Käo, Tönis und Julius Lengert (1984), *Produktgestalt,* hrsg. von Edwin A. Schricker, Siemens AG, Stuttgart.

Karmasin, Helene (1993), «Mehrwert durch Zeichenwahl», in: M. Titzmann (Hg.), *Zeichen(theorie) und Praxis,* Wissenschaftsverlag Rothe, Passau, S. 73–87.

Karmasin, Helene (1994), *Produkte als Botschaften,* Überreuter Wirtschaftsverlag, Wien.

Karmasin, Helene (1998), «Cultural theory and product semantics; design as part of social communication», in: *Formdiskurs* 4,1, S. 12 –25.

Karmasin, Helene (2004), *Produkte als Botschaften,* Ueberreuter Wirtschaftsverlag, Wien.

Karmasin, Helene und Mathias Karmasin (1997), *Cultural Theory,* Linde, Wien.

Kempton, Willet (1987), «Two theories of home heat control», in: D. Holland und N. Quinn (Hg.), *Cultural Models in Language and Thought,* Cambridge University Press, New York, S. 222–242.

Knotek, Anatol (2010), «Intimacy as Text; Twitter as Tongue», in: *The New Inquiry,* 4. August 2010, abrufbar unter: http://thenewinquiry.com/post/903929008/intimacy-as-text-twitter-as-tongue (aufgerufen 22. September 2011).

Korzybski, Alfred (1993), *Science and Sanity; an Introduction to Non-Aristotelian Systems and General Semantics,* The International non-Aristotelian Library Publishing Company, New York.

Krampen, Martin (1979), *Meaning in the Urban Environment,* Pion Ltd, London.

Krampen, Marten (1989), «Semiotics in architecture and industrial product design», in: *Design Issues,* 5(2), S. 124–140.

Krippendorff, Klaus (1961a), *Der Kommunikative Aspekt der Produktgestaltung: Gegenstände als Zeichen und Symbole,* Mimeo, Hochschule für Gestaltung Ulm, 1. Februar 1961.

Krippendorff, Klaus (1961b), «Produktgestalter kontra Konstrukteur», in: *Output,* 4 und 5, S. 18–21.

Krippendorff, Klaus (1961c), *Über den Zeichen- und Symbolcharakter von Gegenständen: Versuch zu einer Zeichentheorie für die Programmierung von Produktformen in sozialen Kommunikationsstrukturen,* Dissertation an der Hochschule für Gestaltung Ulm 1961, abrufbar unter: http://repository.upenn.edu/asc_papers/233/ (aufgerufen 22. September 2011).

Krippendorff, Klaus (1986), *Information Theory; Structural Models for Qualitative Data,* Sage, Newbury Park/CA.

Krippendorff, Klaus (1989), «‹On the Essential Contexts of Artifacts› or on the Proposition that ‹Design is Making Sense (of Things)›», in: *Design Issues,* 5(2), S. 9–39.

Krippendorff, Klaus (1990) «Product semantics; a triangulation and four design theories», in: S. Väkevä (Hg.), *Product Semantics ,89,* University of Industrial Arts, Helsinki, S. a3-a23.

Krippendorff, Klaus (1993a), «Major metaphors of communication and some constructivist reflections on their use», in: *Cybernetics & Human Knowing,* 2(1), S. 3–25.

Krippendorff, Klaus (1993b), *Design: A Discourse on Meaning, a Workbook,* University of the Arts, Philadelphia/PA.

Krippendorff, Klaus (1995), «Redesigning design; an invitation to a responsible future», in: P. Tahkokallio und S. Vihma (Hg.), *Design – Pleasure or Responsibility?,* University of Art and Design, Helsinki, S. 138–162.

Krippendorff, Klaus et al. (Hg.) (1997), *Design in the Age of Information; a Report to the National Science Foundation (NSF),* Design Research Laboratory, North Carolina State University, Raleigh/NC.

Krippendorff, Klaus (2003), «The Dialogical Reality of Meaning», in: *The American Journal of Semiotics* 19,1–4, S. 17–34, abrufbar unter: http://repository.upenn.edu/asc_papers/51/ (aufgerufen 22. September 2011).

Krippendorff, Klaus (2004a), *Content Analysis; an Introduction to Its Methodology,* Sage Publications, Thousand Oaks/CA.

Krippendorff, Klaus (2004b), «Intrinsic motivation and human-centered design», in: *Theoretical Issues in Ergonomics Science,* 5(1), S. 43–72.

Krippendorff, Klaus (2005), «The social reality of meaning», in: *The American Journal of SEMIOTICS,* 18.(4).

Krippendorff, Klaus und Reinhart Butter (1984), «Exploring the symbolic qualities of form», in: *Innovation,* 3(2), 4-9.

Krippendorff, Klaus und Reinhart Butter (Hg.) (1989), «Product semantics», in: *Design Issues,* 5(2).

Krippendorff, Klaus und Reinhart Butter (1993), «Where meanings escape functions», in: *Design Management Journal,* 4(2), S. 30–37.

Krippendorff, Klaus (2009), *On Communicating; Otherness, Meaning, and Information,* hrsg. von F. Bermejo, Routledge, New York.

Krug, Steven (2000), *Don't Make Me Think, a Common Sense Approach to Web Usability,* New Riders, Berkeley/CA.

Kuhn, Thomas (1962), *The Structure of Scientific Revolutions,* Chicago University Press Chicago. (Deutsche Ausgabe von 1970: *Die Struktur wissenschaftlicher Revolutionen,* 2., erw. Ausgabe, Suhrkamp, Frankfurt am Main).

Labov, William und David Fanshel (1977), *Therapeutic Discourse; Psychotherapy as Conversation,* Academic Press, New York

Lafont, Christina (1999), *The Linguistic Turn in Hermeneutic Philosophy,* MIT Press, Cambridge/MA.

Lakoff, George (1987), *Women, Fire, and Dangerous Things,* University of Chicago Press Chicago/IL.

Lakoff, George und Mark Johnson (1980), *Metaphors We Live By,* University of Chicago Press, Chicago/IL. (Deutsche Ausgabe von 2004: Lakoff, George und Mark Johnson, *Leben in Metaphern. Konstruktion und Gebrauch von Sprachbildern,* 4. Aufl., Carl Auer Verlag, Heidelberg).

Lannoch, Helga und Hans-Jürgen Lannoch (1989), «Towards a semantic notion of space», in: *Design Issues,* 5(2), S. 40–50. Wiederabdruck in: S. Väkevä (Hg.) (1990), *Product Semantics '89,* University of Industrial Arts, Helsinki, S. c1–c11.

Lasswell, Harold D. (1960), «The structure and function of communication in society», in W. Schramm (Hg.), *Mass Communication,* University of Illinois Press, Urbana, S. 117–130.

Lee, Seung Hee und Pieter Jan Stappers (2003), «Kansei evaluation of matching 2D to 3D images extracted by observation of 3D objects», in: *Journal of the 6th Asian Design International Conference,* Tsukuba, Japan.

Lindinger, Herbert (Hg.) (1987), *Hochschule für Gestaltung Ulm. Die Moral der Gegenstände,* Wilhelm Ernst & Sohn Verlag, Berlin.

Love, Terrence (25. April 2004), abrufbar unter: https://www.jiscmail.ac.uk/cgi-bin/ webadmin?A1=ind04&L=PHD-DESIGN (aufgerufen 26. September 2011).

Lukas, Paul (1998), «The ghastliest product launches», in: *Fortune,* 16. März 1998, Vol. 44.

MacIntyre, Alasdair C. (1984), *After Virtue,* University of Notre Dame Press, Notre Dame.

Lyotard, Jean-Francois, 1979, *La condition postmoderne : rapport sur le savoir,* Minuit, Paris. (Deutsche Ausgabe von 1986: *Das postmoderne Wissen. Ein Bericht,* Passagen Verlag, Graz, Wien).

Maldonado, Tomás (1961), *Beiträge zur Terminologie der Semiotik,* Ebner, Ulm.

Maldonado, Tomás (2007), *Digitale Welt und Gestaltung. Ausgewählte Schriften,* übersetzt von Gui Bonsiepe, herausgegeben von Ralf Michel et al., Birkhäuser, Basel, Berlin, Boston.

Malone, T.W. (1980), «Toward a theory of intrinsically motivating instruction», in: *Cognitive Science,* 5(4), S. 333–369.

Malone, T.W. und M.R. Lepper (1987), «Making learning fun: a taxonomy of intrinsic motivations for learning», in: R. E. Snow und M. J. Farr (Hg.), *Aptitude, Learning, and Instruction, III: Conative and Affective Process Analysis,* Lawrence Erlbaum Associates, Hillside/NJ, S. 223–253.

Mansfield, Edwin, J. Rapaport, J. Schnee, S. Wagner und M. Hamburger (1971), *Research and Innovation in Modern Corporations,* Norton, New York.

Margolin, Victor und Richard Buchanan (Hg.) (1995), *The Idea of Design,* MIT Press, Cambridge/MA.

Marx, Karl (1845), «Thesen über Feuerbach», in: *Deutsche Ideologie,* Marx, Karl und Friedrich Engels, *Werke,* Bd. 3, Dietz Verlag, Berlin 1956–1990.

Maturana, Humberto R. (1988), «Reality: the search for objectivity or the quest for a compelling argument», in: *The Irish Journal of Psychology,* 9(1), S. 25–82.

Maturana, Humberto R. und Francisco J. Varela (1988), *The Tree of Knowledge; the Biological Roots of Human Understanding,* Shambhala, Boston/MA. (Deutsche Ausgabe von 1987: *Der Baum der Erkenntnis. Die biologischen Wurzeln menschlichen Erkennens,* Scherz, München).

McDowel, Dan (1999), The Triton and Patterns Projects of the San Diego Unified School District, abrufbar unter: http://projects.edtech.sandi.net/staffdev/tpss99/process-guides/brainstorming.html (aufgerufen Juli 2005).

McMath, Robert (1998), *What Were They Thinking? Marketing Lessons I've Learned from Over 80,000 New Product Innovations and Idiocies,* Times Business, New York.

Michl, Jan (1995), «Form follows what? The modernist notion of function as a carte blanche», in: *Magazine of the Faculty of Architecture & Town Planning* [Yechnion, Israel Institute of Technology, Haifa, Israel] 10, S. 20–31, abrufbar unter: http://janmichl.com/eng.fff-hai.html (aufgerufen 26. September 2011).

Miller, George A. (1956), «The magical number seven, plus or minus two: some limits on our capacity for processing information», in: *The Psychological Review,* 63, S. 81–97.

Miller, Hugh und Mirja Kälviäinen (2001), «Objects for an enjoyable life: social and design aspects», in: M. G. Helander, H. M. Khalid und T. M. Po (Hg.), *Proceedings of the International Conference on Affective Human Factors Design,* Asean Academic Press, London, S. 487–494.

Mitchell, W.J.T. (Hg.) (1981), *On Narrative,* University of Chicago Press, Chicago.

Morris, Charles W. (1938), *Foundations of the Theory of Signs.* International Encyclopedia of Unified Science Vol. 1., University of Chicago Press, Chicago/IL.

Morris, Charles (1955), Signs, *Language and Behavior,* George Braziller, New York.

Mukai, Shutaro (1979), «Zwischen Universalität und Individualität», in: *Semiosis,* 13(1), S. 41–51.

Mukai, Shutaro (1986), *Katachi no Semiosisu* (japan. Semiosis der Form), Shichosha, Tokio.

Mukai, Shutaro (1991), «Characters that represent, reflect, and translate culture — in the context of the revolution in modern art», in: Yoshihiko Ikegami (Hg.), *Foundations of Semiotics,* Vol. 8., John Benjamin Publishing Co., Amsterdam/Philadelphia.

Mukai, Shutaro (2003), *Katachi no Shigaku* (japan. Poetik der Form), Bijutsu Shuppan-sha Publisher, Tokio.

Mukai, Shutaro und Akiyo Kobayashi (2003), *The Idea and Formation of Design; 35 Years of the Science of Design,* Musachino Art University, Tokio.

Nagamachi, Mitsuo (1995), «Kansei engineering: A new ergonomic consumer-oriented technology for product development», in: *International Journal of Industrial Ergonomics,* 15, S. 3–11.

Nagamachi, Mitsuo (1996), *Kansei Engineering,* Kaibundo Publisher, Japan.

Nelson, Harold und Erik Stolterman (2002), *The Design Way, Intentional Chance in an Unpredictable World: Foundations and Fundamentals of Design Competence,* Educational Technology Publications, Englewood/NJ.

Newell, Allen und Herbert A. Simon (1972), *Human Problem Solving,* Prentice-Hall, Englewood Cliffs/NJ.

Nielson, Jacob (1993), *Usability Engineering,* Academic Press, San Diego/CA.

Norman, Donald A. (1988), *The Psychology of Everyday Things,* Basic Books, New York.

Norman, Donald A. (1998), *The Invisible Computer,* MIT Press, Cambridge/MA.

Norman, Donald A. (2004), *Emotional Design: Why We Love (or Hate) Everyday Things,* Basic Books, New York.

Osgood, Charles E. (1974). «Probing subjective culture/Part 1: Cross-linguistic tool-making», in: *Journal of Communication,* 24(1), S. 21–35; Part 2: «Cross-cultural tool using», in: *Journal of Communication* 24(2), S. 82–100.

Osgood, Charles E. und George J. Suci (1969), *Factor Analysis of Meaning. Semantic Differential Technique — A Sourcebook,* Aldine de Gruyter, Hawthorne/NY.

Osgood, Charles E., G.J. Suci und Percy H. Tannenbaum (1957), *The Measurement of Meaning,* University of Illinois Press, Urbana/IL.

Parsons, Talcot, Edward Shils, Kaspar D. Naegele und Jesse R. Pitts (Hg.) (1961), *Theories of Society; Foundations of Modern Sociological Theory,* Free Press of Glencoe, New York.

Peirce, Charles S. (1931), *Collected Papers,* hrsg. von C. Hartshorne und P. Weiss. Harvard University Press, Cambridge/MA, deutsche Ausgabe: *Charles S. Peirce. Semiotische Schriften,* hrsg. von Christian Kloesel und Helmut Pape, 3 Bände, Suhrkamp, Frankfurt am Main 2000.

Pinch, Trevor J. und Wiebe E. Bijker (1987), «The social construction of facts and artifacts: or how the sociology of science and the sociology of technology might benefit each other», in: W. E. Bijker, T. P. Hughes und T. J. Pinch (Hg.), *The Social Construction of Technological Systems: New Directions in the Sociology and History of Technology,* MIT Press, Cambridge/MA, S. 17–50.

Pirsig, Robert M. (1999), *Zen and the Art of Motorcycle Maintenance: An Inquiry into Values* (25th Anniversary Edition), Morrow, New York.

Polkinghorne, Donald (1988), *Narrative Knowing and the Human Sciences,* State University of New York, Albany.

Popper, Karl R. (1959), *The Logic of Scientific Discovery,* Basic Books, New York.

Prieto, Luis J. (1973), «Signe et instrument», in: *Littérature, Histoire, Linguistique. Receuil d'études offert* à *Bernard Gagnebin,* Edition l'Age d'Homme, Lausanne – besprochen in Martin Krampen (1979).

Protzen, Jean-Pierre und David J. Harris (2010), *The Universe of Design; Horst Rittel's Theories of Design and Planning,* Routledge, London, New York.

Putnam, Hilary (1981), *Reason, Truth and History,* Cambridge University Press, New York.

Reinmöller, Patrick (1995), Produktsprache — Verständlichkeit des Umgangs mit Produkten durch Produktgestaltung, Fördergesellschaft Produkt-Marketing e.V., Köln.

Rittel, Horst W. J. (1992), *Planen, Entwerfen, Design. Ausgewählte Schriften zur Theorie und Methodik,* hrsg. von Wolf D. Reuter (Hg.), W. Kohlhammer, Stuttgart/Berlin/Köln.

Rittel, Horst W.J. und Melvin M. Webber, (1984), «Planning problems are wicked problems», in: N. Cross (Hg.), *Developments in Design Methodology.* Wiley, New York, S. 135–144.

Rorty, Richard (Hg.) (1970), *The Linguistic Turn: Recent Essays in Philosophical Method,* University of Chicago Press, Chicago.

Rorty, Richard (1979), *Philosophy and the Mirror of Nature,* Princeton University Press, Princeton. (Deutsche Ausgabe von 1981: *Der Spiegel der Natur,* Suhrkamp, Frankfurt).

Rorty, Richard (1989), *Contingency, Irony, and Solidarity,* Cambridge University Press, New York.

Rosch, Eleanor (1978), «Principles of categorization», in: E. Rosch und B.B. Lloyd (Hg.), *Cognition and Categorization,* Wiley, New York, S. 27–48.

Rosch, Eleanor (1981), «Prototype classification and logical classification: the two systems», in: E. Scholnick, (Hg.) (1983), *New Trends in Cognitive Representation: Challenges to Piaget's Theory,* Lawrence Erlbaum, Hillsdale/NJ, 1983, S. 73–86.

Russell, Bertrand (1962), *Denker des Abendlandes. Eine Geschichte der Philosophie,* Stuttgart.

Sarbin, Teodore R. (1986), *Narrative Psychology,* Praeger, New York.

Saussure, Ferdinand de (1916), *Cours de Linguistique Générale*, Payot, Paris.

Schön, Donald A. (1979), «Generative metaphor: a perspective on problem solving in social policy», in: A. Orthony (Hg.), *Metaphor and Thought*, Cambridge University Press, Cambridge, S. 254–283.

Schön, Donald A. (1983), *The Reflective Practitioner; How Professionals Think in Action, Basic Books,* New York.

Searle, John R. (1969), *Speech Acts, an Essay in the Philosophy of Language*, Cambridge University Press, New York. (Deutsche Ausgabe von 1971: *Sprechakte. Ein sprachphilosophischer Essay*, Suhrkamp, Frankfurt).

Searle, John R. (1995), *The Construction of Social Reality* Free Press, New York.

Sebeok, Thomas (Ed.) (1986), *Encyclopedic Dictionary of Semiotics*, Mouton De Gruyter, New York.

Semantics in Design (1998), Partial proceedings: http://semantics-in-design.hfg-gmuend.de (aufgerufen 22. September 2011).

Shannon, Claude E. und Warren Weaver (1949), *The Mathematical Theory of Communication*, University of Illinois Press, Urbana/IL.

Shotter, John (1993), *Conversational Realities*, Sage, Thousand Oaks/CA.

Shulyak, Lev (ohne Datum). Introduction to TRIZ, abrufbar unter: http://www.docstoc.com/docs/79046853/An-Advanced_Computer_Algorithm-for-Implementation-of-TRIZ-for (letzter Zugriff 26. September 2011).

Silverman, Jonathan und Dean Rader (2002), *The World Is a Text: Writing, Reading, and Thinking About Culture and Its Contexts*, Prentice Hall, New York.

Simon, Herbert A. (1969/2001), *The Sciences of the Artificial*, 3. Aufl., MIT Press, Cambridge/MA.

Simon, Herbert A. (1973), «The organization of complex systems», in: H. H. Pattee (Hg.), *Hierarchy Theory*, G. Braziller, New York, S. 3–27.

Snyder, Carolyn (2003), *Paper Prototyping: The Fast and Easy Way to Design and Refine User Interfaces*, Morgan Kaufmann Publishers (Elsevier), Amsterdam, Boston u. a.

Spence, Donald P. (1982), *Narrative Truth and Historical Truth*, W. W. Norton, New York.

Spiegel, Gabriel M. (1997), *The Past as Text*, Johns Hopkins Press, Baltimore/MD.

Spitz, René (2002), *The Political History of the Ulm School of Design, 1953–1968*, Axel Menges, Berlin/Stuttgart.

Steffen, Dagmar (1997), Zur Theorie der Produktsprache. Perspektiven der hermeneutischen Interpretation von Designobjekten, in: *Formdiskurs*, 3(2), S. 16–27.

Steffen, Dagmar (2000), *Design als Produktsprache*, Verlag form, Frankfurt/Main.

Stewart, John (1995), *Language as Articulate Contact; Toward a Post-Semiotic Philosophy of Communication*, Suny Press, Albany/NY.

Suchman, Lucy A. (1985), *Plans and Situated Actions: The Problem of Human Machine Communication*, Xerox Corporation, ISL-6, Palo Alto. Zitiert auf S. 313 in: S. Woolgar (1987).

Suchman, Lucy A. (1987), *Plans and Situated Actions: The Problem of Human Machine Communication*, Cambridge University Press, New York.

Sullivan, Louis Henry (1896), «The Tall Office Building Artistically Considered», in: *Lippincott's Magazine*, März 1896. Auch in: I. Athey (Hg.) (1947), *Kindergarten Chats (revised 1918) and Other Writings*, Wittenborn Schultz, New York, S. 202–213.

Tahkokallio, Päivi und Susann Vihma (Hg.) (1995), *Design — Pleasure or Responsibility?,* University of Art and Design, Helsinki.

Thompson, D'Arcy W. (1952), *On Growth of Form*, 2. Auflage, Cambridge University Press, New York.

Thompson, Stith (1932), *Motif-Index of Folk Literature: A Classification of Narrative Elements in Folk-Tales, Ballads, Myths, Fables, Mediaeval Romances, Exempla, Fabliaux, Jest-Books, and Local Legends*, Indiana University Studies, Bloomingdale/IN.

Uexküll, Jakob von (1934/1957), «A Stroll Through the Worlds of Animals and Men: A Picture Book of Invisible Worlds», in: C. H. Schiller (Hg.), *Instinctive Behavior: The Development of a Modern Concept*, International University Press, New York, S. 5–80.

(Deutsche Ausgabe: Uexküll, Jakob von (1934), *Streifzüge durch die Umwelten von Tieren und Menschen: Ein Bilderbuch unsichtbarer Welten* (Sammlung: *Verständliche Wissenschaft*, Bd. 21) J. Springer mit Kriszat G., Berlin).

Väkevä, Seppo (1987), *Toutesemantiikka (Product Semantics),* University of Industrial Arts, Helsinki.

Väkevä, Seppo (Hg.) (1990), *Product Semantics ,89,* University of Industrial Arts, Helsinki.

Veblen, Thorstein (1931), *The Theory of the Leisure Class; an Economic Study of Institutions*, The Viking Press, New York.

Verene, Donald Phillip (1981), *Vico's Science of Imagination*, Cornell University Press, Ithaca/NY.

Vihma, Susann (1990a), *Tiotteen muodon kuvaaminen (Interpretation of the product form)*, University of Industrial Arts, Helsinki.

Vihma, Susann (Hg.) (1990b), *Semantic Visions in Design*, University of Industrial Arts, Helsinki.

Vihma, Susann (Hg.) (1992), *Objects and Images*, University of Industrial Arts, Helsinki.

Wachsmann, Christiane (Hg.) (1991), *Objekt + Objektiv = Objektivität? Fotografie an der HfG Ulm 1953–1968*, Stadtarchiv, Ulm. Zitiert in: P. Betts (1998).

Wade, Nicholas (15. Juli 2003), «Early Voices: The Leap to Language», in: *The New York Times*, Science Section: F1, F4.

Walther, Elisabeth (1974), *Allgemeine Zeichenlehre. Einführung in die Grundlagen der Semiotik*, Stuttgart.

White, H. (1981), «The value of narrativity in the representation of reality», in: W. J. T. Mitchell (Hg.), *On Narrative*, University of Chicago Press, Chicago, S. 1–23.

Whitehead, Alfred North und Bertrand Russell (1910/1958), *Principia Mathematica*, 3. Auflage, Macmillan, New York. (Deutsche Ausgabe von 2008: Alfred North Whitehead, Bertrand Russell, Kurt Gödel: *Principia Mathematica. Vorwort und Einleitungen*, Suhrkamp, Frankfurt.)

Whorf, Benjamin Lee (1956), *Language, Thought and Reality*, hrsg. von John B. Carroll, John Wiley und MIT, New York.

Widdowson, Henry G. (2005), *Text, Context, Pretext (Language in Society)*, Blackwell, London.

Wittgenstein, Ludwig (1921), *Tractatus Logico-Philosophicus*, Routledge, London.

Wittgenstein, Ludwig (1953), *Philosophische Untersuchungen*, Suhrkamp, Frankfurt.

Wittgenstein, Ludwig (1980), *Culture and Value*, hrsg. von G. H. von Wright, University of Chicago Press, Chicago/IL. (Deutsche Ausgabe von 1977: *Vermischte Bemerkungen. Eine Auswahl aus dem Nachlaß*, hrsg. von Georg Henrik von Wright, Suhrkamp, Frankfurt am Main.

Woolgar, Steve (1987), Reconstructing man and machine: a note on sociological critiques of cognitivism, in: W. E. Bijker, T. P. Hughes und T.J . Pinch (Hg.). *The Social Construction of Technological Systems: New Directions in the Sociology and History of Technology*, MIT Press, Cambridge/MA, S. 311–328.

Yagou, Artemis (1999), *The Shape of Technology — The Case of Radio Set Design*, National Technical University of Athens, Athen.

Yammiyavar, Pradeep G. (2000), *Emotion as a Semantic Construct in Product Design*, Indian Institute of Science, Centre for Electronics Design and Technology, Bangalore, India.

Zaltman, Geralt (2003), *How Consumers Think: Essential Insights into the Mind of the Market*, Harvard Business School Press, Boston/MA.

Zillmann, Dolf (1964), *Konzept der Semantischen Aspektanalyse*, Institut für Kommunikationsforschung, Zürich.

Bildnachweis

Über den Autor

Klaus Krippendorff ist Professor für Kommunikation und Inhaber des Gregory Bateson Lehrstuhls für Kybernetik, Sprache und Kultur an der Annenberg School for Communication, University of Pennsylvania. Als solcher publiziert er in Zeitschriften der Fachrichtungen Kommunikation, soziologische Methodologie, Kybernetik und Systemtheorie. Krippendorff ist Autor von *Information Theory. Structural Models for Qualitative Data* sowie des *Dictionary of Cybernetics* und von *On Communicating; Otherness, Meaning, and Information.* Er ist Herausgeber von *Communication and Control in Society* und Mitherausgeber von *The Analysis of Communication Content. Developments in Scientific Theories and Computer Techniques* sowie von *The Content Analysis Reader.* Sein Lehrbuch *Content Analysis. An Introduction to Its Methodology* wurde in vier Sprachen übersetzt und erschien vor Kurzem in einer zweiten, erweiterten Ausgabe.

Krippendorff graduierte an der HfG Ulm, er hat die Produktsemantik mit ins Leben gerufen, ist Mitherausgeber mehrerer akademischer Designzeitschriften wie *Innovation, Design Issues* und *Artifact,* Herausgeber von *Design in the Age of Information. A Report to the National Science Foundation (NSF)* und gewählter Fellow der American Association for the Advancement of Science (AAAS), der International Communication Association (ICA), des Netherlands Institute for Advanced Studies (NIAS) und der Society for Science of Design Studies in Japan.

Derzeit beschäftigt er sich vor dem Hintergrund erkenntnistheoretischer Überlegungen mit der Rolle der Sprache und des Diskurses in der sozialen Konstruktion von Wirklichkeiten. Als Designer, Wissenschaftler und Kybernetiker untersucht er neue Synthesen von Technologien und Lebenswelten. Im vorliegenden Buch legt er dar, inwiefern Design das Menschsein konstituiert und human-centered Design eines eigenen Diskurses, eigener Design- und Forschungsmethoden sowie eigener sozialer Praktiken bedarf.

Bruce Archer (1922–2005), ausgebildeter Maschinenbauingenieur, unterrichtete zu Beginn an der Central School of Art and Design in London, wo er sich um die Verbindung zwischen den Ingenieurwissenschaften und den Künsten bemühte. In seinen Artikeln plädierte er für einen, wie er ihn nannte, rationellen Zugang zum Design.

Das weckte das Interesse von Tomás Maldonado an der hochschule für gestaltung in Ulm, wohin Archer 1960–1962 als Gastprofessor für Produktdesign berufen wurde. Dort führte er konsequent Designmethoden auf der Basis von Experiment und Analyse ein, förderte die Designforschung und forderte, alle Arbeitsschritte der Entwicklung eines Designs wissenschaftlich zu dokumentieren, sodass andere es untersuchen und seine Eigenschaften auswerten könnten. In Ulm war er Teil eines beginnenden Paradigmenwechsels von einem ästhetisch begründeten Gestaltungszugang (form follows function) hin zu einem, der auf nachvollziehbare Argumente abzielte.

In den folgenden 25 Jahren unterrichtete er eine ganze Generation von Designwissenschaftlern am Royal College of Art in London, wo er das Fach «Design als wissenschaftliche Disziplin» begründete.

Mit Reinhart Butter und Klaus Krippendorff, mit denen er in Ulm zusammengetroffen war, blieb er stets in Verbindung. Ihre Anstrengungen, das Design zu reformieren, sah er als Fortführung und Kulmination seiner eigenen Arbeit. Sein Vorwort zu *Die semantische Wende* stellte er am Tag, bevor er starb, fertig – es sind vermutlich seine letzten schriftlichen Aufzeichnungen.

Prof. Bernhard E. Bürdek war einer der letzten Absolventen der HfG Ulm. Er ist Professor für Designtheorie und -methodologie sowie strategisches Design an der HfG Offenbach, Fachbereich Produktgestaltung. Er ist Autor zahlreicher Publikationen, u. a. des Standardwerks *Design. Geschichte, Theorie und Praxis der Produktgestaltung*, Basel-Boston-Berlin 2005 (3., erw. Auflage, Birkhäuser Verlag), dieses wurde in zahlreiche Sprachen übersetzt.

Gastdozenturen führten ihn nach Brasilien, Mexiko, Rumänien und Taiwan, Vortragsreisen durch Europa, Asien, Lateinamerika und in die USA.

1990 war er Mitbegründer des Büros Vision & Gestalt in Obertshausen, dort werden Projekte in den Bereichen Produktdesign, Interface/Interaction und Design-Kommunikation bearbeitet.

Bernhard E. Bürdek wurde 2012 an der Universität für Angewandte Kunst in Wien zum Dr. phil promoviert.

Ralf Michel studierte an der Köln International School of Design und diplomierte bei Gui Bonsiepe. Nach seiner Übersiedlung in die Schweiz war er Redakteur der Architektur- und Designzeitschrift *Hochparterre* in Zürich. Als Dozent und stellvertretender Leiter des Instituts für Design und Technologie war er an der Hochschule der Künste in Zürich tätig und baute dort die Designforschung mit auf. Michel initiierte das Schweizer Forschungsnetzwerk Swiss Design Network, das er als Geschäftsführer leitete, und ist Mitglied im Board of International Research in Design. Ralf Michel ist als Designer, Publizist und Kurator mit eigenem Büro in Zürich tätig. Er forscht an der Hochschule für Gestaltung und Kunst in Basel und unterrichtet im dortigen Masterstudio Design sowie an anderen Hochschulen. Er ist Herausgeber der Reihe *Schriften zur Gestaltung*, die er initiiert und konzipiert hat.